安徽省教师教育专业核心课程规划教材

中学教育基础

ZHONGXUE JIAOYU JICHU

朱家存　李福华　主编

安徽师范大学出版社

·芜湖·

内容提要

本书为“安徽省教师教育专业核心课程规划教材”之一。全书主要介绍了中学教育的基本理论和实践诉求，共分为七章，即教育、教育目的、学校教育发展、中学课程、中学教学、德育、中学教育活动与管理等，内容涵盖中学教育工作的主要方面。

本书从师范类专业本科生的专业发展和现实需求出发，以《中小学和幼儿园教师资格考试标准（试行）》《教师教育课程标准（试行）》《教师专业标准（试行）》为指导精神，用模块化的方式呈现了中学教育学的知识，突出其综合性和应用性。本书可作为师范生的教学用书，也可供有志于从事教育事业的读者使用。

图书在版编目（CIP）数据

中学教育基础/朱家存，李福华主编. —芜湖：安徽师范大学出版社，2016.1（2021.9重印）
安徽省教师教育专业核心课程规划教材
ISBN 978-7-5676-2002-5

Ⅰ.①中… Ⅱ.①朱… ②李… Ⅲ.①中学教育－教育学－师范大学－教材 Ⅳ.①G630

中国版本图书馆 CIP 数据核字（2015）第 122043 号

责任编辑：王一澜
装帧设计：任　彤

中学教育基础
朱家存　李福华　主编

出版发行：安徽师范大学出版社
芜湖市九华南路 189 号安徽师范大学花津校区　邮政编码：241002
网　　址：http://www.ahnupress.com/
发 行 部：0553-3883578　5910327　5910310（传真）　E-mail：asdcbsfxb@126.com
印　　刷：苏州市古得堡数码印刷有限公司
版　　次：2016 年 1 月第 1 版
印　　次：2021 年 9月第 5 次印刷
规　　格：787 mm×1092 mm　1/16
印　　张：23.5
字　　数：528 千
书　　号：ISBN 978-7-5676-2002-5
定　　价：53.00 元

“安徽省教师教育专业核心课程规划教材”
编　委　会

本丛书为：

1. 安徽省“振兴计划”重大教学改革研究项目“安徽省教师教育专业教育类课程内容标准和教材建设研究”（项目编号：2013zdjy188）建设成果
2. 安徽省教师教育协同创新中心课程资源开发成果

总　序

百年大计，教育为本；教育大计，教师为本。随着我国基础教育改革的不断深入，社会对教育的要求越来越高，教师教育改革日益受到人们的广泛关注并开始进入实质性的改革阶段。为贯彻落实《国家中长期教育改革和发展规划纲要(2010—2020年)》，深化教师教育改革，规范和引导教师教育课程与教学，培养造就高素质专业化教师队伍，中华人民共和国教育部于2011年下发《教育部关于大力推进教师教育课程改革的意见》，就推进教师教育课程改革和实施《教师教育课程标准(试行)》提出意见，要求创新教师教育课程理念、优化教师教育课程结构、改革课程教学内容、改进教学方法和手段、加强教师养成教育、强化教育实践环节。《教师教育课程标准(试行)》明确指出，教师教育课程标准体现国家对教师教育机构设置教师教育课程的基本要求，此标准是制定教师教育课程方案、开发教材与课程资源、开展教学与评价，以及认定教师资格的重要依据。同年，教育部师范教育司、教育部考试中心颁布《中小学和幼儿园教师资格考试标准(试行)》，指出中小学和幼儿园教师资格考试标准是教师职业准入的国家标准，是从事中小学和幼儿园教师职业的最基本要求，是进行中小学和幼儿园教师资格考试的基本依据。2012年，教育部颁布《教师专业标准(试行)》并指出，教师是履行教育工作职责的专业人员，需要经过严格的培养与培训，具有良好的职业道德，掌握系统的专业知识和专业技能。《教师专业标准(试行)》是国家对合格教师的基本专业要求，是教师开展教育、教学活动的基本规范，是引领教师专业发展的基本准则，是进行教师培养、准入、培训、考核等工作的重要依据。三大"标准"的颁布，意味着传统的教师教育课程设置、课程体系以及课程内容，已经不适应教师教育改革的发展要求，难以满足基础教育改革对教师素质的新要求。

在这种背景下，安徽省高等院校教师教育合作委员会为贯彻落实教师教育改革的新要求与新精神，推进我省教师教育专业课程建设，开始着手筹划安徽省教师教育专业课程建设与教材编写工作。在安徽省高等院校教师教育合作委员会的组织与协调下，此项工作于2014年10月正式启动。安徽师范大学、淮北师范大学、安庆师范学院、阜阳师范学院、合肥师范学院、淮南师范学院六所师范院校，立足于教师教育的协同与创新理念，组织研制安徽省教师教育课程体系并协同进行课程开发。在继承传统教师教育课程设置优点的基础上，根据教师专业发展的需要以及《教师教育课程标准(试行)》关于教师教育课程设置的基本理念和指导思想，六所师范院校在前期研究和充分讨论的基础上，确定了"中学教育基础”“心理学”“小学教育基础”“小学生心理发展与教育教程”“学校心理健康教育”“现代教育技术”“教师职业技能训练教程”“教师职业规范与专业发展”“教育实习”“陶行知教育思想与实践”等十门课程，作为教师教育专业基础课程，并基于设置的课程开发相应的教材。

此次教师教育课程设置及教材开发的基本指导思想是：在保持传统教师教育课程框架的基础上，对课程内容采用模块化设计，同时各学校根据自身教师教育办学特色，有选择性地设置相关课程模块，满足学生多样化的学习需求。同时，课程设制与教材开发不仅考虑到师范生毕业后入职入编的需要，也考虑到为师范生将来专业的持续发展奠定坚实的基础；不仅考虑到师范生通过相关课程的学习能够获得对基础教育最基本的认识，也考虑到师范生通过专业教育后能够很快地胜任中小学教育教学工作。这是一个包含多重意图的课程设计思想。试图将多重意图反映在一种课程体系中，这样的设想不免有理想化的色彩，其是否合理，能否通过课程实施而成为现实，有待实践的检验。

遵循教育部三大“标准”的理念和精神，从传统的教师教育课程转向创新的教师教育课程，其中还有许多工作要做，有许多问题要解决。我们的努力只是这个转向的一个微不足道的方面。希望我们的努力能够为这个转向注入新的元素。

安徽省教师教育课程建设和教材编写委员会

前　言

2011 年，为贯彻落实《国家中长期教育改革和发展规划纲要(2010—2020 年)》，深化教师教育改革，全面提高教师培养质量，建设高素质专业化教师队伍，教育部发布《教育部关于大力推进教师教育课程改革的意见》，就推进教师教育课程改革和实施《教师教育课程标准(试行)》提出相关要求。该文件指出，教师教育课程改革，必须创新教师教育课程理念，围绕培养、造就高素质专业化教师的目标，坚持育人为本、实践取向、终身学习的理念，实施《教师教育课程标准(试行)》，创新教师培养模式，强化实践环节，对师范生加强师德修养和教育教学能力训练，着力培养师范生的社会责任感、创新精神和实践能力。①要优化教师教育课程结构。以“三个面向”为指导，构建体现先进教育思想、开放兼容的教师教育课程体系。适应基础教育改革发展，遵循教师成长规律，科学设置师范教育类专业公共基础课程、学科专业课程和教师教育课程，学科理论与教育实践紧密结合，教育实践课程不少于一个学期。按照《教师教育课程标准(试行)》的学习领域、建议模块和学分要求，制订有针对性的幼儿园、小学和中学教师教育课程方案，保证新入职教师基本适应基础教育新课程的需要。②要改革课程教学内容。把社会主义核心价值体系有机融入课程教材中，精选对培养优秀教师有重要价值的课程内容，将学科前沿知识、教育改革和教育研究最新成果充实到教学内容中，特别应及时吸收儿童研究、学习科学、心理科学、信息技术的新成果。要将优秀中小学教学案例作为教师教育课程的重要内容。加强信息技术课程建设，提升师范生信息技术素养和利用信息技术促进教学的能力。2012 年，教育部又制订中小学教师专业标准，对中小学教师的专业理念和师德、专业知识以及专业能力等提出基本要求。教育部要求，开展教师教育的院校要将“专业标准”作为培养、培训中学教师的主要依据。重视中学教师职业特点，加强中学教育学科和专业建设；完善中学教师培养、培训方案，科学设置教师教育课程，改革教育教学方式；重视中学教师职业道德教育，重视社会实践和教育实习；加强从事中学教师教育的师资队伍建设，建立科学的质量评价制度。

随着《教师教育课程标准(试行)》和《教师专业标准(试行)》的问世，高师院校教师教育课程体系及内容的改革也提到了议事日程范围。随着两个标准的颁布，相应的问题也随之提出，那就是如何将课程标准落到实处，使停留在理念层面的教师教育课程成为行动层面的教师教育课程。没有教师教育课程标准和专业的落实(实施)，所颁布的标准就只是一个供人们谈论的文本而已，就不可能对教师教育质量的提高发挥真正的作用。就课程改革而言,课程的落实极为重要。没有课程的落实,任何课程改革的方案都不可能成为现实。历史事实表明,西方国家20世纪六七十年代课程改革失败,正是因为他们的绝大多数课程编制工作计划没有在实践中得以实施。其教训是深刻的。在课程研究者看来,课程的落实(实施)的重要性,在于它是达到期望的教育目标的手段。

与基础教育的课程落实相比,高等教育课程落实有着与基础教育不同的要求,并且面临着极为不同的复杂性。对于我国的基础教育而言:首先,课程方案具有统一性。一旦课程标准制定并颁布实施,对于所有从事基础教育的中小学校来说,要求都是统一的,并且必须严格地执行。统一的要求在一定程度上降低了课程实施的难度。统一课程方案,使得课程实施本身成为一项任务比较单一的活动,降低了其实际实施过程的复杂性。其次,课程资源建设具有广泛性。在课程标准具体落实过程中,它有着强大的政府及其相关的资源支持。在此情况下,在课程实施之前,有关课程实施的方案,课程实施所需要教材开发以及配套资料,有关课程实施的具体要求和评价等,都有明确的要求和保证。最后,课程落实的师资具有保证。对于中小学的课程实施来说,基本的师资队伍能够保证课程实施有着可靠的人力支持。

对于高等教育而言,课程实施所面临的前提条件却有着很大的不同。较之于中小学,高等院校有着较大的教学自主性。这种自主性使得高等院校可以根据其办学定位与教育理念而形成各不相同的课程方案(教学计划)。不仅如此,高等院校还拥有完全的教材选择使用权,并且对于高等院校而言,也没有统一的教材使用要求。就课程实施而言,国家与高等院校的关系是指导与行动的关系,而非指令与行动的关系。较大的教学自主权,使得教师教育课程标准的落实(实施),有着与中小学极为不同的处境和困难。还有一个难题就是,教师教育课程实施的师资队伍问题。课程标准的落实,关键是课程实施,课程实施的主体是教师。没有合格的教师,则课程标准的落实就会陷入形式而无实际的意义。概言之,课程方案、课程资源、课程师资(课程实施主体)三个要素,成为制约高等院校教师教育课程实施的最为突出的因素。因此,为了真正落实教师教育课程标准,就必须研究和分析这些影响教师教育课程实施的潜在或显在的因素。

课程方案,高等院校习惯性地称之为教学计划。高等院校的课程方案(教学计划)涉及培养目标与要求、课程的组织与设计、学年学期的课程安排、学时要求、教学内容要求、教学评价要求等,是专业培养、课程、教学等顶层设计。高等院校的一切工作,都必须围绕课程方案(教学计划)来展开。

对于高等院校来说,教师教育课程标准的落实,包括课程方案的研制和课程的具体实施两项活动。而课程方案是课程实施的重要前提和依据,直接决定着教师教育课程在整个课程方案中的地位,同时也决定着教师教育课程体系及结构。高等院校的课程方案因高等教育内在逻辑的制约而有相对稳定性和变革性的双重性。一方面,日益变革的社会环境,使得人才的规格与要求处在调整与变化之中,因而高等院校的课程方案一般会根据学制特点进行周期性的调整与修订。另一方面,在一个完整的培养周期内,课程方案又表现出相对的稳定性。除非遇到一些特殊的情况,否则高等院校及其教学单位(院、系)都会严格执行既定的课程方案而不予以变更。

这是教师教育课程标准落实不得不面临的现实处境。这使得教师教育课程落实首先就不得不面临高等院校既定的课程方案(教学计划)的制度约束。这种约束意味着,要真正落实教师教育课程标准,就必须首先进行课程方案(教学计划)的调整与修订。没有这项工作做基础,就不可能有教师课程标准的真正落实,更不会有教师教育课程标准的真正实施。从这个角度来看,教师教育课程标准的落实必然有一个时滞的过程。落实教师教育课程标准,必须面对并解决这个时滞问题。为此,需要研制满足教师教育课程标准落实的教学计划,为教师教育课程标准的落实做好顶层设计工作。

研制课程方案包括两个方面的内容:一是教师教育专业的课程计划,二是教师教育的课程计划。由于教师教育的课程计划是教师教育专业课程计划的内容和组成部分,并且服从于教师教育专业的课程,同时教师教育专业的课程计划又必须充分考虑教师教育课程标准所提出的教育理念、学习领域、学习模块、学习目标与基本要求等。因此,在制订教师教育专业课程计划时,必须预先考虑教师教育课程设置的要求,从教师专业标准和教师教育课程标准来整体设计教师教育专业课程计划。教师教育课程方案研制必须基于可能和现实两个维度,以教师教育课程标准为依据,统筹安排、设计和组织教师教育课程。

从可能的维度出发,教师教育课程方案设计必须严格体现《教师教育课程标准(试行)》的要求。《教师教育课程标准(试行)》首先确定课程目标和基本要求,再根据目标和基本要求将教师教育课程划分为五大学习领域,每个学习领域又有若干模块。据此,从课程标准落实出发,则有两种选择。一种选择是学习领域课程化。每个学习领域即一门课程,每门课程的具体内容依据学习模块来组织与安排。此种选择在一定程度上延续传统的教师教育课程结构,只是在课程的内容组织上进行较大的调整。另一种选择是模块课程化,即每个学习模块构成一门课程,由此教师教育课程则由若干门课程构成。此种选择完全消解了传统的教师教育课程结构,体系化的教师教育课程让位于主题化的教师教育课程。

从现实的维度出发,在执行严格的依据教师教育课程标准而制订的课程方案(教学计划)之前,可以考虑采取一种过渡的办法,即将教师教育课程标准所确立的学习领域和学习模块,通过讲义的编写以及教学内容的重新组织,而将相关的学习要求纳入已有的教师教育课程之中。我们将这种策略称之为课程模块化策略。即在原有课程的基础上,对课程内容进行模块化改造。例如,原有的中学教师教育专业开设“教育学”课程,对应于教育学课程,教师教育课程标准有五大学习领域,即儿童发展与学习、中学教育基础、中学学科教育与活动指导、心理健康与道德教育、职业道德与专业发展。五大学习领域又划分为儿童发展、中学生认知与学习;教育哲学、课程设计与评价、有效教学、学校教育发展、班级管理等;中学学科课程标准与教材研究、中学学科教学设计、中学综合实践活动等;中学生心理辅导、中学生品德发展与道德教育等;教师职业道德、教师专业发展、教育研究方法、教师语言、现代教育技术应用等。教师教育课程标准所确立的目标、要求、领域、模块等,通过重新组织教学内容,以一种间接的方式进入现有的教师教育课程方案之中,实现了一种过渡的策略。从某种意义上看,过渡策略也是变相的学习领域课程化。与传统的教师教育课程方案相比较,学习领域与传统的教师教育课程设置有诸多暗合之处。区别在于学习目标和学习要求上存在差异,同时在学习内容上,教师教育课程标准更加适合于现代教育的发展趋势及对教师提出的素质要求。

上述三种方案——学习领域课程化、模块课程化、课程模块化,前两种是基于严格的教师教育课程标准的选择方案,后一种是延续现有的教师教育课程方案之形式,而进行内容的改造与升级。在第一种、第二种方案中,就课程实施而言,实际上它所采取的是领域或模块课程化策略,即通过将教师教育课程标准所确立的学习领域或模块彻底地课程化。所以,在制订教师教育专业的培养方案以及教师教育课程方案时,就必须根据模块的课程化思路来展开。而在第三种方案中,即在对现行的教师教育课程方案不做根本性改变的过渡方案中,它实际上所遵循的是课程模块化策略,即对现有的教育学、心理学、教育技术学、学科教育学、教师语言(普通话)等进行教学内容的模块化改造,使之适合教师教育课程标准的要求。然而,如果就人们往往拥有的保守的心理以及过去观念对新生事物的影响而言,采取课程模块化策略,也不失为一种理性的选择。这种方案的现实合理性在于:一方面,它能够将国家颁布的教师教育课程标准的理念、目标要求、教学内容等融入高等院校的教师教育中;另一方面,它能够最大限度地维持现有的教育秩序,从而实现形式要求与内容要求、过去与未来、变革与传统的有机统一,避免因过多变革而带来的振动与冲突。

课程方案直接制约着、决定着课程资源的开发和课程建设问题。教师教育课程标准的落实,无论是模块课程化策略,还是课程模块化策略,都不可避免地遇到课程资源问题。没有相应的课程资源,教师教育课程标准的落实,就将成为一个空洞的口号。所以,在落实教师教育课程标准时,高等院校、相关研究机构以及其他相关部门,必须通力合作,开发相应的教师教育课程资源,为教师教育课程标准的落实做好具体工作。教师教育课程资源的开发,同样需要考虑两个前提,即模块课程化的资源开发和课程模块化的资源开发。

模块课程化策略下的课程资源开发,即根据教师教育课程标准所提出的课程模块,逐一进行课程资源开发。例如,"教育哲学"这门课程,在传统的教师教育课程中并无相应的内容。教育学本科专业所开设的"教育哲学"这门课程,其内容和要求也并不适合教师教育的目标要求。因此,就需要开发与教师教育相适合的课程资源,包括教学大纲、教材、学习指南等。"学校教育发展"这个模块同样如此。在传统的教育学中,通常都有一章有关"学校教育发展"方面的内容,然而新的"学校教育发展"模块与传统的教育学内容有着不一样的要求。因此,同样需要进行相应的课程资源开发。模块课程化意味着:所有的教师课程模块都必须有一个课程化的发展过程。

课程模块化下的课程资源开发,作为一种过渡方案的权宜之计,即根据教师教育课程标准,对现有的教师教育课程进行转型、升级、改造。其替代性的策略可以考虑以编写讲义的方式,对现行的教师教育课程内容进行补充或删减。以“教育学”课程为例。现行的教育学课程内容一般呈现体系化特征,其形式表现为章、节,各章内容相对独立。比较公共教育学教材内容与教师教育课程标准可以发现:教师教育课程标准所要求的内容,在已有的公共教育学教材中并没有得到应有的体现。为此,在执行课程方案时,可以考虑删减那些在教师教育课程标准中不曾得到反映的内容,同时增加若干新的内容。新增加的内容应该通过集体合作的方式进行讲义编写,并统一使用。因为这个方案本身面临着需要教师承担诸多课程资源开发的成本问题,所以可以考虑将过渡的权宜之计与模块课程化环境下的课程资源开发结合起来,即一方面立足于现行的课程方案,修改和完善教师教育课程内容,另一方面将相关的工作作为学校教学改革的培育项目,使教师教育课程标准一旦进入完全的执行阶段,即自动启动教师教育课程改革培育项目。

从目前学校教学计划的延续性及教学工作的特点和规律来看,教师教育课程标准的落实,必然要有一个过渡的阶段和过程。为此,高等院校需要认真分析现行的教师教育课程现状及其与教师教育课程标准之间存在的差异,在现有的教师教育课程资源的基础之上,开发和发展新的更加符合教师教育课程标准的课程资源。然而,不可以将课程模块化策略和模块课程化策略两个不同教学环境的课程资源割裂开来,而应该将它们看作教师教育课程资源的两个连续而有机的整体。其过程应该是:课程的模块化,并以此为基础进行课程资源开发;完善课程模块,使模块课程化;开发与模块课程化相适应的课程资源。

但是在进行有关教师教育课程方案的设计时,还必须考虑到师资问题。师资是教师教育课程实施的主体。必须看到,现有的教师教育师资队伍,主要是立足于现行的教师教育课程结构而配备,其构成大体包括教育学、心理学、教育技术学、学科教育学等方面的师资构成。从目前教师所担任的教学工作情况来看,一个班级的一门课程是由一名教师来担任教学工作。这样,就学校教师教育课程的实施而言,不同班级的同一门课程的教学将由若干名教师来担任。随着模块的课程化,不同的模块将意味着一门课程的存在。这样,传统的教师教育课程的任务分配方式将不得不因此而做出重大的调整,即教师将主要承担某门模块课程的教学工作,而不是承担某一学科领导所有模块的教学工作。例如,“教育哲学”“学校教育发展”“儿童发展”“中学生认知与学习”“课程设计与评价”“有效教学”“班级管理”“中学学科课程标准与教材研究”“中学学科教学设计”“中学综合实践活动”“中学生心理辅导”“中学生品德发展与道德教育”“教师职业道德”“教师专业发展”“教育研究方法”“教师语言”“现代教育技术应用”“教育实习指导”等。承担教师教育课程教学任务的教师将由过去的泛化的角色,转向更加专业化的教师角色。教师教育课程教师的角色转换对于教师来说既是一个挑战，同时也是其自我发展的机遇。然而，这个过程不应该交由情势与环境的要求，而应该有一个主动的调整、适应与安排。这个主动的调整、适应与安排，需要高等院校从教师教育的全局出发，有计划地谋划教师教育课程师资的建设。

基于理想、现实及教师教育课程实施的制约因素，我们在开发和编写"教育学"系列教材时，主要采用课程化策略，即根据《教师教育课程标准（试行）》《教育专业标准（试行）》的要求，根据高师院校的培养方案和教学计划的要求，对现行的"教育学"课程内容进行变革与重新组织，使之既满足教师教育改革提升教师教育质量的国家宏观要求，又使之与高师院校现实的因素相适应。这样的策略是否可取，有待实践的检验，也有待实践的尝试与探索。

目　录

第四章 中学课程

第五章 中学教学

第一章 教 育

学习目标

掌握教育的涵义；掌握教育构成的三要素；了解教育起源的三种代表性观点；理解不同划分标准下的教育形态。了解教育的社会功能、教育的育人功能，理解教育功能的性质（正功能、负功能、隐性功能、显性功能），教育功能发挥的制约因素，了解教育与人口、教育与社会生产力、教育与社会政治经济制度、教育与精神文化等相互关系。了解中西方教育观念的历史演变；掌握教育学史上两种代表性教育观念；理解现代教育观念的转变趋势。掌握"以人为本"的学生观，并在教育教学实践中做到因材施教，以学生的全面发展为本。理解现代教师的角色与专业职责。掌握个体身心发展的涵义；掌握个体身心发展的动因：内发论和外烁论；了解个体身心发展的阶段；能分析遗传、环境、教育、人的主观能动性等在个体身心发展中的各自作用，并能在实践中发挥多因素的交互作用。

一、教育及其形态

（一）教育的涵义

自人们思考教育问题以来，"教育是什么"的问题就是教育思想、教育理论和教育科学所关注的核心问题。当人们试图给教育下定义的时候，有关教育本质的尝试性理解就已经开始了。迄今为止，因为对社会与人所持有的不同观念，人们对教育本质的理解也千差万别，从而使得教育的概念呈现出多义性和模糊性的特征①。

德国批判理性主义教育学家布列钦卡在分析教育的概念时列举了几种有代表性的教育定义：第一种是由德国教育学学者鲁道夫·洛赫纳给出的："教育是一种既有一定计划性，也有一定随意性，但无论如何却是有意识的人类活动。它以青年或成人为对象，以提供给个人生活帮助，将个人引入团体生活和传播团体文化为目的。"第二种是由法国教育社会学家涂尔干给出的："教育是成人一代对那些还不能成熟地应付社会生活的年轻一代所施加的影响。其目的，是在孩童时期为青年一代的身体、智力和道德发展创造条件，并

①朱家存，王守恒，周兴国. 教育学[M]. 北京：高等教育出版社，2010：6.

使之在上述方面达到政治社会的统一性和以特殊方式而产生的特殊环境所提出的要求。”第三种是由约翰·杜威给出的：教育被描述为一种社会功能，即“它是一种通过使未成熟者参与其所属团体的生活而引导并确保其发展的社会功能”。荷兰教育学学者马丁努斯·朗格菲尔德概括了有关教育概念的三个方面的内容：①教育活动是一项有意识地达到教育目的的工作；②教育活动是一种成人与儿童之间的“交往”；③教育活动是一种“实实在在的客观环境”。[①]

在我国，人们对教育概念的理解也不是一成不变的。《中国大百科全书·教育》给教育下的定义是：教育是培养人的一种社会活动，它同社会的发展、人的发展有着密切的联系。从广义上说，凡是增进人们的知识、影响人们的思想品德的活动，都是教育。狭义的教育，主要指学校教育，其含义是教育者根据一定社会（或阶级）的要求，有目的、有计划、有组织地对受教育者的身心施加影响，把他们培养成为一定社会（或阶级）所需要的人的活动。这种“施加影响”的教育观之所以被人们接受，当然有其复杂的社会背景和传统的价值观念。然而，从我国教育的实际情况来看，特别是在基础教育课程改革的背景下，“施加影响”的教育概念越来越为人们所质疑。针对这种教育概念的内在局限，人们不断尝试对教育概念做出新的解释，从而加深了对教育本质的认识。

结合基础教育发展的时代精神，我们将教育理解为：教育是教育者通过与受教育者之间的教育性交往，引导受教育者在德、智、体、美等方面全面发展的活动。这种理解有以下几个方面的含义。

其一，教育本质上是一种交往活动，交往是人类特有的存在方式和活动方式。就教育活动而言，教育作为一种交往活动，主要是教育者和受教育者为了交流信息而相互作用的过程。

其二，教育作为一种交往活动，包含着三个基本的构成要素，即交往主体、交往形式与交往内容。在学校教育中，交往主体大体可区分为显在的交往主体与潜在的交往主体。教师与学生直接面对面地进行交往，属于显在的交往主体；而教材作者则成了潜在的交往主体。学生在其发展过程中，不仅受到直接交往主体的影响，也受到那些潜在的交往主体的影响。从交往的中介来看，交往的主要形式是师生之间的言语、行为的交往。交往的内容包括信息、思想、情感、知识等。

其三，教育交往意味着师生交往意图的预先设定。在不同社会的教育体系下，交往的意图存在着很大的差异。在我国，教育作为一种交往活动，其意图是促使交往主体之一的学生健康发展。

其四，教育作为交往活动，与“施加影响”的教育观之区别在于：它强调引导学生自觉发展。当人们把教育看作一种“施加影响”的活动时，学生作为教育客体与对象的特征已然隐含于其中。引导学生自觉发展包含了两个方面的要求：一是强调教师在学生发展中的主导作用，二是突出学生在发展过程中的主体地位。教师的引导与学生的自觉构成了

①沃尔夫冈·布列钦卡. 教育科学的基本概念：分析、批判和建议[M]. 胡劲松，译. 上海：华东师范大学出版社，2001：25-27.

一种应然教育的基本状态。

(二)教育的构成要素

教育的构成:三要素、四要素、五要素。教育的构成是指构成教育活动必不可少的最基本的因素,认识教育的基本要素是认识教育活动结构的基础。关于构成教育活动的要素,不同的学者有不同的认识,概括起来主要有三要素、四要素和五要素这几种说法。其中,尤以三要素最具代表性。

1. 三要素

构成教育活动的基本要素是:教育者、受教育者(又称学习者)和教育影响。[①]

教育者,从广义上说,凡是能增进人们的知识、技能,对受教育者智力、体力和思想意识发挥教育影响作用的人,都可以称为教育者。家庭是个体受教育的重要场所,父母以及家庭中的长辈是子女最初和经常的教育者;社会生产和生活中的师傅以及其他起到教育作用的人,也是教育者。自从人类社会产生了专门的教育机构——学校以来,教育者则主要是指学校中的教师和其他以教育为基本职责的人员。教育者是构建教育实践活动的基本要素,是教育实践活动的主导者。

教育者的根本特征,是他所从事的是一种以培养和教育人为目的的社会实践活动,这种活动的直接指向是受教育者的身心素质。教育活动与社会生活中人们之间的自发影响不同,社会生活中的自发影响,虽然对个体的发展也发生一定的作用,但这种影响却不是以培养和教育人作为活动主体的主要目的,只有在教育活动尤其是学校教育活动中,活动主体才以教育为其主要的目的。教育者的基本职责就是以其自身的活动来引起和促进受教育者的身心按照一定的方向去发展。离开了教育者及其有目的的活动,教育也就不存在了。

受教育者,即学习者,是指在各种教育活动中以学习为其主要职责的人,既包括以学习为主要社会义务的在校青少年儿童,也包括已步入社会但仍在接受多种形式教育的成人。在任何一种实践活动中,实践的对象都是构成该活动的基本要素之一。受教育者是教育实践活动的对象,因而当然地成为教育活动的基本要素,没有受教育者,同样也就没有教育活动的存在。

教育活动是受教育者将一定的外在的教育内容、活动方式内化为其自身的智慧、才能、思想观点和品质的过程。在这样一个艰巨、复杂、漫长的过程中,如果没有受教育者的积极参与,没有其主观能动性的发挥,教育活动是不会有好的效果和高的效率的。教育的任务在于,根据社会需要和个体的"受教性",使受教育者从一个生物个体转化为一个社会个体,从自在的低水平的社会个体转化为自觉的高水平的社会个体。也就是说,通过教育促进个体身心健康发展,使受教育者能够成为一定生产力的承担者、一定社会关系的体现者、一定社会精神生活的积极参与者。随着受教育者的知识与能力的增长,受教育者的主观能动性在教育活动中表现得愈来愈明显,所起的作用也愈来愈大,他们可以在越来越高

---

①王守恒,查啸虎,周兴国.教育学新论[M].合肥:中国科学技术大学出版社,2005:21-22.

的程度上主动而自觉地吸取知识，增进和发展自身的智力、体力和品德修养。

教育影响即教育活动中教育者作用于受教育者的全部信息，既包括了信息的内容，也包括了信息选择、传递和反馈的形式，是内容与形式的统一。从内容上说，主要就是教育内容、教育材料或者教科书；从形式上说，主要就是教育手段、教育方法、教育组织形式。教育内容、教育材料或教科书都是教育活动的媒介，是教育者和受教育者互动的媒介，也是教育者借以实现教育意图、受教育者借以实现发展目标的媒介。这个媒介与社会生活中一般媒介的区别，在于它是根据一定的教育目的以及受教育者身心发展规律和需要从人类浩如烟海的文化宝库中精心选择、组织和呈现的，具有丰富的发展价值。教育工作的全部要旨就在于充分和有效地利用这个媒介来直接促使受教育者的最大限度的发展，并间接满足整个社会的最大发展需要。教育手段、教育方法与教育组织形式是围绕着一定的教育内容、教育材料或教科书设计的，因而是受教育内容、教育材料或教科书性质制约的，同时也反映了受教育者身心发展规律的要求，是把一定的教育内容、教育材料或教科书以合适的方式呈现给受教育者，并促使他们有效学习与积极发展。[①]

上述教育的三要素之间既相互独立，又相互规定，共同构成一个完整的实践系统。没有教育者，教育活动就不可能开展，受教育者也不可能得到有效的指导；没有学习者，教育活动就失去了对象，无的放矢；没有教育影响，教育活动就成了无米之炊、无源之水，再好的教育意图、再好的发展目标，也都无法实现。因此，教育是由上述三个基本要素构成的一种社会实践系统，是上述三个基本要素的有机结合。

教育者、受教育者、教育影响三者在教育活动中所发生的规律性联系表现为：教育者按一定的目的要求去改变受教育者，教育者和受教育者之间发生相互作用；教育者和受教育者之间的作用与联系是以一定的教育影响为中介的；三者之间联系和作用的结果是受教育者发生合乎目的的变化。[②]

2. 四要素

构成教育活动的基本要素是：教育者、受教育者、教育内容和教育物资。

教育活动是由“教”与“学”两类相依相存、相互规定和相互建构的活动复合构成的。教育者与受教育者是教育活动中人的因素。

凡是在教育活动中承担教的责任（包括直接承担者和间接承担者）和施加教育影响的人都是教育者。从广义教育看，教育者包括：各级教育管理人员，专职和兼职的教师，校外教育机构的工作人员，家长，等等；在有明确目的、独立进行的自学活动中，受教育者自己教育自己，当他在为自己确定学习目标、内容和方法时，则承担着部分教育者的任务。从学校教育看，教育者主要是指具有一定资格的专职教师和相对固定的兼职教师。

凡是在教育活动中承担学习责任和接受教育的人都是受教育者。在广义教育中，几乎任何人都可能成为受教育者，只要他在学习着。在学校教育中，受教育者是获得入学资格的相对固定的对象——学生。在教育活动中，相对于教育者，受教育者处于被领导、被

①全国十二所重点师范大学联合编写. 教育学基础[M]. 2 版. 北京：教育科学出版社，2008：6-7.

②南京师范大学《教育学》编写组. 教育学[M]. 北京：人民教育出版社，1984：27.

控制和受教育的地位。只有受教育者主动、积极参与教育活动,把教的要求转化为自己的学习、成长需求时或者善于作出自己的选择时,他才能成为自己学习的主人,成为自觉实现自身发展的主体。

在教育活动中,教育者与受教育者是人的因素中不可分割的两个方面。他们之间有着十分复杂的相互关系。①

3. 五要素

构成教育活动的基本要素是:教育者、受教育者、教育内容、教育方法与组织形式和教育手段。五要素说是将三要素说中的教育影响具体化为教育内容、教育方法与组织形式和教育手段三个要素。关于教育者、受教育者的理解与三要素、四要素无异,此处不再赘述。

教育的内容是受教育者所要学习的各种知识、技能、思想、行为等的总和,它不同于社会生活中的一般影响物,而是根据教育目的经过选择和加工的特殊影响物。人类社会经过长期的历史发展,积累了丰富的知识和经验,但这些知识、经验必须进行精心选择和加工才能够成为教育内容。现代教育内容不仅体现在各种教科书、教学参考和其他物质形式的信息媒体中,也体现在教育者自身拥有的知识、经验、思想品德和工作作风之中,还体现在经过选择和安排的具有教育影响的人际环境、设施环境、自然环境等之中。教育内容逐渐成为教育活动中的一个独立因素。

教育方法与组织形式是在教育过程中为了完成教育任务所采取的教学方法和教学组织形式等,是随着学校教育的发展而逐渐形成和完善的。教学的方法主要有讲授法、谈话法、讨论法、练习法、实验法、参观法等。教学的组织形式有个别教学、班级授课制、课外活动、社会实践活动等。

教育手段是活动中所用的一切物质条件。如教育活动场所、教具、学具、实验器材、电教器材等。教育手段是教育发展水平的重要标志,随着教育手段的不断改进与现代化,教育活动的效率将不断得到提高。

(三)教育的起源

教育起源于什么?这是一个"老而弥新"的问题。一方面,人们对教育起源问题的探索已有上百年的历史;另一方面,中外教育理论界对这一问题的探索虽然取得了一些成果,但是彼此间却存在较大的分歧,这些分歧不断地激发着人们继续研究这一问题的热情和兴趣。目前,关于教育的起源,教育理论界主要有三种代表性的观点,即教育的生物起源说、模仿起源说(也称心理起源说)和劳动起源说。

1. 教育的生物起源说

教育的生物起源说是西方近代关于教育起源问题的第一个具有代表性的观点,其主要代表人物有法国哲学家、社会学家利托尔诺和英国教育家沛西·能。

在《各人种的教育演化》和《动物之教育》这两本书中,利托尔诺集中表达了自己关于

①叶澜. 教育概论[M]. 北京:人民教育出版社,2006:13-14.

教育起源于生物遗传本能的观点。他说:“动物,尤其是略为高等的动物,完全同人一样,生来就有一种由遗传而得到的潜在的教育。”又说:“在脊椎动物中,人们已经可以确认存在着有意识的教育。”利托尔诺认为,教育不是人类社会所特有的现象,早在人类出现之前,自觉的教育、指导和学习就已经普遍地存在于动物界,如大猫教小猫捕鼠,大鸭教小鸭游水,等。人类从动物界分化出来以后,只不过继承和改进了动物界业已存在的教育形式,使其获得了一些新的性质而已。但是,教育所获得的这些新质,并不足以使人的教育与动物的教育严格地区分开来,在本质上,两者并无二致。

关于教育的起源问题,英国教育家沛西·能也做出了跟利托尔诺相似的回答。他在1923年召开的不列颠协会教育科学组大会上,发表了《人民的教育》的演说。在该演说中,沛西·能指出:“从起源上讲,教育是一个生物学的过程。不仅一切人类社会有教育……甚至在高等动物中也有低级形式的教育。我之所以把教育称之为生物学的过程,意思就是说,教育是为与种族需要相应的种族生活天生的,而不是获得的表现形式;教育既无待周密的考虑使它产生,也无需科学予以指导,它是扎根于本能的不可避免的行为。”“生物的冲动是教育的主要动力。”

2. 教育的模仿起源说

教育的模仿起源说也称教育的心理起源说,是西方关于教育起源问题的一种具有代表性的观点,主张教育起源于儿童对成人的无意识模仿。其主要代表人物是美国教育家孟禄。

在《教育史教科书》一书中,孟禄批判了利托尔诺关于教育起源于生物本能的观点,认为这种观点忽略了人的心理和动物心理的本质区别。在该书的第一章“原始的教育”中,孟禄从人类学和心理学角度出发,对人类教育的起源和发生过程作了专门和详细的论述。通过对原始教育的系统深入研究,孟禄发现原始社会中既缺乏系统的知识和经验,也没有一定的教材,更不可能采用一定的教学形式和教学方法。根据这一事实,孟禄认为原始人的教育过程不可能是一种有意识的过程。儿童仅仅是凭借着对成人的观察和尝试成功的方法,习得了各种生活知识和技能,并在亲身实践活动中进行重复尝试。对于教育的起源问题,孟禄在书中这样总结道:在原始社会中,不论是社会还是个体,其教育的发生都是“最非理性的”和“单纯的无意识的模仿。原始社会的教育普遍采用的方法是简单的无意识的模仿。儿童对年长成员的无意识模仿就是最初的教育的发展”。

3. 教育的劳动起源说

教育的劳动起源说是苏联教育学者在教育起源问题上的代表性观点,其理论基础是恩格斯的劳动学说,该学说主张:教育起源于劳动,起源于劳动过程中社会生产需要和人的发展需要,是两者的辩证统一。

恩格斯的劳动学说有助于我们理解教育的起源问题。首先,社会生产需要使教育的出现成为必要。推动人类教育起源的直接动因,是劳动过程中人们传递生产经验和生活经验的实际社会需要。人类之所以需要通过教育来传递社会生产与生活经验,这是因为:第一,人类区别于动物的重要标志是,人类能够制造并使用劳动工具;第二,劳动的前提条件之一,是掌握必要的劳动知识;第三,劳动是一种社会性的活动;第四,劳动从一开始就是一种有意识、有计划的创造性活动。

其次,从劳动中产生的语言,使教育的出现成为可能。不论是口头语言活动,还是书面文字符号,都是因为劳动而产生的。为了使生产、生活经验能够在人与人之间得以及时传递,以便使更多的人掌握它,人们不得不假借某种声音符号,这种声音符号就是最初的口头语言。为了使生产和生活经验不致因为获得经验人的消亡而消亡,人们不得不借助一定的符号形式把各种经验记录下来,以实现经验与获得经验人的分离,使经验假借某种符号形式得以在相当长的时间内保存。这种符号形式,便是早期的文字。有了口头语言和书面文字,经验便有了突破时空限制的可能,得以有效的积累和流传。有了必须传递的丰富内容——生产和生活经验,有了传递这种内容的有效手段——口头语言和文字符号,教育的产生便成为了可能。据人类学学者研究发现:在原始社会,父辈在向儿童传递生产经验的同时,还对儿童进行社会方面的训练,使他们适应社会生活,如遵守部落习俗等。这种生产经验的学习和社会方面的训练,除了儿童对成人的无意识模仿外,更主要的是通过书面文字和口头语言等有意识的传递活动实现。

最后,教育的起源与人自身发展的需要密切相关。恩格斯说:根据唯物主义观点,历史中的决定性因素,归根结蒂是直接生活的生产和再生产。但是,生产本身又分两种:一方面,是生活资料即食物、衣服、住房以及为此所必需的工具的生产;另一方面,是人类自身的生产,即种的繁衍。人类自身得以生活下去和繁衍开来的基础是物质资料的生产,因而生产经验的传授与学习是第一位的。一个人,他最早接触的是社会环境,而后接触的才是生产环境。如果年轻一代不经历人类社会有意识、有目的的教育过程,如果没有长者对他们言传身教,他们就不可能具有社会性——人特有的本质属性,他们就难以适应人类社会特有的正常生活,人类世代积累起来的经验、知识、技能、生活规范等精神文明就会因此而终止。[①]

以上各派教育起源观,各有不同的着眼点,也各有其理论和事实为立论的根据,并反映了不同的时代背景。真理是一个过程,各种不同的教育起源的理论都是这个过程链条上的一环,因而可以说不同的理论观点可以为我们提供不同的思想材料,有助于我们对问题的分析和认识。生物起源说只见动物世界,不辨其与人类社会质的区别;只见教育的量变,不见教育质的飞跃。可谓蔽于天而不知人。模仿起源说则惑于教育活动中人的心理模仿因素而对人的生活需要这种动因认识不足,忽视了教育的社会性、实践性。劳动起源说对教育的社会性又作了极端狭隘和片面的理解[②]。

生产劳动是教育产生的直接必要条件,但是,把劳动当作产生教育唯一条件的观点是对社会现象缺乏整体认识的表现。人类在积累生产经验的同时也积累着生活经验,这些经验都需要通过教育来传递。对每个人来说,一生中学习的开始并非在生产劳动中,而是在日常生活中。个人首先学习的是生活而不是生产。因此,更确切地说,教育产生于原始社会整个社会活动的需要。它既包括原始社会作为整体的生存、延续和发展的需要,也包

①靳玉乐,李森,等.现代教育学[M].成都:四川教育出版社,2005:16-20.

②胡德海.教育学原理[M].3版.北京:人民教育出版社,2013:148-149.

括作为社会成员的每个个体生命的生存、延续和发展的需要;既包括原始社会生产劳动的需要,也包括原始人生活和交往的需要。①

(四)教育的形态

教育的形态即教育这一社会现象存在的形式和状态。世界上任何事物都有一定的存在形式和状态,教育也不例外,它也有一定的形态。教育发展到当代,已由初始的观察模仿、口耳相传,到后来学校教育的产生,再到近现代社会的多层次与多类别,从而形成了一个纵横交叉的庞杂体系。根据不同的标准,可以划分出不同的教育形态。从目前的研究来看,划分教育形态的标准大致有三个:一是教育系统自身的标准;二是教育系统所赖以运行的场所或空间标准;三是教育系统所赖以运行的时间标准。从教育系统自身的标准出发,可以将教育形态划分为"非制度化的教育"与"制度化的教育";从教育系统所赖以运行的场所或空间标准出发,可以将教育形态划分为"家庭教育""学校教育"与"社会教育";从教育系统所赖以运行的时间标准以及建立于其上的产业技术和社会形态出发,我们可以将教育形态划分为"农业社会的教育""工业社会的教育"与"信息社会的教育"。

1.非制度化的教育与制度化的教育

根据教育系统自身形式化的程度,可以将教育形态划分为"非制度化的教育"与"制度化的教育"两种类型。

非制度化的教育是指那些没有能够形成相对独立的教育形式的教育。这种教育是与生产或生活高度一体化的,没有从日常的生产或生活中分离出来成为一种相对独立的社会机构及其制度化行为。人类学校产生以前的教育就属于这种非制度化的教育。就是在人类学校已经形成一个高度复杂网络的今天,非制度化的教育也仍然存在,只是它在个体发展和整个教育系统中所占的地位和所起的作用已经非常有限了。

制度化的教育是从非制度化的教育中演化而来的,是指由专门的教育人员、机构及其运行制度所构成的教育形态。制度化的教育是人类教育的高级形态。它的出现是人类教育文明的一大进步,极大地推动了人类总体文明的发展。今天所谈论的种种"教育"和"教育改革",基本上指的是这种制度化的教育。

2.家庭教育、学校教育与社会教育

从教育系统所赖以运行的空间特性来看,可以将教育形态划分为家庭教育、学校教育与社会教育三种类型。比较来说,家庭教育是指以家庭为单位进行的教育活动;学校教育是指以学校为单位进行的教育活动;社会教育是指在广泛的社会生活和生产过程中所进行的教育活动。这种划分是众所周知的,也没有留下什么理论上的问题,但有意义的是这三种教育形态以及它们彼此之间关系的历史变迁。

在人类历史的绝大部分时间里,家庭作为一种基本的社会单位,承担了大量的教育任务。对青少年一代进行教育,也是传统意义上家庭的一种重要功能。在西方历史上,许多教育名著都是作者从事家庭教育经验的结晶,像洛克的《教育漫话》就是这样。在中国,传

①叶澜.教育概论[M].北京:人民教育出版社,2006:41-42.

统上的“家学”对于保存和发展中国文化也起到了不可忽视的作用。只是到了大工业革命以后,家庭的教育功能才像家庭的经济功能一样开始衰弱,让位于公共的学校教育。然而,即使是在今天,家庭的教育作用仍然是非常重要的,特别是在培养青少年健全人格方面,更是学校所无法取代的。由于今日的学校面临着越来越多的问题,因此家庭教育更是为人们所看重。在一些国家或地区,甚至出现了“家庭学校”这种新兴的教育方式。历史的发展过程告诉我们,家庭教育具有不可替代性,在新的时代条件和技术支持下家庭教育的形式、内容以及所发挥的作用也会有新的变化。

学校教育作为一种教育形态,有其自身的优越性,如有专门的教育机构,有专门的经过职业培训的教师,有比较充裕的教育经费,有精心设计的课程和教学计划,有比较及时的学习反馈和学业成就评价机制,等等。正是由于学校教育的这些特征,它才能成为一种主导性的现代教育形态。但是,自从学校产生以来,思想家们对学校的批判也就从来没有中断过。他们的批评告诫我们:并不是所有的学校都有利于青少年一代的发展;为了一代代青少年的健康发展,我们必须不断地改革和完善学校教育。

社会教育作为一种教育形态,也是自古就有。原始社会人们所举行的各种仪式或宗教活动,都具有社会教育的意义。社会教育从其外延上说,主要包括了“社会传统的教育”“社会制度的教育”与“社会活动或事件的教育”。社会传统的教育是指一个社会的传统风尚对于个体的发展具有一种不言而喻的教育性。社会制度的教育是指当下的社会政治、经济、文化等方面的制度对于个体的态度、行为和信念产生一种塑造的作用。社会活动或事件的教育是指个体从各种各样的社会活动经验中所获得的教育。在今天这样一个终身教育和终身学习的时代,社会教育从内涵和外延上也在发生着质的变化。

认真研究家庭教育、学校教育和社会教育之间的关系,有助于充分地利用家庭、学校和社会的教育资源;有助于更好地发挥每一种教育形态的优势,形成“教育合力”;有助于解决当前学校教育的棘手问题;有助于青少年一代更好地发展。打破传统意义上学校教育、家庭教育和社会教育的界限,建立一个高度一体化的“家校关系”“校校关系”和“(学)校(社)区关系”,是改革当前学校、建设学习化社会的一个重要举措。①

3. 农业社会的教育、工业社会的教育与信息社会的教育

从教育系统所赖以运行的时间标准以及建立于其上的产业技术和社会形态出发,可以将教育形态划分为“农业社会的教育”“工业社会的教育”与“信息社会的教育”。

农业社会的教育具有以下特征:①古代学校的出现和发展;②教育阶级性的出现和强化;③学校教育与生产劳动相脱离。工业社会的教育具有以下特征:①现代学校的出现和发展;②教育与生产劳动从分离走向结合,教育的生产性日益突出;③教育的公共性日益突出;④教育的复杂程度和理论自觉性都越来越高,教育研究在推动教育改革中的作用越来越大。信息社会的教育具有以下特征:①学校将发生一系列变革;②教育的功能将进一步得到全面理解;③教育的国际化与教育的本土化趋势都非常明显;④教育的终身化和全民化理念成为指导教育改革的基本理念。

---

①全国十二所重点师范大学联合编写. 教育学基础[M]. 2版. 北京:教育科学出版社,2008:7-10.

二、教育功能

功能，常常是“作用”的同义词，指的是事物所具有的一种能力、效用和影响等。教育功能就是指教育这一事物本身所能够产生的效用、引起的变化、具有的影响等。

教育是一种有目的、有计划、有组织地培养人的活动，同时，它也是社会整体结构的一个重要组成部分。无论是对于每一个个体而言，还是对于整个社会而言，教育都具有重要的作用和影响。这种作用和影响，一般称之为教育功能。

教育的功能究竟有哪些？从不同的视角出发，对教育的功能就会有不同的理解。但概而言之，教育功能主要涉及社会功能和个体功能两大方面。

（一）教育的社会功能

教育的社会功能，指的是教育对于整个社会所产生的作用和影响。

教育是社会的一个组成部分。用系统论的观点看，社会是一个庞大的复杂的系统，在这个大系统中，包含着经济、政治、文化等众多的子系统，教育也是其中的子系统之一，并与其他子系统存在着千丝万缕的密切联系。社会的经济、政治、文化对教育有着重要的制约和影响，教育对社会的经济、政治、文化等又有着重要的反作用。教育具有重要的经济功能、政治功能和文化功能。

1. 教育的经济功能

总体来说，教育与经济的关系，其核心内容是相互制约、相互作用、相互影响的双向互动关系。这种关系可以分为两个方面：一方面，经济对教育具有重要的决定和制约作用，如对教育的发展规模和速度、教育的内部结构、教育目的与内容、教学方法手段、教学组织形式等，具有重要的制约和影响；另一方面，教育又可以通过再生产劳动力、再生产科学技术以及创造和发展科学技术等途径推动经济发展，发挥其重要的经济功能。

（1）通过再生产劳动力推动经济发展

劳动力是生产力的一部分，而且，是生产力中最活跃、最重要、最具有决定性的一个因素。任何社会的再生产都要消耗一定的劳动力，为了使社会再生产顺利进行，劳动力需要得到源源不断的补充，这就是劳动力的再生产。劳动力再生产是社会再生产的重要内容和必要条件。

如果说劳动力就是人的劳动能力的话，这种劳动能力可以分解为体力和智力两个方面。由此，劳动力的再生产也就包括两个内容和过程：一是人的自然成长和成熟过程，这个过程可以形成人的体力；二是教育和训练过程，这个过程主要形成劳动者的智力或脑力，即通过教育和训练，使劳动者掌握劳动的知识经验和技能技巧。

一个人没有掌握劳动的知识经验和技能技巧时，他只是一个可能的劳动力。他虽然具备了劳动的器官，但还没有掌握劳动的本领，不具备劳动的能力。只有通过一定的教育和训练，使人掌握劳动的知识、经验和技能、技巧，人才能从可能的劳动力转变为现实的劳动力,人才能顺利从事生产劳动。所以,正如马克思所说:“要改变一般的人的本性,使它获得一定劳动部门的技能和技巧,成为发达的和专门的劳动力,就要有一定的教育或训练。”①离开了教育活动,人就不可能实现从一般的可能的劳动力向发达的、专门的、现实的劳动力的转化。从这个意义上说,教育是劳动力再生产的基本途径和重要手段。

在现代社会中,教育把可能的劳动力转化为现实的劳动力,它的含义不仅仅是指培养具有一定文化科学知识的体力劳动者,如熟练工人等,同时,也包括了培养主要从事脑力劳动的科学家、工程师、设计师、技术员等专门人才。

从现代生产的特点来看,随着生产社会化和生产专门化的发展,大量产品已经变成多种机构(如生产企业、研究设计单位等)和多种人员(熟练工人、技术员、工程师、管理人员等)协作劳动的成果。在这样的情况下,劳动力已经不再局限于直接使用和操纵生产工具的人,还包括其他方面的人员。“劳动力”这一概念的外延在社会化大生产条件下已经有了极大的扩展,除直接使用和操纵生产工具的人之外,工程技术人员、科研人员、生产和经营活动的管理人员等,也成为直接生产领域的物质生产者,成为劳动力的重要组成部分。而且,这一部分劳动力对整个社会生产和经济的发展所起的作用正变得越来越大,越来越具有举足轻重的意义。为此,当今世界各国都十分重视通过发展教育,造就大批的科技和管理人才。一个国家科技和管理人才的数量和规模,被普遍看作衡量其生产力发展水平和经济发展实力的一个极其重要的指标。

总之,教育再生产劳动力,在现代社会条件下,就是培养出以下几方面的人:一是培养出大批能够直接使用和操纵现代化生产工具的人;二是培养出大批能够在生产工具和生产技术上不断有所革新的人;三是培养出一批能够在科学技术领域有所发现和有所发明的人;四是培养出一批能够对生产和经济运行进行有效管理的人。

不言而喻,通过教育培养和造就大批的上述各类人才,可以极大地改变劳动要素,提升生产和经济领域人力资源的素质和水平,在此基础上,可以提高生产劳动效率,推动生产发展和经济的迅速增长。请参见表1-1。

表1-1 我国人均受教育年限与人均国内生产总值的关系②

年份	1964	1982	1990	2000	2005
受教育年限	2.54	3.16	5.53	7.14	8.3
人均 GDP		974.38	1 521.87	7 062.88	14 002.02

上表中所呈现的当代中国不同历史时期的人均受教育年限与经济发展指标的数据,有力地说明了:在当今时代,教育在经济发展中所发挥的作用日趋明显,国民受教育水平的高低,已经成为影响国家经济发展的极其重要的因素。

(2)通过再生产科学技术推动经济发展

在现代社会条件下,教育再生产劳动力与再生产科学技术有着不可分割的密切关系,

①中共中央马克思恩格斯列宁斯大林著作编译局.马克思恩格斯全集:第23卷[M].北京:人民出版社,1972:195.

②商江.眺望中国教育:商江教育论文汇集[G].长春:吉林大学出版社,2007:261-269.

教育再生产劳动力主要是通过再生产科学技术来实现的,两者是统一的。

科学技术是现代生产力的重要构成因素。传统的生产力要素仅仅指劳动者、生产工具和劳动对象。在现代社会中,由于科学技术广泛地应用于生产过程,现代生产力已经突破了传统生产力的结构范围。科学技术作为现代生产力的极其重要的“附着性要素”,可以分别“附着”在劳动者、生产工具和劳动对象身上,从而大大改善和提高上述各个要素的素质和水平,有力地推动生产的发展和经济的增长。

科学技术是有着明显的继承性特点的。科学技术并不是某一历史时期的产物,而是人类社会整个历史发展过程的结晶,它有一个不断继承、积累和发展的历史过程。任何一个个人或一个时代,对于客观自然的认识总是有限的,人类要在绝对真理的长河中不断前进,就需要科学技术知识的继承和积累。继承和借鉴前人的科学技术成果,是科学技术发展的前提条件。

教育在这个历史过程中起到十分重要的作用。通过教育,可以把人类社会先前积累起来的科学技术成果传授给新一代。如果没有教育所实现的科学技术的再生产,人类创造的科学技术成果就不能得到传递与继承,当代科学技术达到的水平也就是难以想象的。

教育对科学技术的再生产有两个显著影响:

第一,教育对科学技术的再生产是一种扩大的再生产。通过学校教育活动的实施,可以使原先仅为少数人(如科学家和研究人员)所了解和掌握的科学技术能够为广大的人群所掌握,使科学技术能在更大的范围内普及、推广和应用。教育对科学技术的这种扩大的再生产,可以极大地提高广大社会成员的科学文化水平,从而为今后科学技术力量的补充和发展提供广泛的基础。

第二,教育对科学技术的再生产是一种高效率的再生产。在学校教育的条件下,在经过精心组织的特定的教学环境中,通过教育者——教师的引导,借助于一整套有效的教学方法和手段,学生可以在很短的时间内掌握人类用很长时间才积累起来的科学技术成果。也就是说,教育可以把前人长期积累的大量科学技术成果,经由教育者高速度、高效率地传递给受教育者,从而以最便捷、最有效的形式,实现对科学技术的再生产。

现在,科学技术发展一日千里,特别是在信息技术、新能源技术、新材料技术、生物工程技术、空间技术、海洋技术等领域,其发展速度更是惊人。在这种背景下,通过学校教育再生产科学技术,将最新的科学技术传递给年轻一代,让他们掌握并在生产和经济活动中加以运用,这对于促进社会经济发展,具有十分重要的意义。

(3)通过创造和发展新的科学技术推动经济发展

学校教育的主要任务,是向年轻一代传授人类已有的科学文化成果。但是,不容忽视的是:学校教育在向年轻一代传授人类已有的科学文化成果的同时,即在进行科学知识再生产的同时,也在不断地创造和发展科学技术,不断地生产出新的科学发现和新的技术发明,推动科学技术向前发展。教育所具有的这种创造、生产和发展科学技术的功能,主要是由高等学校来承担的。

考察科学发展的历史不难发现,在现代科学发展的过程中,许多重大的科学发现都是来自高等学校或者与高等学校的教学和科研工作有密切关联。例如,英国剑桥大学的卡文迪什实验室成立100多年来，先后有几十人因有重大的科学发现与建树而获得诺贝尔奖金，麦克斯韦在这个实验室里建立了经典电磁理论，查德威克发现了中子，等等。

同样，技术领域的很多重大进步也是直接或间接得益于高等学校。例如，作为第一次工业技术革命的标志的蒸汽机，就产生于英国的格拉斯哥大学，由在该校做仪器修理工的瓦特在许多教师的帮助下发明。20世纪的电子计算机、原子能和空间技术等也与高等学校有着不解之缘，世界上第一台电子计算机就是1946年在美国宾夕法尼亚大学莫尔工学院诞生的。

现代高等学校普遍具有学科门类齐全、人才集中、知识密集、学术研究力量雄厚、设备先进等一系列优势，具备"生产"科学所必需的各方面条件，因此，很多国家都十分重视利用这些优势和条件，使其充分发挥出作用和潜力。很多国家都在一些著名大学的周围建设了类似筑波和硅谷那样的科学城，以便借助于高校的力量，或者借助于同高校的紧密联系，来进行有关的科学研究。

总之，在现代社会里，高等学校已把开展科学研究活动、推动科学向前发展当作其重要的职能之一。高等学校大量科学研究成果的涌现，充分证明高等学校已经成为从事科学研究的一支极其重要的力量。高等教育机构所创造的大量科学技术成果一旦被运用于生产和经济领域，同样也能够带来显著的经济效益，促进生产和经济的发展。

2.教育的政治功能

作为一种复杂的社会现象，政治的表现形态多种多样，既有"物质"的形态，如各种政治制度、政治权力的实施机构，具体包括政府机构、党派机构、立法和司法机构等；也有"观念"的形态，如反映特定政党、阶级、集团的利益和要求的政治路线、方针、政策，以及相关的政治理论和政治学说等；还有"活动"的形态，如各政党、阶级和集团围绕政权归属和各自利益所进行的政治宣传和政治斗争等。

教育与政治的关系，如同教育与经济的关系一样，也是相互制约、相互作用、相互影响的双向互动关系。一方面，政治对教育的诸多领域，如教育目的和内容、教育管理体制、教育资源的分配等，具有重要的制约和影响作用；另一方面，教育并不是消极、被动地接受政治的制约，它作为一种能动的社会因素，也能对政治产生重要的作用和影响，具有重要的政治功能。

(1)促进年轻一代政治社会化的发展

个体社会化是指一个人由"自然人"向"社会人"的逐渐转变的过程，是个体在后天生活过程中通过与社会的交互作用，吸收并适应社会文化和规范，从而成为一个合格的社会成员的过程。

个体政治社会化是个体社会化的重要内容和组成部分。所谓个体政治社会化，是指个体逐渐掌握和了解一定政治体系所倡导和认可的政治规范、政治价值观念，形成适应和拥护一定政治体系的政治态度、政治情感、政治信念和政治行为方式的过程。当然，这里所说的对政治体系的适应，并不排除对一定政治体系的怀疑和批判，作为个体政治社会化的一个重要内容，是具有一定的政治批判能力，对政治弊端、政治腐败、政治黑暗具有敏锐的观察力和深刻的批判能力。

判断个体的政治社会化发展成熟与否,一般有四个主要标志,一是个体是否具备了最基本的政治常识,是否了解最基本的政治规范;二是个体是否已形成对特定的政党、政权、政府以及政治制度的肯定的认同的态度;三是个体是否已形成较为稳定的政治情感,杜绝政治冲动、政治盲从;四是个体是否已具备政治参与意识和政治参与能力。

人类社会发展的历史告诉我们,任何一种政治体系,如果不能得到社会成员普遍的认同和拥护,这种政治体系便失去了巩固的基础。这一点也早已为古今中外的统治阶级所认识。因而,各个时代、各个国家的统治阶级都十分重视通过学校教育"教化"民众,影响年轻一代政治社会化的发展。

对国家和社会而言,学校教育是促进年轻一代政治社会化的最有效场所和工具。学校不仅可以通过各种课程的开设,对学生进行直接的政治灌输,从而影响他们的政治思想、政治立场、政治态度、政治行为等,而且,学校还可以将一定的政治价值观念渗透和隐含在其他各科教学中,向学生传播。此外,学校还可以通过引导学生参加一定的政治活动,在活动和交往中,强化和调整他们的政治思想观念,促进其政治社会化的发展。

(2)培养和造就政治人才

任何一种政治体系的运行,都需要一大批政治人才。政治人才从何而来?答案是明确的:从古至今,在很大程度上都是。通过学校培养和造就大量的政治人才。

学校在培养这些政治人才时,不仅要促使他们形成一定的政治观念,而且还要促使他们掌握相应的统治和管理的知识与能力。如我国古代的学校教育,向学生传授的大半是"修己治人之道",目的是要他们能够"致君泽民"。古代学校实际上就是官吏的养成所。两千多年前的孔子及其弟子,就把教育称之为"学干禄",即学习为官从政的本领。据史料记载,孔子的弟子中的不少人"大者为卿相师傅,小者有教士大夫",对当时的政治起了一定的作用。又如,在我国学校发展比较旺盛的唐代,中央政权所办的各类学校,如国子学、太学、四门学等,其学生毕业后大多都充当国家和地方的各级官吏。

在现代社会,随着政治、经济和文化的发展,社会对政治人才特别是对于政治精英人才的知识与能力结构、领导艺术和决策水平等,都提出了更高的要求。在这样的背景下,很多国家在政治人才的选拔方面,都出现了一个明显的"高学历化"趋势,都非常重视通过系统教育的方式来培养和造就政府官员和管理人才。

信息窗 1-1

在美国,从1789年到1953年,有67%的高级政治领导人(包括总统、副总统、众议院议长、内阁成员、最高法院法官)是大学毕业生,其中,绝大多数毕业于东部的名牌大学,如哈佛大学、耶鲁大学、普林斯顿大学等。在日本,1937年在高级文职官员中,有1 007名即73.6%是东京大学的毕业生,其中有46.5%毕业于东京大学法律系。在土耳其,任命高级行政机构职务——诸如总督、副总督的先决条件是上过大学,在文职官僚中,有99%是安卡拉大学政治学院和法律学院的毕业生。

[**资料来源**]卡扎米亚斯,马西亚拉斯.教育的传统与变革[M].福建师范大学教育系,等译.北京:文化教育出版社,1981:217-227.

在我国，曾有一个较长时期，主要通过实践来培养各级党政领导干部和管理人才。改革开放以后，在新的历史时期，为适应现代化建设对干部队伍政治和文化素质的需要，提高党政领导干部的管理和决策水平，使党的路线、方针、政策得以更好地贯彻落实，党和国家提出了“革命化、年轻化、知识化和专业化”的“四化”标准和要求。其中的“知识化”和“专业化”要求，显然与个人教育状况有着密切的关系。在此背景下，大批具备良好教育背景、较高学历水准的人才走上了各级重要领导岗位，成为了国家和社会的管理者，对于推动现代化建设、促进经济社会发展发挥了重要作用。

(3)制造社会舆论，影响政治时局

学校教育不仅可以把一定阶级的政治思想意识、政治价值观念传授给年轻一代，对在校学生的政治态度、政治立场、政治情感、政治信念等产生重要影响，而且，借助于学校这个阵地，借助于学校内的教师和学生，以及教材、刊物等媒介，可以进一步影响群众，向社会上的广大民众宣传、扩散和传授一定的政治思想意识，对广大民众的政治立场、政治态度和行为产生影响，进而影响政治时局，甚至促使政治时局发生变化。

表面上，学校是读书的场所，是培养人才的场所，与政治斗争无直接关联。但实际上，学校是各阶级特别是敌对阶级激烈争夺的一个阵地，是一个对政治斗争十分敏感的场所。社会中的各个利益集团都要千方百计利用学校机构为实现自己的政治目的服务。之所以如此，其原因主要在于：首先，学校内部储存着丰富的政治思想资源——古今中外的各种意识形态，包括各种政治学说、政治理论和主张等；其次，学校内部拥有丰富的政治人力资源，集中了一大批具有远大政治抱负，且能够制造社会舆论的知识分子。

历史上，历朝历代的学校都是制造各种社会舆论、宣传各种思想政治主张、影响政治时局的一股不可忽视的重要力量。秦朝的儒生曾经利用讲学机会，“以古非今”，讽议朝政，致使秦王朝“政令不通”；汉代太学生也曾积极参与当时的政治斗争，评论朝政，对宦官集团发起猛烈攻击，对当时的政治产生很大影响。明朝的东林书院“讲习之余，往往讽议朝政，裁量人物。朝士慕其风者，多遥相应和”，引起当政权贵的痛恨。

现代社会中，学生运动、校园风潮也常常影响政治时局。20 世纪 60 年代初，美国南部学生运动促使美国南部的政治制度发生了重大变化；1960 年日本学生团体发起反对“日美安全条约”运动，反美示威导致美国总统取消访日和日本首相岸信介被迫辞职。我国 20 世纪的“五四运动”“一二・九”运动，这两次运动最初都是由大学生组织、发起，最终发展成为全社会的运动，并对政治时局产生了重要影响。

(4)促进和推动民主政治建设

民主政治的源头，最早可以追溯到古希腊。在古代希腊的雅典，就曾出现过最早的奴隶主贵族精英民主政治，即统治阶级中的大多数人享有管理国家的权力，如选举高级公职人员、制定法律、决定重大问题等。

近代以后，随着工业化和资本主义的发展，西方古代的贵族精英民主，逐渐转型为商业资本民主，然后再经过工人阶级运动和各种民权运动，发展到现代社会的广泛民主。在现代西方社会中，私有制条件下的资本主义民主政治，逐渐派生出了多党竞争、民主选举、三权分立等多方面的内容。

我国当前的社会主义民主政治建设道路正在探索之中。例如,政协的协商式民主体制和机制正在逐步完善,基层直选试点也在逐步推进,等等。当然,中国社会主义民主政治的发展与广大人民群众的期待尚有一定距离,与经济社会发展的需要还有待适应,公民的各项民主权利如知情权、参与权、表达权和监督权等,尚需进一步得到保障和落实。在定期选举、人大代表的产生程序与构成、舆论监督、司法独立、依法行政、决策透明等方面,尚须不断推进、发展和完善。

社会主义民主政治的核心是人民当家做主,即广大人民群众参与国家事务,参与对国家的监督和管理。广大人民群众要能够真正、有效参与政治活动,参与对国家事务的管理,无疑需要多方面条件,在这些条件中,一个重要的基础性条件,就是广大人民群众具备较高的文化教育水平。如果没有一定的文化教育水平,广大人民群众就不可能形成较高的政治参与意识和政治参与能力,就不可能很好地行使公民的各种政治权利,同时也不可能很好地履行公民的各种政治义务。

"文盲是站在政治之外的。"在一个文盲充斥的国家里,是不可能建设真正的民主政治的。历史已经表明,文化教育的落后,往往是专制主义、政治盲从、政治偏激产生与盛行的原因和基础,而教育的兴旺发达,则是政治民主化与进步的先决条件。

从世界上很多国家民主政治建设的过程来看,几乎没有一个国家不需要借助教育的力量。西方曾有不少学者认为:在一个国家里,民众的教育程度越高,则国家的政治民主化程度也越高。这一结论我们当然不能完全苟同。但是,我们也应当认识到:民众的教育程度与民主政治建设之间的关系是十分紧密的,广大人民群众教育程度的提高,对于民主政治的建设与发展,具有重要的推动作用。

3. 教育的文化功能

文化是社会有机体的重要组成部分。教育与社会文化是紧密关联的,教育活动不能脱离社会文化而存在,教育的所有活动都是在文化系统这个大背景中展开的,离开了社会文化,教育这一要素就不能充分地被认识。

文化制约着人类各方面的活动,同样,它也制约着人类的教育活动。对于教育的基本内容、教育观念、教育态度、教育行为、教育模式等,都有重要的制约和影响作用。但是,另一方面,反过来,教育对于文化的延续和发展等,又有着重要的反作用,这种反作用,就是教育所具有的文化功能。

教育的文化功能主要表现在以下几个方面。

(1)传递文化的功能

文化的传递是文化的世代传承,是文化在时间上的延续。由于文化具有独立于人的生物肌体之外的特点,因此,社会文化的所有成分和各方面内容,如科学、哲学、道德、文学、艺术、宗教、传统习俗、思维方式、民族心理等,都不可能通过生物繁殖和遗传的方式,一代一代地延续和传递下去,而只能通过后天的教化和教育,才能实现文化的代代相传。所以,教育是实现文化传递和保存的基本手段,是文化的"遗传基因"。

值得注意的是,教育对文化的传递,通常是通过一种特殊的方式,即促使文化在不同载体间的转移,对文化加以"激活"或"活化"来实现的。文化是抽象的,它的存在通常离不开一定的载体。文化所依附的载体,一般主要包括象征符号(如文字等)、物品(如文物、古建筑等)以及活生生的人等,当文化仅仅依附于象征符号、物品这两种载体时,它还没有走向"活化"状态。只有通过教育,将文化教给年轻一代,使文化由依附于象征符号、物品,转变为依附于活生生的人这一载体,并使人在实践中运用它,使它成为社会生产和生活的重要内容和手段,这种文化才能在现实中显示它的生命力和存在价值。如果一种文化不能通过教育的方式一代一代地传递下去,不能在后代身上获得再生,那么,这种文化最终不可避免地就要逐渐走向萎缩甚至消亡。所以,通过教育对文化的传递,也就意味着将文化放进了一个"保险箱"中,使之能够得到很好的保存,绵延不绝。

教育的基本社会功能之一,是通过教育者和受教育者的共同活动,实现文化的传递。

传递文化的功能是教育的基本功能。没有教育这一传播文化的手段,文化将无法延续,人的各种文化能力也将无从产生。教育传递文化的功能,随着人类社会发展,它的内涵也在不断地发生变化。在古代,由于文化不发达,教育传递文化的功能具有封闭性特点,它只传递占统治地位的阶级的文化,而排斥其他阶级的文化。如中国封建社会,教育主要传递儒家文化。从传递方式看,强调将人类积累的文化传给下一代,按已有模式去塑造人。进入现代社会后,教育传递文化的功能日趋开放,不仅注重传递本民族传统文化,也注意传递外来文化的优秀要素;不仅注重主流文化的传递,也关注多种亚文化的存在;不仅将人类积累的文化知识传给下一代,更着力于在这个过程中形成人的文化再生的能力。

(2)传播文化的功能

文化的传播是文化从一个区域向另一个区域的扩散,是文化在空间上的流动。在传播方向上,可以是某一文化共同体的文化向另一文化共同体的单向流动或扩散,也可以是多种文化的相互传播。在空间范围上,它的流动和扩散可以是较小的,也可以是较大的;可以是在同一文化圈、文化区之内,也可超越本文化圈、文化区向其他文化圈、文化区扩散和流动。

文化的传播可以促进不同文化的广泛接触和融合,使文化超越地理环境和历史传统的约束,为不同文化主动吸收其他文化的优秀元素,从而不断丰富和发展自身,增生出新的文化因子,创造机会和条件。因此,文化的传播和交流是文化发展的重要动力。

文化传播的途径有很多,包括移民、迁徙、贸易、战争等,教育也是其中一个十分重要的途径。与其他文化传播途径相比,教育对于文化的传播,具有自己一系列独特的特点:

第一,教育传播文化具有选择性特点。其他文化圈、其他类型的文化通过教育进行传播和交流时,都要经过一个过滤与筛选的过程。一方面,教育根据一定社会的需要和价值取向来进行选择;另一方面,按文化自身发展的需要作出选择。因此,教育传播文化有更大的可能去吸收不同民族文化的精华,并能较好地按文化发展的需要,把这些精华纳入本民族核心文化体系中,从而大大减少传播的盲目性。

第二,教育传播文化具有深层次特点。其他文化传播途径如贸易、经商、旅游、战争等,所传播的往往只是表层文化。而教育传播的文化则主要是深层次文化。如价值观念、思维方式、审美情趣、学术思想理论等。它可以使人的文化吸收、消化、识别、选择、创造等能力得到增强,使文化心理、价值取向合理化。

第三,教育传播文化具有系统性特点。教育过程是一种有目的、有计划、有组织的系统的过程。因此,教育传播文化的过程不同于偶然的个别的文化传播与接触。在教育过程中所传播的文化是经过选择的,实施的步骤是经过严密计划的。它具有较大的准确性、较高的保存性。而且传播者之间在教育过程中始终是稳定的关系。从所传播的文化本身来看,不是零碎、片断、无序的文化,而是系统完整、有序的文化。教育所传播的文化更易于人们系统地认识和理解其他文化的深层精神。

通过教育进行文化传播,可以对文化的变迁和发展起到有力的推动作用。在日本明治维新时期,在促进国家“文明开化”的过程中,公共教育就曾扮演了先锋角色:许多西方人士被邀请到日本,向日本的国民和年轻一代介绍欧美的现代文化。这些努力,使日本社会得以迅速地实现了“西方化”。

教育在传播文化的过程中,还可以促进多种文化的融合。例如,早期的美国移民从世界各地带来了各自不同的文化,而美国的教育则在民族融合的过程中,名副其实地成为了促进现代美国文化形成的一个“大熔炉”。

(3)选择文化的功能

文化选择就是对文化的取舍。通过对文化的取舍,可以使某些文化受到尊崇和重视,同时,使另一些文化受到拒斥和贬抑。社会文化包罗万象、十分复杂,其中既有精华,又有糟粕,前者如中国传统商业文化中的重义轻利等,后者如中国传统性别文化中的“重男轻女”、婚姻文化中的“从一而终”、家庭文化中的“埋儿奉母”等。

教育作为一种文化价值的引导工作,在对文化进行传递和传播时,必然要对其进行“筛选”和“过滤”。也就是说,并不是所有的社会文化都可以进入教育传播渠道,相当多的消极异质的文化成分,必然要被阻挡在学校教育的大门之外。

随着物质生活水平的提高,社会文化越来越丰富。现代科学技术的发展,也使得文化交往的时空界限被冲破。在人们面前,既有人类积累的浩大无边的文化遗产,又有各具特色的不同文化的冲击。因此,人们必须解决个体掌握文化的容量有限和人类浩大文化遗产的矛盾,必须学会如何面对外来文化的挑战与冲击,做出正确的文化取舍。

教育对文化的选择不仅关系到文化自身的发展与进步,更重要的是,它将极大地影响社会的发展与进步。学校教育在本质上就是一种文化价值的引导工作。它撷取文化的精华编成教材,提供适应社会发展变化需要的观念、态度、知识和技能等,并通过教育评价手段进一步保证和强化这种选择的方向性。

有选择地进行文化的传递和传播,是教育的文化功能的一个重要方面。没有对文化的选择,教育就不成其为教育。特别是作为专门教育机构的学校,更是如此。

教育对文化的选择具有以下特点:第一,教育所选择的文化,一般都是反映一定社会的价值取向的文化。不同性质的社会、不同的时代具有不同的价值取向,因而,教育对文化的选择就有很大的差异。例如,在中国古代,适应当时社会经济与政治的需要,教育所选择的文化主要是儒家学说,“四书”“五经”成为学校教育的主要内容。教育领域的一切取舍均以儒学为标准。第二,教育所选择的文化通常具有一定的教育价值。教育过程中所选择的文化,不仅反映一定社会的价值取向,而且这种文化要能为学生接受,且有利于他们能力的发展、知识的增长、品性的陶冶。即教育的文化选择要满足受教育者身心和谐发展的需要。

教育的文化选择途径主要包括以下几个方面。

一是通过培养目标的确定来选择文化。教育的培养目标的提出,既是文化选择的根据,也是文化选择的结果。为了培养社会需要的人才,教育者要鉴别和选择适合社会发展所需要的世界观、价值观、人生观、道德观、政治观等,来影响和塑造受教育者的各方面品质。同时,在传播知识的过程中,对思维方式等做出一定的选择。

二是通过对教育内容的确定来选择文化。确定教育内容的过程,就是选择文化的过程,它反映在课程的设置和教材的编撰上。例如,欧洲中世纪学校的课程和教材,其内容的选择就离不开宗教神学,而近代美国重视实用性和职业性的课程与专业,就离不开实用主义文化思潮的影响。现代各国教学内容的选择,不仅反映了文化发展的水平和文化的民族性,而且愈来愈重视对各种亚文化的选择,力求反映文化发展的未来趋势。

三是通过教师选择文化。经过文化选择的教育内容,对受教育者来说还只是外在的东西,还必须将其内化为学生头脑中的"活文化"。在这个过程中,教师的个体文化起着"过滤""重组"的作用。教师个体文化在文化选择中的作用主要体现在:教师是文化选择的参与者,在教学内容、方式、方法的选择上具有一定自主权。同样的教育内容,不同教师可以用不同的方法传授给学生,这与教师个体的文化倾向有很大的关系。教育所选择的文化最终要通过教师传递给学生。教师的价值观念、道德品质、智能结构、审美情趣、生活方式和行为习惯等,对学生都有直接而深刻的影响。"美国的学校,无孔不入地传递和强化美国人的文化价值。鉴于绝大多数教师出身于中产阶级,很多教育实践反映了中产阶级的价值"①。总之,在教育发挥其文化选择功能的过程中,教师的作用是不容忽视的。

四是通过校园文化建设来选择文化。校园文化是由师生和学校管理者经过长期的培养而形成的,它反映了社会文化发展的要求和校园师生的智慧与意志。校园文化选择往往是潜移默化的,具体地体现在校园建设、良好人际关系的确立、校园活动的组织、学校规章制度的制定和多种设施的建设等多方面。随着人们对教育与环境之间认识的加深,校园文化的选择作用已为人们所广泛注意。

通过教育对文化有目的、有意识的主动选择和净化,可以使人类文化宝库中的优秀成分得到传承和发扬光大,同时,使文化中的糟粕得以扬弃。这不仅对于促进文化自身的兴盛与繁荣具有重要意义,而且对于促进年轻一代的健康成长,对于推动社会的发展与进步,都具有重要意义。

(4)创造文化的功能

教育通过传递文化、传播文化、选择文化的方式,显示了对文化的巨大影响。但这主要是根植于原有文化的基础之上。文化要获得发展和进步,最终离不开文化的创造和更新。诚然,教育在传递文化、传播文化、选择文化的过程中,也包含着文化的创造和更新,也就是说,教育对文化的传递、传播、选择,都不是只对原有文化进行简单的复制,在此过程中,会形成许多新的文化元素。美国学者辛格尔顿指出,就其对文化的传递而言,"文化本身是复杂的,学习文化的过程也是复杂的,从某种意义看,每一代人对他们自己的文化,都有一个重新发现和理解的过程。每一代人不仅学习自己的文化,而且重新结构自己的文化。"②同样,教育对文化的传播也不是文化的简单混合。"文化的传播不像倒水,从一个

①瞿葆奎.教育与社会发展[G].北京:人民教育出版社,1989:453.

②辛格尔顿.应用人类学[M].蒋琦,译.武汉:湖北人民出版社,1984:82.

容器倒进另一个容器，而是通过人们之间的互动或相互作用进行的。”①这其中也必然会导致新的文化元素的生成。

但是，应当说，教育促进文化创造的功能，主要是通过培养大量的具有文化创造精神和创造活力的人才来实现的。文化是由人创造的，也是由人来推动其发展的。文化的更新，必须依靠文化的主体——人及其创造性。纵观人类文化发展的历史，每一个文化革新的时代、文化大发展的时代，都有一大批文化巨人的出现。例如，恩格斯说过，文艺复兴时期就是一个“需要巨人而且产生了巨人的时代”，在那个时代，涌现出了包括达·芬奇、拉斐尔、但丁等一大批具有卓越创造活力的文化巨匠，他们对于促进当时的文化创造与发展，都发挥了巨大的作用。

而作为文化创造主体的人，其文化创造能力的培养与提高，则必须通过教育来完成，别无他途。通过教育，可以使年轻一代在短时间内迅速占有人类全部文化的精华，可以培养和提高年轻一代进行文化创造的兴趣和能力。然后，他们就有可能站在前人的肩膀上，在继承前人创造的文化成果的基础上，进行新的文化创造，在科学、哲学、文学、艺术等各个领域继续向前迈进。

随着社会发展和文化的日益多元化，各种文化之间相互碰撞、相互吸收已成为文化的普遍现象。一种文化如果仅仅依赖原有的东西，不努力更新自己，提高自身的创新能力，那么，它就将被世界文化发展的潮流浸没。基于文化发展的要求，教育所具有的创造和更新文化的功能，正变得日益突出和重要。

（二）教育的个体功能

教育的基本功能有两个指向：一个指向整体社会，一个指向每个个体。教育的对象是人，是现实世界中的每个个体，教育对于每个个体的生存和发展，具有重要的作用和影响，这种作用和影响，一般可称之为教育的个体功能。

教育的个体功能具体包括教育的个体发展功能、个体谋生功能和个体享用功能等。从教育实践的层面而言，教育个体功能的真正实现要求教育必须适应青少年身心发展的规律、在交往实践中促进学生的发展、促进学生的自我发展等。

1. 教育的个体发展功能

从广义上说，个体发展是指纵贯人生各个阶段（从个体出生到生命终结）、在身心各方面所发生的变化过程。从狭义上说，个体发展则是指在青少年儿童阶段，随着年龄的增长，身心各方面所发生的积极的、有规律的变化过程。

个体发展的内容十分丰富。一般来说，个体发展可以区分为生理（身体）发展和心理发展两大方面。生理发展指有机体的自然形态和组织器官及其机能的发展、成熟与完善，它具体又包括机体的发育和体质、体力、体能的增强等，心理发展指人的心理过程和个性心理的发展，包括认知发展、情感发展、意志发展等。生理发展和心理发展这两大方面之间是相互作用、相互影响的。其中，生理发展是心理发展的物质基础，而心理发展则是生

①辛格尔顿. 应用人类学[M]. 蒋琦，译. 武汉：湖北人民出版社，1984：73.

理发展的重要精神支柱。

人的发展是如何实现的？影响人的发展的因素有哪些？在这一问题上，学术界历来存在着多种不同甚至对立的学术观点，其中，“内发论”和“外烁论”就是具有代表性的两种对立的观点。

“内发论”认为，人的发展是在自身内部因素的作用下实现的。“性善论”和“遗传决定论”的观点都属“内发论”。例如，“遗传决定论”强调遗传在个体发展中的作用，认为个体的发展状况和结果，在其父母的生殖细胞的基因中就已经决定过了。在“遗传决定论”看来，个体发展就是自身内在的先天遗传因素自然展开的过程。

“外烁论”认为，人的发展是由外在的力量，如环境、教育与训练等决定的。“性恶论”“环境决定论”“教育万能论”的观点都属“外烁论”。

信息窗 1-2

优生学的创始人英国的高尔顿是“遗传决定论”的鼻祖，遗传决定论强调遗传在个体发展中的作用，认为个体的发展及其个性品质早在生殖细胞的基因中就决定了，发展只是这些内在因素的自然展开，环境仅仅起一个引发的作用。高尔顿在他的《天才与遗传》一书中写道：“一个人的能力乃由遗传得来，其受遗传决定的程度，如同有机体的形态及组织之受遗传决定一样。”这个结论是通过他的所谓的名人家谱调查而得出的。他从英国的名人（包括政治家、法官、军官、文学家、科学家和艺术家等）中选出977人进行调查，结果是这些名人的父子兄弟中有332人与他们同样出名。而另一个对照组，即所谓的一般的平常人（人数相等），在他们的父子兄弟中仅有一位名人。高尔顿认为，这种显著的差别就是能力受遗传决定的证据。

行为主义的创始人华生是“环境决定论”的主要代表人物。环境决定论认为，儿童心理的发展完全是外界影响的被动结果，因而片面地强调和机械地看待环境的作用。按照华生的观点，已知刺激（S）就能预言反应（R），已知反应就能推测先前的刺激。他完全无视有机体本身的内在条件，所以他的行为主义又称为刺激（S）—反应（R）说。华生关于环境决定论的极端表达，体现在他的《行为主义》一书中的一段话：“给我一打健全的体形良好的婴儿，并在我自己特殊的天地里培养他们，我保证他们中任何一个都能训练成所选择的任何一类专家：医生、律师、艺术家或巨商，甚至乞丐和小偷，无论他们的天资、爱好、脾气以及他们祖先的才能、职业和民族如何。”当然，华生的这种理想并未付诸实践。但他通过经典条件反射的方法对婴儿的行为进行“塑造”，特别是在情绪方面进行了大量的研究，结果表明儿童对许多事物产生怕、怒、爱等情绪多数都是习得的。

现代教育学研究中，在影响人的发展的因素问题上，片面强调内在因素的“内发论”和片面强调外在因素的“外烁论”，这两种绝对化、极端化的“单因素论”已被大多数人所摈弃。后来陆续出现的“二因素论”“三因素论”“四因素论”“五因素论”“综合因素论”“二层次三因素论”等不同的学术观点，对这一问题分别提出了不同的分析框架，给出了多种不同的回答。

信息窗1－3

教育学界关于影响人的发展因素的不同认识

二因素论

“二因素论”把影响人身心发展的因素分为两类：一类是生物因素，包括人的遗传因素、个体先天特点（非遗传性先天因素）及生理结构、机制等方面的总和；另一类是社会因素，其中包括环境与教育等方面。

三因素论

苏联教育家凯洛夫在其主编的《教育学》中提出了“三因素论”，指出影响人身心发展的因素主要包括遗传、环境与教育三个方面。“三因素论”认为：遗传是个体身心发展的基础，为个体身心发展提供了可能。环境是人的身心发展的决定性因素，其中作为特殊环境的学校教育，在人的身心发展中起主导作用。

四因素论

“四因素论”认为：“三因素论”主要分析了影响人身心发展的外部因素，而任何事物的发展，起决定作用的是内因。所以，应将人的主观心理因素列入影响人身心发展的因素之中。即在三因素外，加上人的主观心理因素。这就构成了“四因素论”。

五因素论

把影响人身心发展的因素分为生理因素（遗传、变异）、心理因素（认知、情感、意志、个性）、自然因素（自然环境）、社会因素（社会环境、家庭、教育）、实践活动。

综合因素论

“综合因素论”认为：影响人身心发展的因素是一个复杂的、多层次的、整体的系统，这个系统可以从不同角度进行不同的分析：物质的，精神的；先天的，后天的；内部的，外部的；自然的，社会的；生理的，心理的；客观的，主观的。

“综合因素论”强调，人的身心发展是这个复杂系统中多种因素综合作用的结果。

二层次三因素论

认为对影响人身心发展的因素的分类，不应该以因素本身的性质作为依据，而应该以对人的身心发展的影响的性质作为依据。

“二层次三因素论”提出，人的发展的实质是个体生命多种潜在可能性逐渐转化为现实个性的过程。依据这一理解，“二层次三因素论”把影响个体身心发展的因素归结为两个层次共三大类。第一层次是对个体身心发展的潜在可能产生影响的因素，简称为“可能性因素”，包括个体自身条件及环境条件两大类因素；第二层次是对个体身心发展从潜在可能转化为现实产生影响的因素，简称为“现实性因素”，指的是发展主体所进行的各种活动。其中，教育就是发展主体所参与的众多实践活动当中的一种活动。

尽管上述各种不同理论对于个体身心发展的动因问题有不同的观点和主张，而且，在各种不同的理论中，对于教育这一因素的属性以及教育对个体身心发展的影响的性质，均有不同的认识，但是，各种理论观点中对于教育特别是学校教育在个体身心发展中的重要作用和影响，都给予了足够的关注和重视。无论是把学校教育视作一种按照促进个体身心发展的需要而精心设计和组织的一种特殊的外部环境因素，还是将其视作发展主体参与的一种特殊的实践活动，抑或将教育视作兼具特殊的外部环境和特殊的实践活动特性的综合性因素，相关理论都特别强调：教育特别是学校教育，对于青少年个体的身心发展，是一个极其重要的影响力量，也就是说，教育具有重要的促进个体身心发展的功能。

关于教育在促进个体身心发展中的功能的具体描述，人们大体上同意这样一种说法：从人的身心发展的整个历程上看，与环境中的自发影响或一般的活动（如认识活动、交往活动或其他实践活动）相对而言，教育对人的身心发展是起着主导作用的。因为教育能有目的地传授经过选择的人类历史文化经验，激发人对发展自身的需要和理想；精心组织安排有利于学生发展自身的活动环境和条件，训练学生发展自身的技能、方式，教会学生自主活动的习惯和能力。正是教育这种目的的明确性、内容的简约性、方式的引导性、环境的特殊性、活动的自主性，才使它对个体发展起到一种主导的作用，从而有意识地高效地促进人自觉和有效地发展。

教育对个体发展的主导作用，其基本内涵主要表现在三个方面。

其一，对个体发展的定向作用。即对个体发展方向的引导作用，教育活动的开展与实施，将有助于使受教育者按照“合适”的方向发展，改变其盲目、任意发展的状况。所谓“合适”的方向，一方面意味着使受教育者的发展符合社会的需要和要求，与社会期望保持一致；另一方面也意味着帮助每个受教育者从他们各自的个性特征、潜质、天赋、兴趣、特长等出发，对自身发展方向作出正确判断和合理选择，找到适合其自身特点的最佳发展方向，从而使每个人所具有的不同的发展潜力都得到充分的展现和发挥。

其二，对个体发展的加速和强化作用。即通过学校教育，可以大大加快个体发展的进程，使其发展速度超出那些没有接受同等教育的人，从而缩短实现个体发展目标所需的时间。通过学校教育，还可以使受教育者在各方面达到较高的发展程度和水平，如掌握系统的知识技能，形成较强的能力，在德、智、体、美各方面实现全面协调的发展，等。

其三，对个体终身发展的奠基作用。个体发展是一个持续终身的过程，学校教育可以为个体的终身发展奠定坚实牢固的基础，为个体离开学校之后的继续发展创造必要的条件。也就是说，学校教育对个体发展的影响，不仅具有当下的、即时的价值，而且具有延时的、未来的、长远的、终身的价值。学校教育具有的这种延时的、未来的、长远的、终身的价值，主要体现在两个方面：第一，学校教育尤其是中小学教育的内容是基础性的，具有普遍的适应性和起始性特点，对这些内容的掌握，是个体今后进一步学习和发展的必要条件；第二，学校教育可以提高人的自我意识水平和自我教育能力，帮助个体形成自我调控和自我塑造能力，这对于个体终身的持续发展而言，无疑具有是十分重大的意义。

当然，教育对个体发展的这种主导作用，不是无条件的，而是有条件的。这种主导作用要真正得以实现，既需要一定的外部环境条件，如要求社会的发展能够为个体发展提供相应的前提和保证,同时,它也会对教育活动自身提出相应的条件和要求。

就教育活动自身的条件而言,主要在于,教育要能够真正有效地促进个体发展,并发挥其主导作用,它必须充分地适应和遵循个体身心发展的特点和规律。如果教育活动无视或者违背个体身心发展的特点和规律,教育对个体发展所发挥的主导作用就会落空,教育也就不能真正有效地促进个体发展。可以说,对个体身心发展的特点和规律的适应与遵循,构成了教育主导作用实现的前提条件或基本依据。

那么,作为个体身心发展的特殊影响因素的教育,应当如何适应和遵循个体身心发展的特点和规律,并有效地发挥其对于发展的主导作用呢?一般认为,这种适应和遵循,具体来说,主要体现在:

第一,教育必须适应和遵循个体身心发展的不均衡性特点。个体身心发展的不均衡性特点主要包括两层涵义:一是个体身心不同方面的发展,并非齐头并进、同时达到成熟的程度,而是有快慢和早迟之分。这种现象也被称作个体身心成熟的“异时异步”现象。例如,生理和心理两大系统的成熟时间就是不同步的,生理成熟在先,而心理成熟在后;生理和心理两大系统内部各个具体元素的成熟时间也是不同步的。二是个体身心发展并非始终以均匀的速度进行,在不同的时期和年龄阶段,发展的速度往往是不同的,有时较快,有时较慢,呈现出“加速”和“平缓”交替出现的特征。

个体身心发展的不均衡性特点,一方面要求教育活动必须高度重视并且很好地把握住个体身心发展的关键期,要在关键期里及时地对儿童施加各种合理的教育和训练。所谓关键期或关键年龄,是指儿童身体或心理某一方面的机能和能力最容易形成、发展速度最快的时期。在关键期里,如果能够及时地施加合理的教育和训练,其作用就会大大超过在其他时期的教育和训练,从而最大限度地促进儿童某些方面潜能的发展。另一方面,则要求必须考虑儿童的“成熟”机制与教育的关系,在“合适”的年龄开始进行“合适”的教育,杜绝“过早”“提前”的盲目施教,避免出现“揠苗助长”等问题。此外,教育活动还必须因势利导,有效地防范和化解个体身心成熟的“异时异步”现象可能对青少年儿童成长带来的各种危害。

第二,教育必须适应和遵循个体身心发展的顺序性和阶段性特点。青少年儿童的身心发展是按照某种固有顺序进行的,而这种顺序是由基因和“成熟”机制决定的。其中,身体的发展是按照从头部到躯干和四肢的顺序进行的,心理的发展总体来说,是按照从低级到高级、从简单到复杂的顺序进行的。如记忆的发展是按照从机械记忆占主导地位逐步到意义记忆占主导地位的顺序进行的,注意的发展是按照从无意注意占主导地位逐步到有意注意占主导地位的顺序进行的,思维的发展是按照从具体形象思维占主导地位逐步到抽象逻辑思维占主导地位的顺序进行的,等等。青少年儿童的身心发展过程又可以区分出若干不同的阶段,在不同的年龄阶段,儿童所表现出来的年龄特征又是各不相同的。所谓年龄特征,就是青少年儿童的身心发展在特定年龄阶段内所表现出的一般的、典型的、本质的特征。不同年龄阶段的儿童一般具有不同的年龄特征。例如,学前期幼儿的思维以具体形象思维为主,这是学前阶段幼儿思维的年龄特征,而在初中生的思维中,抽象逻辑思维已经占据主导地位,这是初中阶段学生思维发展的年龄特征。

个体身心发展的顺序性和阶段性特点,要求教育活动必须注意循序渐进,尊重青少年儿童身心发展的年龄特征,教育活动应指向并触动“最近发展区”。“最近发展区”是苏联心理学家维果茨基提出的一个重要概念。维果茨基认为,任何一个儿童身上都存在着两种发展水平,一种是现有发展水平,即儿童在独立活动中所能达到的解决问题的水平;另一种是潜在的发展水平,即儿童经过自身努力并借助成人的指导,很快就能达到的解决问题的水平。这两种水平之间的区域,就是“最近发展区”。维果茨基指出,教育者不应只看到儿童已经达到的发展水平,教育教学活动也不应只是被动地适应现有的发展水平,而必须走在发展的前面,触动“最近发展区”,只有这样,才能更好地牵引和带动儿童的身心发展。

信息窗 1－4

维果茨基的“最近发展区”

根据现代儿童学的一般术语,儿童在自己的发展中到达的水平,取决于凭借自力解答问题的水平,谓之儿童的现有的发展水平。因此,儿童学中所使用的普通意义上的智龄,就是现有的发展水平。但是我们现在不把它叫做智龄。因为正如已经看到的,这并不能说明智力发展的特征。儿童的最近发展区是儿童的现有发展水平与可能发展水平之间的间隔。亦即,儿童能够凭自力解决问题所制约的前者与靠成人的指导以及同高于自己水平的同伴一道解决问题所制约的后者之间的间隔。……现有的发展水平表明昨日的发展成果、发展的总和,最近发展区表明明日的智力发展。

[**资料来源**]筑波大学教育学研究会. 现代教育学基础[M]. 钟启泉,译. 上海:上海教育出版社,1986:81.

第三,教育必须适应和遵循个体身心发展的差异性特点。不同的个体之间,由于先天素质、后天环境、教育条件以及主观努力状况的不同,会导致身心发展的状态千差万别。在任何一个班级乃至更大的范围里,都不可能找到两个各方面发展状况完全相同的学生,就如同在一棵大树上不可能找到两片完全相同的树叶一样。个体身心发展的差异性表现在很多方面,如发展程度和水平的差异、发展先后和早迟的差异、发展方向和领域的差异、性格的差异、性别的差异等。

个体身心发展的差异性特点,要求教育活动必须在统一施教的同时,注意因材施教,实施差异化教学,要区别对待,长善救失,有的放矢,不搞“一锅煮”和“一刀切”,要增强教育活动的针对性。尤其是在大规模的班级教学成为普遍的教学组织形式的今天,每个教师都应努力研究和把握教育对象的身心发展的差异,以选择最优的教育措施和手段,使每个学生都能各得其所,实现最大限度的发展。

此外,教育要实现对个体发展的主导作用,还要遵循儿童的身心发展规律,积极协调各方面的教育影响,努力使之成为促进个体发展的合力。

2. 教育的个体谋生功能

虽然人类个体在刚刚脱离母体时，就具有某些本能和能力，如婴儿刚刚出生时就会哭啼和寻觅母乳，但是，仅仅依靠这些先天的能力，是不能满足后天复杂的社会生产和生活的需要的。因此，作为人类的新生个体来说，在呱呱坠地、来到这个世界之后，必须用很长的时间，进行多方面的学习，包括学习和掌握各种日常的基本生活知识和技能，如学会吃饭、穿衣、说话、走路，在吃、喝、拉、撒、睡等方面能够自理，等等。此外，在达到一定年龄后，还必须学习和掌握某种职业劳动的知识和技能等，即掌握一技之长，为谋取职业、维持生计、实现自立做好准备。个体依靠后天多方面的学习，才能逐渐地获得必需的知识、技能，成为一个能有效地参与社会生产和生活的主体。

当然，与其他很多动物相比，人类个体生来也有很多独特的优势，如复杂的大脑、复杂的语言器官和灵巧的双手，具有比任何其他动物更大的发展潜力。另外，人类个体出生后都有一个较长的“非独立生活期”或称“生活依赖期”，这可以为人类个体学习和掌握各种知识技能等，提供必要的时间。任何一个人类个体，如果不能很好地利用“非独立生活期”，在此期间接受相应的教育，并借助于教育的途径，学习和掌握各种必要的知识、技能、规范等，将来就很难在这个世界上立足和生存。正是基于这一原因，我们可以说，教育是个体谋生的必要前提和基础。

教育的个体谋生功能，与教育的个体发展功能有着显著不同。教育的个体发展功能，主要指的是教育对于个体身心的成长、健全、和谐与完善所发挥的作用。而教育的个体谋生功能，则主要指的是教育对于个体生存能力的形成所发挥的作用，它关注的是社会生产和生活对个体的知识技能的要求，以及个体对社会生产和生活的适应与应对。可以说，教育的个体谋生功能，就在于教人学会生存，使人获得必要的谋生能力和手段。

对于个体而言，发展是立足于生存的基础之上的，生存是发展的前提，是个体最基本的现实性需要，生存之需比发展之需往往更为迫切和更为直接。而人类个体要生存，显然离不开教育的作用。人们之所以接受教育，总是有意或无意地基于个体生存的现实需要，教育事实上成为了个体生存的基本要求，成为了个体谋生的重要途径方式。在任何时代、任何社会中都是如此。

从教育产生的早期阶段来看，在原始社会里，在认识自然和改造自然的实践过程中，人类的智力和体力逐步得到了发展，同时也逐步积累了一定的生产劳动方面的知识、经验，为了使生产劳动能够代代继续下去，也为了年轻一代能够更好地生存，年长一代意识到，必须把积累的这些知识经验传递给年轻一代，而教育正是传递这些知识经验的一种有效方式。因此，从起源上看，教育的产生首先是为了满足人类生存的需要，自然这其中也包含了满足个体有效地获取谋生本领的需要。

在此后的农业社会里，由于生产力水平低下，生产劳动的工具和过程较为简单，当时的生产劳动主要是体力劳动，是一种体力消耗和付出的过程，对劳动者的智力素质没有较高的要求，他们只要具备充沛的体力，掌握一些简单的手工操作的技艺，就能够胜任这种劳动。因此，农业社会里直接从事物质生产活动的劳动者，不需要接受专门的学校教育训练，劳动知识与技能通过父传子、师傅带徒弟的方式就可以获得和掌握。

而进入工业社会之后，随着社会生产力的迅速发展、生产工具的日益复杂，对物质生产领域劳动者素质的要求显著提高。要参与现代生产，劳动者必须接受系统的学校教育，掌握一定的科学文化知识。正如马克思所说的那样，“要改变一般的人的本性，使它获得一定劳动部门的技能和技巧，成为发达的和专门的劳动力，就要有一定的教育或训练”①，因此，教育成为现代工业社会中生产劳动力的必要条件。

个体生活在社会中，通常要以一定的职业为生，而个体要谋取和获得某种职业，则是与接受一定的教育紧密关联的，通常要以接受一定的教育和训练为前提。这是因为，在现代社会条件下，与各种不同的职业和岗位相联系、相对应的，是不同的素质和能力、不同的专业技术要求。也就是说，作为社会成员，要想获得某一职业和岗位，必须具备这一职业和岗位所要求的素质和能力以及相应的专业技术水准。而要使自己具备和符合这一职业和岗位所要求的素质和能力，则要依靠教育功能的发挥。教育这样一种社会活动，这样一种个人经历，可以为社会成员进入社会的相应职业和岗位，提供一个必要的“凭据”和“通行证”。

从现代工业社会发展的历程来看，伴随着工业技术革命的不断发展和进步，在职业的谋取和获得方面，对人的教育程度和层次的要求越来越高。以蒸汽机为标志的第一次工业技术革命，要求劳动者普遍必须具备小学文化程度，以电气化为标志的第二次工业技术革命，要求劳动者普遍必须具备初中文化程度，而以电子信息技术为标志的第三次工业技术革命，则要求劳动者普遍必须具备高中文化程度并接受过职业化训练。

在当今时代，伴随着各种新技术的不断进步，以及产业结构和职业结构的“趋高级化”发展，各行各业对从业人员素质的要求不断提高，导致需要越来越多的人接受专门的高等教育训练。教育在个体的职业谋取和选择方面所发挥的作用，也相应地得到进一步加强。有关教育背景状况与失业率之间关系的研究和统计数据显示，在当今时代，受教育程度与失业率之间总体上呈反比关系。例如，中国国家统计局发布的 2000 年第五次人口普查数据表明，在失业人口中，大学专科以上文化程度者为 4.89%，中专文化程度者为 9.25%，高中文化程度者为 22.1%，初中文化程度者为 53.5%，小学及其以下文化程度者（这一部分人口在总人口中所占比例较低）为 10.27%。可见，教育程度越高的人群，其总体的失业率越低。反之，教育程度越低的人群，其总体的失业率越高。

当代社会众多职业岗位的就业门槛及教育条件的不断提高，不仅要求加快教育事业普及和发展的步伐，也对教育内容和教育过程等提出了更多更高的要求。这就决定了为就业和生活做准备的教育，在传授社会文化和行为规范的同时，必须更好地传授相关的职业技能和能力，使学生获得谋生的具体技能和本领，更好地解决其“何以为生”的问题。英国教育家斯宾塞曾指出，教育的目的就是为个人完满生活作准备，他认为，“为我们的生活做准备，就是教育应尽的职责”。虽然在人本主义教育家看来，这一认识具有浓重的功利主义色彩，但它的确是现实社会对教育的客观需要，更是个体的现实需要。在现代社会还没有达到生产力高度发达和对产品“各取所需”的情况下，劳动既是人生活的需要，更是人

①中共中央马克思恩格斯列宁斯大林著作编译局. 马克思恩格斯全集：第 23 卷[M]. 北京：人民出版社，1972：195.

谋生的手段。这就要求教育,不仅是职业教育、高等教育,需要培养学生的职业角色意识、传授职业技能,让学生很好地学习和掌握一定职业岗位所需的知识和技能,为能够较好地胜任一定职业的劳动做好必要的准备,普通教育包括基础教育也同样应当肩负为个体就业做准备的职责。作为一种全面的素质教育,普通教育包括基础教育也负有职业指导和职业定向的重要职责,要指导学生根据自己的兴趣、爱好和能力,结合国家和社会的需要,确定自己未来的职业取向,帮助他们实现自己的职业理想。

3. 教育的个体享用功能

教育在促进个体身心发展、提供个体谋生所必需的技能和本领的同时,还能使受教育者的精神生活需要得到满足,内心世界得到充实和完善,从而获得和增强人生的幸福感受,显著提升个体生活的幸福指数,进而使生命质量和生命价值达到更高的境界,这就是教育的个体享用功能。

教育的个体享用功能主要体现在人接受教育与获得幸福的关系上,这种关系就在于:首先,教育能够充分满足人的内在需要,奠定个体幸福的基础;其次,教育可以提升人的认知水准,丰富人的情感世界,给人以体验和感受幸福的能力;再次,学校生活本身也是一种幸福生活,求真、向善、臻美是校园生活的主体价值,这样的学校生活可以为人创设一种体验幸福、感知幸福的良好氛围。

如果说,教育的个体谋生功能主要体现在教育可以满足个体的生存需要,意味着个体为了满足外在的社会需求、达到某种外在的目的而必须受教育,意味着个体必须把教育作为一种谋生手段和工具,那么,教育的个体享用功能则主要体现在教育可以满足个体内在的精神需求,意味着教育可以使人获得自由和幸福,获得心灵上的愉悦和享受。

在教育的个体功能中,促进个体发展无疑是教育的基本使命,也是教育功能的直接指向。但当发展只是人为地指向外在的社会需求时,发展本身就是个体获取谋生本领的必要环节。在此意义上,教育就成为了个体生存的一种基本途径和必要手段,教育的个体谋生功能也由此而凸显。但是,当发展指向人的内在心灵的需求时,发展本身就已成了"人之为人"的基本形式,在此意义上,以促进人的发展为己任的教育,就将成为个体生存(过人之为人的生活)的基本方式,或者说是个体生命的基本形式,教育的个体享用功能也因此得以彰显。

从人类社会发展的角度来看,教育满足人的需要,首先是满足人的生存的需要,这是一种基于人类保存自身和个体谋生的现实之需。而后,随着人类的进化、社会的进步、物质的丰富、精神的提升,对于教育的需要,才开始从既往的以生存价值、功利价值为主,转化为以其具有的精神价值为主,人们逐渐把精神的完善作为追求的目标,从而达到精神上的满足与享受。这种教育"不是因为它有用或必需,而是因为它是自由的和高贵的"[①]。在此,教育深层次地展示了现代社会中个人自我发展和完善的内在需要,教育已是个体生活的一种形式。个体之所以需要教育,不是为了谋生或成为外在社会所期望的人,而是为了自身精神的追求,为了丰富和提升个人的生活,过一种"诗意的人生",获得一种精神上的

①华东师范大学教育系,杭州大学教育系.西方古代教育论著选[G].北京:人民教育出版社,1985:109.

愉悦。

从个体发展的角度来看,教育的个体享用功能的实现,也是个体发展的必然延伸。对一个儿童来说,要成为一个改造世界的主体,其主体性的发展必须经历一个从他律到自律、从约束到解放的过程。在他律阶段,儿童仅仅是为了获得他人的奖励或逃避他人的惩罚而受教育,教育满足的仅仅是外在的要求,往往带有很大的功利性。只有到了自律阶段,在一个充分发展的个体身上,教育才成为一个人较为明确的内在需求,在接受教育的过程中获得一种自我提升的满足感,从而使教育不再成为一种异己的痛苦的过程,而是一种愉快的自主的精神建构过程,个体能够不断地体验到教育生活中以及由教育生活带来的幸福。

人生的幸福是与自由密切相关的。自由是人生追求的重要内容。自由就是人类在获得基本生存保障的前提下,使自己免于一种被强制、被干涉、被奴役的状态,能够基于自身的主动意志而非任何外部力量,自主地或自觉地对自身的行为、活动和生活方式做出决定和选择。自由意味着作为主体的人能够无约束地获得幸福,能够真正实现个体的自我人生价值、提高生活质量和提高生命质量。

而个体受教育的过程,正是一个通过促进个体发展,使其不断追求和实现自由的过程。现实世界中个体的活动要受到种种客观因素的制约,自由的活动不是要去否定或无视这些因素,而是在认识和遵循客观规律的基础上,反映人的主观意志。所以,自由的活动是"外在的必然性"和"自我的目的性"的统一。一个人受教育越多,对外在必然性的认识就越深刻,就越能够在尊重和把握客观事物本身规律的基础上,在更大的程度上体现自身的自由意志。

教育通过向人传授知识,教人"求真""向善""臻美",促进人的智慧、情感、道德等全面发展,从而可以养成每个个体完美的自由人格,造就现实生活和活动中的自由人。可以说,教育活动的实施,是促进受教育者自由人格不断提升和完善的不可或缺的环节和条件。受过教育的人,才是真正的自由之人。而追求自由的目的,最终是为了获得生活的幸福。因此,教育从本质上说,就是培养人们感受幸福、追求幸福、创造幸福的能力的一种活动。只有受过教育,才能使人成为自由之人,成为幸福之人。

三、现代教育观

(一)教育观念

观念一般是指人们对客观事物的认识和看法。它属于同社会存在相对应的社会意识的范畴,是客观事物在人们头脑中的反映。正如恩格斯在谈到思维时所说的,观念从"一开始就是社会的产物,而且只要人们还存在着,它就仍然是这种产物"。某种观念一旦形成,就会左右人们的行为和活动。从古至今,观念影响着人类社会发展的所有领域,德国哲学家黑格尔甚至认为:"观念"和"热情"是"交织成世界史的经纬线"。

教育观念是指人们对教育问题的认识和看法。它是一个内涵十分丰富、外延非常广泛的概念系统。大到对教育的目的、功能、作用的认识和看法,小到对某一教育现象、过程、方法的认识和看法。这些认识和看法,不管是系统的、全面的、深层的,还是零碎的、局部的、表面的,我们都把它称为教育观念。可以说教育中的每个问题都存在着观念问题,它通常表现为教育过程中的观点。例如,过去强调“以课堂为中心,以教材为中心,以教师为中心”,现在强调“以学生发展为本”,都表现为不同的教育观念,即教育观念有正确与错误、先进与落后、积极与消极之分。凡是与客观实际相吻合,能促进社会发展和个人发展的教育观念是正确和先进的,反之,则是错误和落后的。教育观念作为一种社会意识形态必然反映一定社会与时代的特点与需要,因此,在教育观念问题上,既要善于继承,又要不断更新,树立先进的现代教育观念。

1. 教育观念的历史演变

教育学史上,历来存在着两种不同的教育观,即由外而内和由内而外的教育观,并且还可以追溯导致其理论分歧的源头所在。

西方的教育观。教育学史上,表现为由外而内的教育观,把教育比作制造物品的过程。教育在英语中有“instruction”一词,其含义与此相一致。instruction 一词词头的“in”,是“注入”(instill)的意思,从此出发,在教育理论上,又自然导致产生“教师本位”或称“教师中心”的教育思想。大家都熟悉的赫尔巴特的教育学理论,就是这种教育观的表现。

由内而外的教育观,把教育比作植树种地,有“树人”之意。教育在英语中有“education”一词,其含义与此相一致。Education 的第一个字母“e”是“引出”(elicit)的意思。苏格拉底的“产婆术”思想反映的就是这种教育观。在苏格拉底看来,人是有思想的,知识是一种“自我认识”。他采用问答法(即谈话法)进行教学,其意是让学生自己去寻找答案。所以,苏格拉底的教学原则是教师的“暗示”和学生的“自动”。

夸美纽斯在《大教学论》中讲得更加生动形象。他把学生的“自动性”“自觉性”作为一条原则提出来。他说:凡是强迫孩子们去学习功课的人,他们便是给孩子们很大的害处。因为他们能够期望着什么呢?假如一个人胃口并不好,却又被迫吃食物,结果便是疾病与呕吐而已,至少,也不会消化、不痛快。反之,假如一个人饿了,急于要吃食物,他就立刻可以把食物加以消化,容易把它变成血肉。夸美纽斯在这里十分强调教师要注意学生的求知欲望和热情。此说被裴斯泰洛齐、福禄贝尔发展为“展开说”“形成说”,并发展成为杜威的“儿童中心主义”。

我国古代的教育观。上述西方教育学史上的两种不同教育观,在中国教育思想史上,也有各执一端的类似表现。其中可以荀子和孟子二人为代表。荀子从唯物主义自然观出发,提出了性恶论。他认为人生来的本性是恶的,人之所以为善,全靠后天努力。他说:“人之性恶,其善者伪也。”在人性中生来就有“好利”“嫉恶”“好声色”等不好的情欲。他明确指出“性”是天生的本质。他说:“生之所以然者谓之性。”由此,荀子非常重视教育的作用。他认为人与禽兽的分别以及人与人之间的区别不决定于天生本性,而决定于人的学习和教育。他说:“为之,人也;舍之,禽兽也。”他甚至认为人的贵贱、智愚和贫富之分都决定于教育。“我欲贱而贵,愚而智,贫而富,可乎?曰:其唯学乎!”由此,荀子特别重视教师的地位和作用。他认为教师是学生学习的榜样,他希望学生绝对服从教师,做到"师云而云""智若师"。

和荀子的性恶论相反,孟子是一位性善论者。他认为人性生来就是善的,人生而就有不学而能的"良能"和不虑而知的"良知"。仁、义、礼、智等道德都是人原有的本性。他并由此而得出了"人皆可以为尧舜"的结论。孟子从性善论出发,论证了教育在人性发展中的作用,认为人既然生来就有仁、义、礼、智各种善端,所以,教育的第一步就是收回原有的善性。"学问之道无他,求其放心而已矣。"孟子主张:"君子深造之以道,欲其自得之也。"而"自得之,则居之安;居之安,则资之深;资之深,则取之左右逢其原"。这说的是,学生要得到高深的造诣,必须靠正确的学习方法。这种方法就是自觉地有所得。自觉地有所得,就能牢固地掌握它而不动摇;牢固地掌握它而不动摇,就能积蓄很深;积蓄很深,就能取之不尽,左右逢源,达到自觉地学、灵活地用的境界。

龚自珍在《病梅馆记》一文中,把施教者比作养花人。养花人把长得好好的梅花捆绑起来,"斫其正,养其旁条;删其密,夭其稚枝;锄其直,遏其生气"。这强使梅花按照某种格式生长,以致变得歪歪扭扭,奇形怪状。他买了三百盆,无一不是这种病态。于是他"泣之三日",发誓治疗,辟病梅馆以贮之,将这些梅花解去捆缚,毁掉花盆,埋之于地下,让梅花自由生长。"以五年为期,必复之,全之"。龚自珍的这种思想实与孟子"学道欲其自得之"的观点完全一致。他对养花人对好端端的梅花所强施的外力所表现的激愤之情,实大有过之。

应当怎样来判断教育学史上曾出现的这样两种截然不同的教育见解呢?第一,这两种教育见解虽各执一端,但各对其教育一端和自我教育一端所具有的根本特点的把握应该说是准确的。当然,教育活动的主要特点就是由外而内的,这一点毋庸置疑。第二,这两种教育见解各有其片面性,即都有理论上厚此薄彼或厚彼薄此,以致实践上出现顾此失彼的偏颇。但这种片面性和偏颇的出现又是必然的,既有其时代的局限性,又反映出以往教育学理论的不成熟。然而,种种有偏颇的教育观和教育理论又都是人类教育领域宝贵的精神财富,我们今天对之应采取一种理解的同情或者同情的理解态度,而不能自认为自己的见解比以往一切见解都高明。最根本之策是要把由外而内的教育和由内而外的自我教育此二者结合起来,有意识地在教育实践活动中避免有可能出现的种种偏颇①。

2. 教育观念的变革与更新

教育观念对教育改革具有先导性和前瞻性。列宁指出:"人的意识不仅能反映客观世界,而且创造客观世界。"教育观念的先导性表现在教育观念对教育实践有着巨大的作用,它改变着教育的面貌,决定着教育的成败。先进的教育观念产生积极的教育行为,使教育获得成功;而落后的教育观念则产生消极的教育行为,导致教育的失败,甚至伤害一代代学生。这是因为人的活动总是在观念的指导下进行。此外,教育观念还具有前瞻性,即先进的教育观念能够超前反映教育未来的发展趋势和对未来人才的培养要求。这是因为,人们根据已经掌握的教育规律,在一定事实材料的基础上,通过合理的想象和推理,所建

①胡德海. 教育学原理[M]. 3 版. 北京:人民教育出版社,2013:232-234.

立的教育观念能够对未来作出合理的预测。这对于教师来说,显得尤为重要,因为我们所培养的人才必须适应将来社会的需要,同时也必须为他们终身着想。

教育观念转变的先导作用也已被教学改革的实践所充分证明。如果教育观念不转变、不更新,一切改革很难取得实质性进展。譬如多年来我们一直在探索课堂上如何落实学生的主体地位,虽然边讲边问正在取代一讲到底的灌输式讲授,但由于教学观念更新没有到位,看似热闹的问答式教学还未能取得应有的教学效果。据专家对一堂数学课的剖析,老师一共问了105个问题。其中常规管理性问题占了2.9%,记忆性问题占了74.3%,推理性问题占了21%,而真正能激发创造性的问题仅占1.8%,能体现批判性思维的问题则没有。近年来,为落实学生的主体地位,不少地方在研究:一节不到1小时的课,究竟老师应讲多少时间,留给学生多少时间?曾有一位校长听了一堂"'阿Q'的形象"的语文课,教师分析得头头是道,非常精彩,但当全体学生思维的火花已经点燃起来,眼看即将成为一片火海的时候,老师却把话题一转,要同学们根据鲁迅先生杂文的笔法,写一篇文章。课后有人问,为什么要这样设计呢?这位老师说:"现在不是提倡落实学生的主体地位吗?不这样做,如何体现落实呢?"看来,对学生问多少问题,给学生留多少时间,不在于形式,而在于实质。只有深刻理解学生主体地位的实质,在课堂上把学生学习的积极性、主动性、创造性真正地调动起来,尽可能让学生自己去发现问题、研究问题和解决问题,教学改革才能取得实质性进展。又如,多媒体教学的正确使用的确能极大地提高课堂教学的效益,但是,多媒体课件的制作必须在正确教育观念的指导下进行,现代教育技术可以强化素质教育,也可以强化应试教育,如果方向错了,课件制作得再精致也是一个失败的课件。前几年市场上个别教学光盘成了教材的翻版,中看不中用,进行目中无人的教学,不仅把教师排挤掉了,学生的主体地位更不知到哪里去了,这种光盘理所当然地受到了批评。正如研究现代化的专家英格尔斯所说:"如果没有观念的现代化,那么,再完美的现代制度和管理方式,再先进的技术工艺也会在一群传统人的手中变成废纸一堆。"这些都告诉我们,教育观念转变这一问题不解决好,教学内容、教学方法、教学手段的改革很难收到预想的效果。

3. 教育观念的转变

面对新时期的挑战,教育工作者至少要实现五个方面教育观念的转变。

第一,由狭隘的质量观转向整体素质观。

基础教育既是培养普通人才的场所,也是培养各类高级人才的奠基工程。基础教育不普及或质量低,各类人才的培养就缺乏广泛的来源和基础。我国各级各类人才的培养,只有植根于普及的高质量的基础教育的土壤中,才可能有整个教育事业发展的高质量。基础教育的质量观,集中体现在全面提高学生的素质上。然而,受种种因素的影响,人们往往将升学率视为衡量中小学教育质量的唯一标准。为了追求升学率,教师们往往偏重于知识的传授,偏重于应试学科的教学和学生应试能力的机械训练,忽视培养全体学生多方面的能力与智慧,压抑了学生的个性,影响了学生身心和谐发展。其结果必然使许多学生得不到适当教育,难以具备合格公民所应具有的素质。因此,基础教育应把阳光雨露洒向每个少年儿童,决不应有轻重厚薄之分,更不允许有教育的"弃儿"。应确信:"任何一个孩子，只要受到训练，都能取得成功。"这也要求教师充分看到学生发展的潜力，由静态的人才观转变为动态的全面发展的人才观。

基础教育作为提高全民素质的奠基工程，承担着重大使命，必须立足于学生整体素质的提高。随着市场经济的逐步完善，将对人才整体素质提出更加全面、更高规格的要求。在市场经济体制和集约型经济增长方式下，各生产部门和企事业单位将实行优胜劣汰的用人制度。面对激烈竞争的人才市场，素质片面而低下的人员将望而却步。从人才交流趋势看，没有哪个单位愿意选择品德修养水平低、个人名利至上、责任心差而胸无大志者；那些只会背书本知识、智力平庸、实际能力低下者，势必难以谋生；缺乏独立思考和判断是非能力者，在各种文化思潮和生活方式碰撞的社会中，难免到处碰壁；蔑视劳动、靠投机发财者，终将被淘汰。而那些品德、智力、体质、审美和劳动技能等方面获得全面发展的人才，将日益受到重视。这都要求我国今后的基础教育必须将增强人的整体素质观摆到更加突出的位置。

就教育体系本身而言，基础教育是实现基础教育后各阶段教育可持续发展的关键一环。基础教育所培养的人的整体素质如何，直接影响到基础教育以上各阶段学习者的发展。时下人们常常抱怨高校学生的素质不尽如人意，这与基础教育阶段未能在学生的整体素质上打下坚实的基础有着直接关系。要实现我国教育的可持续发展，必须致力于基础教育阶段所培养的人的整体素质的提高。

第二，由接受教育观转向自主教育观。

我国目前基础教育仍在一定程度上受到接受教育观的支配，不少教师仍把学生看作听命于教师指挥的消极、被动的对象：认为教师的任务就是把知识毫无保留地传授给学生，故以灌输为主，不惜讲得天衣无缝，教师的"教"成为对学生的"注入"，学生变成接受知识的"容器"，至于注什么、注多少、如何注，全由教师任意摆布，致使学生很少有参与、思考、探究与钻研的余地。这不能不令人从观念形态上对我国的基础教育作深刻反思。

教师必须逐步确立学生主体性发展观，不再将学生当作"容器"一味灌输；不再视教师自身为知识的权威而令学生俯首帖耳；不再将课堂视为学习的唯一场所而限制学生的自主发展。在整个教育过程中，学生相对于教育者的确是教育的对象，问题的实质在于教师把学生看成怎样的对象，是教师施加影响的消极对象，还是在教师影响下自主学习的积极对象。不可否认，接受式教育由于以课堂传授为主，教师为学生提供完整而系统的书本知识，并强调课内、课外反复练习，使不少学生能比较系统而牢固地掌握知识，也使我国中小学生某些学科的基础知识较为扎实。在国际奥林匹克学科竞赛中，我国选手成绩突出，与这种接受式教育不无关系。然而，这种接受式教育也在一定程度上妨碍了学生视野与思路的开阔，甚至扼杀了学生的聪明才智和创造潜能。建立在对儿童尊重、信任基础上的自主教育观应成为未来教师的主导观念。

自主教育观把发挥学生的主体性作为施教的前提，认为人的成长，取决于个体的特性和潜能的发挥，取决于人的自我实现的能力。首先，要求把学生真正当作有主体性的个体，尊重其人格，平等相待，赋予其应有的权利；其次，要淡化强制与约束，更多地给予启发、诱导与鼓励；再次，尽可能为学生的自由探索与发展提供更多的机会，让处于发展中的学生更多地按自己的兴趣和意愿去学习或做事,在边学边做的过程中,发挥自身的潜能,不断增强智慧与社会责任感。诚然,由接受教育观向自主教育观的转变,尤其是自主教育的实施,并非轻而易举,但只要教师勇于实践并善加引导,学生一旦拥有了自主发展的空间并掌握了自主发展的主动权,就会取得显著成效,并终身受益。

第三,由划一的教育观转向个性发展的教育观。

没有个性的教育,必然是一种悲剧性的教育。中国传统教育以共性至上的"划一性"原则在相当程度上扼杀了人的个性。我们曾将"个性"看作贬义词,将其等同于散漫,对待个性发展问题,一度忌讳颇深,几乎成了禁区。100多年前,龚自珍就大声疾呼:"不拘一格降人才。"对标准化、程式化和非个性化的科举制度进行了严厉批判。近代著名教育家蔡元培明确要求教育者"与其守成法,毋宁尚自然;与其求划一,毋宁展个性"。改革开放以来,教育界有识之士针对拘于"一格"、墨守"成法"、追求"划一"来培养和选拔人才的状况,不断呼唤个性解放,但个性发展的观念一直未能普遍确立起来,共性有余而个性不足的状况始终未能从根本上得到改变。人的培养具有共性,教育要促进人的社会化,这无可厚非,但若将人的社会化片面地理解为人对社会的消极顺应,而很少顾及把人培养成富有个性的主体,则失之偏颇。在教育目标上,往往以统一的"模型化"目标要求所有学生,试图用同一模子把所有学生造就成标准件,习惯于以统一的课程对不同发展水平的学生提出统一要求,以僵化、单一的模式排斥学生的个别差异,限制了学生能动性的发挥,难以满足学生丰富的精神生活需求与多样化发展的需要,否定了学生主体的独立性和独特性。

个性化教育正是从社会对人才需要多样化的角度提出来的。现代社会生产和生活需要各种各样的人才,必然要求学校重视个性教育,使不同个性特点的学生都得到充分发展,从而培养出具有不同个性的多样化人才。随着多样化社会的出现,必然要求构建多样化的教育。这促使人们对传统的教育价值观念作了深刻反思,越来越深切地感到确立个性发展的价值观之必要。有识之士无不呼吁:必须在教育的价值观中为个性的发展留下一席之地;在教育活动中,为个性发展留下必要的空间。实际上,社会需要与个体发展需要之间并非完全一致,甚至会出现冲突。重视教育的社会价值,并不等于重视教育的个体发展的价值,更不应排斥教育对个体发展的价值。教育的直接目的是满足人自身生存与发展的需要,使个体的潜能在可能的范围内得到发展。

教育的真正动意恰恰在于:基于个体差异,开发其潜能,实现其价值,满足社会发展之需。教育者不可能根据一个目标或按一种模式把学生塑造成完全符合自己意愿的"标准产品",否则,只能给少年儿童的个性与主体精神带来极大的残害。走向未来的教师,必须确立个性发展观,并为学生个性的发展创造有利的条件。可以预期,未来教师的教育观念,必然引向对个性全面而自由发展这一重大问题的反思。破除划一性,促进个性化,使人的个性自由而和谐地发展,已成为教育目标的核心。

第四,由"复制型"人才观转向"创新型"人才观。

教育的灵魂——教人创新。创新是人类生存和发展的基石。人类文明的发展史,是一部创新的史诗。若只有记忆和模仿,就不可能有人类的文明。未来需要什么?是创新。而教育承担着创造未来的使命。早在20世纪70年代,联合国教科文组织《学会生存》一书就把“培养创造性”作为教育的重要目的之一。1979 年,美国总统顾问在演讲中提醒人们:“我们正跨入一个新的时代——亟待一种新的创造精神的时代。”20 世纪 90 年代,国际 21 世纪教育委员会向联合国教科文组织提交的报告中提出:为了迎接下一个世纪的挑战,必须给教育确定新的目标,必须改变人们对教育的作用的看法。扩大了的教育新概念应该使每一个人都能发现、发挥和加强自己的创造潜力,也应有助于挖掘出隐藏在我们每一个人身上的财富。

在联合国教科文组织的倡导下,培养富有创造力的人才,引起了国际社会的逐步重视。20 世纪 80 年代初,日本将创造力开发视为通向 21 世纪的法宝。新加坡教育改革的首要目的是:教育出一支有创造力的劳动大军,使他们的创造力足以使新加坡成为“智能岛”。当今世界各国教育改革的总趋势是:在强调打好基础的同时,越来越注重学生创造潜能的发挥和创造能力的培养,以便能在激烈的国际竞争中取胜。

20 世纪 80 年代初,应国际潮流与社会发展之需,我国创造教育悄然兴起。但直到如今,我们所注重培养的还只是“复制型”人才,压抑创造精神的教育现象依然存在,创新意识与创造能力的培养相当薄弱。不少国外学者在评价中国学生时认为:中国学生学习刻苦,基本知识掌握得好,但动手能力较差,创新精神不足。老师往往要求学生回答问题时面面俱到,注重答题的完整性和统一性,而忽视答题的独特性和多样性。在不少教师看来,创造仅限于重大的发现和发明,创新能力的培养只是专业教育的事而与中小学教育无关。实际上,每当学生对某个作文命题作出独特的构思,或用独到的方式解决了一道数学题,或以独特的想象力绘制了一幅图画,其中便蕴涵着创造的成分,这也许会构成未来取得重大发现、发明的基础。我们必须消除现行教育中的种种弊端,为创新型人才的脱颖而出创造条件。

为了培养创新型人才,教师必须树立人人具有创造力的观念。正如陶行知先生所言:“人人是创造之人。”我们无法预料你的课堂里是否坐着将来蜚声中外的天才,你的学生也未必创造出惊世骇俗的成就,但作为教师,理应善待每位学生,重视发自学生身上哪怕是十分微弱的思想火花。须知:学生未来的点滴成就恰恰基于儿时不断闪烁的思想火花。为了培养创新型人才,教师必须给学生留下思考探索的空间。为了培养创新型人才,教师应鼓励学生多提问题。剑桥大学的维特根斯坦是大哲学家穆尔的学生。有一天,另一位大哲学家罗素问穆尔:“谁是你最好的学生?”穆尔毫不犹豫地回答:“维特根斯坦。”“为什么?”“因为在我的所有学生中,只有他一个人在听我的课时,老是露着迷惘的神色,老是有一大堆问题。”后来,维特根斯坦的名气超过了罗素。有人问:“罗素为什么落伍了?”维特根斯坦回答说:“因为他没有问题了。”

第五,由一次性、阶段性学习观转向终身学习观。

学习没有固定的年限——“学习期”与“工作期”的分界渐趋消失。学习没有固定的年龄,任何年龄的人学习都是有益并且可能的。而且,一切人都有能力学习,只要一个人活着,学习就不应停止,除非因为他不运用学习的能力以致学习能力衰退;学习必须贯穿人的一生,必须被看作一个贯穿人的一生和人的发展每个阶段的持续过程。但在传统时代,人的一生被分成两个时期:一个是受正规的学校教育时期,即作为未来生活的准备时期;

另一个是由此而延续到生命结束的实践活动时期。人们往往期望将所有的学习课题都集中在个体青少年时期进行,总是期望在早年获得足够的知识,从而顺利地走向社会生活,并安全地走到生命的尽头。如今,随着社会的变革,尤其是知识经济的兴起,人的生命周期的各个阶段中,都有各自学习与发展的课题,一个全新的教育出现在摇篮与坟墓之间。这就促使人们必须持续不断地更新知识,掌握新的技术。在任何一个生命的时期积累起来的知识和技能很快就会变得过时了,并且会或多或少地丧失其价值。人们在儿童期和青春期接受的教育,甚至在青年期接受的高等教育,也很难确保使其过上称心如意的生活。当今任何一个希望跟上时代发展的人,都有不断学习的需要,都被迫不断地"补课",终身不断地学习,而不是将教育集中在人生的某个阶段来完成。人凭借某种固定的知识和技能就能度过一生的观念正在迅速消失。如今,终身学习在国际上尤其是发达国家已成为一种颇有影响的当代教育思潮。1990 年 9 月 30 日世界儿童问题首脑会议通过的《儿童的生存、保护和发展世界宣言》做出庄严承诺:我们将努力制定各种方案,"使儿童作好准备以参与生产性就业和终身学习的机会"。1996 年,国际 21 世纪教育委员会向联合国教科文组织提交的报告《教育——财富蕴藏其中》,将终身教育看作人类进入 21 世纪的一把钥匙。

人的多方面素质的提高是终身持续不断的过程,是无止境的。素质教育不是基础教育的专利,应伴随人的整个生命旅程,唯有全面的终身教育才能够培养超于完善的人。基础教育所能达到的素质培养的目标毕竟是有限的,不可能随着基础教育阶段的结束而彻底达到。对儿童和青少年的教育工作无论多么重要和必须,却仅仅是一种准备,期望在基础教育阶段获得完备的素质,是不切实际的。由于教育进行的复杂性,更由于进行中的任何行动的结果只能在遥远的将来才能明显地表现出来,因此,要想完全保证教育的成功几乎是不可能的,要使学生成为一个完全成熟的人也是不可能的。一个人真正的成熟不是在人生道路的开始,而是在经历了许多不同阶段后的终点。就学生知识的获得而言,他们不可能在基础教育阶段一劳永逸地获得知识,至于多方面素质的提高与完善,更需要他们继续不断地自始至终地努力。

当个体从一个年龄阶段走向另一个年龄阶段时,由于知识和技术的不断更新,社会不断进步,他们必然会面临一系列挑战,往往伴随着危机,甚至会呈现出剧烈的波动。如果一个人不愿意看到自己在竞争中处于劣势,想要避免或减轻危机和波动,使自身在社会生活中占有一席之地,就需要继续学习,不断提高自身的整体素质。正如人们认识到衡量国家的实力不能只看某个单项指标而应当看综合国力一样,人的实力也不是由单一品质决定的,而是取决于由各种品质因素构成的素质结构。这样的素质结构需要终身学习不断地完善。

(二)学生观

1."以人为本"的涵义

要搞清楚这一命题的确切内涵,则须弄明白"以人为本"究竟是以"什么样的人"为本,以及究竟是以"人的什么"为本这两个问题。

对“以人为本”中的“人”,可以从以下三个层次来加以分析。

其一,“以人为本”的命题首先针对的是“以物为本”。在一定意义上,“以人为本”只有相对于“以物为本”才是成立的。因此,“以人为本”中的“人”指的是与“物”相对应的“人”;“以人为本”就是以“与物相对应的人”为本。从而,“以人为本”的最基本要求就是在人与物两者之间把人放在首位。

马克思主义从来强调“人的生命是最宝贵的”,也就是说,与其他一切事物相比较,人是世界上唯一具有智慧和改变世界能力的伟大生命。面对客观存在的物,人居于主体地位,具有改变物质世界的主导作用。提出“以人为本”就是为了重申人对物的主体地位和主导作用。

其二,不可否定,“以人为本”中的“人”包含着“普遍的人”的含义:必须承认有一般的人的特性的存在,必须承认“人性”“人的本质”这些“共性”概念的合理性。这样,“以人为本”就意味着要尊重普遍的“人性”,亦即尊重所有人的生存和所有人的权利。

改革开放以来的理论研究,特别是马克思主义理论研究的一个重要成果,明确了人不仅有其特殊性,而且也具普遍性,即人体现了普遍性与特殊性的统一。人是具体的、活生生的、现实的人,但认可人是现实的人并不意味着否定人是普遍的人。因为现实中的人总是既有其个性的一面,又体现着作为“人”的普遍性,从而认可人是现实的人,实际上也就认可了人的普遍性。现实的人既有先天的自然性又有后天的社会性:不仅先天的自然性是普遍的,就是后天的社会性也有其普遍的成分。

其三,仅仅认识人具有共性是不够的,还应在此基础上承认人具有特殊性。包含在人这一概念之下的各种人的群体的利益总有不相一致甚至冲突之处。在这种情况下,就存在着“以人为本”究竟是以包含在“人”这一概念之下的哪一部分的人的群体为“本”的问题。显然,“以人为本”只能以包含在“人”这一概念之下的那些人数最多的群体的利益为重。

然而,承认不承认人有特殊性,承认不承认人这一概念下的人的不同群体的利益有不相一致之处,不是一个理论问题,而是一个是否面对客观存在的现实问题。曾经有人通过认真的研究,提出我国目前存在着若干个阶层,这些不同阶层的社会地位、经济收入、人生诉求等都有着很大差别。我们虽然不能断言这些不同的阶层和群体的利益是完全对立的,但总不能抹杀它们之间的差异性。在这种情况下,尽管我们呼唤人权,呼唤人的平等、正义、公平等这些“普适性”“普世性”的东西是有一定理由的,但与此同时我们也应清醒地看到,我们不可能通过这种“呼唤”就把这些不同阶层和群体的需求与利益完全调和起来。由于在现阶段我国还存在着不同的阶层与群体之间利益有不相一致之处的现实,所以在制订政策方针时就不可能做到把所有这些阶层和群体的利益都均等地照顾到,而是只能有所侧重。那么究竟应该侧重于谁呢?在选择时,我们既要考虑到不同阶层与群体对推动社会发展的“权重”,更要顾及哪些阶层与群体属于社会的最基本成员而同时又处于最弱势的地位。

以上从三个层次论述了“以人为本”中“人”的含义;这三个层次是有机的整体,它们相互联系缺一不可。事实上,“以人为本”中的“人”确实具有多层含义,它包含有很多方面的层次。我们只有全面地了解了“以人为本”中“人”的含义，才能全面地贯彻“以人为本”的原则。

对于“以人为本”究竟以“人的什么”为本这一点，可以从四个层次来加以探讨。

其一，人都是有需求的，“以人为本”就是要尽力去满足人的需求。但实际上人的需求是全面的、综合的，从而我们不能以人的某一方面的需求为“本”，而应当以人的全面的需求为“本”。

具体地说，我们不能把“以人为本”仅仅理解为去满足人的物欲，而应当理解为满足人的物质、精神、文化、心理等各方面的需求。人的最现实的存在就是人有着需求：不管从哪个角度去分析人，需求总是人的最基本的动力，人具有需求才会去进行有意义的活动。正因如此，人们也就很自然地把“以人为本”直接地与如何满足人的需求联系在一起。

问题在于，人的需求究竟是一种什么样的需求呢？如果把“以人为本”理解为“以人的需求为本”，那么“需求”的内涵是什么呢？无可非议，人的需求首先是对物质生活资料的需求。但是，人的需求不只是生存需求，还有发展和享受的需求。当人的生存需求得到基本满足以后，人就会产生从事政治、科学、艺术、宗教等活动的需求。人为了满足自己的生存需求而从事生产劳动，通过生产劳动其生存需求得到满足，而生存需求的满足和满足生存需求的活动又产生出新的需求。如果说在人类“最初的社会形态”即自然经济形态中，由于生产力极其低下、社会产品极其贫乏，人的需求只能在一个极其低下的层面上得到满足，也就是说，满足了其物质生活需求就等于满足了其基本的甚至全部的需求；那么当人类进入现代文明社会，生产力空前发展、物质财富相对富裕时，只是满足人们的物质生活方面的需求，人们就会因其他方面的需求得不到满足而感到贫乏、空虚。马克思就是因为资本主义社会不能充分满足人的各方面需求而对其提出了尖锐批评，进而希望建立新的社会即社会主义、共产主义社会，来全面地满足人的物质、精神、文化、心理等各方面的需求。

其二，人总是处在不断的发展之中，所以在一定意义上，“以人为本”就是“以人的发展为本”，“以人为本”实质上就是不断地推动人的发展。但发展有“片面的发展”与“全面的发展”之分，我们不能“以人的片面发展为本”，而只能“以人的全面发展为本”，而且“全面的发展”又与“自由的发展”紧密相连；如此说来，“以人为本”就是实现人的全面和自由的发展。

在马克思主义经典作家那里，人的全面发展与人的自由发展是紧紧地联系在一起的。人的全面发展和人的自由发展是人的发展中同一个问题的两个方面。全面发展必然是自由发展的，而实现了自由发展的人则必然是全面发展的。在人的所有需要发展的特性中，最重要的是其自由个性的发展。在某种意义上，只有人的自由个性的发展得到保障，其他的特性、素质和潜能的发展才有了可能。因此，自由发展构成了全面发展的基础。按照马克思和恩格斯的观点，个人的发展就是一种以个人为主体的自觉、自愿和自主的发展。马克思和恩格斯已经把个人的自由发展作为社会发展的最终目的，把个人的自由发展视为人类发展的必然趋势。自由的充分实现是人类从必然王国飞跃到自由王国的标志，也是人类发展和解放的最高境界。既然人的自由发展在人的整个发展中占有如此重要的地位，那么我们在贯彻“以人为本”、努力推进人的发展的过程中，怎么可以漠视人的自由的实现呢？

实际上，人的复杂性决定了人的发展必须具有多方面的内容，也决定了人的发展是走向自由和全面的永恒追求过程。但应当看到，在人的发展问题上，当前无视人的发展的全面性和无视人的自由发展的倾向严重地存在着。就拿全球化来说，尽管全球化给人们带来了众多的正面效应，但其负面影响也不可忽视，其中最主要的就是把人引上了一条既不自由、又非全面的发展道路。面对这样一种局面，在我们提出“以人为本”，进而又把“以人为本”理解为“以人的发展为本”之时，就不能不对“什么是人的发展”做出正确的思考，就不能不使“以人的发展为本”具有更大的针对性；明确地说，就是应当把“以人的发展为本”更加具体化为“以人的全面和自由的发展为本”。

其三，人不仅从其他事物中追求和获取价值，而且还有着自身的价值，故“以人为本”实际上就是“以人自身的价值为本”。但是，什么是人自身的价值以及如何才能实现人自身的价值呢？我们认为，人自身的价值就在于创造价值；人只有在为社会创造价值的过程中才能实现自身的价值。

不仅人有自身的价值，物也有其价值，但是人的价值与物的价值有着根本的区别；只有了解了这一点，才能进一步明白我们为什么要“以人为本”而不能“以物为本”。简言之，人的价值与物的价值的最大区别在于：人而且唯有人创造和实现价值。物作为价值客体，它的价值在于能够通过供人消费、使用而满足人的需要，而人的价值在于通过消费和使用他的劳动，创造出满足人所需要的各种物质产品和精神产品。人与物以及人与人之间的价值关系正是借助于人的那种劳动而建立的，人自身的价值也是借助于人的那种劳动而实现的。现在的问题是，人们即使注重实现人的价值，但由于或者把人的价值单纯地理解为“索取”，或者把人的价值简单地归结为一些肉体或生理的价值以及权力与社会地位之类，或者把人的价值与物的价值相提并论，从而不可能真正地实现人自身的价值。在这种情况下，搞清楚人的自身价值究竟何在确实至关重要。

其四，上面所说的人的需要、人的发展、人的价值实际上都是同人的本质联系在一起的，所以“以人为本”归根到底就是“以人的本质为本”，亦即促使人实现自己的本质，使人真正地像“人”那样活着。问题在于，对于“什么是人的本质”历来众说纷纭。当然，我们在贯彻“以人为本”的过程中，只能按照马克思所揭示的人的本质的内涵去促使人们实现自己的本质。

如果我们像马克思所说的那样把人的本质理解为人的自由、自觉的活动即人的劳动，那么我们就可以进一步把“以人的本质为本”归结为“以人的劳动为本”。实际上，正如西方一些“生态学马克思主义者”所指出的那样，人类对自己的最大误解就在于不是在“生产”领域，而只是在“消费领域”寻求满足和享受；其主要原因就在于不是将人的本质与生产联系在一起，而是将其与消费联系在一起。因此，我们贯彻“以人为本”应当集中于人的劳动，而不是仅着眼于人的消费。由于人在其对象化劳动实践中非但没有丧失自身，而且表现、实现和确证了人的内在力量和主体性，所以人在劳动中能够获取无穷欢乐。但并不是任何劳动都能实现人的本质并使人获得快感，只有作为人的本质的展现的劳动才能达到此目的。具体地说，只有作为自身自觉的活动的劳动，作为目的本身而不是作为手段的劳动，才能取得让人实现自身的本质并从中获取快感的效应。由此说来，我们绝不能把“以人的劳动为本”只是具体化为让人们通过劳动创造更多的物质财富；倘若这样去理解，将会严重地违反提出“以人为本”的初衷，其结果是人们越是“重视”人的劳动，越是不能实现自己的本质。“以人的劳动为本”的关键在于，如何使劳动变成消遣，即如何使劳动从谋生的手段升华到作为生活目的的自由活动的生活享受。

如果我们像马克思所说的那样把人的本质理解为人的一切社会关系的总和，即把人视为“社会存在物”，那么我们就可以进一步把“以人的本质为本”归结为“以人的社会性为本”，具体地说就是促使人们在劳动实践的基础上建立起互相依存、交往和合作的合理的社会联系。人是“社会存在物”，社会交往是人类特有的现象，关键在于这种交往是不是“合理”，即交往是不是按照人的本质进行。必须看到，当今世界的某些实际情形是人的交往变得越来越不合理，人们之间的社会联系越来越远离人的本质。我们必须充分认识市场经济的发展给人际交往和社会联系带来的负面效应。我们生活在一个无所不在的商品社会中，商品的普遍交换，产生和发展着普遍的交往与联系，而由于人们在进行这种交往和联系时必须遵循市场经济的要求，所以又不可避免地使这种交往和联系染上浓重的功利主义色彩，社会交往和社会联系变成了社会交换。面对这种情况，我们要把“以人为本”的原则贯彻到人际关系中，就必须把这种负面效应降到最低限度，不断地铲除世态炎凉、无情无义的土壤，造就能滋生和谐、共生、互利的人际关系的社会环境，从而使人的社会本质得以充分展现。

上面从四个不同的层次论述了“以人为本”，究竟以“人的什么”为本。无论是从哪个层次的论述，都非常清楚地表明贯彻“以人为本”，最重要的是必须防止仅仅把注意力集中于人的某一个方面，即把“以人为本”只是归结于以人的某一方面的需求、发展、价值和本质为本；而必须以整体的人为本，即所要满足的人的需求是人的全面的需求，所要推动的人的发展是人的全面的发展，所要展现的人的价值是人的全面的价值，所要实现的人的本质是人的全面的本质。实际上，人的本质的一个主要特征就是整体性。人决非在一种规定性上生产自己，而是生产自己的全面性。人的本质是由很多要素、层次、方面所构成的复杂系统。人的本质的这种全面性又决定了人的需求、发展和价值等的全面性。当今我们已经认识到必须“以人为本”，关键在于我们必须进一步明确这里的“人”是作为整体的人，必须把“以人为本”进一步落实到以整体的人为本。相反，如果我们把尽力满足人的某一方面需求例如“物欲”作为贯彻“以人为本”的主要甚至全部内容，其结果必然违反提出“以人为本”这一原则的初衷。①

2.“以人为本”的学生观

鉴于对“以人为本”的理解，我们必须从现代的教育理论出发，从教育哲学、教育社会学、教育心理学、教育法学等方面全面考察，确立“以人为本”的学生观。下面我们来谈谈“以人为本”的学生观的具体内容。

①陈学明，金瑶梅．以人为本：以“什么样的人”和“人的什么”为本？[J]．哲学研究，2009(8)：15-21.

(1)学生是一个充满生命活力的人

每个学生都是独立于教师头脑之外,不依教师意志为转移的客观存在。他们首先是人,是活生生的人,是充满生命活力的人。作为充满生命活力的人,他们具有人的一切本质属性——人的主体性。每个学生都有自己的身体、感官、头脑、性格、意愿、知识和思想,有自己的心理和行动规律、自己的认识方式、自己的体验与感悟。教师不应该也不可能代替学生感知、分析和思考,代替学生明白任何一个道理和掌握任何一种规律。学生不仅具有一定的受动性,能够接受来自外部的各种影响,更具有自身的能动性。教师只有发挥学生的能动性,充分尊重和调动学生的主动性、积极性,才会使教育得以进行。反之,只会招致学生的逆反和对抗,挫伤学生的主动性、积极性和创造性,扼杀学生的学习兴趣和生命活力。

(2)学生是一个正在成长中的人

学生是一个发展中的人。对学生来说,他们身心各个方面都潜藏着极大的发展可能性,他们身心发展过程中展现出的各种特征都处在变化之中,具有极大的可塑性。教师应坚信学生的可教性和需教性,坚信每个学生都是可以积极成长的,可以获得成功的。因而,教师对每一位学生应充满信心。

学生作为一个正在成长中的人,其身体正在发展,知识有待丰富,个性有待完善,思想有待成熟。从教育角度讲,它意味着学生的主要任务是在教师指导下,通过学习以缩短自己与社会文化之间的差距,成长为正式的社会成员。作为发展中的人,学生各方面的不完善是正常的。从这一点出发,教师应理解学生身上存在的不足,坚持发展的观点,并促进学生的发展。

(3)学生是一个有着独特精神世界的人

独特性是个性的本质特征。由于遗传素质、家庭条件、社会环境和生活经历不同,每个学生有自己独特的内心世界,他们具有不同的需要、动机、兴趣、气质、性格、智能和特长等。这种独特性是人的个性形成和完善的内在资源,也是教育的心理基础和发展目标。尊重学生的独特性和培养具有独特个性的人,应成为教师对待学生的基本态度。

个性的独特性与学生生命的整全性是相辅相成的。学生并不是单纯意义上抽象的学习者,而是有着丰富个性的整全的人。叶澜教授认为,人的生命是多层次、多方面的整合体。任何一种活动,人都是以一个完整的生命体的方式参与和投入,而不是局部的、孤立的、某一方面的参与和投入。在教育活动中,应反对那种割裂人的整全性的做法,还学生完整的生活世界,丰富学生的精神生活,给予学生全面展现个性的时间和空间。

(4)学生是一个有着特定权义关系的人

在现代社会,学生在教育系统中既享有法律赋予的特定权利,又承担着一定的法律责任和义务;同时,学生也承担着一定的伦理责任和享受特定的伦理权利。把学生看作具有特定权义关系的人,是现代教育区别于古代教育的重要特征,是教育民主化的重要标志。

学生有着独立的社会地位,是行使特定权利的行为主体,享有法律规定的各项社会权利。学生是未进入正式成人社会的"边际人",即作为一种不成熟的社会存在,作为正在准备进入成人社会的"准成人"。而长期以来,人们根本没有以法律、伦理的角度来看待学生,没有明晰的意识,以致不承认学生在社会中的责权主体地位。

把学生视为权义主体,必然面临如何处理学生权利与学校和教师职责的关系问题。一方面,学生是权利主体,学校和教师要尊重和保护学生的合法权利,这既是职业道德要求,又是一种法律要求;另一方面,学生是责任主体,学校和教师负有对学生进行有效的教育和管理的责任,要引导学生学会对学习、对生活、对自己、对他人负责,学会承担责任。视学生为权义主体的观念,是建立民主、道德、合法教育关系的基本前提。如何既尊重和保护学生的权利,同时又能对学生实施有效的引导、管理,担负起学校教育人、塑造人的责任,是教育管理上需要研究的重要问题。我们应在责任与权利之间寻找一种平衡。[①]

(三)教师观

1. 教师的角色

教师的角色是指教师在教育系统内的身份、地位、职责及相应的行为模式。教师在教学中的角色是教师的多种社会属性和社会关系在教学活动中的反映,是教师在教育教学中的一整套行为规范和人们对教师的角色期待。

现代教学活动不仅是师生的文化授受活动,而且是师生的相互交往活动、情感交流活动、教学共同生活的创造活动等。教师作为主体,其作用的客体为教材、学生个体与集体、自我、教学活动,同时,教师还作为客体为学生主体所认识。因此,现代教师的角色是多重的、不断变化和创新的。其基本角色如下。

(1)学习者和学者

教师被认为是智者的化身,作为教师,首先必须是一个学习者,要学习教材、了解与教材有关的信息,向学生讨教,要以严肃的态度来研究教材、处理教材,把知识客体内化为自身的主体结构。此外,现代教师还是课程开发者和教育、教学研究者。这都需要教师终身学习,更新自己的知识结构,以便使教育教学建立在更宽广的知识背景之上,适应学生的个性发展、自己的专业发展和教育教学改革的需要。

(2)知识的传授者

教学中的基本矛盾是知与不知,知之不多到知之较多、知之完善的矛盾。这一矛盾的正确解决是解决教学矛盾的基石。在解决这对矛盾中,教师无疑充当着主导者的角色,学生处在接受者的角色。即使作为传授者,古今的含义也有区别。古代教师的传授多以讲、诵、问、答为主,而现代教师作为知识的传授者,除讲求教学的科学性之外,还必须讲求教学的艺术性和创造性。

(3)学生心灵的培育者

教育的目的是为了使学生变得更聪明、更高尚、更成熟。只传授知识的教师是"经师",只有那些使学生能生动活泼地、主动地得到较好发展的教师,才是最好的教师。这样的教师不但教学生学习知识,而且教学生学会学习;善于激发学生的学习热情,培养学生自主学习的能力和习惯,调整学生的不良情绪和心态;经常提醒学生仔细、认真、勤奋、刻苦,培养良好的学习心理品质;善于发现学生的学习差距,特别关注学习成绩不佳的学生;

①朱家存,王守恒,周兴国.教育学[M].北京:高等教育出版社,2010:151-153.

并善于使学生相互帮助,形成良好的学习风气。

(4)教学活动的设计者、组织者和管理者

教学活动是一种集体活动,要全面实现教学的整体功能,就必须精心设计、周密组织和科学管理。首先,教师是教学活动的设计者。好的教学设计可以使教学有序进行,给教学提供良好的环境,使学生养成循序渐进的习惯,全面地完成教学任务。要精心地进行教学设计,就要求教师全面把握教学的任务、教材的特点、学生的特点等要素。其次,教师是教学活动的组织者,即教师在教学资源分配(包括时间分配、内容安排、学生分组)和教学活动展开等方面是具体的实施者。通过科学地分配活动时间,采取合理的活动方式,可以启发学生的思维,协调学生之间的关系,激发学生集体学习的动力。再次,教师是教学活动的管理者。教学管理是对教学要素及其关系进行系统的调控。教学行政人员通过调整教员、教学计划、教学评价等,来实现其管理职能。作为教师则主要通过对教学活动的调控来实现其管理功能,如对教学环节的调控,对学习态度、学习活动、学习习惯、学习质量的调节,对教学偶发事件的处理,等等。传统的教学将管理这一概念理解为管制约束,常通过纪律的维持来实现,教师扮演的是"警察""保姆"的角色。而好的教师在教学管理活动中的角色行为是:建立各种教学常规,特别是课堂教学常规;倡导学生参与管理,树立集体观念,充分发挥集体的凝聚力;通过建立自己的威信,充分发挥情感在管理中的作用,教师扮演的是"向导""建议者"等角色。

(5)学生学习的榜样

教师不仅是教学的主体,而且是学生认识的客体。教师作为一个整体,作为一个成人,其言行、举止、态度、个性等,无不对学生产生潜移默化的影响。教师的榜样作用具有双重性质。好的教师榜样,给学生留下公正、正义、理智、热情、坚强、果断的印象;而差的教师的"榜样"作用,会给许多学生留下心理上的阴影,甚至导致学生行为上的缺陷。

(6)学生的朋友

虽然教师与学生有一定的年龄、地位、阅历等方面的差异,但并不妨碍师生之间友情的建立。事实上,教师把学生当作朋友,可以使学生更亲近教师,教师也可以更全面地了解学生。作为朋友,教师就应成为学生的交心对象,关心学生的生活和全面成长,以平等的身份与学生交往,帮助学生解决困难。苏霍姆林斯基曾强调,最好的教师是在与学生的精神交往中,忘记自己是教师,而把学生视为志同道合的朋友的那种教师。

总之,教师的角色是多方面的,既有显性的,也有隐性的;既有认知方面的,也有情感方面的。这些角色统一于教育教学活动中。教师的行为表现为积极与消极、理性与非理性、道德与不道德、合法与不合法等多方面。作为教师,要熟练地运用积极角色技能,成功地扮演相应角色,避免角色不清、角色紧张、角色冲突和角色失败,杜绝侵犯学生权益行为和不道德行为,避免消极行为。①

2. 教师的自我认知

教师的自我认知是教师对自己行为操作能力的知觉以及有关恪守自我生成能力的信

①全国十二所重点师范大学联合编写. 教育学基础[M]. 2版. 北京:教育科学出版社,2008:132-134.

念。是教师在执行某一行为操作之前对自己能够在什么水平上完成该行为活动所具有的信念、判断或主体的自我把握与感受。它不是个体自我的一个稳定不变的属性,而是个体以自身为对象的思维与认知。

教师自我认知作为教师主体对自身能力的一种信念与内在的心理体验,对教师自主专业发展具有重要的作用与价值。主要体现在:第一,对教师的专业承诺有显著的影响。教师自我认知越高,教师对自己所从事职业的认同、情感依赖与投入也越高,负有较高的专业承诺和较高的期望与责任感,也往往能够取得满意的工作效果和成绩。第二,自我认知是教师产生自主工作动机的内在原动力。在动机的激活、维持与强化过程中,最重要的是教师对自身教育能力的信念。自我认知较强的教师对工作常抱有积极的态度,具有较强的自我期望与胜任感,往往产生的是促进性的、适应性的工作动机,倾向于为自己设定和选择富有挑战性的任务与目标,并努力使自己的行为和活动朝向这些目标,面对困难时也更能积极想办法克服并更多地坚持下去。第三,自我认知是影响教师行为和教育成效的重要中介。教师自我认知不同,会极大程度地影响到他们的具体行为系统,如对教育目标、任务情境和自身教育行为的选择与反应困难,同时也会影响教师工作的开展与面对问题的坚持性,更会影响教师对他人及情境的思考与情绪的反应,并因此直接影响儿童的发展和教育的有效性。第四,自我认知是教师身心健康的重要影响源。如果教师不能控制面临的压力、自我效能感低,就会影响神经生理系统的功能,从而直接影响教师的身体健康。

教师的自我认知主要是通过四种信息源来发展的:一是自身活动与行为的成败经验。成功会建立起对个体效能的坚定信念;而失败(尤其是失败发生在效能感牢固地建立之前)则会削弱和降低其效能感体验。二是替代性经验。观察榜样的成功经验会提高个体对类似活动结果的积极期待,特别是当示范者与自己水平相当时,更能增强主体完成同样任务的信心与效能信念。三是他人的评价,包括他人的暗示、说服性告诫、建议、劝告、评价等。评价的效果主要取决于评价者的声望、地位及评价内容的可信度等,来自对自己有重要影响的评价者的鼓励与肯定性评价有助于提高主体的自我认知。四是情绪和生理状态。心境和生理疲劳都会影响个体的认知判断和效能信念的建立。高度的紧张、焦虑、抑郁容易降低自我认知判断,由此引起的疲劳和烦恼会令其感到难以胜任任务,影响其实际能力的发挥,也必然导致自我认知的降低。

在促进教师专业发展过程中,应充分发挥教师自我认知的积极作用,引领教师个体专业发展。一是重视激发和提升教师专业成长的主体意识与积极信念。近年国际教师教育已开始反思教师的主体性问题,强调教师从培训中获取的经验不仅应促进其教育能力和教育质量的提高,更应激发和促进教师自主专业发展的意识和能力。良好的教师教育应重视教师发展的主体性,从教师的实际需求出发,营造一个支持性的培训环境,充分调动教师主动参与,激发教师自主发展的内驱力,积极主动地参与自身专业素质的提高。二是帮助教师形成积极的归因风格,提高其自我认知。如前所述,个体的成败经验是教师获得自我认知的重要来源和途径。因此,为教师创设更多获得成功的机会,使教师通过多种活动获得更多的成功经验和体验,有利于教师自我认知感的增强。然而,成败经验是通过归因而最终作用于主体的自我知觉。同样是失败的经验,可能降低一个人的自我效能感,但并不一定降低另一个人的自我效能感。只有把成功或失败的经验归因于自己能力等内部稳定因素时,教师才可能增强或降低自我效能感。可见,归因风格对教师自我效能感的发展有着极其重要的影响意义。学校管理者和教师培训者应注意帮助教师增强对自身教育活动、教育行为与教育效果之间关系的分析和认知,引导教师对教育教学中出现的问题进行可控制的、不稳定因素的归因,形成比较积极的归因风格,做到既不推托责任,产生想改变不理想教育状况的愿望,同时又转变归因上的偏差,体验成功带来的满足感和愉悦感,让他们认识到通过自己的努力可以使行为实践更加成功有效,从而建立和提高自我效能信念。三是促进教师自觉的反思实践,提高其自我发展的能力。教师是其自身发展的主体。自我认知的发展依赖于主体的知觉和认知加工。反思是教师着眼于教育活动过程,分析自己做出的某种教育行为、决策以及所产生的结果的自我觉察过程。反思有助于教师检查和判断教育教学实践的适宜性与合理性,更清楚地认识到哪些工作做得较好,发现哪些方面存在问题,并寻找有利于解决问题的方法,持续保持不断创新与改进的积极体验,不断改进教育实践和提高教育能力,从根本上提高自我认知与信念。四是帮助建立发展性教师评价机制,提供积极的外部支持。自我效能感理论认为:个体自我效能感形成和发展的另一个重要来源和途径是对其行为的"无条件的积极关注"或强化。个人的能力知觉在很大程度上受其周围人,特别是重要他人对其评价的影响。当一个人的行为总是伴随着成功和来自他人的关心、支持时,其自我效能感就会增强或提高;而当行为总是伴随着失败和来自他人的批评、否定时,自我效能感就会削弱或降低。因此,为促进教师适宜的自我效能感的形成与发展,需要注意多方面的评价,特别是儿童、家长和领导的反馈和评价,才能使教师真正认识自身教育能力与效果的实际状况,形成正确、客观和理性的自我认知与评价。①

3. 教师的职责

现代社会,教师的职能和作用发生了深刻转变,教师职责可概括如下。

(1)保护和扶助学生是教师职业的最基本职责和使命

从根本上说,教师职业的神圣就在于它的从弱者出发的意识。传道、授业、解惑并不等于教师职责的全部。教师的职责首先表现在维护每一个弱小生命的独特价值,引领他们实现源于精神内部的、具有个性色彩的社会化过程,激励他们不断地去追求更完善、更美好的自我。因此,保护和扶助学生就是教师职业的基本职责。为此,教师应关爱每一名学生,关心每一名学生的成长与进步,以真情、真心、真诚教育和影响学生,努力成为学生的良师益友,成为学生身心健康成长的指导者和引路人。

(2)传承人类文化知识、引领社会思想价值是教师的重要使命

教师是知识的重要传播者和创造者,是人类文明的传承者。作为专业人员,教师受社会委托,向学生传授人类社会积累并具有现代价值的文化知识,实现人类文化的继承、传播和光大。当然,知识激增和信息技术发展,动摇了传统上教师在知识学习上的权威地

---

①洪秀敏. 关注与促进教师的自我信念:自我效能感理论的重要启示[J]. 教育科学,2008,24(3):79-82.

位,教育已不再限于学校的围墙之内,终身教育和学习化社会到来,教师与学生同作为学习共同体成员。教师不仅要不断学习,而且要改变这一职业的固有角色和职能。教师已从“独奏者”的角色过渡到“伴奏者”的角色,从此不再主要是传授知识,而是帮助学生去发现、组织和管理知识,引导他们而非塑造他们。同时,社会文化和价值观的多元化,也使教师难以成为一元独尊的道德权威和价值代表。教师的使命在于作为楷模,并引导学生进行思想价值的澄清,正确判断、选择和辨别,提高道德能力,并学会与其他人和其他文化相互理解、宽容、接纳和共存。

(3)教书育人是教师职业的核心使命

与其他各种职业或专业相比,教师职业的核心使命是教书育人,引导和促进青少年儿童的健康成长,努力成为一个合格的社会成员。这需要教师必须与学生进行思想、心灵的深入沟通和影响,成为学生最值得信赖和崇敬的人。同时,社会发展对于人的主体性、创新性以及人文精神等方面要求越来越高。教师对于人的发展的促进作用,并非只是传递信息,而是本着尊重学生自主性的精神,使他们的人格得到充分的发展和完善。①

4. 教师的工作热情

热情在现代汉语词典中的解释是指人对待别人或参与活动时所表现出来的积极、热烈、友好、主动的态度或情感。热情的反义词是冷漠。如:热情的人工作起来像小老虎,冷漠的人干活无精打采;热情的人能主动关心,主动帮忙别人,如火般温暖,冷漠的人待人爱理不理。热情与一个人的人生观、价值观有很大关联性,它是一个人兴趣和态度的外在表现,热情相比激情来说,它要更持久、更平稳。

Gubman 提出了工作热情的方程式,让我们进一步了解了热情与工作相关因素之间的关系。他先指出,员工投入(Employee Engagement) = 适才适所的工作 × 正面的工作环境(What you do × Where you do it)。紧接着,他又定义了工作热情的方程式。工作热情 = 适才适所的工作 × 正面的工作环境 × 员工的自我激励。

故而,教师工作热情是指教师在教育教学活动过程中,所表现出的对教育教学工作充满兴趣和热情的一种积极的心理状态和行为。影响教师工作热情的因素主要是:个人因素、物质因素、工作因素、环境因素及管理因素。

个人因素。个人因素包括:一是人口统计学变量。人口统计学变量主要有:性别、年龄、职称、学历、学校类型等,辛涛等人于1994年对北京市各类中小学教师进行了有关“中小学教师工作积极性及影响因素的研究”。这是一个访谈方法与自我描述问卷为施测工具相结合进行的实证研究。这项研究表明:教师的工作积极性在教龄上的差异不显著,而在学校类型、文化水平、性别上有显著差异。二是教师自身素质。教师的自身素质对工作热情的影响也是极大的。杨华团和罗卫东在其论文“寻找着力点调动积极性——关于影响教师积极性因素的调查分析”中发现,个人素质对教师工作热情的影响占到10.7%,虽然在此项调查中并不是主要因素,但也可见教师的个人能力在影响教师工作热情方面也是非常重要的。如果教师的素质太差,不能胜任教师这个职业,那么教师的工作积极性也

①朱家存,王守恒,周兴国. 教育学[M]. 北京:高等教育出版社,2010:137-138.

不会高。另外,教师积极性的高低,跟其心理素质和思想政治素质的高低有着非常密切的关系。具有正确世界观、人生观和价值观的教师,总是为自己选择教师职业感到光荣和自豪。

物质因素不断提高教师的福利待遇,满足其生存与发展的需要,是稳定教师队伍、提高教师工作热情的关键。在杨华团和罗卫东对金川公司部分中小学教师进行的调查中显示,物质因素对教师工作热情的影响占18.2%。另外,美国心理学家赫茨伯格的双因素理论也指出:工作之外的福利与薪酬是一种"保健因素",如果对这样一些因素处理不当,教师就会产生不满情绪。这种不满对教师的影响很大,它会导致教师不安心于教学工作,从而对教学没有积极性。

工作因素。工作的满意感能激励员工的潜能与斗志。如果教师对工作存在不满,没有兴趣,那其对工作的积极性就无从谈起。另外,工作的适用性和挑战性对教师工作积极性的影响也是很大的。辛涛等还从教育工作为教师提供的发展条件与工作的价值两个方面考查了教师工作积极性与工作因素之间的相关性。结果表明:教师工作积极性与教育工作为教师提供的发展条件、教育工作的价值及其总体工作因素之间有显著的正相关,也就是说如果教师认为教育工作为自己提供的发展条件越多,教育工作的价值越大,其工作积极性就越高。

环境因素。环境因素主要包括:学校人际关系或社会环境、自然环境、生活环境以及师生关系等。环境因素对教师工作热情的影响也是非常大的,好的环境可以激发教师工作的热情,不好的环境则会起到相反的作用。比如相关的研究显示:教师的工作满意度容易受同事与领导的关系影响,这种关系进而会影响教师的工作热情。这一研究结论与教育事实非常吻合。的确,为了提高学校共同活动的效率、形成学校的内聚力和提高教育、教学质量,学校领导与教师之间的和睦关系在其中起着极为重要的作用。当教师与学校管理者的关系不和谐时,教师常常会觉得焦虑、难受、孤独、恐慌;当教师与学校管理者关系和睦时,教师会感到安全、舒适、温暖。因此,无论是学校管理者还是教师都不能忽略教师与领导之间融洽关系的建立。辛涛等在其"中小学教师工作积极性及影响因素的研究"中也对学校气氛、人际关系、社会宏观条件、师生关系、学校客观状况和总体环境影响六个方面考查了教师工作积极性与环境因素之间的关系。结果表明,教师工作积极性与学校气氛、人际关系、社会宏观条件、学校客观状况和总体环境影响都有显著的正相关,而教师工作积极性与师生关系之间相关不显著。这表明:学校的风气及外部条件越好,人际关系越和谐融洽,社会宏观条件越有利于教育发展,教师表现出的工作热情及斗志也就越高。另外,在杨华团和罗卫东1996年的研究中显示:环境因素对教师工作热情的影响比例高达19.8%。因此,从各位研究者的研究看,工作热情与环境因素的关系非常密切。

管理因素。在影响教师工作积极性的因素中,领导的管理因素也是不容忽视的。在杨华团和罗卫东对金川公司教师的调查中也显示:领导管理因素对教师工作热情的影响占到28.9%。可见,管理因素对教师工作热情的影响是非常大的。[①]

---

①吴叔.湖南省公办中小学教师工作热情调查研究[D].南昌:南昌大学,2012:5-15.

四、教育与个体身心发展

(一)个体身心发展的概念

个体身心发展是指个体在身心诸方面及其整体性结构与特征的连续不断的变化过程。

个体身心发展,在内容上表现为身心两个方面。身体的发展,主要指身体各器官的结构与机能以及机体系统的结构与机能的生长发育、成熟、退化等变化,人的体质的强弱变化等个体生理方面的发展变化。心理的发展,主要指个体活动的心理机能及其品质的发展变化,包括个体心理的一般发展和特殊发展。个体心理的一般发展是指心理过程的发展变化,如认知、情感、意志等方面。个体心理的特殊发展表现为个体独特个性的形成。

个体身心发展,在形式上表现为自在的发展和自觉的发展。自在的发展,是指个体在日常生活中,通过日常的活动和交往,自发地、无意识地实现的发展变化。如个体在家庭和社会中,通过自然状态的日常交往和生活,在适应生活的过程中,自发地发展和变化。自觉的发展,主要表现为通过有目的的引导,在特定的活动和交往中自觉实现的发展变化,如个体通过学校教育这种有意识、有目的的活动而完成的个体身心方面的自觉的发展变化。

个体身心发展,在方向和性质上,不仅指向前推进、向上提升的过程,而且也指衰退消亡的变化。以往我们把发展只局限于青少年儿童从不成熟到成熟这一成长阶段,现在我们把个体发展的时限前伸和后延。发展是贯穿于个体生命全过程的连续不断的变化。这种变化,既有量的,又有质的,量变积累到一定程度产生质变,使个体的发展进入一个新的阶段。因此,发展呈现出连续性与阶段性的统一。

个体身心发展总是表现为一种变化,这种变化是在发展主体与周围环境积极地相互作用中,通过主体的各种活动实现的。事实上,个体发展,总是涉及个体自身、周围环境以及活动等多方面因素。由于各方面因素的差异,不同个体的具体发展总是呈现出一定的差异性。①

个体身心发展是人的全面发展与个性发展的辩证统一。人的全面发展指人的各种基本素质和能力得到尽可能多的发展。个性发展是一个人在思想、性格、品质、意志、情感、态度等方面不同于其他人的特质,是个人内在潜力的张扬。从逻辑上看,全面发展和个性发展不是对立的。全面发展在本质上反映的是人的发展在德、智、体、美等基本面上的相对完整性和和谐性,其对立面是片面发展。而个性发展是个体在需求、生活习惯、性格、能力、爱好、兴趣等方面形成的不同于他人的稳定的特殊性,其对立面是共性。

全面发展是个性发展的基础和前提。全面发展要求培养学生达到国家在德、智、体、

---

①王守恒,查啸虎,周兴国.教育学新论[M].合肥:中国科学技术大学出版社,2005:86.

美等基本范畴规定的所有受教育者都应达到的基本标准,最终实现身心和谐发展。个性发展也必须以尊重基本的道德价值规范、遵守国家法律为基础和前提,是在全面发展基础上的选择性发展。

因此,教育是要培养全面发展而富有个性的人,既德才兼备又保持个性。这种教育观应贯穿于教育发展的全过程。

从办学理念上,全面发展要求每个学生的德、智、体、美等基本素质都得到提高。而个性发展要求教育要顾及每个学生身心发展的特点,因材施教,使学生的兴趣和特长得以不断发展。

从教育内容上,全面发展注重传授德、智、体、美等方面知识,注重各学科基本知识的记忆和理解。而个性发展是在注重学习知识的基础上,更加重视学生德性的培养,思维能力的提升和良好学习习惯的养成等。

从课程设置上,全面发展要求施教者按照学科体系针对所有学生开设一般性课程。而个性发展侧重在开设一般课程的基础上,更加注重开设各种选修课,以满足学生的兴趣爱好及科学精神的探索和实践能力的提升等需求。

从学校管理上,全面发展要求学校在管理上实施整齐划一的统一管理,以使学生在德、智、体、美等方面达到国家规定的一般性要求。而个性发展则要求教育者对学生实施弹性管理,给学生的兴趣和特长留有充足的空间。

从教育评价上,全面发展要求以分数统一量化评价学生发展的基本素质,以达到国家设置的课程评价标准。而个性发展则要求我们引入多元评价标准,改变过于注重考试成绩的单一评价方式,引导学生的多元发展。

总之,全面发展和个性发展是辨证的统一体,只有正确认识和处理全面发展和个性发展的关系,才能在教育的实践中真正培养出全面发展且保持个性的人才。[①]

(二)个体身心发展的动因

关于个体身心发展的动因问题,教育史上一直有着不同争论,这是与人性观密切相关的问题。有的认为个体身心发展的动因来自个体之外的外部因素,有的认为个体身心发展的动因来自个体自身的内部因素,有的则认为个体身心发展的动因既有个体外部的因素,也有个体内部的因素。概括而言,历史上主要有两种具有代表性的并相互对立的观点:一是“内发论”,一是“外烁论”。

1.内发论

“内发论”者更重视人的自然发展的顺序,认为教育应顺着人的自然生长阶段而施加影响。历史上那些主张性善者、遗传决定论者,大部分都是“内发论”者。如孟子就认为万物皆备于我心,这里的“万物”实质上是指人所达成的理想品格,“仁义礼智,非由外烁我也,我固有之也,弗思耳矣”。其为气也“是集义所生者,非义袭而取之也”。故他反对“揠

①燕新.如何处理全面发展和个性发展的关系[EB/OL].[2012-12-12].http://www.moe.edu.cn/publicfiles/business/htmlfiles/moe/s6073/201211/143991.html.

苗助长”式的育人方式。人心中自有“浩然之气”,发展就是“浩然之气”不断充盈的过程,教育的根本任务则是修身养性,坚持身体力行。柏拉图在论及人类智慧的发展时也强调内发,因为“理念”是先天存在于人的灵魂之内,人只有通过追忆,才能获得知识。直至17世纪,德国著名的哲学家笛卡尔还认为:完全简单和清楚的观念是与生俱来的,自然规律的概念是上帝印入我们的心灵的。

18世纪以来,主张内发论者更重视人的自然发展的顺序,认为教育应顺着人的自然生长阶段而施加影响。在心理学中,它则表现为成熟论。成熟论认为人的发展受特定的顺序支配,这一顺序是由基因决定的,在它指导下的机能完善称为成熟。成熟论并不完全否定外部因素对发展之必须,然而否定外部因素对发展的决定意义,因而倾向于内发论。成熟论者认为教育抢在成熟的时间表前是无意义和低效的。美国著名的儿童发展心理学家格塞尔用他著名的同卵双生子爬梯比较实验为成熟论提供了实证性证据,他在一系列的儿童早起发展研究之后得出儿童的“神经系统是按阶段和自然的程序成熟的。……所以他的能力,包括道德都受成长规律支配”。瑞士著名的儿童心理学家和发生认识论的创始者皮亚杰,在他理论的初创时期也倾向于内发的成熟论。然而他关注的中心不是运动技能的发展顺序,而是儿童内在认知建构模式的成熟演化程序。从古代哲学或经验的角度提出的内发论转化到近现代的自然成熟论,反映了人对发展过程中内在因素研究不断具体化、深化和科学化,但它并没有完全走出人的命运由先天决定的阴影。它要求教育者更深刻地观察研究自己教育对象的发展路线,但在发展路线面前又显得有些无奈。

2. 外烁论

“外烁论”者主张:人的发展动因主要来自外在的力量,包括环境与他人、学校的教育与训练等。历史上那些性恶论者、强调人性之社会性及差异因后天影响而成的人,大部分都是“外烁论”者。荀子认为:生而同声,长而异俗,教使之然也。强调人只有通过学,才能发展善。英国学者洛克的“白板说”体现了“外烁论”,他坚信儿童的天性可以比喻为没有痕迹的白板或柔软的蜡块,可以任人随心所欲地涂写或塑造。这就是有些教育者所信奉的:儿童是一张白纸,可以在上面画最美最美的画。20世纪初美国行为主义心理学创始人华生则认为:只要通过环境和训练,人可以被塑造成任何你想塑造的样子。他在1924年出版的《行为主义》一书中指出:“给我一打健康的婴儿,我可以按自己的愿望培养,我保证把他们培养成我选择的任何特定的类型——医生、律师、艺术家、商人、领袖,甚至是乞丐和小偷。不拘他的祖先的天资、嗜好、脾气、能力、职业和种族如何。”

自华生始,“外烁论”也向实证科学的方向发展,深入对人的学习活动的操作性研究。行为主义的“学习论”与“成熟论”遥遥相对。正像成熟论不完全否定外在因素在发展中的必要性一样,行为主义的学习论也研究人的学习行为的内在机制,其目的在于使学习成效提高。可以认为,这方面是行为主义学习论对教育理论的重要贡献,尽管从整体上来看,把人的发展决定因素归之于外部并不是正确的认识,但他们强调教育之“有为”,具有积极意义。

从当代学术界来看,对人发展动因完全持上述两方中任意一方观点者已不多了。人们更多地把注意力转向对内、外因相互关系与转化以及各自在人的发展中的作用的研究。

人们的思维已逐渐摆脱线性模式,看到互动作用,而且对内因和外因的内涵也有不同认识,开始把作为发展主体自身的实践活动看作人的发展的根本动力。因为在个体的实践中包含了人的内在需求与条件、外部影响与条件,也包含着发展主体的能动认识与选择,人的生命实践是内、外因作用于个体发展的聚焦点,也是推动人发展的直接与现实的力量。①

(三)个体身心发展的阶段

1. 个体身心发展阶段的划分

关于人的身心发展的阶段划分,标准不尽相同。我国学者通常根据人的生理年龄的自然阶段,将其划分为新生儿期(出生至 1 个月)、乳儿期(1 岁以内)、婴儿期(1 岁—3 岁)、幼儿期(3 岁—6、7 岁)、童年期(6、7 岁—11、12 岁)、少年期(11、12 岁—14、15 岁)、青年期(14、15 岁—17、18 岁)、成年期(18 岁以后)。更多的划分是从心理发展的角度,如早在古希腊,亚里士多德就曾把人的灵魂区分为三个组成部分,与此相应地划分出三个年龄阶段:植物灵魂发展时期(0—7 岁)、动物灵魂发展时期(7 岁—14 岁)、理性灵魂发展时期(14 岁—21 岁)。关于心理发展阶段的划分,虽由来已久,但真正为人的年龄阶段的划分提供科学依据并为人的心理发展作出科学说明的,当归心理学特别是发展心理学中有关的一些研究。其中有三个著名的发展理论有着广泛影响,它们是皮亚杰的发生认识论、埃里克森的精神分析理论和格塞尔的成熟理论。

(1)皮亚杰的发生认识论

瑞士著名心理学家皮亚杰(1896—1980)经过自己多年的观察和研究,提出了人的认知发展阶段论。他认为,儿童认知的发展可分为四个不同的阶段。

感知运动阶段(一般为 0—2 岁)。这一时期的智力活动主要表现为由一系列的反射动作而逐渐发展成思想。婴儿初生时,分辨不出自身与环境的区别,处于一片混沌的状态中。在此阶段,婴儿通过一系列先天性条件反射,如摇头、摆手、抓握等这类极为简单的动作,发展了感知运动图式,逐渐把自己与环境区分开来,形成了对客体的最初反映和表象记忆。感知图式的发展为以后的认知发展奠定了基础。

前运算阶段(一般为 2 岁—7 岁)。这一时期智力的表现形式逐渐由以感觉和动作为中心转化为以思想和语言为中心。特别是儿童口头言语的获得和内部言语的形成促使个体的行为由早期的自我中心转变为社会化行为,在内心体验和思想内容上也变得更为充实。但这一时期儿童对事物的看法常常是不客观的和不合逻辑的,而且尚未完全摆脱以自我为中心的思维方式。例如,这一时期的儿童常常会误以为他们能看见的东西,别人就一定能看见;他们所见不到的,别人也一定见不到;等等。

具体运算阶段(一般为 7 岁—12 岁)。这个时期,儿童开始能对具体事物进行思考,智力活动逐渐摆脱了实际动作的影响,他们会对全体或部分进行分类和组合,逻辑判断和推理的能力有了新的发展。但他们仍不能将逻辑推理内心化和语言化,他们的思维形式还

①叶澜. 教育概论[M]. 北京:人民教育出版社,2006:186-188.

停留在具体对象上,而不能进行脱离具体对象的抽象的思考。这个阶段出现的标志是守恒观念的形成。

形式运算阶段(一般为12岁—成人期)。形式运算就是指一种抽象的逻辑思维,它可以只关注外在的逻辑形式,而毫不涉及具体的内容。这一时期,儿童的智力活动主要以对符号系统的操作为主,在此基础上,儿童发展了将各种命题加以自由组合的能力。

(2)埃里克森的精神分析理论

美国当代著名的精神分析学家爱利克·埃里克森(1902—1994)的学说被称为人格的社会心理发展理论。他把心理的发展划分为八个阶段,指出每一阶段的特殊社会心理任务,并认为每一阶段都有一个特殊矛盾,矛盾的顺利解决是人格健康发展的前提。人的发展是一个生物与社会事件所引起的进化过程,发展中包括成熟和偶然事件所带来的影响。

基本的信任感对基本的不信任感(0—1.5岁)。该阶段的发展任务是发展对周围世界尤其是对社会环境的基本态度,培养信任感。如果父母或婴儿照料者给予婴儿适当的稳定的与不间断的关切、照顾、哺育与抚摸,婴儿就会对父母产生一种信任感。反之,如果父母照顾不周、环境多变、喂哺习惯失常或对待婴儿态度恶劣等,婴儿就会形成一种不信任感,导致对陌生环境的恐惧和担忧。

自主感对羞耻感与怀疑(1.5岁—3、4岁)。该阶段的发展任务是培养自主性。随着信任感的确立,儿童开始与父母分离,初步尝试独立处理事情。如果父母允许幼儿去做他们力所能及的事,那么,幼儿将会形成自信和自主感。反之,如果父母过分溺爱和保护或过分批评指责,就可能使儿童怀疑自己对自我和环境的控制能力,使之产生一种羞耻感。

主动感对内疚感(4岁—5岁)。该阶段的发展任务是培养主动性。由于身体活动能力和语言的发展,儿童有可能把他的活动范围扩大到家庭之外。儿童喜欢尝试探索环境,承担并学习掌握新的任务。此时如果父母或教师对儿童遇到的问题耐心听取,细心回答,对儿童的建议给予适当的鼓励或妥善的处理,则儿童不仅发展了主动性,还能培养明辨是非的道德感。反之,如果父母对儿童的问题感到不耐烦或嘲笑儿童的活动,儿童就会对自己的活动产生内疚感。

勤奋感对自卑感(6岁—11、12岁)。该阶段发展任务是培养勤奋感。此时期,绝大多数儿童已进入学校。如果儿童在学习、游戏等活动中不断取得成就并受到成人的奖励,儿童将以成功、嘉奖为荣,培养乐观、进取和勤奋的人格;反之,如果由于教学不当,或努力不够而多次遭受挫折,或其成就受到漠视,儿童容易形成自卑感。

自我同一性对角色混乱(11、12岁—17、18岁)。该阶段的发展任务是培养自我同一性。自我同一性指个体组织自己的动机、能力、信仰及其活动经验而形成的有关自我的一致性形象。自我同一性的形成要求谨慎的选择和决策,尤其体现在职业定向、性别角色等方面。如果青少年不能整合这些方面和各种选择,或者他们根本无法在其中进行选择,就会导致角色混乱。

亲密感对孤独感(17、18岁—30岁)。该阶段的发展任务是培养亲密感。亲密感,是人与人之间的亲密关系,包括友谊与爱情。亲密的社会意义,是个人能与他人同甘共苦、相互关怀。亲密感在危急情况下往往会发展为一种互相承担义务的感情,它是在共同完成任务的过程中建立起来的。如果一个人不能与他人分享快乐与痛苦,不能与他人进行思想情感的交流;人与人之间不相互关心与帮助,就会陷入孤独寂寞的苦恼情境之中。

创造力感对“自我专注”(壮年期与中年期)。该阶段的发展任务是获得创造力感,避免“自我专注”阶段。这一阶段有两种发展的可能性,一种可能是向积极方面发展,个人除关怀家庭成员外,还会扩展到关心社会上其他人,关心下一代以至子孙后代的幸福。他们在工作上勇于创造,追求事业的成功,而不仅是满足个人需要;另一种可能性是向消极方面发展,即所谓“自我专注”,就是只顾自己以及自己家庭的幸福,而不顾他人的困难和痛苦,即使有创造,其目的也完全是为了自己的利益。

完美感对失望感(老年期,亦即成熟期)。该阶段的发展任务是获得完美感,避免失望感。如果前面七个阶段积极的成分多于消极的成分,就会在老年期汇集成完美感,回顾一生觉得这一辈子过得很有价值,生活得很有意义。相反,如果消极成分多于积极成分,就会产生失望感,感到自己的一生失去了许多机会,走错了方向,想要重新开始又感到为时已晚,痛不胜痛,于是产生了一种绝望的感觉,精神萎靡不振,马马虎虎混日子。

埃里克森在分析每个阶段时,都提出一些积极的建议。例如,他认为:一个人不应该对任何人都信任,不信任感也有一点用处,有了不信任感后,对于外界的危险会有一种准备,对于外界不愉快的事情可有一种预期,否则一遇社会挫折就感到不可思议或束手无策,不利于自我的成长。但埃里克森认为,在人际关系中信任与不信任感要有一定的比例,信任感应该多于不信任感,以有利于心理发展。他还认为:自主感也不能无限制地发展,也必须有一定的怀疑感与羞耻感,如果过分相信自己,以后就不容易适应社会准则,变得独断孤行。埃里克森认为:自主感应强于怀疑感与羞耻感。儿童的勤奋感中也应该有一点失败的经验,以便今后能经受住失败的挫折,但又不能过分地经常地遭受失败,经常失败就会产生自卑感。

以上是埃里克森自我发展的八个阶段,从中可以看到自我的形成与社会文化因素的关系,也可以看到自我与社会生活在个体人格发展中的作用。他的八个阶段是他临床经验的总结,尚缺乏严格的科学事实作依据,但比起弗洛伊德强调本能的生物学观点来,侧重了社会文化因素在自我意识形成与发展中的作用,他的理论有相对的合理性,在西方心理学界有相当大的影响。

(3)格塞尔的成熟理论

成熟理论的代表性人物格塞尔(1880—1961)的研究兴趣主要集中在生理成熟、成长和心理发展的同步关系上。他最著名的关于同卵双胞胎的对照性研究表明:在儿童还没有达到明显的成熟准备之前,经验的训练是收效甚微的。即使在最初的训练中取得了一点成绩,也同样没有多大价值。到了一定的成熟准备期,从未接受过这种行动训练的孩子,只要加以适当训练就可以迎头赶上。

格塞尔的实验表明:人的发展与成熟密切相关,特别是幼儿早期的发展,对机体内部的依赖程度大大高于外部环境和教育的影响。他的理论纠正了一些教育家过分强调早期教育的片面性,使对学习和成熟的关系有比较正确的处理。但是,他的理论又过分夸大了生理成熟的作用,只注意到了时间的变化,而忽视了儿童心理发展的其他条件。事实上,生理成熟仅仅是为儿童心理发展提供了一种可能性，如果缺乏环境和教育这样的外部条件，这种可能性是无法实现的，尽管格塞尔也提到了环境，但他把环境的影响放到一个不重要的位置上。

我们还是主张早期教育，但也反对不顾儿童发展的情况而过分地把一些儿童所不能理解、无法接受的东西硬塞给儿童，结果是揠苗助长，适得其反[①]。

在人的发展问题的研究上，上述各理论可能只是侧重于某些方面，如皮亚杰侧重于认知发展的研究，埃里克森侧重于情感的研究，格塞尔侧重于成熟的研究，但都认识到心理的发展是知、情、意的统一，是形成一种统一的人格。在他们看来，发展是一种有方向性、连续性的过程，人的发展可以分为不同的阶段，每个阶段都有着自己的主要矛盾。而且，这些阶段的划分只是相对的，各个阶段之间也有部分的重合，某一阶段是在前一阶段的基础上发展起来，同时也蕴含着下一阶段的发展特点。[②]

2. 个体身心发展的一般规律

个体身心发展的一般规律是指不同个体在身心发展过程中所表现出来的共同方面。个体在发展过程中呈现出不以个人的意志为转移的共同规律。教师要了解自己的教育对象，合理的设计教育活动，以获得预期的效果，就有必要首先了解这些最基本的规律。这些规律包括：个体身心发展的差异性，个体身心发展的顺序性和阶段性，个体身心发展的不平衡性，个体身心发展的互补性和个体身心发展的整体性。

（1）个体身心发展的差异性

人与人在发展上存在着差异性，表现为：人的发展在各年龄阶段既具有共同的生理特征和心理特征，又存在个别差异。年龄阶段特点是相对的，它会随着发展而发生一些变化，具有时代的痕迹。对每个人来说，差异则是绝对的。个体差异具有多种层次，从群体角度看，首先表现为男女性别的差异，它不仅是自然性的差异，还包括由性别带来的社会地位、角色、交往群体的区别。其次，个别差异表现在身心所有构成方面。因此处于同一年龄阶段之人，他的发展水平或优劣势是不一样的。一般来说，每个正常的儿童的发展，总是要经过一些共同的顺序和阶段，但由于遗传因素和个体所处环境因素的不同，个体身心发展存在着个别差异。这种差异性主要表现在两个方面：一方面是指同一年龄阶段的个体在同一方面发展的速度和水平各不相同；另一方面是指同一年龄阶段的儿童在不同方面的发展水平存在差异。从与教育、教学联系更为紧密的认知方面来看，主要表现为认知发展、认知方式和智力方面的个别差异。

所有这些个体发展的差异特别是认知差异对教育而言，都具有重要的意义，教育工作者不仅要认识学生发展的共同特征，而且应充分重视每个学生的个体差异，做到"因材施教"、有的放矢，能够发挥每个人的潜力和积极因素，弥补各人的短处和不足，"长善救失"，选择最有效的教育途径，使具有各种个别差异性的学生都能各得其所地获得最大限度的发展。

---

①黄济. 教育哲学通论[M]. 太原：山西教育出版社，1998：390-391.

②王守恒，查啸虎，周兴国. 教育学新论[M]. 合肥：中国科学技术大学出版社，2005：95-97.

(2)个体身心发展的顺序性和阶段性

儿童从出生到成人,他们的身心是一个从低级到高级,从量变到质变的连续不断的发展过程。这种发展具有顺序性特点。例如,在生理上,人的发展依循从脸部、手、躯干到四肢的顺序。大肌肉群先于小肌肉群发育,粗略动作优于精细动作的发展,等等。在心理方面,人的心理机能的发展也有一定的顺序,从机械记忆到理解记忆;从动作思维到形象思维再到抽象思维;从感知、运动、情绪、动机到社会能力和抽象思维等等。瑞士心理学家皮亚杰认为人的智力发展水平应该按照感知运动水平、前运算水平、具体运算水平和形式运算水平这样一个顺序发展。例如,童年期其思维的特征是以形象思维为主;而到了少年期,他们的思维已过渡到以抽象思维为主。此外,个体的情感、意志品质的发展也遵循着一定的顺序。青少年身心发展的阶段性的特征,要求教育工作者必须区别对待学生,教育内容的确定、教育方法的选择都必须从本阶段青少年身心发展一般特点出发,使全部教育和教学工作在青少年发展的不同阶段表现出相应的特点。人身心发展的这种由低级到高级的顺序性特点,要求教育工作必须遵循由浅到深,由易到难,由具体到抽象,循序渐进地促进人的身心发展,不可“揠苗助长”。

同时,人的身心发展又具有阶段性,处在不同年龄阶段的个体表现出不同的年龄特征,也面临着独特的属于某年龄阶段的发展任务。人生的每一个阶段对人的发展来说不仅具有本阶段的意义,而且具有全程性的意义。不同年龄阶段的人具有不同的身心特征,对教育教学工作必然提出不同的要求,进而采用不同的内容和方法。当然教育又不能迁就学生现有水平,不断提出能为他们接受又高于原有水平的教育、教学要求,不断促进他们发展。

(3)个体身心发展的不平衡性

人的身心从整体上看是不断向前发展的,但这个发展并不是匀速的,各个具体方面是不平衡的,出现时快时慢,时高时低的现象。这种不平衡性,表现在三个方面:一是身心系统发展的不平衡。一般的,生理的成熟早于心理的成熟和社会性的成熟。在生理发展方面,在不同的年龄阶段生长不均衡。如青少年身高体重有两个增长高峰期:第一个是出生后的第一年;第二个是青春发育期。在高峰期,身高、体重发展较其他年龄阶段更为迅速。脑重量的增长也是不匀速的,新生儿的脑重量是390克,是成人的25%,出生后的脑重量随年龄的增长而增加,增长速度是先快后慢,第一年最快,以每天1克的速度增长,9个月的时候达到660克,2到3岁,发展到900—1 011克,相当于成人的75%,以后逐渐缓慢下来,6至7岁时为1 280克,9岁约1 350克,已接近成人的水平。12岁达到1 400克,基本就停止生长了。二是身心系统内部各方面发展的不平衡。有的方面在较早的年龄阶段就已达到较高的发展水平,有的则要到较晚的年龄阶段才能达到较为成熟的水平。而且,每个人的发展情况也是千差万别的。三是个体身心的不同方面的发展水平是不均衡的。例如,儿童形成“数”的概念,在5岁左右是“关键期”,而他们关于时间和空间知觉的发展,则比这晚一些。

青少年儿童发展的不均衡性,要求教育工作者必须了解成熟时期,抓住关键期,不失时机地采取有效的教育措施,以促其得到更好的发展。当代有许多心理学家和教育学家都非常重视研究不同阶段中儿童智力发展的速度,探明智力发展的关键期。所谓关键期,是指个体身心某一方面的发展最适宜形成的时期。例如,已有研究表明:2 岁是口头语言发展的关键期,4 岁是形状、知觉形成的关键期,4—5 岁是学习书面语言的关键期。在关键期内,个体的相应方面会对来自环境和教育的某种刺激特别敏感,过了这个关键期,同样的刺激便不会再有同样的效力。所以,教育要抓住关键期的有利时机,及时进行适当的教育,能够收到事半功倍的效果。

(4)个体身心发展的互补性

互补性反映个体身心发展各组成部分的相互关系。它首先指机体某一方面的机能受损甚至缺失后,可通过其他方面的超常发展得到部分补偿。以机能为例,某人失明了,眼睛看不见事物,但他的听觉、嗅觉、触觉功能特别发达。以心理为例,某些人形象思维弱,但抽象思维强。有的人智力因素发展慢,非智力因素发展却达到超凡程度。但是,在人的感觉器官方面,若视觉器官受损或失明,在与环境相互作用的过程中,人的听觉、触觉、嗅觉等方面的发展就可能达到超出常人的水平,借助于此,有机体能保持与环境的协调。机体各部分存在着互补的可能,为人在自身某方面缺失的情况下依然能与环境协调,从而能继续生存与发展提供了条件。互补性也存在于心理机能与生理机能之间。人的精神力量、意志、情绪状态对整个机能起到调节作用,帮助人战胜疾病和残疾,使身心依然得到发展。身心发展的互补性说明,发展的可能性有些是直接可见的,有些却是隐现的。事实上,人正是不仅依靠各个器官的独立功能,而且依靠这种协调功能得以在环境中生存与发展,获取和创造,也正是这种互补性的存在,使得缺陷儿童的教育具有可能。①

(5)个体身心发展的整体性

人是身心统一的整体,是自然属性与社会属性统一的整体,是完整、多维、立体的存在。个体在某个年龄阶段的身心某个方面的发展状况都会不同程度地影响到个体在其他年龄阶段和身心其他方面的发展状况。个体身心发展具有整体性,是身心两方面,知、情、意、行各维度完整、协调的发展。具体到学校教育而言,学生是一个整体的人,以其整个身心投入学校生活,并以整个身心来感知、体验、享受和创造这种学校生活。教师所面对的是一个个活生生的整体的人。因此,教学应该面对学生整体身心,正如杜威所说:"我们所需要的是儿童整体的身心和整个的心灵来创造学校,并以更圆满发展的心灵和甚至更健全的身体离开学校。"教学要着眼于学生的整体性,促进学生的一般发展,注意做到认知因素与非认知因素、意识与潜意识、科学、艺术与人文的统一。②

3. 个体身心发展规律的教育意义

个体发展是内外因综合作用的结果。对于专为促进个体发展而精心设计组织的教育而言,个体身心发展的阶段性特点与规律具有多方面的意义。具体说来,至少有以下几方面。

首先,教育要适应受教育者的接受能力,适合受教育者的年龄特征。个体身心发展的年龄特征是在一定的社会和教育条件下形成的相对稳定的反映人的认知、情感和活动等

---

①朱家存,王守恒,周兴国. 教育学[M]. 北京:高等教育出版社,2010:96-100.

②全国十二所重点师范大学联合编写. 教育学基础[M]. 2 版. 北京:教育科学出版社,2008:140.

方面以及生理发展水平的综合指标体系,它构成了教育工作的一个出发点。受教育者的不同发展阶段,具有不同的身心发展水平,这些身心发展水平实际上标示着他们的学习准备状态,标示着他们对教育或学习的接受能力和适应程度。既然在不同的年龄阶段,有着各自不同的年龄特征,受教育者的生理成熟水平和心理发展水平有着较为明显的差别,那么,教育就必须考虑这些差异,所采取的行动措施,如教育内容的安排、教育方法的设计等,都要以一定的年龄特征为前提,要适应受教育者的学习准备状态。否则,就难以达到预期的目的。若教育内容、方法等滞后于受教育者的身心发展水平,就会造成教育资源的浪费,产生少、慢、差等现象;若教育内容、方法等大大超前于受教育者的身心发展水平,就会揠苗助长,不仅难以使受教育者掌握所学的知识技能,而且还会使受教育者产生消极的心理体验,害怕甚至逃避学习。

其次,教育要依照受教育者的身心发展过程循序渐进。个体身心发展的阶段性是同连续性紧密结合在一起的,后一阶段的发展总是建立在前一阶段发展的基础上,而且后一阶段既包含着前一阶段发展的结果,又萌发着后一阶段发展的新质。整个发展过程表现出若干连续的阶段,或者说是若干阶段的连续。阶段性和连续性是相互交织在一起的,是交叉重叠的,各阶段之间不是突然的中断和全新的开始。个体身心发展的顺序性,决定了教育工作的顺序性,在不同的发展阶段开展不同的教育活动,同时更应该按照身心发展的序列来施教,做到循序渐进。遵循由浅到深、由简到繁、由具体到抽象、由低级到高级的循序渐进的原则。违反了客观的顺序,就可能起不到教育影响的作用。

再次,教育要抓住身心发展的“关键期”及时施教。儿童身心发展是一个持续不断的过程,但在各个年龄阶段的发展速度又是不均衡的,某一时期发展得快些,某一时期发展得慢些。不仅在身体的发育过程中存在一些生长高峰,而且在各项心理素质的发展过程中也存在着很多关键期。所谓关键期,是指个体身心某一方面的发展最适宜形成的时期。例如,已有研究表明,2 岁是儿童口头语言发展的关键期,4 岁是儿童形状知觉形成的关键期,4—5 岁是儿童学习书面语言的关键期。在关键期内,个体的相应方面会对来自环境和教育的某种刺激特别敏感,过了这个关键期,同样的刺激便不会再有同样的效力。所以,教育要抓住关键期的有利时机,及时进行适当的教育,能够收到事半功倍的效果。正如皮亚杰和埃里克森的理论所表明的,儿童在心理发展的每一阶段,都有一些重要的本质特征,依循这些本质特征适时施教,完全是必要的。

最后,教育要给儿童的身心发展尤其是心理发展以积极的支持。在埃里克森看来,一个人的人格是沿着一系列转折点构成的连续体发展的,在发展过程中,应该在合意的性质与危险的品质之间维持两者的平衡,当消极的性质在比率上超过积极的性质时,将会造成发展上的困难。埃里克森对人心理社会化发展阶段区分的教育意义在于:在教育教学中,一个学生落在埃里克森心理社会化发展的二分法的哪一边,取决于他体验到的课堂气氛和所保持的人际关系的性质。没有比一个人成长时肯定的自我概念和适当的角色同一性更为重要的了!儿童的成长和发展需要成人给以心理、逻辑上的支持,以便儿童在不同的情境中能够满怀信心。教育(教师)应该为儿童提供必要的支持和信任,帮助儿童发展起积极而健康的人格和人生观。对于学生的发展来说,积极的心理体验至关重要,它能增强学习兴趣,提升学习动机,进而促使其在学习中能发挥较强的主观能动性,并取得良好的学习成绩。反之,消极的心理体验则往往会导致学业不良。[①]

(四)教育与人的个性形成

人与人之间既有相同的一面,又有不同的一面。相同的一面表现为人的社会性,社会性反映的是人对社会的适应,是社会化的结果;不同的一面表现为人的个性,个性是个体在实践活动中形成的独特性和差异性,它是个体个性化的结果。人既有共性,又有个性。人的发展过程是社会化和个性化对立统一的过程。个性化是一个尊重差异性的求异过程,它反映的不是对社会的简单顺从和适应,而是在继承基础上的发展、变革和创造,因而个性化的核心是个体在社会实践活动中促进自主性、独特性和创造性的形成。个体个性化的形成与实现依赖于教育的作用。教育,特别是学校教育,具有促进个体个性化的功能,学校教育能够为人的个性形成发挥以下作用。

1. 教育促进人的主体意识的形成和主体能力的发展

主体意识和主体能力是人的主体性表现。主体意识是人作为认识和实践活动的主体的自觉意识,它包括主体的自我意识和对象意识;主体能力是主体性的外在表征。无论是主体意识的形成,还是主体能力的获得,都有赖于教育。因此,对于个体而言,教育过程就是一个发展自我意识、提高自身素质、增强自身能力的过程。通过教育的定向、强化和加速的作用,有利于人的主体意识的形成,有利于人的主体能力的发展,从而使人的主体性得到不断的发展和增强。

2. 教育促进个体差异的充分发展,形成人的独特性

个体因先天的遗传素质和后天的环境不同而具有差异性。它体现出个体的独特性。这种个体的独特性主要表现在人的个体心理上,诸如兴趣、爱好、理想、信念、世界观以及能力、气质、性格等方面的特征。人的遗传素质中蕴含着个体的差异性,如气质类型的差异,但人的个体差异性的发展,个体特征的形成,则更多地取决于后天的因素,尤其是教育的作用。由于个体后天的生活环境、教育影响的不同,即使是相同的遗传素质,也会形成不同的发展结果。双生子的研究就可作为例证。良好的教育能在了解和尊重差异的基础上,设计和选择适合不同个体的教育,帮助不同的个体充分开发其内在的潜力,形成自己的优势区域,充分发展自己的特长,形成个体的独特性。

3. 教育开发人的创造性,促进个体价值的实现

创造性是人的个性的核心品质,是个性的自主性和独特性的综合体现。只有通过教育,个体才能拥有进行创造活动的知识和能力,才能在创造活动中体现自己的社会价值。教育使人意识到个体生命的价值与意义之所在,并努力追求生命的价值,它赋予人创造和实现生命价值与意义的信心和力量。当然,人的个体价值的实现还有赖于个体的社会实践。而创造性活动是个体实现其生命价值的社会实践活动中的最高表现。创造活动是人生产新颖、独特、有社会价值的产品的活动。在现代社会,创造性品质的开发与培养更多

①王守恒,查啸虎,周兴国.教育学新论[M].合肥:中国科学技术大学出版社,2005:97-99.

地依赖于教育。现代教育特别是创新教育更有益于开发个体的创造性,并进一步促进人的个体价值的实现。①

教育在人的个性发展与形成中虽然起着极其重要的作用,然而要发挥这种作用促进人的个性发展,就必须特别重视学生的心理内化问题。这是因为,人生来是没有什么品德、知识和智力的,而只有形成品德、获得知识、发展智力的一定潜能或可能性,所以,必须创造种种条件使可能性转变为现实性。在学生的个性发展中,主要有三种心理内化形式:一是道德内化,就是要把社会道德转化为个人品德。二是知识内化,就是把知识结构转化为认知结构。知识内化的过程,就是在已有认知结构的基础上,同化或者顺应一定的知识结构,以形成新的认知结构的过程。三是智力内化,就是把实际操作转化为智力操作。总之,教育必须先引起学生对知识、技能和行为规范的领会、掌握,才能促进学生个性的发展。②

必须指出的是,教育无论是促进个体个性化,还是促进个体社会化,都不能割裂二者的关系,必须以二者的统一为基点。一方面,个性化必须建立在社会化的基础上,缺乏社会化的个性只能是原始的自然性,表现出来的只是个人的"任性"和"怪癖",而不是健全、良好的个性;另一方面,也只有以丰富的个性为基础的社会化,才是民主社会的社会化,才是健全意义上的社会化。人的社会性和个性的统一,决定了教育必须在促进二者统一的基础上,平衡二者的关系③。

(五)影响个体身心发展的主要因素

关于影响个体身心发展的因素,不同的学者基于时代背景、人类认识的水平以及个人的教育主张,提出了不同的卓有见地的见解。历史上也曾有单因素论(如遗传决定论、环境决定论)、二因素论(生物因素、社会因素)、三因素论(遗传、环境、教育)等不同的观点。事实上,个体身心发展总是表现为一种变化,这种变化是在发展主体与周围环境积极地相互作用中,通过主体的各种活动实现的。个体身心发展,总是涉及个体自身、周围环境以及活动等多方面因素。

在充分吸收前人研究成果的基础上,我们认为影响个体身心发展的因素很多、很复杂,但主要因素有五个,即遗传、环境、教育、人的主观能动性和实践活动。其中,遗传和人的主观能动性属于影响个体身心发展的内部因素;环境和教育属于影响个体身心发展的外部因素;实践活动是影响个体身心发展内、外部因素发生相互作用的桥梁,或者说是内、外部因素实现整合的途径与机制。

1.遗传

个体的发展要遵循人的生理发展特点及规律,而生理特征是由遗传因素决定的。所谓遗传因素就是指人出生时生理结构所具有的一切特质,包括由遗传获得的外貌、感官、神经系统等特质。遗传因素是最基本的因素,因为它是人发展的物质基础和前提条件,没有遗传特征,人就不能称之为人,更谈不上发展了。

---

①朱家存,王守恒,周兴国.教育学[M].北京:高等教育出版社,2010:93-94.

②靳玉乐,李森,等.现代教育学[M].成都:四川教育出版社,2005:88-89.

③全国十二所重点师范大学联合编写.教育学基础[M].2版.北京:教育科学出版社,2008:38.

遗传因素的影响并不是独自发挥作用的，随着个体的不断成长，在与环境、教育、实践活动相互作用的条件下，它才会发挥作用。由于环境、教育、实践活动的不确定性，决定了遗传因素具有一定的可塑性。巴甫洛夫曾经指出："神经活动类型在生活进程中发展、变化着，并且神经活动的类型，不仅是遗传的结果，也是环境和有机体之间复杂的相互作用的结果，教育能养成儿童生活所必需的神经活动类型。"由此可以看出，一个人的遗传因素不是从一出生就一成不变的，它会随着社会环境、教育环境、实践活动的不同而有所改变。所以说，遗传因素对人的发展不起决定性作用。

2. 环境

环境是指围绕在个体周围，并对个体产生影响的外部条件。人从一出生就受到环境的影响，人的成长离不开环境，人也总是在环境中得到发展。环境是任何有机体生存、发展必不可少的条件。现代教育研究理论指出：影响个体发展的环境可以分为两类，即自然环境和社会环境。

自然环境是指人出生或成长所在地的自然条件、地理位置。它们对人的发展也是存在一定影响的。比如，出生地或成长地是农村还是城市，决定着人受教育条件的好坏，决定着人视野的开阔或狭隘。成长的地方是落后的偏远地区还是繁华的都市，决定着人的见识是否较广。人不能选择自己出生的环境，自然环境是客观因素造成的。相对于自然环境而言，社会环境对人发展有着更为重要的影响。

社会环境是个体生活中的一切社会因素，包括社会生产力、社会精神文化和社会关系等。社会生产力的发展水平决定着人的发展程度和范围，在不同生产力发展水平上有着不同的物质生活条件水平。人在一定物质生活条件水平下生活着、发展着，人的发展程度和范围直接被这种物质生活条件所制约。社会精神文化影响着个体身心的发展内容。不同的社会精神文化可能在行为习惯、思想品德、人生观、世界观和思想理念等方面给人带来不同的影响。优秀的文化能培养人积极向上的心理素质，反之则可能形成变态心理。社会关系影响着人的发展方向和性质。在不同社会，不同阶级和不同群体中生活的人的思想意识、道德品质、行为习惯都有不同程度的社会烙印。一个人的身心能否得到发展和发展到什么程度，都与所处的环境密不可分。俗话说"近朱者赤，近墨者黑"，就充分说明了环境在人发展中具有不可低估的作用。当然，一方面人的发展受制于环境；另一方面，人也不是环境的消极产物，人可以能动地改造环境。

3. 教育

"人完全是教育的结果"，康德的这句名言正可用来说明教育对人的生存与发展的作用[①]。人只有通过受教育才能获取知识和才能，树立正确的世界观和人生观，进而才能进行社会实践活动，实现人的发展。教育对于人的发展具有重要的影响。在影响人发展的诸多因素中，教育是起主导作用的。首先，教育是一项有目的、有计划的培养人的社会活动。教育，特别是学校教育，能把一些不良因素排除在学校之外，尽可能多地给学生以正面的教育，使人朝着一定的思想政治方向发展，培养积极向上的思想品德。其次，教育给

①胡德海. 教育学原理[M]. 3 版. 北京：人民教育出版社，2013：261.

人的影响比较全面和系统,并能自觉利用环境的影响,使教育工作向既定的方向展开。最后,学校有专门的教师来负责。学校实施教育的人员都是专门培训过的教师,他们有着明确的教育目的、专业的教育策略和对学生积极负责的态度,能够自觉有效地促进学生按照身心发展规律健康、持续发展。

4. 人的主观能动性

当个体身心发展到一定的水平,尤其是达到具有较清晰的自我意识和自我控制的水平时,就能自觉地、有目的地影响自己的发展,就能在认识自己与周围环境现实关系的前提下,结合自身的实际情况,有意识地改组并创造性地运用自己的已有经验和知识解决矛盾,向前发展。同时,也不断地为自己的进一步发展积极地创造条件,或积极地筹划、选择未来的发展方向。这种自觉的追求和行为,就是人的主观能动性在影响人发展方面的重要体现。人的发展动力是人的内在矛盾,即社会对人的发展所提出的新要求与人的身心发展原来水平的对立和统一,构成了儿童和青少年身心发展的内部矛盾,形成其身心发展的动力。新的需要和已有发展水平矛盾不断产生,又不断解决,由此推动青少年的身心不断向前发展。内部的动因作为人发展的动力源泉,将个体的需要转化为动机和目的,所以说,内部因素直接关系到个体发展的效果和质量。主观能动性构成了人之自我发展的最高层次的内在动因。只有达到了这一层次,人才能把自身的发展当作自己认识的对象和自觉实践的对象,人的发展才能成为主体人的自我建构,人才能在完全意义上成为自己发展的主体。

5. 实践活动

人的活动包括生命活动、心理活动和社会实践活动。生命活动是人开展心理活动和社会实践活动的前提,生命活动的正常与否直接影响着人的身心发展。心理活动使人们获得了对世界和自己的认识,形成了各种能力和个性。而人作为社会关系的产物,最终要成为一个社会的人,要从事一定的职业,要扮演一定的社会角色,因而从事社会实践活动是必不可少的。人的个体实践是人作为社会成员所从事的各种活动,是人的心理活动产生的源泉,人的生命活动和心理活动渗透在一切实践活动中。随着社会实践活动的范围不断扩大、内容不断丰富和深化,人的身心发展水平也就不断提高。离开个体实践,人就谈不上发展。可见,实践活动在人发展中的作用是不可低估的。人的身心发展离不开实践活动,人只有在实践活动中才能学到自己想学的知识和技能,从而获得发展。在人的一生中,不同时期所进行的实践活动是不同的,所获得的发展也是不同的。开展与学生年龄相适应的社会实践活动,不仅有助于开阔学生的知识视野,而且对学生创新精神和实践能力的培养,更有着不可替代的重要作用。

上述影响个体身心发展的各种因素是相互作用、相互影响、共同作用于人的发展的。它们是一个整体系统,不能孤立地、片面地来分析每一因素对人发展的作用。它们之间性质的差异、力量的强弱、不同的组合、不断地发展变化,致使人的发展具有不同的水平和特点,应以系统论、复杂论的观点,动态地研究和把握各种因素与个体身心发展的关系。①

①朱家存,王守恒,周兴国. 教育学[M],北京:高等教育出版社,2010:84-88.

问题思考与讨论

1. 如何理解教育的交往性？
2. 如何理解教育三要素之间的关系？
3. 简述教育的政治功能、经济功能和文化功能。
4. 阐述教育的个体功能。
5. 比较教育史上两种不同的教育观，并结合实际谈谈如何更新教育观念。
6. 结合实际，谈谈现代教育应树立怎样的学生观。
7. 结合实际，谈谈教师应扮演怎样的角色。
8. 联系实际，谈谈教师的专业职责有哪些。
9. 论述个体身心发展的一般规律。结合实际谈谈，教育如何遵循这些规律。
10. 影响个体身心发展的主要因素有哪些，并谈谈它们之间的相互关系。

阅读指南

1. 朱家存，王守恒，周兴国. 教育学[M]. 北京：高等教育出版社，2010.
2. 全国十二所重点师范大学联合编写. 教育学基础[M]. 北京：教育科学出版社，2008.
3. 叶澜. 教育概论[M]. 北京：人民教育出版社，2006.
4. 靳玉乐，李森，等. 现代教育学[M]. 成都：四川教育出版社，2005.
5. 胡德海. 教育学原理[M]. 北京：人民教育出版社，2013.

网络导航

1. 光明教育：http://edu.gmw.cn/
2. 中国教师教育网：http://www.teacheredu.cn/
3. 中华人民共和国教育部：http://www.moe.gov.cn/
4. 中国教育在线：http://www.eol.cn/

第二章 教育目的

学习目标

认识广义教育目的与狭义教育目的的联系与区别,理解狭义教育目的的内涵与意义。理解教育目的的社会本位论、个人本位论、生活本位论的产生发展、基本主张、代表人物,对教育目的的几种不同价值取向进行分析评价。理解人的全面发展的历史必然性、基本内涵、实现途径和实现条件,认识马克思主义人的全面发展理论与教育目的的社会本位论、个人本位论和生活本位论的根本区别。认识全面发展教育与人的全面发展的联系和区别,理解全面发展教育的基本内涵。理解教育目的与教育方针的概念及其关系,认识新中国成立以来教育目的和教育方针历史发展的阶段性及其内涵的演变;理解我国教育目的和教育方针的精神内涵。理解国家实施素质教育的基本要求;掌握在学校教育中开展素质教育的途径和方法;依据国家实施素质教育的基本要求,分析和评判教育现象。

一、教育目的的基本认识

教育是一种培养人的社会实践活动,在这一活动中,我们要考虑:培养什么样的人?为谁培养人?这关涉教育目的和宗旨。目的性是教育活动的最基本特性。马克思有这样一句经典名言:"蜘蛛的活动与织工的活动相似,蜜蜂建筑蜂房的本领使人间的许多建筑师感到惭愧。但是,最蹩脚的建筑师从一开始就比最灵巧的蜜蜂高明的地方,是他在用蜂蜡建筑蜂房以前,已经在自己的头脑中把它建成了。"①具体来说,"劳动过程结束时得到的结果,在这个过程开始时就已经在劳动者的表象中存在着,即已经观念地存在着。他不仅使自然物发生形式变化,同时他还在自然物中实现自己的目的,这个目的是他所知道的,是作为规律决定着他的活动的方式和方法的,他必须使他的意志服从这个目的"②。诚然,教育就是这样一种目的性活动。"每一项教育行动都是指向某个目的的一个过程的一部分。"③即便是人们熟知的家风、校风等潜移默化的教育影响,同样具有特定的目的性,只是

①中共中央马克思恩格斯列宁斯大林著作编译局.马克思恩格斯全集:第23卷[M].北京:人民出版社,1972:202.

②中共中央马克思恩格斯列宁斯大林著作编译局.马克思恩格斯全集:第23卷[M].北京:人民出版社,1972:202.

③联合国教科文组织国际教育发展委员会.学会生存:教育世界的今天和明天[M].北京:教育科学出版社,1996:183.

其目的更加隐蔽罢了。

教育目的是教育工作的出发点和归宿。英国教育哲学家约翰·怀特指出:"除非教育工作者对这些教育目的一清二楚,否则他们培养出来的人才质量肯定会遭受损失。"[①]教育机构和教育者总是按照特定的教育目的去计划和安排自己的工作,学习者要以教育目的作为自己的发展目标和努力方向,国家和社会总是按照一定的教育目的作为依据和标准,来对教育过程和教育质量进行检查、评价。在实践中,教育目的支配着人们的教育观念和行动,对教育实践具有重要的引领和控制作用。

(一)教育目的的形态

教育目的是什么呢?教育目的有广义与狭义之分。广义的教育目的,是指任何一个参与和关心教育的组织或个人,对受教育者通过教育达到的预期结果的理解与期待。例如,不同家长对孩子接受教育有着不同的期望与要求,不同学校对学生的培养和评价有着不同的理念和标准,甚至,不同学科的教师和班主任也对各自的课程教学和班级建设有着特定的目标追求和设想。此外,政治家、教育家、科学家、艺术家、企业家等等,也往往会对把未来一代培养成为什么样的人,抱有各自的理解和期望。同样,学习者随着年龄和经验的增长、自我意识的发展,也逐步会对自己成长为什么样的人,有着自己的追求、选择和志向,构成自我教育的目的。可见,由于人们利益立场和思想观念的多样性和差异性,广义的教育目的往往存在相互之间的矛盾性甚至冲突性。教育事业发展和工作开展,应当关注人们对教育目的的不同理解和培养什么人所寄予的期望,统一思想认识,树立符合时代发展以及党和国家要求的教育观念。

狭义的教育目的,通常由一个政党或国家对于教育所培养的人的素质要求的总体设想与规定决定。各级各类教育的培养目标、学校的育人目标、各类课程的课程目标以及教师的教学目标,都必须努力符合和体现党和国家所确立的教育目的。这种教育目的具有法定性和权威性,因而,便成为一个政党和国家制定和推行的教育方针的重要组成部分,对不同组织和个人的教育目的起着指导、调节和统摄作用。《国家中长期教育改革和发展规划纲要(2010—2020年)》指出:全面贯彻党的教育方针,坚持教育为社会主义现代化建设服务,为人民服务,与生产劳动和社会实践相结合,培养德、智、体、美全面发展的社会主义建设者和接班人。

广义的教育目的与狭义的教育目的在根本上是一致的。家长、学校、教师以及其他参与和关心教育的人,对于"培养什么人"这样一个根本性问题,允许有不同的理解和主张,可以根据各自理解和主张赋予人的培养的一定的个性与特色,但在根本指导思想和要求上,必须保持与党和国家所确定的教育目的统一。反过来,党和国家的教育目的又必须从广大人民的教育需求出发,为人民服务,努力办好人民满意的教育。

(二)教育目的的主体

在教育体系中,学校是国家和社会为实现教育目的而设立的专门教育机构,教师是履

①怀特.再论教育目的[M].李永宏,等译.北京:教育科学出版社,1997:3.

行教育、教学职责的专业人员，承担教书育人，培养社会主义事业建设者和接班人、提高民族素质的使命。根据《中华人民共和国教育法》规定：学校及其他教育机构应贯彻国家的教育方针，执行国家教育教学标准，保证教育教学质量；教师应贯彻国家的教育方针，遵守规章制度，执行学校的教学计划，履行教师聘约，完成教育教学工作任务。

与此同时，党和国家确定的教育目的不只是指导学校和教师的，在现代社会，经济活动、政治活动、文化活动、社会活动以及家庭生活，都与教育发生着千丝万缕的联系，成为社会生活和家庭生活目的的重要组成部分。党和国家规定的教育目的不仅要指导学校和教师的教育、教学活动，而且，校外教育机构、家庭和社会也要更新教育观念，贯彻党和国家的教育目的。

（三）教育目的的内涵

概言之，教育目的是国家和社会对教育所培养的人的素质要求和价值导向的总的设想与规定。它由两个基本部分构成，解决教育要“培养什么人”“为谁培养人”这些根本性的问题。前者是对教育所要培养的人的素质所做的规定，即学习者在知识、能力、品德、体质、审美等方面，应当形成怎样一种发展的结构，达到何种水平和规格。后者是对教育所要培养的人的人生理想和人生价值所进行的一种导向与要求，反映着人的思想和行为的一种个性特征和社会倾向性。它是学习者处理个人价值与社会价值以及人的发展与社会发展之间关系的一种基本原则。

信息窗 2－1

从教育目的到培养目标

英国当代教育哲学家约翰·怀特指出：“如果我们能够归纳出诸如此类的最终目标，那么，我们就能暂时建构起一个包括诸多从属目标的框架，其目的是使得孩子们在五岁至十六岁之间享有的义务教育能够成为一个连续的整体。在这个框架中还包括为不同年龄或阶段的孩子们制定的次级目标，并根据这些次级目标在具体的学年或学期中极为详细地开设出具体的课程。”

［**资料来源**］怀特. 再论教育目的［M］. 李永宏，等译. 北京：教育科学出版社，1997：147.

二、教育目的的价值取向

教育目的是一个主观的意识范畴，持有教育目的的主体具有复杂性和规范性。教育目的的制定及其对教育活动的影响和作用，是个异常复杂的理论和实践问题。教育目的的确立，是国家和社会对其成员的素质要求和价值导向在人们思想意识中一种能动反映的产物，必然受到人们的利益立场和思想观念的制约，因而，教育目的体现着人的一种价值取向。有的人主张教育应当主要满足国家和社会需要,把人培养成一个合格的社会成员;有的人则主张教育主要应当促进人的个性和谐发展和经验的不断完善;有的人主张教育应当教人掌握更多的普通知识,提高普通人的文化素质;有的人则主张教育应当培养具有操作能力的人,对他们加强职业技能和技术方面的训练;有的人主张教育应当为当下社会服务,维护现有的社会秩序和制度;有的人则力求教育要为推动社会改造和发展服务,力图改变社会的现状;有的人注重教育更多促进人的政治社会化,为特定的政治集团培养接班人和合格成员;有的人则注重从现实功利出发,培养人的经济能力和谋求经济效益。由于教育目的的提出者和持有者各自不同的利益立场和思想观念,也就形成教育目的不同的价值取向。

信息窗 2－2

表 2－1 关于教育目的的价值取向概览

分类标准	教育目的价值取向	代表人物
按人的发展层次分类	造就“自然人”的教育目的	卢梭
	造就社会人(“社会我”)的教育目的	涂尔干
	造就精神人格的教育目的	康德
按个人成长过程分类	发展人固有的潜能	福禄贝尔
	使个人在现实社会中完满地生活的教育目的	斯宾塞
	为造就理想人格的教育目的	布德、林德
按社会发展状态分类	再现过去社会状态的教育目的	赫钦斯
	着眼于现实社会生活需求的教育目的	杜威
	预示未来社会状态的教育目的	富尔
按教育目的的层次分类	把教育目的分为可能的目的与必要的目的	赫尔巴特
	把教育目的分为一般的目的与适应不同人的需要的目的	涂尔干
	培养独特个性的教育目的	卢梭

注:本表根据原书内容节录而成。

[**资料来源**]陈桂生.教育原理[M].上海:华东师范大学出版社,1993:228.

最有代表性的教育目的的价值取向,有教育目的的社会本位论、个人本位论、生活本位论。

(一)社会本位论

所谓社会本位论主张教育应当以社会需要为出发点和根本,将一定社会对其成员的素质要求和价值导向作为教育目的,并以此开展教育活动。这种理论的思想渊源一直可以追溯到古希腊和中国古代春秋时期的思想家及相关著述。孔子的教育对象主要是士,教育目的是要培养士成为他的理想社会的人才——圣人和君子。所谓“博施于民而能济众”(《论语·雍也》),“修己以安百姓”(《论语·宪问》)修己之道在于智、仁、勇。所谓“君子道者三,我无能焉:仁者不忧,知者不惑,勇者不惧”(《论语·宪问》)。孔子的教育目的是要将新兴的地主阶级——士,培养成为有德行(兼顾到被统治阶级的利益)、有能力的统治者。《大学》则开宗明义:“大学之道,在明明德,在亲民,在止于至善。”中国古代形成的格物、致知、诚意、正心、修身、治国、平天下,这种教育目的既可作为个人的人生旨趣,又是教育要达到的社会目的和理想。苏格拉底认为教育的目的是培养治国之才,首要任务是培养人的道德。柏拉图认为,国家是放大了的个人,教育应当按照国家发展的需要来造就个人。他认为社会结构是由三个社会集体构成,即哲学王、军人、手工业者和农民。哲学王负管理之责,军人负防卫之责。教育的最高目的是培养未来统治者——哲学王,他是建立理想、正义国家的工具。

19世纪下半叶,教育目的的社会本位论进入鼎盛时期。代表人物有孔德、涂尔干、凯兴斯泰纳、纳托尔普等。这一理论的核心观点是:个人的发展及教育目的依赖于社会;人只有生活在人群中并参与生活,才能成为人;教育目的要根据社会需要来确定,个人只是教育所加工的原料,他们的发展必须服从社会需要;教育目的就是要实现受教育者的社会化,将“个性我”转化为“社会我”,将个体培养成为符合社会准则的公民——“社会的新人”,进而保持社会的稳定与延续。因此,在他们看来,社会价值高于个人价值,个人只是实现社会目的的工具,实现社会价值才是真正的目的,评价教育的价值只能以其对社会的效益来衡量。

信息窗 2-3

社会本位论的代表性论述

在教育目的的决定方面,个人不具任何的价值;个人不过是教育的原料;个人不能成为教育的目的。……教育的目的,只是社会化,因社会化而使一个民族的整个生活道德化。离了社会,便没有教育存在。(纳托尔普)

[**资料来源**]吴俊升.教育哲学大纲[M].北京:商务印书馆,1948:149.

教育是年长的几代人对社会生活方面尚未成熟的几代人所施加的影响。其目的在于,使儿童的身体、智力和道德状况都得到某些激励与发展,以适应整个社会在总体上对儿童的要求……教育在于使年轻一代系统地社会化。……塑造社会我,这就是教育的目的。

[**资料来源**]涂尔干:教育及其性质与作用[M]//张人杰.国外教育社会学基本文选.上海:华东师范大学出版社,1989:9.

社会本位论又包括多种不同的类型,涂尔干的观点相对温和,并未把个人与社会对立起来,只是强调社会是目的,个人是手段,教育就是要实现年轻一代系统地社会化,教育的目的就是塑造社会我。凯兴斯泰纳的观点则非常极端,主张一种国家主义、民族主义的倾向,不惜个人利益和他国利益,而无条件地以国家利益为重。

社会本位论注重知识教育的社会职能和教育目的的社会制约性,注重培养人的社会性，符合社会要求，而完全割裂了人与社会的关系，忽视人的自身需要、个性发展和价值实现，将人培养成为社会工具。

（二）个人本位论

主张教育目的应当以个人需要为立足点和归宿，根据个人自身发展和完善的需要来制定教育目的，开展教育活动。中国古代道家教育思想在教育目的及其实现方式上具有这种思想的特征。其思想渊源可追溯到古希腊的思想家和教育家，主张人是万物的尺度，反对社会对个人的束缚，认为个人的自由是至高无上的；教育的目的主要不是谋求国家利益和社会发展，也不是为了外在的功利性需要，而在于弘扬人性，发展人的理性，使人成为精神丰富、道德高尚的人。亚里士多德认为，教育的目的在于发展灵魂中的高级部分——理性和意志。在人身上，发展的能力是自然得来的，而实现这一发展的能力则全依赖于教育。18 世纪和 19 世纪上半叶，个人本位论进入全盛时期，代表人物有卢梭、裴斯泰洛齐、福禄贝尔、爱伦·凯等。个人本位论是在反封建的斗争中兴起和发展起来的，认为个人价值高于社会价值，社会只有在有助于个人的发展时才有价值。持有这种理论的人主张：必须反对和拒斥现实社会对人的发展的干扰与束缚；人生来就有健康的本能，儿童是独立自主的个体，教育目的应当从受教育者的本性和本能出发，而不是从社会需要出发；教育的目的在于把受教育者培养成符合自然本性、个体本能得到充分发展的人。

个人本位论持有者之间也存在一定的差异。卢梭的个人本位论主张教育目的所培养的“自然人”是与“国民”相对立的，旨在揭露和反抗当时的法国专制制度和国家，成为一个独立自主、平等自由、自食其力的摆脱封建羁绊的资产阶级新人。裴斯泰洛齐主张人是由动物性、社会性和道德性三种相互依存的属性构成，因此，教育目的不仅要培养自然人，同时也具有社会的目的，既要符合人的天性，也要将人纳入社会秩序的轨道，授予人谋生的本领，促使人提升自身的道德水平，从而对人的发展和社会改良发挥双重作用。

个人本位论把人视为教育目的之根本，在人类历史及教育发展中不乏进步意义，促进了人的自由和个性解放，提升了人的主体价值。然而，这一理论往往带有浓厚的唯心主义色彩，无视人的发展与社会的关系，甚至把人的需要和价值与社会需要和价值对立起来，在现实中容易导致个性、自由和个人主义的绝对化、激进化。

（三）生活本位论

试图打破社会本位论与个人本位论之间的分歧与对立，进而将教育目的的两方面价值统一于人的生活。持这一观点的有斯宾塞、杜威等。但他们之间的观点又存在分歧。斯宾塞把人看作责任的一部分，向着进化的目标不断前进。这个目标就是每一个人的“完满生活”和幸福。“教育目的就是为个人的“完满生活”做准备。斯宾塞说：“为我们的完满生活作准备是教育应尽的职责。……我们有责任把完满的生活作为要达到的目的摆在我们面前，以便我们在培养儿童时能审慎地根据这个目的来选择施教的科目和方法。”具体包括直接保全自己的教育、准备间接保全自己的教育、准备做父母的教育、准备做公民的教育、准备生活中各项文化活动的教育。他首先着眼于个人的完满生活，从而在个人社会中注入社会内容。

杜威认为,教育过程有两个方面:一个是心理学的,一个是社会学的。它们是并列的,哪一个也不能偏废;否则,不良的后果将随之而来。由此,他提出三个著名的论断。一是"教育即生活"。他认为:教育过程就是一个经验不断改组、改造和完善的过程,教育就是儿童现在生活的过程,而不是将来生活的预备。因此教育应当为儿童提供保障生长和生活的条件。他强调"生活就是发展;而不断发展,不断生长,就是生活"①。没有教育即不能生活。所以我们说,教育即生活。二是"学校即社会"。在他看来,教育既然是一种社会生活过程,那么,学校就是社会生活的一种形式,将现实生活加以简化,使得每一个学校都成为一个雏形的社会,呈现儿童现在的生活,进而通过这种"小社会"的活动保证大社会的和谐。"只有当学校本身是一个小规模的合作化社会的时候,教育才能使儿童为将来的社会生活做准备。"②三是"从做中学"。即学校的教学应当从儿童现在的生活经验出发,从自身活动中进行学习。

基于此,杜威认为:教育的一般目的就是改造社会中的人,使人适应社会的需要。这种目的必须以个人固有的活动和需要(包括天赋的本能和后天的习惯)为依据,因而这目的是具体的,而不是某种统一的教育目的;教育的目的应当与人的经验密切联系,而不是外加的。在这种环境中,人的能力得到有组织而又自由的发展。他反对从外面强加给教育活动以某种目的,因而,这种主张又被称为"教育无目的论"。杜威的教育目的论不是使学生为了一个遥远的未来做生活预备,也不是为潜在能力的显露和社会品德的形成,而是对于社会中的人的经验继续不断地进行富有社会意义的改造,试图使个人自由的充分发展与社会需要的充分满足有机结合和统一起来。然而,杜威的这种努力不能说是成功的。

信息窗 2-4

从学会生存到学会共存:世界教育目的的变革

20 世纪 70 年代以来,国际社会对教育目的的理解不断深入,这表现在联合国教科文组织不断补充教育的价值导向,教育目的的侧重点正发生着变化。

1. 学会生存

1972 年,联合国教科文组织国际教育发展委员会编著了《学会生存——教育世界的今天和明天》一书,提倡"学会生存",在全世界产生了重大影响。针对科学技术发展的正、负面影响,教育的目的在于使人"学会生存",即通过受教育权的民主化实施终身教育,以使每个人有机会终身学习如何去建立一个不断演进的知识体系以获得生存技能,从而使人日臻完善,使他的人格丰富多彩,表达方式复杂多样;使他作为一个人,作为一个家庭和社会的成员,作为一个公民和生产者、技术发明者和有创造性的理想家,来承担各种不同的责任。

①赵祥麟,王承绪. 杜威教育论著选[M]. 上海:华东师范大学出版社,1981:154.

②赵祥麟,王承绪. 杜威教育论著选[M]. 上海:华东师范大学出版社,1981:320.

具体来说，人要学会的生存技能包括：学会学习，掌握学习的方法，以便可以终身吸收新的知识；学会自由地和批判地思考，具有怀疑的能力；掌握科学方法，具有把科学精神和诗情意境两相结合以探索世界的能力；具有创造精神，能够通过创造活动来完善自己；具有承担社会义务的态度。

2. 学会关心

1989 年 11 月，联合国教科文组织在中国召开"面向 21 世纪教育国际研讨会"，通过了《学会关心：21 世纪的教育——圆桌会议报告》，认为学会关心是 21 世纪教育的发展主题。人类在迈向 21 世纪之际，需要调整教育目的，必须恢复具有早期时代特征的关心价值观，倡导学会关心。只有人们变得更加关心，人类社会所面临的问题才可能提出并得到解决。人们需要学会的关心有：关心自己，包括关心自己的健康；关心自己的家庭、朋友和同行；关心他人；关心社会和国家的利益；关心人权；关心其他物种；关心地球的生活条件；关心真理、知识和学习。

为此，人类需要一个与 21 世纪相适应的教育哲学观，而这种教育哲学观所强调的是一种全球合作精神，它所涵盖的新知识观和学习观包括：①采取一种多种文化的知识观；②注重知识的整体性；③推行终身教育，并尽可能地与职业道路规划结合起来；④推行一种以促进教育的创造性、合作精神、全球观点及公众利益为重点的教育体系；⑤重新提出教育为全体人而不是只为部分人的目标；⑥学会怎样学习，促进对学习的爱好以便为终身教育打下坚实基础，这包括开发批判的评估自己学习的能力；⑦强调教育的第三本护照——事业心和开拓技能护照，即开展事业心和开拓技能教育，培养人的思维、规划、合作、交流、组织、解决问题、跟踪和评估的能力；⑧强调个人发展，自知、自尊和信心，以面对迅速变化的世界；⑨促进发展人际关系，促进对不同观点和看法的容忍和对不同文化、宗教、种族以及异性、残疾人的尊重。

3. 学会生存、学会认知、学会做事、学会共同生活

1996 年，国际 21 世纪教育委员会向联合国教科文组织提交了报告《教育——财富蕴藏其中》。在科学发现、技术革新、知识应用变得日益重要的同时，社会发展中的伦理问题也同样不容忽视，这对教育的发展提出了新要求。为了迎接未来社会的挑战，教育应围绕四种基本学习加以安排，这四种学习将是每个人一生中的知识支柱：

①学会认知：是指学会学习。这种学习更多的是为了掌握认识的手段，而不是获得经过分类的系统化知识，从而能从终身教育提供的种种机会中受益。②学会做事：要求教会学生如何实践所学的知识，或者在不能完全预计到未来工作变化的情况下，如何使教育与未来的工作相适应。③学会共同生活：是指在多元的社会形态下，学会如何与人沟通、相处。④学会生存：是在学会学习、学会做事、学会共同生活的基础上提出的，是培养人的人格，并能以不断增强的自主性、判断力和个人责任感来行动。这四种学习是教育的四大支柱，也是教育的新使命。它表明国际社会对教育目的认识更全面了。

4. 学会共存

2001 年 9 月，联合国教科文组织第 46 届国际教育大会在日内瓦召开，会议主题是：全民教育和学会共同生存。会议所提出"学会共存"的口号进一步突出了教育四大支柱中的"学会共同生活"，这正是反映时代特征的教育目的。会议针对"学会共存"提出了七个方面的基本教育需求：

和睦共处的第一教育需求是发展应变能力，以适应政治的、经济的、社会的、文化的、科技的各方面的人类活动的迅速变革；和睦共处的第二教育需求是发展成为公民的能力，参与并再创造广义的政治生活和公共机构活动；和睦共处的第三教育需求是能够保障和促进所有人和各领域的人权，包括生存权、自由权、自身保障权、劳动权、社会及家庭福利权；和睦共处的第四教育需求是认识和促使根植于地方、国家和世界的优秀传统的一致性得到强化，并为着共同利益将这些传统发扬光大；和睦共处的第五教育需求是学习多样化的语言，以便自我理解、理解他人，以便更有能力构建包含不同文化的"我们"；和睦共处的第六教育需求是能够获得包含技能的知识，能够认识科学进步对环境和日常生活的影响，对当地、国家和世界生活的影响；和睦共处的第七教育需求是能够掌握新的信息技术，并发展使用这一技术的能力。

[资料来源]张蓉. 从学会生存到学会共存：世界教育目的的变革[J]. 外国中小学教育，2009(6)：26-29.

（四）人的全面发展理论

社会本位论、个人本位论以及生活本位论，没有解决也不可能解决个人与社会之间的关系问题，而马克思主义关于人的全面发展理论科学地解决了这一问题。马克思和恩格斯认为，教育目的的确立以及人的发展，不是一种纯粹主观的价值活动，而是建立在社会历史尤其是社会生产的发展基础上的。人的发展是与社会生产的发展相一致的，个人发展需要得到什么样的发展，发展到什么程度，取决于个人所处的生活条件和生产条件。因此，考察人的发展以及教育目的的确立，不能单单停留在思辨当中，而应从人所处的不同历史条件下的物质生产条件中去寻找依据，避免将人的发展及教育目的抽象化。

1. 人的全面发展的历史必然性

马克思主义经典作家对空想社会主义关于人的全面发展的命题进行分析和批判，认为其通过社会改良和阶级合作过于夸大教育的作用，而脱离社会和历史的现实条件，进而使人的自由和全面发展成为空中楼阁。马克思、恩格斯首先对当时社会条件下工场手工业这一生产方式导致人的片面发展进行了考察。他们指出，"工场手工业把工人变成畸形物，它压抑工人的多种多样的生产志趣和生产才能，人为地培植工人片面的技巧……个体本身也被分割开来，成为某种局部劳动的自动的工具"①。工场手工业的分工将一个完整的生产过程分解成为一系列精细工序，不同的人只是从事一种单纯的工序和技艺操作，终

①中共中央马克思恩格斯列宁斯大林著作编译局. 马克思恩格斯全集：第 23 卷[M]. 北京：人民出版社，1972：399.

身被束缚在一种工具上。由于反复操作同一动作,必然导致个人的精力和肢体的某一部分极度疲劳和畸形发展,成为一个片面发展的人。相反,工场手工业所需要的知识和智力虽然增加了,但只是集中在少数人身上,造成体力劳动和脑力劳动的分离和对立。

马克思、恩格斯进一步研究认为:机器大工业代替工场手工业,这一改变为克服人的片面发展进而实现全面发展带来了巨大可能。因为,机器大工业是以现代科学技术为基础,“大工业的本性决定了劳动的变换、职能的更动和工人的全面流动性……从而承认工人尽可能多方面的发展是社会生产的普遍规律”①。劳动者是否能够全面发展,以适应频繁的劳动变换,成为机器大工业一个生死攸关的问题。与此同时,机器大工业也为人的全面发展提供一定的可能性。因为,机器大工业不仅要求造就大量的科学家、技术人员和管理专家,而且需要体力劳动者及广大工人阶级必须接受一定的教育,掌握一定的文化科学知识,实现劳动过程中智力与体力的结合,克服片面发展,趋向于人的全面发展。然而,在资本主义制度条件下,大工业的本性要求人的全面发展,而资本主义社会的生产关系却又使人更加片面化。资本家组织生产的目的是追求最大的利润,劳动力成了商品,工人阶级成为资本家获得最大利润的工具。“机器本身增加生产者的财富,而它的资本主义应用使生产者变成需要救济的贫民……”②

2. 人的全面发展的内涵

什么是人的全面发展呢?马克思、恩格斯认为:人的全面发展及其实现不是凭借人们的良好愿望,而是现实的社会条件所决定的。“个人的全面性不是想象的或设想的全面性,而是他的现实关系和观念关系的全面性。”③人的全面发展,一方面是指人的劳动能力的全面发展。马克思指出:“我们把劳动力或劳动能力,理解为人的身体即活的人体中存在的、每当人生产某种使用价值时就运用的体力和智力的总和。”④这里的劳动能力全面发展,不是指那种独立完成制造某一完整产品所需全部技能的技术全面性,而是指个人能够将智力和体力统一地运用于生产过程,使体力劳动和脑力劳动相结合。另一方面,当社会消灭了私有制和私有制下的社会分工,社会成为全部生产资料的主人,物质资料的极大丰富以满足全体社会成员的需要,生产劳动不再是奴役人的手段,而成为解放人的手段,从一种负担变成一种快乐。

人的全面发展不只是适应社会生产发展的需要,同时,也是人性解放和人的自由发展。恩格斯说,到共产主义,人类实现从必然王国到自由王国的飞跃,人成为自然界的主人,成为自己本身的主人——自由的人。人作为“自由个性”的个人而确定下来,个人和他人组成自由人联合体,成为社会的主人和自身的主人;同时,迫使人奴隶般服从分工的状况也会消亡,社会成员可以根据社会需要和自己的爱好,实现个人的独创的和自由的发展,每个人都可以在任何部门内发展。

3. 人的全面发展的实现途径

马克思和恩格斯通过批判资本主义社会的工厂教育制度,看到了教育同生产劳动相

①中共中央马克思恩格斯列宁斯大林著作编译局. 马克思恩格斯全集:第23卷[M]. 北京:人民出版社,1972:534.
②中共中央马克思恩格斯列宁斯大林著作编译局. 马克思恩格斯全集:第23卷[M]. 北京:人民出版社,1972:483.
③中共中央马克思恩格斯列宁斯大林著作编译局. 马克思恩格斯全集:第46卷(下)[M]. 北京:人民出版社,1980:36.
④中共中央马克思恩格斯列宁斯大林著作编译局. 马克思恩格斯全集:第23卷[M]. 北京:人民出版社,1972:190.

结合的重要意义。他们指出:"正如我们在罗伯特·欧文那里可以详细看到的那样,从工厂制度中萌发出了未来教育的幼芽,未来教育对所有已满一定年龄的儿童来说,就是生产劳动同智育和体育相结合,它不仅是提高社会生产的一种方法,而且是造就全面发展的人的唯一方法。"①一方面,教育对劳动力再生产具有重要作用,包括培养和提高人的劳动能力,使潜在的生产力变为现实的生产力。另一方面,教育与生产劳动相结合,可使受过教育的年轻人很快熟悉整个生产系统,他们根据社会的需要或自己的爱好,轮流从一个生产部门转到另一个生产部门。因此,教育就会使他们摆脱现在这种分工对每个人造成的片面性。

4. 人的全面发展的实现条件

由此可见,马克思主义人的全面发展理论将人的发展和教育目的的确立,置于社会历史条件及其发展进程中加以考察,实现人的全面发展,是一个历史发展过程。在共产主义社会,人能自觉地驾驭自然、驾驭社会、驾驭人自身,获得充分而自由的发展。也只有到那时,个人发展与社会发展才能达到高度统一,教育目的的社会本位和个人本位之间的对立才能随之消解并走向内在统一。

(五)全面发展教育

1. 教育在实现人的全面发展中的作用

在克服片面发展走向人的全面发展的过程中,教育是最重要的中介之一。马克思、恩格斯提出,在资本主义制度条件下应为工人阶级新一代争取得到的教育是:智育、体育和技术教育。马克思指出:"我们把教育理解为以下三件事:第一:智育。第二:体育,即体育学校和军事训练所教授的那种东西。第三:技术教育,这种教育要使儿童和少年了解生产各个过程的基本原理,同时使他们获得运用各种生产的最简单的工具的技能。"②"把有报酬的生产劳动、智育、体育和综合技术教育结合起来,就会把工人阶级提高到比贵族和资产阶级高得多的水平。"③需要说明的是,马克思在此没有提到德育和美育,并不是人的全面发展不需要德育和美育,而是在当时的历史条件下,为了避免资产阶级向工人阶级后代灌输剥削阶级思想。当时有人主张学校应讲授政治经济学知识,马克思认为这样做只会加强占统治地位的资产阶级对正在成长的工人一代的思想影响。

马克思主义关于人的全面发展理论并不是直接针对社会主义阶段提出的,也不是单单对教育问题所提出来的。简单搬用这一学说来直接解释和解决社会主义阶段人的发展和教育问题,不仅脱离中国的实际情况,也有悖于马克思主义关于人的全面发展的基本原理。

2. 什么是全面发展教育

全面发展教育是立足于社会主义现阶段生产力发展和生产关系,运用马克思主义关于人的全面发展理论,所确立的教育目的和内容的现实形态。它顺应了人的全面发展的历史必然趋势,以促进人的全面发展为根本目的,作为推进人的全面发展的诸多要素中的重要条件。人的全面发展与全面发展教育是两个不同的概念,不容混淆。人的全面发展是人的发展的终极目标,全面发展教育着眼于人的全面发展,但其具体目标、任务内涵和

①中共中央马克思恩格斯列宁斯大林著作编译局.马克思恩格斯全集:第23卷[M].北京:人民出版社,1972:530.
②中共中央马克思恩格斯列宁斯大林著作编译局.马克思恩格斯全集:第16卷[M].北京:人民出版社,1965:218.
③中共中央马克思恩格斯列宁斯大林著作编译局.马克思恩格斯全集:第16卷[M].北京:人民出版社,1965:218.

方式,应根据不同社会条件下生产力和生产关系对人的分工的需要等具体情况,进行具体确定。马克思在资本主义条件下为工人阶级子女所争取得到的全面发展教育的具体目标、任务内涵和方式。在中国特色社会主义初级阶段,随着我国由全面建设到全面建成小康社会,社会主义建设事业向“五位一体”不断拓展和完善,社会的全面发展也必将促进人的全面发展,也为人的全面发展创造越来越有利的条件。因此,全面发展教育的目标、任务内涵和方式也将不断发展和完善。

三、我国的教育目的和教育方针

(一)教育目的和教育方针

教育目的与教育方针是两个极为相关而有区别的概念。教育方针是政党或国家根据一定社会的政治、经济、文化和社会建设等要求,为实现一定时期的教育目的所规定的教育工作的总方向、总指针。教育目的与教育方针的关联性在于,两者都是对教育的社会性质所做的一定的取向和规定,都含有为谁培养人、培养什么人的价值规定性。教育目的是教育方针制定的依据和前提,教育方针是实现教育目的的行动纲领和工作指针。但两者又存在重要区别:教育目的是一种在观念中对象化存在的主观的愿望或理想,包含“为谁培养人”和“培养什么人”,而教育方针则要将这种观念形态的愿望和理想转化为现实形态的行动纲领,重点解决“如何培养人”的问题;教育目的的提出和持有者是多主体的,包括政党、国家、社会组织、教育机构、个体(教育家、教师、家长甚至学生),而教育方针则主要是一个政党和国家对教育方向、性质的总指针和总纲领,具有权威性和法规性;教育目的的价值取向是多样的、甚至是彼此矛盾和冲突的,教育方针则是体现一个政党和国家在一定历史条件和社会发展阶段关于教育事业发展的价值取向和服务方向,解决“办什么样的教育”“怎样办教育”的问题。

信息窗 2-5

教育目的的制约因素

某种形势的客观现实必然制约着每一个国家根据其特殊背景所制定的当前的教育目的。但这种教育目的,同社会的一般目的一样,也是那些参加教育活动的个人的意志行为与主观选择的结果。

社会因素不是影响教育目标的唯一因素。个人——学习者(现有的和潜在的学习者)、教师、家长——有意无意地影响着人们去决定或改变教育的最终目的。教育学思想、哲学、教育理论与教育科学以及一般的意识形态,虽然各有各的重点与效果,对于表达教育目的的方式却都是有贡献的。

[资料来源]联合国教科文组织国际教育发展委员会. 学会生存——教育世界的今天和明天[M]. 北京:教育科学出版社,1996:183-184.

（二）我国教育目的和教育方针的历史回顾

新中国成立以来，党和国家根据不同历史时期经济社会发展对教育提出的基本要求，以马克思主义人的全面发展理论为根本指导，不断探索实践全面发展教育，形成中国特色社会主义教育方针。其中，就确立了不同时期的教育目的及实现教育目的的行动纲领和工作指针。有的表述包括教育方针的各个要件（包括教育目的），有的表述偏重于提出或调整教育目的，有的则更加强调某一时期教育的行动纲领和工作指针。总体上，可以分为四个发展阶段。

1. 第一阶段

新中国成立后，办什么样的教育、培养什么人的问题，成为教育事业面临的首要问题。1949 年 9 月，中国人民政治协商会议第一次会议通过的《共同纲领》明确规定：中华人民共和国的文化教育为新民主主义的，即民族的、科学的、大众的文化教育。人民政府的文化教育工作，应以提高人民的文化水平，培养国家建设人才，肃清封建的、买办的、法西斯主义的思想，发展为人民服务的思想为主要任务。同年 12 月，中华人民共和国教育部召开第一次全国教育工作会议，明确新中国教育工作的目的是“为人民服务，首先为工农服务，为当前的革命斗争与建设服务”。

1957 年，在社会主义改造基本完成后，毛泽东总结新中国成立以来的教育经验，根据马克思的人的全面发展理论和全面发展教育思想，在《关于正确处理人民内部矛盾的问题》中提出：我们的教育方针，应该使受教育者在德育、智育、体育几方面都得到发展，成为有社会主义觉悟的有文化的劳动者。

紧接着，1958 年中共中央、国务院在《关于教育工作的指示》中指出：党的教育工作方针是，教育为无产阶级政治服务，教育与生产劳动相结合。前者主要明确培养什么人的问题，后者突出教育为谁服务和如何服务的问题。两者共同构成社会主义教育方针一个统一的、完整的结构。当然，《关于教育工作的指示》也对教育目的作了进一步明确：共产主义社会的全面发展的新人就是既有政治觉悟又有文化的、既能从事脑力劳动又能从事体力劳动的人，而不是旧社会的只专不红，脱离生产劳动的资产阶级知识分子。党所提出的“培养有社会主义觉悟的有文化的劳动者”的口号，正确地解释了“全面发展”的涵义。并突出强调：教育目的，是培养有社会主义觉悟的有文化的劳动者，这是全国统一的，违反这个统一性，就会破坏社会主义教育的根本原则。这一教育方针确立的全面发展教育内涵和有社会主义文化的劳动者的教育目的，在相当长多一个历史时期内得到广泛认可，对当时教育事业发展和人的培养起了非常有力的指导作用。

2. 第二阶段

1985 年《中共中央关于教育体制改革的决定》提出：教育必须为社会主义建设服务，社会主义建设必须依靠教育。社会主义现代化建设的宏伟任务，要求我们不但必须放手使用和努力提高现有的人才，而且必须极大地提高全党对教育工作的认识，面向现代化、面向世界、面向未来，为九十年代以至下世纪初叶我国经济和社会的发展，大规模地准备新的能够坚持社会主义方向的各级各类合格人才。……所有这些人才，都应该有理想、有道德、有文化、有纪律，热爱社会主义祖国和社会主义事业，具有为国家富强和人民富裕而艰苦奋斗的献身精神，都应该不断追求新知，具有实事求是、独立思考、勇于创造的科学精神。

这一方针突破了教育"为无产阶级政治服务"，以培养"劳动者"为目的表述方式，在人才规格上突破"红"与"专"的二元结构，确立了"教育必须为社会主义建设服务"的服务方向，贯彻了邓小平同志的教育思想，被人们概括为"两个必须""三个面向"和"四有新人"。请参见图2－1。

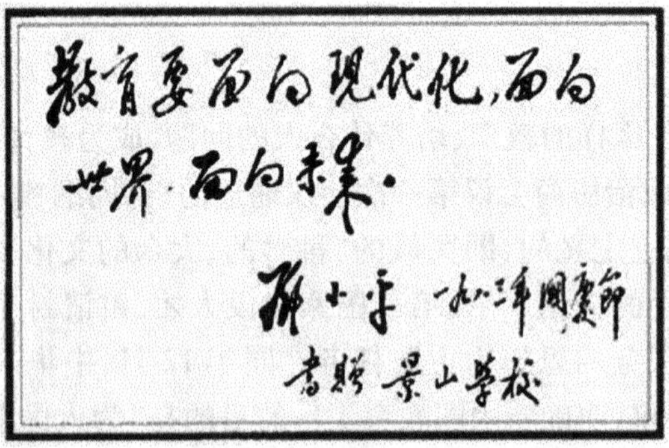

图2－1　1983年邓小平同志为北京景山学校题词

在此基础上，1993年中共中央、国务院颁布的《中国教育改革和发展纲要》提出：教育改革和发展的根本目的是提高民族素质，多出人才，出好人才。各级各类学校要认真贯彻"教育必须为社会主义现代化建设服务，必须与生产劳动相结合，培养德、智、体全面发展的建设者和接班人"的方针。1995年第八届全国人民代表大会第三次会议通过了《中华人民共和国教育法》基本沿用这一表述，但在文字上做了重要修改，除了在"建设者和接班人"前加上了"社会主义事业的"外，还在"德、智、体"后加上了"等方面"，即：教育必须为社会主义现代化建设服务，必须与生产劳动相结合，培养德、智、体等方面全面发展的社会主义事业的建设者和接班人。

至此，新时期的教育方针完成了法律化程序，写进了教育的根本大法，是以教育法律形式和最准确的文字对教育方针所做的最完整的表述。这一表述的特色在于：一是突破了教育单纯为政治服务的倾向，确立了为社会主义现代化建设服务的方向；二是突破了"有社会主义觉悟的有文化"和德、智、体"三育"的范畴，回归到"德、智、体等方面全面发展"的全面发展教育的正确轨道上；三是改变了培养"劳动者"的教育目的定位，在人的培养上实现作为所有国民的"建设者"与作为社会主义事业"接班人"的统一。

3. 第三阶段

1999年，面向新世纪的机遇与挑战，总结一个时期以来教育存在的"应试教育"倾向和实施素质教育的经验，提出"实施素质教育，就是全面贯彻党的教育方针，以提高国民素质为根本宗旨，以培养学生的创新精神和实践能力为重点，造就'有理想、有道德、有文化、有纪律'的、德、智、体、美等全面发展的社会主义事业建设者和接班人。""全面推进素质教育，要面向现代化、面向世界、面向未来，使受教育者坚持学习科学文化与加强思想修养的统一，坚持学习书本知识与投身社会实践的统一，坚持实现自身价值与服务祖国人民的统一，坚持树立远大理想与进行艰苦奋斗的统一。”这一表述的显著特色是：突出教育目的以提高国民素质为根本宗旨，以培养学生的创新精神和实践能力为重点；明确提出了美育，进一步丰富全面发展教育的内涵；突出了培养人的素质上的“四个统一”。

2002 年中国共产党第十六次全国代表大会的报告进一步明确了新时期党的教育方针，从而对新世纪以来党和国家的教育方针进一步定型。即：坚持教育为社会主义现代化建设服务，为人民服务，与生产劳动和社会实践相结合，培养德、智、体、美全面发展的社会主义建设者和接班人。

这一表述，一是在坚持教育为社会主义现代化建设服务同时，突出教育为人民服务，确立了人民作为教育的服务方向和主体地位；二是在坚持教育与生产劳动相结合的同时，注重教育与社会实践的紧密结合，拓展了教育的育人途径和方式；三是注重实施素质教育，促进培养德、智、体、美全面发展的社会主义建设者和接班人。

4. 第四阶段

2003 年 10 月，中国共产党第十六届中央委员会第三次全体会议提出：坚持以人为本，树立全面、协调、可持续的发展观，促进经济社会和人的全面发展。中国共产党第十六届中央委员会第六次全体会议提出和谐社会建设，必须坚持以人为本的原则，始终把最广大人民的根本利益作为党和国家一切工作的出发点和落脚点，实现好、维护好、发展好最广大人民的根本利益，不断满足人民群众日益增长的物质文化需要，做到发展为了人民、发展依靠人民、发展成果由人民共享，促进人的全面发展。在教育方面提出：“全面贯彻党的教育方针，大力实施科教兴国战略和人才强国战略，全面实施素质教育，深化教育改革，提高教育质量，建设现代国民教育体系和终身教育体系，保障人民享有接受良好教育的机会。”

2007 年 10 月，中国共产党第十七次全国代表大会提出：要全面贯彻党的教育方针，坚持育人为本、德育为先，实施素质教育，提高教育现代化水平，培养德、智、体、美全面发展的社会主义建设者和接班人，办好人民满意的教育。这一表述的特色在于：一是突出素质教育，坚持“育人为本、德育为先”；二是将邓小平同志提出的教育要面向现代化和《中国教育改革和发展纲要》确立的“再经过几十年的努力……实现教育的现代化”的战略目标，提到一个新高度；三是彰显了以人为本的科学发展观，将为人民教育服务的服务方向，具体化为“办好人民满意的教育”。

2010 年《国家中长期教育改革和发展规划纲要（2010—2020 年）》作为到 2020 年全面建成小康社会的教育发展蓝图和行动纲领，在坚持“两为、两结合、一培养”教育方针的同时，提出推动教育改革和发展的工作方针：优先发展、育人为本、改革创新、促进公平、提高质量。即：把教育摆在优先发展的战略地位；把育人为本作为教育工作的根本要求；把改革、创新作为教育发展的强大动力；把促进公平作为国家基本教育政策；把提高质量作为教育改革发展的核心任务。

同时，围绕解决好培养什么人、怎样培养人的重大问题，确立了坚持以人为本、全面实施素质教育是教育改革发展的战略主题，坚持德育为先、能力为重、全面发展。其重点是面向全体学生、促进学生全面发展，着力提高学生服务国家、服务人民的社会责任感，勇于探索的创新精神和善于解决问题的实践能力。

中国共产党第十八次全国代表大会提出:建设社会主义市场经济、社会主义民主政治、社会主义先进文化、社会主义和谐社会、社会主义生态文明,促进人的全面发展,逐步实现全体人民共同富裕,建设富强民主文明和谐的社会主义现代化国家。在教育方面,围绕"努力办好人民满意的教育"这一宗旨,提出:要坚持教育优先发展,全面贯彻党的教育方针,坚持教育为社会主义现代化建设服务、为人民服务,把立德树人作为教育的根本任务,培养德、智、体、美全面发展的社会主义建设者和接班人。

这一表述承续"两为"服务方向和培养德、智、体、美全面发展的社会主义建设者和接班人的教育目的,同时,促进了教育方针新发展:一是坚持教育优先发展,突出教育在"五位一体"的社会主义现代化建设中的基础性、全局性、先导性地位;二是坚持以人为本,努力办好人民满意的教育,把教育作为实现好、维护好、发展好最广大人民的根本利益之一,大力促进教育公平,实现发展成果由人民共享,促进人的全面发展;三是在全面贯彻党的教育方针上突出重点,把立德树人作为教育的根本任务,全面实施素质教育,深化教育领域综合改革,着力提高教育质量,培养学生的社会责任感、创新精神、实践能力。

此后,中国共产党第十八届中央委员会第三次全体会议进一步深化教育领域综合改革,提出坚持立德树人的一系列具体要求和改革举措,并努力通过促进教育公平、推进考试招生制度改革等,为全面贯彻党的教育方针、促进学生全面发展和成长、成才提供更加公平、优质的教育通道。

(三)我国教育目的和教育方针的精神内涵

虽然我国的教育目的在不同时期表述不完全一致,但其精神内涵是总体一致和内在统一的。当然,随着党和国家在不同时期执政理念和执政方式的转变,教育目的和方针的内涵也是不断发展和完善的。

1. 兼重社会发展与人的发展需要

教育作为培养人的社会活动,源于社会需要又受社会制约,而不可能培养脱离社会现实的"抽象的人"。我国教育目的和方针充分体现了社会需要和社会性质,这就是为社会主义事业服务。所不同的是,改革开放以前,教育过于偏重为社会主义政治服务,甚至成为阶级斗争的根据,而忽视了为经济建设、文化建设、社会建设服务的功能。改革开放以来,教育目的和方针转移到"为社会主义现代化建设服务"上来,特别是随着我国经济社会的巨大发展,党和国家的执政理念进一步突出了以人为本的理念,教育目的和方针确立了"为人民服务"的宗旨,并落实在"努力办好人民满意的教育"上。同时,将教育纳入以改善民生为重点的社会建设范畴,将"学有所教"作为全面建成小康社会的重要目标之一,注重提高人民物质文化生活水平,努力让人民过上更好的生活。但这并不意味着淡化甚至忽略教育目的的社会价值,而是要把立德树人作为教育的根本任务,培育和践行社会主义核心价值观,培养德、智、体、美全面发展的社会主义建设者和接班人。

2. 培养德、智、体、美全面发展的社会主义建设者和接班人

我国不同时期的教育方针所确立的教育目的,一直将"全面发展"作为基本要求,只是在“全面”和“发展”的具体内涵和要求上不断发展。改革开放以前的教育方针所确立的教育目的，集中在德、智、体三个方面，不重视美育。改革开放以来，教育方针所确立的教育目的，逐步拓展成为“德智体美全面发展”，这不仅突出了美育在人的个性发展和提高人的审美情趣与能力方面的作用，而且体现了美育与德育、智育、体育的紧密联系和促进人的全面发展的整体功能。新中国成立以来，教育方针所确立的培养目标，经历了“有社会主义觉悟的有文化的劳动者”到“德智体美全面发展的社会主义建设者和接班人”的演变过程。一方面，它一贯坚持了教育培养人的社会主义的价值导向；另一方面，随着社会主义事业的发展，教育在培养人的目标由“劳动者”向“建设者和接班人”提升。党和国家领导人在不同时期对培养有关的具体要求，是对这一培养目标的具体强调和导向，并注入新的时代内涵。

3. 贯彻和实施全面发展教育

新中国成立以来，我国教育方针一直坚持实施全面发展教育。20 世纪 50 年代的教育方针注重“使受教育者在德育、智育、体育几方面都得到发展”。1958 年 1 月，毛泽东在《工作方法六十条(草案)》中正式提出：红与专、政治与业务的关系，是两个对立物的统一。一定要批判不问政治的倾向。政治和经济的统一，政治和技术的统一，这是毫无疑义的，年年如此，永远如此。这就是又红又专。改革开放后，邓小平同志在继承毛泽东同志“又红又专”思想基础上，提出“四有新人”的要求，即“努力使我们的青少年成为有理想、有道德、有文化、有纪律的人”，为新时期实施全面发展教育提供了具体可行的目标要求和方法路径。

在此基础上，1993 年《中国教育改革和发展纲要》进一步确立了全面发展教育在教育方针中的地位，实施德、智、体、美全面发展教育。1999 年中共中央和国务院《关于深化教育改革全面实施素质教育的决定》指出：实施素质教育，必须把德育、智育、体育、美育等有机地统一在教育活动的各个环节中。学校教育不仅要抓好智育，更要重视德育，还要加强体育、美育、劳动技术教育和社会实践，使诸方面教育相互渗透、协调发展，促进学生的全面发展和健康成长。文件还分别对各级各类学校的德育、智育、体育、美育工作的目标、内容和方式提出了具体要求和指导意见。

21 世纪以来，在实施全面发展教育方面，教育方针更加注重按照社会主义建设和人的发展的自身规律，正确处理德、智、体、美各方面素质及各育之间的关系。十七大报告提出“育人为本、德育为先”。《国家中长期教育改革和发展规划纲要(2010—2012 年)》将“坚持以人为本、全面实施素质教育”作为教育改革发展的战略主题。

中国共产党第十八次全国代表大会提出：“把立德树人作为教育的根本任务”，在培养学生的创新精神、实践能力同时，将培养学生社会责任感放在首位。中国共产党第十八届中央委员会第三次全体会议进一步提出：全面贯彻党的教育方针，坚持立德树人，加强社会主义核心价值体系教育，完善中华优秀传统文化教育，形成爱学习、爱劳动、爱祖国活动的有效形式和长效机制，增强学生社会责任感、创新精神、实践能力。强化体育课和课外锻炼，促进青少年身心健康、体魄强健。改进美育教学，提高学生审美和人文素养。

4. 教育与生产劳动相结合

在新民主主义革命时期，我党就主张教育与生产劳动相结合，将“教育与劳动联系起来"写入苏维埃文化教育总方针。新中国成立以来确立的教育方针,一直坚持教育与生产劳动相结合。但由于我们的认识水平局限和社会生产力发展水平,我们对于教育与生产劳动相结合的理解与实践,出现过不少误区。如把教育与生产劳动相结合简单等同于教育与工业或农业生产劳动相结合;把教育与生产劳动相结合归结为劳动教育、归结为直接参加生产劳动;把教育与生产劳动相结合的价值片面理解为改造思想,增强劳动观念,培养"劳动者"。1999 年,中共中央和国务院在《关于深化教育改革全面实施素质教育的决定》中明确提出:教育与生产劳动相结合是培养全面发展人才的重要途径。

教育与生产劳动相结合,既包括生产劳动与教育相结合,也包括教育与生产劳动相结合。就前者而言,马克思在资本主义社会条件下,为争取工人阶级子女受教育的权利,提出教育同物质生产劳动相结合,从而对"一切儿童实行公共的和免费的教育"。因此,教育与生产劳动相结合首先是使劳动者子女能够获得学校教育的权利和机会。新中国成立之初,党和国家确立的教育纲领,就是坚持"为工农服务,为生产建设服务"。1949 年 12 月第一次全国教育工作会议提出:"学校必须为工农开门。"此后,教育事业发展的重要方针及其取得的成就,就是大力普及教育,推进劳动人民接受更高水平和更加平等的教育。新时期以来,国家将促进公平作为基本教育政策,加快缩小城乡、区域教育发展差距,推动公共教育资源配置公平,不断满足广大群众日益增长的多层次、多样化的教育需求。

教育与生产劳动相结合要求教育与经济社会建设需要相结合。邓小平在揭示我国社会主义现代化建设规律的基础上,指出"教育与生产劳动的结合","是培养理论与实际结合、学用一致、全面发展的新人的根本途径"①。为此,需要加强教学内容和过程与生产劳动的结合,但"更重要的是整个教育事业必须同国民经济发展的要求相适应。不然,学生学的和将来要从事的职业不相适应,学非所用,用非所学,岂不是从根本上破坏了教育与生产劳动相结合的方针?"②为此,他指出:要"使教育事业的计划成为国民经济计划的一个重要组成部分","我们制订教育规划应该与国家的劳动计划结合起来,切实考虑劳动就业发展的需要"③,从而促进教育与经济发展形成良性循环。《国家中长期教育改革和发展规划纲要(2010—2020 年)》提出:全面形成与社会主义市场经济体制和全面建设小康社会目标相适应的充满活力、富有效率、更加开放、有利于科学发展的教育体制机制,办出具有中国特色、世界水平的现代教育。

为此,需要更新人才观和教育观,调整教育体系结构,大力发展现代职业技术教育,形成与社会主义市场经济和全面建成小康社会的需要相适应的人才培养体制、机制和模式,改革人才评价的标准,加强普通教育与职业教育沟通,为学生多样化选择、多路径成才搭建"立交桥"。

---

①邓小平. 邓小平文选:第二卷[M]. 北京:人民出版社,1994:107.

②邓小平. 邓小平文选:第二卷[M]. 北京:人民出版社,1994:107.

③邓小平. 邓小平文选:第二卷[M]. 北京:人民出版社,1994:108.

案例 2－1

我们究竟给了学生什么?

"我的孩子已经两次进入高考补习班了,不知道这次高考能否成功。在孩子成长过程中,我们家长费尽了心血,家庭生活再拮据,都会尽一切办法供孩子读书。我的孩子也不是不用功,从上学开始,他几乎没有多少休息时间,特别是进入高中后,孩子几乎没有一天休息过。我们觉得供孩子读书很苦,而孩子觉得更苦,但考不上大学,这么多年的辛苦不是白费了吗?!邻居家的孩子高考失败后便开始工作,他所学的知识对他的生活和工作没有任何帮助。其实,如果孩子在学校里学习的知识对他本人的生活和工作有价值,我们也就不再要求孩子一定上大学了。现在学习的知识只是对考大学有用,对孩子的生活和工作没有用。如果孩子考不上大学我们一家的努力都前功尽弃了,孩子也就变成了一个'废人',我们心不甘呐……"一位家长如是说。

一位企业人事经理说:"这几年做企业人事工作,我感触最深的是应聘的人才似乎'满腹经纶',但却一无是处。他们只会做题、应付考试,或者复述书本上的东西,一旦遇到实际问题就不知道如何解决了;换言之,他们既没有'活学',更不会'活用',知识对他们来说实际上是一种负担。另外,几乎所有应聘人员的动手操作能力、发现问题的能力都很差,更不用说创新能力了。在已经录用的员工中,我们还发现他们缺乏必要的合作意识和团队精神,学历越高、毕业学校的名气越大,问题越突出;众所周知,员工的合作意识和团队精神对于一个企业来说是至关重要的,它甚至高于员工的业务能力;不懂得去生活,生活没有情调,更没有品位。总之,为了我们企业的发展,也为了营造企业文化,我们需要投入大量的人力、物力和精力去更新塑造他们,这种塑造几乎从零开始。造成这些问题的因素或许有很多,但学校教育需要承担的责任应是最大的。所以,我们呼吁各级学校调整教育目标,改变教育方式、教育内容和评价标准,为社会培养真正有用的人才。"

[**资料来源**]钟启泉、崔允漷.新课程的理念与创新——师范生读本[M].北京:高等教育出版社,2003:44.

四、素质教育理念与实施

现阶段我国教育改革发展的战略主题,就是坚持以人为本、全面实施素质教育。素质教育是我国改革开放实践尤其是教育改革深化与发展在教育理论和思想上的产物,是党和国家以及广大教育工作者探索出的当前及今后一个时期全面贯彻教育方针、实施全面发展教育的有效实践形式。

(一)素质教育的提出与发展

早在 1985 年,《中共中央关于教育体制改革的决定》就提出:在整个教育体制改革的过程中,必须牢牢记住改革的根本目的是提高民族素质,多出人才、出好人才。自此,提高民族素质一直成为教育改革和发展的重要使命,但同时也面临一个重要理论和实践难题,那就是如何处理好提高民族素质与多出和出好人才的关系。在实践层面,进一步表现为考试指挥棒导致中、小学生学业负担过重、考试压力大,学生的思想教育素质和身体素质下降等问题,导致一种"为应试而教,为应试而学"的"应试教育"倾向。与此同时,经济建设逐步转移到依靠科技进步和提高劳动者素质的轨道上了。这种"应试教育"倾向不仅损害学生的全面发展,导致中小学教育的同质化发展和恶性竞争,更与经济社会发展对各级各类人才和劳动者素质的要求不相适应。

1993 年,中共中央和国务院发布《中国教育改革和发展纲要》提出:中小学要由"应试教育"转向全面提高国民素质的轨道。1994 年全国教育工作会议提出:基础教育必须从"应试教育"转到素质教育的轨道上来,全面贯彻教育方针,全面提高教育质量。《中共中央关于进一步加强和改进学校德育工作的若干意见》指出:增强适应时代发展、社会进步,以及建立社会主义市场经济体制的新要求和迫切需要的素质教育。1996 年《中华人民共和国国民经济和社会发展"九五"计划和 2010 年远景目标纲要》提出:改革人才培养模式,由"应试教育"向全面素质教育转变。这就以党的纲领和法规性文件的方式,确立了素质教育在基础教育中的地位。与此同时,各地围绕实施素质教育进行一系列改革和探索,涌现出很多新鲜经验。1997 年原国家教委颁发《关于当前积极推进中小学实施素质教育的若干意见》,强调在中小学全面贯彻国家的教育方针,积极推进素质教育,已经是摆在我们面前的刻不容缓的重大任务。

面向新世纪的国际环境和现代化建设的新形势、新挑战,1999 年中共中央和国务院作出《关于深化教育改革全面推进素质教育的决定》,将素质教育作为党和国家的战略决策,素质教育由此进入国家推动、全面展开、重点突破的新阶段。素质教育由此贯穿于幼儿教育、中小学教育、职业教育、成人教育、高等教育等各级各类教育,贯穿于学校教育、家庭教育和社会教育的各个方面。教育在不同阶段和不同方面应当有不同的内容和重点,相互配合,全面推进。

新世纪以来,素质教育广泛实施并向纵深发展,基础教育集中在新课程改革的深入开展。中国共产党第十六次全国代表大会指出:全面推进素质教育,造就数以亿计的高素质劳动者、数以千万计的专门人才和一大批拔尖创新人才。中国共产党第十七次全国代表大会提出:要全面贯彻党的教育方针,坚持育人为本、德育为先,实施素质教育,提高教育现代化水平,培养德、智、体、美全面发展的社会主义建设者和接班人,办好人民满意的教育。中国共产党第十八次全国代表大会报告把立德树人作为教育的根本任务,并特别提出全面实施素质教育,深化教育领域综合改革,着力提高教育质量,培养学生社会责任感、创新精神、实践能力。可以看出,新世纪以来的素质教育在深入课程改革领域同时,突出了育人为本、德育为先和立德树人这一根本;同时,素质教育的实施与教育领域综合改革相互推进。

信息窗 2－6

坚持以人为本、全面实施素质教育是教育改革发展的战略主题

坚持以人为本、全面实施素质教育是教育改革发展的战略主题，是贯彻党的教育方针的时代要求，其核心是解决好培养什么人、怎样培养人的重大问题，重点是面向全体学生、促进学生全面发展，着力提高学生服务国家、服务人民的社会责任感、勇于探索的创新精神和善于解决问题的实践能力。

坚持德育为先。立德树人，把社会主义核心价值体系融入国民教育全过程。加强马克思主义中国化最新成果教育，引导学生形成正确的世界观、人生观、价值观；加强理想信念教育和道德教育，坚定学生对中国共产党领导、社会主义制度的信念和信心；加强以爱国主义为核心的民族精神和以改革创新为核心的时代精神教育；加强社会主义荣辱观教育，培养学生团结互助、诚实守信、遵纪守法、艰苦奋斗的良好品质。加强公民意识教育，树立社会主义民主法治、自由平等、公平正义理念，培养社会主义合格公民。加强中华民族优秀文化传统教育和革命传统教育。把德育渗透于教育教学的各个环节，贯穿于学校教育、家庭教育和社会教育的各个方面。切实加强和改进未成年人思想道德建设和大学生思想政治教育工作。构建大中小学有效衔接的德育体系，创新德育形式，丰富德育内容，不断提高德育工作的吸引力和感染力，增强德育工作的针对性和实效性。加强辅导员、班主任队伍建设。

坚持能力为重。优化知识结构，丰富社会实践，强化能力培养。着力提高学生的学习能力、实践能力、创新能力，教育学生学会知识技能，学会动手动脑，学会生存生活，学会做人做事，促进学生主动适应社会，开创美好未来。

坚持全面发展。全面加强和改进德育、智育、体育、美育。坚持文化知识学习与思想品德修养的统一、理论学习与社会实践的统一、全面发展与个性发展的统一。加强体育，牢固树立健康第一的思想，确保学生体育课程和课余活动时间，提高体育教学质量，加强心理健康教育，促进学生身心健康、体魄强健、意志坚强；加强美育，培养学生良好的审美情趣和人文素养。加强劳动教育，培养学生热爱劳动、热爱劳动人民的情感。重视安全教育、生命教育、国防教育、可持续发展教育。促进德育、智育、体育、美育有机融合，提高学生综合素质，使学生成为德、智、体、美全面发展的社会主义建设者和接班人。

［**资料来源**］中华人民共和国教育部. 国家中长期教育改革和发展规划纲要(2010—2020 年)［EB/OL］.（2010－07－29）. http://www.moe.edu.cn/publicfiles/business/htmlfiles/moe/moe_838/201008/93704.html.

（二）素质教育的理念与特征

1. 素质教育的理念

素质教育是针对应试教育倾向提出的一种教育理念和教育模式。所谓应试教育又称升学教育，是指教育实践中客观存在的偏离了受教育者和社会发展的根本需要，单纯为应付考试，争取高分数以知识灌输为方法，片面追求升学率的一种倾向。应试教育不是对我国现行基础教育的概括，而是对其中存在的单纯以应试升学为目的而产生的诸多弊端的概括。否定应试教育，不是要否定现行的教育，也不是要取消考试。它主要面向少数学生，忽视大多数学生的发展；偏重知识传授，忽视德育、体育、美育和生产劳动教育；忽视能力与心理素质的培养；以死记硬背和机械重复训练为方法，妨碍学生生动、活泼、主动地学习，使学生课业负担过重；以考试成绩作为评价学生的主要标准甚至作为唯一标准，挫伤了学生学习的主动性、积极性和创造性，影响了他们全面素质的提高。应试教育违背了《中华人民共和国教育法》的原则，偏离了我国的教育方针。因此，必须采取有力的措施，全面推进素质教育，使中小学摆脱应试教育的束缚。

素质教育是以提高民族素质为宗旨的教育。它是依据《中华人民共和国教育法》规定的国家教育方针，着眼于受教育者及社会长远发展的要求，以面向全体学生、全面提高学生的基本素质为根本宗旨，以注重培养受教育者的态度、能力，促进他们在德、智、体、美等方面生动、活泼、主动地发展为基本特征的教育。在教育学意义上说，素质教育就是培育、提高全体受教育者综合素质的教育。

一般说来，素质即人所具有的维持生存、促进发展的基本要素，它是以人的先天禀赋为基础，在后天环境和教育的影响下形成并发展起来的内在的、相对稳定的身心组织结构及其质量水平。人的素质是先天禀赋与后天习得的统一体。只强调前者，往往忽视后天教育和实践的重要作用；只强调后者，又会给人的素质发展带来危害。人的个性既有自然性的一面，受到遗传因素的影响，又有社会制约性的一面。马克思关于人的片面发展历史考察及人的全面发展的历史必然性，向我们深刻揭示了人的素质及其发展的历史制约性和社会制约性。人的素质具有构成要素及其结构上的一致性，与社会发展的要求是内在相通的；同时，人的素质又是各具差异的，展现出丰富多样的个性特点。素质教育为实现人的素质的不断开发与优化组合，构建符合社会发展要求和个体自身个性的素质结构，促进人的全面、生动、活泼地发展奠定坚实基础。

信息窗 2-7

如何处理全面发展和个性发展的关系

网友：我们经常会看到全面发展和个性发展这样的教育术语，不知道全面发展和个性发展是不是矛盾？在教育过程中如何正确认识和处理两者的关系？

专家：人的全面发展是指人的各种基本素质和能力得到尽可能多方面的发展。这在我国《中华人民共和国宪法》和《中华人民共和国教育法》中都有明确的阐述，即“国家培养青年、少年、儿童在品德、智力、体质等方面全面发展”，“教育必须为社会主义现代化建设服务，必须与生产劳动相结合，培养德、智、体等方面全面发展的社会主义事业的建设者和接班人”。个性发展是一个人在思想、性格、品质、意志、情感、态度等方面不同于其他人的特质，是个人内在潜力的张扬。

从逻辑上看，全面发展和个性发展不是对立的。全面发展在本质上反映的是人的发展在德、智、体、美等基本面上的相对完整性和和谐性，其对立面是片面发展。而个性发展是个体在需求、生活习惯、性格、能力、爱好、兴趣等方面形成的不同于他人的稳定的特殊性，其对立面是共性。

全面发展是个性发展的基础和前提。全面发展要求培养学生达到国家在德、智、体、美等基本范畴规定的所有受教育者都应达到的基本标准，最终实现身心和谐发展。个性发展也必须以尊重基本的道德价值规范、遵守国家法律为基础和前提，是在全面发展基础上的选择性发展。

因此，教育是要培养全面发展而富有个性的人，既德才兼备又保持个性。这种教育观应贯穿于教育发展的全过程。

从办学理念上，全面发展要求每个学生的德、智、体、美等基本素质都得到提高。而个性发展要求教育要顾及每个学生身心发展的特点，因材施教，使学生的兴趣和特长得以不断生长。

从教育内容上，全面发展注重传授德、智、体、美等方面知识，注重各学科基本知识的记忆和理解。而个性发展是在注重学习知识的基础上，更加重视学生德性的培养，思维能力的提升和良好学习习惯的养成等。

从课程设置上，全面发展要求按照学科体系针对所有学生开设一般性课程。而个性发展侧重在开设一般课程的基础上，更加注重开设各种选修课，以满足学生的兴趣爱好及科学精神的探索和实践能力的提升等需求。

从学校管理上，全面发展要求学校在管理上实施整齐划一的统一管理，以使学生在德、智、体、美等方面达到国家规定的一般性要求。而个性发展则要求实施弹性管理，给学生的兴趣和特长留有充足的空间。

从教育评价上，全面发展要求以分数统一量化评价学生发展的基本素质，以达到国家设置的课程评价标准。而个性发展则要求引入多元评价标准，改变过于注重考试成绩的单一评价方式，引导学生的多元发展。

总之，全面发展和个性发展是辨证的统一体，只有正确认识和处理全面发展和个性发展的关系，才能在教育的实践中真正培养出全面发展且保持个性的人才。

［资料来源］燕新. 如何处理全面发展和个性发展的关系［EB/OL］. http://www.moe.edu.cn/publicfiles/business/htmlfiles/moe/s6073/201211/143991.html.

素质教育是马克思关于人的全面发展理论与中国具体国情结合的实践产物，它将人的全面发展置于中心地位，着眼于经济社会发展对人的素质要求的全面性，将个体发展与社会发展统一起来，个人本位与社会本位统一起来，是全面发展教育的具体落实和实践形式。

素质教育是全面贯彻党和国家的教育方针的具体路径和实践，而不是离开党和国家的教育方针;或者是用素质教育去取代党和国家现行的教育方针。实施素质教育,是把教育方针具体贯彻到教育教学的各个环节中去,纠正偏离和违背教育方针的各种教育倾向。

2. 素质教育的特征

素质教育具有以下几方面特征:

第一,素质教育是面向全体学生的教育。素质教育针对"应试教育"只针对部分升学有望的学生而过于强调教育的选拔性和淘汰性的特点,坚持面向全体学生,公平、平等地对待每一个学生。因此,素质教育要求政府和教育主管部门应当依法保障全体受教育者平等的受教育权,促进教育公平,为其提供更加公平、更有质量保障的教育机会。学校和教师应当依法、依规取消重点校、重点班,提供适合学生的教育,而不是选拔适合教育的学生努力为全体学生获得平等的学习和发展的机会;广大社会和家长应当更新人才观和教育观,积极支持学校开展素质教育,形成积极参与支持素质教育的良好环境。

第二,素质教育是促进学生全面而有个性发展的教育。素质教育基于人的素质、潜能本身的整体性与丰富性,实施德、智、体、美全面发展教育,使人的素质潜能得到充分开发和发展;同时,素质教育更是适应我国现代化建设对创新人才和劳动者素质的要求,促进学生全面而有个性的发展,满足经济社会发展对高质量多样化人才的需要。一方面,需要为学生的全面发展创造宽松良好的条件和环境,克服那种重智育、轻德育、丢体育、无美育、不劳动的应试教育倾向及其所导致的人的片面发展现象。各级各类学校都要全面贯彻党和国家的教育方针、全面提高教育质量;政府和教育主管部门有责任通过职能转变和体制、机制改革,为各级各类学校实施素质教育,促进学生的全面发展,创造更加有力的保障条件和政策环境。另一方面,素质教育又着眼于人的全面发展,把人的整体素质的全面提高与个性发展以及创新精神和能力的提高有机结合确立,使人有能力根据社会需要和自身兴趣,将个体发展与社会发展统一起来。因此,将素质教育等同于门门优秀或特长教育,都是对素质教育的狭隘化理解。

第三,素质教育是以立德树人为根本的教育。人的素质形成与发展不是一个孤立的、单独的存在,更不是各种素质的数量集合或叠加。素质结构是一个复杂的系统。素质教育是将人的遗传素质、生存环境的状况、生活经验和态度情感和个性等结合起来,形成一个人独特而又完整的素质结构。从而使学生学会做人、学会求知、学会劳动、学会生活、学会健体和学会审美,为培养他们成为有理想、有道德、有文化、有纪律的社会主义建设者和接班人奠定基础。也就是说,素质教育的核心是"育人"而非"制器",必须以立德树人为核心。就当前社会需要和青少年发展现状看,立德树人就是在传授知识、培养能力的同时,把社会主义核心价值体系融入教育过程之中,引导学生树立正确世界观、人生观和价值观,着力提高学生服务国家、服务人民的社会责任感、勇于探索的创新精神和善于解决问题的实践能力。

信息窗 2－8

立德树人是根本

"培养什么人,怎样培养人",是教育的根本问题和永恒主题。人们不会忘记那个寓言般的故事:"您在哪所学校学到了最重要的东西?"一位诺贝尔奖获得者这样回答:"在幼儿园,我学到了不是自己的东西不要拿、做错事要道歉、仔细观察大自然,从根本上说,这是我一生中学到的最重要的东西。"幼儿园? 最重要的东西? 看似矛盾的回答中,这位诺贝尔获奖者道出了教育的根本——立德树人。

中国共产党第十八次全国代表大会报告指出,"把立德树人作为教育的根本任务,培养德、智、体、美全面发展的社会主义建设者和接班人"。"立德树人"首次确立为教育的根本任务,是对中国共产党第十七次全国代表大会"坚持育人为本、德育为先"教育理念的深化,指明了今后教育改革发展的方向。立德树人,即教育事业不仅要传授知识、培养能力,还要把社会主义核心价值体系融入国民教育体系之中,引导学生树立正确的世界观、人生观、价值观、荣辱观。

然而,透视目前教育中的一些现象,似乎与立德树人的目标南辕北辙。比如,门庭若市的"培优班",挤破头的"小升初",减不下来的大书包,追逐名利的办学机构……种种现象似乎都指向一点——"育分"远比"育人"更具诱惑力。结果呢? 孩子们的考试分数上去了,整个社会的文化水平上去了,但社会的道德水准却没有同步上去。爱因斯坦的一句话令人难忘:"用专业知识教育人是不够的,通过专业教育,他可以成为一个有用的机器,但是不能成为一个和谐发展的人。"

要成才,先成人! 中国共产党第十八次全国代表大会报告把立德树人作为教育的根本任务,抓住了问题的实质和核心。

立德树人,"德"字为先。立德即树立德业,《左传》有言:"太上有立德,其次有立功,其次有立言,虽久不废,此之谓不朽。"我们欣喜地看到,越来越多的学校把学生日常表现纳入考核目标,以理想信念教育为核心、以爱国主义教育为重点、以基本道德规范为基础、以全面发展为目标,开展德育教育。舍己救人的"最美中学生"龚钰犇,剐蹭宝马后留言赔偿的扬州小伙徐砺寒……道德模范的力量远胜只知读书的考试状元。

立德树人,入心为要。多元的价值观,日新月异的社会,海量信息的包围,让德育面临前所未有的挑战和机遇。照本宣科式的德育教育,或许能用分数"考出"高低,但无法将"德"字镌刻在孩子们心头。提高思想政治教育的科学化水平,是立德树人面临的重要课题。只有切实增强思想政治教育的针对性、实效性和亲和力、感染力,为孩子健康成长营造良好的环境氛围,才能让社会主义核心价值体系真正入脑入心。

立德树人,师德为范。"学高为师,身正为范",知识或可言传,德行需得身教。教师肩负着为人师表、教书育人的重任,是社会主义精神文明的传播者和建设者,是青少年一代成长的引路人。立德先立师,树人先正己,培养和造就一支学高身正的教师队伍,是立德树人成败的关键。严格的考核管理,健全的制度规范,在教师队伍建设中不可或缺。

立德树人,培养德、智、体、美全面发展的社会主义建设者和接班人,不仅关系党和人民教育事业的发展,也关系整个中国特色社会主义事业的全局和长远。正如十八大报告指出的,“中国特色社会主义事业是面向未来的事业,需要一代又一代有志青年接续奋斗。”

立德树人,教育任重道远!

[资料来源]张烁. 立德树人是根本[EB/OL]. (2012－11－30). http://news.xinhuanet.com/comments/2012－11/30/c_113856896.htm.

(三)中学教育开展素质教育的途径和方法

中学教育是我国现代教育体系的重要层级和部分,包括初中教育和高中阶段教育。初中教育是九年义务教育的最后阶段,是国家统一实施的所有适龄儿童、少年必须接受的教育,是国家必须予以保障的公益性事业。初中作为义务教育的一部分,必须贯彻国家的教育方针,实施素质教育,提高教育质量,使适龄儿童、少年在品德、智力、体质等方面全面发展,为培养有理想、有道德、有文化、有纪律的社会主义建设者和接班人奠定基础。按照《中华人民共和国义务教育法》的规定,义务教育的教育教学工作应当符合教育规律和学生身心发展特点,面向全体学生,教书育人,将德育、智育、体育、美育等有机统一在教育教学活动中,注重培养学生独立思考能力、创新能力和实践能力,促进学生全面发展。学校应当把德育放在首位,寓德育于教育教学之中,开展与学生年龄相适应的社会实践活动,形成学校、家庭、社会相互配合的思想道德教育体系,促进学生养成良好的思想品德和行为习惯。学校应当保证学生的课外活动时间,组织开展文化娱乐等课外活动。社会公共文化体育设施应当为学校开展课外活动提供便利。

高中阶段教育是学生个性形成、自主发展的关键时期,应当注重培养学生自主学习、自强自立和适应社会的能力,克服应试教育倾向。按照《国家中长期教育改革和发展规划纲要(2010—2020年)》的要求,高中阶段教育要深入推进课程改革,全面落实课程方案,保证学生全面完成国家规定的文理等各门课程的学习。创造条件开设丰富多彩的选修课,为学生提供更多选择,促进学生全面而有个性的发展。积极开展研究性学习、社区服务和社会实践。建立科学的教育质量评价体系,全面实施高中学业水平考试和综合素质评价。建立学生发展指导制度,加强对学生的理想、心理、学业等多方面指导。与此同时,根据经济社会发展需要,高中阶段教育要合理确定普通高中和中等职业学校招生比例,今后一个时期总体保持普通高中和中等职业学校招生规模大体相当,推动普通高中多样化发展。为此,应促进办学体制多样化,扩大优质资源;推进培养模式多样化,满足不同潜质学生的发展需要;探索发现和培养创新人才的途径鼓励普通高中办出特色;鼓励有条件的普通高中根据需要适当增加职业教育的教学内容,探索综合高中发展模式。采取多种方式,为在校生和未升学毕业生提供职业教育。

案例2－2

关于"三好学生"评选的争论

资料1：中国教育学会会长呼吁停止评选"三好学生"

日前，中国教育学会会长顾明远在重庆一个基础教育学术会上呼吁：停止评选"三好学生"，因为这样会"过早给孩子贴上好学生与坏学生的标签"。

顾明远说，中、小学处于基础教育阶段，每个学生都是未成年人，评选"三好学生"实际是把学生分成三六九等，这样会给学生造成一定心理压力，同时在感情上伤害未被评上"三好学生"的孩子，不利于学生健康成长。

顾明远说，有的孩子大器晚成，在小学阶段会表现得非常一般，如果过早地给他一些"你不如别人"的心理暗示，会影响孩子今后的成长。

现场不少教师对此表示支持，认为毕竟能获得"三好学生"的只是少数。但也有部分老师有争议，他们认为评选"三好学生"能树立好榜样，未尝不可，评选"三好学生"关键是不能只看学习成绩，在评选过程中，老师也应正确引导，让没有评上的学生不要有心理包袱。据悉，早在2004年，顾明远也曾发出倡议：废除三好学生评选制度。曾在广州教育界引起争论。不少广州教育界人士认为，对学生的综合评价仍应进行，但标准应该改革，可以用鼓励学生发挥专长的新标准取而代之。

[资料来源]李松. 教育学会会长呼吁停止评选三好学生惹争议[EB/OL]. (2008－09－15). http://bj.xinhuanet.com/bjpd_sdzx/2008－09/15/content_14399330.htm.

资料2：浙江取消中小学省级"三好学生"评选

从2014年起，浙江中小学将不再评选省级"三好学生"。这是记者日前从浙江省教育部门获悉的。

"三好学生"评选表彰始于20世纪50年代初，之后在中国所有大、中、小学校普遍推行，"三好"也成为学生追求的目标和荣誉，成为"好孩子、好学生"的同义词。

但近年来，这一评选机制因与学生升学挂钩，增添了不少功利色彩而颇受诟病。浙江省在2008年取消了省级"三好学生"高考加分优惠政策。

相关人士认为，省级"三好学生"退出历史舞台，也说明这一荣誉的评价机制存在的缺陷。杭州一中学校长认为，在社会的多元化、个性化时代，对学生的评价机制也需要适应学生的个性化发展。

记者了解到，取消中小学省级"三好学生"评选表彰是浙江省教育厅对其自主行使的62项行政管理和服务事项进行调整规范的其中一项。

2013年10月以来，浙江省教育厅对其自主行使的行政管理和服务事项进行全面调整和规范，其中保留32项，委托9项，下放6项，职能划转4项，取消11项。

在取消的11项中，除了省级"三好学生"的评选，还有省高等学校科研成果奖评审、全省高校校园文化品牌评比、师范类专业认证与评估、省中小学课外文体活动工程示范区评定、省级体育特色学校评定、省级艺术特色学校评定、省级高校体育特色项目建设等10项。

同时,中小学教师高级职称评审、高校教授评审、高校专业设置、高校科研项目评审等被“含金量”大的“香饽饽”,则被通过委托或下放等形式放权给基层教育部门或学校。

据了解,此前,浙江省已有多个市取消了市级“三好学生”的评选,代替以“优秀学生”“优秀班干部”等荣誉。浙江省教育厅相关人士表示,省级“三好学生”评选的取消,并不是所有“三好学生”评选都取消,“基层教育部门是否评选由其自行决定”。

[**资料来源**]董碧水.浙江省取消中小学省级“三好学生”评选[EB/OL].(2013-11-26).http://zqb.cyol.com/html/2013-11/26/nw.D110000zgqnb_20131126_6-06.htm.

资料3:教育部称三好学生评选有利有弊 不会全面叫停

昨日,全国政协委员、中国书法家协会名誉主席沈鹏,全国政协委员、《人民日报》海外版原总编辑詹国枢等委员发起联名提案,认为实行多年的评选“三好学生”教育制度,存在不利于少年儿童成长、滋生腐败等隐患,建议取消。提案晒到网上,引发网友热烈讨论,不少代表、委员也发表了自己的看法。

评“三好学生”扼制了学生的个性

@詹国枢:中小学应该停止评选“三好学生”。一是少年阶段,人为分出优劣,不利于学生成长。二是家长、学生纷纷送礼,滋生教育腐败。三是小小年纪,学会种种不正当竞争,侵蚀儿童心灵。四是多数老师家长反对。

@中国教育科学研究院研究员储朝晖:评“三好学生”其实是给学生套上了一个固定的模子,学校希望学生按照这个模子发展下去,扼制了学生的潜能和个性的发展。

@网友冯开研与林莫晗:小时候就因为评这个“三好学生”,每天都约束自己的很多行为。是的,从小学到初中我年年当“三好学生”,档案资料会很漂亮,可童年真的太累了!

现阶段一刀切有一定难度

@海淀区某小学校长:评选“三好学生”最终是会取消的,但现阶段一刀切会有一定难度,因为目前“三好学生”跟评优、升学挂钩。在我们学校,评“三好学生”会滋生腐败等问题不是很明显,“三好学生”都是老师跟学生投票决定的。

@网友特区SJK:不去歧视和打压传统观念中的“差”的是对的,但并不意味着就要做到连“好”的也不褒扬,这只会从一个极端走向另一个极端,依然找不到正确的教育模式!

@网友邓小君:我认为“三好学生”是对优秀生的一种激励,就像评选优秀共产党员、全国劳动模范,这是一个道理,中国教育是时候进行改革了,但取消评“三好学生”只是治标不治本,没有实质意义。

权威回应

教育部不会叫停“三好学生”

“三好学生”的评选该不该叫停?昨日,全国政协委员、教育部副部长杜玉波表示,允许有些学校在废除“三好学生”评选方面的探索。但“三好学生”的评选搞了多年,有利有弊。各个学校的文化、传统都不一样,这些东西不要评价,要允许各地去实验,“只要孩子全面发展,综合素质全面提高”。

杜玉波称，我国很大，很多问题不同，不能做统一的规定，教育部门不会规定学校必须取消或继续保留“三好学生”评选，一切因地制宜、从实际出发。

[资料来源] 王姝，杜丁，郭少峰. 教育部称三好学生评选有利有弊　不会全面叫停[EB/OL]. (2012-03-05). http://news.qq.com/a/20120305/000098.htm.

问题思考与讨论

1. 教育目的的社会本位论、个人本位论、生活本位论的分歧和共同问题何在？

2. 马克思主义关于人的全面发展理论是怎样理解和处理教育目的的社会价值与个人价值之间关系的？

3. 人的全面发展只有到共产主义社会才能真正实现，那为什么社会主义现阶段要实施全面发展教育呢？

4. 怎样理解马克思主义关于人的全面发展理论的科学性？怎样理解现阶段教育在促进人的全面发展中的使命、可行性与有限性？

5. 如何把握新中国成立以来不同时期教育目的和方针的内涵？新时期以来教育方针反映出哪些变化趋势？有什么特点？

6. 有人认为，应试教育能够培养应试素质，因而素质教育和应试教育具有某种一致性；也有人认为，应试教育着眼于智力培养，而素质教育则注重思想道德和兴趣特长。你如何看待这些观点？

7. 有人认为，实施素质教育，就得减轻学生负担；减轻学生负担，就得取消考试，即素质教育就是非考试的教育。你如何看待这些观点？

8. 在素质教育实践过程中，一些学校认识不足，担心进行素质教育，教师就会“松劲”，不再认真钻研教材、研究教法和认真备课；还担心学生“自由”，放松学习。社会上一些学生家长对实施素质教育有顾虑，担心不搞应试教育教师就不会把所有精力放在自己孩子身上，孩子的突出才能就表现不出来，成不了“英才”。似乎素质教育就是降低对教师教和学生学的要求，影响升学率。你如何看待这种观点？

9. 有人认为，素质教育的本质在于恢复教育的本来意义和价值，即养成学生健全人格，促进学生全面发展；高升学率不是素质教育的刻意追求，却是素质教育的必然结果。你如何看待这种观点？

10. 如何理解国家招生考试制度改革在推动素质教育实施中的促进作用？中学教育如何深化改革，以招生考试制度改革为新的指挥棒，全面推动素质教育的实施？

阅读指南

1. 怀特. 再论教育目的[M]. 李永宏，等译. 北京：教育科学出版社，1997.

2. 瞿葆奎，丁证霖. 教育学文集：教育目的[M]. 北京：人民教育出版社，1989.

3. 联合国教科文组织国际教育发展委员会. 学会生存——教育世界的今天和明天[M]. 北京:教育科学出版社,1996.

4. 联合国教科文组织总部中文科. 教育——财富蕴藏其中:国际21世纪教育委员会报告[M]. 北京:教育科学出版社,1996.

5. 上海师范大学教育系. 马克思恩格斯论教育[M]. 北京:人民教育出版社,1979.

6. 袁振国. 教育新理念[M]. 北京:教育科学出版社,2002.

7. 中华人民共和国教育部. 国家中长期教育改革和发展规划纲要(2010—2020年)[EB/OL]. (2010-07-29). http://www.moe.edu.cn/publicfiles/business/htmlfiles/moe/moe_838/201008/93704.html.

网络导航

1. 中华人民共和国教育部:http://www.moe.gov.cn/

2. 中国教育新闻网:http://www.jyb.cn/

3. 中国教育科学研究院:http://www.nies.net.cn/

4. 安徽教育网:http://www.ahedu.gov.cn/

第三章 学校教育发展

学习目标

了解学校教育产生的条件、学校教育发展的历史以及学校教育的特征。了解国内外著名教育家的代表著作及主要教育思想。理解义务教育的特点;了解发达国家学制改革发展的主要趋势;了解我国现代学制的沿革,熟悉我国当前的学制。

一、学校教育历史

学校教育的产生经历了一个漫长的历史演进过程,经历了萌芽、发展与逐步完善等阶段。随着经济社会的发展和人类知识经验的不断丰富与积累,到了原始社会的末期学校教育开始萌芽,进入奴隶社会以后,教育活动逐步从社会的生产和生活中分离出来,形成专门的活动领域,继而出现了专门的教育机构——学校。

(一)学校教育的萌芽

在公元前三千年左右,在世界文明的发源地,如中国、古埃及、两河流域等地区,出现了世界上最早的文字,继而出现了人类最早的学校教育活动。

在中国,古籍中的传说,在虞舜时代(原始社会末期)已有"庠"这样的教育机构。如《礼记·王制》中记载:"有虞氏养国老于上庠,养庶老于下庠。"《说文解字》解"庠":"从广羊音","广"即房舍,"羊"即家畜中的羊。"庠"既是氏族公社储备粮食的地方,又是饲养家畜的地方,并由老人看管负责,附带教育儿童和青年的任务。因此,"庠"担负两个方面的功能:养老和教育。从某种程度上说,"庠"是中国古代学校教育的萌芽,但由于它还不是专门的教育机构,所以在"庠"中开展的活动,还不能称之为严格意义上的学校教育。

依据《孟子·滕文公上》中记载:"夏曰校,殷曰序,周曰庠,学则三代共之",有人认为在夏朝时,我们国家已有了学校,但是没有确切的考古实物来证实,所以这一时期出现的"庠""序""校"等,不是专门的教育机构,它们更多的是为了满足军事的需要而设置的,兼有教育的任务,所以也不能称之为学校。因此,夏朝仍然处在学校教育萌芽的孕育期。

从考古证实来看,有明确学校教育活动,并有明确的学校教育记载的是商代。如《孟子·滕文公上》记载"殷曰序",《礼记·王制》记载:"殷人养国老于右学,养庶老于左学。"

商朝已经有“序”“庠”“学”和“瞽宗”四种学校。“庠”和“序”是培养军事人才的学校；“瞽宗”则属于大学。从商朝遗址中出土的大量的甲骨和青铜器卜辞，对商朝的学校做了比较详细的描述，进一步证实了商朝已经出现学校教育。

西周是中国奴隶社会的鼎盛时期，也是中国古代学校教育发展的鼎盛时期。《礼记·学记》记载：“古之教者，家有塾，党有庠，术有序，国有学。”描述了西周的教育机构。西周的学校分为国学和乡学。国学又分为小学和大学，因地方行政组织的不同，乡学则有“庠”“序”“校”等教育机构之分。

公元前8世纪，古希腊进入奴隶制社会，出现城邦制国家，文化随之发展起来，形成了斯巴达和雅典两种不同的风格①。由于实际需要，斯巴达的学校教育并不完全；雅典学校教育较为完全，注重人的身心和谐发展。约在公元前7世纪，军事教育为了适应民主生活需要而转化为最早的体育馆和体操学校，教授体育竞技；还有一类音乐学校；大约在公元前5世纪初，又产生了文字学校。到了希腊化时期，希腊教育形成家庭教育、文字学校、文法学校、高等教育(士官团)这样完整的系列。古代罗马的学校体制则沿袭了古希腊的传统。在古埃及在进入奴隶社会以后，也出现了最早的学校。

从对幼发拉底河岸公元前3500年的马里城进行考古时，考古学家发现了两间类似校舍的房子②，认为这是最早的学校教育遗址。但是美国学者克雷默对此提出了质疑，通过从发掘出来的成千上万的泥板所提供的信息来看，苏美尔学校已经有了自己的教育目的和培养目标、自己的学生和教师以及自己的课程和教学方法等，具备了学校教育的要素。因此，他认为世界上最早的学校是产生于公元前2500年的苏美尔学校③。

(二)学校教育的发展

人类社会进入封建社会以后，教育在其形态上，逐步走向形式化、制度化，但同时也存在着非形式化、非制度化的教育。

在中国，从秦统一六国到鸦片战争爆发，这段时期是中国古代学校教育不断发展、成熟和完备的时期。

从办学主体来看，中国古代学校教育分为官学和私学。官学由历代封建官府所办，分为中央官学和地方官学。中央官学又分为经学教育和专门教育。前者是培养国家官吏阶层的主要渠道，后者承担着中国古代科技教育的任务。地方官学以实施民众教化为首要任务，而不是以普及知识为目的。官学与封建统治紧密地联系在一起，深受统治者意志的左右和政治形势变化的影响，时常处于兴废无常的状态，同时由于学校的官办以及与仕途的联系，也常使教师与学生缺乏进取心。

私学兴起于春秋时期，在秦代遭到短期的禁止后，在两汉时期又获得发展。私学多为小学，到了唐宋时期，较低层次的私学就演变成了私塾和书馆，承担了基础教育的职能，较高层次的私学发展成为书院，更多地承担了发展学术的职责。

---

①孙培青，任钟印. 中外教育比较史纲：古代卷[M]. 济南：山东教育出版社，1997：148-150.

②孙培青，任钟印. 中外教育比较史纲：古代卷[M]. 济南：山东教育出版社，1997：14-15.

③克雷默. 最早的学校[M]//瞿葆奎，沈剑平. 教育学文集：教育与教育学. 北京：人民教育出版社，1993：256-262.

在西方,从西罗马帝国灭亡到17世纪英国资产阶级革命爆发的1 000多年里,是西方古代学校教育发展、成熟和完备的时期。按照所属社会实体来看,西方古代学校分为基督教学校、城市学校和人文主义学校三大类[①]。

基督教教育经过早期的发展,在4世纪形成隐修院制度,10世纪隐修院又分为培养神职人员和世俗人员的内外两校,其课程为"七艺"。基督教教育的最大的贡献就是在16世纪的宗教改革中,提出普及义务教育计划并实施该计划,从而深化出近代意义上的小学。

城市学校分为拉丁文法学校、读写学校和女子学校。在学校教育发展中有两大贡献:一是开创了世俗学校的发展道路,城市学校是在与基督教教会当局斗争的过程中,伴随着城市的出现以及由此而来的市民阶层,为市民服务而产生的;二是产生了大学的雏形。由于城市学校受到城市工商业和行业基尔特发展的影响,为了维护自身利益,有着共同兴趣和问题的学者与学生们就组成行会和集团,也就产生了早期的大学。同时大学还建有学位制度,通过考试确定候选人资格,形成"学士—硕士—博士"学位,作为大学教育某一阶段正式完成的标志[②]。西欧最早的大学都是由此演变而来的。

人文主义学校。14—16世纪的文艺复兴运动,推进了学校教育变革,随之建立的人文主义学校,推动中等教育的形成与发展。如意大利的宫廷学校,德国的王子学校,英国的公学等。随着宗教改革的发展和其后的国家学校教育体系的建立,人文主义学校逐渐地归中央政府控制,由于人文主义学校始终是中等学校的主要类型,所以成为后世普通中学的雏形。

(三)学校教育产生的条件

1.学校教育产生的前提条件

在氏族公社末期,随着生产力水平的提升,生产效率的提高,开始出现剩余产品,人类社会出现了农业与手工业的分工,使得一部分人能够从体力劳动中脱离出来。随着脑力劳动和体力劳动的分离,而且逐步趋向于专门化。传授"专门职业的技术、技巧和秘诀"的"智者"则是最早脱离体力劳动的知识分子。从某种意义上来说,他们是最早的教师。剩余产品和社会劳动分工的出现,为专门从事教育活动的人的出现提供了可能,是学校教育出现的前提条件。

2.学校教育产生的必要条件

学校教育需要一定的内容与手段。在人类教育发展的最初历史阶段,语言作为一种有效的教育手段被广泛地使用,主要体现为口耳相传式教育方式的长期存在。但是语言本身的局限性,使得有关的生产和生活的知识和经验既不能广泛地传播,也不能有效地传递和积累。人们就迫切地需要改进语言这一工具,寻求一定的载体——文字。

文字是社会发展到一定历史阶段的产物。它是一种记录知识和经验,以及传递知识

①孙培青,任钟印.中外教育比较史纲:古代卷[M].济南:山东教育出版社,1997:157.

②克雷默.最早的学校[M]//瞿葆奎,沈剑平.教育学文集:教育与教育学.北京:人民教育出版社,1993:256-262.

和经验的工具。作为学校教育的手段,文字较之口头语言,更加有利于知识的记录和积累,而当人类的文化知识积累到一定的程度以后,它必然要求专门的机构来从事文化知识的整理、传递和传播工作。同时,文字的出现又突破了时间和空间上的限制,使得知识和经验在更大的范围内交流和传播。但是文字的掌握却不是很容易的事情,需要进行文字教学,需要有掌握文字从事教育活动的专门人员和专门的场所。因此,文字的出现既是学校教育产生的必要条件,又促进了学校的产生。

3. 学校教育产生的国家需求

原始社会末期,随着剩余产品的出现,私有制萌芽产生,出现了贫富差距和阶级分化,进入奴隶社会以后,阶级之间的对立更加明确,国家随之产生。为了维护统治阶级的利益和特权,需要专门的机构来培养官吏和知识分子来为统治阶级服务。最初的特权阶层就成为了统治阶级,这时候他们对于教育的垄断就体现为对于文字的垄断,为了培养自己的继承人和强化对被统治阶级的思想控制,学校教育应运而生。

(四)学校教育的特征

从社会历史发展阶段,以及学校教育在不同历史时期作用来看,在不同的历史时期,学校教育有着不同的特征。

1. 古代社会的学校教育及其特征

在古代社会中,世界上的教育活动在形式和内容上存在很多差异,但是仍然有许多共同的特征。古代学校教育职能较为简单,教育组织形式采取了个别化的形式,又因古代教育不甚发达,所以,古代学校类型单一,学校之间并没有明确的分工,没有相互的隶属和衔接关系,它们之间是相互独立的,呈现出一种分散、零散的状态,教育系统的不完整性,或者说学校教育不成体系。如中国的私塾及欧洲中世纪的学校。在某种程度上说,古代学校教育处于形式化教育向制度化教育的过渡阶段。所以,古代学校教育既具有形式化教育特征,同时又带有明显的、不同于制度化的时代特征。主要表现为以下几个特征:

其一,同一教师对于年龄悬殊、文化程度参差不齐的学生分别授课。即使对于年龄、程度相近的学生也是如此。

其二,教育的内容虽大体相同(习俗使然),但各个学生学习进度不同,所以聚在一起的学生分别学习不同的课业。

其三,无固定修业期限。①

除以上几种特征之外,还具有鲜明的阶级性,古代学校教育是统治阶级享有学校教育特权,被统治阶级没有权利享受学校教育;内容的道统性,学校教育的内容主要是统治阶级的政治思想和伦理观念;学校教育方式专制性,学校教育强调管制和灌输,方法刻板,机械模仿,死记硬背等;教育的象征性功能占主导地位。即接受什么样的教育标志着一个人的社会地位,受教育的目的主要不是为了获得实用的知识,而是受教育本身。经典、教义的教育处于社会较高的地位,习得实用知识的教育处于社会较低的地位;宗教性,即在整

①陈桂生. 教育原理[M]. 上海:华东师范大学出版社,1993:48.

个教学过程中都特别重视和加强宗教神学精神和巫术思想的灌输。

总体上看，“古代学校只有等级性和阶级性，没有生产性和科学性，只培养少量的剥削统治人才，不培养广大的生产劳动者”①。最大优点就在于办学形式灵活，采取个别化教学，具有“因材施教”的特点。但是由于同一位教师分别以不同的教学内容、按不同的教学进度对众多学生进行授课，需要花大量的时间开展工作，一般只能进行简单的机械灌输，不利于教育对象的扩大。

2. 近代社会的学校教育及其特征

近代学校教育是资本主义形成与发展的结果。伴随 17 世纪中期到 18 世纪末的资产阶级革命，资本主义国家建立。社会的政治、经济、文化和科学等方面发生了巨大变革，而这些变革又直接或间接地引起各国在教育制度、学校体制、教学内容和教育、教学方法上的变革。“特别是公共教育制度形成以后，学校急剧发展，数量增多，学校目的任务各异，遂形成分工，就有不同性质、不同类别的学校组合成为学校系统，共同完成社会对学校的要求。此时，就有教育系统的发生。”②近代学校教育主要特征：

（1）学校教育系统的体系化逐步完备

学校教育系统的体系化是近代学校教育发展的重要特征，学校教育系统的发生包括各级教育系统的发生和各类教育系统的发生。近代世界各国的各级学校是沿着两条相反的路线发展的。“一是从高级学校向低级学校下延而发生的系统；一是从低级学校向高级学校上升而发生的系统。前者称为‘下延型学校系统’，后者为‘上伸型学校系统’。这是就学校系统的发生而论的。非指单个学校的发生。”③

中世纪城市的发展，加上诸多社会因素的影响，促成了中世纪大学的产生。中世纪大学产生以后，其存在的客观需要连锁式地带动其他等级学校的发展，也开始学校系统的下延过程。首先是产生了作为大学预备科的古典文科中学（由前文提到的人文主义学校发展而来），同时为了适应教育的世俗化和平民化的要求，学校系统又下延到作为中学预备的小学。这就是“下延型学校系统”的形成过程。“上伸型学校系统”则是由下而上，先普及小学，而后出现中学，最后到大学。

在学校的层级系统中，还有一个层次，即承担学前教育任务的幼儿教育机构。早在 18 世纪末法国就出现了名为幼儿“编织学校”的机构，但是，它是一种慈善机构，与公共教育事业无关。直到 19 世纪，由于工业革命的推动才出现专门的幼儿教育机构。工业革命的到来使许多家庭的成员外出工作，这样，孩子就处于无人管理的状态，很多孩子死于各种各样的不幸事件。为改变这种状况，英国空想社会主义者欧文便创立了幼儿学校，招收工厂工人的子女。世界上最早的一所幼儿园是由德国人福禄贝尔于 1837 年在德国的勃兰根堡创立的，并于 1840 年正式命名为“幼儿园”。但是这个时期的幼儿园还不是公立学校教育系统中的一部分。直到 1873 年，美国的圣路易斯州首次把幼儿园的教育作为公立学校教育的一个组成部分。这样幼儿教育才成为美国教育制度中的第一阶段。在学校形式

①黄济，王策三. 现代教育论［M］. 3 版. 北京：人民教育出版社，2012：213.

②冯建军. 现代教育原理［M］. 南京：南京师范大学出版社，2001：241.

③陈桂生. 教育原理［M］. 上海：华东师范大学出版社，1993：67.

上，公立学校与幼儿园并存，世界各国纷纷效仿美国的"上伸型的学校系统"。

各类教育系统的发生是指各类学校的逐步分化，即学校与学校之间的明确分工的出现，也就是教育在类别上更加多样化，在其横向上更加注意联系，从而使近代学制更为丰富、清晰和系统。

从教育系统的类别形成而言，西方中等教育的分化最具代表性，其发展的基本过程：先出现由文艺复兴时期兴起的人文主义学校和城市学校中的拉丁文法学校演变而来的古典文科中学，承担着普通教育的任务，后出现讲授实科知识的实科中学，大抵也属于普通教育，到了后期，又经历了从普通教育到职业教育的发展。

16 世纪中期，德国教育家梅兰克吞和斯图谟分别创立拉丁中学和文法中学，以讲授古典课程为主，是较早的文科中学。18 世纪末，文科中学发展到了鼎盛时期。但是文科中学中的浓厚的古典色彩以及它的贵族化性质，已经不再能够适应和满足当时社会工商业的发展对于教育的需要和要求。这样，在社会发展的推动下，就出现了一种既具有普通教育的性质，又具有职业教育性质的中等学校，即实科中学。1708 年，德国人席姆勒在哈勒创立了世界上第一所实科中学，此后，德国的许多城镇也随之成立许多类似的学校。而英法等国家则到了 19 世纪初期才开始建立实科学校。

实科中学的出现，以及学校课程设置中对于自然科学、社会科学和现代语的加强，深刻地改变了学校的社会职能，密切了教育与生活的联系。而各种职业学校的产生和发展，则改变了传统学校类型单一的局面，提高了学校在急剧变化的社会中的适应能力。在职业教育产生以前，进行职业技能训练的重要形式是学徒制，这种培养方式在欧洲的中世纪末期十分盛行[①]。1747 年，德国人赫克在柏林创立了一所"经济学、数学实科学校"，开创了行会之外由学校进行中等职业技术教育的先河。

1632 年，夸美纽斯出版《大教学论》，提出了"至于世上任何地方倘能设立一个学校之学校（School of Schools）或教学法学院（Didactic College），那种好处是无待指陈的"[②]。同时，他还提出班级授课制，并逐步代替了个别化的教学组织形式，促进人类社会的教育进入制度化发展阶段。1684 年，法国"基督教学校兄弟会"开办了训练初等学校教师的讲习所，后来这种教师讲习所还附设了专门供学生实习的"练习学校"，它是欧洲最早出现的师范教育设施。18 世纪初期，德国人弗兰克在哈勒创立了德国第一所师范学校，为初等学校培养教师。到了 19 世纪初期，在洪堡的推动下，德国建立许多中等师范学校，建立了比较完备的小学师资的培养体系，成为各国效仿的典范。以后师范教育在各国普遍发展，师范教育成为学校教育系统中的一个重要组成部分。

在这一时期，各国普遍建立起从初等教育到中等教育，再到高等教育的学校教育体系。学校的类型除了原有的普通教育体系以外，又出现了学前教育、职业教育、师范教育等类型，并逐步完备。各级学校教育相互分工、相互衔接，形成由低级到高级金字塔形的教育级别结构，体系逐步完善。

---

①S. E. 佛罗斯特. 西方教育的历史和哲学基础[M]. 吴元训，张俊洪，宋富钢，等译. 北京：华夏出版社，1987：169-171.
②夸美纽斯. 大教学论[M]. 傅任敢，译. 北京：人民教育出版社，1979：240.

(2)学校教育的制度化逐步完善

到了19世纪下半期,人类教育在经历了第一次由非形式化教育向形式化教育的形态分化以后,又完成了它的第二次大的形态分化,即由非制度化的教育发展到制度化教育。

制度化教育是一般社会规则在教育领域中的具体体现。"制度化"应该是一个动态的发展过程。依据美国社会学家伯格的认识,这一过程是一个"习惯化—制度化—合法化—社会化"的过程。人类的行动都倾向于习惯化,而习惯化的定型化就会产生制度。客观制度的建立初期,为了能够存在下去,必须要求有一个合法化的过程与制度化的过程相伴,即借助于概念命题、知识体系和宗教信仰等手段对其进行意义的整合。在制度取得了合法化以后,就有了制度的社会化的要求,即使未来者也要服从制度。由此可见,制度化"一般意义上系指个人、社会团体的行为符合社会规范的程度及与之相适应的过程。作为制度化的过程,一般是指从不稳定、不严谨、非结构的形式发展为稳定的、有序的有结构的形式的过程,也就是从不明确的结构到明确的结构,从非正式的控制到正式的控制的过程"①。

随着教育系统的不断组织化,体系不断完备,各级各类学校的关系及教育系统内部的各种活动在各种既定的规章制度下运行,学校教育活动日益呈现制度化,从而被称之为"制度化学校教育"。所以"制度化学校教育"是学校教育制度化的结果。

信息窗3-1

在制度化教育的视野中,教育就等同于或"窄化为"学校教育。具体而言,这时的学校就处于下面的状况:

(1)它是一种全日制的学习机构;

(2)对入学与毕业有一定的年龄规定;

(3)教学模式是教师"面对"学生的讲授式;

(4)课程是分年级的;

(5)基层单位的大小,也即学校校舍或楼群已随学区的城市化和一体化而不断扩大;

(6)由于更多的儿童延长了修业的年限,因此体系的规模已有了扩大;

(7)学校的教学目标已从传授认知技能和能力这种单一的目标扩大为构成社会教育的多种目标;

(8)这种发展要求各方面更好协调,而这种协调已经通过建立各种专门的服务设施使行政管理机构有了扩大;

(9)管理倾向于日益严密,而教学工作在更加中央集权化的规定下变得更为统一。

[资料来源]马健生.现代教育制度与思想.[M].北京:高等教育出版社,2005:60-61.

①陈桂生.教育原理[M].上海:华东师范大学出版社,1993:74.

(3)学校教育的国家化和世俗化

在资本主义制度确立以前的欧洲封建社会,整个教育的领导权掌握在教会的手中,学校教育是贵族和僧侣的一种特权,教会掌管学校教育领导权,国家并不管理学校教育。资产阶级革命胜利后,资产阶级国家逐步掌管与负责学校教育。如1833年,英国的国会就通过了教育补助金法案,决定每年从国库中拨款20 000英镑作为对初等学校的建筑补助金,这是英国学校教育国家化的发展转折点,是国家直接管理学校教育的开始。1899年,英国又建立由议会直属的"教育署",把对初等教育和中等教育的领导权集中起来,从而初步完成英国教育领导体制的国家化。

由于世界各国学校教育逐步由国家直接掌管学校教育,从而使得教育由原来的宗教化向国家化、世俗化过渡,学校教育开始脱离对于宗教的依附,摆脱了政教合一的局面,并融入整个社会生活之中,为现代教育的发展奠定了一个坚实的基础。

(4)废除封建教育的等级制,推行普及初等教育

为了资本主义经济社会发展的需要,提高生产效率,获得更多的剩余价值,必须在广大的工人阶级中普及初等教育,同时,广大工人阶级也在不断地争取民主、争取受教育的权利。普及初等教育在资本主义社会中得以逐步推行,促进了近代国民教育体制的形成。

世界上最早颁布义务教育法令的是德国。早在16世纪的后半期,德国的少数公国就颁布了强迫教育法令,如威登堡和萨克森。从17世纪开始,魏玛、法兰克福、威登堡又颁布新的法令,对儿童实施普及教育。到了18世纪,普鲁士邦则于1717年和1763年先后两次颁布实施强迫教育的法令,规定5至12岁的儿童必须到学校接受教育,否则对家长处以罚金。英国在1870年颁布"初等教育法",法国1882年颁布"义务教育法",日本于1886年颁布"义务教育法"。继颁布法律以后,这些国家又采取了一系列的措施来提高初等教育的质量和入学率。初等教育的普及扩大了学校的教育面。

总之,从非形式化教育发展到形式化教育,又从非制度化教育发展到制度化教育,推动学校教育不断发展与完善。形式化和制度化教育有利于保存传统价值观念,在实现教育的规模、效益递增,约束各种利益冲突等几个方面起着重要的作用。但是,由于制度化教育强调既定规范和标准的服从,并依据这些规范和标准进行"科学管理",整齐划一,以及在制度框架下的封闭性,导致了学校教育系统内部普通教育与职业教育之间的封闭与等级区分,限制了人的自由发展和全面发展。

3. 现代社会的学校教育及其特征

伴随着人类社会现代化的进程,学校教育也获得快速发展。现代的学校教育是从古代、近代学校教育发展来的,与古代、近代教育有某些共同特征,如阶级性等。但现代学校教育是在现代社会条件下,为顺应时代发展的需要形成与发展的,具有区别于古代、近代学校教育的特征,"现代学校不但有阶级性,而且还有生产性和科学性"①。同时,由于现代社会有社会主义和资本主义差别,因而也形成了两种不同性质的现代学校教育。现代学校教育是在商品经济占主导地位、现代科技高度发展、高度的社会化大生产条件下产生发

①黄济,王策三.现代教育论[M].2版.北京:人民教育出版社,2004:198.

展起来的。具有以下一些基本特征。

其一,商品性。现代学校教育是在商品经济发展并日益普遍化的条件下产生、发展起来的,与商品经济有一定联系。学校教育为了适应商品经济或市场经济的需要,在招生规模、专业设置、内容结构、人才培养等方面进行规划,统筹普通教育、职业教育、成人教育等,促进学校教育体系和结构完善,以适应经济社会发展,导致学校教育具有一定的商品性。但学校教育不能商品化,学校教育本身不是商品。

其二,生产性。现代生产建立在现代科学技术基础上,要使科学技术转化为现实生产力,必须通过现代学校教育这一主要渠道。现代生产和现代科技都要求学校教育与生产劳动相结合,在高校则要求教学、科研、生产一体化。

其三,科学性。现代科学技术向社会有机体全面渗透,不仅生产劳动科学化,日常生活也日益科学化,因而学校教育内容以科学技术教育为最主要方面,重视 STS 教育,即科学、技术、社会三位一体,研究其相互关系,并引入学校教育。

其四,民主性。接受学校教育和参与学校教育被看作现代公民的权利和义务。教育的普及性、群众性,成人教育的迅速发展,传统教育向终身教育的发展以及教育过程中师生间的民主、平等关系等,都体现了民主性。当然这些并不否定现代学校教育仍有阶级性。

其五,发展性。现代学校教育更重智力发展,重视人的各方面的潜能,包括右脑潜能的开发,重视人的个性发展。

其六,整体性。现代学校教育体系完备,有利于人的终身都有机会接受学校教育。如我国现行教育体系由相互联系的四大部分(四大板块)——基础教育、职业技术教育、高等教育和成人教育构成了一个整体。基础教育是为整个教育体系奠定基础的,它是提高民族素质的基础工程;职业技术教育是在普通教育的基础上以就业、转业或提高个体所从事职业工作质量和效率为目的而实施的一种专门教育,是现代教育的重要组成部分;高等教育是以培养高级专门人才为目标的高等专业教育,具有高等性、专业性。成人教育是现代社会中具有各种不同文化程度和具有各种文化要求的成人所进行的多种类型、内容的教育,其对象是成人,具有成人性、针对性、实践性、实用性、群众性、社会性、多样性;是从传统学校教育向终身教育发展的一种新型教育制度,对提高全民族素质,促进经济和社会发展具有重要作用。四个组成部分相互联系,构成完备的学校教育体系,有利于人终身接受教育。

现代学校教育在现代社会发展的过程中发挥巨大的社会功能和育人功能,然而,在推进社会现代化的进程中,也出现了一些问题。如在培养人的过程中,常常会出现偏离了教育的核心目标,导致人的片面发展;现代学校教育受社会工业化制度影响,形成了类似工业化的管理模式,工业化时代的价值观念和思维方式决定了现代的学校制度和人才培养模式;现代学校教育被深深地烙上了工业化的印记;学校教育用这种工业化生产的方式,大规模、大批量地生产制造产品——学生。可以说,现代学校教育已经偏离了它的核心目标,工业化的思维方式导致现行学校教育漠视、忽视或者无视性别差异的存在等,不利于学生全面发展。

4. 当代社会的学校教育及其特征

当代社会不仅是时间上的流畅、绵延,更是一个蕴涵着丰厚内容、存在着深刻变革的时代,无论是政治、经济、文化,还是人们的思想观念都发生着翻天覆地的变化。而当代社会的学校教育思想也绝不仅仅是时间上的界定划分,更在于它与当代社会相契合,与时代精神相呼应。当代学校教育表现出一系列鲜明的特征。

(1)以人为本,具有鲜明的人性化特征

当代学校教育注重以人为本,具有鲜明的人性化特征。在学校教育的过程中,重视学习者内在的精神的架构,关注理想人格的塑造与提升。"教育活动关注的是,人的潜力如何最大限度地调动起来并加以实现,以及人的内部灵性与可能性如何充分生成,质言之,教育是人的灵魂的教育,而非理智知识和认识的堆积。"①学校教育的本质是以人为本,培养身心和谐发展的人。注重人的情感教育,学校教育必须充满人性、人情和人道的教育,倡导建立一种和谐、融洽、平等的师生关系,才有利于促进人的身心和谐发展。

(2)以生命为本,关注学生独特的生命

注重培养和唤醒生命意识,关照独特的生命主体,学校教育活动以认识生命、敬畏生命、尊重生命、热爱生命,进而提升生命的理念为指导,将生命注入教育。它追求的是教育的生命真义,营造的是生命化的课堂,倡导的是发展性评价。学校教育注重为学生的发展提供机会。

(3)以人格为先,注重品行教育

注重品德教育,引导学生树立正确的世界观、人生观、价值观;注重理想信念教育,注重民族精神和时代精神教育,以增强学生爱国情感和创新精神;注重公民意识教育,树立民主法治、自由平等、公平正义理念,培养学生团结互助、诚实守信、遵纪守法、艰苦奋斗的良好品质,培养社会合格公民。构建大、中、小学有效衔接的德育体系,创新德育形式,丰富德育内容,注重将德育渗透于教育、教学的各个环节,贯穿于学校教育、家庭教育和社会教育的各方面。

(4)注重创新能力和创新精神的培养

人是创造性的存在物,创造性是人性的基本方面。在培养学生的过程中,要把创造性、创新性的培养与生成作为主导性的价值取向。各级各类学校教育注重优化知识结构,丰富社会实践,以提高学生的学习能力、实践能力、创新能力,教育学生学会知识技能,学会动手动脑,学会生存生活,学会做事做人,促进学生主动适应社会,开创美好未来。

(5)注重全面发展,体现整体性教育

人是完整的、立体的,然而在神性和科技理性的无形宰割、肢解之下,人成了单子式的、平面的。人变得支离而破碎,人的自然性受到排挤,人的精神性被忽略。当代教育思想则使人得以复归,主张教育要培养完整的人,全面发展的人。倡导的是人与社会整合的一种教育价值观:人文教育与科学教育的统一与整合,自由与责任、才性与德性的统一整合。在学校教育活动中,要全面加强和改进德育、智育、体育、美育。坚持文化知识学习和

①雅斯贝尔斯. 什么是教育[M]. 邹进,译. 北京:生活·读书·新知三联书店,1991:4.

思想品德修养的统一、理论学习与社会实践的统一、全面发展与个性发展的统一。加强体育,保证体育课和体育锻炼时间,加强心理健康教育,促进学生身心健康、体魄强健、意志坚强;加强美育,培养学生良好的审美情趣和人文素养。重视可持续发展教育、国防教育、安全教育。促进德育、智育、体育、美育有机融合,提高学生综合素质,促进学生全面发展。

(6)学校教育的终身化、普及化和民主化

终身教育是适应科学知识的加速增长和人的持续发展的要求,而逐渐形成的一种教育思想和学校教育制度,它的本质在于:现代人的一生应该是终身学习、终身发展的一生。因此,必须构建终身教育体系。普及学校教育是指学校教育必须面向所有的人,即人人都有接受学校教育的权利,且必须接受一定程度的教育。一方面,学校教育民主化追求让所有人都受到同样的学校教育,包括教育起点的机会均等,学校教育过程中享受学校教育资源的机会均等,甚至包括学校教育结果的均等,这就意味着对处于社会不利地位的学生予以特别照顾;另一方面,学校教育民主化追求学校教育的自由化,包括学校教育自主权的扩大,根据社会要求设置课程、编写教材的灵活性,价值观念的多样性等。

(7)学校教育的多元化,学校教育技术的现代化

学校教育的多元化是世界物质生活和精神生活多元化在教育上的反映。具体表现为学校培养目标的多元化、办学形式的多元化、管理模式的多元化、教学内容的多元化、评价标准的多元化等。学校教育技术的现代化是指现代科学技术(包括工艺、设备、程序、手段等)在教育上的运用,并由此引起教育思想、教育观念的变化。

总之,随着人类的进步与发展,对学校教育的认识逐步深化,推动学校教育的改革与发展,向着本真的学校教育迈进,逐步走向完善、科学与合理,以实现学校教育的应然与理想的目标。

二、中外教育思想举要

(一)孔子的教育思想

孔子(公元前551—公元前479),名丘,字仲尼,鲁国陬邑人(今山东曲阜人)。孔子三岁丧父,十七岁丧母,有一兄孔孟皮。孔子早年生活贫困,他自己说:“吾少也贱,故多能鄙事。”司马迁也说:“孔子贫且贱。”十九岁时,孔子娶亓官氏,第二年,生下一子孔鲤。二十岁以后,孔子做过“委吏”和“乘田”等小官。三十岁后,孔子学有所成,并从此创办儒家私学,开始了他的教育生涯,他自己也说“三十而立”,一生从未间断,任教四十余年。在此期间,孔子还当过鲁国的中都宰(鲁国都城曲阜的行政长官),接着又迁升为司空(主管建筑),后来还当了鲁国的大司寇(主管司法)。由于鲁国国君鲁定公中了齐国的美人计,怠于政事,孔子便不得不离开父母之国,而周游列国。

孔子周游列国,栖栖皇皇奔走了十四年,却没有找到一个能施展其抱负和才能的机会,终于在他68岁那年(公元前484年)返回了鲁国。“然鲁终不能用孔子,孔子亦不求

仕。”从此，孔子便专心致志从事整理和传授古籍的文化教育工作。就这样，孔子一边著述，即删定《诗》《书》《礼》《乐》《易》《春秋》；一边授徒讲学，其弟子达三千余人，身通六艺者七十二人。公元前479年夏历二月十八日，孔子卒，葬于鲁城北泗上。弟子皆服心丧三年而去。唯子贡庐于冢上六年乃去。后来，“弟子及鲁人往从冢而家者百有余室，因命曰孔里”。现在的孔里有“三孔”，即孔府、孔庙、孔林，现已成为世界上最大的私人陵园。

孔子生活在春秋末期社会大变动的时代，虽有积极从政的愿望，但终不得志。然而他的思想学说对中国社会的发展产生过重大影响，在中国的历史上占有极其重要的地位，尤其在中国教育史上占有更为重要的地位。总之，他对中国文化教育方面的主要贡献可以概括为两点：第一，删定《诗》《书》《礼》《乐》《易》《春秋》等六经，整理和保存了我国古代文化典籍；第二，开创私学，积累并总结了丰富的教育经验，成为我国古代教育思想的奠基人。

孔子的教育思想，主要记录在《论语》中。《论语》是儒家的主要经典之一，是我们研究孔子教育活动和教育思想最可靠、最基本的资料。孔子的教育思想十分丰富，可谓博大精深，既涉及许多教育基本理论问题，又包括许多教育、教学的实际经验。批判地继承这份遗产，对今天的教育理论研究和教育实际工作，都有重要的参考价值。

1. 关于教育作用

(1)重视教育的社会作用

“子适卫，冉有仆。子曰：‘庶矣哉！’冉有曰：‘既庶矣，又何加焉？’曰：‘富之。’曰：‘既富矣，又何加焉？’曰：‘教之。’”孔子认为治理国家，教育工作比国家的政令、法律更为重要和有效。他说：“道之以政，齐之以刑，民免而无耻；道之以德，齐之以礼，有耻且格。”孔子把“足食、足兵、民信”作为立国的基本要素，甚至认为在不得已时，宁可“去食去兵”，也不能失掉“民信”。其理由是：“自古皆有死，民无信不立。”这夸大了教育的作用。

(2)教育对人的发展有很大的作用

“性相近也，习相远也。”人的智、愚、强、弱，也主要靠教育和学习。“人一能之，已百之；人十能之，已千之。果能此道矣，虽愚必明，虽柔必强。”“生而知之者，上也；学而知之者，次也；困而学之，又其次也；困而不学，民斯为下矣。”孔子把人分为四等，承认人有“生而知之者”，这是不正确的，反映了他认识的局限性。但总体来说，他还是强调学习的重要性，鼓励人们奋发学习，强调教育的巨大作用。他自己就说：“我非生而知之者，好古敏以求之者也。”孔子认为后天的学重于先天的禀赋。另外，“上智”(生而知之)的人是孔子理想中的人物，“下愚”是没有学习的人物，他强调的是“学而知之”。

2. 关于教育对象

孔子明确主张“有教无类”。“自行束脩以上者，吾未尝无诲焉。”理解“有教无类”的关键在于“类”字，对此，汉代马融和梁代皇侃均做了注解。马融注说：“言人所在见教，无有种类。”皇侃疏曰：“人乃有贵贱，同宜资教，不可以其种类庶鄙，而不教之也，教之则善、本无类也。”这里“类”是指种类，而种类就是族类，在氏族奴隶制的古代，不分族类就是不分庶鄙、不分贵贱，实际上孔子的学生，有许多出身贫贱，如过着箪食瓢饮生活的颜渊，十年不制衣的曾参，学稼为圃的樊迟，被称为“贱人”之子的仲弓，商人出身的子贡，贵族出身的司马牛、南宫敬叔，等等。

当时有一个名叫南郭惠子的人问子贡："夫子之门何其杂也？"子贡问答说："君子正身以俟，欲来者不拒，欲去者不止，且夫良医之门多病人，……是以杂也"。孔子秉持"有教无类"的教学主张，不分贵族与平民，不分华夏与狄夷，皆将其作为教育对象，这也充分显示了孔子作为一名教育家的极大的勇气和魄力。当然，这种"有教无类"只是把教育的对象从贵族扩大到一般平民，并非面向所有的人，更不能等同于教育普及。但是，"有教无类"扩大了教育对象的范围和社会基础，打破了西周以前"学在官府"、有教有类的局面，这对于中国私学的勃兴和"士"阶层的形成具有直接的影响，在中国教育史上具有划时代的意义。

3. **关于教育目的——士、君子、成人**

孔子从"为政在人"的政治主张出发，一方面提倡"礼贤下士""举贤才"，重用已有的贤能之士；另一方面则致力于通过教育来培养君子贤人。

孔子针对当时的现实矛盾提出了"学而优则仕"，意即学习优秀者应该出仕，这样才能把国家治理好。主张"任人唯贤"，这是对奴隶制的"任人唯亲"的世袭制的有力冲击。当然，学而优则仕在封建社会则演变为读书做官了。这是不可取的。同时，孔子主张"故旧不遗"，在教育目的上，反映了孔子思想的两重性。

4. **关于教学**

(1)教学内容

孔子从培养弘道扬道、治国安民的士君子的教育目的出发，提出了比较完整的教育内容。根据《论语》记载，人们将其概括为：①文、行、忠、信四教；②礼、乐、射、御、书、数六艺之教；③诗、书、礼、乐、易、春秋六经之教。综合来看，可认为，孔子的教学内容包括政治思想，伦理道德教育，历史、文化知识教育和基本技能教育四个方面。在整个教学内容中，孔子特别重视政治思想和道德教育，始终把它置于首位，作为中心。他强调"志于道，据于德，依于仁""立于礼""行有余力则以学文"。尤其可贵的是，在孔子的教学内容中，排除了天命鬼神等迷信的内容。（"未能事人，焉能事鬼。"）总之，孔子的教学内容已相当全面、完整，奠定了后世教学内容的基础。

(2)教学原则

孔子在长期教学实践中，积累了非常丰富的教学经验，概括出许多反映教学规律的教学原则，在今天仍有指导教学的价值。

因材施教原则。这是孔子教学上最常用的一个重要原则，也是他教学获得成功的最重要的因素。其基本含义，就是根据学生的资质、性格、才能、特长、志趣、程度等特点，有针对性地进行教学。虽然孔子并未概括出"因材施教"四字，这是由"二程"从孔子的实践活动中概括出来的，曰："孔子教人，各因其材，有以文学入者，有以政事入者……"但是从孔子一生的教育实践看，他确实是世界上最早、也是最完整、最深入地把因材施教方法运用于教学过程的教育家。孔子的主要做法有：第一，深入了解学生，掌握他们的特点；第二，针对学生的特点，采取因人而异的教学方法；第三，引导学生发挥特长，扬长长善；纠正学生的偏短，解偏救弊。

启发诱导原则。这是孔子教学的最重要的一条原则。他把启发式教学表述为:“不愤不启,不悱不发。举一隅不以三隅反,则不复也。”它包括两层含义:一是实行启发式教学必须把握学者“愤”“悱”的时机,适时地进行启发、诱导,调动学生思维的主动性、积极性、自觉求知;二是实行启发式教学的目的在于培养学生举一反三的推理能力,做到触类旁通。其核心是最大限度地激发学生的积极性,让学生主动地学习,发展学生的思维能力。孔子使用启发式教学的主要方法:第一,掌握学生“愤”“悱”的心理状态,“当其时”而教;第二,教学内容要难易适度,循序渐进,“当其可”而授;第三,充分利用学生已有的知识,由已知到未知,由温故而知新;第四,善于运用“罕譬而喻”“切问近思”“叩其两端”等方法,启发学生思考,激发学习兴趣,培养思维能力;最后,教师要“循循善诱”,使学生始终处于欲罢不能、欲进不已的状态,这是启发式教学的本质特点。

学思结合原则。这是孔子教学中解决学与思、知与智矛盾的一条重要原则。他既重学,又重思,强调学思结合,知智统一。“学而不思则罔,思而不学则殆”深刻说明学与思的辩证关系。学是思的基础,为思提供感性知识;思是学的深化,使感性知识上升为理性知识。在贯彻学思结合原则中孔子特别强调以下几点:第一,要博学好问,善于存疑问难,反对“饱食终日”的思想懒汉;第二,学习过程中要努力做到“四绝”:“毋意、毋必、毋固、毋我”;第三,善于运用提问法、谈话法、讨论法等进行启发式教学;第四,由博返约,以约驭博,做到博约结合。

知行统一原则。这既是孔子教学的重要原则,也是道德教育的一条重要原则,它解决知识与运用、理论与实践的矛盾。孔子既重知,又重行,强调学行结合,知行统一。它包括两层含义:一是将学得的知识通过练习达于熟练,转为技能的过程,故他强调“学而时习”;二是将学得的知识付诸于行,转化为行为的过程,故他强调“听其言而观其行”“行有余力,则以学文”。行是知的目的。

以上四项教学原则,反映了教学过程中几个基本规律,体现了学、思、行相统一的学习认识论原理。《中庸》将其概括为“博学之,审问之,慎思之,明辨之,笃行之”五个阶段,使其条理化、系统化、完整化。

5. 关于道德教育

道德教育是孔子教育思想的核心。他将其置于整个教育、教学工作的首位。因此,他高度重视对学生进行道德教育。

(1)关于道德教育的内容

孔子的道德教育内容可概括为:以“仁”为核心,以“孝悌”为基础,以“礼”为规范,以“忠恕”为一贯,以“中庸”为准绳,从而形成一个包括一切道德在内的道德教育体系。孔子的道德是政治化的道德,政治是道德化的政治,两者融为一体,因此,孔子的道德教育实质就是政治化的教育。通过这种教育,培养弘道扬道、治国安民的“君子”。

(2)关于道德教育的原则

孔子在长期教育实践中,摸索出不少道德教育的规律,积累了很多有价值的道德教育经验和原则。

其一,立志乐道。首先,孔子强调立志的重要性。他要求人们必须树立远大理想和宏伟目标,即所谓“志于道”,成为弘道扬道的仁人志士,为“道”奋斗终身。其次,强调正确处理远大理想与眼前利益的关系。孔子主张眼前利益必须服从远大理想,为了实现远大理想能够牺牲眼前利益。此即所谓义、利关系。他要求士君子必须做到“见得思义”“以义制利”“忧道不忧贫”。君子追求的是符合义的利,“不义而富且贵,于我如浮云”。最后,要坚持长期艰苦磨炼,持之以恒,要有百折不挠的精神和坚忍不拔的毅力。“岁寒然后知松柏之后凋也”,能经受任何困难考验的人,才能坚守志向,实现理想。

其二,克己内省。这是孔子强调的一种重要的道德修养原则。道德修养贵在自觉,道德教育贵在培养人的道德自觉性,一切道德行为都是成于内而形于外的自觉行动。因此,这是自我教育的重要方法。首先,他强调严以责己,宽以待人,即所谓“躬自厚而薄责于人”“反求诸己”“不尤人”;其次,要善于自我省察,做到“吾日三省吾身”;再次,自我克制,要克制一切私欲、贪念和非礼行为的产生,做到“非礼勿视、非礼勿听、非礼勿言、非礼勿动”。

其三,改过迁善。这是孔子强调的又一条重要的道德修养原则。道德教育和修养的过程,就是长善救失、扬是抑非的过程。孔子认为,社会没有完人,每个人都有优点和缺点、长处和短处,关键在于是否有正确的态度。因此,他要求:第一,有过必改,闻过则喜,“过则勿惮改”“不二过”“内自讼”,不文过饰非;第二,要“见贤思齐,见不贤而内自省”,虚心学习别人的长处,以别人的错误为戒。此外,要“乐多贤友”“以友辅仁”,要相互“忠告而善道之”。

其四,身体力行。这是道德教育最重要的原则。其含义包括知行统一和言行一致两方面。孔子特别注重道德行为的训练,把“行”作为道德教育的目的,以“行”作为衡量一个人道德品质的标准。孔子特别强调:第一,“慎言敏行”,不说假话、大话、空话,做到言必及义,言必中伦,言必见行;第二,“言必信,行必果”,一切言行都要结果和效果来检验。反对言而无信,行而未果。第三,从教者要“率身正行”,成为学生效法的典范。

6.关于教师

孔子作为一个私学大师,毕生致力于教育事业,是一位尽职且深受学生欢迎与爱戴的好教师,在许多方面确实具备了优秀教师的品质、修养与条件。从《论语》一书的记载来看,诸如热爱学生、忠于教职、学而不厌、诲人不倦、言传身教、以身作则、教学相长、后生可畏等等思想,均有值得我们借鉴之处。

首先,孔子热爱学生,忠于教职。他说:“爱之,能勿劳乎?忠焉,能勿诲乎?”意思是说爱学生,自己能不任劳任怨吗?忠于教育事业,自己能不谆谆教导吗?这种精神正是他作为一名优秀教师的优良品质的具体反映。他不仅是这么说的,也正是这么做的。他一生为了教育事业可谓鞠躬尽瘁,死而后已。这正是他热爱教育事业的真实写照。

其次,学而不厌,诲人不倦。在孔子看来,作为一名教师,必须有不断进取,认真负责的态度。具体地说就是学而不厌,诲人不倦,这里包括两个方面:一是对自己,为了教育好学生,应该不断学习,努力提高业务水平,活到老学到老。他自己也正是这样做的:“发愤忘食,乐以忘忧,不知老之将至。”二是对学生,既要不知疲倦地为他们工作,还要毫不保留地把自己的全部知识传授给学生。孔子无私无隐,他曾对学生说:“吾无隐乎尔,吾无行而不与二三子者,是丘也。”孔子的“学而不厌,诲人不倦”的工作态度,是中国教师的传统美德,值得我们大力发扬。

再次,言传身教,以身作则。孔子认为教师应该言行一致,成为学生的表率。为此他强调教师应严格要求自己,处处以身作则。他说:“其身正,不令而行;其身不正,虽令不从。”又说:“不能正其身,如正人何?”在这里,他看到了身教重于言教的道理。

最后,教学相长,后生可畏。孔子十分重视年轻一代的成长发展,并寄予后生很大的希望。他说:“后生可畏,焉知来者之不如今也?”在人类发展的进程中,后代与前代总有继承与发展的关系,但是,后代总是站在前代的肩上,比前人更高。孔子的“后生可畏”正是揭示了这一真理。孔子主张师生关系要有一个共同的基础,那就是在真理面前完全平等。他说:“当仁,不让于师。”他教导学生在“仁”面前不分师生,一律平等,学生不要因位卑或年龄小而谦让老师。同时他也反对学生对老师的盲目服从,不赞成“对吾言无所不悦”的态度。也正因为有了这种民主的风气、师生关系才得以融洽,老师也深受学生的尊敬。难怪孟子说:“以德服人者,中心悦而诚服也,如七十子之服孔子也。”

7. 孔子教育思想的历史影响

孔丘是我国古代杰出的思想家、教育家。他的思想学说对于我国封建社会文化、教育的发展产生过重大影响。自从汉武帝“罢黜百家,独尊儒术”之后,他的思想遂成为中国封建社会的精神支柱,文化教育上的统治思想,人们以孔子的是非为是非。无论是官学还是私学教育,都以儒家经典为主要内容,人们学儒崇儒,以儒为荣。孔子本人也受到历代帝王的推崇,在历史上曾有“圣人”“至圣先师”“万世师表”等称谓。

孔子的思想学说不仅对中国文化、教育的发展影响重大,而且对世界文化、思想的发展,产生过深刻的影响。早在十六世纪,基督教的传教士,曾将孔子的学说包括教育思想传入了欧洲,并引起了巨大的震动。如法国启蒙主义思想家,“百科全书派”的领袖伏尔泰,曾盛赞孔子为“真理的解释者”和道德的化身。他认为孔子只讲道德,而不传授任何神奇事物,从不声称神灵和先知,仅此一点就是无可比拟的伟大。从16世纪至今,世界上曾经几次掀起研究孔学的热潮,有些国家(如日本、新加坡、韩国等)还把孔子的伦理学说列入学校的教育内容,这都说明孔子思想影响的巨大深远。同时也说明深入研究孔子思想之重要。

(二)《学记》的教育思想

《学记》是《礼记》中的一篇,“名曰学记者,以其记学教之义”。一般认为《学记》的作者是思孟学派,据郭沫若的考证:《学记》的作者是孟轲的学生乐正克。成文大约在战国末期到秦汉之际,比夸美纽斯的《大教学论》早1 800多年。全文1 229字,篇幅虽短,但内容宏富,真可谓字字珠玑,句句闪光。它全面而系统地概括和总结了早期儒家教育教学的主要经验。它对中国古代的教育制度、教育目标、课程考查、教学原则与方法、教师素养等都有较为全面而精当的论述。因此,有人认为它是“教育学的雏形”。

1. 论教育的作用和目的

《学记》继承了先秦儒家的一贯思想,把教育作为施政治国的最有效手段,所以《学记》

开篇就明确提出了教育的作用是“化民成俗”“建国君民”。《学记》的作者认为:“王者”要治理好国家,巩固统治,只有通过教育才能取得人民的拥护。古代的帝王深谙此理,他们在建设国家,统治人民的过程中,始终高度重视教育,并使其优先发展,正所谓“建国君民,教学为先”。同样,教育对人的发展意义重大,即“玉不琢,不成器,人不学,不知道”。

《学记》的作者以托古改制的方式,用格言式的精美语言阐发了教育在移风易俗和建国君民中的作用,强调了教育为社会政治服务的目的,从而把教育与个人发展,教育与社会进步密切相连,尤其突出了教育的政治功能,形成了中国古代重教的特色。

2. 论教育制度与学校管理

(1)学校教育制度

《学记》以托古的方式拟出一个从中央到地方的学制系统,还拟定了一个九年制的大学教育计划(包括考试制度)。

《学记》关于学制系统:“古之教者,家有塾,党有庠,术有序,国有学。”古代学校教育制度是:每25家组成的闾(里)设立“塾”;每500家组成的党设立“庠”;每12 500家组成的遂(术)设立“序”;在天子的王城和诸侯的国都设立“学”(即大学)。按行政区划层层设立学校,建立学校教育网络,这是《学记》在教育制度的建设方面所做的设想。

《学记》提出了大学教育进程(包括课程考试)的基本构想:“比年入学,中年考校:一年视离经辨志;三年视敬业乐群;五年视博习亲师;七年视论学取友;谓之小成。九年知类通达,强立而不反,谓之大成。夫然后足以化民易俗,近者悦服而远者怀之。此大学之道也。”

《学记》提出了大学学习的年限,明确了隔年检查应完成的教学任务,强调对学生进行知识学业和道德行为两方面的考查,并重视学习能力的培养与考查。这标志着教学从随意的、松散的状态转为更有目的更有计划地进行了,体现了教学规律开始被掌握。

(2)学校管理措施

《学记》设计了行政领导与学校管理方面的一些具体措施。

《学记》首先特别重视大学的入学教育和对学生日常行为的管理。它说:“大学始教,皮弁祭菜,示敬道也。《宵雅》肄三,官其始也。入学鼓箧,孙其业也。夏楚二物,收其威也。未卜禘不视学,游其志也。时观而弗语,存其心也。幼者听而弗问,学不躐等也。此七者,教之大伦也。”

《学记》把入学教育作为大学教育的开始,要求在开学这一天,统治者必须率领文武百官亲临学宫,参加开学典礼,用新鲜的蔬菜、水果等祭祀先圣先师,以表示尊师重道之意。既重视对学生的目的教育,又强调学习的纪律;既关注学生的学习志趣,又遵循进行教学的基本规律。

3. 论教育教学原则

《学记》在综合先秦儒家长期教育、教学成功与失败的经验、教训的基础上,总结了一套行之有效的教育、教学原则和方法,这也是《学记》的精华所在。

(1)教学相长

《学记》云:“虽有嘉肴,弗食不知其旨也;虽有至道,弗学不知其善也。故学然后知不足，教然后知困。知不足，然后能自反也；知困，然后能自强也。故曰：教学相长也。"这段话概括了教师自我提高的规律，它说明了教师的"教"与"学"是相互推动、相得益彰的。后来，"教学相长"逐渐演化成教师的教与学生的学之间相互促进、相互助长，深刻揭示了教与学之间相互依存的辩证关系："学"因"教"而日进，"教"因"学"而益深。这是《学记》对教育理论的一大贡献。

(2)藏息相辅

《学记》认为正课学习与课外练习必须兼顾，相互补充。"大学之教也，时教必有正业，退息必有居学。""故君子之于学也，藏焉修焉，息焉游焉。夫然，故安其学而亲其师，乐其友而信其道，是以虽离师辅而不反也。"课外练习是正课学习的继续和补充，可以深化课内学习的内容，又可使学习有张有弛，让学生既感受到学习的乐趣，又感受到师生之间亦师亦友的挚爱情谊，最后达到虽离开师友而不违师道的目的。

(3)豫、时、孙、摩

这是《学记》总结了长期教育、教学中的经验、教训后概括出来的四条原则。"豫"是预防，"禁于未发之谓豫"，要在不良倾向尚未发作时就采取预防措施，否则，待到不良行为发生后再去纠正，则"扞格而不胜"，即遭遇抵触而难有成效。"时"是及时，"当其可之谓时"，要把握教育教学的最佳时机，适时进行。否则，"时过而后学，则勤苦而难成"。"孙"是指循序，"不陵节而施之谓孙"，教学要遵循一定的顺序进行，否则，"杂施而不孙"，学生将苦不堪言。"摩"指观摩，"相观而善之谓摩"，学习中要相互观摩，相互切磋，才能学有所成，否则，"独学而无友，则孤陋而寡闻"。

(4)启发诱导

《学记》云："君子之教，喻也：道而弗牵，强而弗抑，开而弗达。道而弗牵则和，强而弗抑则易，开而弗达则思。和、易、以思，可谓善喻矣。"就是说，教学的关键在于引导，而不是牵着学生鼻子走；要督促勉励，而不是强制逼迫；要打开学生思路，但又不提供现成答案，只有这样，才能调动学生学习和思考的积极性、主动性，使学生的思维能力得到锻炼和发展。

(5)长善救失

《学记》认为："学者有四失，教者必知之。人之学也，或失则多，或失则寡，或失则易，或失则止。此四者，心之莫同也。知其心，然后能救其失也。教也者，长善而救其失者也。"指出了学生学习中存在的四种缺点，即或贪多务得，或片面狭窄；或把学习看得很容易而轻率勇为，或把学习看得很难而浅尝辄止。这些缺点在每个人身上表现不同，产生的原因也各异，教师要学会具体分析，采取针对措施。清代学者王夫之认为：如果教法得当，这些缺点可以转化为优点，多则知识渊博，寡则精深专一，易则充满信心，止则认真对待。这就要求教师善于因势利导，利用积极因素，克服消极因素，将缺点转化为优点。

4. 论教学方法

《学记》不仅论述了一些宏观的教育、教学原则，而且对具体的教育、教学方法也很重视。

(1)问答法

《学记》从善问、善答两个方面加以论述，"善问者，如攻坚木，先其易者，后其节目。及其久也,相说以解。”“善待问者如撞钟:叩之以小者则小鸣,叩之以大者则大鸣”。所谓“善问”就是教师提问要先易后难,由浅入深。而教师回答问题时应随其所问,有针对性地回答,恰如其分,适可而止。

(2)讲解法

《学记》认为教师教学不应照本宣科,而应根据学生的要求有针对性地讲解,“必也其听语乎”。而且教师的讲解还应做到“约而达,微而臧,罕譬而喻”,即要求教师讲解语言简约而意思通达;语义精微而又精辟妥当;举例很少但又能使道理明白易晓。

(3)练习法

《学记》说:“良冶之子,必学为裘;良弓之子,必学为箕;始驾马者反之,车在马前。君子察于此三者,可以有志于学矣。”作者以冶铁、制弓、小马驾车为例,说明练习(学习)必须先从最简单、最基本的开始,由浅入深,由易到难,逐步提高,从而使学习者立志向学。

(4)类比法

《学记》认为,“古之学者,比物丑类”。也就是说要善于从事物的类比中体会事物的内在联系,从而掌握规律。用鼓与五声,水与五色、学与五官、师与五服作比较,既分析了它们的不同,又找出它们的联系,促使学生体会事物的内在联系,达到举一反三,触类旁通的目的。

5. 论教师

《学记》认为教育的成败,关键在于教师,因此对教师进行了全面的论述。

(1)教师的作用、地位

由于对教育作用的高度评价,《学记》要求给教师以崇高的社会政治地位:“君子知至学之难易,而知其美恶,然后能博喻;能博喻,然后能为师;能为师,然后能为长;能为长,然后能为君。故师也者,所以学为君也。是故择师不可不慎也。《记》曰:‘三王四代唯其师。’此之谓乎!”《学记》突出地提高了教师的地位,认为教师的任务就是教人“为长”“为君”之道,亦即培养具有治国平天下之道的统治者。同时这里又把“为师”作为“为长”“为君”的重要条件,能为师也就能为长能为君,那是因为儒家认为教化工作乃是“为长”“为君”的重要职责之一。

(2)师严道尊

《学记》用“善歌者使人继其声,善教者使人继其志”来形象地说明教师在教育过程中的主导作用。由于人才的成长离不开教师,社会的进步也离不开教师,所以《学记》提出了尊师的主张。“凡学之道,严师为难。师严然后道尊,道尊然后民知敬学。是故君之所不臣于其臣者二:当其为尸,则弗臣也;当其为师,则弗臣也。大学之礼,虽诏于天子无北面,所以尊师也。”按照大学的规矩,教师给天子讲课或问对,可以不受君臣间礼节的约束,表示做帝王的也一样的尊师。大学的教师给天子讲课或问对叫做“诏”。在这种场合下,天子不是面向南,而是向东,教师不是面向北,而是向西,即不以寻常的君臣之礼待之。

师是“道”的代表,是“道”的代言人,师是“道”的传播者,师的重要任务即“传道”,尊师不是尊“那个人”,而是尊“那个人”代表的“道”,尤其在上位的人更应尊师,因为在上位的人尊师,就可以引导人民重“道”。

这种尊师、严师的思想，后来逐渐形成中国古代教育尊师重道的优良传统。

(3)教师应具备的基本素养

《学记》提出教师的主要职责是“长善救失”，发扬学生的优点，克服学生的缺点，教师的责任是重大的。那么教师应具备什么素质呢？

一是要有很高的政治、道德素质，《学记》中说：“能为师然后能为长，能为长然后能为君，故师也者，所以学为君也。”

二是要有广博的知识。“记问之学，不足以为人师，必也其听语乎”，做一名合格的教师，应该知识渊博，精通专业，能够随时解答学生提出的问题。

三是要有熟练的教育技巧。首先是善于启发，“道而弗牵；强而弗抑；开而弗达”。其次是善于表达，具备良好的语言表达能力，“其言也，约而达，微而臧，罕譬而喻”。再次是善于对待发问，“叩之以小者则小鸣，叩之以大者则大鸣；待其从容，然后尽其声”。

四是要懂得教育规律。知道“教之所由兴，又知教之所由废”的道理，“然后可以为人师也”；要灵活地运用教育原则和方法，在教学过程中能够做到“博喻”，即善于启发教学。《学记》说：“君子知至学之难易而知其美恶，然后能博喻。能博喻，然后能为师。”如何做到“博喻”？在儒家看来，就是实现“善教者，使人继其志。其言也，约而达，微而臧，罕譬而喻，可谓继志矣”。

总之，《学记》的内容丰富而深刻，充满了唯物论和辩证法，符合教育的客观规律。这些思想、经验、原则、方法，既源于教育实践，又经过教育实践的检验。我们要批判地继承这些宝贵的教育遗产，为建立具有中国特色的社会主义教育理论体系服务。

(三)董仲舒的教育思想

董仲舒(公元前179—公元前104)，广川人(今河北景县)，西汉著名的思想家和教育家。董仲舒出生于大地主家庭。他自幼勤奋好学，有“三年不窥园”的读书美谈。他对《春秋公羊》有专攻，景帝时被授予博士，中年授徒讲学，“下帷讲诵”，开始教育生涯。汉武帝在位期间，对他进行了三次策问，董仲舒提出了“独尊儒术”“兴太学”“重选举”等重大建议，汉武帝对他的建议非常满意并把他的建议作为国策确立下来。他本人也被任命为江都相。董仲舒晚年致仕在家，专心从事写作与讲学。董仲舒的著作很多，大多失传，流传至今的只有一本《春秋繁露》。《汉书·董仲舒传》和《史记·儒林列传》中也有一些相关记载。

1. 关于教育作用

董仲舒继承了先秦儒家通过探讨人性来说明教育作用的思想，在人性问题上，他调和孟子的性善和荀子的性恶学说，认为人性是天创造人类时所赋予的一种先验的素质。这种素质具有“善”和“恶”的两种可能性。他说，“性者，天质之朴也”，“身之有性情也，若天之有阴阳也”。在他看来，性属阳，是仁的、善的；情属阴，是贪的、恶的。

他还进一步指出，人性有善的要素，但善的要素并非就是善，善的要素必须通过人为的教育，才能成为善。他说：“今万民之性，待外教然后能善。”还说，“性如茧如卵，卵待覆而为刍，茧待缫而为丝。性待教而为善”。“性比于禾，善比于米，米出禾中而禾未可全为米也,善出性中而性未可全为善也”。这就是说,要使性成善,由可能变为现实,必须通过教育。“善”是教育的结果,“善,教训之所然也,非质朴之所能至也”。由此,他指出王者的职责是教民成善,为政必须“任德教而不任刑罚”。“教,政之本也;狱,政之末也。”

董仲舒将人性分为“圣人之性”“中民之性”和“斗筲之性。”他认为“圣人之性”是上品,这是天生的过善之性,是他人不可有、后天不可及的(指少数上层统治者)。“斗筲之性”是下品,生来就是恶的,近于禽兽,教化也没用,只能用刑法对付他们。只有“中民之性”代表万民之性,是可以“名性”的。他们有善质而未能善,“待渐于教训而后能为善”,他们是主要的教育对象。

他的“性三品说”,进一步论证了教育的必要性与可能性,阐明了他的教育作用的思想。尽管其理论是唯心的,但与先秦儒家的人性论相比,已前进了一大步,后来被韩愈等思想家所继承。

2. 关于道德教育

(1)道德教育的内容

他把儒家的伦理道德规范概括为:君为臣纲、父为子纲、夫为妻纳的“三纲”和仁、义、礼、智、信的“五常”。这就是他的道德教育的核心内容。其次,他还特别强调“义”。提出“正其谊(义)不谋其利,明其道不计其功”。

(2)德育原则与方法

其一,“以仁安人,以义正我”。这是教导人们修己待人的态度,要养成严于律己、宽以待人的德行。“仁之法在爱人不在爱我;义之法在正我不在正人。”治我要严、待人要宽。

其二,“强勉行道”。要求人们的修养不只停在认识上,而应表现在行为上。他说:“强勉行道,则德日起而大有功”,在“行道”中,他还要求人们“尽小慎微”,采取“积小致巨”,“集善累德”的方法。

其三,“明于性情”。他认为在德育过程中要注意诱发学生天性中美好的品质,抑制天性中所厌恶的品质。他说:“引其天性之所好,而压其情之所憎者。”也即扬善抑恶,长善救失。

其四,“必仁且智”。他认为德育与智育要结合起来,他说:“仁而不智,则爱而不别也;智而不仁,则知而不为也。”强调要做到“仁且智”,“君子不学,不成其德”。

3. 关于教学

(1)教学内容

董仲舒着力造就经国治世之人才,主张以“六经”作为教学的主要内容,主张以“六经”为教学的基本内容,但不以读经为限,而以阐发经书中的微言大义为原则。作为研究《春秋》公羊学说的专家,董仲舒非常重视学习《春秋》的意义,并将《春秋》视为“先王之遗道”。他认为学生学习《春秋》可使人通生死之志,“道往而知来者也”。此外,他很重视“礼”“乐”之教。他认为“礼”既是封建仁义道德规范,又是“贵贱有等,衣服有别,朝廷有位,乡党有序”的封建等级制度。他认为“乐”作为一种艺术,可以用来化民易俗。他说:“乐者,所以变民风,化民俗也;其变民也易,其化人也著。故声发于和而本于情,接于肌肤,臧于骨髓。故王道虽微缺,而管弦之声未衰也。”在他看来,“乐”的这种教化功能既特别又显著。

(2)教学原则与方法

董仲舒在长期的教育活动中,积累了许多丰富的教学经验,其中有不少原则、思想值得总结:

其一,“圣化”。董仲舒认为,优秀教师必须遵循“圣化”的原则。他说:“善为师者,既美其道,又慎其行,齐时早晚,任多少,适疾徐,造而勿趋,稽而勿苦,省其所为,而成其所湛,故力不劳而身大成。此之谓圣化。”这是要求教师在教学时要适时、适量、适度,监督学生而不使之紧张,查考学生而不使之烦苦,另外还要做到因材施教。可见,“圣化”原则体现了多种教学原则的结合,可谓是教学艺术了。

其二,“强勉努力”。董仲舒既强调教师教的作用,也注重学生学的价值。他说:“事在强勉而已矣。强勉学问,则闻见博而知益明。”还说:“不知则问,不能则学”,要求学生问学、博闻、知明,这种鼓励学生勤学好问的思想无疑是正确的。

其三,“博贯多连”。董仲舒提出“博贯”和“多连”的学习方法,他说,“得一端而多连之,见一空而博贯之”,只要做到“连而贯之”,就可推知天下古今的知识。他还指出学习不能太博,也不能太节。他说:“太博则业厌,太节则知暗”,应该做到博节合宜,统一起来,循序而进。

其四,“专一虚静”。董仲舒认为,学习必须专一,才能有所成,他说:“目不能二视,耳不能二听,手不能二事,一手画方,一手画圆,莫能成。……是故,君子贱二而贵一。”

(四)朱熹的教育思想

1.生平及教育活动

朱熹(1130—1200),字元晦,后改为仲晦,晚年号晦庵,祖籍徽州婺源(原属安徽徽州,今属江西婺源县),出生在福建南剑(今南平市)尤溪县。故其学派称为“闽学”。

朱熹自幼聪颖过人,求知欲强。四岁,真父指天示之说:“天也”。他问道:“天之上何物?”其父异之。八岁读《孝经》,在其书上题字说:“不若是,非人也。”表达了他立志行孝道的决心。十一岁时受业于家中,其父常对他讲授“古今成败兴亡大致”,教育他关心民族社稷的安危。14 岁时,其父病逝,朱熹受遗命从学于胡宪、刘致中、刘彦冲三人。18 岁以优异成绩“举建州乡贡”,19 岁即登进士第。20 岁被授“左迪功郎,泉州同安县主簿”,24 岁到任。31 岁(1161 年)始受学于李侗,专心致力于程门道学。通过七八年的学习,终至业精学成,深得“二程”之学的真传。他说:“自从侗学,辞去复来,则所闻益超绝。”41 岁,(1171 年)朱熹拈出程颐“涵养须用敬,进学在致知”二语,作为其讲学宗旨;其教育思想体系之轮廓自是已大抵确定。43—46 岁完成《论孟精义》《资治通鉴纲目》《西铭解义》《太极图说解》《通书解》《程氏外书》《伊洛渊源录》《近思录》等书的写作。至此,朱熹的学术思想进一步成熟,理学思想体点基本形成,并积累了丰富的教育经验。50 岁(1180 年)除知南康军。在兴利除害之余,尝引进士子,与之讲论,访白鹿洞书院遗址。奏复其学,立学规,揭示治学宗旨为讲明处进以修其身,然后推己及人,这是一个典型的以理学为指导思想的封建教育总纲领,对当时和后世影响很大。从 51 岁(1181 年)到 58 岁(1188 年)这 7

年间，朱熹在武夷山授徒讲学，做学术研究与著述。这期间，朱熹同陈亮展开了一场学术思想与教育观点的论战。这场论争在中国教育史上具有重要意义。1188年，朱熹奉命赴延和殿奏事，遂上《戊申封事》，提出六项急务，即“辅翼太子，选任大臣，振举纲纪，变化风俗，爱养民力，修明军政”，表示了他对国命民情的关心和对文教事业的重现。59岁他被朝廷任命出知漳州。在此期间将《大学》《中庸》《论语》《孟子》四书及其注释合编为《四书章句集注》（1190年刊出），该书刊行以后，很快便取代《五经》，并成为各级学校的必读教材和科举考试的标准答案，影响中国教育达数百年之久。1195年，朱熹又被朝廷任命，知潭州仍热心改善州、县学，并修复了岳鹿书院。“夜与诸生讲论”，略无倦色，闻者感动。岳麓书院由此名声大振。

朱熹一生热心教育，兴教办学前后达50年之久，在他一生的讲学与著述活动中，编著了大量书籍，其门类之广、数量之多，在中国教育上史实属罕见，后人把他的著述辑为《朱文公文集》100卷，《朱子语类》140卷。

2. 心性论与教育作用

朱熹认为宇宙原只是一个理，人禀受理这就是人性。所以他说：“性只是理，以其在人所禀，故谓之性。”而“性”的内涵是仁、义、礼、智。他说：“性者人之所受乎天者，其体则不过仁、义、礼、智之理而已。”可见，从本质上说，他以“性”为善。但是朱熹并未停留在孟子的“性善论”水平上，他继承了张载、“二程”关于人性论的思想，展开了关于“天地之性”与“气质之性”的论证。

朱熹认为人是“理与气合”的产物。人禀受天理就有“天地之性”（又称天命之性或道心），禀受气质则产生“气质之性”。他说：“论天地之性，则专指理言；论气质之性，则以理与气杂而言之。”故天地之性是浑然至善，人所皆同的，而气质之性则有善有恶，由每人所禀受的气有昏明清浊的差异而定。

朱熹认为“天地之性”与“气质之性”（即道心与人心）是人人皆有的，但是“道心”和“人心”不是两个心，而是一个心的两个方面。他指出“道心”是从纯粹的“天理”发出来的，所以是“至善”的。即使是下愚的人也具有它，只是至善之“道心”常受形气的私欲蒙蔽，故微妙难以显现。“人心”是从具体的“气质”发出来的，可善可不善，即使是上智的圣人也具有“气质之性”。朱熹认为，由于每个人禀受的气有昏明清浊的差异，当然对“禀气之清者，为圣为贤”，“禀气之浊者，为愚为不肖”。对那些禀受偏浊之气功人就需要进行教育，使之气质得以变化。他说：“资禀既偏，又有所蔽，须是痛加工夫。”“为学乃能变化气质耳。”这就是说，教育的作用并不是消灭“气质之性”（人心），而是“变化气质”发挥“气质之性”（人心）中先验的“善性”，按照“四德”去做，便能使“人心”服从“道心”，使“道心”主宰“人心”。那么，危殆的“人心”便能转危为安，微妙至善的“道心”便能由隐而显，进而达至完整的体现，这就达到了“复尽天理，革尽人欲”的作用。他说：“学者须是革尽人欲，复尽天理，方始是学。”朱熹就是这样从理学的观点出发论述教育作用的。

3. 教育目的、教育阶段与教育内容

（1）教育目的

朱熹的教育目的就是要造就封建社会“明人伦”的“圣人”。他引荀子的话说：“古之学者,始乎为士,终乎为圣人”。关于“圣人”的规格,集中表达在他制订的《白鹿洞书院教规》中,朱熹把“父子有亲,君臣有义、夫妇有别,长幼有序,朋友有信“这五伦概括为五教,认为圣人必须掌握它。朱熹还规定了“修身、处事、接物”的要点。他指出:“言忠信,行笃敬,惩忿窒欲,迁善改过”为“修身之要”。“正真谊,不谋其利;明其道,不计其功”为“处事之要”,“己所不欲,勿施于人;行有不得,反求诸己”为“接物之要”。由此,他进一步指出:古昔圣贤所以教人为学之意,莫非讲明义理,以修其身,然后推己及人;非徒欲其务记览为词章,以钓声名、取利禄而已也。也就是教育的目的不只是为了学得博杂的知识,做些华丽文章,用以沽名钓誉,争权夺利,而是为了修己治人。朱熹正是从这个观点出发,严厉批评了当时学校以科举为目的,这种教育乃是一种教人“干禄蹈利”“忘本逐末”的教育,由此导致社会风俗败坏,人才衰乏。他主张教育的最终目的在于培养圣人,造就贤才,改善吏治,维护封建统治。

(2)教育阶段与内容

朱熹依据古代的教育经验,主张把学校教育划分为小学和大学两个阶段。他说:“古之为教者,有小子之学,有大人之学。”他划分教育阶段主要依据年龄和心理特点,尤其是思维发展水平。他认为人应在15岁后接受大学教育。他说,人生八岁,则自主公以下,至于庶人之子弟,皆入小学,而教之以洒扫、应对进退之节,礼、乐、射、御、书、数之文;及其十有五年,则自天子之元子、众子,以及公卿大夫元士之适子,与凡民之俊秀,皆入大学,而教之以穷理、正心、修己、治人之道。他把小学教育和大学教育看作统一的教育过程中相互衔接的两个阶段。他认为小学阶段的学习内容是“教以事”,即“教之以洒扫、应对、进退之节,礼、乐、射、御、书、数之文”。在他看来,小学阶段的主要任务是向儿童灌输基本的封建道德观念和培养他们最具体的道德行为习惯,使他们知道如何做人,学会事君事父兄诸事,培养“圣贤坯模”。大学阶段学习的内容是“教之以穷理、正心、修己、治人之道”,主要任务是“发明此事之理”,即在已经获得初步的道德观念和养成初步的道德行为习惯的基础上明白为什么这样做的抽象原理(即义理)。由此可见,小学是大学的始基,大学是小学的完成。虽然两者在教育内容和方法上有诸多不同,但它们的目标是一致的。他把小学教育比喻为“打坯模”的阶段。“古者小学已自养得小儿子,这里定已自是圣贤坯璞了。”打好做圣贤的坯模至关重要,在此基础上加工,就可成为圣贤。他说:“古者小学已自暗养成了,到长来已自在圣贤坯模,只就上面加光饰。”所以朱熹认为小学教育要抓紧、抓好。“必使其讲而习之于幼稚之时,使其习与智长、化与心成,而无扞格不胜之患也。”由于小学教育的重点是伦理道德规范的训练和基本知识技能的学习,所以,朱熹吸取前人的思想,广泛地从经传史籍中采集有关忠君、孝亲、事长、守节、治家等内容的格言、故事等,编辑成儿童道德教育用书——《小学》。《小学》一书分为立教、明伦、敬身、稽古四篇内篇;嘉言、善行二篇外篇。朱熹还专为蒙童编写了一本《童蒙须知》。内有“衣服冠履”“言语步趋”“洒扫涓流”“读书写字”“杂细事宜”等项,详细规定了道德规范,行为细则、日常生活习惯,待人接物、理学礼节,读书写字的常规。其基本内容是对儿童从小灌输和训练封建伦理道德。这是不可取的。但要求从小打好基础,培养良好的生活习惯、学习态度等,其见解是深刻的。如要求“自冠巾、衣服、鞋袜,皆须收拾爱护,常令洁净整齐”。又如“凡为人子弟,当洒扫居处之地，拂拭几案，当令洁净”。他还要求读书要做到三到。谓心到、眼到、口到。“三到之法，心到最急，心既到矣，眼口岂不到乎？”“凡写文字，未问写得工拙如何，且要一笔一画，严正分明，不可撩草。”在今天看来，对小学儿童进行这样的教育和训练是必要的、有益的，也符合少年儿童的年龄特征和心理特点。

朱熹主张儿童在15岁以后，在“小学已成元功”的基础上，进入大学，受“大人之学”。大学教育是小学教育的扩充、深化和完成。要求在道德、学问和能力诸方面有较高的水平和造诣，是在小学教育基础上“加光饰”。大学教育的基本任务是为国家造就有用的人才，大学教育内容的重点是“教理”，即“学其小学所学之事之所以”。他将编成的《四书集注》作为大学教育的基本教材。他说：“读书先读《大学》，以定其规模；次读《论语》，以立其根本；次读《孟子》，以观其发越；次读《中庸》，以求古人之微妙处。”然后再学诗、书、礼、乐。

朱熹认为小学教育和大学教育虽然是相对独立的两个阶段，它们各自的内容和方法也不尽相同，但是，它们的目标却是一致的，不可“截然为二”。他说：“学之大小，固有不同，然其为道，则一而已。是以方其幼也，不习之于小学，则无以收其放心，养其德性，而为大学之基本。及其长也，不进之于大学，则无察其义理，措之事业而收小学之成功。”而小学教育与大学教育又存在着内在的必然联系。他说：“今使幼学之士，必先有以自尽乎洒、扫、应、对、进、退之间，礼、乐、射、御、书数之习，俟其既长，而后进乎明德新民，以止于至善，是乃次第之当然，又何为而不可哉？”

总之，朱熹依据年龄特征和心理特点把学校教育划分为小学、大学两个阶段，确定了两者在任务、内容和方法上各有侧重和特点；既肯定了它们之间的区别，又承认了它们之间的联系；并阐明了小学教育是大学教育的基础，大学教育是小学教育的延续、深化和完成；主张大学教育和小学教育均应受到重视。并力求使之协调发展。这些思想反映了教育本身在发展中存在的某些客观规律（如根据儿童和青少年个性发展的心理规律来考虑教育阶段和划分问题）。

4. 教学原则和方法

朱熹承认“教有成法”，十分注意继承和借鉴前人的教学经验，又不断总结和积累自己的实践经验，提出了许多有价值的教学原则与方法。

（1）学思结合

朱熹继承和发展了孔子学思并重的思想，主张把学与思结合起来，他在解释孔子“学而不思则罔，思而不学则殆”时指出：“学便是读，读了又思，思了又读，自然有意，……若读得熟而又思得精，自然心与理一，永远不忘。”在朱熹看来，只有把学思结合起来，才能真正掌握知识，并对知识运用自如。他把学与思的关系比喻为人学射箭，手中没有弓箭，只思得射箭的模样，自然不能掌握射箭的本领；有了弓箭在手，而不思应如何射，胡乱射去，也不能提高射箭的技能。必须将两者结合起来，才能成功。

朱熹认为采用比较众说异同的方法，有助于学思结合。要了解众说，必须广泛学习；进行比较，必须深入思考。他说：“凡看文字，诸家说异同处最可观，某旧日看文字，专看异同处。……何者为得，何者为失；所以为得者是如何，所以为失者是如何。”朱熹关于学思结合的问题，提出了许多精辟的见解，进一步丰富了学思结合的原则。

(2)启发诱导

朱熹在注释《论语》中"不愤不启,不悱不发"一句时说:"愤者,心求通而未得之意;悱者,口欲言而未能之貌。"他还进一步解释说:"此正所谓时雨化之。譬如种植之物,人力随分已加,但正当那时节,欲发生未发生之际,却欠了些小雨,忽然得这些小雨来,生意岂可御也。"就是说,教学应当像春风时雨生化万物那样,待其自然成长壮大。在朱熹看来,贯彻启发式教学的关键是既要发挥教师的主导作用,又能充分调动学生的积极主动性。朱熹认为教师的任务在于启发学生发现问题,帮助学生解决问题。他说:"指引者,师之功也。"又说:"师友之功,但能示之于始而正之于终。"教师只是对学生的学习起引导、指正的作用。他还特别强调学生应当成为学习的主体。他说:"读书是自己读书,为学是自己为家,不干别人一线事,别人助自家不得。"学生的积极主动性是否调动起来了,得到发挥了,重要标志是学生是否处于"愤""悱"的状态。具体表现为能否发现或提出疑难。朱子的启发式教学,主要也就是启发学生发现疑问、提出疑问、最终解决疑问。他认为疑问越多,学习的进步就越快、越大。"大疑则可大进","读书始读,未知有疑,其次则渐渐有疑,中则节节是疑。过去这一番后,疑渐渐解,以致融会贯通,都无所疑,方始是学"。在朱熹看来,学生为学读书,如果提不出疑问,乃是缺乏积极主动性的表现,因此,教师要调动学生的学习积极性,就必须做到使无疑者有疑,使有疑者无疑。他说:"读书无疑者,须教有疑,有疑者却要无疑,到这里方是长进。"启发式教学的奥妙也就在此。

(3)教人有序,不可躐等

朱熹继承张载的思想,也提出"教人有序,不可躐等"的原则。他说:"君子教人有序,先传以小者近者,而后教以远者大者。"他很注意由近到远、由易到难、由浅到深、由已知到未知、由具体到抽象。他说:"于显处平易处见得,则幽底自在里许。且于切近处加功。"还说:"据某看学问之道只在眼前日用底便是,初无深远幽妙。"这就是说,学习必须从低处到高处,从平易处到幽微处。怎样循序渐进?朱熹说:"学不可躐等,不可草率,徒费心力,须依次序,如法理会,一经通熟,他书亦易看。"他又说:"读书须是遍布周满,某尝以为宁详毋略,宁下毋高,宁拙毋巧,宁近毋远。"朱熹认为下学是上达的基础,学问要做下学的功夫,打好基础,才有上达的可能。

(4)博专兼顾

在教学中正确处理博与专的关系是极其重要的,许多教育家对此都十分重视。朱熹对这个问题有深刻的见解,他本人就是一个既博览群书、践履万事,又专一精深的学者和教育家。

朱熹特别提倡博学,他认为为学应当从博学开始,进而使博学与专精结合起来。所谓博学是指什么?他说:"博学,谓天地万物之理,修己治人之方,皆所当学。"他还说:"大而天地阴阳,细而昆虫草木,皆当理会。一物不理会,这里便缺此一物之理。……须是开阔,方始拓展。"在他看来,博学就是打好宽厚坚实的基础。他以盖房子为例,说明只有"阔开基,广开址",才能盖起高楼大厦。但是博学又不能"杂而无统",应当将博与约、博与专统一起来。所以,朱熹一再强调治学要"贵专而不贵博。盖惟专为能知其意而得其用,徒博则反苦于杂乱浅略而无所得"。总之,朱熹认为,没有广博的基础则难以专精,但仅有一般性广博的知识而不专精，那也不能在学术上有所建树。他的这种由博返约，博专结合的见解是符合教学辩证法的，应该加以吸取。

(5)温故知新

孔子曾把“温故而知新”当作教师的重要条件。朱熹对此也十分重视，并把它作为一项重要的教育原则。他认为温故与知新是有机结合的。温故是知新的基础，他说：“时时温习，觉滋味深长，自有新得。”又说：“须是温故方能知新，若不温故便要求知新，则新不可得而知，亦不可得而求矣。”在他看来，单纯的温故而不能知新，学习就无法深入，也达不到教学的目的，这就等于没有起到教师的作用，所以他说：“温故又要知新，唯温故而不知新，故不足以为人师。”

朱熹认为，随事、随时、随处都复习，练习已获得知识的过程，也就是不间断的“温故”的过程。所以温故还必须时习，他说：“学贵时习，须是心心念念在上，无一事不学，无一时不学，无一处不学。”还说：“习而不时，虽曰习之而其功夫间断，一暴十寒，终不足以成其习之功矣。”朱熹这种既重视时习温故，又不忽视探索新知的思想，对我们仍有启发意义。

(6)因材施教

这一思想是我国古代教育家们早就提出并运用了的。正如朱熹所说：“圣贤施教，各因其材，小以成小，大以成大，无弃人也。”所不同的是，他从理论上做了新的论证。朱熹用理学思想对因材施教进行论证，他说，“气禀之殊，其类不一”，故“教人之至难，必尽人之材，乃不误人”。在教学实践中怎样才能做到因材施教呢？朱熹提出了以下几点措施：一是区别资质高低，进行教育。对于具备圣人资质的人，不必用力去教。稍加指点便自然成材。对于具备贤人资质的人，则应当引导，他们便能自觉实行，对于具备中人资质的人，需要时时照管，令其节节用功，才能有所克治。二是针对个性差异，实施教育。由于人的气质不同，所以个性特点也就不一，教育方法必须因人而异，顺势而导，他指出：教师的讲论，应该“与所论之事，所告之人，而为浅深，则无失言失人之患”。三是注意年龄差异，施行不同的教育。朱熹认为：人的年龄不同，在兴趣、精神、习惯等方面也就表现出不同的特点。教学必须考虑这些特点，有针对性地进行。如对年轻人，他们精力充沛又有时间，则要求他们多读遍数，下笨功夫去做学问。而对年高体迈者，则要求他们存养独观，排除障碍就行了。

5. 道德教育

朱熹继承和发展了儒家学派重视道德教育的传统思想，适应宋代以来强化和调整伦理纲常的需要，坚持把道德教育放在学校教育的首位。朱熹所提倡的道德教育，其基本内容就是以“三纲五常”为中心的封建伦理道德。朱熹在实施道德教育的过程中，总结了丰富的经验，提出了许多重要的见解，归纳起来主要有以下几点：

(1)“立志”“主敬”与“存养”“省察”相结合

朱熹认为立志关系到做人的方向问题，所以他特别强调立志的重要性。他说：“问为学功夫，以何为先？曰：亦不过如前所说，专在人自立志。”又说：“书不记，熟读可记。义不精，细思可精。惟有志不立，直是无著力处。只如而今贪利禄而不贪道义，要作贵人而不要做好人，皆是志不立之病。”这里所说的“无著力处”，指的就是做人的方向不明，不知向何处努力,只顾贪图名利。故朱熹认为立志的意义重大。

朱熹所谓立志,“不是将意气去盖他人,只是直截要学尧舜”,即“才学便要做圣人是也”。有了明确的志向,还要勇猛坚决,才会有进步,他说:“学者立志,须教勇猛,自当有进。”

朱熹认为“主敬”在修身为学的过程中占据重要地位,因为它是修身和为学的一种专一、严肃和恒常的态度。如果缺乏这种态度,就“无以涵养本原”“无以开发聪明”。因此修养为学,不可顷刻离开“主敬”。他说:“敬字功夫乃圣门第一义,彻头彻尾,不可顷刻间断。”那么,在朱熹看来,“主敬”的功夫到底指什么?具体地说,它包含两方面意思:一是整齐、收敛其心、不放肆,做到“内无妄思,外无妄动”。朱熹说,“敬只是收敛来”,“敬是不放肆的意思”。二是精神专一,持之以恒。他说,“敬者,守于此而不易之谓”,“敬是始终一事”。朱熹是十分重视“主敬”的功夫的,认为这是在树立志向或目标的条件下,所进行的道德修养的必要功夫,也是贯穿了整个修养过程的。

朱熹关于“存养”的主张,其实质就是孟轲所说的“养心莫善于寡欲”。他从“性即理”的思想出发,认为道德修养必须注意把无有不善的“心”存养起来,由于“人心本明,只被事物在上盖蔽了,不曾得露头面”。因此,需要收敛身心,使精神常集中在这里,而勿使失忘。他说:“人须常收敛了身心,使精神常在这里,似担百十斤担相似,须硬著筋骨。”由于人“心”中交杂着物欲与义理,因此“存养”功夫,一方面要使人心不为物欲所吸引,另一方面要务必在义理上用功夫,把“心”安顿在义理上。他说:“若收敛都在义理上安顿,无许多胡思乱想,则久久自于物欲上轻,于义理上重。”

“省察”,就是自我反省和检查。朱熹认为:“只是一人之心,合道理底是天理,徇情欲底是人欲,正当于平分界处理会。”一方面,对天理来说,他主张立志、主敬、存养;另一方面,对人欲来说,他提出“省察”的功夫。朱熹指出“省察”的方法有两种:一是“省察于将发之际者,谓谨之于念虑之始萌也”;二是“省察与已发之后者,谓审之于言动已见之后也”。朱熹提出“省察”的根据,是基于人心的存亡和事物的是非。他说:“人心不存则亡,而无不存不亡之时,故一息之顷,不加提省一力,则沦于亡而不自觉,天下之事,不是则非,而无不是不非之处。故一事之微,不加精察之功,则陷于恶而不自知。”朱熹的“省察”功夫,就是要做到反省本心,揭去物欲的蒙蔽,使人们“心”中的“理”永远保持通明,这也是朱熹道德教育和修养的重要任务。

(2)思想灌输与行为训练相结合

朱熹认为道德教育或道德修养归根到底要从两方面下工夫:一要知义理,二要重践履。他指出:“大抵学问只有两途,致知力行而已。”他的弟子黄勉斋将朱熹的学问之道概括为两句话:“穷理以致其知,反躬以践其实。”可谓深得其师的思想要领。

朱熹十分重视对道德“义理”的认识,他说:“义理还没明白,如何践履?”“譬如人走路,不先知得路,怎么走路?”但同时他更强调道德“践履”的重要性,他指出:“读书不可只专就纸上求理义,须反复就自家身上推究。”在朱熹看来,躬行践履必先要探明义理,而究明义理的目的又是为了躬行践履,两者必须结合起来。他说:“为学之实,固在践履。苟徒知而不行,诚与不学无异。然欲行而未明于理,则其践履者又未知其果为何事。”朱熹明确指出："知行常相须，如目无足不行，足无目不见。论先后，知为先；论轻重，行为重。"并进一步指出："致知、力行、用功不可偏，偏过一边，则一边受病。"

当然，朱熹所谓的"义理"或"知"，并非反映客观事物的规律，而是被称作"天理"的统治阶级的利益和意志的体现；所谓的"践履"或"行"，也只是训练人们的言行严格遵守和绝对服从封建伦理道德教条，而不是遵守客观规律和服从真理，按规律行事。因此，他的"知行相须"的思想，实际是他的客观唯心主义思想的具体反映。但是作为道德教育的原则与方法，重视道德思想的灌输与行为训练相结合的思想，却有可取之处。

(3)正面引导与规范禁防相结合

朱熹认为道德教育实际上是做两方面的工作，即"存天理"和"灭人欲"。"存天理(为善)"是从积极方面入手；"灭人欲(去恶)"是从消极方面入手，两者有机结合，才能达到理想的教育效果。但是，在道德教育实践中，必须从积极方面入手，坚持以正面教育为主，积极引导。尤其是在对少年儿童的道德教育中，要尽量多用积极引导，尽量减少消极禁防，他说："小学书要多说那恭敬处，少说那防禁处。"在朱熹看来，坚持正面教育，就是耐心说服，晓之以理，动之以情，让学生心悦诚服，把各项规章制度、道德规范看作指导言行的准则，而不是别人强加的枷锁。他说："苟知其理之当然，而责其身以必然，则夫规矩禁防之具，岂待他人设之而后有所持循哉？"

坚持正面教育，强调积极诱导，并不是不要规章制度。相反地，必要的、合理的规章制度是不可缺少的。朱熹认为，长期地接受严格的规范法度的约束，就能养成遵守道德规范的习惯。他说："学者须先置身于法度规矩之中，使持于此者足以胜乎彼，则自然有进步处。"可见，朱熹坚持既要以正面教育为主，又要辅之以合理的禁防和约束措施，两者相辅相成，互为补充。这一主张的提出，对丰富我国古代的道德教育经验，还是有积极意义。

(4)教育的阶段性和连续性相结合

朱熹划分教育阶段(小学和大学两阶段)和安排教育内容的根本着眼点是从道德教育考虑的，朱熹认为道德教育的终极目标是"明人伦"，或者说是复尽天理，灭尽人欲，全部掌握和忠实执行以"三纲五常"为中心的封建伦理道德。但是，这个目标的实现，并非一朝一夕即可完成的，需要一个人去不断努力，孜孜以求，既"不可求欲速之功"，也不能好高骛远，不解决实际问题。朱熹提出的循序渐进的原则思想，正是体现了道德教育中阶段性和连续性的统一。循序渐进的原则就是要求既承认阶段性，承认不同阶段的相对独立性，又承认不同阶段的连续性，注意各阶段间的衔接。朱熹认为不同阶段中，道德教育的内容，任务与方法也各不相同。小学阶段的内容是"教以事"，任务是灌输基本的封建道德知识和训练基本的道德行为习惯。道德教育的方法是："始于衣服冠履；次及言语步趋；次及洒扫涓洁；次及读书写文字及有杂细事宜。"大学阶段的道德教育的内容是"发明此事之理"，即"学其小学所学之事之所以"。任务是培养"明人伦"的圣贤之才，大学道德教育的方法是"格物致知"和"读书穷理"。朱熹还认为小学教育和大学教育两阶段之间又是连续的，不能割裂和孤立，两者相互衔接，不可中断。他明确指出：大学阶段的教育就是在小学阶段教育的基础上"加光饰"。因此，他要求学生要"自强不息，积少成多"，切不可"中道而止，前功尽弃"。这些精辟而深刻的见解应该借鉴继承。

(五)陶行知的教育思想

陶行知(1891—1946),安徽歙县人。1914 年毕业于金陵大学中文系,随后留学美国,师承杜威。1917 年回国后,先后任南京高师、东南大学教授、教务主任等职,积极进行教学改革,反对传统教育。从 1922 年起,他随着形势的变化,先后从事过平民教育、乡村教育、普及教育、国难教育、战时教育和民主教育,他倡导"生活教育"运动,提出著名的"生活教育"理论。他先后创办了安徽公学、晓庄师范、山海工学团、育才学校、社会大学等著名学校,培养了大批人才。他以"捧着一颗心来,不带半根草去"的精神,献身于中国人民的教育事业,普及大众教育,为中国人民的教育事业立下了不朽的功勋。毛泽东称他为"伟大的人民教育家"。郭沫若对陶行知先生的评价是:"两千年前的孔仲尼,两千年后的陶行知。"

1."生活教育"理论

什么是"生活教育"? 他说,生活教育是生活所原有,生活所自营,生活所必需的教育。又说:"从定义上说:生活教育是给生活以教育,用生活来教育,为生活向前向上的需要而教育。"[①]就是说,从教育的过程来说,是用生活来教育;从教育的场所来说,是在生活中受教育;从教育的目的来说,是为生活向前向上的需要而教育。从生活与教育的关系上来说,是生活决定教育,教育改造生活。"从效力上说:教育要通过生活才能发出力量而成为真正的教育。"[②]"生活教育"要具备五大条件:教育必须是战斗的,是民族解放的武器;教育必须是生活的;教育必须是科学的;教育必须是大众的;教育必须是计划的。陶行知的"生活教育"理论,包括"生活即教育""社会即学校""教学做合一"三大组成部分。

"生活即教育"是"生活教育"理论的本体论,说明生活与教育的关系是生活即教育,"过什么生活便受什么教育,过好的生活便受好的教育,过坏的生活,便受坏的教育";"教育的根本意义是生活之变化。生活无时不变,即生活无时不含有教育的意义"。[③] 教育和生活是不可分的,教育要通过生活来进行,人要从实际生活中受教育。但"生活即教育"并非生活等于教育,而取消教育,它是要用前进的生活来引导落后的生活,要大家一起过前进的生活,受前进的教育。

"社会即学校"是生活教育理论的领域论或时空论,是指生活教育的范围。它是与"生活即教育"联系在一起的。陶行知说,自有人类社会以来,社会即是学校,生活即是教育;到处是生活,即到处是教育;整个的社会是生活的场所,亦即教育的场所。陶行知曾拿鸟笼来比喻传统学校,指出这类学校既狭小又与社会生活隔绝,"在学校与社会中间造了一道高墙"。"社会即学校"就是要拆除学校与社会之间的高墙,"要把学校里的一切伸张到大自然里去"。陶行知"社会即学校"的主张是为了克服学校教育脱离社会实际的弊端,实现学校教育与社会生活的彻底融通。他主张拆除学校和社会之间"高墙",把学校的一切都延伸到大自然、大社会中去,使学校和社会打成一片。同时,他主张要运用社会的力量

①江苏省陶行知教育思想研究会,南京晓庄师范陶行知研究室.陶行知文集[M].南京:江苏人民出版社,1981:694.

②中央教育科学研究所.陶行知教育文选[M].北京:教育科学出版社,1981:267.

③江苏省陶行知教育思想研究会,南京晓庄师范陶行知研究室.陶行知文集[M].南京:江苏人民出版社,1981:423.

来办教育，根据社会的需要办学校，使学校教育和社会教育沟通，学校师生和人民群众打成一片。提出“社会即学校”的着眼点是使劳苦大众都有受教育的机会，有利于教育的普及，同时，让学生亲近人民大众，接触自然与社会，改变传统教育脱离社会、脱离群众的状况。

“教学做合一”是生活教育理论的方法论。陶行知说，“教的方法根据学的方法；学的方法根据做的方法。事怎样做便怎样学，怎样学便怎样教。教与学都以做为中心”，“教学做是一件事，不是三件事。我们要在做上教，在做上学。在做上教的是先生；在做上学的是学生”①。强调一切以“做”为中心。怎样才算是真做？他说要“在劳力上劳心”，用心以制力。只用脑不用手，或只用手不用脑，都不是真做，真做要“手脑双挥”。培养学生独立思考和处理实际问题的能力。

“生活教育”理论是陶行知教育思想的核心，是指导其生活教育运动的基本理论，有着重要的时代意义。它是要改造学校与社会分离、生活与教育分家的传统教育，建立学校与社会联系，生活与教育结合的现代教育；改造盲目抄袭外国的“洋化教育”，建立切合中国实际、具有中国特色的新教育；改造教育脱离人民大众，只为少数人服务的“小众教育”，建立为人民大众服务，适合大众需要的“大众教育”；改造“为教书而教书，为读书而读书”的“死教育”，建立密切联系社会政治斗争的“活教育”；改造为少数人升官发财，培养“人上人”的贵族教育，建立教育为人民所有，培养“人中人”的人民教育；改造教人“用脑不用手”“用手不用脑”的“残废教育”，建立“手脑双挥”“在劳力上劳心”的健全教育。

2. 普及教育思想

普及教育思想是陶行知教育思想的中心，贯穿在他的整个教育活动之中。他在《普及教育运动小史》中说：“这十几年来，我有时提倡平民教育，有时提倡乡村教育，有时提倡劳苦大众的教育，不知道的人以为我见异思迁，欢喜翻新花样；其实我心中只有一个中心问题，这问题便是如何使教育普及，如何使没有机会受教育的人可以得到他们所需要的教育。”他的基点立于人民，他办学的方向是一切为了人民。为此，他不仅奔走呼号，而且赤脚穿草鞋下乡，和农民打成一片。以后随着形势变化，他又先后提出国难教育、战时教育和民主教育，都是为着普及劳苦大众的教育。

陶行知普及教育的原则是从中国的国情出发，反对脱离实际。中国是个农业国，80%以上人口在农村，他把普及教育的重点放在农村；他“认定中国是个穷国，必得用穷的方法去普及穷人所需要的粗茶淡饭的教育”②。他制定普及教育计划是密切结合中国的社会经济发展情况；他的生活教育理论也是作为普及教育思想提出来的。根据这个原则，他创造了很多适合中国国情的普及教育方法。

工学团：主要招收工人、农民、城市的贫民子弟，一边劳动，一边学习。这是陶行知在教育实践中创造出来的一种普及教育形式。它的含义是“工以养生，学以明生，团以保生”。工学团“是将工场、学校、社会打成一片”，既是学校，又是工场，又是一个小社会。穷

①江苏省陶行知教育思想研究会，南京晓庄师范陶行知研究室．陶行知文集［M］．南京：江苏人民出版社，1981：185.
②江苏省陶行知教育思想研究会，南京晓庄师范陶行知研究室．陶行知文集［M］．南京：江苏人民出版社，1981：449.

人及其子女在这里可以生产,可以学习文化科学技术,还可以团结保卫,反对土豪劣绅和外来侵略,把教育和生产劳动密切结合起来。

"小先生制":就是利用小孩子任先生,"即知即传",把学得的知识立即传给别人。他说,小先生是负着普及教育之使命。穷社会除了重用小先生之外,是没有别的办法可以使教育普及。小先生不仅可以教儿童,也可教成人,他能攻破普及教育中很多"难关"。小先生制在当时得到推广,影响很大。

"传递先生":就是凡识字的人都教人,不识字的人跟人学,"即知即传人"。陶行知曾号召全国知识分子总动员,全国识字成人总动员,全国小学生总动员,人人都做传递先生。他认为在中国用传统方法普及教育,一百年也不能完成,必须人人参与。

"科学下嫁":1931 年,陶行知发起了科学下嫁运动,亲自创办自然科学园,编辑儿童科学园丛书,大众科学丛书,积极开展科学教育运动。把自然科学下嫁给工农劳苦大众。为了普及教育,陶行知亲自拟定《中国普及教育方案》,其普及教育思想及其原则、方法对我们今天仍有现实意义。

3. 儿童教育思想

其一,强调儿童教育的基础地位,重视人才的早期培养。陶行知十分重视幼儿教育,认为幼儿教育是人生的基础教育。他发挥了我国古代"教儿婴孩"的优良传统,明确指出:"幼儿教育实为人生之基础,不可不乘早给他建立得稳。"①他还根据儿童心理学的研究成果,告诉人们:"人格教育,端赖六岁以前之培养。凡人生之态度,习惯,倾向,皆可在幼稚时代立一适当基础。"②

在他看来,儿童 6 岁以前的教育将为一个人打下人格、智力、体格的基础,并且这个基础一旦奠定,便不易改变,故马虎不得。若"这个时期培养得好,以后只须顺着他继长增高的培养上去,自然成为社会优良的分子;倘使培养得不好,那么,习惯成了不易改,倾向定了不易移,态度决了不易变"。而这些已形成的坏习惯、坏倾向、坏态度待到他们入学后去纠正,即使教师花了九牛二虎的力量,则往往勤苦而难成。因此,陶行知大声疾呼:"有志之士,起而创设幼稚园,以正童蒙。"不仅如此,陶行知认为对幼儿施行早期教育,可以为国家和民族培养更多的合格人才。他说:"教人要从小教起。幼儿比如幼苗,必须培养得宜,方能发荣滋长,否则幼年受了损伤,即不夭折,也难成材。"因此,他强调指出:"小学教育是建国之根本,幼稚教育尤为根本之根本。"③

其二,坚持"教学做合一",倡导因材施教。陶行知认为,"生活教育"是以生活为中心的教育。那么,怎样在生活中进行教育呢?他认为最根本的原则与方法就是"教学做合一"。其涵义就是:"教的方法,根据学的方法,学的方法,根据做的方法。"教学就是通过"在做上教,在做上学,使儿童会做"。"教学做合一"的实质就是要根据生活的需要而教、而学,通过生活实践去教学,从而使儿童获得生活实践所需要的真正的生活力、创造力,成为"真人"。可见,陶行知非常强调教育与社会生活实践的结合,反对的是闭门死读书本的

①华中师范学院教育科学研究所. 陶行知全集:第一卷[M]. 长沙:湖南教育出版社,1984:618.
②江苏省陶行知教育思想研究会,南京晓庄师范陶行知研究室. 陶行知文集[M]. 南京:江苏人民出版社,1981:111.
③华中师范学院教育科学研究所. 陶行知全集:第二卷[M]. 长沙:湖南教育出版社,1985:81.

教育。

为此，他竭力倡导幼教要以幼儿的生活为中心，要根据儿童的身心特点来施教。他曾经形象地说：松树和牡丹花所需的肥料是不同的，并以此来告诫人们：培养教育人和种花木一样，首先要认识花木的特点，区别不同情况给以施肥、浇水和培养教育，这叫"因材施教"。陶行知还强调教师要给儿童"点石成金的指头"，而不是"金子"，坚决反对在不了解儿童的特点和能力的情况下采取不切合儿童实际的强制性的灌输教育。

在他看来，教师和家长在教育孩子的过程中都起着主导的作用，教师和家长要加入孩子的队伍中去，成为他们当中的一员，从而了解儿童的兴趣、爱好、个性特征，并从中找出切合儿童实际的教育方法，做到因材施教，有的放矢。陶行知的这些思想与主张，对当今的幼儿教育仍具有现实指导意义。目前，无论是在幼儿园教育中，还是在家庭教育中，那种不注重研究儿童的心理特点与规律，不顾儿童的兴趣爱好盲目施教的现象仍然相当普遍。

其三，主张解放儿童，培养儿童的创造力。陶行知认为，儿童是"有力量""有创造力"的，这种创造力是人类经过几十万年与环境作斗争，获得并传递下来的才能之精华，发挥、加强、培养这种创造力便是教育的一个重要任务。他曾明确指出："教育不能创造什么，但他能启发解放儿童创造力以从事于创造之工作。"[①]为了发挥儿童的创造力，他认为教育者"应化作儿童"，加入儿童的生活中去，发现孩子的创造力，然后进一步将儿童的创造力解放出来，把学习和创造的自由还给儿童。为此，他提出"六大解放"：解放儿童的头脑，使之能思；解放儿童的双手，使之能干；解放儿童的眼睛，使之能看；解放儿童的嘴巴，使之能谈；解放儿童的时间，不逼迫他们"赶考"，使之能学习渴望的东西；解放儿童的空间，使之能接触大自然和大社会。

其四，以儿童生活为中心，全面实施素质教育。陶行知在儿童教育的实践过程中，不仅解决了儿童教育的办学方向问题，而且在教育内容和教育方针上进行了大胆的改革和科学的探索，主张实施体、德、科、美、劳的全面发展教育。

①培养健康的生活，实施健康的教育。陶行知十分重视儿童的体质教育，把保障儿童健康看作幼稚园的一项首要工作，一再强调"健康第一"，认为儿童的健康比什么事都重要。他曾明确要求幼儿教师要把儿童健康当作幼稚园里面第一重要的事情，"幼稚园教师应当做康健之神"[②]。

②道德乃做人之根本，不可不立。陶行知一贯重视儿童的道德教育，认为道德是做人的根本。在他看来，"建筑人格长城的基础，就是道德"，而六岁前是人格陶冶的最佳时期。所以，陶行知对幼儿德育尤为重视，强调"真人"的培养要从幼儿抓起。为此，他还提出了一些具体的德育途径和方法，概括言之，就是"知情意合一""智仁勇合一""真善美合一"。他要求在统一的教育中培养儿童的知情意，启发其自觉，使其人格获得完备的发展。他还基于"德育注重自治"的原则，主张儿童结成团体，"学习自己管理自己"，通过自治来培养

①华中师范学院教育科学研究所. 陶行知全集：第三卷[M]. 长沙：湖南教育出版社，1985：522.

②陶行知. 陶行知全集：第一卷[M]. 成都：四川教育出版社，1991：111.

儿童的责任感、主动精神和集体生活的能力，使儿童对善恶、是非、曲直、公私、义利，做出判断。

③加强科学教育，培养人才幼苗。陶行知认为科学教育是关系到国家强弱、盛衰的大事，儿童科学教育的意义也在于此。他指出："现在是一个科学的世界。在科学的世界里应该有一个科学的中国，科学的中国要谁去创造呢？要小孩子去创造！等到中国的孩子都成了科学的孩子，那时候，我们的中国便自然而然地变为科学的中国了。"为此，他还进一步强调："科学要从小教起。我们要造成一个科学的民族，必要在民族的嫩芽——儿童上去加工夫培植。"在他看来，儿童的科学教育重在感官的充分运用与训练，只有让孩子不断地运用各种感官，动手又动脑，才能让孩子发现科学奥妙，激发其学科学的兴趣。他还指出："不做无学，不学无术。科学实验要在做上学，在做上教。"[①]

④倡导儿童美育，陶冶健全人格。陶行知认为，"教育是教人化人"，而教人化人的基本途径和手段是通过环境、艺术和校容、校貌来陶冶儿童的思想、品德。早在1923年，陶行知就提出：天然环境和人格陶冶，很有密切关系。他在创办晓庄幼稚园和育才学校时，就特别注意校址的选择。他认为，学校应该设在不仅环境优美、雄阔，而且社会风气优良、淳朴的地方。他说："我们所要的校容不是浪费的盛装，而是内心的艺术感所追求的朴素的表现。"[②]

⑤重视劳动教育，培养儿童热爱劳动的优良品质。[③] 在他创设的乡村幼稚园里，不仅有自制玩具和娱乐场所，而且还因地制宜地办有儿童小农场，让孩子们"种几颗黄豆""栽几种花草""养几只老母鸡"，干一些自己力所能及的事。在他看来，真正的劳动必须是"在劳力上劳心，用心以制力"。这种劳动是以实践为基础，以思想为指导，以创造为目的。这就告诉我们，儿童的劳动教育不能仅仅停留在擦擦桌椅，扫扫地上面，而要寓思想品德教育于劳动过程之中，使儿童体验到劳动的乐趣、劳动的艰辛、劳动的价值，养成劳动既快乐又光荣的思想感情，从而形成既热爱劳动人民又珍惜劳动成果的良好的道德品质。

（六）柏拉图的教育思想

柏拉图（公元前437—公元前347），古希腊最为著名的思想家、哲学家、知识渊博的学者和教育家。柏拉图出生于雅典的名门望族，在其整个青少年时代受到了当时雅典社会中最好的教育，曾对文学产生浓厚的兴趣，大约从20岁开始，柏拉图由于景仰苏格拉底的思想和人品，开始追随苏格拉底，弃文学而心向于哲学的研究。公元前387年，柏拉图创办了集学术研究、传授知识与人才培养于一体的阿卡德米（Academy）学园（后世称柏拉图及其追随者为学园派），并在此讲学和著述达40年之久，直至去世。柏拉图的著述涉及哲学、政治、伦理、教育、法律、宗教等学科，其教育思想集中反映在《理想国》一书中。

1. 理念论与教育观

在柏拉图的哲学思想中，理念就是法则、共相、规律、公理、定义、原则等，这些高度抽

①华中师范学院教育科学研究所. 陶行知全集：第二卷[M]. 长沙：湖南教育出版社，1985：269.

②陶行知. 陶行知全集：第四卷[M]. 成都：四川教育出版社，1991：491.

③陶行知. 陶行知全集：第二卷[M]. 成都：四川教育出版社，1991：411.

象化的理念并不是从具体事物中归纳出来的,而是先于任何个别事物而客观存在的精神实在。理念先于客观的、具体的事物,并产生了客观的、具体的事物。从理念论出发,柏拉图区分了两个世界:一个世界是现实的、可见的、物质的世界,这个世界是由运动变化的、不真实的、虚幻的具体事物构成的;另一个世界是理念的、可知的世界,它是由永恒不变的、绝对真实的、不生不灭的一般概念即理念所构成的。如现实世界中的美总是因人而异,因而是运动的、变化的,而美的本身、美的理念则是永恒不变的。在这两个世界的关系上,柏拉图认为,理念是万物的本原,现实世界的具体事物是理念世界的摹本、副本,两者是摹本和原本的关系。

理念世界中存有大量的理念,但是这些理念并非是杂乱堆积的,而是依据高下、等级、层次排列组合为理念金字塔。最低级的是那些具体事物的理念;高一级的是数学或科学方面的理念;更高一级的是艺术和道德方面的理念,如美、正义、勇敢、节制等;最高级的是"善"的理念。善是创造世界一切的力量和源泉,它是超乎存在之上,比存在更尊严、更有威力的东西。善如同太阳,在太阳照耀下我们方能洞见一切。

从柏拉图的理念论来看,理念的价值要高于现实世界的价值,因此,教育就是要人们能够摆脱现实世界具体事物的束缚,认识理念世界中的理念,尤其是善的理念,换句话说,教育就是要实现灵魂的转向,使灵魂由关注现实世界中运动的、变化的、不真实的个别事物,转向关注永恒不变的、事物的原本,即理念。他说:"教育实际上并不像某些人在自己的职业中所宣称的那样。他们宣称,他们能把灵魂里原来没有的知识灌输到灵魂里去,好像他们能把视力放进瞎子的眼睛里去似的。……知识是每个人灵魂里都有的一种能力,而每个人用以学习的器官就像眼睛。——整个身体不改变方向,眼睛是无法离开黑暗转向光明的。同样,作为整体的灵魂必须转离变化世界,直至它的'眼睛'得以正面观看实在,观看所有实在中最明亮者,即我们所说的善者。"①教育本来就"有一种灵魂转向的技巧,即一种使灵魂尽可能容易尽可能有效地转向的技巧。它不是要在灵魂中创造视力,而是肯定灵魂本身有视力,但认为它不能正确地把握方向,或不是在看该看的方向,因而想方设法努力促使它转向"②。在《理想国》中,柏拉图还使用"洞喻"来解释他的教育观。被锁链束缚住手脚,面向黑暗洞穴里面的人是未受过教育的人,而解放了手脚走出洞穴看见洞外光明的人是受过教育的人。

2. 知识观与学习观

柏拉图依据两个世界的理论,把认识划分为和两个世界相应的两个部分。

第一部分称为"意见",其中包括两个等级。①想象(猜测),这是人们对"影像"(肖影)的认识。所谓影像是指对实际东西的模仿,正如在水里和光滑物体上反射出来的影子,以及其类似的东西。②信念(相信),这是人们对"实际东西"的认识。所谓实际东西是指我们周围的生物、一切自然物和人造物。这两个等级的对象都属于"可见世界"即物质世界。

①柏拉图.理想国[M].郭斌和,张竹明,译.北京:商务印书馆,1986:277.
②柏拉图.理想国[M].郭斌和,张竹明,译.北京:商务印书馆,1986:278.

第二部分称为"知识",同样也包含两个等级。①"理智"(知性),这是指以可见世界的实际事物作为影像,"由假定出发进行研究",最后由假定得出结论。②理性(理解),这是对理念的认识能力,是指人的理性凭借辩证法的力量,从个别理念上升到绝对第一理念。在进行这种活动的时候,人的理性决不引用任何感性事物,而只引用理念,从一个理念到另一个理念,并且归结到理念。这两个等级的对象是可知世界,即理念世界。

柏拉图认为,通过具体的事物,人们获得的只是意见,而不是知识,只有通过沉思和反省等辩证法的力量才能获得真正的知识,那么,辩证法的力量是如何获得知识的呢？答案是"学习即回忆"。柏拉图认为,人是由灵魂和肉体构成的,肉体是可以朽坏的,而人的灵魂是不死的,且是可以轮回的。当肉体朽坏后,不死的灵魂自由自在地生活在理念世界之中,对理念世界中的理念已经有了直接的认识,已经具有了知识。柏拉图还以为,人的肉体是灵魂的牢笼,是人的灵魂的拖累,是人认识理念的障碍,当灵魂和肉体结合为人时,由于对进入牢笼和失去自由的担心和害怕等种种原因,灵魂把原来就认识的理念或者说具有的知识给遗忘了,此时灵魂处于睡眠状态。不过这种状态只是暂时的,在未来的生活中,如果受到具体事物(理念的副本)的启示,尤其是精神助产术的启发和诱导,便能唤起或回忆起灵魂在出生前就具有的知识,所以,学习即回忆,或者说是唤醒沉睡的灵魂,这就是沉思和反省等辩证法的力量。柏拉图认为,回忆起知识的过程并非是轻而易举地就能完成的,它需要学习者具备优异的天赋,以及长期的艰苦的训练。据此,柏拉图认为,并非所有的人都能认识到理念,绝大多数的灵魂只是匆匆瞥见过某些理念,印象肤浅;或者是在生活中被纷繁杂陈的表面现象弄得眼花缭乱,什么也看不清楚,根本无暇或不愿意去转向自己的灵魂,也就谈不上回忆起知识了。

3. 国家学说和教育体系

柏拉图在《理想国》中梳理并分析了希腊当时存在过的各种政治体制,认为这些体制各有弊端,并根据其灵魂学说提出了由哲学家统治的理想政体。柏拉图认为,不死且轮回转世的灵魂由理智、激情、欲望三个部分组成。理智的特点是"爱智"或"爱学";激情的特点是"爱胜"或"爱敬";欲望的特点是"爱利"或"爱钱",由此灵魂便具有了智慧、勇敢、节制三种美德。但是灵魂只是具有这三种美德还不够,还需要正义这种美德才能达成善且美。所谓正义,就是激情和欲望应该服从理性的指引。

从其灵魂学说出发,柏拉图认为,理想的国家应该由三部分人组成:护国者,这种人出自灵魂中的爱智成分,是监护整个国家和谋划国家政事的人,老天在铸造他们的时候,在其身上加入了黄金,具有智慧这种最高的美德,最适宜充当国家的最高统治者;保国者或辅助者,这种人出自灵魂中的爱胜成分,是御敌卫国,维护社会秩序的武士或军人,他们的身上被加入了白银,具有勇敢的美德,最适宜充当国家的辅助者;供养者,这种人出自灵魂中的爱利成分,是生活资料,是生产、制造和贩运的农民、手艺人和生意人,他们的身上被加入了铜铁,具有节制的美德,最适宜从事体力劳动。柏拉图认为,理想的国家除了智慧、勇敢和节制的美德外,还需要第四种美德,即正义。所谓国家的正义是指,三个等级的人都能各司其职,各尽其能,都能干自己分内的事,不相互干扰,不谋求替代。这样的国家才能长治久安,才是安定的社会。此外,柏拉图还强调理想的国家还应该实行财产公有,妇女公有，儿童公有，全部教育公有，男女一律平等，等等。

教育的目的：既然灵魂的正义是理性引导并统治激情和欲望，那么国家的正义也理应是智慧统领着勇敢和节制。因此，理想国家实现的主要条件就是由哲学家充当国王，换句话说教育的目的就是培养能够洞见善的理念，并用善的理念来统治整个国家的哲学王。只有那些用理智来洞见理念且具有理智美德的人，才能引导人们达到理想的境界，也才能进行智慧的统治，因此必须使政治权力与聪明才智合而为一，否则国家将会永无安宁之日。纵观《理想国》中的教育，一直是围绕着哲学王的培养而展开的。

柏拉图重视学前教育，认为人在年幼时，受到的各种影响会持续人的一生，因此主张教育开始得越早越好。他认为儿童从 3 岁开始，就要送到附设于神庙的儿童游戏场，由国家指定专人负责照管和抚养，教育的主要内容包括讲故事、做游戏和简易的音乐歌唱等活动。由于幼儿教育的内容会影响人的一生，因此，柏拉图主张对故事、歌词、游戏等内容加以严格的审查，甚至主张儿童应该用同样的方法玩同样的游戏，这样可以培养儿童的一致性。

6 岁开始，男女儿童应该进入国家创办和管理的学校——文法学校，通过阅读、书写、数字计算等，进行初步的启蒙教育。12—16 岁的少年，在文法学校学习的同时，进入弦琴学校和体操学校学习。这一阶段属于情感教育阶段，旨在培养学生的节制、正义等美德，学习的内容主要是音乐和体操，以达成心灵上的优美与身体上和谐美的一致。

17—20 岁的青年经过“第一次挑选”，一般的、身上被加入铜铁的、已经具备节制美德的平民子弟被淘汰，去从事物质资料的生产等，唯有身上被加入金银质的青年进入高一级学校学习。该阶段属于意志教育阶段，旨在培养青年勇敢的美德，学习的科目除了体操和军事训练之外，还要学习四种科学艺术课程（简称四艺，后与智者派提出的三艺，合称七艺）：算术、几何学、天文学和音乐理论。该阶段四艺的学习主要是为实用的目的，如掌握算术知识可以从对方的船只数目推知其他一切设施；学习几何学知识有助于安营扎寨、队形排列与展开等；学习天文学知识有助于观测天象、气象等；而学习音乐理论有助于鼓舞士兵的坚定性和斗志；等等。

意志阶段教育结束后，经过“第二次挑选”，那些身上被加入银质、已经养成了勇敢美德的青年被淘汰，去从事保家卫国的任务，只有身上被加入金质、具有辩证法天赋、适宜于从事理智活动的青年被选中，进入下一阶段的学习。这些被选中者则成为国家的预备官吏。该阶段属于智慧教育阶段，旨在通过辩证法的训练，培养敏锐的抽象思维能力，深邃的想象力和超群出众的记忆力。这一阶段学习的科目除了哲学和辩证法外，还要继续学习四艺。此时四艺的学习已经不再是为了实用的目的，而是培养学生的思维能力、想象能力和回忆能力，为“心灵的转向”服务。

到 30 岁，再进行一次考核和挑选，少数天赋极佳的人继续深造，进入哲学学习的阶段，一直到 35 岁。这一阶段只有敏于学习，强于记忆，机智，灵敏，有进取心，豁达大度，不为别的事物所扰乱，不受一切利欲所诱惑，全身心地向往实在，潜心沉思可知世界的人，才能把曾经学习过的所有学科提高到彼此结合、互相联系的程度，能够从它们的相互关系中得到一个总的看法，才能对事物提出合理的说明，才能刻苦、顽强地探究深奥的哲学真理，获得绝对实在的真知。

学完5年哲学后，最优秀的人只能作为护国者的预备生，还必须花15年的时间，投身于实际锻炼和考验，“强迫他们负责指挥战争或其他适合青年人干的公务，让他们可以在实际经验方面不低于别人，还必须让他们在这些公务中接受考验，看他们是否能在各种诱惑面前坚定不移，或者，看他们是否会退缩，出轨”，凡是经过考验和锻炼的人，年满50岁，那些在实际工作上、在知识学习上以及其他一切方面，“都以优异成绩通过了考试的人必须接受最后的考验”，即能“把灵魂的目光转向上方，注视着照亮一切事物的光源。在这样地看见了善本身的时候，他们得用它作为原型，管理好国家、公民个人和他们自己”①，才能成为国家的统治者——哲学王。教育的目标也才能实现。

柏拉图的教育思想吸收了当时希腊城邦的教育经验，以他的客观唯心主义的理念论和先验的认识论为理论基础，建构起了漫长而严格的教育体系，蕴含着丰富的理性主义精神与和谐发展的教育理念，对后世西方教育思想的发展产生了巨大的影响，成为了西方教育学说的重要理论渊源。

（七）夸美纽斯的教育思想

夸美纽斯（1592—1670），17世纪捷克著名的教育家。夸美纽斯作为教育学的学科奠基人，被教育史家誉为“教育科学的真正奠基人”和“教育史上的哥白尼”。夸美纽斯一生著作甚丰，主要有：《母育学校》，这是历史上第一部论述学前教育的专著；《语言入门》，这是为准备学习拉丁语的学生提供的一部入门教材；此外，还有《大教学论》《世界图解》《泛智学校》等。其中尤其重要的是《大教学论》，这是其教育思想的代表作，是夸美纽斯改革旧教育的全部方案，书中论述了教育目的、任务、作用，教育的基本原理，教学的原则、内容、方法，分科教学法，德育（包括宗教教育），体育，学制及学校管理等教育学的基本内容。该书奠定了夸美纽斯的教育观及其全部教育活动的基础。

1. 人生的阶段、教育目的与学校教育

夸美纽斯认为，人的发展历程经过三个阶段，而人的终极目标是超于现世的人生。他认为，每个人的生活和住所都有三重，即母亲的子宫、世上和天堂。从第一重到第二重，经由的是诞生，从第二重到第三重，经由的是死亡和复活。到第三重，便不再动了，永远歇在那儿。他认为只有婴儿在母腹中发育良好，才能诞生到人间，成为现世的生命，而现世的人生只是一种真实永久的生存的序幕，只是人生的一种准备。这样一来，教育的目的就不是为生活本身，而只是未来的预备而已。

夸美纽斯认为，人要过好现世的人生需要做好三个方面的准备：第一，人要成为“理性的动物”，为此要熟悉万物，成为博学者，所谓博学是指关于一切事物、艺术和语言的知识。第二，人要主宰万物，具有管束万物和管束自己的能力，成为有德行的人。第三，人要成为上帝的形象，具有虔信上帝的宗教的品质。概言之，“我们在这个世界上面追求学问、德行

①柏拉图. 理想国[M]. 郭斌和，张竹明，译. 北京：商务印书馆，1986：309.

与虔信,我们就是相应地在向我们的终极目标前进”①。教育的目的就在于培植博学(或学问)、德行和虔信。

夸美纽斯认为,学问、德行与虔信的种子自然地存在于我们的身上。但是,这些种子并不能自然地生长,需要凭借祈祷、教育和行动的力量。因此,青年人应该受到共同的教育,即学校教育。学校是处理共同事务的良好的制度。夸美纽斯强调,即使父母有时间和能力教育自己的子女,仍不如学校优越,因为学校里众多的学生可以成为学习的榜样和刺激,从而获得更好的结果和更多的快乐。

2. 学校改革与自然性原则

正是因为此前的学校通行着错误的方法,导致了学校教育的失败,夸美纽斯主张学校改革必须寻找到正确的、有效的方法,这种方法便是遵循自然适应性原则,或曰教育适应自然。夸美纽斯认为,在宇宙万物和人的活动中存在着一种秩序或法则,即普遍规律,又称万能支配力,这些秩序保证了宇宙万物的和谐发展。“我们通过考察知道,真正维系我们这个世界的结构以至它的细微末节的原则不是别的,只是秩序而已;就是,按照地点、时间、数目、大小和重量把先来的和后来的,高级的和低级的,大的和小的,相同的和相异的种种事物加以合适的区分,使每件事物都能好好地实践它的功用。所以,秩序就叫作事物的灵魂。”②人作为自然界的一部分,同样也必须遵循这种自然支配力,教育工作也必须遵循自然法则。夸美纽斯在《大教学论》中反复强调:改良学校的基础应当是万物的严谨秩序,教导的严谨秩序应当以自然为借鉴,教学艺术所需要的也不是别的,只不过是要把时间、科目和方法巧妙地加以安排而已。

夸美纽斯自然适应性原则的另一个含义是,依据人的自然本性和儿童的年龄特征进行教育。“我们说的自然,……它指的是我们的最初的和原始的状况,我们应当回复这种状况,如同回到一个起点”③,这种状态是指人与生俱来的、尚未被败坏的本性。此外,夸美纽斯在《大教学论》中,还对人的心理、年龄特征和性格进行了考察和分析,作为教育和教学应遵循的秩序。

就自然适应性而言,夸美纽斯尤为重视自然界的规律,这在《大教学论》中得到了充分的体现。这种推理论证大体上分为四个步骤:第一,从自然界中寻找到基本原则;第二,从动植物界或人类生活中举出反映这种法则的例子;第三,指出当时学校教育教学中与这种例子相悖之处;第四,以自然界中的基本规则作为依据阐明正确的教学原则。在《大教学论》的第十六和十九章,夸美纽斯根据这样的顺序分别论述了教学原则或方法。

3. 学校教育体系及特点

夸美纽斯认为,教育体系应该是:第一,教育向所有人开放,即一切青年都受到教育;第二,实施周全的教育,即学校里传授使人变得有智慧、有德行、能虔信的科目;第三,教育是生活的预备;第四,废除鞭笞的、严酷的或强迫的教育,实施温和的、轻快的、自然的教育;第五,废除虚伪的、表面的教育,实施真实的、彻底的教育;第六,实行班级教学,提高教

---

①夸美纽斯.大教学论[M].傅任敢,译.北京:人民教育出版社,1984:27.

②夸美纽斯.大教学论[M].傅任敢,译.北京:人民教育出版社,1984:75.

③夸美纽斯.大教学论[M].傅任敢,译.北京:人民教育出版社,1984:28.

学效率。

人从出生到成人的全部期间应当分为四个明显的阶段，即婴儿期、儿童期、少年期和青年期，每个时期可以分派六年光阴和一种特殊学校。每个家庭就是母育学校；每个村落设立国语学校；每个城市设立拉丁语学校或高级学校；每个王国或每省有所大学。每一个发展阶段及其相应的教育机构都有自己的专门教育任务，但是四级学校不是要去研究不同的学科，而是要用不同的方法学习同样的学科，教导一切可以产生真人、真基督徒和真学者的事；自始至终，要按学生的年龄及其已有的知识循序渐进地进行指导。这样就形成了四级相连的学校教育体系。

夸美纽斯在论述学校体系的同时，也对学校内部组织和纪律作出了规定。首先是实行班级授课制。他主张根据儿童年龄特点及知识水平分成不同的班级，作为教学的基本单元，由一个教师对一个班级的学生同时授课，每个班级有专门的教室。其次是学年制和学日制。夸美纽斯建议：学校应以学年为大的教学单元，在一个学年里学生同时开学、同时放假；每年招生一次，秋季开学；全班同学在一个学年中学习进度一致；学年终了时，举行考试，合格者方能升级。每个学年又被分为学月、学周、学日、学时，有条不紊和有计划地进行。同时还规定了每天学习的时间和假期，等等。第三是考试和考查制度。夸美纽斯建议，考试和考查制度应该包括6种：即学时考查；学日考查；学周考查；学月考查和学年考试。第四是学校纪律和规章制度。夸美纽斯强调纪律在学校管理中的作用，纪律是维持正常学校秩序必不可少的措施。学校管理是否有序，与学校所制定的各种规章制度和行为准则是否能够被严格执行有着密切的关系，他要求确保纪律的严肃性，规定任何人不得擅自违反、破坏纪律。

4. 教学思想

夸美纽斯为人的教育设想的教学内容非常广泛，而且在不同时代也有所不同。在《大教学论》中，夸美纽斯把广博的教育称之为“周全的教育”，所谓周全指的是学问、德行、虔信三者具备，缺一不可。而在后期的专著《泛智学校》中，又把广博的教育称为泛智。他说：我们希望有睿智的学校，而且是博学的学校，即泛智的学校，即工场，在这样的学校里所有的人都接受教育，都能学习现在和将来生活所必须的学科，而且达到完善的程度。在夸美纽斯看来，泛智主要包括三方面的内容：第一，认识事物，即学习一切知识领域中的精粹的总和；第二，行为熟练，即不只是知，而且还包括行；第三，语言优美，即在能知能行的基础上，能用语言优美地表达自己的知和行，为此要求学生学习各种语言，使自己的语言达到令人满意的程度。

夸美纽斯依据自然界的规律，提出教学原则。这些原则包括教学的直观性原则、教学的确切性原则、教学的便易性原则、教学的彻底性原则、教学的简明性和迅速性原则等。

夸美纽斯在世界教育史和教育学史的发展上都有着重要的地位，处于新旧之交的他，思想上的矛盾是显然的，但是他在批判旧教育的基础上，在构建新教育体系的过程中，提出的教育对象的普及化、教育目的的世俗化、教育内容的泛智化、教育方法的心理化、教育组织的班级化等，都对教育学的发展做出了重大的贡献，并预示着未来教育发展的方向。

(八)卢梭的教育思想

让·雅克·卢梭(1712—1778),18 世纪法国杰出的启蒙思想家、哲学家和教育思想家。《爱弥儿》是卢梭的教育哲理小说,是与柏拉图的《理想国》和杜威的《民主主义与教育》齐名的世界三大教育名著。

1. 自然教育及其要求

"回归自然"既是卢梭政治、宗教和伦理思想的基本原则,也是其教育思想的基本依据。在天性观上,卢梭是位性善论者,认为出自造物主之手的东西都是好的,而一到了人的手里,就全变坏了。由此他主张要以天性为师,而不以人为师,要成为天性所造成的人,而不是人造成的人。卢梭这里所说的人的手里,主要是指封建社会制度和文化对人的摧残;而他所说的自然,指的是儿童的天性,人性中的基本能力和倾向,亦即保持本来面目、无外界强加干预、非人为,等等。

卢梭十分重视教育的作用,他认为,我们在出生时所没有的东西,我们在长大的时候所需要的东西,全都由教育赐予我们。他认为人类的教育有三种来源:受之于自然(天性)、受之于人(人事)、受之于事物(事物)。其中,"我们的才能和器官的内在的发展,是自然的教育;别人教我们如何利用这种发展,是人的教育;我们对影响我们的事物获得良好的经验,是事物的教育"。只有这三者协调一致时,才能受到良好的教育,也才能获得生而没有长大后又需要的东西。教育要与儿童天性的自然发展一致起来。儿童是自然发展的,这是一种天赋的权利,教育应是自然的教育,而不是从外部强加的要求和命令。卢梭要求教育要遵循"自然",即要求教育要以发展儿童的"内在自然"或"天性"为中心,人的教育和物的教育,都要以追随儿童的内在自然为目的。

卢梭的自然教育包含以下几个方面的要求。

其一,自然教育应该是自由的教育。卢梭认为,儿童的天性是自由的,由此,自然的教育必然是自由的教育。在教育中,自由决定了儿童的发展应是主动的而非被动的,自然自由地发展就意味着像植物那样发育,所以,作为教师也就应像园丁一样精心护理,要给儿童提供一个"自我开拓心灵"的环境,而不应给儿童任何压力。当然,卢梭又认为,自由不等于放纵,自由应该是有节制的。

其二,自然教育应该是消极教育。卢梭认为,自然的就是自由的,自由的教育既不应压抑儿童的天性,也不应灌输传统的偏见,更不应用严酷的纪律和体罚,否则只能是不顾天性的要求而矫揉造作和拔苗助长,尤其是在儿童教育的早期阶段,教师要避免妄加干预,而是应按照儿童的自然本性,使教育切合受教育者的身心发展水平,让儿童有充分自由活动的可能和条件,使儿童的身心得到自由和谐的发展。

其三,自然教育应该是把儿童当作儿童的教育。卢梭批评当时人们把儿童视为具体而微的成人,甚至把儿童当作学问家、道德家和宗教家,妄图把对于成人有用的知识、品德早早地加之于儿童的错误的做法;还批评了人们担心浪费儿童宝贵光阴,在教育上贪速求快,实际上,那是守财奴似的吝啬,其结果是欲速不达。他强调指出,在万物中,人类有人类的地位,在人生中儿童期有儿童期的地位,所以必须把人当人看待,把儿童当儿童看待。

其四，自然教育应该是身心协调发展的教育。卢梭认为教育的最大秘诀就是使身体锻炼和思想锻炼互相协调，多病的身体会损害精神的陶冶；而身体太过舒适，就会败坏精神，只有良好的体格才能使人的思想敏锐和正确。

其五，自然教育应该是活动的教育。卢梭认为，人是有智慧的生物，人的生活就是活动，就是要用我们的感觉，我们的才能以及一切使我们感觉到我们的存在的本身的各部分，由此，教育者必须为儿童提供活动的机会和自由，只要他想做什么就做什么，必须为儿童提供使用大自然赋予的一切力量以机会和空间。

其六，自然的教育应该是重视自然后果法的教育。自然后果法指的是凭任儿童的行为的自然结果来引导儿童自我教育的原则，即让儿童由于自己的过失招致的后果，而自己纠正错误行为。他认为，人为的惩罚常常招致儿童的反感，不如自然惩罚易使儿童感觉公平，从而自己加以反省和纠正。他认为，儿童的惩罚永远应是他们的过失的自然结果。所以你不必斥责他们的错误，不要严惩他们的谎言；你要运用谎言的恶果以施教。例如，惯于说谎者虽说真话时，人也不再相信他，以后他虽未做坏事，人也归罪于他而有口难辩。当儿童说谎时，应把这种恶果印入他的头脑中。

其七，自然教育应该是遵循儿童年龄发展阶段特点的教育。卢梭认为，儿童的发展是阶段性和连续性统一的过程，不同年龄阶段儿童的生理和心理的特点都不同，因此，教育的内容、方法和要求都应该符合各年龄阶段的特点。

2. 教育目的：培养自然人

卢梭尊重天性、顺应自然和归于自然的理论在培养目标上，既不是培养王孙公子和达官贵人，也不是培养国家的公民，更不是培养某种职业的从事者，因为封建教育所培养的各种人，都是有害天性而人工造作的产物，都不该成为教育培养的目标。自然教育培养的目标应该是自然人、自由人。他在《爱弥儿》一书中塑造的主人公爱弥儿就是一个自然人。所谓自然人乃是摆脱封建社会和封建文化腐蚀而自然地或率性发展的新型人物。爱弥儿不是被教育成孤独的人，是被教育成社会的成员，而且是能够尽到社会成员职责的人。在卢梭的心目中，这种人应该是：身心协调和发达的人；既有农夫的或运动员的身手，又有哲学家的头脑；身强体壮、健康、感觉灵敏、理性发达、良心畅旺、能力强盛；不曾受到社会传统的摧残，未被旧有的模型铸成固定的形式；有着发展成为各种人才的条件，能适应时势的要求担承应当担承的任务。他们不依附于某一特定的地位、阶级或职业，更不是旧教育所培养出来的那种王孙公子、达官显贵。卢梭笔下的爱弥儿就是这种人的化身，他体格健壮，虽然书本知识不多，但通晓事理，善于思考，敏于判断，并不固着在某一职业或某一地位上，能胜任任何工作，对于任何职业都有所准备。卢梭曾概括地说，从我的门下出去，他既不是文官，也不是武人，更不是僧侣——他首先是人。卢梭所谓的自然人不只是身心协调和发达，而且是能够承担生产劳动的人。自然教育最终培养的自然人不是无以为业或依靠家财为生的懒汉惰夫，而是具有从事任何劳动，能够独立生活的率性发展的人。

3. 自然教育的实施过程

卢梭曾根据儿童身心发展的特点，把儿童受教育的时期分为四个阶段，而且每个阶段都有其生理和心理的特点：从出生到 2 岁，身体软弱宜于锻炼，应以身体养护为主；2 岁到

12 岁,属儿童期,感觉发达而心智未开,应以身体锻炼和感觉教育为主;12—15 岁,理性开始发达,应以知识教育为主;15—20 岁是青春期,已经意识到社会关系和宗教信仰等问题,是实施道德教育和宗教教育的时期。

4. 关于知识教育和道德教育

关于知识教育。卢梭认为:知识教育的任务不在于尽可能多地传授各种知识给学生,而在于发展学生的智力,培养儿童对科学的兴趣和研究科学的方法。因此,他认为,给儿童的科学知识一定要慎重选择。选择的标准是:学以致用;行以求知;培养智力和能力。由此,他排斥了神学和人文学科,只提倡学习地理、天文、物理、化学、农业和手工业生产劳动以及读写算的基本知识,以利于适应儿童本能的自然求知欲望,启发心灵而增加智慧。卢梭反对百科全书式的教学,他认为,人的智慧是有限的,一个人不仅不能知道所有的一切事物,甚至连别人已知的那一点点事物也不可能完全知道。所以,教学应以增进儿童生活效用为主,因为,人只有清楚地看到自己当前的利益关系,才会对有用的知识获得深刻的印象。他强调指出:问题不在于他学到的是什么样的知识,而在于他学的知识应有用处。卢梭反对死读书和读死书,不注重学生的能力的培养的教学。在卢梭看来,智育的根本问题在于交给学生打开知识的宝库的钥匙。问题不在于告诉学生真理,而在于教他怎样去发现真理。为此,卢梭十分强调培养学生的独立判断和独立思考的能力,非常重视教师的指导、启发作用。

关于道德教育。卢梭认为,青春期教育(15—20 岁)是个体情欲发展的时期以及开始意识到社会关系的时期。因此,教育的主要任务是着重发展道德教育,形成良好的德行,以帮助青年在社会生活中处理好群己关系。卢梭认为,顺应自然发展的人绝不是不分善恶、不辨好坏、不分是非的野蛮人,而是行善、知善和好善的人,即要培养有德之人。那种能够克服情欲,遵循理性和良心指引,尽其职责,成为自己的主宰而不受外界诱惑的始终走向正路的人,才是有德之人。道德教育的任务是培养善良的感情、正确的判断和良好的意志。培养善良情感是"心的教育",它使青年人通过对人间苦难、困厄和悲惨情景的观察,培养同情和怜悯他人的感情。要培养善良的意志,就应让他到各种疗养院、医院、监狱去观察,教育他不要因自己的荣华而藐视不幸人的痛苦,因为随时都有许多预料不到的和不可避免的事情也可以使他陷入他们那种境地。培养正确判断的办法是学习历史和伟人传记。研究历史是对人心进行研究的妥善途径,因为读历史可以使人以旁观者或判断者的眼光来观察历史人物,既不动感情也不致有偏见,更不会成为那些人的附和者或斥责者。培养良好的道德意志需要实际练习,即社会道德实践。社会道德实践给人们心中带来了人类的爱,正因为做了好事,人才变成了好人,从道德实践中可以养成勇敢坚毅的品行。

卢梭是法国启蒙运动时期的旗手,在批判封建社会和封建文化的基础上,大胆地提出了自己的教育思想,在当时的法国乃至整个世界,起到了很大的作用。但是,卢梭教育思想中浪漫主义的色彩和理想的成分,又引起了后世的种种误解。

(九)赫尔巴特的教育思想

赫尔巴特(1776—1841),19 世纪德国著名的哲学家、心理学家和教育家,以"科学教育学之父”而闻名于世。他在瑞士教育家裴斯泰洛齐教育思想的影响下，以心理学和伦理学为理论基础，从理论和实践上深入地探讨了“教育心理学化”的问题，试图构建一个以系统知识为首要任务的完整的“主知主义”教育思想体系，对世界许多国家的教育理论和教育实践都产生了重要的影响。在教育史上被称为“科学教育学的奠基人”，是“传统教育”的重要代表。赫尔巴特一生著作颇丰，主要的著作有：《裴斯泰洛齐直观教学 ABC》《评裴斯泰洛齐的教学方法》《世界审美表象》《普通教育学》《实践哲学概论》《形而上学要论》《哲学概论纲要》《心理学教科书》《科学的心理学》《普通形而上学》《教育学讲授纲要》《心理学研究》《哲学辞典》。其中《普通教育学》和《教育学讲授纲要》是赫尔巴特两本最重要的教育学著作。《普通教育学》是作者多年教学实践经验及理论探讨的总结，比较集中地反映了赫尔巴特的教育思想，通常被认为是科学的教育学形成的标志。该书分为四个部分：绪论部分论述了教师学习教育学的意义、教育性教学、教育目的等问题；第一编论述教育的一般目的，其中以儿童的管理为先导，进而说明“真正的教育”问题；第二编“关于兴趣的多方面性”阐述教学论思想；第三编“性格的道德力量”，论述了教育与意志性格的关系。在《教育学讲授纲要》中，赫尔巴特重新审定了他的教育原则，并把《普通教育学》中阐述的教育理论与其心理学理论更明确地联系在一起。赫尔巴特之所以被称为“科学教育学之父”，是因为他认为，“教育学作为一种科学，是以实践哲学和心理学为基础的。前者说明教育的目的；后者说明教育的途径、手段与障碍”①。

1. 关于教育目的

赫尔巴特的教育目的源之于其实践哲学即伦理学。赫尔巴特伦理学的核心是其五种道德观念，即：“内心自由”的观念、完善的观念、仁慈（善意）的观念、正义的观念、公平或报偿的观念。赫尔巴特认为，这五种道德观念是巩固世界秩序的永恒的真理，如果这五种道德观念牢牢地扎根于人的头脑，社会就不会出现任何的骚乱。五种道德观念中，前两者是针对个人道德修养而提出的；后三者是处理个人与他人或社会上人际关系时应遵循的指导原则。

根据其伦理学的观念，赫尔巴特认为：“教育的唯一工作与全部工作可以总结在这一概念之中——道德。道德普遍地被认为是人类的最高目的，因此也是教育的最高目的”②。赫尔巴特把这种目的称为“道德的目的”，或“必要的目的”。赫尔巴特认为，道德教育“决不是要发展某种外表的行为模式，而是要在学生心灵中培养起明智及其适宜的意志来”，使之具有“绝对明确、绝对纯洁的正义与善的观念”③，并把所有任意的冲动给推回去。换言之，赫尔巴特所要培养的是以“五种道德观念”为基础，具有完善意志、完善道德品质的人，这种人能够把世界导入正轨。

除了道德这个最高目的外，赫尔巴特还提出了教育的“选择的目的”“可能的目的”或“意向的目的”。赫尔巴特认为，人类的分工是必要的，它可以使每个人把自己的工作做好，但是分工不应该分到使每个人都相互不了解的程度。分工的合理的要求是，大家都热

---

①赫尔巴特. 普通教育学·教育学讲授纲要[M]. 李其龙，译. 北京：人民教育出版社，1989：190.

②张焕庭. 西方资产阶级教育论著选[M]. 北京：人民教育出版社，1985：259-260.

③赫尔巴特. 普通教育学·教育学讲授纲要[M]. 李其龙，译. 北京：人民教育出版社，1989：40.

爱一切工作，每个人都精通一种工作，至于精通哪种工作，这是学生离开学校后自我选择或意向的事情，而不是学校教育的任务，教育所要做的，是培养学生"平衡的多方面的兴趣"，促成儿童"一切能力的和谐发展"，为儿童未来的发展和就业做好准备。

2. 关于儿童管理

赫尔巴特认为，儿童生来就具有野蛮的顽皮性，具有一种处处驱使他不驯服的烈性，以及盲目冲动的种子，这些与生俱来的恶性如果不从小加以约束的话，不仅无法形成一种守秩序的精神，扰乱成人的计划，未来学业难成，而且会把儿童未来的人格置于危险之中，甚至将来会发展到反社会的方向。赫尔巴特认为，管理的目的应该是多方面的，但是主要的目的是在儿童身上养成一种守秩序的精神，为教育教学工作顺利开展创造良好的外部秩序，因而管理和教学工作有着密不可分的关系。

赫尔巴特认为，所谓儿童管理就是为了克服儿童身上的烈性和冲动所采取的种种措施。这些措施主要包括：①惩罚的威胁，即以惩罚威胁儿童；②监督，即对儿童加以严密监视和督促；③命令和禁止，即对儿童的行为规范直接提出要求；④惩罚，这是上述方法未能奏效时采取的严厉的措施，如批评、警告、关禁闭、体罚等；⑤权威与爱，即教师应该把父亲的威望和母亲的爱结合起来；⑥让儿童有事做，即通过组织儿童游戏，或给儿童讲故事等活动，让儿童没有时间做蠢事或不受约束。

3. 关于兴趣与课程体系

兴趣是赫尔巴特的一个重要的心理学的概念，也是其课程体系和教学的基础。在他看来，兴趣是学生心理、观念的积极广泛的运动，及其对于所学事物所产生的有高度吸引力和高度注意力的内部心理状态，是教育、教学应该引起的某种心理活动的特点。赫尔巴特认为：从心理上可以把兴趣分为两个部分——认识和情感。兴趣的每个部分又可分为三种，共六种兴趣，每一种兴趣都有其对应的课程，具体如下：

其一，经验的兴趣，这是由观察、认识自然界以及周围环境个别现象所引发的，表现为是什么的知识，为此应开设自然（博物）、物理、化学、地理等学科。

其二，思辨的兴趣，这是对事物进行思考所引发的，表现为为什么的知识，为此应该开设数学、逻辑、文法、自然哲学等学科。

其三，审美的兴趣，这是对现象的善、恶、美、丑进行艺术评价所引发的，表现为艺术评价的知识，为此应开设文学、音乐、绘画、雕刻等学科。

其四，同情的兴趣，这是由与一定范围内的人接触所引发的，表现为人类事务的知识，为此应开设古典语、现代外语、本族语等学科。

其五，社会的兴趣，这是由与较广泛的人接触所引发的，表现为民族和全社会的知识，为此应开设历史、法律、政治等学科。

其六，宗教的兴趣，这是由重视所信奉的教派，与上帝相结合引发的，表现为人与上帝关系的知识，为此应开设神学等学科。

在赫尔巴特的课程思想中，除了上述开设的广泛的课程外，还强调知识的系统性和整体性，他认为多方面的兴趣应该是和谐的、合比例的、平衡的，应扎根于联系的很好的系统知识之中，而且应该是整体的知识，孤立的、个别的知识是没有意义的；教材的选择和安排应该考虑学生的知识背景,使新学的知识建立于原有知识的基础之上,课程的编排应该强调逻辑体系,并根据儿童的兴趣安排课程的难易程度,等等。

4. 关于教学

裴斯泰洛齐在自己的教学实践探索中,首次提出"教育心理化"的口号,但是他并没有把这一主张坚持下去。赫尔巴特从裴斯泰洛齐的教育思想中,认识到了心理学在教育中的作用,主张心理学应该从哲学和心理学中分离出来,心理学作为一门科学,应该建立在形而上学、数学和经验的基础上,从而把教育心理化又向前推进了一步。

(1)教育性教学

赫尔巴特认为,教育的最高目的是道德,而教学是教育的基本途径,因此教学的目的也是培养道德,进而提出了教育性教学的思想。"教育性教学"的含义是指:没有任何无教学的教育,也没有任何无教育的教学。教学如果没有进行道德教育,只是一种没有目的的手段;道德教育如果没有教学,只是一种失去手段的目的。因此,赫尔巴特便把道德教育与学科知识教学统一在同一个教学过程中。

(2)形式教学阶段

赫尔巴特认为:教学过程就是各种观念的频繁活动,统觉在其中发挥着重要的作用。教学过程是通过"清楚、联想、系统、方法"四个阶段完成的。清楚,即清楚、明确地感知新教材;联想,即在原有知识和经验的基础上形成新的知识和经验;系统,即各种新旧观念的组合进入更大范围的联合,形成系统性的知识和经验;方法,即通过一定形式的练习与作业,让学生把系统化了的知识运用于实践,巩固并强化所学的知识。

5. 关于训育

在赫尔巴特的教育学体系中,管理、教学和训育是三个重要的组成部分。"对青少年的心灵产生直接影响,即有目的地进行培养,就是训育",训育"与儿童的管理有共同的特征;它是直接对儿童的心灵发生影响的;它与教学共同的地方在于它们的目的都是培养"① 但是训育又不同于儿童的管理,它是以管理与教学为前提,具有陶冶性,持续不断地、慢慢地渗透道德教育,使受教育者在心悦诚服中形成道德性格的力量。

赫尔巴特认为,按照作用的区分,训育可以分为:维持的训育,即通过训育维持学生自己的想法,从而巩固管理所取得的成果,特别是巩固儿童服从的意愿;起决定作用的训育,即通过训育引起学生做出某种选择,从而加强儿童决定自己行为的能力,能够做出正确的决定;调节的训育,即通过训育引导和说服儿童,使他们能够剖析自己的内心世界,从中找到自己行为的根源,最终在行为上保持一致性;抑制的训育,即通过训育使儿童克制狂热的冲动,保持情绪的平静与头脑的清晰,培养正确的判断力;道德的训育,即在上述四种训育的基础上向儿童说明真理,促使他们通过模仿高尚行为等方式,树立起道德观念;提醒的训育,即在儿童做出道德决心时及时提醒儿童纠正失误。

赫尔巴特认为,训育的方法可分为"激发"和"抑制"两大类。前者包括感染、赞许、奖励等;后者包括压制、责备、惩罚等。训育中的某些措施在形式上似乎和管理相同,但是在

①赫尔巴特.普通教育学·教育学讲授纲要[M].李其龙,译.北京:人民教育出版社,1989:147.

运用中又有所区别。管理主要着眼于当前的作用,而训育则着重于儿童的未来,即使训育中采取了抑制的手段,其目的是使儿童吸取教训,赞扬与奖励更是为了让儿童学有榜样。

赫尔巴特的教育思想后经由他的学生和追随者的修正和传播,成为影响19世纪乃至20世纪重要的教育理论,在其教育思想指导下的教育实践通常被称为"传统教育"。赫尔巴特教育思想中对教育学理论基础的探讨、对教育心理学化的推动、教育性教学、教学的形式阶段等,对后世教育学发展产生过重要的影响。

(十)杜威的教育思想

约翰·杜威(1859—1952),美国著名的哲学家、教育家,美国实用主义教育思想创始人。杜威曾担任过美国心理学会主席、美国哲学学会主席。1915年创办了美国大学教授联合会,并担任第一任主席。杜威在哲学、教育学和心理学等方面都有所建树。主要教育著作有:《我的教育信条》《学校与社会》《儿童与课程》《民主主义与教育》《经验与教育》《我们怎样思维》。《民主主义与教育》是杜威教育思想的代表作,是其实用主义教育思想最系统、最集中和最综合的论述。该书共26章,包括三个部分:第一部分论述教育的社会职能;第二部分阐述民主社会的教育性质,明确教育即生长、生活和经验改造的意义,并通过对过去各种教育理论的批判来论证民主教育的正确性与优越性;第三部分以实用主义教育哲学来调和教育理论中长期存在的各种二元论问题,如兴趣与努力、经验与思想、劳动与休闲、个人与自然、教育与职业等,并阐述了对于课程、教学和教法的新观点。最后杜威论述实用主义的真理观与道德观。

信息窗3-2

杜威生于美国佛蒙特州的柏林镇。1875年进入佛蒙特大学,接触了赫胥黎的生理学课本以及达尔文的进化论,并对哲学产生了兴趣。杜威1879年大学毕业后,在宾夕法尼亚州的石油城的一所中学里教拉丁文、代数和自然科学。1881年回到故乡的一所乡村学校任教,并在托里教授的指导下阅读了一些哲学史名著。1882—1884年在约翰·霍普金斯大学攻读哲学,完成了博士论文《康德的心理学》,获得博士学位。1884—1888年在密执安大学任哲学讲师和助教。1888—1889年为明尼苏达大学的哲学教授。1889—1904年担任密执安大学哲学系主任,期间接触了詹姆斯的《心理学原理》、霍尔的心理学、达尔文的《物种起源》、米德的社会行为主义和维布伦的经济社会学,并对教育学产生了兴趣。1894年杜威接受了芝加哥大学的邀请,担任哲学、心理学会教育学系的系主任。正是在这一时期,杜威开始形成了具有特色的哲学思想和教育思想,并进行了影响极大的教育实验活动,并被承认为一位重要的教育家。1896年1月,杜威开办了一所实验学校,一般通称为"杜威学校",旨在验证和修改自己的教育理论。1904—1930年退休,杜威一直在哥伦比亚大学哲学系和师范学院任教。此间他到过日本、中国、土耳其、墨西哥和苏联等国进行演讲和访问,成为美国最杰出的和最有影响的哲学家和教育家,获得世界声誉。

1. 教育本质论

杜威认为,“教育过程有两个方面:一个是心理学的,一个是社会学的。它们是平列并重的,哪一个也不能偏废”[①]。儿童自己的本能和能力为一切教育提供了素材并指出了起点,而关于社会状况和文明状况的知识则能够正确地说明儿童的能力。儿童是教育的出发点,社会是教育的归宿点。从个人因素和社会因素的协调或平衡出发,杜威阐述了关于教育本质的三个命题:教育即生长、教育即生活和教育即经验的改造。

其一,教育即生长。杜威认为,教育不是预备,不是展开,不是形式训练,不是塑造,不是复演,不是自然发展[②];教育是生长,是儿童本能和能力不断生长的过程。教育必须从心理学上探索儿童的能量、兴趣和习惯开始,为儿童的生长提供必要的条件。儿童的生长要经过一定的时间和阶段,是一个连续性和阶段性相联结的动态的心理发展过程,不能操之过急。因此,教育者应该尊重儿童生长的需要和时机,重视儿童生长的过程,而不应无视儿童自然的本能,把它们看成讨厌的东西,否则只能是把成人的环境作为儿童的标准,并把儿童的成长引导到这个“标准”上去。在杜威看来,生长体现为身体、知识、智力、道德等诸方面的生长,生长的基础则是语言和社交、研究和探索、制作和建造以及艺术等四种本能,生长的结果乃是引导到习惯的形成,这些习惯含有执行的技能,明确的兴趣,以及特定的观察和思维的对象。

其二,教育即生活。从教育即生长出发,杜威又从教育与社会生活的关系的角度,提出教育的本质即生活。“生活就是发展;不断发展,不断生长,就是生活。”[③]教育即生活的基本涵义是,儿童的本能生长总是在生活过程之中展开的,或者说生活就是生长的社会性表现,教育不是生活的预备,而是现在生活的过程。教育即生活与杜威对教育的理解有着密切的联系。杜威把广义的教育过程分为正规的教育(学校教育或直接的指导)和偶然的教育(环境教育或间接的教育)。教育和学校教育并非是同义词,社会的其他部分也具有教育的潜力,而且各有利弊。他认为通过学校进行的正规教育,是一种有意识的教育形式,假如学校教育能够使儿童“从生活中学习”“从经验中学习”,有利于将复杂社会的全部资源和成就传递下去,就能克服正规教育与社会、社会生活、儿童生活隔离所带来的弊端和极大的浪费[④]。

从教育即生活出发,杜威又提出了教育的另一个基本原则——学校即社会。杜威认为,学校主要是一种社会组织,是社会生活的一种形式,是生活的过程,而不是生活的预备。学校作为一种制度,不应该仅仅被当作一个传授知识、学习某些科目和养成某些习惯的场所,而是应该把现实的社会生活简化起来,缩小到一个雏形状态。一所学校应该是一个合作化的家庭,并符合个人发展自己能力的需要。学校即社会并不意味着社会生活在学校中的简单重现,学校作为一种特殊的环境,应该具有三个比较重要的功能:一是简化和安排所要发展的倾向的许多因素;二是净化现有的社会习惯并使其观念化;三是创造一

①约翰·杜威.学校与社会·明日之学校[M].赵祥麟,任钟印,吴志宏,译.北京:人民教育出版社,1994:3.
②杜威.民主主义与教育[M].王承绪,译.北京:人民教育出版社,2001:63-86.
③杜威.民主主义与教育[M].王承绪,译.北京:人民教育出版社,2001:58.
④杜威.民主主义与教育[M].王承绪,译.北京:人民教育出版社,2001:11-14.

个更为广阔和更加平衡的环境，使青少年不受原来环境的限制。[①]

其三，教育即经验的改造。教育即生长，生长是在生活过程中进行的，生活中的生长是通过其经验的不断改组和改造的活动而得以完成和实现的。"这样我们就得到一个教育的专门定义：教育就是经验的改造或改组。这种改造或改组，既能增加经验的意义，又能提高指导后来经验进程的能力。"[②]教育的过程是个人的亲身经验不断改造和重组的过程：通过新的经验和原有经验的结合，达到了对经验的改组和改造，增加了经验的意义，扩大了知识的范围和深度；儿童在参加某种有意义的活动时，他一定要知道自己在做什么，并预料其行为的后果。

2. 教育目的论

杜威认为，教育即生长，教育即生活，教育即经验的改造或改组，那么，教育过程在其自身以外没有目的，它就是其自身的目的，换句话说，教育的过程和教育的目的是完全相同的，教育就是不断生长，在它自身之外，没有别的目的。杜威反对传统教育中不考虑儿童及其生活而为教育设置的"一般的和终极的目的"。从杜威的教育思想来看，杜威认为教育不能无目的。在《民主主义与教育》中，杜威一再强调，教育应该朝着民主社会的要求，引导儿童生长、生活和经验的改造，从而使年轻一代符合和满足民主社会的希望。杜威所要培养的人的品质包括：具有良好的公民素质；具有民主理想与参与民主政治生活的能力；掌握科学思维的方法；具有解决实际问题的能力；能适应变化迅速的现代社会；具有良好的道德品质，有合作意识，能处理好个人和社会的关系；具有一定的职业素养，能通过从事某种职业发展个人才能并为社会尽力[③]。

3. 教学思想

其一，做中学。杜威从其经验论和心理学理论出发，认为儿童应该从自身的活动中进行学习，教学应该从儿童的经验和生活出发，使学校在工作中采取与校外从事活动的类似的形式。学校里与校外从事活动类似形式的活动是工作。学校的工作是指使用各种材料和工具，以及使用各种有意识地用来获得效果的技巧的一切活动，包括任何形式的表现活动和建造活动，任何形式的艺术活动和手工活动等。在他看来，如果坚持从做中学这个基本原则，使工作活动适合那些主要兴趣是要做事和要工作的儿童的话，那么学校所施加于它的成员的影响就会更加生动、持久，并含有更多的文化意义。

其二，经验与教材。从做中学原则出发，并在批判传统教学的基础上，杜威论述了课程和教材的问题。他说，"一个课程计划必须考虑课程能适应现在社会生活的需要；选材时必须以改进我们的共同生活为目的，使将来比过去更美好"[④]；"学校在教材上"迫切需要的是要在儿童当前的直接经验中寻找一些东西，它们是在以后年代里发展成为比较详尽、专门而有组织的知识的根基。学校的教学活动必须牢记课程教材与现在生活的经验的联系，并使儿童习惯于寻找这两方面的接触点和相互关系。经验有它的地理方面、艺术方面

①杜威. 民主主义与教育[M]. 王承绪，译. 北京：人民教育出版社，2001：25-27.

②杜威. 民主主义与教育[M]. 王承绪，译. 北京：人民教育出版社，2001：87.

③周采. 外国教育史[M]. 上海：华东师范大学出版社，2008：310.

④杜威. 杜威教育论著选[M]. 赵祥麟，王承绪，编译. 上海：华东师范大学出版社，1981：200.

和文学方面，科学和历史方面。一切的学科都是从生活的各方面产生的。只要把学校和生活联系起来，那么它的各种目的和理想——文化修养、心灵训练、知识、实利——不再是各不相同的东西，不再为一个目标选择某一学科，为另一目标选择另一学科。儿童之所以对完全抽象的课程教材感到厌倦，就是因为给他们提供的东西是与现在的生活相脱离造成的。因此，需要把各门教材或知识的各部分恢复到原来的经验，这样就可以使得低级的教学和高级的教学统一起来，使两者的区别不存在，而仅仅是建立在现在生活的经验的基础上的教学。

杜威认为，学校课程的主要内容应该是各种不同形式的主动作业，如园艺、纺织、木工、金工、烹饪等手工训练活动等。这样，儿童在入学后，所从事的活动和工作就能继续他们原来所熟悉的社会生活。这样主动作业之所以重要，就在于它们能把人类的基本事务引进到学校课程中来。学校科目相互联系的真正中心，不是科学，不是文学，不是历史，不是地理，而是儿童本身的社会活动。

其三，思维与教学。杜威认为，思维就是明智的学习方法，就是在教学过程中明智的经验与方法。经验的构成包括主动的和被动的因素，这两个因素以特有的形式结合着。主动的方面是活动、尝试或实验；被动的方面是经受结果，这两个方面的联结可以测定经验的价值和效果。凡是有意义的经验，总是包含着思维的因素，“反省的思维的功能，在于将经验到的模糊、疑难、矛盾和某种紊乱的情境，转化为清晰、连贯、确定和和谐的情境”，思维就在于“把困难解决，疑难排除，问题解答”①。在这两端之间包括五个步骤：①疑难的情境，处于疑惑、迷乱、怀疑的状态；②确定疑难所在，并从疑难中提出问题；③通过观察和其他心智活动以及收集事实材料，提出解决问题的种种假设；④推断哪种假设能够解决问题；⑤通过实验，验证或修改假设。杜威指出，这五个步骤的顺序并不是固定的，也不依固定的顺序出现，在实际中有时两个步骤可以结合起来，有时几个步骤可以匆匆掠过。但是儿童只有处于直接的经验的情境，亲身考虑问题的种种条件，寻求解决问题的方法，才能算真正的思维。后人通常将杜威的这种思维方式称为“问题解决法”或“思维五步法”。

思维就是有意义的经验与方法，教学法的要素和思维的要素是相同的。由此，杜威把“思维五步法”运用于教学方法，就形成了教学的五个步骤：“第一，学生要有一个真实的经验的情境——要有一个对活动本身感兴趣的连续的活动；第二，在这个情境内部产生一个真实的问题，作为思维的刺激物；第三，他要占有知识材料，从事必要的观察，对付这个问题；第四，他必须负责有条不紊地展开他所想出的解决问题的方法；第五，他要有机会和需要通过应用检验他的观念，使这些观念意义明确，并且让他自己发现它们是否有效。”②杜威提出的教学五步骤也被称为“五步教学法”或“杜威教学法”。

4. 道德教育

道德教育是杜威教育思想中的重要内容。他认为，道德教育过程就是经验不断从坏经验转变为好经验的过程，因此教育的过程和道德的过程是完全一致的。道德教育的主

①杜威. 杜威教育论著选[M]. 赵祥麟，王承绪，编译. 上海：华东师范大学出版社，1981：298.

②杜威. 民主主义与教育[M]. 王承绪，译. 北京：人民教育出版社，2001：179.

要任务在于协调个人和社会的关系,以及知识和行动的关系,这种协调不仅要求儿童能够表现自己,而且必须按照社会的目的来表现自己。协调这两方面关系的根本途径,就是让儿童共同参与各种社会活动或作业,让儿童从活动和交往中形成自己的道德品质,因为德行就是一个人能通过在人生一切职务中和别人的交往,使他充分地、适当地成为自己所能形成的人。

在道德教育中,应该把"道德的观念"和"关于道德的观念"区别开来。前者是指能够影响和改进行为,使行为变得更好的一切观念。它是在参与社会生活的过程中形成的。后者是指以语言文字方式传授的观念。这种传授是必要的,但是与通过教育所形成的全部道德品质相比较,它在数量上相对是比较少的,在影响上也是比较微弱的。由此,杜威反对抽象地谈论道德教育或仅仅注重以语言文字方式传授的道德观念。离开了参与社会生活,学校就没有道德目标。

学校的道德教育可以通过学校生活、教材和教法进行。这三者是相互联系而又不可分割的,可以称为"学校道德的三位一体"。首先,社会道德与学校道德是统一的,有着共同的道德原则。在作为雏形社会的学校生活中,儿童可以逐步培养适应环境的能力,形成道德观念。其次,各科教材是培养学生道德品质的一个主要手段。道德的目的是各科教学的共同的和首要的目的。假如一门学科是按照参与社会生活的方式去教的时候,它也就具有积极的道德教育的意义。最后,适应儿童生长的教法(方法)能把道德的重心从自私的方面转到社会服务方面,其中手工训练活动特别有助于社会习惯的形成和发展。

杜威作为20世纪初著名的教育家,其教育思想实现了教育上的哥白尼式的革命,即以活动教学取代传统的课堂教学、以儿童的亲身经验取代传统的书本知识、以学生的主动活动取代教师的主导作用,形成了现代教育的"三中心"模式,为教育实践的变革指明了方向;他关于个人本位和社会本位、教师中心和儿童中心、活动课程和学科课程、正式教育和偶然教育、自由和纪律、兴趣和努力、个人经验和种族经验、科学逻辑和心理逻辑、游戏和工作等问题的探讨,对于教育理论的研究有着重要的意义。当然,杜威教育思想中的生物学化倾向、理想化的色彩等,也是其教育思想的局限性。

(十一)加德纳的教育思想

霍华德·加德纳(1943—),世界著名发展心理学家,"多元智能理论"的创始人。现任美国哈佛大学教育研究生院认知和教育学教授、心理学教授、波士顿大学医学院精神病学教授、哈佛大学零点项目研究所两位所长之一。多年来,加德纳致力于认知和符合运用能力两个方面的研究,前者是对正常和天才儿童的研究;后者是对脑部受伤的成人的研究。1983年,加德纳发表著作《智力的结构:多元智能理论》,提出了多元智能理论,该理论对传统的智商概念和智力标准化测量理论进行批判和质疑,在世界范围内引起了广泛的关注。他的18本专著被翻译为22种文字,在全世界各个国家广为流传。

1. 关于智力

传统智力理论认为,智力是以语言和数理逻辑能力为核心,以整合方式存在的一种能力。加德纳认为:传统的智力观过于狭窄,把智力主要限于语言和数理逻辑能力方面,忽略了对人的发展具有同等重要性的其他方面，如音乐、空间感知、肢体运动、人际交往等。以传统的智力观为基础智力测验和考试，也主要集中在语言表达和数理推断方面，不能全面反映学生的能力。在加德纳看来，智力并非是某种神奇的，可以用测验来衡量的，且为少数人所有的东西，智力乃是每个人都不同程度地拥有并表现在生活各个方面的能力。换句话说，能够在特定的情境中解决问题，并能有所创造，这就是智力。据此，加德纳将智力定义为：智力是在特定文化背景或社会中解决问题或制作产品的非常重要的能力。该定义的具体涵义包括：①每一个个体的智能各有特点；②个体智能的发展方向和程度受环境（社会环境、自然环境）和教育的影响和制约；③智能离不开实际生活情景；④智能应能解决实际问题；⑤智力与创造放不开；⑥应该多维地看待智能问题。

2. 多元智能的结构

加德纳认为，智力并不像以往认为的那样是以语言能力和数理逻辑能力为核心，以整合方式存在着的一种智力，而是彼此相互独立、以多元方式存在的一组智力。加德纳在大量科学研究的基础上提出了彼此相互独立、以多元方式存在着七组智力，后又在此基础上提出了第八种。具体如下：

其一，言语——语言智力。这组智力主要是指听、说、读、写的能力，表现为个体能否顺利而有效地理解他人的语言并利用语言描述事件、表达思想并与人交流（使用口头语言和书面语言）。民间艺术家、演说家、诗人、剧作家、小说家、语言学家、著名节目主持人等人的这组智力较发达。

其二，音乐——节奏智力。这组智力主要是指感受、辨别、记忆、改变和表达音乐的能力，表现为个体对音乐节奏、音调、音色和旋律等是否敏感以及能否通过作曲、演奏和歌唱等表达音乐。通常，作曲家、演奏家、指挥家以及音乐爱好者等具有较强的这组能力。实际上任何人都具有这组能力，只是表现的程度不同而已。

其三，逻辑——数理智力。这组智力主要指推理和运算的能力，表现为个体对事物间各种关系如对立、因果和逻辑关系是否敏感以及能否通过逻辑推理和数理运算等进行抽象思维，人们通常称这种智力为科学思维。一般来说，科学家、数学家、物理学家、天文学家、统计学家、逻辑学家、会计师等这组智力较强。

其四，视觉——空间智力。这组智力主要是指感受、辨别。记忆和改变物体空间关系并借此表达情感和思想的能力，表现为个体对线条、形状、结构、色彩和空间关系是否敏感以及能否通过平面图形和立体造型将它们表达出来。在人群中，建筑师、摄影家、画家、雕塑家等这组智力较强。

其五，身体——动觉智力。这组智力主要是指运用四肢和躯干的能力，表现为个体能否较好地控制自己的身体并使之对事件做出恰当的身体反应以及是否善于利用身体语言表达自己的情感和思想。演员、运动员、舞蹈家、服装设计师、手工艺匠等这组智力较强。

其六，自知——自省智力。这组智力主要是指认识、洞察和反省自身的能力，表现为个体能否正确地意识和评价自己的情绪、动机、欲望、个性和意志等，并在正确地自我意识和自我评价的基础上形成自尊、自律和自制等品质。自传体小说家、神职人员以及对自己内心世界有深刻感知的人这组智力较强。

其七,交流——交往智力。这组智力主要是指与人相处和交往的能力,表现为个体能否觉察、体验他人情绪、情感和意图并据此做出适宜的反应。政治家、外交家、宗教领袖、卓有成效的教师、心理咨询师等这组能力较强。

其八,自然观察者智力。这组智力是指观察自然界中的各种形态,对物体进行辨认和分类,能够观察自然的才能。农夫、植物学家、猎人、生态学家、庭院设计师等这组能力较强。

加德纳认为,这八组智力的地位是同等重要的,所有的人都拥有不止一种智力。但是由于受到遗传和环境的制约,每个人的智力剖面结构各不相同。个人的智力剖面对某人用来解决问题或产出产品的相对或轻或弱的治理进行勾画。这些智力强弱的区别也导致了个人智力的差别。

多元智能理论虽然存在着理论基础不够扎实,智能筛选不够科学、文化视角不够彻底等不足,但是它对于教育实践中转变教育观、教学观、学生观、评价观和教学行为,乃至课程设计等,都有着重要的启示。

(十二)布鲁纳的教育思想

J. S. 布鲁纳(1915—　),美国著名心理学家和教育家,结构主义教育流派的创始人之一。1958 年,美国颁布《国防教育法》,以立法的形式,要求加强“天才教育”,提高教育质量。1959 年,美国“全国科学院”召开了中小学数理学科的教育改革会议,各学科专家、学者云集伍兹霍尔共商改革事宜。布鲁纳主持了该次会议,会后发布了《教育过程》,综合各专家的意见,阐述了结构主义教育思想。伍兹霍尔会议后,在政府和社会的支持下,美国掀起了声势浩大的课程改革运动,以《教育过程》为指导,编制了一系列的新课程。布鲁纳的主要著作有:《教育过程》《论认知》《教学论探讨》《教育适合性》等。

1. 教育思想

布鲁纳运用心理学、教育学和相邻学科的知识、技术、方法,对学校教育中儿童的认知学习、智慧发展进行了长期的研究,阐述了认知、发展、教育三者统一的教育思想。关于人的认知过程,布鲁纳不同意皮亚杰带有生物学倾向的“遗传图式”和机体成熟的作用,坚信人的智慧生活具有创造性,并重视后天习得的经验和文化教育的作用。布鲁纳从信息加工的角度出发,认为学习是一种认知过程,包括知识的获得、转换和评价三个几乎同时发生的过程,人的认知过程包括两个过程,即“从内而外”的过程和“从外而内”的过程。前者是指通过知觉、发现、再认、想象、判断、记忆和思维等过程而获得知识、保存知识并将知识转化为个体的认知力量或智慧,经由这一过程,作出推论,推出新的结论或知识;并对处理知识的方法进行评价,重新提炼已有的经验系统,改组或扩大原有的知识结构;后者是指教育是转换知识形式并引导人们的学习活动,经由这一过程,对输入的信息进行编码和加工,以一个易于掌握的形式加以保存;根据这个系统采取外推、内推、转化等方法,处理所获信息。

关于认知发展的阶段,布鲁纳继承了皮亚杰对儿童从具体到抽象的认知发展趋势的认识,但是并不同意皮亚杰以儿童的生理年龄划分儿童的认知发展阶段的解说。布鲁纳认为：儿童的智能发展未必受年龄的绝对限制，教育条件在很大程度上影响着儿童的发展。为此，布鲁纳构想出了"再现表象"这一心理学术语，并以此作为衡量认知发展的指标，将认知模式划分为动作式、形象式和符号式三种不同水平的再现表象模式，代表着认知发展的三个阶段和教学上三种学习模式。布鲁纳认为，在认知实践活动中，这三类认知模式是各自独立，平行并存和互补的，且可以相互转换。教材的差异及其呈现的形式不同，学习者认知结构的差异，都可能导致同一年龄段的不同儿童采用不同的认知模式，或同时采用两种以上的认知模式，等等。学习者在处理外界输入的信息时，都是使用自己认为最便捷的认知模式。

关于智慧发展的动力，布鲁纳认为：除了人类遗传外，人类社会文化环境是智慧发展的根本条件，甚至认为，没有文化，就没有智慧。学校教育是将文化的力量和本质转换为个体易于接受和掌握的方式，并促使个体有效地去认识世界和人类思维的一种特殊活动。通过教学的设计，可以将人类文化知识转换为与儿童认知学习模式相适应的结构方式，以使各种认知水平的学习者有效地获得知识、解决问题。

2. 课程和教学原则

第二次世界大战结束后，随着科学技术的迅猛发展和知识的剧增，如何使课程和教学适应新时代的需要，成为教育界亟待解决的问题，也是世界各国教育家们研究的重要课题。在学习的心理倾向方面，布鲁纳认为学生有无良好的心理准备关乎着教学成败，而为学生学习做好准备并实现学生学习心理倾向最优化应满足三个基本要求：①将教学过程中有损学习者身心的危害因素降到最低程度；②使学习者从学习失败的体验中获得最有益的教训；③尽量排除家庭、社会、种族等陈规陋习对学习者的影响。具体的要求是：学习任务既要适合学生的认知结构，又需要学生做出努力才能完成，并能激发学生学习的内在动机，促使他们进行积极的探索学习；培养学生的学习自信心、责任感以及独立决定和执行行动的能力，以维持探索活动；为学生操作作出选择实验所需的知识，把他们的注意力引向完成学习项目的主要方面。在学习准备观念方面，布鲁纳认为：学生完成学习准备的状态并非随着生理年龄的函数而是随着环境和教育的作用而有所进展的，教育不能消极地静待儿童的自然成熟，而是积极创造条件，加速学生学习准备状态的到来，亦即应当将学生学习准备观念由"等待准备"转向"创造准备"。在课程的编制方面，布鲁纳虽然认为，教材的心理顺序与逻辑顺序并不是格格不入的，可以通过转换手段，使两者相互沟通，但是布鲁纳主张的是课程编制的"逻辑的方式"。他强调课程编制的逻辑方式应该满足如下的要求：符合儿童认知发展的特点；教材能适当地加以转换；采用适合于儿童智慧成长的教学方式。

在解决了"如何教"的问题之后，布鲁纳又阐述了"教什么"的问题。他认为：任何概念、问题或知识，都可以用一种极其简单的形式来表示，以便使任何一个学习者都可以用某种可以认识的形式来理解它。知识是我们给经验中有规律性的事物以意义和结构而组成的一种模式。知识体系的组织意味着经验的简约与联系。所以，知识是可以用与学习者的学习模式相适应的、有效的组织形式来表示的。据此，布鲁纳认为，如果教学一定要让学生学到什么的话，务必使学生理解该学科的基本结构，同时也要掌握这一学科的基本态度或方法。所谓基本，是指一个概念具有既广泛而又强有力的适用性；所谓结构，是指事物之间的相互联系或规律性，也就是某门学科的基本概念和基本原则。由此可见，布鲁纳所说的学科的基本结构主要是指某门学科中的主要命题、概念或基本原理以及它们之间相互联系的规律，由这些基本原理便可导出许多有关的知识，学生如果能够发现这些结构，便能使所学习的知识概括化，并能导出新的概念，增加知识的可用性。布鲁纳认为学生掌握学科的基本结构的优点在于：①可以比较容易地理解和掌握整个学科；②有助于记忆；③是学习迁移的主要途径；④有助于缩小"高级"知识和"低级"知识之间的差距。

为了组织最佳的知识结构，布鲁纳提出了三条组织原则：一是再现方式的适应性原则，这是指学科知识结构的呈现方式必须与不同年龄学生的认知学习模式相适应；二是表现方式的经济性原则，这是指任何学科内容都应该按最经济的原则进行排列，在有利于学生的认知学习前提下合理地进行简化；三是呈现方式的有效性原则，这是指经过简约的学科知识结构应该有利于学生的学习迁移。

布鲁纳认为，学生最有效地获得知识和技能的教学必须遵守一些原则，这些原则也是评价教学方法和学习方法的标准。这些教学原则包括：一是动机原则，即在认知过程中应注意儿童学习的心理倾向和动机。动机可分为内在动机（如好奇心、胜任力、互惠性等）和外在动机（如奖赏、竞争等）。他认为内在动机比外在动机更能促进学生学习时间的长久和有效。教师激发学生学习动机需要注意：教师在教学中要激发儿童学习探索活动的最大热情；教师在教学中要帮助学生维持学习探索活动的热情；教师在教学中要使儿童对活动的具体目标有明确的认识并提供有关的知识，使学习探索活动有正确的方向。二是结构性原则，即教师在教学中应该注意使儿童掌握学科知识的结构，而表示学科知识结构特点的再现形式、经济原则和有效力量这三种方式随着儿童的不同年龄、不同风格和与学科知识间的差异的合适程度而有所不同。三是程序性原则，即教学中应该考虑到学习的速度、抵制遗忘的作用、已习得的知识迁移到新情境的可能性、按已习得的知识所呈现出来的再现表象的形式、可得的知识是经济的和有效的力量等。四是强化原则，即教师在教学中应该注意通过反馈使儿童知道自己的学习效果，并使他们逐步具有自我矫正、检查和强化能力。他认为，教师的反馈应该注意：反馈应及时；反馈应注意场合；以及要选择适合儿童接受能力的反馈方式。

3. 教学方法

教学方法的选择应考虑学生认知发展的阶段。布鲁纳认为，教学是教师引导学生学习的过程，而在发展的每个阶段，儿童都有他自己的观察世界和解释世界的独特的方式，给任何特定年龄儿童教某门学科的任务，就是按照这个儿童观察事物的方式去表现那门学科的结构。如果教学能够把知识改造成为一种与儿童智慧发展相适应的形式，那么，任何学科都能够用在智育上是诚实的方式有效地教给任何发展阶段的任何儿童。布鲁纳认为儿童的认知发展可以分为三个阶段：一是表演式再现表象期。这一时期，儿童主要是借助动作去学习，是以学会作出某种反应和形成习惯的动作为基础的。二是映像式（或肖像式）再现表象期。这一时期，儿童开始具有一种表象系统，依靠视觉或其他感觉组织和各种概括化映像的作用，儿童主要是依据头脑中事物的具体形象来进行尝试、解决问题。三是象征式再现表象时期。这一时期,儿童已能依据符号或语言文字等进行思维。布鲁纳认为,同样一项教材内容,可以加以动作表象化、肖像表象化或符合表象化,让儿童按照不同认知发展阶段学习同样的基本原理和基本概念,进而促进儿童智慧的发展。

发现法,又称发现学习。布鲁纳认为,儿童应该在教师的启发、诱导下按自己观察事物的特殊方式去表现学科知识的结构,借助于教师或教师提供的其他材料去发现事物。布鲁纳强调指出,教师教一门学科并不是希望学生成为该科目的一个小型图书馆,而是要他们参与获得知识的过程。学习是一种学习过程,而不是结果。在发现学习中,教师应该注意这样一些问题:鼓励学生积极探索和思考;激发学生学习的内在动机;注意新旧知识的相容性;培养学生运用假设、对照、操作的发现技巧。

布鲁纳的教育思想既吸收了传统教育中的有关理论,也采纳了现代教育中相应的思想,可谓是综合的结果,对于20世纪六七十年代的教育改革有着重要的影响。

(十三)苏霍姆林斯基的教育思想

瓦·阿·苏霍姆林斯基(1918—1970),前苏联著名教育实践家和教育理论家。出生于乌克兰的一个农民家庭,17岁从师范学校毕业后担任农村小学教师。在这期间,他边从事教学工作边以函授的方式接受高等教育,1933年取得中学教师证书,后调到一所完全中学任语文教师兼任教导主任。卫国战争胜利后,苏霍姆林斯基重新回到教育岗位,先后担任中学校长、区教育局局长,积极地投身于战后学校的恢复工作之中。1947—1970年,苏霍姆林斯基被任命为帕夫雷什中学校长,终身致力于农村学校的教育事业。他在一生中先后完成了40多本专著,600多篇论文和2 000多篇儿童读物。他的主要著作有:《学生的精神世界》《给教师的100条建议》《帕夫雷什中学》《和青年校长的谈话》《培养集体主义的方法》等。

1. 学校教育目的

苏霍姆林斯基依据马克思列宁主义关于人的全面发展理论和苏联教育理论界的相关研究以及社会主义建设实践,在全面考察教育史上关于人的发展理论的基础上,认为"学校教育的理想是培养全面和谐发展的人,社会进步的积极参与者。全面和谐的发展,意味着劳动与人在各类活动中的丰富精神的统一,意味着人在品行上以及同他人相互关系上的道德纯洁,意味着体魄的完美、审美需求和趣味的丰富及社会兴趣和个人兴趣的多样"[①]。全面和谐发展的人具体表现在如下一些方面:第一,是社会物质生产领域和精神生产领域中的创造者;第二,是物质和精神财富的享用者;第三,是有道德和有文化教养的人,是人类文化财富的鉴赏者和细心的保护者;第四,是积极的社会活动者、公民;最后,是树立于崇高道德基础之上的新家庭的建立者。

2. 全面和谐教育

苏霍姆林斯基认为:所谓和谐的教育,就是如何把人的活动的两种职能配合起来,使两者得到平衡:一种职能就是认识和理解客观世界,另一种职能就是人的自我表现,自己

---

①蔡汀,王义高,祖晶.苏霍姆林斯基选集(五卷本):第四卷[M].北京:教育科学出版社,2001:13.

的内在本质的表现,自己的世界观、观点、信念、意志力、性格在积极地劳动中和创造中,以及在集体成员的相互关系中的表现和显示。正是在这一点上,即在人的表现上,应当加以深刻的思考,并且朝着这个方向改革教育工作。全面发展的教育包含着二层含义:一是克服片面强调学习间接知识、强调课堂教学和教师主导作用的教育教学理论的弊端,实施学生劳动与智力生活的结合,课堂教学与课外、校外教育的结合,教育与自我教育结合的原则的教育。二是全面发展,使智育、体育、德育、劳动教育和审美教育相互渗透、交织。

德育。德育能够保证学生正确的政治方向,丰富学生的精神世界,在整个教育工作中占有统率全局的作用。因为"人的各个方面和特征的和谐,都是由某种主导的、首要的东西所决定的……在这个和谐里起决定作用的、主导的成分是道德"①。从学校里出来的人,不论他从事何种工作,都应该是一个道德高尚的人,都应该是在学习、工作和生活方面受到崇高道德理想鼓舞的人。苏霍姆林斯基把道德教育的任务归结为四个方面:培养良好的道德习惯,如尊重人、关心人、热爱劳动成果和言行一致等;培养高尚的道德情感,如爱父母、爱人民、爱祖国和羞耻心等;树立坚定的道德信念和树立高尚的道德理想。苏霍姆林斯基主张通过各种途径来实施德育,如通过课堂教学和学习德育渗透在各科教学之中;通过专门的德育课程进行思想政治教育和共产主义道德教育;通过各种劳动和公益活动进行德育;重视集体的教育作用和重视教师人格的榜样作用等。

智育。在苏霍姆林斯基全面和谐发展的教育中,智育是重要的组成部分。"智育包括:获得知识和形成科学世界观,发展认识能力和创造能力,培养脑力劳动文明,养成一个人在整个一生中对丰富自己的智慧和把知识运用于实践的需要。"②在智育中,培养学生观察、思考、表达思想、阅读、书写、边读边想等顺利学习知识的技能,是重要的任务之一。苏霍姆林斯基强调,应该通过激发学生的学习兴趣和求知欲,建立广阔的"智力背景";选择和运用恰当的教学方法以及正确地评价学生的学习成绩等,来培养学生顺利地获得牢固的知识和发展思维的能力。

美育。苏霍姆林斯基认为,学校既应该发展学生的能力与智慧,又应该进行情感教育,而美育在学生的情感教育中发挥着重要的作用。美育的主要任务是通过各种特有的手段和途径,对学生进行美的陶冶,"教会孩子能从周围世界(大自然、艺术、人们关系)的美中看到精神的高尚、善良、真挚,并以此为基础确定自身的美",而这种美乃是"道德纯洁、精神丰富和体魄健全的有力源泉"。学校应该通过营造优美的校园文化环境以及加强音乐、美术等课程的教学,来培养学生认识美和创造美的能力。

体育。苏霍姆林斯基通过多年的调查研究发现,学生的学习成绩与自身的身体健康状况有着密切的关系,许多学生的成绩不佳并不是因为他们的智力水平发展不高,而是由于身体的健康状况不佳,而"儿童的精神生活,就是说,他的智力发展、思维、记忆、注意力、想象、情感和意志,在很大程度上取决于他的体力的活跃程度……"③。因此,学校应该特别关心学生少年期和青年期的身体健康,不容许为了赶任务而把学生搞得疲惫不堪,创造

①苏霍姆林斯基. 关于全面发展教育的问题[M]. 王家驹,张渭城,杜殿坤,等译. 长沙:湖南教育出版社,1984:12.

②苏霍姆林斯基. 关于全面发展教育的问题[M]. 王家驹,张渭城,杜殿坤,等译. 长沙:湖南教育出版社,1984:34.

③苏霍姆林斯基. 关于全面发展教育的问题[M]. 王家驹,张渭城,杜殿坤,等译. 长沙:湖南教育出版社,1984:152.

良好的生活环境和卫生条件,开展体育操练和各项体育活动,建立合理的规章制度,等等,以保证学生精力充沛地投入学习。

劳动教育。苏霍姆林斯基认为,劳动既是学生认识和理解客观世界的手段,也是他们自我认识和自我教育的途径,他强调指出:只有通过长期的、有明确目的性的、有教育作用的劳动,才能把学生培养成为一名准备完成任何需要做的工作的自觉的劳动者。劳动教育不仅要培养学生的劳动技能,更应该培养学生的“劳动素养”。“在‘劳动素养’这个概念里,不仅包括完善实际技能和技巧,掌握技艺,而且包括劳动活动在人的精神生活中的作用和地位,包括劳动创造活动的智力充实性和完满性、道德丰富性和公民目的性。劳动素养还指一个人达到了这样的精神发展阶段:他感到缺少为大众谋福利的劳动就无法生活。”①由此,学校的劳动教育应该注意:劳动教育要和全面发展教育相结合;应该用新技术代替传统的劳动方式;用机械化代替纯体力劳动;劳动的高度道德意义及其明确的公益目的性;劳动类型多样化;劳动的经常性和连续性;劳动的量力性以及劳动的创造性和手脑并用。

“个性全面和谐发展”是人类教育的崇高理想,也是苏联教育理论家和实践家苏霍姆林斯基毕生追求的教育目标。苏霍姆林斯基在平凡的岗位上,在长期的教育实践中,形成了颇具特色的全面和谐发展的教育理论,在苏联普通教育理论发展的过程中占有重要的地位。苏霍姆林斯基之所以能取得如此的成就,源于他对儿童和教育事业的热爱;源于他把理论的研究与教育教学的实践密切结合;源于他善于用历史的思维来总结历史的经验;还源于他对辩证唯物主义方法论与马克思列宁主义教育基本理论的深入掌握和运用。

苏霍姆林斯基全面和谐发展的教育理论:反对以往片面地强调读书和教师的主导作用,论述了综合实施德、智、体、美、劳各育的重要性和可能性;倡导把体力劳动与智力活动相结合、课堂教学与课外活动相结合、教育与自我教育相结合作为实施全面和谐发展教育的基本途径;主张智育、德育、体育、美育和劳动教育相互渗透和交织为一个统一的过程;强调教育者的人格和道德面貌的完美;等等。

苏霍姆林斯基的教育理论和实践,既为他赢得了很高的声誉,也对苏联乃至世界教育理论界产生了很大的影响。20 世纪 70 年代和 80 年代在苏联出现了一批紧密结合教育、教学实践进行教育理论探讨的教育理论工作者和教师。早在 20 世纪 60 年代,苏霍姆林斯基领导的帕夫雷什中学已在国际上享有盛誉,被称为是 20 世纪世界上著名的实验学校之一,他本人也被不少国家的教育领导机构和有影响的学术团体纷纷邀请出国讲学,他的教育著作被译成 30 多种文字,在世界上广为流传。

(十四)赞科夫的教育思想

赞科夫(1901—1977),苏联著名教育学家、心理学家。早年师从苏联著名心理学家维果斯基(1896—1934)从事儿童缺陷学研究,1950 年开始专门从事教学论研究,1957 年开始领导俄罗斯联邦教育科学院普通教育研究所教育与发展问题实验室(1968 年更名为教

①苏霍姆林斯基. 关于全面发展教育的问题[M]. 王家驹,张渭城,杜殿坤,等译. 长沙:湖南教育出版社,1984:122.

学与发展问题实验室)，对教学与发展的关系进行了长达20年的大规模教育实验，创立了发展性教学理论体系，发展了苏联的教学理论。赞科夫一生发表了20多部专著和50多篇论文，主要著作有：《论小学教学》《和教师的谈话》《教学与发展》《论教学的教学论原理》《小学教学新体系的实验》《我们的意见分歧》《小学教学的实验体系》等。

1. 发展性教育理论的提出

在赞科夫看来，现代社会已经进入了信息技术社会，科学技术已经广泛地在现代生产和生活中得以应用，这给社会生产和社会生活带来了诸多方面的变化。社会生产和社会生活的变化，必然对置身于其中的学校教育提出新的要求，要求学校教育既要培养具有良好的科学文化知识素养，又要具有较强的能力素养，善于适应新的变化的新人。因此，教师应明确：向学生传授系统的科学文化基础知识只是学校教育和教学的手段，不断地增强学生的综合素质，促进学生的"一般发展"，使之成为身心和谐发展的新人才是传授知识的最终目的。正是基于对社会发展现实需要的考量，赞科夫对于教学和发展的关系问题，进行了长达20年的大规模的教育实验。1975年，赞科夫出版了《教学与发展》，全面地总结了他20多年所领导的教育实验，介绍了实验的指导思想、方法和经常、发展性教学的主要思想，以及学生达到的一般发展水平和他们掌握知识、技能、技巧的情况。基于自身教学实验的结果，以及对于教学本质的思考，赞科夫强调教学的任务和目标是要对传统教学体系进行全面的改革，以尽可能大的教学效果来促进学生的一般发展，在提高学生一般发展水平的基础上，不断地提高学生的学习质量和综合素养。

2. 论一般发展

赞科夫在教学实验之前，考察了苏联当时的小学教育状况和教学理论观点后认为，在过去的几十年里，苏联的"小学首先而且主要是为训练技巧服务的学校"，各科教学计划、教学大纲的安排也只是为了让学生掌握一定范围的知识、技能和技巧，不利于创造性人才的培养，而只能把他们训练成片面的执行者。他把这种教学体系界定为"传统教学体系"，并把当时的教学理论看成"传统教学法"。赞科夫在长期教育实验的基础上，提出了区别于传统教学法的实验教学论体系，这种教学理论体系旨在"达成学生的理想的一般的发展"。他也把这个体系称之为"发展性教学论"。

在谈到"一般发展"的含义时，赞科夫作了如下的解释：

第一，一般发展是指儿童心理的一般发展。一般发展是和单方面的、片面的发展相对立的，指的是个性的所有方面(包括道德感、观察力、思维、记忆、言语、意志)的进步。

第二，一般发展不等同于全面发展。赞科夫认为，全面发展"首先是而且主要是指该问题的社会方面或者广泛的社会或教育学方面"①，尽管两者都有别于"单方面发展"或"片面发展"，但是前者探讨的是人的完整发展的数量问题，后者则关注的是人的心理发展的水平问题。

第三，一般发展不等同于特殊发展。一般发展在学习任何学科、任何情境中都会表现出来，特殊发展是指在某门学科或领域(如某种艺术领域、科学领域或科学个别分支领域)

---

①赞科夫. 论小学教学[M]. 俞翔辉，译. 北京：教育科学出版社，1982：20.

的发展。一般发展是特殊发展的前提或条件，是学生掌握任何一门学科的基础，是他们未来在任何一个领域里从事创造性劳动的源泉，而特殊发展在适当的指引下也可以促进一般发展。

第四，一般发展不等同于智力发展。智力发展是那些直接参与认识过程的心理因素，即观察力、思维能力和实际操作能力的发展，一般发展则不仅包括智力因素在内，而且还包括情感、意志品质、性格和集体主义思想等非智力因素发展。

第五，一般发展概念本应该包括身体发展和心理发展，但是在赞科夫的试验中，研究的教学和发展问题是有一定局限性的，他研究的是教学和问题心理一般发展的关系，尚未涉及儿童身体的发展①。

赞科夫的教育实验及其教学理论追求的是，通过建立在学生"最近发展区"基础上的发展性教学，展开学生心理素质的各个方面，开拓儿童生活的各个领域，卓有成效地激发学生的智力情绪，满足儿童的精神需要，锻炼他们的意志品质，陶冶他们的思想情操，使年轻一代成长为精神充实、善于应变的新人。②

3. 论教学和发展的关系

赞科夫认为，教学是促进学生发展的手段，学生的发展离不开教学，但是教学和发展并不构成正比例的关系，在现实教学实践中，学生的认知发展水平未必会随着学生掌握知识的总量增加而增加。由此，学校教学应该在注重学生学习和掌握系统的科学文化基础知识的同时，更加突出教师在教学过程中引导学生去完成掌握知识和技巧以及促使学生发展这两项任务。通过教学促进学生发展，对于学生提高掌握知识的质量和效率具有重大的意义，在学生的发展上取得良好的效果，是使学生掌握多方面的知识的可靠基础。

赞科夫接受了维果斯基的"最近发展区"理论，但是他认为，所谓最近发展区，并不是教学时对儿童发展施加影响的唯一渠道，教学对学生的发展施加影响的途径是各种各样的，我们的主要任务局势要揭示教学与发展的关系的多种形态，并且研究这些形态的相互作用。③ 在他看来，儿童的一般发展是儿童与周围世界相互作用的一种前进运动的方式。因此，对儿童一般发展的研究，就必须从儿童对外部世界、对客观现实的主要关系入手，去研究儿童如何面对面地观察世界，如何认识现实世界的本质，如何直接作用于客体从而改变客体，创造新事物，在引导学生积极参与的观察活动、思维活动和动手操作活动中不断地提高他们的一般发展水平。

赞科夫认为，促进学生的一般发展，就必须改革传统的把学生看成教学的对象，以及学生被动地接受书本知识的教学过程，转变为调动学生学习的内部动因，让学生对所学的知识产生强烈的需求，引导他们积极主动地参与知识的生产与发展的过程。这种教学过程转变的关键是切实了解学生的实际发展水平，为学生制造困难情境，让他们在特定的困难情境中产生学习的动力，积极主动地运用以前所学的知识技能去解决面临的问题。为此，赞科夫把儿童的一般发展水平分为三级水平：第一级表现为儿童能够利用原有的知识

①吴式颖，任钟印. 外国教育思想通史：第十卷[M]. 长沙：湖南教育出版社，2002：477-478.

②单中惠. 西方教育思想史[M]. 太原：山西人民出版社，1996：871.

③单中惠. 西方教育思想史[M]. 太原：山西人民出版社，1996：872.

经验独立地解决面临的智力任务,这是儿童发展的现有水平,由已经完成的发展程序组成;第二级水平是儿童以后才能够达到的发展水平,是对儿童发展提出的新要求;而介于这两级水平之间的水平便是最近发展区,它"说明那些尚处于形成状态、刚刚在成熟的过程正在进行。这一水平表现为:儿童还不能独立地解决任务,但在成人的帮助下、在集体活动中、通过摹仿,却能够解决这些任务。儿童今天在合作中会做的事,到明天就会独立地做出来"①。

4. 发展性教学的基本原则

赞科夫从其建立的教学实验论体系的基本指导思想出发,依据维果斯基的教学与发展的关系以及最近发展区的理论,总结了发展性教学改革的经验和教训,提出了注重弘扬学生的主体精神,突出学生一般发展的五条现代教学原则体系。

(1)以高难度进行教学的原则

在赞科夫的实验教学体系中,这是一条起决定性作用的原则,它决定着教学内容的结构,也决定着其他原则效能的发挥。对于教学中的难度,赞科夫做了两个方面的说明:一是教学过程中应该设置一定障碍,让学生去克服,否则就不可能顺利地获得知识,促进自身的一般发展;二是需要学生付出一定的努力,换句话说,要获得这些具有障碍性的知识,就需要学生开动脑筋,运用以前所学的知识、经验去解决当下的实际问题,在动手和动脑的过程中去解决实际问题,促进学生知识的掌握和一般发展水平的不断提高。

赞科夫强调高难度教学应该做到以下几点:①增加系统的理论知识的分量,改变教学内容的结构,既不能让学生不经过努力就可以轻松地掌握,也不能超越学生发展水平的实际,让学生费尽精力也无法掌握;②改变教师讲学生听的被动的教学方法,让学生过着紧张的甚至是"沸腾的"精神生活,让学生学会独立思考、推理,独立地探求问题的答案,引导儿童从不能独立地完成任务到能够独立完成任务,把学生最近发展区转变为现有的发展区;③高难度教学需要引导学生通过学习一定难度的教材,调动学生的求知欲望,而不是无限度的难,更不是为难学生,让学生失去信心;④教材和教学的难度应该具有一定的分寸,既要使学生理解问题,又不能超过学生的理解能力。

(2)以高速度进行教学的原则

赞科夫指出:"高难度原则是实验体系的基本原则,同时又在一定程度上依存于另一条原则——在学习大纲教材时高速度前进的原则。由于多次、单调的复习旧课,把教学进度不合理地拖得很慢,这样就妨碍了以高难度进行教学,或者甚至使它成为不可能的事,因为学生的学习活动主要是在'走老路'。"②

赞科夫强调高速度教学应该做到以下几点:①教师的教学应该避免多次的无谓的重复和单调机械的练习,教学应该不断地向前运动,并以各方面内容丰富的知识来充实学生的头脑;②让学生多读点课外书,多参加点课外活动,参观,旅行,多交谈,多讨论,扩大学生的知识面和理解力,在学生巩固知识的同时增强灵活运用知识的能力;③从增加感性经

①赞科夫. 教学与发展[M]. 杜殿坤,张世臣,俞翔辉,等译. 北京:人民教育出版社,1985:14.
②赞科夫. 教学与发展[M]. 杜殿坤,张世臣,俞翔辉,等译. 北京:人民教育出版社,1985:46.

验、认识现象的本质联系以及解决实际问题这三个方面，来安排学生的活动，强化知识的理解与巩固以及技能技巧的培养；④让学生在劳动和各种活动中学会手脑并用，充分利用学生的无意记忆；⑤高速度教学并不意味着教学进度可以无限制地快，而是指教学进度应该确保与学生最近发展区的实际学习的可能性相适应，确保大多数学生经过努力能够跟得上教学进度。

(3)理论知识起主导作用的原则

理论知识起主导作用的原则指的是：要求教师在教学中应该加强知识的系统性和理论知识的分量，应该以学科的基本结构、基本理论统率教材的内容，引导学生在学习教材内容的过程中，认识现象的相互依存性及其内在的本质联系，掌握学科的基本概念和基本结构，促进学生认知能力的不断提高。

赞科夫强调理论知识起主导作用要求做到以下几点：①充分利用现代科技的发展，改变过去把儿童的认识活动局限于用手摸、用眼看的水平，使系统知识在小学教育内容中占主导地位，努力使儿童形成抽象概念；②教师在教学中既要引导学生掌握一些具体的技能技巧，又要让他们学习一些具有规律性的知识，使他们做到举一反三，触类旁通；③应把感性认识和理性认识有机地交织在一起，在训练儿童学习正字法技巧和计算技巧的同时，应该尽可能地使他们深刻地理解语言的规律性、数的概念以及数的运算概念。

(4)使学生理解学习过程的原则

在赞科夫看来，该原则要求教师在教学过程中应该让学生积极主动地参与知识的生产与发展的过程，引导学生在掌握知识技能的过程中，形成良好的学习技能、态度和主动求知的习惯。

赞科夫强调使学生理解教学过程的原则要求做到以下几点：①教师要转变教育教学的观念，要切实地注意调动学生参与教学过程的积极性，引导学生积极主动地参与知识的生产与发展的过程；②让学生掌握获得知识的方法和途径，掌握学习的特点和规律；③在积极主动参与学习活动的过程中，让学生逐步学习如何制定适合自身需要的学习计划，如何利用工具书查阅资料，如何发现和纠正自己学习中的错误，如何与他人交流，如何提高利用学习时间的效率，等等。

(5)使全班的学生(包括最差的学生)都得到一般发展的原则

这条原则是前四条原则的总结，是大面积地提高教学质量的有力保证。该原则是指教师在教学过程中要用社会主义人道主义的精神来对待所有的学生，引导学生在原有的基础上有所进步，促使他们的一般发展水平不断提高，使每一个学生都能在自己的原有基础上实现最大程度的一般发展，成为苏维埃社会主义国家的建设者和捍卫者。

赞科夫强调使全班学生都得到一般发展的原则要求做到以下几点：①教师在教学中应该正视学生间存在着个性的差异，在此基础上应该分析造成个性差异的原因；②教师应该区别掌握知识和得到发展这两个概念，学生掌握了知识不等于就得到了发展；③教师在教学中应该让优、中、差学生都能够以现有的智力水平为起点，按照自己最大的可能性得到理想的一般发展，做到因材施教；④教师尤其应该关注班级中的差生，应该设法增强他们的学习信心，利用一切机会引导他们观察事物，培养他们的求知欲，发展他们所缺乏的心理品质;⑤教师必须热爱每一个学生,研究每一个人,了解他们的性格、爱好、需要和才能,了解他们喜怒哀乐的原因,力求将相同的或不同的教学内容,建立在每个学生不同的最近发展区的基础之上,促进每个学生都得到符合自己特点的发展。

教学的目的是传授知识还是发展能力,抑或是二者兼而有之,这是教育学发展史上一直争论不休的课题,并由此形成了形式教育论和实质教育论以及调和派教育理论。与传统教学论不同,赞科夫的发展性教学理论认为,教学的任务既要在掌握知识技能这方面达到高质量,又要在学生的一般发展上取得重大的发展,并且着重强调着眼于学生的一般发展的效果,在发展的基础上掌握知识和技能。发展性教学的基本原则的出发点是改进传统的教学方法,在反对外部压力、整齐划一和压制学生个性的同时,重视学生学习的内部动因,尊重学生个人的特点和愿望,让其个性得到充分的发挥;重视理论知识在促进学生一般发展中的作用;重视在读写算基本技巧训练的基础上,加强对相关理论的理解,以促进学生思维能力的发展;等等,这都是教学指导思想上的一次重大的改革。

赞科夫的发展性教学实验取得了很大的成功,并为 1969 年苏联把小学由 4 年改为 3 年制提供了理论依据。赞科夫既重视知识传授和技能训练又要促进学生一般发展的观点,为随后的苏联教育界所接受,并影响了 20 世纪 70 年代后苏联教育学著作和教科书编写的基本指导思想。此外,赞科夫一般发展的教学思想对世界各国的教学论发展也有一定的影响。

当然,赞科夫的一般发展的教学理论本身也有不足之处,由此在苏联教育学界(1964年)引起了一场历时 2 年的辩论,在这场辩论中,赞科夫的一般发展教学论思想受到了种种批评和责难。他创立的以高难度和高速度教学的原则,无疑给原本缺乏生机的苏联教育学界带来了新鲜的思维,但是如何确定教学中的难度和速度,无论在教育理论界还是在教学实践界都是难以把握的问题。

(十五)巴班斯基的教育思想

巴班斯基(1927—1987),苏联当代很有影响的教育家、教学论专家之一。20 世纪 60 年代初至 80 年代中,他以罗斯托夫地区的普通学校为基地,潜心进行教学、教育过程最优化理论的研究,形成了具有丰富内容和积极现实意义的、颇有新意的完整的教学理论,在苏联和世界各国引起了强烈反响。他一生发表的著作约有三百多部(篇),代表作有《教学过程最优化——一般教学论方面》《教学、教育过程最优化——方法论基础》《教育学》。巴班斯基去世后,苏联教育科学院编纂出版了《巴班斯基教育文选》,以纪念这位为教育理论作出杰出贡献的教育家。

1. 教学过程最优化的一般概念

巴班斯基把辩证的系统论观点作为教学论研究的方法论基础,以整体性观点、相互联系观点、动态观点、综合观点、最优化观点等指导教学论研究,提出了教学过程最优化理论。巴班斯基的理论把构成教学过程的所有成分、师生活动的一切内外部条件,看成相互联系的,在相互联系中考察所有教学任务和完成这些任务所可能采用的形式和方法。因此,教学过程最优化不是一种特殊的教学方法或教学手段,而是科学地指导教学、合理地组织教学过程的方法论原则；是在全面考虑教学规律、教学原则、教学任务、现代教学的形式和方法、该教学系统的特征以及内外部条件的基础上，教师对教学过程作出的一种目的性非常明确的安排，是教师有意识地、有科学依据地选择一种最适合于某一具体条件的课堂教学的模式和整个教学过程的模式，组织对教学过程的控制，以保证教学过程在规定的时间内发挥从一定标准看来最优的作用，获得可能的最好效果。

第一，教学过程最优化不仅要求科学地组织教师的劳动，还要求科学地组织学生的学习活动。因此，把最优化理解为单指教师的工作，是片面的。

第二，最优化中的尽可能最好的效果并非泛泛而谈，而是针对一所学校或一定班级现有的具体条件而言的。某种方法对某种情况是最优的方法，在另一种情况下，它可能就不是最优的方法，过去看来是最优的，现在则未必仍然最优；同样，现在看来是最优的，将来也可能发生变化。

第三，教学教育过程的最优化并不是一种什么新的教学形式或教学方法，而是教师工作的特殊原则，是一种有目标的科学的控制行为，而不是具体的方法。

第四，用教学过程最优化的原则组织师生的活动时，不单纯是提高它的效率，而且是要达到最优的，即对该条件来说是最佳的结果，要求在一定的具体条件下，以最少的时间和精力消耗，取得质量最优良的教育效果。

2. 最优化思想指导下的教学论体系

巴班斯基要求在教学过程中实现社会的、心理的、控制的三方面因素统一，要求在确定教学的目的、任务、内容、规则和原则、组织、方法及最后的评价的时候，都要从全部系统的角度考虑问题。

(1)教学目的和任务方面最优化

教学不仅仅要完成知识传授的任务，还要完成教养、教育、发展这样三个方面的任务。目的和任务的教养性方面，是指让学生掌握多方面的基础知识和技能，并为学生奠定科学世界观的基础；教育性的目的，包括完成德、智、体、美、劳各方面的不可分割的任务，使学生树立崇高的理想和积极的生活态度；发展性目的主要是要求促进学生各种心理素质的健康发展，并培养学习活动的技能技巧，发展学生的兴趣、能力、禀赋等。教养、教育和发展三个方面紧密联系、不可分割。

(2)教学内容方面最优化

要求在设计每一个具体的教学内容时都必须符合教学的三方面目的与任务；必须突出内容中主要的本质的因素，从而节省教学时间和减轻学生的负担；要考虑相邻学科间的联系，相互协调，避免教学的重复，并考虑补充最新的资料；此外还要根据班级、学生间的差别区别对待，在规定的时间内完成各自不同分量的学习内容；等等。

(3)教学的组织形式和方法最优化

巴班斯基仍然肯定班级教学是教学过程的基本组织形式，但同时也认为必须区分面向全班的、分组的、个别的三种工作形式，了解它们的优缺点。在具体教学中，应视具体情况，以某一种形式为主，将三者结合起来运行。巴班斯基把教学方法分为三类：激发和形成学习动机的方法；组织和实施学习活动的方法；检查和自我检查的方法。他要求在具体情况下选择教学方法时要注意六条基本准则：教学方法必须符合教学规律和教学原则；必须符合教学目的和任务；必须与教学内容的特征相适应；必须考虑学生及班集体学习的可能性；必须考虑教学的现有条件和规定的时限；必须适合教师本身的可能性。

3. 教学规律和教学原则

在巴班斯基看来，所谓教学规律，就是指按系统论的观点分析教学这一系统与其内的子系统以及与其外的大系统之间的各种联系时所得到的规律性的结论。他认为有9条具有普遍性的教学规律，并可从中引申出11条教学原则。

第一，教学和教育过程受社会主义社会需要的制约，特别是这一社会对于全面和谐发展的人的需要，制约着教学过程。

第二，教学过程与整个教养、教育和一般发展过程相联系、相统一。由这两条规律可以引申出教学的目的性原则、科学性原则、教学与生活及工作实践相联系的原则。

第三，教学过程依存于学生实际的学习可能性，包括学生学习的外部条件和学生自身的身心素质。由此引出教学的可接受性原则。

第四，教学过程依存于一定的外部条件，即物质的、卫生的、道德心理的、审美的条件以及必要的时间条件。由此可引出为教学创设必要条件的原则。

第五，教学过程内部教与学是相互联系、辩证地相结合的。由这条规律可引申出在教师指导下发挥学生的自觉性和积极性原则。

第六，教学内容取决于教学任务。这条规律可引出教学的可接受性原则和教学的系统性和循序渐进的原则，也反映在前述教学的目的性、教学与生活相联系、教学的科学性等原则上。

第七，教学的方法和手段取决于教学的任务和内容。由此得到根据教学任务和内容，结合运用各种教学方法和手段的原则。

第八，教学的组织形式取决于教学的任务、内容和方法。从而得出根据教学任务、内容和方法综合运用各种教学形式的原则。

第九，教学过程中所有成分相互联系，保证了相应条件下取得巩固的、可理解的、积极的教学效果。由此得到教学结果的巩固性、理解性和实效性原则。

巴班斯基还为上述教学原则的贯彻执行拟定了更为详细的17条教学规则。这样就形成了“教学规律—教学原则—教学规则”三个层次的、操作性渐强的教学过程最优化的控制体系，成为教学过程最优化理论的重要特色。

4. 最优化的方法

(1)教的最优化方法

选择课堂教学最优方案要求教师事先做一系列有逻辑联系的工作，这就是：

——综合拟定教养、教育和学生发展的任务并根据学生的特点使其具体化。

——使课堂教学内容最优化，突出其中主要的、实质性的内容。

——有意识地选择最优化的教学方法、手段和最成功的课堂教学结构（即提问、讲新课、练习、巩固、布置家庭作业、总结等）来完成一定的教学、教育任务。

——因材施教。

——为教学创设良好的教学物质条件(包括教室、教学设备、实验室设备、活动场地等)、学校卫生条件(卫生保健标准,照明、供热、通风标准)、精神心理条件(要有教育分寸,要求要合情合理,表扬学生要恰如其分,班内要有团结互助的精神)和审美条件(学校、教室和专用教室的美化)。

——采取专门措施来节省教师和学生的时间,选择教学的最优速度。

——按照教学效果和时间的最优化标准分析教学效果和师生的时间消耗。

(2)学的最优化方法

教学过程的两重性决定了教的最优方法与学的最优方法之间有着不可分割的联系。因此,如果学生不在一定程度上对自己的活动进行自我组织,不实现学的最优化,则教学最优化是不可思议的。巴班斯基从以下几方面来提出学的最优化的方法:在教师影响下,学生应当了解他们面临的基本任务的全部范围,把基本任务作为自己行动的准则;经常把自己的注意力集中在课题的主要问题上;努力寻找最好、最合理的完成学习任务的方案;通过有效地自我检查,努力逐渐调整自己的活动;发挥实际学习可能性的长处,克服短处;合理支配时间,在保证学习的高质量的同时,坚持提高自己的学习速度以及对自己的学习效果和时间消耗进行自我分析。这种在教师巧妙地指导下的学习活动的自我组织是符合最优化标准的,它不会使学生感到负担过重而又达到可能的最佳效果。

巴班斯基教学过程最优化理论,以马克思主义的辩证唯物论作为方法论的基础,吸取了现代系统理论、控制理论以及相邻学科的研究成果,在教育实验的基础之上,改造和吸收了教育教学理论的精华和苏联20世纪六七十年代教育革新的成果,把辩证的系统方法引进教育理论的研究,对极其复杂的教育教学过程进行综合的考察,构成了独树一帜的教育学派,成为苏联教育科学和教育实践发展进程中的一个阶段性标志。该教育思想产生后,便逐步地为教育行政部门和学校领导人以及教师所理解、接受和运用,并在许多地区的教育工作中取得了良好的教育效果,产生了规模效应,并且还扩展到了学校管理和国民教育系统管理等领域。

巴班斯基教育思想的核心是教育教学过程最优化原理。最优化并不是什么特别的教学教育方法或手段,而是一种教育教学思想的策略,它要求教育工作者运用辩证的系统方法,调动各种积极的因素,克服不利的因素,尽可能以较为经济的时间、精力和费用,取得相对于该具体情况的最佳效果;他提出的“教导过程”“学习的实际可能性”“教学过程的结构”“教学教育条件”“学生的现实学习潜力”“教育会诊”等,使教育、教学理论的基本范畴和概念得以充实;他基于对教育系统的整体性认识和对教育过程基本联系的进一步揭示,提出了一套实施最优化的完整的方法,并认为这些方法相互联系,缺一不可,等等。这些都是巴班斯基对教育理论和教育实践发展的有益的贡献。

诚然,巴班斯基的教育思想也不是尽善尽美的。首先,他对教学规律的揭示还不够深刻,对教学方法的分类略显繁琐;其次,关于学习过程和教育过程的最优化问题论述不够;再次,评价和测量上的定性定量问题也没有完全解决;最后,对教师教的最优化论述的较多,而对学生学的最优化的论述还不够深刻。由此可见,巴班斯基的教育教学最优化理论还有待继续完善。

（十六）马卡连柯的教育思想

安东·谢妙诺维奇·马卡连柯(1888—1939)，苏联著名的教育家和作家。马卡连柯出生于乌克兰一个铁路工人家庭，1905 年开始从事教育工作，其主要著作有：《教育诗》《塔上旗》《父母必读》《儿童教育讲座》等。

1. 论教育目的

"教育过程的目的应当成为教育工作的主要基础，体会不到广泛的目的就不可能进行任何的教育活动。"①由此可见，教育目的是马卡连柯教育思想中首先是要解决的问题，也是其整个教育思想的基础。正是基于对教育目的的这种认识，马卡连柯尤为强调教育目的在整个教育过程中的价值及其方向性，"教育目的就是人的个性的培养计划、人的性格的培养计划"②。

那么，人的个性到底是什么呢？马卡连柯认为，"外部表现和内心信念的性质、政治教育、各种知识，即人的个性方面的全貌"③。此外，马卡连柯认为：教育目的除了应该关注人的共性之外，还应该关注人的发展的特殊性，也就是个性的差异。

教育目的就是兼顾人的共性和个性的培养。在马卡连柯看来，教育的具体目的是，"我们希望培养出有文化的苏维埃工人。因此，我们应当给他以教育，最好是中等教育，我们应当给他以熟练的技术，我们应当使他守纪律，他应当是在政治上有修养的……，我们应当培养他的义务感和荣誉感……。他应当善于做一个有礼貌的、严肃的、善良的人，必要时，由于他的生活和斗争的条件，善于做一个无情的人。他应当是积极的组织者。也应当是不屈不挠的和经受锻炼的，他应当能够约束自己并且影响别人；……他应当是快乐的、精神饱满的、紧张的、能够斗争和建设的，善于生活和热爱生活的，他应当是幸福的"④。

教育关乎着苏维埃社会主义事业的建设大业，更关乎着人的成长和发展的问题，国家、社会、学校乃至家庭都来不得半点马虎，在整个教育的工作中应该"连百分之一不合格的、连一个被浪费了的生命都不准许有"⑤。正是基于对教育的这种信念，马卡连柯进行了卓越的教育实践，并提出了富有独到见地的教育思想。

2. 集体主义教育思想

马卡连柯曾经说过："我在自己从事苏维埃教育工作的十六年中，把主要的力量都用在解决集体和集体机构的建立，解决权能的制度和责任的制度等问题上。"因此，组织、培养和教育集体，通过集体教育社会主义所需要的新人，是马卡连柯教育思想的精髓。

马卡连柯认为，集体既是教育的基础、教育的目的，也是教育的对象、教育的手段，个人是不能离开集体而存在的，集体并不是许多单个的人集合在一起的松散的组织，而"是

①吴式颖. 马卡连柯教育文集：下卷[M]. 北京：人民教育出版社，1986：4.
②吴式颖. 马卡连柯教育文集：下卷[M]. 北京：人民教育出版社，1986：16.
③吴式颖. 马卡连柯教育文集：下卷[M]. 北京：人民教育出版社，1986：16.
④吴式颖. 马卡连柯教育文集：上卷[M]. 北京：人民教育出版社，1986：26-27.
⑤吴式颖. 马卡连柯教育文集：下卷[M]. 北京：人民教育出版社，1986：266.

以社会主义的结合原则为基础的人与人互相接触的总体”①。集体有共同的奋斗目标；有组织性和纪律性；具有一定的组织制度和管理机构，它们有权代表集体，并行使着各种职责；并且形成了为集体成员所认同的集体舆论。正是基于这种对集体特质的理解，马卡连柯认为，社会主义国家的每一个教育机构就是一个集体，它包括学生集体和教师集体。在学生集体和教师集体的关系上，马卡连柯认为：如果没有教师集体的话，那是不能够培养出学生集体来的。由此优良的教师集体中的教师必须是“受着一种思想、一种原则、一种作风的鼓舞，能齐心一致地工作”，是在“统一的工作计划”，“一致的步调”以及按照“一致的对待儿童的方法”的基础上进行工作的，反之，“就不会有任何的教育过程”。

优良的集体必须有其良好的作风和纪律。在马卡连柯看来，集体的作风主要表现为五种共同的态度。第一，集体应当朝气蓬勃，充满强烈的快活情绪，其表现形式为朝气蓬勃和行动的决心。这也是集体成员对集体和自己的将来充满自信和自豪的表现。第二，集体成员之间应当团结和睦。在内部关系上，集体成员之间可以互相批评，甚至可以互相压制，但在外人面前，集体成员应到互相保护，不让同伴遭受任何苦恼和羞辱。第三，集体成员应当具有坚定不移地主持正义的观念，在集体中恃强凌弱者应当受到处罚，弱者应当得到必要的保护。第四，集体成员要具有积极性，随时准备去从事有条有理的、讲究实效的活动或文化娱乐活动，克服空间与材料方面的困难，并且热爱这样的活动，热爱与困难作斗争。第五，集体成员应当养成抑制的习惯，而抑制的特殊形式就是礼貌。在马卡连柯看来，纪律既是集体教育的结果，也是集体教育的手段。在他看来，社会主义社会的纪律与旧社会纪律的区别在于，社会主义社会的纪律应当伴随着自觉，永远应该是自觉的纪律。

在多年的教育实践中，马卡连柯创立了一整套集体教育的原则和方法。择其要如下：

(1)尊重与要求相结合原则

有人曾问马卡连柯他的教育经验的本质是什么，马卡连柯回答说：“我的基本原则(我认为这不仅是我个人的基本原则，也是所有苏维埃教师的基本原则)永远是尽量多地要求一个人，同时也要尽可能地尊重他。实在说，在我们的辩证法里，这两者是一个东西：对我们所不尊重的人，不可能提出更多的要求。当我们对一个人提出很多要求的时候，在这种要求里也就包含着我们对这个人的尊重，正因为我们向他提出了要求，正因为他完成了我们的要求，所以我们才尊重他。”②由此可见，尊重学生是信任学生的表现，是有效地运用正确教育手段的前提。

(2)平行教育影响原则

马卡连柯认为：集体教育过程应当遵循在集体中通过集体为集体的原则。在他看来：首先，集体首先是教育的基础，只有当一个人长时间地参加了有合理组织的、有纪律的、坚忍不拔的和有自豪感的那种集体生活的时候，性格才能培养起来。其次，集体是教育的手段。他强调指出，集体是个人的教师。教师必须通过集体来教育个人。最后，集体是教育

①吴式颖．马卡连柯教育文集：上卷[M]．北京：人民教育出版社，1986：15．

②吴式颖．马卡连柯教育文集：上卷[M]．北京：人民教育出版社，1986：103-104．

的目的和对象。在他看来,每当我们给个人一种影响的时候,这影响必定同时应当是集体的一种影响。相反地,每当我们涉及集体的时候,同时也应当成为对于组成集体的每一个个人的教育。由此可见,教育个人与教育集体的活动应同时进行,每一项针对集体开展的教育活动应收到既教育集体又教育个人的效果。

(3)前景教育原则

马卡连柯认为,一个自由的人类集体的生活方式就是向前行进,它的死亡的方式就是停滞,"人的生活的真正刺激就是明天的欢乐","在教育技术中,这种明天的欢乐是最重要的工作对象之一"。因此,马卡连柯强调指出:培养人,就是培养他对前途的希望。这个工作方法就是建立新的前途,运用已有的前途,逐渐代之以更有价值的前途。因此,前景教育原则又可称为"明日欢乐论"。在马卡连柯看来,前景教育可以分为3个步骤,即近景、中景和远景。近景主要针对还没有能力安排自己未来长远的意向和兴趣的儿童,随着儿童年龄的增长,近景将逐渐让位给中景和远景。无论是近景、中景还是远景的实现,都应当起到激励学生努力学习和工作的作用,防止享乐主义情绪的产生。因此,教师必须善于向集体和个人循序渐进地提出引人入胜和富有兴趣的以及有现实性的远景,领导儿童集体不断发展和前进。

(4)自觉的纪律

马卡连柯强调,纪律应当永远是从人们的自觉行为中产生的,其内涵是"一个人能够愉快地去做自己不喜欢做的事情",并且能够坚持下去。苏维埃的纪律是自觉的纪律,要求儿童自觉地、愉快地、主动地和创造地去做维护集体利益的事情;是积极地与破坏纪律的不良现象作斗争的行为;是一种非束缚人的、枯燥乏味的纪律,是一种"集体的面貌、集体的声音、集体的美妙、集体的活动、集体的姿态和集体的信念"的纪律,而获得这种纪律的方法便是整顿生活环境、生活制度和说理。

3. 论劳动教育

在马卡连柯教育思想中,劳动教育有着重要的地位。"正确的苏维埃教育如果是不劳动的教育,那是不能想象的。劳动永远是人类生活的基础,是创造人类生活和文明幸福的基础。在我们的国家里,劳动已经不是剥削的对象,而成了光荣、荣耀、豪迈和英勇的事情。"①马卡连柯认为,通过劳动教育:一方面,可以使学生的体力和感觉器官得到完善;另一方面,又可以使学生在道德和精神上得到完善。马卡连柯尤为重视后一点。劳动"可以培养同志间的关系,即培养一个对其他人应有的正确的态度","只有参加集体劳动才能使人对人有正确的和道德的态度——对一切劳动者保持亲属般的爱护和友谊,对懒惰分子和躲避劳动的人表示愤慨和谴责"②。此外,劳动教育还可以培养学生的组织能力和管理能力,以及促进学生智力的发展。

马卡连柯较为详细地论述了劳动教育的原则和方法。第一,学校的生产劳动必须与教学实践相结合。"在任何情况下,劳动如果没有与其并行的知识教育——没有与其并行

①吴式颖. 马卡连柯教育文集:下卷[M]. 北京:人民教育出版社,1986:179-180.

②吴式颖. 马卡连柯教育文集:下卷[M]. 北京:人民教育出版社,1986:181.

的政治的和社会的教育,就不会带来教育的好处,会成为不起作用的一种过程","只有把劳动作为总的体系的一部分时,劳动才可能成为教育的手段"。① 第二,劳动教育的劳动应该是创造性的劳动。马卡连柯认为,"只有当人们对工作发生爱好的时候,只有当人们自觉地在工作中感到快乐并了解劳动的利益和必要的时候,……才可能有创造性的劳动"②。为此,教师在组织学生的劳动时既要注意发展学生的劳动技巧,激发他们的劳动兴趣,又不要采取强制的办法,不要滥用奖励和惩罚。第三,劳动教育应该注重集体劳动的价值。第四,劳动的任务应该具有量力性、长期性、复杂性和多样性。第五,教师在劳动中应该身先士卒,成为学生的榜样。

马卡连柯不仅是劳动教育的倡导者,也是劳动教育的实践者,他所领导的"高尔基工学团"主要从事农业生产,兼从事牲畜饲养业,还创办了手工作坊,经济上实现了自给自足。而在捷尔任斯基公社,马卡连柯更是充分发挥学生的积极性和主动精神,让他们主持各种会议,领导生产、执勤等工作,使那些十六七岁的少年能胜任车间长,十八九岁的青年能管理车间生产。

十月革命以后,如何依据马克思主义的教育理论,结合社会主义的基本理想,构建与资本主义社会完全不同的新的社会主义的教育理论,成为了苏维埃国家教育理论界和实践界,面临的一个崭新的课题。作为苏维埃杰出的教育理论家和教育实践家,从十月革命以后,马卡连柯便把自己的一生都献给了人民的教育事业,以高度的责任感和创造精神,从事教育新方法的探索和实验,为人类留下了丰富的教育学遗产,他所独创的集体教育理论对于各个年龄阶段的儿童教育都具有重要的指导意义。

马卡连柯的教育理论反映了教育工作的一些客观规律,受到各国教育工作者的高度重视,曾有214个代表团参观访问了捷尔任斯基公社。他所提出的"要求与尊重相结合""平行影响""重视纪律这一全部教育活动的结果""确立父母和教师建立在责任感之上的权威""以信赖为基础的要求"等思想,为各国教育界人士所认同和采用。

苏联教育界非常重视马卡连柯教育思想的整理和挖掘。在他去世后不久,俄罗斯联邦教育科学院便成立了由他的夫人领导的马卡连柯教育遗产研究室。1946年,该院出版了马卡连柯的《教育论文选》,1948年出版了他的《教育文集》,1950—1952年出版了《马卡连柯文集》(7卷本),1951—1958年出版了该文集的增补版。此外,还创办了一些关于马卡连柯研究的专著。为了纪念马卡连柯100周年诞辰,苏联教育科学院从1983—1986年编辑出版了《马卡连柯教育文集》(8卷本)。他的著作被译成各种文字出版。

我国早在20世纪50年代,人民教育出版社就已经翻译出版了《马卡连柯文集》(中译名是《马卡连柯全集》);20世纪80年代又出版了上下两卷的《马卡连柯教育文集》。此外,马卡连柯的教育名著《教育诗》《父母必读》《塔上旗》等在20世纪50年代也被译成中文出版。马卡连柯的教育思想对中国的教育理论和教育实践同样产生了重要的影响。

---

①吴式颖.马卡连柯教育文集:下卷[M].北京:人民教育出版社,1986:13-14.

②吴式颖.马卡连柯教育文集:下卷[M].北京:人民教育出版社,1986:181.

三、学校教育制度

学校教育制度是社会发展到一定历史阶段的产物。随着社会的发展,教育从简单到复杂,由无固定规则的原始形态到学校制度化的教育组织形式出现,再到学校体系的建立至当今社会以学校教育制度为主体包括其他机构在内的更为完整的教育制度,经历了一个长期的演变过程。随着社会进一步发展,学校教育制度还会不断地变革与发展,以适应经济社会的发展的需要。

(一)学校教育制度概述及其历史沿革

1. 学校教育制度的内涵

教育制度的核心是学校教育制度。学校教育制度简称制,是指一个国家各级各类学校的系统及其管理规则,它规定着各级各类学校的性质、任务、入学条件、修业年限以及它们之间的关系。学制的建立为实施正规的学校教育提供了基本的制度保障。

2. 学校教育制度的历史沿革

(1)古代学校教育制度及其发展

原始社会的教育还没有从生产活动中分化出来成为专门的活动。无论是生产经验的传授,氏族公社的历史、习俗以及习惯的传递,还是道德品质的培养,主要依靠口耳相传或观察模仿,带有很大的随机性和偶然性,很少有规范化、定型化的教育活动方式。最早的可以称得上带有制度性质的教育活动方式是各种仪式,如成人仪式,但这些仪式只是具有教育意义的非专门的教育活动。

学校的出现标志着教育活动从无固定规则的原始形态发展成具有固定规则的制度化的形态。在整个古代社会,学校教育作为一种教育制度,其制度化程度不断提高,教育行为方式逐渐规范,如有固定的教育内容,规定了定期的学业考查制度,形成了规范化的教学组织形式,等等。但是,古代社会没有发展起上下衔接的学校系统,等等。

在中国,早在西周时期,已有学校教育制度相关信息记述。《周礼》记载:“乡有庠,州有序,党有校,闾有塾。”《学记》中记载了西周国学的招生、考核等制度:“比年入学,中年考校。一年视离经辨志;三年视敬业乐群;五年视博习亲师;七年视论学取友;谓之小成。九年知类通达,强立而不反,谓之大成。”可见在西周这一时期,已形成了学校教育制度的雏形。

自秦统一六国以后,建立了高度的中央集权制国家,拥有严格的统治机构和庞大的官僚队伍,为培养施政的官僚,国家在中央和地方开办学校。在古代中国鼎盛的唐代,培养官僚的学制和录用官吏的科举制度都已十分完备。以中央和地方的官学论,中央官学属贵族性质的有崇文馆、弘文馆、国子学;属普通性质的有太学、四门馆、广文馆;属专科性质的有律学、书学、算学、医学、崇玄学;还有初等教育性质的小学。地方官学则分直系和旁系两个系列,直系的学校有府学、州学、县学、市镇学;旁系的有府、州的崇玄馆。而且,官学系统还有一定的升迁序列;县学—府州学—四门学—太学—国子学。可见,唐代许多被称为“学”的机构主要是一种官吏选拔机构,并非现代意义上的学校。

在西方,整个欧洲古代社会的学校教育制度也呈现同样的特征,尤其是中世纪的欧洲,没有像中国这样强大的国家政权,教育权力集中在教会手里,出于宗教教育的目的,教会开办了一定数量的学校,但是这些学校并无层次差别,也无衔接关系。中世纪后期,欧洲出现了大学和注重实用知识和技能学习的城市学校。中世纪的大学,管理相当松散,无规定的修业年限,学生年龄也无规定,而且学校之间处于游离状态,没有形成现代意义上的学制。

(2)现代学校教育制度及其发展

现代学校教育制度的形成是与现代学校的产生和发展联系在一起的。在古代,无论是东方还是西方,学校都没有严格的大、中、小学之分,更没有幼儿园。虽然古代也有大学和小学的名称,但与今天的大学和小学相比,其差别是非常显著的。近代以来,随着商品经济和资本主义的发展,产生了现代大学和现代中学。特别是随着为劳动人民子女设立的国民学校的产生和发展,才逐步形成公共教育制度,才有了大、中小学的明确区分,才形成了现代学校教育系统。现代学校教育系统是按照自上而下和自下而上两条路线发展、演变而成的。以下是现代学校教育制度中各类各级学校机构的发展历程。

①大学和高等学校。在欧洲,随着商业、手工业和城市的发展,12 世纪就产生了大学。这些中世纪大学最早产生于意大利、法国和英国。到 14 世纪时,欧洲已有十几所大学。这些大学一般设文学科、神学科、医学科和法学科。其中,文学科教授七艺,属普通教育性质,起着后来的普通中学的作用,具有大学预科的性质。当时大学的四科,入学年龄和修业年限都没有严格的规定。文学科一般为 6—7 年,其他三科为 5—6 年。在文学科学习 3—4 年,学完文法、修辞学和辩证法“三艺”之后,就可当助教,这就是学士。学完文学科“七艺”后,并获得在文学科任教许可证的,即成为硕士。文学科修业期满,再进入大学的其他三科中的某一科学习,毕业合格、并获得任教许可证的,即成为博士。

现代大学和现代高等学校都是经过两条途径发展起来的:一条是通过增强人文学科和自然学科把这些中世纪大学逐步改造成为现代的大学,如牛津大学、剑桥大学和巴黎大学;另一条则是创办新的大学和新的高等学校,如伦敦大学、洪堡大学、巴黎高等师范学校。现代大学和现代高等学校是在 18—20 世纪随着市场经济、现代生产和现代科技的发展而发展和完善起来的。

②中学。在欧洲文艺复兴前后,曾出现了以学习“七艺”和拉丁文或希腊文为主要内容的学校。这些学校在英国叫文法学校或公学,在德国和法国叫文科中学。这些学校的修业年限不等,有的 6 年、有的 8—10 年。但它们的教学内容、修业年限、毕业生的权利和中世纪大学的文学科基本相同,都是为大学培养预备生和为教会、国家培养僧侣、官吏。因此它们被统称为古典文科中学。古典文科中学与中世纪大学文学科的联系十分明显,有的就是由中世纪大学的文学科演变而来的,如 18 世纪的德国就把大学文学科的第一阶段并入了文科中学。因此,古典文科中学是大学的附庸。

18 世纪初,商业和手工业的发展对管理人才和技术人才提出需求,于是在欧洲出现了以学习自然科学和现代外语为主要课程的实科中学。实科中学的出现是中等教育发展史上的一个里程碑,这意味着中等学校向现代学校迈出了决定性的一步。比起古典文科中学来,实科中学更适应生产和国民经济发展的需要,更接近生活,它具有更鲜明的现代中等学校性质。

实科中学与具有浓厚的古代学校传统的古典文科中学,曾经历了200年的长期斗争,其结果是实科中学的地位越来越强大。在斗争中,两者都得到了改进和发展,但总的方向是两者都逐步变成了愈发完善的现代中等学校。可见,现代普通中学是随着市场经济和资本主义的产生、发展而产生、发展起来的。

③小学。文艺复兴以前,西欧就有行会学校和基尔特学校,教学生学习本族语的读、写、计算和宗教,这些学校就是欧洲城市最早的初等学校。在文艺复兴时期,教会又办起了许多初等学校。它们就是最初的小学。

在18世纪末和19世纪这100多年里,欧洲发生了以蒸汽机的发明和广泛使用为标志的第一次工业技术革命。这场革命要求劳动者必须具有初步读写算的能力和一定的自然与社会常识,从而推动了以劳动人民子女为教育对象的小学教育的广泛发展。到19世纪后半叶,英国、德国、法国、美国、日本都通过了普及初等教育的义务教育法,这些先进的资本主义国家都先后普及了初等教育。

④初级中学。从19世纪末到20世纪中叶的近100年的时间里,欧美又发生了以电气在工业上的广泛应用为标志的第二次工业技术革命。这一革命要求从事电气化生产的劳动者必须具有更高的文化科学基础知识,也就是说,只具有小学文化程度已经不够了,必须具有中学文化程度,于是各发达资本主义国家先后将义务教育延长到了8年或9年。所延长的这部分义务教育,尽管名称不同,在英国叫现代中学,在法国叫市立中等学校,在德国叫初级中学,事实上都是初中教育。这些中学是为把劳动人民子女培养成有文化的体力劳动者而办的,并不是要把他们培养成脑力劳动者。

⑤职业学校。为了适应工业电气化和农业机械化生产的需要,劳动者不但应具有初中文化水平,而且还应有一定的职业技术技能。传统的学徒制已不能满足这个要求,于是许多发达资本主义国家先后通过了各种职业教育法令,在发展初中水平教育的同时,也大力发展这个阶段的职业教育。此外,第一次世界大战对发展职业教育也起了很大的推动作用。

1919年德国决定对14—18岁的青少年继续实施义务的职业教育。同年,法国通过《阿斯蒂埃法》,规定每个市镇设立一所职业学校,对18岁以下的青少年实施免费的和义务的职业教育。1924年英国也采取了类似措施。美国则于1917年通过了《史密斯-休士法》,在全国范围内建立中等职业学校,其影响更为深远的是把普通中学办成综合中学,设立职业学校,形成了初等教育或初等教育后的职业教育系统。

⑥高级中学。自20世纪中叶起,人类开始进入第三次工业技术革命的时代。在这个时代,核子、电子、航天和信息等科学技术的广泛应用引起了生产和劳动性质及整个社会生活的革命性变化,同时也就决定了对劳动者掌握科学技术知识的新要求。由于脑力劳动者的人数和比例越来越大以及体力劳动者的脑力劳动因素的日益增加,每个生产者就必须具有高中或高中以上的文化程度,才能满足当前和今后日益发展的生产和社会生活的要求。因此,从20世纪中叶起,各发达国家的教育都经历着一个进一步延长义务教育

年限、提高教育水平、普及完全中等教育的时期，现在，美国、日本、俄罗斯等国已普及了高中教育，其他发达国家也正在普及高中教育。

⑦社区学院和短期大学。美国的社区学院兴起于20世纪初期，60年代获得较快发展。社区学院分公立、私立两种，前者居多。公立的两年制社区学院是中学后教育机构，它集学术、文娱、职业教育于一身。所以它有学术性的学科，有职业训练，亦有为丰富生活而设的科目，例如插花、烹饪等。这种学院具有下列特点：由地区政府全权管理，主要为本地区求学者提供为期两年的教育；学费较低并对所有具有高中文凭或同等学力的求学者开放，不分种族、年龄、经济地位及智力水平；具有高度的分散性，各社区学院根据经济状况确定专业和课程，其课程设置具有很强的相关性和实用性。在美国的大学生中，大约每3个人中就有1个是社区学院的学生。社区学院在美国高等教育的民主化、大众化的过程中扮演了重要角色。

短期大学则是伴随着二战后日本的学制改革成长起来的，最早出现于1950年，是一种学制为2—3年的高等教育机构。短期大学的主要宗旨是对完成中等教育的人或成人进行专门的职业技术教育，使他们具备就业和实际生活所必需的能力。有的短期大学还设置了为升入四年制大学做准备的课程或成人的继续教育课程。

⑧幼儿教育机构。作为公共教育的现代幼儿教育机构，最早出现于第一次工业技术革命后的18世纪下半叶。1771年，法国的奥柏兰在孚日山区创办的编织学校，是法国最早的幼儿教育机关。19世纪，各个先进的资本主义国家都出现了幼儿教育机构。20世纪上半叶，随着第二次工业技术革命的深入发展，各发达国家的幼儿教育机构得到了较快的发展。第二次世界大战以后，各发达国家的幼儿教育逐步走向普及。与此同时，幼儿教育的性质也在发生变化，即从以保育为主走向以教育为主。幼儿教育机构在不少国家已被列入学校教育系统，成为国民教育体系的组成部分，并将成为终身教育的一个有机组成部分。

⑨研究生教育机构。现代生产和现代科技的发展，引起了高级科学技术人才和教育人才的需求，这就要求部分大学本科生毕业后进一步攻读高级学位。19世纪初，在德国产生了现代学位（哲学博士）之后，又产生了现代研究生教育机构。在以后的100多年里，研究生教育在各发达国家得到了广泛的发展。到了20世纪，研究生教育机构已成了不少发达国家学校教育系统的组成部分。20世纪中期以来，研究生教育得到了长足的发展，在各发达国家研究生的增长速度超过了本科生的增长速度。

⑩成人教育机构。成人教育，古已有之，即活到老，学到老。这是指自学、向生活和实践学习、自我修养以及手艺上的精益求精等。现代成人教育已超出上述涵义，它是现代社会的产物，是以在生产上运用科学技术为特征的大生产的产物。

一方面，由于现代科学技术知识的创造周期和陈旧周期越来越短，因此，每个人从学校毕业后，在劳动生活中必须多次更新知识，否则就不能适应人员流动和改行转业的需要。于是，成人教育就蓬勃发展起来，出现“回归教育”“继续教育”，如函授大学、广播电视大学、业余大学、夜大学、开放大学等，成为现代学校教育制度的一个重要组成部分。另一方面，由于科技和社会的进步，劳动者闲暇时间的增多，以及个性多方面发展的需要，成人接受多方面的教育已经成为人们的一种精神追求。即使退休的老人也在追求这种个人精神享受，于是老人学校、老年人大学应运而生。正是这两个方面，使我们有充分依据认为，现代社会已显示了学习化社会的若干特征，未来社会肯定是学习化社会。因而，现代学校教育制度正在向终身教育制度发展，并将成为完善的终身教育制度。

3. 现代学校教育制度的类型与特点

现代学制的形成，与工业革命的产生和发展紧密相连。工业革命不仅使政治经济迅速现代化，而且给现代教育制度的产生与发展提供了动力和条件。

现代学校教育制度主要由两种结构构成：一是纵向划分的学校系统；二是横向划分的学校阶段。不同国家因其历史文化传统、政治经济制度及其教育目的等各种因素的不同而呈现出各不相同的结构特点，又因为互相影响而呈现出某些相似甚至大体相同的结构。从当今世界各国的学制来看，有三种典型的学制类型。请参见图 3－1。

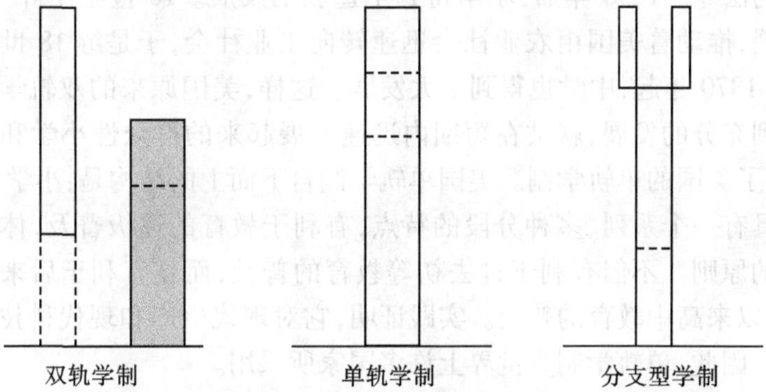

图 3－1　学制类型

双轨学制。以原来的西欧学制为代表。欧洲的学校自古以来就具有典型的等级特征。虽然经历了文艺复兴运动的洗礼和工业革命的冲击，但由于资产阶级革命的不彻底性及其他特定历史因素的影响，18—19 世纪，西欧的教育形成了带有明显等级特权痕迹的学术性现代学校和供劳动人民子女入学的群众性现代学校并行的双轨制结构，其基本结构是：一轨自上而下，沿大学到中学（包括中学预备班）的路线发展而成；另一轨自下而上，沿小学（后来是小学和初中）到职业学校（先是与小学相连的初等职业教育，后发展为和初中连接的中等职业教育）的路线发展而成。双轨制的这两个平行系列，既不相通，又不相接，剥夺了在国民教育学校上学的劳动人民子女升入中学和大学的权利。后来，国民教育学校一轨从小学发展到了中学时，才有了初中这个相对应的部分。一轨是文法中学（英国）、国立中学（法国）和文科中学（德国）的第一阶段，另一轨相应的是现代中学（英国）、市立中等学校（法国）和初级中学（德国）。欧洲国家的学制都曾采用双轨学制。

双轨学制表现出两种截然不同的培养模式，其优点是学术性的一轨具有比较高的水平，特别体现为它的高等教育水准。但是，受教育者能够进入哪一轨，主要取决于其家庭的社会经济背景。这既不利于中等教育的普及，更有损于社会公平与教育机会平等。此外，19 世纪末 20 世纪初在欧洲形成的这种双轨学制和第二次工业技术革命，特别是和第三次工业技术革命时代的大生产性质是十分矛盾的。一方面，资产阶级为了培养统治人才，沿袭了先前贵族学校的传统，不愿其子女和劳动人民的子女进入同样的学校学习，自上而下地发展了具有中等教育性质的预备学校（文法学校）和具有初等教育性质的文法学校的预备学校。另一方面,工业技术革命对进入工厂企业的劳动者提出了越来越高的文化知识及技术要求,从而推动普及教育由初等教育向初中教育甚至高中教育发展。正是这些问题和矛盾推动了双轨学制的变革。

单轨学制。以美国为典型代表。美国是一个新兴的资产阶级国家,不像西欧国家有深厚的教育等级传统。刚开始,北美多数地区的教育曾沿用欧洲的双轨学制,例如,哈佛、耶鲁等大学只不过是牛津、剑桥大学的缩影,拉丁语学校则是文法学校的翻版。但由于美国工业经济迅猛发展,这种学术性学校并没有获得充分的发展,而是被群众性学校的急剧发展所淹没。

初到北美的欧洲移民首先发展了初等教育。18 世纪末,美国北部各州都有了在城镇设立初等学校的法令。1830 年后,小学得到了蓬勃的发展。18 世纪中叶开始,随着工业革命的迅速发展,推动着美国由农业社会迅速转向工业社会,于是继 18 世纪早期小学的大发展之后,从 1870 年起,中学也得到了大发展。这样,美国原来的双轨学制中的学术性一轨还没有得到充分的发展,就被在短期内迅速发展起来的群众性小学和群众性中学所淹没,从而形成了美国的单轨学制。美国单轨学制自下而上的结构是:小学、中学、大学。

单轨学制具有一个系列、多种分段的特点,有利于教育的逐级普及,体现社会公平和教育机会均等的原则。不但有利于过去初等教育的普及,而且有利于后来初中教育的普及以及 20 世纪以来高中教育的普及。实践证明,它对现代生产和现代科技的发展具有更大的适应能力。因此,单轨学制为世界上许多国家所采用。

分支型学制。即介于单轨与双轨之间的一种学制,其典型是苏联的学制。沙皇俄国时代的学制属欧洲双轨学制。十月革命后,苏联制定了单轨的社会主义统一劳动学校系统。后来在发展过程中,又恢复了原文科中学的某些传统和职业学校单设的做法,于是就形成了既有单轨学制特点又有双轨学制某些因素的苏联型学制。分支型学制不同于欧洲的双轨学制,因为它一开始并不分轨,而实行公共的义务教育,其职业学校的毕业生也有权进入对口的高等学校学习,保留了适当的贯通性。它和美国的单轨学制也有区别,因为它在中等教育阶段实行教育分流,一些学生接受学术教育,另一些学生接受职业教育,又开始分流。显然,分支型学制同时具有单轨制和双轨制的优点,能够兼顾公平与差异、普及与提高,当然这意味着比较多的课程、学时,由此也带来了它的缺点,即学生负担过重、教学计划统得过死。

4. 发达国家学制改革发展趋势

现代学制自形成之后,为了适应快速发展的现代社会,纵向学校系统和横向学校阶段都发生了巨大的变化。

(1)纵向学校系统:从双轨学制向分支型学制和单轨学制转变

直到 20 世纪初,西欧双轨学制,一轨只有小学,一轨则只有中学和大学。那时,初等教育是专为劳动人民子女设立的。社会中上层人士的子女是在家庭中或在中学预备班里接受初等教育的。经过两次世界大战,通过劳动人民及其政党、进步人士的努力和争取,随着义务教育的上延,教育机会均等原则的实施,德国、法国、英国等国终于先后实行了统一的初等教育,双轨学制从小学开始向上逐步并轨。

第二次世界大战后,西欧各国普及教育逐步延长到 10 年,已到了中学的第一阶段。

过去,欧洲的中学本来是不分阶段的。现在,同是接受义务教育,有的在高学术水平的完全中学的第一阶段进行,有的则在新发展起来的低学术水平的初级中学里进行,机会很不均等。于是,英、法、德等国采用了综合中学的形式把初中阶段的两轨并在一起。英国发展最快,20 世纪 80 年代初综合中学的学生数已超过学生总数的 90%。这样,西欧双轨学制事实上已经变成分支型学制了,即小学、初中并轨,其后多轨。现在,英国的高中也正在通过综合中学实行并轨。双轨学制向单轨学制转向的趋势表明:第一,义务教育延长到哪里,双轨学制就要并到哪里,单轨制是机会均等地普及教育的好形式;第二,综合中学是双轨学制向单轨学制转向的理想形式,代表了现代中等教育发展的方向。

(2)横向学校阶段:各学段都发生了相应的变化

其一,重视幼儿教育,并纳入学制系统。幼儿教育是学校教育的基础,良好的幼儿教育,有利于儿童顺利地从家庭进入学校和社会,对儿童的成长具有重要的意义。在当代,很多国家已把幼儿教育列入学制系统。这是现代学制在当前的一个重要发展,是现代学制向终身教育制度方向发展的重要标志之一。近年来,发达国家幼儿教育有了迅速的发展,有的国家(法国)已达到普及的水平,4—5 岁儿童的入园率已达 100%。与此相关,幼儿教育机构也发生了一系列重要变化:其一是幼儿教育的结束期有提前的趋势,提前到了 6 岁或 5 岁;其二是加强小学和幼儿教育的联系,有的把幼儿园的大班作为小学预备班(如 20 世纪七八十年代的苏联),有的把 5—7 岁的幼儿学校当作义务教育的最初阶段(如英国)。

其二,小学教育入学年龄提前,义务教育逐步延长。近数十年来,发达国家的普及教育已达到了初中和高中阶段,小学教育早已不是结业教育,初等教育已成了普通文化科学基础教育的初级阶段。青春发育期的提前,对儿童和少年智力、潜力的新认识,教学的科学水平的提高和小学教师水平的提高,这一切促使发达国家小学教育的结构有了一系列新变化:第一,小学已无初、高级之分;第二,小学入学年龄提前到 6 岁甚至 5 岁;第三,小学年限缩短到 5 年(如法国)、4 年(如德国)、甚至 3 年(如 20 世纪七八十年代的苏联);第四,小学和初中直接衔接,取消了升入初中的入学考试,连英国的“十一岁考试”和法国的“六年级入学考试”也于 20 世纪六七十年代取消,等等。

由于义务教育早已延长到了初中阶段,而且很多国家义务教育的年限是一年一年地逐步延长的;另外,在当代,初中阶段已成了科学基础教育的重要阶段,初中的科学基础教育对以后的职业教育和进一步的科学教育有重要作用,因而导致了初中阶段教育结构的下列变化:第一是缩短初等教育年限,从而延长初中的年限;第二是把初中阶段看作普通教育的中间阶段,中间学校由此而来;第三是不把它看作中学的初级阶段,而是把它和小学连接起来。将小学和初中作为一个完整的基础教育阶段,统一进行文化科学基础知识教育,取消小学和初中之间的考试,加强初中结束时的结业考试,然后再进行分流,或进行进一步的文化科学知识教育,或进行职业教育。

其三,中等教育结合化,高中教育多样化。高中本身是现代学制发展到一定阶段的产物。西欧双轨学制的中学过去没有严格的初高、中之分,美国单轨学制中最先有了高中,接着苏联学制中也有了高中,最后是欧洲双轨学制的中学在变革中也不得不分为两段,因而也有了高中。第二次世界大战之后,由于普及教育已到了初中阶段,双轨学制中原来不分段的学术性中学不得不分为两个阶段,使前段和国民教育的初中合并共同完成普及教育的任务，后段即变成了欧洲高中。从此，三种类型的学制都有了高中。三种类型学制的小学和初中，尽管学习年限有差别，但其基本任务却是完全一样的，都是进行文化科学基础教育，即变成了一个类型。所以，当代所谓三个类型的学制，事实上变成了高中阶段的三个类型。高中阶段学制的多类型，即高中阶段教育结构的多样化，乃是现代学制在当代发展中的一个重要特点。

如果把高中阶段设置的职业学校单独讨论，那么，三类高中事实上是因为它们肩负着三类不同任务而形成的：仅仅肩负升入大学预备教育单项任务——西欧高中；同时肩负大学预备教育和普及高中文化科学知识教育两项任务——苏联高中；肩负大学预备教育、普及高中教育和进行职业教育——美国综合高中。这样，三类高中就有了共同点，他们都有进行大学预备教育的任务。苏联高中和美国高中共同点更多些，因为两者都负有普及高中教育的任务。如果按照1984年苏联教改方案，高中也将同时进行职业教育，那么，美苏高中就都成了肩负同样三项任务的综合高中。英国高中的迅速综合化说明欧洲高中也将变为综合高中。可以预料，随着普及教育达到高中阶段，中小学学制的类型终将会被单轨学制一个类型所代替。

其四，普通教育与职业教育相互渗透，职业技术教育全程化、多样化

普通教育主要是以升学为目标，以基础科学知识为主要教学内容的学校教育：职业教育是以就业为目标，以从事某种职业或生产劳动的知识和技能为主要教学内容的学校教育。第二次世界大战前，世界各国普遍推行双轨制教育制度，即为升入高一级学校做准备和为就业做准备的教育制度，双轨之间是不通的。第二次世界大战后，综合中学的比例逐渐增加，出现了普通教育职业化、职业中学普通化的趋势。职业技术教育既是古代学徒制教育向现代职业教育的发展，也是现代大生产要求下职业教育在普通教育中的分化。在现代社会里，随着职业训练的基础——科学技术的水平越来越高，对职业技术教育的科学文化基础的要求也越来越高。现代职业教育最初是在小学阶段进行，后来依次发展到了初中、高中和初级学院阶段进行。职业教育在哪个阶段进行，完全依赖于科学技术基础的状况。

在当代，发达国家的职业教育基本上是在高中阶段进行，并已有移向高中后的明显趋势：美国高中职业科缩小而社区学院职业教育的比重却在增大；日本相当于短期大学的“专门学校”远远超过相当于高中程度的“专修学校”；苏联相当于跨越高中及高中后的中等职业技术学校已完全代替了相当于高中的普通职业技术学校；我国则大力发展高等职业技术教育。这是由于当代职业教育日益建立在更高的科学技术基础之上，只有在高水平文化科学基础知识之上培养出来的人才更有适应性。从总体上看，职业教育在当代有两个突出特征：第一是文化科学技术基础越来越高；第二是职业教育的层次、类型的多样化。

其五，高等教育大众化、普及化。19世纪和20世纪初的高等学校是文化和科学的金字塔。那时的大学和生产技术的联系还不十分密切，主要进行3—4年的本科教育。其他层次或者没有，或者比例很小。其后，特别是第二次世界大战后，高等教育有了重大发展，和生产及技术的联系日益密切。现代社会、现代生产和现代科学技术向高等学校要求各级各类高级人才，于是推动了高等教育结构的变化：第一是多层次，过去主要有本科一个层次，而现在则包括了大专、本科、研究生等多个层次；第二是多类型，过去高等学校及其科系和专业类型比较简单，而现代高等学校的院校、科系、专业类型繁多，从而保证了高等

学校与社会、生产、科学技术、社会生活各个方面的密切联系。

在当前各国的学制改革中，高等教育大众化、普及化的趋势也非常明显。按通行说法，一国高校入学率，即在校大学生人数占同龄人数的比例在15%以下为精英教育，15%—50%为大众化教育，50%以上可算是达到普及教育。目前，西方发达国家的高等教育已达到大众化，正在向着普及化发展，有的国家如美国甚至已经进入了高等教育普及化阶段。而大多数发展中国家正在为高等教育的大众化而努力。

其六，终身教育体系的建构。知识经济社会的到来，人们就业所需的受教育程度不断提高，改变了以往那种一次职前教育使用终身的状况。享用的教育和劳动格局开始被打破。于是，人们对接受年限越来越长的教育有了要求，尤其是专业技术人员，更需要通过不断学习来改造、补充、发展自己的知识与技能结构。以不断适应日益变化的社会与日益复杂的工作。作为提供和更新人们的知识、提高人们生存和工作能力的主要手段的终身教育便应运而生，并且得到迅速发展。同时，成人教育、继续教育、回归教育等也迅速发展，如各种形式的函授教育、广播电视教育、业余教育、在职教育等得到广泛的发展。

（二）我国的学校教育制度

1. 我国古代学校教育制度的产生与演进

据史料记载，在虞舜时期，已有兼作养老、藏米之所，且有大学、小学之分。《礼记·王制》中记载，"有虞氏养国老于上庠，养庶老于下庠"，"上庠，大学，在西郊；下庠，小学，在国中王宫之东"。到了夏也有关于学校的史料记载，《礼记·王制》载："夏后氏养国老于东序，养庶老于西序。"但没有古籍确证。商朝的学校不仅有古籍记载，而且有丰富的地下发掘的文物作证。《礼记·王制》载，"殷人养国老于右学，养庶老于左学"，但这一时期的学校教育制度尚处于萌芽之中，古代较完备的学校教育制度形成于西周时期。

西周时期的学制。西周是我国奴隶社会高度发展的时期，经济上实行奴隶主贵族的土地国有制，政治上实行以宗法制为基础的分封制度，在教育上以"明人伦"为宗旨，高度垄断；形成了"学在官府""官守学业"的局面。西周的学校集前代之大成，汇合各种学校构成了一套组织比较完备的学制系统。《古今图书集成》称："周承四代之制，立四学于京师，辟雍居中（即成均），东胶在左（即东序），瞽宗在右（即右学），虞庠在国之西郊，其在侯国之都者曰頖宫，自乡遂而下，则庠序并设。"总的来说，西周的学校可分为"国学"与"乡学"两种。"国学"是专为奴隶主贵族子弟设立的。据《礼记·王制》记载："天子命之教，然后为学，小学在公宫南之左，大学在郊，天子曰辟雍，诸侯曰頖宫。"国学按入学年龄和程度分成小学、大学两级，小学设在宫廷附近，大学设在近郊，天子与诸侯的大学名称各异。乡学是地方学校，一般是按地方行政区划设立，地方区域的大小不等，但古籍对西周乡学的记载不尽相同。西周的学校教育制度是政教一体、官师合一的，在管理方面也建立了初步的规程，《礼记·学记》记载："一年视离经辨志，三年视敬业乐群，五年视博习亲师，七年视论学取友，谓之小成。九年知类通达，强立而不反，谓之大成。"同时，形成视学制度。西周的天子和诸侯每年都要视学，同时举行隆重的养老典礼，因为学校往往也是养老的地方，这样可以将"尊年敬德"和"尊教重道"结合，更好地发挥学校教育的作用。

汉代的学校教育制度。秦统一六国后，采取了"焚书坑儒""禁私学以吏为师"的政策。

到了汉代，由于国家的统一、经济的繁荣、新的教学媒介——帛和纸的出现，为学校教育的发展提供了物质条件，而且汉武帝“独尊儒术”，采取“重教”的政策，使汉代的官学和私学都得到了空前的发展，学制系统已相当完备，为以后历代封建王朝的学校教育制度奠定了基础，提供了范本。我国古代官学制度的建立始于汉武帝时期，汉代官学分五级：在中央有太学一级，在地方按行政系统分学、校、庠、序四级。太学属于大学性质，教授儒家六经，学、校属于中学性质，专学一经，庠、序属小学性质。其实这种等级并不十分明显，当时也没有中小学的名称，学、校、庠、序四级之间没有连属关系，与中央太学也不相统属；只有由学、校出身的学生，才有升入中央太学求学的资格。汉代太学没有规定修业年限，只要通过了考试就可以毕业授官，所以汉代太学很重视考试。同时，重视视学，“视学”不仅是对学校教育的重视，也是对学校教育质量的有效监控，它是我国古代教育的优良传统之一。汉代虽有官学，但数量有限，名额有限，并非人人可入；太学设于京师，远道学生很难入学；想做官必须读书，要读书必须求师。汉代经师大儒凡得不到从政或任博士机会的，就从事私人讲学，也有很多名儒一面做官，一面收弟子，罢官还家仍讲学授徒。而一般士人拜他们为师，一方面有利于学业的精进，一方面也有利于以后的进取，所有这些都是汉代私学特别是东汉私学盛行的原因。

唐朝的学校教育制度基本承袭汉制，中央设有“六学”“二馆”，即国子学、太学、四门学、书学、算学、律学、崇文馆和弘文馆，出现了专科性质的学校是其特点之一；地方设有府学、州学、县学、镇学等。唐朝的科举制度对后世的教育制度和人才选拔制度影响深远。唐以前选拔人才的制度主要有汉代的举“贤良方正”“孝廉”和“秀才”以及魏晋南北朝时期的“九品中正”制。虽然隋朝开创了科举考试，但由于自身寿命短暂，并未全面推行，到了唐朝才全面实现了以科举考试取仕制代替推荐取仕制。从此，科举考试成了我国知识分子入仕的基本途径，学校也逐渐成为科举的附庸，直到1906年科举制才被废除。

宋代的学校教育制度的突出表现在书院制度的形成与发展，书院是中国自北宋到清代的一种重要的教育组织形式，这一时期，它在政治上和教育上都有着重要的地位，起过重要的社会作用。书院有私办、官办和私办公助等多种形式。其组织最初比较简单，它的主持人通常称“山长”或“洞主”，既负责书院的管理又担负书院的主要教学工作。书院的讲学活动是其主要内容，也是作为教育机关的主要标志，书院是教学机构，同时又是学术研究机构；书院重视学术交流，允许不同学派学者莅院讲学、辩理；书院讲学可自由听讲，不受地域和门派限制；书院教学以学生自学为主，并多采取问难辩论的方式；书院内师生关系比较融洽，师生感情相当深厚。书院制度对我国封建社会后期的教育和社会产生了巨大影响，它是对官学不可或缺的补充，也是对官学的改造和批判，对后世的学风产生了积极影响，尽管它也历经坎坷，但一直延续到清朝末年。

2. 我国近现代学校教育制度的形成与演进

我国的近现代学制，不是本国土生土长的，而是从西方引入的。清政府于1904年公布的“癸卯学制”，是我国以法令形式颁布并在全国推行的第一个学制，也是指导我国学校从古代学校走向现代学校的第一个学制。它指导我国学校教育向现代学校教育方向迈出了第一步。

（1）近代的学校教育制度的形成与演进

在资本主义列强对中国进一步侵略和中国农民革命运动的冲击下，清朝统治集团内部逐渐形成了两派——顽固派和洋务派。19 世纪 60 年代到 90 年代，清政府举办了一系列“自强”“求富”等的洋务事业，史称“洋务运动”。洋务教育是洋务运动的重要组成部分，在洋务教育思潮的影响下，开启了中国近代学校教育的改革，主要表现在创办新式学堂和开创留学教育两个方面。创办的新式学堂大致可以分为三类：第一类是方言学堂，也就是外国语学堂；第二类是军事学堂；第三类是技术学堂。洋务派除办新式学校外，还开了我国公费留学的先声。如，1872 年开始的幼童留美；1875 年闽浙总督沈葆桢派遣福建船政学堂学生 5 人，前往法国学习船政；等等。洋务派办留学教育是要维护其半殖民地半封建的统治，培养洋务人才。洋务教育创办了中国第一批新式学校，将“西学”如数学、天文、物理、化学、生物等列入教学内容，并开始派留学生出国学习西方技艺，培养了近代第一批新式知识分子，洋务教育在中国教育发展史上的地位是不能忽视的。

鸦片战争后，由于外国资本主义的侵入，加速了中国自给自足的自然经济的解体，为中国的民族资本主义的发展创造了商品市场和劳动力市场，随着资本主义的缓慢发展，从官僚、地主和商人中转化出民族资产阶级，并自 19 世纪 70 年代开始出现早期资产阶级改良主义者，1895 年中日甲午战争失败以后，早期资产阶级改良主义思潮，开始转变为救亡爱国运动——维新变法运动。从 1898 年 6 月 11 日至 9 月 21 日的“百日维新”，史称戊戌变法运动。“百日维新”中关于学校教育制度改革主要有：废除八股，改革科举制度，在北京设立京师大学堂，筹办各级学堂和各种专门学堂，派人出国游学和编译外国教科书及其他书籍等，维新派的教育改革措施，是富有资本主义色彩的，对封建主义的传统教育进行了重大冲击，这些改革措施体现了资产阶级维新派发展资本主义的愿望，他们的教育主张得到了某些实现。另一方面，他们也保留了一定的封建性内容，反映了资产阶级维新派的局限性。

（2）现代的学校教育制度的形成与演进

经过洋务运动和“百日维新”之后，不少有识之士大量介绍西方学制和日本近代学制，清朝政府派官员到日本等国进行实地考察，逐步颁行一系列学校教育制度。

①“壬寅学制”。1902 年（清光绪二十八年），清政府公布了由管学大臣张百熙拟定的一系列“学堂章程”，一般统称为《钦定学堂章程》。因 1902 年为农历壬寅年，故又称“壬寅学制”。这是我国近代首次建立的系统的学校教育制度。请参见图 3 – 2。

②“癸卯学制”。“壬寅学制”虽经正式公布，但并未实行。1903 年（清光绪二十九年）又由张百熙、张之洞、荣庆拟定了《奏定学堂章程》，1904 年 1 月开始执行。这个章程规定了学校系统，除制定各级各类学堂章程以外，还订了学校管理法、教授法等，因 1903 年是农历癸卯年，这个学制也称为“癸卯学制”。“癸卯学制”纵的方面把整个学程分为三段七级：第一阶段为初等教育。分为蒙养院四年，初等小学五年，高等小学四年，共三级十三年；第二阶段为中等教育，仅设中学堂一级，五年；第三阶段为高等教育，分高等学堂（或大学预科）三年，分科大学堂三至四年，通儒院五年，共三级十一至十二年。儿童从七岁入小学，到通儒院毕业，共计二十六年。横的方面，与高等小学堂平行的是实业补习学堂、初等农工商实业学堂和艺徒学堂；与中学堂平行的是初级师范学堂和中等农工商实业学堂；与高等学堂平行的是优级师范学堂、实业教员讲习所和高等农工商学堂。请参见图 3 – 3。

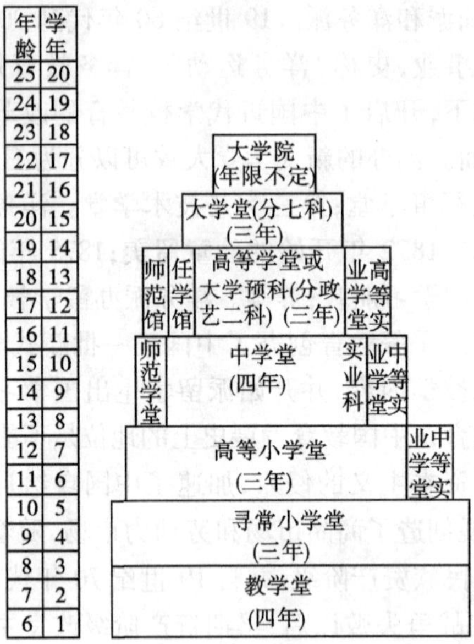

图 3－2 壬寅学制

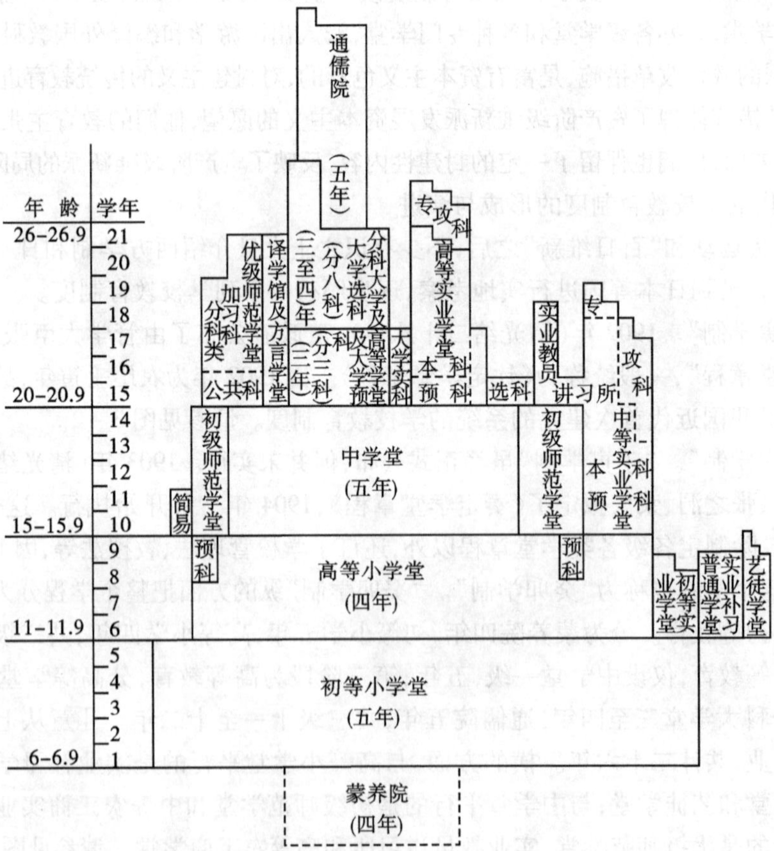

图 3－3 癸卯学制

“癸卯学制”是中国第一个经正式颁布并在全国范围内实际推行的学制，它一直沿用到清政权灭亡为止。其间也有些变化，如1907年清政府颁布了《女子小学堂章程》和《女子师范学堂章程》，女子取得了一定的受教育权力，但男女不得同校。1910年，小学一律改为四年，1911年中央教育会议决议小学四年的教育为义务教育。中学教育方面，1909年仿德、法制，实行文理分科。在成人教育上，从1905年以后推行补习教育。1905年学部（以前教育由礼部兼管）成立后，还规定了各项留学章程，对留学资格、管理、奖励办法等都做了规定，逐步形成了一种留学制度。另外，清政府于1906年正式废除了科举制度。尽管这一学制具有了资本主义教育的形式，但并没有摆脱封建教育的精神，如1906年，学部正式颁布的教育宗旨则是“忠君、尊孔、尚公、尚武、尚实”，新学制仍具有半封建半殖民地的性质。

③“壬子学制”。20世纪初，随着中国改良派的失败，以孙中山为首的资产阶级革命派发动了辛亥革命，并于1912年1月1日成立了“中华民国”。在教育方面，于同年1月9日成立中央教育部，1912年1月19日，教育部发布《普通教育暂行办法通令》和《普通教育暂行课程之标准》及课程表。“课程之标准”是具体规定课程内容的改革法令，它拟定了初小、高小、中等学校和师范学校的学习科目、各学年每周各科授课的时数等，为以后小学、中学和师范教育改革奠定了基础。同年3月，又公布了《国民教育部官职令》，规定教育部下设普通、专门、实业、社会、礼教、蒙藏六个教育司，分管相关教育事宜。9月3日颁布了《学校系统令》，称为“壬子学制”。请参见图3-4。

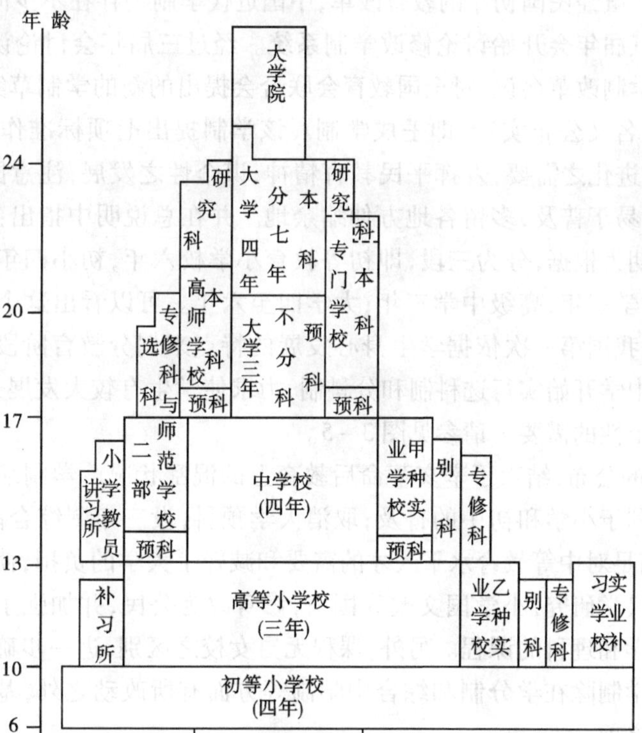

图3-4　壬子学制

④"壬子癸丑学制"。1913 年,教育部又陆续颁布了各级各类学校法令,补充了该学制,逐步形成了一个新的学制系统,故称"壬子癸丑学制"。这个学制规定整个教育期限为十七或十八年。共分三段四级:初等教育二级,初小四年,男女同校,高小三年,男女分校;中学校四年;大学六至七年。小学之前有蒙养园,大学之上有大学院,均不限年限。从横的方面讲,也分三个系统,除普通教育系统外,有师范教育和实业教育。师范教育分师范学校和高等师范学校二级,相当于中等和高等教育阶段。实业教育有乙种实业学校和甲种实业学校,相当于高小和中等教育阶段,还有专门学校,相当于大学阶段的教育。1912 年 9 月颁布了《小学校令》《中学校令》,10 月又公布了《大学校令》,规定"大学以教授高深学术、养成硕学宏材,应国家需要为宗旨"。1913 年 1 月,教育部颁布的《大学规程》中详细地规定了各种课程,如文科分为哲学、文学、历史学、地理学四门。1913 年 8 月,教育部公布《实业学校令》和《实业学校规程》,规定"实业学校以教授农工商业必需之知识技能为目的"等。

"壬子癸丑学制"与"癸卯学制"相比,有很大进步。它缩短了修业年限三至四年,废除了科举制度,取消了毕业生奖励出身的制度,女子教育取得了一定的地位,普通中学、中等实业学校、师范学校、高等师范学校都规定设立女校,初等小学还可以男女同校;从课程改革上,取消了忠君、尊孔的课程,增加了自然科学课程和生产技能的训练课程;改进了教学方法,反对体罚,要求教育联系儿童实际,适合儿童身心发展的特点。[1]

⑤壬戌学制。虽经民国初年的教育改革,中国近代学制仍存在不少问题,1919 年全国教育会联合会第五届年会开始讨论修改学制系统。经过三届年会讨论议决,1922 年 9 月教育部召开全国学制改革会议,对全国教育会联合会提出的新的学制草案稍加修改,于同年 11 月以大总统名义公布实行,即壬戌学制。该学制提出七项标准作为改革的指导思想。即:适应社会进化之需要,发挥平民教育精神,谋个性之发展,注意国民经济力,注意生活教育,使教育易于普及,多留各地方伸缩余地。并在总说明中指出:学制系统大致以儿童身心发展时期为根据,分为三段,即初等教育小学校六年,初小四年,高小二年;中等教育六年,初级中学三年,高级中学三年;大学四至六年。可以看出这个学制是以美国的学制为蓝本,它是我国第一次依据学生身心发展的特点来划分教育阶段的学制。这一学制的另一特点是中学开始实行选科制和分科制,力求使学生有较大发展余地,以适应学生不同发展水平和个性的需要。请参见图 3-5。

1922 年学制的公布,结束了辛亥革命后教育上的混乱状况。学制缩短了小学年限和设三年制初中有利于小学和初中的普及;取消大学预科,设三年制综合高中,提高了中等教育的水平,以满足对中等教育水平人才的需要和减轻了大学的负担,使大学能集中精力进行专业教育和科学研究;小学国文改为国语,修身改为公民,并加强了手工、图画课;中学加强了人文科学和理科的课程。另外,课程无男女校之区别,进一步确立了男女平等的受教育权。壬戌学制除在学分制和综合中学制等方面有所改动之外,基本上沿用到中华人民共和国成立之前。

---

①王炳照,郭齐家,刘德华,等.简明中国教育史[M].北京:北京师范大学出版社,1990:286-290.

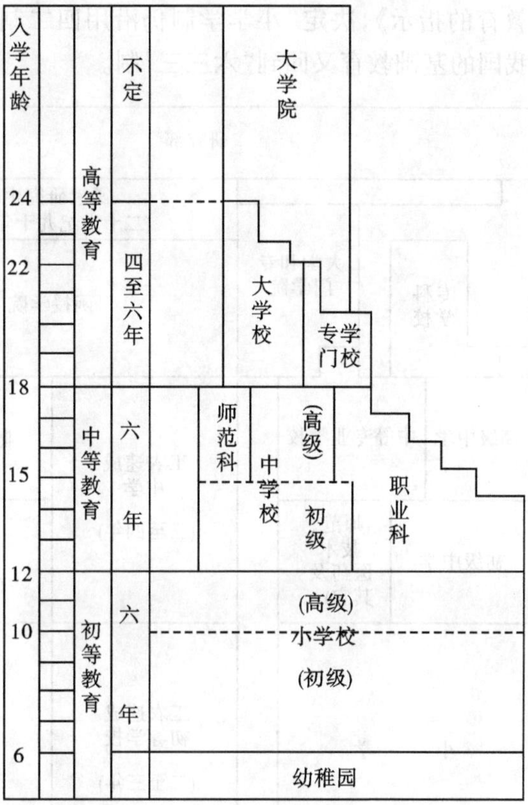

图 3-5　壬戌学制

（3）当代的学校教育制度的改革与发展

①新学制。1951 年 10 月 1 日，中央人民政府政务院颁布了《关于改革学制的决定》，深刻阐述了学制改革的深远意义，明确规定了中华人民共和国的学制系统，史称为新学制。规定小学五年，初中三年，高中三年，大学二至五年不等。同时办有工农速成初等学校（2—3 年）和工农速成中学（3—4 年）以及业余学校等。新学制的颁行，标志着我国的学校教育已经发展到一个崭新的历史阶段，标志着社会主义的学校教育制度在我国诞生。请参见图 3-6。

新学制是在继承我国教育遗产，总结苏区、抗日根据地和解放区的教育经验，借鉴苏联教育改革的理论与实践以及考虑到当时国家的具体情况和实际需要的基础上制定的，因此，它具有以往学制不可比拟的鲜明特点。这些特点是：它保障了劳动人民普遍接受教育的权利，体现了教育为工农服务的方针；它确立了各类技术院校在学制中的地位，保证了专门人才的培养，体现了教育为生产建设服务的方针；它还将业余文化补习和速成学校纳入学校系统给广大干部和群众创造了众多的学习机会，为提高他们的政治思想觉悟和科学文化水平打下了基础。

新学制颁行后，随着社会主义教育事业的发展，人民政府也根据实际需要又对其做了局部调整，使之更加完善。如 1955 年 7 月，教育部、高等教育部联合发出《关于工农速成中学停止招生的通知》，决定“自 1955 年秋季起停止招生”，1953 年 11 月政务院发布了

《关于整顿和改进小学教育的指示》,决定“小学学制仍沿用四二制,分初高两级,初级四年、高级二年”。这样,我国的基础教育又回到“六三三”制。

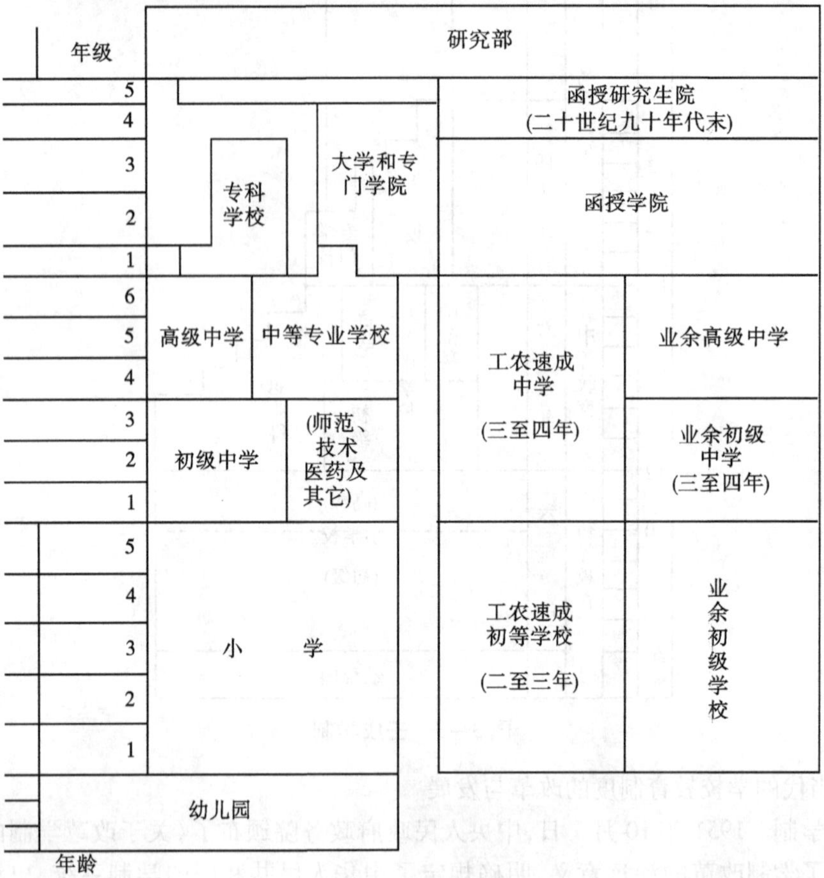

图3－6　新学制

②1958年的学制。1958年9月,中共中央、国务院根据社会主义建设事业蓬勃发展的实际需要,发布了《关于教育工作的指示》,提出了改革学制的任务。指示中明确谈到“现行学制是需要积极地妥当地加以改革的。各省市、自治区的党委和政府有权对新学制积极地进行典型试验,并报告中央教育部。经过典型试验取得充分经验之后,应当规定全国通行的新学制”。并提出了“三个结合”的办学原则和“六个并举”的办学指导思想。三个结合的办学原则是:统一性和多样性相结合,普及与提高相结合,全面规划与地方分权相结合。六个并举的办学指导思想是:国家办学与厂矿、企业、农业合作社办学并举;普通教育与职业教育并举;成人教育与儿童教育并举;全日制学校与半工半读、业余学校并举;学校教育与自学(包括函授、广播学校)并举;免费与不免费教育并举。1958年以后,我国开展了提早入学年龄,缩短修业年限,提高教育质量的学制改革试验,部分小学生入学年龄提前到6岁;有的地方实行了中小学10年一贯制,即“五三二”制。

为了整顿学校内部的教学秩序,保证学校以教学为主,普遍提高教学质量,中共中央经过调查研究于1961年和1963年分别颁发了《教育部直属高等学校暂行工作条例(草案)》(简称《高教六十条》)、《全日制中学暂行工作条例(草案)》(简称《中教五十条》)和《全日制小学暂行工作条例(草案)》(简称《小教四十条》)。大、中、小学工作条例的颁行,进一步纠正了教育领域"左"倾思想的影响,使我国各级学校的各项工作逐步走向正轨,对稳定教学秩序,改进教学工作,提高教学质量,调动知识分子积极性,巩固和发展我国的教育事业,起了非常重要的作用。

1976年后,我国的教育事业发生了如下的变化:延长了中学的学习年限;恢复了高等学校专科和本科的两个层次;扩大了高等专科学校;恢复和重建了很多院校、科系和专业;建立了学位制度,完善了研究生教育制度;恢复和重建了各级各类成人教育机构;等等。这些措施使我国学制逐步向合理和完善的方向发展,重新步入了现代教育制度发展的正确轨道。

3. 我国现行学校教育制度的类型与结构

(1)我国现行学校教育制度的类型

从类型来看,我国现行学制是从单轨学制发展而来的分支型学制。我国20世纪初从西方引入的现代学制,从总体上看是单轨学制。那时,由于我国的现代生产、现代科技和商品经济不发达,学校的主要任务是培养政治人才、管理人才和提高部分人口的科学文化水平,而不是培养大批为生产和经济服务的各级各类人才。因此,这种单轨学制不像美国单轨学制那样是由现代生产高速发展引起的,而是在现代生产和现代社会生活还未充分发展的条件下引入的,因此其中学阶段的职业教育极其薄弱。

新中国成立后,随着生产的快速发展,社会对劳动者的文化素质要求越来越高,为适应这一变化趋势,我国开始参考苏联的分支型学制,对原有的单轨制进行了改造。改造后的分支型学制促进了新中国教育事业的发展。近几十年来,我国学制改革和发展的基本方向是重建和完善分支型学制。我们现在正通过发展基础教育后的职业教育走向分支型学制,未来我国学制发展的方向将是通过高中综合化走向单轨学制。

(2)我国现行学校教育的类别结构

我国学校教育还可划分为基础教育、职业技术教育、高等教育、成人教育和特殊教育五个大类。

①基础教育是实施普通文化科学知识的中小学教育,是提高民族素质的奠基工程,在教育中处于基础性地位,主要任务是为学生以后的进一步学习、生活和工作打下扎实的基础。当前,中小学教育要由应试教育转向全面素质教育,面向全体学生,全面提高学生的思想道德、文化科学、劳动技能和身体、心理素质,促进学生生动活泼地发展,并办出各自的特色。

②职业技术教育是向学生或在职人员传授专业或业务知识技能的教育,是现代教育的重要组成部分,是工业化和生产社会化、现代化的重要支柱。我国是发展中国家,急需大量的各种中、高级专门人才,因此,必须根据各地实际,积极发展中等、高等职业技术教育,并切实实行"先培训,后就业"的制度。

③高等教育是培养高级专门人才的教育。当前,我国高等教育的发展要坚持走内涵发展为主的道路,重视提高教育的质量和效益。根据社会经济发展的需要,加强和发展专

科教育,努力扩大研究生的培养数量并提高质量,基本稳定基础学科的规模,适当发展新兴和边缘学科,重点发展应用学科。

④成人教育面向社会从业人员,是适应终身教育发展的一种新型教育制度,对于不断提高人的素质,促进经济和社会发展具有重要意义。要把开展岗位培训和继续教育作为重点,重视从业人员的知识更新。成人教育的实施机构包括职工大学、干部管理学院、行政干部学院以及普通高校中设立的继续教育学院、成人教育学院等。在农村,要积极办好乡镇成人文化技术学校,扫除青壮年文盲。对于成人教育,要努力提高成人教育的质量,完善自学考试制度和其他国家组织的文凭考试,大力发展广播电视教育。

⑤特殊教育是指用特殊的方法、设备和措施对特殊的群体进行的教育。狭义的特殊教育对象是指身心有缺陷的人;广义的特殊教育则是对智力超常儿童和有缺陷儿童的教育。一般包括盲、聋、哑教育,工读教育和超常教育。工读教育是指通过工读学校对有违法行为和轻微犯罪行为的青少年进行的教育。超常教育是指对智力超常或具有某些特殊才能的儿童的教育。

(3)义务教育

义务教育是现代教育制度的重要组成部分,是工业社会发展的必然要求,是一个国家文明发展水平的重要标志之一。在某种意义上,正是义务教育的实施需要催生了现代教育制度。

义务教育是国家根据法律规定,对所有一定年龄范围内的儿童,免费实施一定程度的国民教育。义务教育的基本内涵可从下面几个方面来把握。

①义务教育是由法律规定的,必须依法实行的国民基础教育,具有法律保证的性质,表现出强迫性。

②义务教育是所有适龄儿童、少年必须接受的,具有强制性的国民基础教育。适龄儿童、少年必须依法入学直至受完规定年限的义务教育为止,表现为普遍性或普及性。

③义务教育是国家、社会、家庭必须予以保证的国民基础教育。

第一,国家有制定法律强迫儿童、少年在学龄期受教育的义务;第二,国家有开办学校、任用教师、供应教材等便利儿童入学的义务;第三,社会有缴纳捐税或集资兴办学校,发展教育的义务;第四,家长或监护人有送子女入学受教育的义务。这些可以理解为义务教育的免费性。

④义务教育是国民基础教育。它着眼于为未来公民奠定良好的素质基础,从而提高全民族的素质,增强国家的综合竞争力,对于人的发展、教育的发展和社会的发展都具有重大意义。一个国家义务教育的普及程度如何,是这个国家社会进步水平的重要标志。这就是义务教育的公共性。

无论哪一个实施义务教育的国家,无论其义务教育处于起步、发展、稳定或成熟的哪一个阶段,在义务教育所具有的特征中,强制性、普及性、免费性和公共性是其本质属性。

①强制性。一是适龄儿童必须接受教育;二是国家必须予以保障。义务教育的英文为"Compulsory Education",直译就是"强迫教育",是国家为了在全部适龄儿童中实现普及教育的目标,用法律规定保证适龄儿童入学是国家和家长的义务,以便用国家的意志来保

证儿童入学，以保证全体国民的共同利益和要求。各国有关义务教育的法令一般都对不履行义务的行为规定有强制性的措施，以保证义务教育的实施。通过立法程序宣布实施义务教育，正是这种强制性的集中表现。

②普及性。原则上义务教育覆盖我国所有适龄儿童、少年，当然包括具有接受教育能力的盲、聋、哑、弱智和肢残的儿童、少年。普及教育是国家对全体国民实施的某种程度的普通教育，其“程度”由一国政治、经济和文化发展状况而定，其对象包括成人。义务教育则是依法律规定强制施行的、面向全社会范围内的适龄儿童的普通基础教育，同其他的教育类型相比，它的普遍性极为突出。可见，义务教育是强制性的普及教育。一般来说，只要有儿童的地方，就应该设有学校，招收儿童入学。

③免费性。世界各国的普遍经验是没有免费的教育就没有义务教育，也就没有普及教育。没有免费作为前提，家庭经济困难的儿童就难以入学，普及就很难达到。换句话说，没有免费的强制是没有充足理由的强制，没有免费的普及是没有经济保障的普及。因此，义务教育也是国家的法律底图，中央政府必须负担义务教育的经费，对于个人及其家庭则至少要免除学费。

④公共性。国家之所以实施义务教育，其原因在于作为国民基础教育，义务教育能够培养国民共同的社会意识和价值观；能够提高国民素质，增强国家的竞争力；既是提高国民福利的途径，也是全体国民的福祉所在。可见，义务教育是公益性的事业，能够提供具有巨大外部性社会效益的公共产品。因此，通常是由公共经费举办，以实现公共的利益。

4. 我国现行学校教育制度的改革

改革开放以来，随着我国社会经济的发展，我国教育也不断变革，其中，最重要的是与教育制度密切相关的教育体制改革。所谓教育体制，是指一个国家配合政治、经济、科技体制而确定下来的学校办学形式、层次结构、组织管理等相对稳定的运行模式和规定。与教育制度和学制相比，它侧重组织、领导和规划方面，多为官方所使用。

(1)1985 年的教育体制改革

20 世纪 80 年代初，面对我国经济体制改革的全面展开和世界范围新技术革命的迅猛发展，我国教育体制的弊端显得更加突出。因此，1985 年中共中央颁布了《关于教育体制改革的决定》(以下简称《决定》)，对我国教育体制提出了系统的改革。这个纲领性的文件关于学制改革的主要内容有：

①加强基础教育，有步骤地实施九年义务教育。根据实际情况，《决定》要求在实施义务教育时把我国划分为三类地区，分步骤进行：在城市、沿海和内地经济发达地区按质按量普及九年义务教育；在中等发达程度的镇和农村，首先按质按量普及小学，同时准备条件普及初中阶段的普通教育或职业技术教育；在经济落后地区进行不同程度的普及基础教育工作。

②调整中等教育结构，大力发展职业技术教育。为了打破中等教育为单一普通中学的状况，《决定》提出要积极发展职业技术性质的学校，在小学、初中、高中后进行三级分流，以中等职业技术教育为重点，发挥中等专业学校的骨干作用，同时积极发展高等职业技术院校，逐步建立起从初级到高级，行业配套，结构合理，又能够与普通教育相互沟通的

职业技术教育体系。

③改革高等教育招生与分配制度，扩大高等学校办学自主权。改革高等学校统一招生、毕业生由国家包分配的一贯做法，实行三种办法：一是国家计划招生，其分配实行在国家计划指导下，本人选报志愿、学校推荐、用人单位择优录用的制度；二是用人单位委托招生；三是学校可以在国家计划外招少数自费生。扩大高等学校的自主权，在执行国家的政策、法令、计划的前提下，高等学校有权在计划外接受委托培养学生和招收自费生；有权调整专业的服务方向，制订教学计划和教学大纲，编写教材；有权接受委托或与外单位合作，进行科学研究和技术开发，建立教学、科研、生产联合体；有权任免副校长和其他各级干部；有权具体安排国家拨发的基建投资和经费，有权利用自筹资金，开展国际教育和学术交流；等等。

④对学校教育实行分级管理。按照基础教育由地方负责，进行分级管理的原则，除大政方针和宏观规划由中央决定外，具体制度、计划的制订和实施，以及对学校的领导管理和检查等权力都交给地方。具体而言就是，基础教育管理权属地方，省、市（地）县、乡分级管理的职责划分由省、自治区、直辖市决定；中等职业技术教育也主要由地方负责，中央各部门办的这类学校，地方也要予以协调和配合；高等教育实行中央、省（自治区、直辖市）、中心城市三级办学的体制；学校逐步实行校长负责制，并逐步建立和健全校务委员会和教职工代表大会制度。

（2）1993 年的《中国教育改革和发展纲要》

为了指导 20 世纪末 21 世纪初我国教育的改革和发展，使教育更好地为社会主义现代化建设服务，中共中央、国务院于 1993 年 2 月 13 日印发了《中国教育改革和发展纲要》（以下简称《纲要》）。《纲要》提出了教育优先发展的重要思想，并对教育制度提出了一些新的规定。

①确定了 20 世纪末我国教育发展的总目标。《纲要》提出，到 20 世纪末，我国基本普及九年义务教育，基本扫除青壮年文盲；要全面贯彻党的教育方针，全面提高教育质量；要建设好一批重点学校和一批重点学科。这被简称为“两基”“两全”“两重”。

②调整教育结构。《纲要》强调基础教育是提高民族素质的奠基工程，必须大力加强。职业技术教育是现代化教育的重要组成部分，是工业化和生产社会化、现代化的重要支柱，要积极发展。高等教育担负着培养高级专门人才，发展科学技术和促进现代化建设的重大任务。成人教育是传统学校教育向终身教育发展的一种新型教育制度。另外，要重视和扶持少数民族教育事业，重视和支持残疾人教育事业，积极发展广播电视教育。

③改革办学体制。《纲要》提出，要改变以往政府包揽办学的格局，逐步建立以政府办学为主体、社会各界共同办学的体制。基础教育应以地方政府办学为主；高等教育要逐步形成中央、省（自治区、直辖市）两级政府办学为主，社会各界参与办学的新格局；职业教育和民办教育主要依靠行业、企业、事业单位和社会各方面联合办学。

④改革高等学校的招生和毕业生就业制度。改变全部由国家统一计划招生的体制，实行国家任务计划与调节性计划相结合，改革学生上大学由国家包下来的做法，逐步实行收费制度；改变高等学校毕业生“统包统分”和“包当干部”的就业制度，实行少数毕业生由

国家安排就业，多数毕业生"自主择业"的制度。

⑤改革和完善投资体制。增加教育经费，逐步建立以国家财政拨款为主，以征收教育税费、收取学费、校办产业收入、社会捐资集资、设立教育基金等为辅的多渠道筹措教育经费的制度。努力实现"三个增长"，即"中央和地方政府教育拨款的增长要高于财政经常性收入的增长，并使按在校学生人数平均的教育费用逐步增长，切实保证教师工资和生均公用经费逐年有所增长"。

(3)1995年的《中华人民共和国教育法》

1995年3月18日经第八届全国人民代表大会第三次会议审议通过了《中华人民共和国教育法》。它以法律的形式巩固了学制改革的成果。

①实行学前教育、初等教育、中等教育、高等教育的学校教育制度。这是关于我国学校教育制度和划分学校层次的根本规定。

②实行九年制义务教育制度。各级人民政府采取各种措施保障适龄儿童、少年就学；适龄儿童、少年的父母或者其他监护人以及有关社会组织和个人有义务使适龄儿童、少年接受并完成规定年限的义务教育。

③实行职业教育制度和成人教育制度。

④国家实行国家教育考试制度。国家教育考试是指由国家批准的实施教育考试的机构根据一定的考试目的，对受教育者的知识水平和能力按照一定的标准所进行的测定。国家教育考试主要包括：入学考试，如中考、高考、研究生入学考试等；水平考试，如高中会考、汉语水平考试、外语水平考试等；文凭考试，如自学考试等。

⑤实行学业证书制度。学业证书是指经国家批准设立或认可的学校及其他教育机构，对在该校或其他教育机构正式注册并完成了规定学业的受教育者所颁发的证书，主要包括各种毕业证书、结业证书、肄业证书等。学业证书制度对于维护教育活动正常有序的运行、保证教育质量，都有着不可替代的作用。

⑥实行学位制度。学位制度对于促进我国科学技术专门人才的成长，促进各学科学术水平的提高，有着重要的推动作用；目前我国设立学士、硕士、博士三级学位。

(4)1999年的《面向21世纪教育振兴行动计划》

1999年1月13日国务院批准了《面向21世纪教育振兴行动计划》。该"计划"在贯彻落实《中华人民共和国教育法》和《中国教育改革和发展纲要》的基础上提出了跨世纪的教育改革和发展的蓝图，指明了我国教育发展的方向。

行动计划的主要目标是：到2000年，全国基本普及九年义务教育，基本扫除青壮年文盲，大力推进素质教育；完善职业教育培训和继续教育制度；积极稳步发展高等教育，高等教育的入学率达到11%；深化改革，建立起教育新体制的基本框架，主动适应经济社会的发展。到2010年，城市和经济发达地区有步骤地普及高中阶段的教育，全国人口受教育年限达到发展中国家先进水平，高等教育规模有较大的扩展，入学率接近15%，基本建立起终身学习体系。

(5)2010年的《国家中长期教育改革和发展规划纲要(2010—2020年)》

根据中国共产党第十七次全国代表大会关于"优先发展教育，建设人力资源强国"的战略部署，为促进教育事业科学发展，全面提高国民素质，加快社会主义现代化进程，对我国的教育事业做出了如下规划。请参见图3－7。

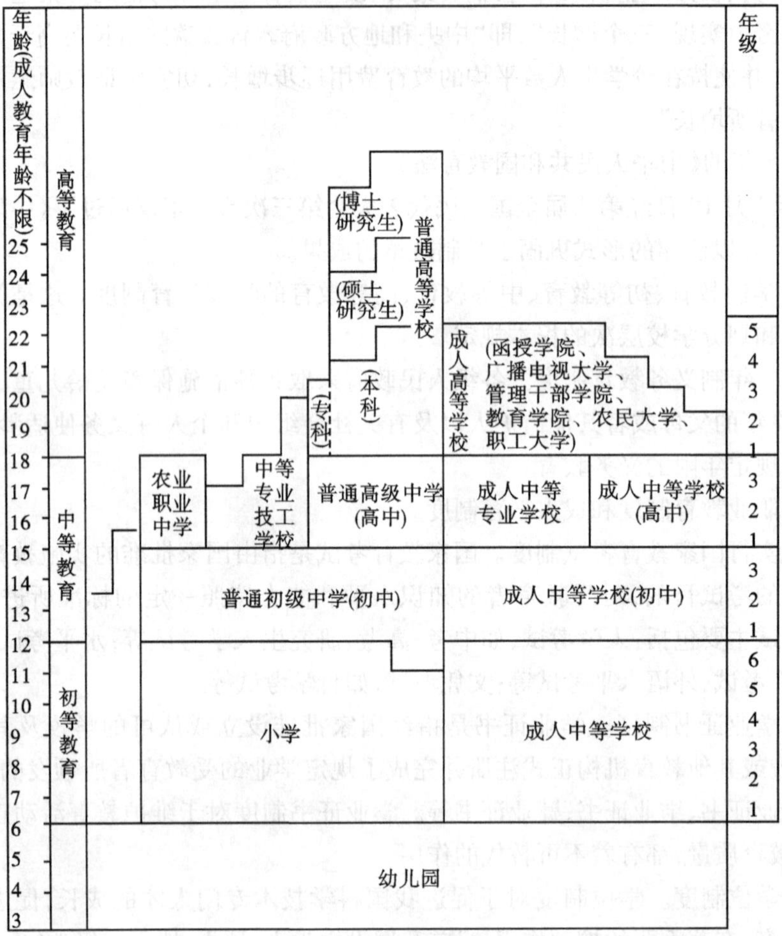

图3－7　我国现在的学制

①到2020年，基本实现教育现代化，基本形成学习型社会，进入人力资源强国行列。实现更高水平的普及教育；基本普及学前教育；巩固提高九年义务教育水平；普及高中阶段教育，毛入学率达到90%；高等教育大众化水平进一步提高，毛入学率达到40%；扫除青壮年文盲。新增劳动力平均受教育年限从12.4年提高到13.5年；主要劳动年龄人口平均受教育年限从9.5年提高到11.2年，其中受过高等教育的比例达到20%，具有高等教育文化程度的人数比2009年翻一番。

②形成惠及全民的公平教育。坚持教育的公益性和普惠性，保障公民依法享有接受良好教育的机会；建成覆盖城乡的基本公共教育服务体系，逐步实现基本公共教育服务均等化，缩小区域差距；努力办好每一所学校，教好每一个学生，不让一个学生因家庭经济困难而失学；切实解决进城务工人员子女平等接受义务教育的问题；保障残疾人受教育的权利。

③提供更加丰富的优质教育。教育质量整体提升，教育现代化水平明显提高。优质教育资源总量不断扩大，更好满足人民群众接受高质量教育的需求；学生思想道德素质、科学文化素质和健康素质明显提高；各类人才服务国家、服务人民和参与国际竞争的能力显著增强。

④构建体系完备的终身教育。学历教育和非学历教育协调发展，职业教育和普通教育相互沟通，职前教育和职后教育有效衔接；继续教育参与率大幅提升，从业人员继续教育年参与率达到50%；现代国民教育体系更加完善，终身教育体系基本形成，促进全体人民学有所教、学有所成、学有所用。

⑤健全充满活力的教育体制。进一步解放思想，更新观念，深化改革，提高教育开放水平，全面形成与社会主义市场经济体制和全面建设小康社会目标相适应的充满活力、富有效率、更加开放、有利于科学发展的教育体制机制，办出具有中国特色、世界水平的现代教育。

5. 当前我国学校教育制度的改革趋势

根据我国教育改革的实际情况，我国现行学制还需要继续改革，以适应经济社会发展对教育的要求。为此，当前我国学校教育制度改革的主要趋势表现在以下几方面。

(1)大力发展学前教育，基本普及学前教育

积极发展学前教育，逐步普及学前一年教育，基本普及学前两年教育，有条件的地区普及学前三年教育。建立政府主导、社会参与、公办民办并举的办园体制；大力发展公办幼儿园，积极扶持民办幼儿园；加大政府投入，完善成本合理分担机制，对家庭经济困难幼儿入园给予补助。制定学前教育办园标准，建立幼儿园准入制度，严格执行幼儿教师资格标准；教育行政部门加强对学前教育的宏观指导和管理，相关部门履行各自职责，充分调动各方面力量发展学前教育；重点发展农村学前教育，努力提高农村学前教育普及程度。

(2)切实普及与巩固提高九年义务教育水平

义务教育是国家依法统一实施、所有适龄儿童、少年必须接受的教育，具有强制性、免费性和普及性，是教育工作的重中之重。逐步全面提高普及水平，全面提高教育质量，基本实现区域内均衡发展，确保适龄儿童、少年接受良好的义务教育；建立健全政府主导、社会参与的农村留守儿童关爱服务体系和动态监测机制；采取必要措施，确保适龄儿童少年不因家庭经济困难、就学困难、学习困难等原因而失学，努力消除辍学现象。提高义务教育质量，增强学生体质，推进义务教育均衡发展。

(3)加快普及高中阶段教育

高中阶段教育是学生个性形成、自主发展的关键时期，对提高国民素质和培养创新人才具有特殊意义；注重培养学生自主学习、自强自立和适应社会的能力，克服应试教育倾向；逐步普及高中阶段教育，满足初中毕业生接受高中阶段教育需求；全面提高普通高中学生综合素质，深入推进课程改革，全面落实课程方案，保证学生全面完成国家规定的文理等各门课程的学习；创造条件开设丰富多彩的选修课，为学生提供更多选择，促进学生全面而有个性的发展；逐步消除大班额现象；建立科学的教育质量评价体系，全面实施高中学业水平考试和综合素质评价；推动普通高中多样化发展，促进办学体制多样化，扩大

优质资源。推进培养模式多样化,满足不同潜质学生的发展需要;探索、发现和培养创新人才的途径;鼓励有条件的普通高中根据需要适当增加职业教育的教学内容。采取多种方式,为在校生和未升学毕业生提供职业教育。

(4)大力发展职业教育

职业教育要面向人人、面向社会,着力培养学生的职业道德、职业技能和就业、创业能力;形成适应经济发展方式转变和产业结构调整要求、体现终身教育理念、中等和高等职业教育协调发展的现代职业教育体系,满足人民群众接受职业教育的需求,满足经济社会对高素质劳动者和技能型人才的需要。实行工学结合、校企合作、顶岗实习的人才培养模式;坚持学校教育与职业培训并举,全日制与非全日制并重;制定职业学校基本办学标准,建立健全职业教育质量保障体系,吸收企业参加教育质量评估。加强基础教育、职业教育和成人教育统筹,促进农科教结合;强化省、市(地)级政府发展农村职业教育的责任,扩大农村职业教育培训覆盖面,根据需要办好县级职教中心,逐步实施农村新成长劳动力免费劳动预备制培训。

(5)稳步发展高等教育,走内涵发展为主的道路

高等教育承担着培养高级专门人才、发展科学技术文化、促进社会主义现代化建设的重大任务;在今后一段时间内,高等教育改革重在扩大规模,优化结构,提高质量;高等教育的结构调整,一是层次结构的调整。即在发展本科教育的同时,大力发展地区性专科教育,扩大研究生培养数量,同时明确各类学校的分工,保证不同层次人才的培养规格、质量和特色。二是科类结构的调整。即调整各类专业人才的培养比例。稳定基础学科的规模,注重发展新兴学科和边缘学科,重点发展应用学科,减少专门学院,增加综合性大学。逐步建成一批国际知名、有特色、高水平的高等学校,若干所大学达到或接近世界一流大学水平,高等教育国际竞争力显著增强。

(6)加快发展继续教育,构建灵活开放的终身教育体系

继续教育是面向学校教育之后所有社会成员的教育活动,特别是成人教育活动,是终身学习体系的重要组成部分;大力发展非学历继续教育,稳步发展学历继续教育;广泛开展城乡社区教育,加快各类学习型组织建设,基本形成全民学习、终身学习的学习型社会;大力发展现代远程教育,建设以卫星、电视和互联网等为载体的远程开放继续教育及公共服务平台,为学习者提供方便、灵活、个性化的学习条件;搭建终身学习"立交桥",促进各级各类教育纵向衔接、横向沟通,提供多次选择机会,满足个人多样化的学习和发展需要;健全宽进严出的学习制度,办好开放大学,改革和完善高等教育自学考试制度;建立继续教育学分积累与转换制度,实现不同类型学习成果的互认和衔接。

问题思考与讨论

1. 分析西方主要资本主义国家现代教育制度变革与发展的特点,以及对我国现代教育制度建立与变革的启示。

2. 阐述我国古代的书院制度及其教学特点对今天民办教育的启示。

3. 谈谈科举考试的利弊及其对我国今天高考制度改革的启示。

4. 结合实际谈谈我国现代学校教育改革与发展的趋势和特点。

5. 阐述陶行知的教育思想及其现代意义。

6. 阐述西方不同时代教育家的主要思想及其现代意义。

7. 阐述我国古代教育家的主要教育思想及其现代意义。

阅读指南

1. 孟宪承. 中国古代教育文选[M]. 3 版. 北京:人民教育出版社,2003.

2. 孙培青. 中国教育史[M]. 3 版. 上海:华东师范大学出版社,2009.

3. 张斌贤. 外国教育史[M]. 北京:教育科学出版社,2008.

4. 柏拉图. 理想国[M]. 郭斌和,张竹明,译. 北京:商务印书馆,1986.

5. 赵祥麟. 外国教育家评传:第 4 卷[M]. 上海:上海教育出版社,2002.

6. 吴式颖. 外国教育史教程[M]. 北京:人民教育出版社,1999.

网络导航

1. 安徽基础教育资源应用平台:http://www.ahedu.cn/

2. 安徽教育网:http://www.ahedu.gov.cn/

3. 中国基础教育网:http://www.cbe21.com/

4. 中国教育资源网:http://www.cern.net.cn/

第四章　中学课程

学习目标

理解课程的涵义。掌握课程目标的特点、取向与类别。掌握课程内容组织的原则与方法。了解中学课程结构、课程计划及课程标准与教科书的特点。掌握课程开发的取向，学会课程开发的方法。熟悉课程的主要类型及其特点。掌握主要的课程理论流派及主张。理解课程改革及其动因。理解和掌握衡量课程改革成败的标准。明确课程改革的主要趋势，了解我国课程改革的基本过程和主要内容。

一、课程概述

（一）课程的含义

1. 课程的词源

“课程”一词在我国最早大约出现于唐宋年间。唐代孔颖达在《五经正义》里为《诗经·小雅·巧言》的“奕奕寝庙，君子作之”句注疏时，首次使用了“课程”一词。他写道：“维护课程，必君子监之，乃得依法制也。”这是迄今为止我国历史上所能见到的最早使用“课程”一词的书。宋代朱熹在《朱子全书·论学》中亦多处使用课程一词，如“宽着限期，紧着课程”，“小立课程，大作工夫”，等等。其意思是指所分担的工作程度和学习内容的范围、时限和进程。朱熹的用法已与我们现在许多人对课程的理解基本相似。

英文中，课程(curriculum)一词源自拉丁语，原意为“跑道”(race-course)。据此，课程常被理解为“学习的进程”(course of study)或“学习的路线”，即“学程”，既可以指一门学程，也可以指学校提供的所有学程。

2. 课程的内涵

(1)从课程的要素或属性层面来界定

①课程是知识。把课程的本质看成知识，不仅是一种比较传统的观点，而且也是国内目前比较有代表性和普遍性的观点。这种观点的基本思想是，课程的主要使命在于使学生获得知识。课程被等同于知识，而知识是按学科分类的。因此，这种定义的另一种表达方式就是“课程即学科(科目)”。

②课程是经验。这种课程定义把课程视为学生在教师指导下所获得的经验或体验，

以及学生自发获得的经验或体验。它是在对前一种观点批评和反思的基础上出现和形成的。杜威将这种观点加以系统化、理论化并付诸了实践。

(2)从课程的功能或作用层面界定

①课程作为目标或计划。这种课程定义把课程视为教学过程要达到的目标、教学的预期结果或教学的预先计划。这是一种预设性的课程观,它揭示了课程的目标性和计划性,课程总是指向一定的目标,并通过有计划的实施而进行。但是,目标作为预期的教学结果同实际学习结果是有一定差别的,把课程界定为预期的教学成果只说明了课程的预期性,并没有说明什么是课程。

②课程作为活动或进程。把课程界定为活动或进程是一种生成性的课程观,这意味着课程不再是静止的"跑道",不再仅仅是需要贯彻的课程计划或需要遵循的教学指南,而是个体生活经验的改造和建构,是自我的"履历情境",即"在跑道上奔跑"的历程。美国当代著名课程论学者派纳的概括最具典型性:"课程不再是一个事物,也不仅是一个过程。它成为一个动词,一种行动,一种社会实践,一种私人的意义,一种公民的希望。"

课程可以从狭义和广义的角度进行分析。狭义的课程是指被列入教学计划的各种科目及其在教学计划中的地位和开设顺序的总和。广义的课程是指为学生的全面发展而设计的一切条件和一切活动的总和。从教育实践的角度,一般地讲,可以把课程理解为教学的内容、标准和进程。从课程是教学内容的角度看,课程是要传授的知识、技能、方法、价值观、情感、态度等,从课程是教学标准的角度看,对不同年龄的学生应有不同的课程要求和标准;从课程是教学进程的角度看,课程是一节课一节课、一个学期一个学期、一门课一门课的教学活动的过程。

3. 课程与教学的关系

课程与教学的关系受到实践活动的影响,也受到不同的课程理论与教学理论对课程与教学关系的看法的影响。目前,人们对课程与教学的关系有几种不同的看法。

(1)大教学小课程的观点

这种观点从教学论的立场出发,将课程视为教学内容,把课程理论当作教学理论的一部分。如前所述,这种认识古已有之,新中国成立以来我国大量引进苏联的教育学著作,进一步强化了这种认识。在这种认识的影响下,比较注重教学研究,有关课程问题的研究多数是在教学论框架下进行的,课程只是教学论研究内涵的一部分,由教学计划、教学大纲、教材三部分组成,没有形成专门的课程论研究。只是近十几年来,这一认识才受到挑战。

(2)大课程小教学的观点

大课程论观把教学看作课程的一部分,把教学理论归入课程理论的范围之内。这一观点认为课程是一个广泛的概念,是学校教育中的一个大系统,而教学则是一个特殊的现象和子系统,远没有课程那样重要。如泰勒等知名学者都是把教学作为课程的一部分来对待的。

(3)一体化的观点

这一观点认为,课程论与教学论两者密不可分,不能孤立地存在,必须把它们综合起来进行整体性研究。如英国的著名课程论专家斯坦豪斯就特别强调课程与教学过程中的一系列相互作用;美国课程论学者坦纳夫妇甚至断言,把课程与教学看成相互孤立的要素,不仅是不可能的,而且会误入歧途。因为课程与教学之间的分裂状态在学校或课程教学实践中必然被打破,所以,应把课程与教学综合成一个问题而不是把它们分成孤立的问题来进行研究。

(4)并列的观点

这一主张认为,课程论与教学论应是教育科学下属的两个独立分支学科,它们各有特定的研究对象和不同的特点,构筑理论体系的相关概念也不相同,需要分别进行深入研究。课程与教学的关系与课程论与教学论的关系一样,也应该分别进行研究。

(二)课程目标

1. 课程目标及其特征

课程目标是教育目标的具体化,是课程本身要实现的具体教育目标,是期望一定阶段的学生在发展品德、智力、体质等方面达到的程度。

课程目标具有以下一些主要特点:

时代性。课程目标是政治、经济、文化的反映,与经济与社会的发展保持同步,与科学技术的进步紧密相关。在不同的历史时代,由于课程发挥着不同的作用,人们对课程也会提出不同的要求。因此,课程目标必然与当时的社会状况相适应。在古希腊,斯巴达的教学目的主要偏重于培养体格健壮的军人,而雅典的课程目的,在于不仅要把奴隶主子弟培养成健壮的军人,而且要培养出能言善辩、多才多艺的政治家和商人。欧洲中世纪是宗教神学盛行的时期,课程的目的主要是培养人们虔诚的宗教信仰。文艺复兴时期的维多利诺,提出以三种精神当作培养人的目标:人文主义精神;骑士风格;基督教精神。在近代,西方的许多课程理论家提出了不同的课程目的,这是与当时资本主义原始积累时期急剧变化的时代特征相适应的,也是与自然科学的迅猛发展和产业革命对技术人才的需求相适应的,体现了课程的多种价值取向和多种价值观。现代教育史上虽然仍然存在不同的课程目的的理论,但人的全面和谐发展成为基本的共同的课程目标,并逐步得到广泛的认同。

多样性。课程目的具有多样性:一是表现在不同的教育家提出了不同的课程目的观,从西方教育家的观点中可见一斑。例如,夸美纽斯的"泛智论"、洛克的"绅士论"、卢梭的"自然论"、裴斯泰洛齐的"和谐论"、福禄贝尔的"展开说"、第斯多惠的"全人论"、斯宾塞的"准备论"等。可以说,每一个教育家都提出了自己的教学目的。"实质教育论"者与"形式教育论"者的教学目的观还存在尖锐的矛盾,所提出的教学目的差异很大。以杜威为代表的实用主义者还认为"教育无目的"。二是不同的时代人们提出了不同的教学目的。例如古代教学的目标主要是为了培养为统治阶级服务的人才,在中世纪主要是培养宗教的忠实信徒,而在工业化时期则主要是为了培养操作工人,在现代,教学的目标出现了多样化的发展趋势,主要是促进了人的和谐、全面的发展。三是教育目的不同,相应地教学的目的也就不同。教育目的,从实际作用来看,有价值性目的和操作性目的之分;从其要求来看,有终极性目的和发展性目的之分,从被实际所重视的程度来看,有正式决策的目的和非正式决策的目的之分。因此，教学目的也相应地具有多样性，可以根据功能划分为不同的种类。

主体性。我国有学者指出：不同的人有不同的教学目的，学生、教师、学生家长、政府、校长、教学理论工作者实际上对教学持有不同的目的。由于每个人对教学有不同的期望，教学对不同的人所具有的意义不同。当我们要分析教学目的的时候，我们应该明确是什么人的教学目的。可以说，教育目的包括国家办教育事业的目的，自然具有一般性，而教学目的则因人而异，因学校而异。不同的学校具有不同的培养目标，也具有不同的教学目标。例如职业技术学校的目标侧重培养具有某一方面知识与技术的实用人才，而普通学校的目标则主要是帮助学生掌握基础文化科学知识与技能。学生眼中的教学目的，最直接的可能是让自己成为一个文化人，有好的就业技能。在学生家长看来，无论如何，教学的目的基本上都是为自己的孩子能够掌握科学文化知识和掌握本领，能考上好的大学，有好的就业前景。在教师心目中，教学的目的可能更系统一些，另外，不同的教师很可能根据自己的体验、自己对学生的感情去确定自己的教学目的。政府的教学目的更多的是体现教学的社会价值，为社会培养更多的人才。校长的教学目的可能是为学校的发展，也为学生的发展，更为社会的发展。教学理论工作者的教学目的更具有理想化的色彩，具有全面系统的特点。

主观性。教学目的是教学的预期和设想，是人们对教学应达到的结果的预期，因而具有主观性，是人们根据客观教学实际提出的设想。教学目的反映教育目的、教育思想，不同的教学目的实际上是不同的教育思想和目的的反映，也是人们对教学规律、教学过程等客观性教学要素的看法有所不同的反映。教学目标确立以后，就会影响到教学内容、教学计划、教学方法、教学原则、教学行为、对教学效果的评价等诸多教学要素。正是由于教学目的的主观性，从而使教学目的或教学目标根据客观情况的变化和人们认识水平的提高和需要等主客观因素的变化而不断进行调整。教学目的的主观性决定了教学目的具有预设性，是人们对教学结果提出的设想，但教学目标的提出必须根据客观教学要素的特点。因此，教学目标是主观与客观相结合的产物。

2. 课程目标的取向

课程目标的重要性决定了它是课程理论模式建构、课程设计与课程实践都要关注的首要问题。不同的学者对课程目标的取向有不同的看法。舒伯特认为，课程目标主要有四种类型：普遍性目标取向、行为目标取向、生成性（或称展开性）目标取向、表现性目标取向。

（1）普遍性目标

普遍性目标是将一般教育宗旨或原则，直接运用于课程领域，成为课程领域一般性、规范性的课程目标。它是一种古老且长期存在的课程目标取向。普遍性目标是把可普遍运用于所有教育实践中的一般教育宗旨或原则等同于课程目标，是对课程全局的总体考虑和安排，具有普遍性、方向性、指令性特点。它所反映的是长期的教育价值取向，是任何门类的课程不可缺少的部分。普遍性目标取向存在一定缺陷：第一，这类目标往往基于经验、哲学观或伦理观、意识形态或社会政治需要而引出，往往缺乏充分的科学依据。第二，这类目标一般以条文、规定的形式出现。第三，这类目标的含义常常出现歧义和不同的理解。

(2)行为目标

行为目标是以显性化、精确化、具体的、可操作的行为的形式加以陈述的课程目标。它指明了课程与教学过程结束后学生所发生的行为变化。行为目标取向的课程目标的优点在于它克服了普遍性目标模糊性的缺陷,具有精确性、具体性、可操作性。第一,行为目标为学校教育提供了一个有效的平台。基于这一平台,同类的不同学校之间的教学、同一年级的学科教学都具有可比性,教师也能够将其教学内容准确地与教育督导、学生家长、学生本人展开交流。第二,有利于教师对教学全程目标和方向的控制。当教学内容以行为目标的形式陈述时,教师对他们的教学任务清楚明了;教师还可以根据其教学活动的具体行为,准确评价教学效果,判断教学目标是否达成,实施教学过程的有效组织。因此,行为目标对于强调基础知识的学习和基本技能的熟练,对于保证一些相对简单的教育目标的达成是有益的。

行为目标强调课程目标的预先计划和静态说明,存在强调控制、简单化和原子化问题,忽视学习者积极主动、动态的过程和不可预知的事实等缺陷。主要表现在:第一,行为目标取向所体现的"唯科学主义"的教育价值观,在课程开发和实施过程中追求效率,寻求的是有效控制。但是,作为主体的人的富有创造性的行为往往不可预知,当行为目标把课程开发视为可预先决定和操纵的机械过程,即在教育过程之前或教育情境之外而预先设定的时候,就把目标与手段、结构与过程间的有机联系割裂开来,课程开发与教学设计过程的创造性、人的学习的主体性也就被忽略或压制了。第二,行为目标取向的课程目标都以行为方式界定,课程实施只能强调那些可以明确界定的要素,但并不是所有的课程要素都能够转化成外显的行为,甚至还存在偶然性、不确定性的不可消除性。第三,行为目标的"还原论"倾向把"完整的人"肢解,人的具有整体性的心理和行为被原子化。人的高级心理素质(如价值观、理解、情感等)不只是行为,更是意识问题,这些心理素质完全用可观察的行为来精确化、具体化是不可能的。第四,行为目标把学习分解成各个独立的部分,而不是把学生知识的学习与经验的获得看成一个有机整体,不利于通过多种学科教学共同促进学生的全面发展。

(3)生成性目标

生成性目标(也被译为发展性目标或者展开性目标)是在教育情境之中随着教育过程的展开而自然生成的课程目标。它不是由外部事先规定学习者要达到的结果,它关注的是学习活动的过程。这种课程目标取向总体上强调教育基本上是一个演进过程,而且它是渐进生成的,它扎根于过去又指向未来,是一个有机的过程。

生成性目标的思想可以追溯到杜威。在杜威看来,目的不应该是预先规定的教育经验,而是教育经验的结果。课程目标不是一种指向为遥远的将来做准备的结果,不是外在于过程的,而是在过程中内在决定的,而且应该成为引导学生现在解决力所能及问题的生长和发展的手段。

生成性目标考虑到学生兴趣的变化、能力的形成和个性的发展,它倾向于把过程与结果、手段与目的有机地统一起来,让学生在教育过程中产生自己的目标,而不依赖教师把课程目标强加给学生。但是,生成性目标取向在理论上把目标理想化了,在实践上很难实行。首先,使用生成性目标,要求教师根据学生的需要和特点随时调整课程内容,并能与学生一起从事有意义的对话,而大多数教师没有受过这方面的训练。其次,即便教师受过这种训练,有些人也不愿意用这种互动性教学方法,因为这需要大量额外的计划和工作。最后,基于生成性目标的课程与教学的开放性,学生有时不知道什么对他们最有价值,因为他们还不了解各门学科的具体情况,需要教师告诉他们应当做什么。

(4)表现性目标

表现性目标是美国课程学者艾斯纳提出的一种目标取向,是指在教育情境的种种际遇中每一个学生个性化的创造性表现。表现性目标实际上就是指人们在从事某种活动结束时有意或无意得到的结果,它是"课程活动的结果"。

表现性目标强调个性化,旨在形成一个主题,学生围绕它可以运用原来学到的技能和理解了的意义,通过它扩展和拓深那些技能与理解,并使其具有个人特点。表现性目标关注的是学生在活动中表现出来的某种程度上首创性的反应形式,而不是事先规定的结果。

表现性目标的优点在于它强调学生的个性发展和创造性表现,强调学生的主体性和个性化发展,尊重学生的个性差异。它期望的不是学生反应的一致性,而是反应的多样性、个体性,它与当代人本主义的教育价值观相一致。表现性目标的缺点在于:第一,表现性目标过于模糊。表现性目标是唤起性的,非规定性的,它不指明学生从际遇、环境、问题或任务中学习了什么,因而往往在课程设计与实施中难以发挥课程指南的作用。第二,表现性目标与学科性质有着密切联系,在某些学科领域,它难以保证学生掌握他们必须掌握的内容。

每一种课程目标取向都有其长处及其固有的短处。行为目标具体、明确,便于操作和评价,然而学校教育中如思想品德的培养和个性的形成等,都很难用外显行为的方式来表述。生成性目标考虑到学生兴趣的变化、能力的形成和个性的发展等方面,但在大班额授课的教学实践中,面对几十个不同的学生很难实施。表现性目标能够体现学生的独特性和首创性,但很难保证所有学生都达到课程目标的基本要求。因此,学校课程目标取向不可能是以某一种课程目标作为唯一取向,而是上述几种不同取向的课程目标相互补充,共同构成了学校课程目标体系。每一种目标取向都有其存在的意义和价值追求,不能简单肯定或否定,课程编制中需要根据课程性质和学校教育目标,针对课程所要解决的具体问题,合理组成课程目标。如果课程的重点放在基础知识和基本技能上,行为目标的形式比较有效;如果课程的重点放在培养学生解决问题的能力上,生成性目标的形式比较有用;如果要培养学生的创造性精神,表现性目标的形式较为合适。不过,还需要这些目标取向的优缺点是并存的,每一种目标形式在解决某类问题比较有效的同时,都存在一些难以避免的缺陷。因此,在决定采取何种课程目标形式时,需特别注意扬长避短,以及与其他课程目标形式相补充的问题。

3. 布卢姆、加涅的目标分类理论

(1)布卢姆教育目标分类理论

布卢姆是美国芝加哥大学著名教育学、心理学教授。1956 年出版了《教育目标分类学 第一分册:认知领域》一书。该书出版后迅速风靡全球,被视为 20 世纪最有影响力的教育著作之一。由克拉斯沃尔等人编写的《教育目标分类学 第二分册:情感领域》,由哈罗等

人编写的《教育目标分类学 第三分册:动作技能领域领域》也相继出版。

布卢姆教育目标分类学将学习的认知领域划分为知识、领会、应用、分析、综合、评价六个层次,每一个层次再细分为若干子类,认知目标分层次递进,将教育行为按照从简单到复杂的次序排列,学习者的思维活动从低级认知活动到高级认知活动排列,具有较强的系列性和累积性,并默认学习者首先要掌握低级和简单的类别知识,然后才能够掌握复杂和高级的类别知识。布卢姆教育目标分类学的认知层次呈塔形结构。请参见表4-1。

①知识。知识是指注重记忆的行为或测验的情境,这种记忆是通过对概念、材料或现象的再认或者回忆而获得的。布卢姆说,"我们把知识定义为对思想或现象的回忆"。知识包括具体的知识、处理具体事务的方式方法的知识和学科领域中普遍原理和抽象概念的知识等。

表4-1　布卢姆教育目标分类学　认知领域知识目标的划分表

知识	含义	表述的动词
具体的知识 对各种可分解的具体信息的回忆	术语的知识 具体事实的知识 惯例的知识	
处理具体事物的方式方法的知识 指组织、研究、判断以及批判各种观念和现象的知识	趋势和顺序的知识 分类和类别的知识 准则的知识 方法论的知识	定义、排列、回忆、叙述、匹配、朗诵、界定、命名、选择、标明、概括、陈述
学科领域中普遍原理和抽象概念的知识	原理和概念的知识 理论和结构的知识	

注:此表根据布卢姆《教育目标分类学 第一分册:认知领域》整理而成。

②领会。领会是最低层次的理解。它指学生不必把某种材料与其他材料联系起来,也不必弄清它的最充分的含义,便知道正在交流的是什么,并能够应用正在交流的这种材料或观念。领会主要包括转化、解释与推断等行为。

③应用。应用表明当学生遇到一个新问题时,能够应用合适的抽象概念,在没有说明问题解决模式的情况下,学生能够正确地将该抽象概念应用于适当的情境。

④分析。分析是指注重把材料分解成各个组成部分,弄清各部分之间的相互关系及其构成的方式。分析还可能包括那些用来传递意义或确定交流结果的技术和手段。

⑤综合。综合意为各种要素组合起来,以形成一个整体。它是对各要素和组成部分加工的过程,是以这种方式将它们组合,以构成一种新的模式或结构的过程。包括对已有经验的各个组成部分与新材料的重新组合,将其改组成更新、更清晰的整体。

⑥评价。评价是指为了某种目的,对观念、作品、答案、方法和资料的价值做出判断。还包括应用准则和标准来评估这些项目的准确、有效、经济、满意等的程度。

20世纪后期,学习心理学得到创新发展,世界各国教育的改革,以及人们在实践应用过程中不断产生新的问题，出现了教育目标分类的"修订版"。2001 年，安德森提出了新的教育目标分类学的分析框架，对教育目标做了一些修改。他把认知领域的教育目标修改为记忆、理解、应用、分析、评价、创造。

1964 年，克拉斯沃尔和布卢姆发表了《教育目标分类学 第二分册：情感领域》，具体描述了情感领域分类系统的各个类别，分为接受、反应、价值的评价、组织、由价值或价值复合体形成的性格化。

1972 年美国学者安妮塔·哈罗、伊丽莎白·辛普森提出了《教育目标分类学 第三分册：动作技能领域》，将动作技能领域划分为六个类别，即反射动作、基本—基础动作、知觉能力、体能、技巧动作、有意沟通。动作技能领域的目标被分成七级，从低到高分别是：知觉、准备、有指导的反应、机械动作、复杂的外显反应、适应、创作。

布卢姆等人提出的教学目标分类理论对确定全面的教学目标具有重要的启发意义，作为教学知识成为教师教育的重要内容，但是在实际的教学活动中许多教师并没有按照这种理论去设计教学目标，对教学的实际影响并不大。

(2)加涅的教育目标分类理论

加涅(1916—2002)是当代著名的教育心理学家，教学设计专家。1969 年之后一直在美国佛罗里达州立大学任教，代表作有《学习的条件》《教学设计的原理》。他把预期的教育目标归纳为五种学习结果。五种结果包括认知、情感和动作技能三个领域。他认为，学习有不同的分类，不同类型的学习要求不同的学习条件，不同的学习条件产生不同的学习结果，教师可根据五种学习结果的表述设计最佳的学习条件。五种学习结果分别是：言语信息、智力技能、认知策略、动作技能和态度。其中智力技能又由简单到复杂、由低级到高级分为四个亚类：辨别、概念、规则、高级规则。在五种习得的技能中，智力技能是中小学课堂教学的重点。因为不管是何种学习，都需要智力技能的参与，智力技能的教学是中小学教学的基础之一。请参见表 4－2。

表 4－2　加涅的学习结果分类表

学习结果	行为举例
言语信息	能用语言陈述自己习得的内容，如说出总统就职演讲的主要内容
智力技能	能用概念、符号、规则（原理、法则、公式、定理等）分析问题，展示如何做下列事情：
①辨别	区分哺乳动物和爬行动物；
②具体概念	确定水的沸点；
③定义性概念	应用某定义对"食品"进行分类；
④规则	根据规则计算城市人口统计；
⑤高级规则	在网络上收集资料，预测 2030 年的世界经济
认知策略	调控自身内部的心理活动的能力，如运用一元二次方程求解最短路程问题
动作技能	习得熟练的连贯动作，如骑自行车
态度	对事物的选择倾向，如喜爱听中国古典音乐

加涅的学习结果分类几乎可以涵盖人类学习的所有内容,他的教学目标分类理论也得到了美国教育界的普遍认可,在教学设计领域得到了广泛应用。他从心理学的角度划分教学目标的种类,使得学校教育的目标变得明确,对我们从学生发展的角度确定教学目标具有启发作用。

4. 确定课程与教学目标的基本环节

确定课程与教学目标大致包括以下四个环节:

第一,确定教育目的。教育目的是课程与教学的终极目的,是特定教育价值观的体现。它所回答的基本问题主要是教育要培养什么样的人,教育应如何根据人的身心发展的特点进行,教育如何为社会进步服务,等等。

第二,确定课程与教学目标的基本来源。课程与教学目标的基本来源或课程开发的基本维度是特定教育价值观的具体化。要根据对学习者的研究、当代社会生活的研究和学科专家的目标建议来确定课程与教学目标。

第三,确定课程与教学目标的基本取向。在"普遍性目标""行为目标""生成性目标""表现性目标"等取向之间做出选择。目标取向为课程与教学目标的陈述奠定了基础。

第四,确定课程与教学目标。前面三个环节完成之后,就可以进一步获得内容明确而具体的课程与教学目标体系。①

(三)课程内容与设计

1. 课程内容的含义

课程内容属于人类创造的文化,尤其是其中的精神文化,是经过人们选择、过滤,被认为是最符合社会、国家、民族、时代和人类生存、发展需要的优良文化,是人类探索客观世界所形成的直接经验和间接经验,是包含在学校教育中的概念、原理与事实、技能、方法、态度、情感与价值观等。课程内容系课程层面的教育内容,学习经验系教学层面的教育内容。在课程研究和研制领域,人们习惯使用的术语是课程内容,它指的是学习课程里包含的具体事实、观点、原则、问题等等。

课程内容选择的基本取向是"学科知识""当代社会生活经验""学习者的经验"。学科知识的选择要处理好学科知识与课程内容的关系,既要尊重学科知识的内在逻辑,又要尊重儿童心理发展的内在要求,实现学科逻辑与儿童心理逻辑的统一。要处理好科学、艺术与道德的关系,科学并非价值中立,科学、艺术与道德具有等价性,三者之间相互渗透、相互作用、相互依赖,具有内在统一性。还要处理好科学与技术、概念原理的知识与过程方法的知识之间的关系。

当代社会生活经验的选择首先要明确的是:学生是社会的一分子,不能离开社会独立存在,学习是一种直接经验的活动,而且是一种集体活动的过程。一是基于"社会适应",主张应根据社会现状寻找课程内容,一是"社会重塑",主张将社会现实问题作为课程内容设计的核心,旨在把学生培养成为社会改造的工具。

---

①张华. 课程与教学论[M]. 上海:上海教育出版社,2000:190.

怎样选择学习者的经验作为课程内容？第一，要把学习者看成主体，学习者经验选择的过程是尊重并提升学习者个性差异的过程，应以尊重学习者的个性差异为前提。第二，要把学习者看成课程的开发者、知识与文化的创造者，要认识到，学习者创造着社会的生活经验。学习者的个人知识和经验、学习者在同伴交往和其他社会交往中所形成的社会经验是课程内容的基本构成。

2. 课程内容组织

课程内容组织是一个复杂的过程。课程组织是在一定的教育价值观的指导下，将所选出的各种课程要素妥善地组织成课程结构，使各种课程要素在动态运行的课程结构体系中产生合力，以有效地实现课程目标。

课程内容的组织是课程理论和实践中与逻辑联系最紧密的领域之一。课程内容采取何种逻辑形式编排和组织，直接影响着课程内容结构的性质，也制约着教师的教学活动和学生的学习活动方式。早在20世纪40年代，泰勒就明确提出了课程内容编排和组织的三条逻辑原则，即连续性、顺序性、整合性。连续性是指直线式地陈述主要的课程要素；顺序性要求每一后继内容以前面的内容为基础，同时又对有关内容加以深入、广泛地展开；整合性则强调保持各种课程资源内容之间的横向联系，以便有助于学生获得一种统一的观念，并把行为与所学课程内容统一起来。课程内容组织除遵循泰勒提出的这些具有普遍意义的逻辑规定外，还应处理好以下逻辑组织形式的关系。

(1)直线式与螺旋式

关于课程内容的组织，课程设计理论上一直存在着直线式与螺旋式两种逻辑形式。直线式是把课程内容组织成一条在逻辑上前后联系的“直线”，前后内容基本不重复，即课程内容直线前进，前面安排过的内容在后面不再呈现。螺旋式是指在不同的阶段、单元或不同课程门类中，使课程内容重复出现，逐渐扩大知识面，加深知识难度，即同一课程内容前后重复出现，前面呈现的内容是后面呈现的内容的基础，后面呈现的内容是前面呈现的内容的不断扩展和加深，层层递进。

直线式的逻辑依据是，课程知识本身内在的逻辑是直线前进的，根据科学理论知识生长的原有逻辑组织和编排课程内容，特别是学科课程的知识内容。由于直线式采取内容在前后不重复的方式，因而被认为是效率较高的一种内容组织形式。螺旋式的逻辑依据是人的认识逻辑或认识发展过程的规律，即人的认识遵循着由简单到复杂、由低级到高级逐步深化的发展规律。因而，课程内容的组织和编排要符合人的认识逻辑，知识内容在前后反复出现，逐步加深，前面呈现过的内容后面还要呈现，且后面的内容是对前面内容的扩展、深化。

直线式和螺旋式是课程内容组织的两种基本的方式，它们各有利弊，分别适用于不同性质的学科、不同年龄阶段的学生。对于理论性较强、学生不易理解和掌握的内容，以及对低年级的儿童来说，螺旋式较适合；对一些理论性相对较低的学科知识和操作性较强的内容，则直线式较适合。其实，即使在同一课程的内容体系中，直线式和螺旋式都是必不可少的。不能一概而论地说哪种逻辑方式具有绝对合理的内容组织的逻辑形式。20世纪五六十年代，我国教育界理论上把直线式奉为“多快好省”的组织形式，而把螺旋式批判为

“少慢差废”的组织形式,而且认为在中小学课程内容组织的逻辑形式中,螺旋式具有合理性,直线式则受到忽视,因而螺旋式成为中小学课程内容组织的唯一形式。然而,中小学课程内容重复太多,一些本该直线前进的内容也要求学生和教师反复兜圈子,翻来覆去,消磨时间,这样就造成了教学效率较低的局面。这是值得反省的。

(2)纵向组织与横向组织

纵向组织,是指按照知识的逻辑序列,从已知到未知、从具体到抽象等先后顺序组织安排课程内容。纵向组织方式是教学心理学家们从学习理论的角度提出的一种组织形式,加涅就倾向于按照学生学习的八种层次的逻辑关系来设计课程内容的顺序。

横向组织,是指打破学科的知识界限和传统的知识体系,按照学生发展的阶段,以学生发展阶段需要探索的社会和个人最关心的问题为依据,组织课程内容,构成一个个相对独立的内容专题。横向组织是以发展心理学从人的成长过程的角度提出的。从心理发展的角度看,学生生理的、社会的、理智的、情感的发展,都是按照一定顺序由内部加以调节的。因此,课程内容应考虑学生发展的阶段性要求,从综合的角度,以知识之间的横向联系组织课程内容,设计出区别于复制学科的体系的综合性内容。

相比较而言,纵向组织注重课程内容的独立体系和知识的深度,而横向组织强调课程内容的综合性和知识的广度。同直线式与螺旋式的关系一样,纵向组织与横向组织都是不可偏废的。

(3)逻辑顺序与心理顺序

课程内容组织的逻辑顺序与心理顺序的问题,是“传统教育”派与“现代教育”派在课程内容组织方面的分歧所在。所谓逻辑顺序,是指根据学科本身的体系和知识的内在联系来组织课程内容;所谓心理顺序,是指按照学生心理发展的特点来组织课程内容。

在课程史上,“传统教育”派主张根据学科内在的逻辑顺序来组织课程内容,也就是说,把课程内容的重点放在逻辑分段的顺序上;强调学科固有的逻辑顺序的排列,至于这种逻辑对学生有什么意义则不属于其考虑的范围。而“现代教育”派则强调要根据学生身心发展的规律,特别是学生的思维发展、学生的兴趣、需要和经验背景等来组织课程内容。因为在学生与课程的关系上,学生是中心,学科是次要的。对于学生的生长和发展来说,一切学科的逻辑都处于从属地位。尽管“传统教育”派与“现代教育”派在课程内容组织方面各执一端,但应将逻辑顺序和心理顺序统一起来,其实质是在课程观方面表现为学生与课程的统一,而在学生观方面则体现为学生的“未来生活世界”与“现实生活世界”的统一。以此为基础,在课程内容的组织上,根据学生认识发展的特征和科学知识本身的逻辑特征,编排成既区别于原有学科结构,又有别于学生的完全经验复制式的课程内容体系。

从课程内容的组织上讲,直线式与螺旋式、纵向组织与横向组织、逻辑顺序与心理顺序的相互吸收、相互匹配,是课程内容组织的最基本的辩证逻辑,即使在同一门课程中,对不同性质和不同层次的内容来说,这些逻辑形式也是可以并存的。

3. 课程内容的构成

(1)课程计划

课程计划在新中国成立前被称为学校课程标准,新中国成立后学习苏联的教育学,课程计划被称为“教学计划”,1992 年,国家教育委员会对 1988 年的小学和初中的“教学计划”根据新的情况作了修改,更名为“课程计划”。1996 年高中的教学计划也更名为课程计划。

课程计划是(某级某类学校)课程的总体规划。在我国,课程计划是由国家教育主管部门所制定的有关教学和教育工作的指导性文件。它的主要内容包括学科设置、学科顺序、教学时数、学周安排、教学进度等,具体包括:明确某级某类学校的教育目的;列出所开设的各门学科;规定各门学科的学习时数以及在各个年级的安排顺序;安排其他各项活动,如生产劳动、班团队活动、体育活动等;对学年、学期、假期的时间进行规定和划分。

课程计划虽然并不直接规定教学内容,但其主导思想以及它对不同科目的时数规定及开设顺序,事实上制约着教学内容的选择。例如,时数多的科目,所学内容就多一些,其重要性也就更被重视;在不同年段开设的科目,其内容组织和呈现方式就要适合特定年龄段的学生水平和特点;等等。

基础教育课程改革对普通高中课程结构做了重大改革,《普通高中课程方案(实验)》提出的新课程结构的最大特点是整个课程由学习领域、科目、模块三个层次构成。请参见表 4－3、4－4。

表 4－3　普通高中课程结构表

学习领域	科目	模块举例
语言与文字	语文	语文(1—5)＋系列(1—5)(诗歌与散文、小说与戏剧、新闻与传记、语言文字应用、文化论著研读)
	外语	英语(6—11)＋系列Ⅱ(语言知识与技能类、语言应用类、欣赏类)
数学	数学	数学(1—5)＋系列(1—4)
人文与社会	思想政治	
	历史	历史(Ⅰ—Ⅲ)＋6 个选修模块
	地理	地理(1—3)＋7 个选修模块
科学	物理	物理(1—2)＋系列(1—3)
	化学	化学(1—2)＋6 个选修模块
	生物	生物(1—3)＋3 个选修模块
技术	信息技术	信息技术基础＋5 个选修模块
	通用技术	技术与设计(1—2)＋7 个选修模块
艺术	艺术或音乐、美术	4 个系列 16 个模块中任选 6 个模块
		音乐欣赏(2 学分)＋5 模块中选 1
		美术欣赏(1 学分)＋4 模块中选 2
体育与健康	体育与健康	6 个运动技能系列(10 学分)＋健康 1
综合实践活动	研究性学习、社区服务、社会实践、劳动技术教育	

课程的模块化设想,使开设的课程更加多样化,学生个人课程计划的调整空间也相对增大,还可能解决周课时少而分散的问题,减少每个学生在一段时间内所学的科目,相对地增加每一学科的周学时数,使学习相对集中而有效。模块的出现,在一定程度上改造了原有的课程内容组织的线性的梯状序列,使课程内容得以用多开端、多系列、多层次的方式进行组织,从而实现了课程内容的纵横沟通及相互联系,为课程内容及时更新奠定了制度化的基础。当然,模块不是纵向深入的序列式教材中的内容,它有相对独立性,能够与其他模块、其他学科发生多种可能的关联,从而使统一的课程体系呈现出动态性及多样化。对于每一个具体的学生而言,通过制定个人课程计划,使不同科目的模块相互关联,从而在分科课程体系的背景下,实现课程的综合化;在统一的课程计划中实现课程的个性化。

高中新的课程结构组织与实施应该以学分制的实施为中介。只有采用学分制的方式,新课程才能在管理中具有可行性、操作性,否则会出现课程组织的技术困难。教育部颁布的《普通高中课程方案(实验)》对学分制管理进行了科学设计,成为新课程实践的重要指导文件。

表 4-4 普通高中课程学分结构表

学习领域	科目	必修学分 共 116 学分,占总学分的 61.4%	选修学分Ⅰ 共 55 学分,占总学分的 29.1%	选修学分Ⅱ 共 18 学分,占总学分的 9.5%
语言与文学	语文	10	每个科目都在必修的基础上设置了若干个提高的选修模块,供学生根据自己的学习兴趣和未来发展需要选择	学校根据当地社会、经济、科技、文化以及自身条件开设的校本课程,供学生选择
	外语	10		
数学	数学	10		
人文与社会	思想政治	8		
	历史	8		
	地理	6		
科学	物理	6		
	化学	6		
	生物	6		
技术	信息技术	4		
	通用技术	4		
艺术	艺术或音乐、美术	6		
体育与健康	体育与健康	11		
综合实践活动	研究性学习活动	15		
	社会实践	6		
	社区服务	2		

(2)课程标准

课程标准在新中国成立前称为学科课程标准,新中国成立后学习苏联改称教学大纲,后随着教学计划改为课程计划,教学大纲也改为课程标准。

课程标准是依据课程计划的规定,以纲要的形式对某一具体学科教学内容进行编订的纲要性文件。在我国,课程标准也是由国家教育主管部门组织制定并发布的,具有法律效力。一般而言,课程计划中所列的各门学科都应有课程标准。目前,我国义务教育阶段及普通高中阶段的各科目除综合实践活动之外,都有相应的课程标准。课程标准既是教学得以进行的最根本的依据,也是对教学结果进行评价的依据。课程标准不仅要指出学生学习的内容是什么,还应指出学生经过学习以后应达到的最基本的水平标准。

从课程标准的功能来看,课程标准并不具体给出教学内容,但规定了教学内容的基本范围以及学生所要达到的水平。课程标准是课程计划的具体化。它要根据课程计划所规定的培养目标列出更清楚明确的课程目标,为教科书的编写及教学活动的开展提供基本依据。具体来看,课程标准的功能表现在:①课程标准是教材编写、教学和评价实施的基本依据;②课程标准是国家课程的基本纲领性文件,具有保障作用、指导作用;③课程标准提出了指导性的教学原则和评价建议。

课程标准所列的课程目标,要多于培养目标而少于教学目标。比培养目标多,意味着要通过课程目标使培养目标具体化;比培养目标少,意味着要给教学足够的空间,使教学活动成为实现课程目标的具体展开。

一般而言,课程标准要对某学科在某级某类学校的所有课程目标都作出规定。例如,九年义务教育阶段的,或高中阶段的。这有利于统一安排,体现连续性和递进性,使得课程目标体现发展的层次性。

(3)教科书

教科书是根据课程标准对学科内容进行系统阐述而形成的文本。这就决定了教科书的编撰者在选择或撰写这种文本时不可能随心所欲,而必须依据课程标准的要求来进行。

教科书是教学内容的具体体现,是教学活动得以进行的媒介。在课程标准的指导下,有可能有多样化的教科书,即教科书可以通过选用不同的内容以不同的形式达到课程标准所规定的课程目标。当然,既然是在统一的课程标准指导下进行编写的,因而各种不同版本的教科书在基本内容上是相似或相同的。例如,小学语文要求的常用字,中学英语规定的常用单词,以及数学、物理等学科的最基本的概念、原理和法则,在不同版本的教科书中都必须体现。在遵循课程标准的前提下,一个最重要的要求是准确,不能有科学上的错误。

此外,教科书在呈现形式上也不同于读物,既不同于一般的科学论文,也不同于一般的科普读物,但在保证科学性的基础上,要符合学生的心理发展规律及认知特点。

教科书的构成包括:“目录”;“本文:分编、章、节、目,系统、简明、通俗地叙述课程标准所规定的内容,包括最基本的事实材料和基本的概念、原理、公式等”;“作业:包括思考题、习题、练习作业、实验作业等”;“图表与附录:图表属于图片、画片一类的,一般附在相应的课文之中,也有一些放在教科书的最前面;属于历史年表、检字表等,一般附在教科书的最后,供教师和学生查阅”。

(四)课程开发与管理

1. 课程开发的主要取向

课程开发是指决定课程的过程及其所依据的各种理论取向。"课程开发"与"课程研究""课程编制""课程设计""课程建设"等词大致通用。由于课程目标来源主要有学生、社会、学科三个方面,课程开发的取向主要包括学生中心取向、社会中心取向和学科中心取向。

(1)学生中心取向

课程的存在是为了学生更有智慧地生存。促进学生身心全面发展是课程的基本任务,因而课程设计要关注对学生的研究,尤其要关注学生的兴趣和需要、认知发展和情感形成、社会化过程与个性养成与学习发生的条件等方面的研究。

如何研究学生的需要?著名的人本主义者马斯洛把人的需要分为"基本需要—生理需要""安全需要""归属与爱的需要""自尊需要"和"自我实现需要"。学生的身心发展也涉及上述几个方面,但是以每个学生的这些需要为依据去确定课程目标是困难的、泛化的。比较科学的方法是三个方面的有机结合。

第一,对学生的现状进行调查研究。把不同年龄阶段学生目前共性的状况与理想的标准以及公认的常模加以比较,就能发现共性的教育上的需要,这些共性的需要就有可能进入该年龄阶段学生的课程目标。学生需要是丰富多样的,如何对学生的现状进行调查研究,必须依据一定标准对学生的需要进行分层和分类。

第二,对学生个体差异的研究。学生身心发展的需要不仅有年龄阶段的差异性,还有个体间的差异性。学生个体需要的确定,必须尊重学生的个性,体现个性差异,因而在确定进入课程目标的学生需要时,倡导学生自由选择的方法。学生身心发展中的需要有些是学生本人能够主观地、清晰地意识到的,还有一些需要学生一时不能意识到或不能清晰地意识到,需要教师或其他成人的帮助和引导,才能上升为学生的自觉需要。因此,学生的自由选择是在教师的帮助和引导下选择和确定自己个性特征需要的过程。

第三,用动态发展的观点来看待学生的需要。随着学生身心不断发展以及与社会的不断交往,学生的需要会不断变化、不断生成、不断提升。因此,确定进入课程目标的学生需要时,不能用静态的视角来看待学生的需要,更不能把成人认为的学生需要等同于学生自己的需要,必须用动态发展的视角对学生的需要作出判断。

(2)社会中心取向

对当代社会生活的研究,是课程目标的一个重要来源。这是因为学生现在既生活于学校之中,也生活于社会之中,学生个体的发展总是与所处社会的发展交织在一起。社会生活活动是动态的,不是静态的,需要充分应用智慧对当前及未来的社会进行洞察和判断,如社会问题解决、生活经验、学校与社会的关系、社会需要与社会压力等。同时,也要考虑作为课程资源并对课程产生重要影响的社会也在改变着学校的功能,改变着对基本技能、文化遗传、学科知识、教育的个体与社会功能的认识,等等。

对当代社会生活的研究包括时间和空间两个不同的维度。时间维度是指向需求的现在与未来。当代社会生活的需求不仅指社会生活的当下现实需要,更重要的是社会生活的变迁趋势和未来需求。人类正进入国际化时代,国际化时代的社会需求必然是民族性与国际性的统一。人类正进入信息时代,信息时代的社会需求必然是当下现实需求与未来发展需要的统一。空间维度是指当代社会生活的生活社区的扩展性。当代社会生活的需求是指从学生所在的社区到一个民族、一个国家乃至整个人类的发展需求。

对当代社会生活的研究所涉及的内容极其广泛,从这些内容中确定课程目标绝非易事。最基本的也是常见的方法,就是将当代生活社会划分为有意义、有代表性的不同方面,然后再分别对各个方面进行研究,逐一收集适合这些方面的资料以确定课程目标。泰勒认为,当代生活的一个可行的分类是:①健康;②家庭;③娱乐;④职业;⑤宗教;⑥消费;⑦公民。采用"工作分析"和"活动分析"等方法分析出复杂的当代生活的决定性部分及其中的重要方面,进一步确定课程目标。英国课程论专家丹尼斯·劳顿采用"文化分析方法"进行社会分析,提出以人类普遍具有的文化特征(包括价值观和信仰)与英国社会的文化作为基础,进行分析,然后作出文化选择,进而提出课程目标。劳顿认为,文化分析应从寻找人类共性开始,然后再分析这些共同的文化特征是如何或应该如何与教育相联系。为此,劳顿从文化视角研究社会,认为应把注意力放在九种文化不变量和文化子系统上。即"社会政治系统""经济系统""交流系统""理性系统""技术系统""道德系统""信仰系统""美学系统""成熟系统"①。这里我们需要注意:第一,学校课程要适应社会生活的需要,不能完全脱离所处社会而存在。第二,不能将学校课程理解为对社会生活的适应,明确学校课程具有的相对独立性,既是为了学生的今天,更是为了学生的明天,"我们今天对课程目标所作出的抉择,其结果将在二十年后同我们见面"②。第三,用复杂性思维方法,认识和处理从当代社会生活的研究中确定课程目标的艰难性,以便寻找合理有效的方法和途径。

(3)学科中心取向

教育的本质在于传承人类文化。作为人类后天获得的并为一定社会群体所共有的一切事物的文化,是人类对生活环境加工改造的结果。它包括紧密相连的三个层面:物质层面、制度层面和精神层面。教育所传承的人类文化,主要属于精神层面的文化。目前人类对精神层面文化构成的基本要素的认识并不统一,但主要可以概括为三个方面:知识(包括经验)、价值规范和艺术。其中各项内容可区分为:"知识包括宗教、哲学,语言、文学,科学;价值规范包括民族精神、集体心理,世界观、价值观、人生观,规范、规则、礼仪、行为准则、风俗习惯;艺术指艺术形式、美感等"③。

课程对文化的传承,也是对文化的选择。文化的基本构成和集中体现主要是人类积累的知识。学科知识是知识中最主要的部分,因而学科知识及其发展成为确定课程目标的一个基本来源。学科知识的典型类型包括:数学;自然科学(如物理、化学、生物等);技术学;社会科学(如语言学、历史学、地理学、经济学、教育学、人类学等);人文科学(如哲学、文学、艺术等);等等。

通过研究学科知识来确定课程目标,首先需要分析学科知识的内涵。一般认为,学科

①张华,石伟平,马庆发.课程流派研究[M].济南:山东教育出版社,2001:445-448.

②施良方.课程理论——课程的基础、原理与问题[M].北京:教育科学出版社,1996:101.

③郑金洲.教育文化学[M].北京:人民教育出版社,2000:7.

知识即学科的逻辑体系,包括学科的基本概念和基本原理,学科的基本思想方法,学科的探究方式,学科的发展趋势,该学科与相关学科的关系,等等。其次,分析不同学科知识对人的全面发展的价值和独特意义。由于学科专家谙熟自己领域的基本概念、逻辑结构、探究方式、发展趋势,以及该学科的最主要的功能及其与之相关学科的联系,所以利用学科专家的建议是确定课程目标的最主要的途径之一。不同学科对人的价值和功能有所不同,因此,不同学科的课程目标也应有所不同。将对学生的发展具有价值的各种学科的目标确定下来,也就确定了课程的目标。

2. 课程资源开发

课程资源认为是课程设计、实施和评价等整个课程编制过程中可资利用的一切人力、物力以及自然资源的总和。包括教材以及学校、家庭和社会中所有有助于提高学生素质的各种资源。课程资源既是知识、信息和经验的载体,也是课程实施的媒介。因而,我们可以说,课程资源的合理开发与有效利用是任何课程目标顺利达成的必要条件。

课程资源的开发,实质上就是寻找一切有可能进入课程,能够与教育、教学活动联系起来的资源。而课程资源的利用,实质上就是对课程资源赋予其教育、教学价值。所以,课程资源的开发与利用是紧密联系在一起的,开发是利用的前提,利用是开发的目的,在开发的过程中也包含着一定的利用,在利用的过程中也会促进进一步的开发。课程资源的开发与利用应遵循开放性原则、经济性原则、针对性原则、创造性原则、个性原则等。

教师对课程资源的开发与利用是按照一定的操作程序进行的。教师的课程资源开发活动具有过程性和生成性等特征。第一,课程资源的开发与利用本身是一个过程,是一个在时间上不断延续的过程,既包括教师思维活动的过程,也包括教学的具体操作过程。这一过程也是教师的教学智慧和能力、对教学的认识不断成长和发展的过程,是学生的素质不断提高、教学的目标不断实现的过程。第二,课程资源的开发与利用又是一个不断生成的活动。教师在通过课程资源的开发与利用进行教学的过程中,要对课程资源不断进行新的排列、组合,要不断调整活动方式,不断解决遇到的问题,不断观察教学进程,不断改变原来的课堂设计,不断生成新的要素,从而使教学过程本身不断增添新的成分,成为一个不断创造的过程。教学过程的真实推进及最终结果,更多地是由课的具体行进状态以及教师当时处理状态的方式决定的。从这个意义上可以说,一个教师尽管教同一门课,面对同一批学生,但他(她)在每节课上所处的具体情况和经历的过程都并不相同,每一次都是唯一的、不可重复的、丰富而具体的综合。

3. 校本课程开发

校本课程开发是指学校为达成教育目的或解决学校教育问题,以学校为主体,由学校成员如校长、教师、学生、家长和社区人士主导,所进行的课程开发过程与结果。

校本课程开发必然涉及课程管理。在学校课程管理中,不应该用国家课程挤占地方课程或校本课程,不应随意提高或降低国家、地方课程的标准,而应正确处理三级课程的关系,贯彻“学生为本”的课程理念、“决策分享”的民主理念、“全员参与”的合作精神、教育公平与个性化的价值追求,保证三类课程的合理比例,充分发挥它们对学生发展的不同作用。总体来看,校本课程开发的本质是对地方课程资源的开发与利用,是学校在新形势下获得的权利,是三级课程管理体制的重要落脚点。

校本课程开发可以采用创新模式、整合模式、调适模式、选择模式等多样化的模式。创新模式强调要创造性地开发全新的课程或课程单元。这种方法要求学校从国家课程中拿出部分内容,作为学校自主开发的学科课程单元主题,实现内容与教学方法的创新,也可以利用课外时间独立自主开发活动课程。整合模式强调对共同要素的关注,可以把不同背景下的知识有机地联系起来,使学生全面整体地面对问题背景,引导学生通过主体的、创造性的思考与问题的解决,提高学生综合解决问题的能力,促进学生个性和谐发展,具体包括学科本位的课程整合、学生本位的课程整合、社会本位的课程整合和学科与社会的整合等。调适模式实际上是对课程目标、内容、方式等进行调节和改造,以适应学生学习的特点。选择模式强调要从众多可能的课程项目中挑选、确定学校实施的课程,主要包括课程计划中的科目选择和课程实施过程中的教科书或配套教材的选择。操作程序分为课程教材的分析与评估、教材文本的本土化改造、课程实施的校本化处理等环节。

国家课程的校本化实施作为校本课程开发的重点。国家课程的校本化实施是指学校对国家课程"因地(校)制宜""因人(学生)制宜"的创造性的改变和再开发,是在坚持国家课程改革纲要精神的前提下,学校根据自身性质、特点和条件,将国家层面上规划和设计的面向全国所有学生的书面的计划的学习经验转变为适合本校学生学习需求的实践的学习经验的创造性实践。包括教材的校本化处理、学校本位的课程整合、教学方法的综合运用和个性化加工及差异性的学生评价等多样化的行动策略。校本化实施是根据学校教育特殊情境而进行的课程的适应性改革,是对国家颁布的课程标准和审定的教材在学校实施层面中由教师所进行的校本化处理,使调适的课程教材对教师和学生更具有适切性,是国家课程校本化实施的基本途径。具体包括以下几方面。①教学目标的延伸与具体化。延伸是指适当提高教学目标要求;具体化是指结合教材与教师指导用书,将课程标准中的目标与教材中的目标分解成具体的课堂教学目标。②教学内容的补充与调整。包括简单内容的合并、部分内容的改编与补充、教学内容先后顺序的调整等。③教学方法多元调节与更新。例如改变例题的外在表现形式,采用讲解、巩固练习等多样化的教学方法等。④教学评价资源的优化与开发。可以根据学科特点,开发各种评价资源,以评价促进校本课程开发。如把语文的纸笔考试调整为鼓励学生诵读经典,考查学生积累和理解经典的程度和运用、拓展经典的能力等;数学则通过挖掘教材、包装传统题、改编国外题等方法,让学生感受数学的有用性、趣味性、即时性。还可以设计课堂观察评价量表,从学生的理解、主动思考的意识和解决问题的能力等方面综合评价学生,优化评价的过程。

二、课程类型与课程流派

(一)课程的类型

课程类型丰富多彩,从横向的角度看,典型的课程类型包括:学科课程与活动课程、分科课程与综合课程、显性课程与隐性课程、必修课程与选修课程、国家课程、地方课程与学校课程等,近年,还出现了微课程、云课程、慕课等新的课程类型。

1. 学科课程与活动课程

学科课程是以文化知识(科学、道德、艺术)为基础,按照一定的价值标准,从不同的知识领域或学术领域选择一定的内容,根据知识的逻辑体系,将所选出的知识组织为学科。学科课程是最古老、使用范围最广的课程类型,至今仍被沿用。其代表人物有夸美纽斯、赫尔巴特等。迄今为止,已出现了三种典型的学科课程:科目本位课程、学术中心课程、综合学科课程。综观学科课程的三种典型,可以发现,学科课程具有如下两个显著特征:第一,以学科知识或文化的发展作为课程目标的基本来源,课程开发以学科知识及其发展为基点,强调学科知识的优先性;第二,课程组织遵循学科知识的逻辑体系进行。

活动课程亦称经验课程、生活课程或儿童中心课程,是以儿童的主体性活动的经验为中心组织的课程。活动课程以开发与培育主体内在的、内发的价值为目标,旨在培养具有丰富个性的主体,儿童的兴趣、动机、经验是活动课程的基本内容。其代表人物有杜威、卢梭等。迄今为止,已出现三种典型的经验(活动)课程理论形态:浪漫自然主义经验课程论、经验自然主义课程论、当代人本主义经验课程论。综观三种活动课程论的基本主张,可以归纳出活动课程的基本特征:第一,活动课程以学习者当下活生生的直接经验为课程开发的核心,课程目标的基本来源是学习者的经验及其生长需要;第二,在活动课程中,学习者是能动的创造性的存在;第三,在活动课程中,学习者是整体的存在。

学科课程与活动课程之间的关系究其根源是哲学中的间接经验与直接经验的关系,其本质是儿童当下的心理经验与凝结在学科中的逻辑经验之间的关系。两者具有内在的统一性:活动课程并不排斥逻辑经验的教育价值,所排斥的是逻辑经验脱离儿童的心理经验,从而阻碍儿童的发展;学科课程也不排斥儿童的心理经验,所排斥的是盲目沉醉于儿童当前的经验发展水平,从而抑制儿童经验的进一步发展。

因此,我们在看待学科课程与活动课程的关系时,不能对学科课程与活动课程持非此即彼的二元论的态度,而应辩证地认识。在课程设计中,要关注活动课程在学生发展中的特有价值和地位。

2. 分科课程与综合课程

分科课程,通常又被称为科目课程,它是根据各级各类学校培养目标和科学发展水平,从各门科学中选择出适合一定年龄阶段学生发展水平的知识,组成各种不同的教学科目。依据综合的程度,综合课程又分为相关课程、融合课程、广域课程和核心课程等不同类别。综合课程又称“统合课程”或“合成课程”,是指这样一种课程组织取向:有意识地运用两种或两种以上学科的知识观和方法论去考察和探究一个中心主题或问题。综合课程的根本目的是克服学科课程分科过细的缺点。它采取合并相关学科的办法,减少教学科目,把几门学科的教学内容组织在一门综合学科之中,以认识论、方法论、心理学、教育学等学科为理论基础。

综合课程的提出是基于文化或学科知识的发展不是相互隔离、彼此封闭的,而是相互作用、彼此关联的,学生的心理发展具有整体性以及学生的发展与当代社会生活息息相关等因素的考虑,综合课程论者认为,设置综合课程是现代科学向协同化和综合化发展的趋势以及客观世界的有机统一性的必然要求。综合课程一般有两种形式,一种是把具有内在联系的不同学科的内容糅合在一起而形成一门新的学科，称为融合课程；另一种形式是合并数门相邻学科的内容而形成的广域课程。

分科课程与综合课程是两类不同的课程。分科课程是一种单学科的课程组织模式，它强调不同学科门类之间的相对独立性，强调一门学科的逻辑体系的完整性。综合课程是一种多学科的课程组织模式，它强调学科之间的关联性、统一性和内在联系。但这两类课程组织形式之间又存在内在的联系。第一，分科课程与综合课程的区分是相对的，分科课程总是包含着知识之间某种程度的综合，而综合课程又总是呈现出某种分科的形式；第二，分科课程与综合课程又是相互依赖、相互作用的。

增加课程的综合化已经成为国际课程改革的一种趋势，针对我国当前中小学的课程结构过于强调分科课程的现状，开设综合课程成为教育理论界和实践界的共识。因此，在设计课程过程中，要适度增加综合课程的比例。

3. 显性课程与隐性课程

显性课程是学校教育中有计划、有组织地实施的“正式课程”或“官方课程”，其通常是体现在学校课程表中的课程；而隐性课程则是学生在学习环境（包括物质环境、社会环境和文化体系）中所学习到的非预期或非计划性的知识、价值观、规范和态度等，是非正式的、非官方的课程。显性课程与隐性课程共同构成了学校课程的全貌。

隐性课程与显性课程是两种不同的课程类型，二者在性质、特点、功能等方面各不相同，显性课程主要是有计划的、预期性的教育影响，而隐性课程则主要是非计划性、非预期性的教育影响。但二者也存在内在联系：一方面，显性课程的实施总是伴随着隐性课程。因为课程的实施者是教师和学生两个活生生的、能动性的主体，这就决定了课程的实施过程绝非机械地执行既定课程方案的过程，课程实施过程具有不可预期性，必然存在非计划性、非预期性的教育影响，必然存在隐性课程。

因此，在编制课程时，我们要充分考虑到隐性课程的价值，最大限度地发挥隐性课程在学生发展中的教育影响。

4. 必修课程与选修课程

所谓必修课程，是指同一学年的所有学生必须修习的公共课程，是为保证所有学生的基本学力而开发的课程。所谓选修课程，是指依据不同学生的特点与发展方向，容许个人选择的课程，是为适应学生的个性差异而开发的课程。

必修课程与选修课程之间的关系可以从如下三个方面加以分析。第一，从课程价值观看，必修课程与选修课程之间的关系可以归结为“公平发展”与“个性发展”之关系的层面。第二，必修课程与选修课程具有等价性，即二者拥有同等的价值。必修课程与选修课程彼此之间不存在主次关系，选修课程不是必修课程的附庸或陪衬，它是具有相对独立性的一个课程领域。第三，必修课程与选修课程相互渗透、相互作用，二者有机统一，成为个性化课程体系的有机构成。

因此，必修课程与选修课程既各有独立性，又具有内在的统一性，二者都是个性化课程体系的有机构成。

5. 国家课程、地方课程与学校课程

《基础教育课程改革纲要（试行）》规定，基础教育课程改革的具体目标之一，是“改变

课程管理过于集中的状况，实行国家、地方、学校三级课程管理，增强课程对地方、学校及学生的适应性”。实际上，国家课程、地方课程和学校(校本)课程既是三级课程管理制度，也是三类课程形态。

从课程管理的角度看，国家课程、地方课程与学校课程具有不同功能，承担不同责任。国家一级的课程管理主要是指制定国家基础教育各个阶段的培养目标、课程计划框架、课程标准以及实施与评价的要求等宏观课程政策。地方一级的课程管理是指由省、地、县各级教育行政部门执行上级教育行政部门颁布的课程政策，监督下级对课程政策的执行，结合本地的实际情况，制定相应的指导性课程文件。学校一级的课程管理是学校根据上级教育行政部门的规定，结合本校的实际情况，对学校实施的课程进行管理。

从课程类型的角度看，国家课程是在全国统一的范围内由国家教育机构组织编制的课程。地方课程是由省(自治区、直辖市)的教育行政部门根据国家有关规定和本地经济与社会发展实际需要编制的课程。学校课程是学校根据自身的实际而编制的课程，主要包括对国家课程和地方课程进行“校本化”的实施，研制本校校本课程必修与选修科目的课程标准，确定必修和选修教材的编写、选用，制定属于本校的重大课程改革方案，报上级教育行政部门审批等活动。三类课程并不是孤立的，它们都是学校课程的有机构成，以促进学生发展为共同目标。

信息窗 4 - 1

微课程、微型课程、云课程、慕课

微课程。 微课程是在微格教学、微型课程、微课堂和微课实践中发展起来的课程形式。微课程指的是把人们在实践活动中觉察的表象、收集的数据、观察的结果、获得的经验、体验的情感、学会的操作技能、掌握的解决问题方法，以及根据个体经验重组而形成的理念、概念、规则和方案等，以符合人的个性心理特征和认知规律的形式，编排成满足人的日常生活生产活动中需要的内容，用现代多媒体技术手段呈现出来的知识、技能、情感。微课程包括以下几个含义：一是微课程的知识、技能和情感等一定来自生活、生产实践；二是微课程一定要按照人的认知特点和认知规律来编排；三是微课程必须通过现代多媒体技术手段呈现出来；四是微课程可以突破时间、空间的限制而方便学习。微课程的特点是：碎片化的学习内容、零散化的学习时间、开放性的学习空间、情境化的学习资源。

微型课程。 微型课程又称短期课程或课程单元，它包括三个要素：一是短期(起码少于一个学期)的选修课程，这种课程建立在教师和学生兴趣基础上，强调深度而不强调广度，教学内容上可以是学术性的也可以是非学术性的，教学管理上可以计学分也可以不计学分，教学时间安排上可长可短；二是以训练师范生的基本教学技能为目标，训练教师与学生在教学环境中具有良好的沟通技巧和方法，借助视听工具反复见习、练习、对比分析，进行教学技能专门训练。三是以部分学生而不是全班学生为对象。

云课程。云课程就是建立在云技术(云计算)、智能移动等新技术基础上的新课程形态,具体来说,它以云平台为课程载体,以育人目标、学科知识、相关课程资源及预期教学活动方式有机协调、统整起来的资源为课程内容,以正式学习与非正式学习、集中学习与个性化学习相结合为课程实施方式的一种新的课程形态。也可以说是由视频共享课程、网络课程、数字教材、虚拟课堂、远程同步教学、学科资源中心、数字化学校等信息技术带来的课程与教学的新形式,具有集成、动态、共享、智能等特征。

慕课。慕课是 Massive Open Online Courses 的英文首字母缩写的中文音译,意为"大规模在线开放课程"。我国学者将"MOOCs"翻译成"慕课"具有"令人羡慕的课"的含义。最先由加拿大学者大卫·科尔密和布瑞·亚历山大于2008 年为描述曼尼托巴大学的一门课程而提出。慕课的基础是联通主义学习理论。该理论是阿萨巴斯卡大学学者乔治·西蒙在2005 年提出的互联网时代的学习理论。他与斯蒂芬·唐斯在2008 年首次提出"大规模在线开放课程"这一术语,2012 年以后被广为传播。慕课可以以微课形式出现,也可以以大型学术讲座的形式出现。慕课实际上是一种新的可任意获取或进入的数字化教育资源,这种资源具有突出的优质性和易得性,都是本着开放教育的精神,针对特定人群,以面向非学校教育活动为主而设计开发的,需要目的明确、组织严密、系统完善、计划性强的各种教育活动,需要教师掌握专门的教学策略来优化使用慕课教学资源。慕课以联通主义为核心价值观和学习理论,在教学中要求创建持续不断的连接、增加或删减联系的学习过程,促使学习者在连接中不断生成知识并积累知识,而且在学习群体中分享学习过程中创建的人工制品。

(二)课程理论流派

课程理论是课程研究者在不同的社会历史条件下对课程问题所作出的理解和思考,是课程研究者的世界观、教育观和方法论的反映。课程理论流派指的是课程研究者在某种程度上对课程进行系统化的理解和思考的某些趋同的反映。课程理论流派具有独特的课程思想和理论体系,有创始人或代表人物及代表作,有其产生的社会根源及发展演变的过程,同时,还具有实际成效和思想影响。20 世纪以来形成了多种课程理论流派,代表性的是学科中心课程理论流派、学生中心课程理论流派和人本主义课程理论流派。

1. 学科中心(本位)课程理论

学科中心(本位)课程理论主张教学内容应以学科知识为核心,严格地按照学科的逻辑体系组织材料,并在此基础上进行分科教学。其典型的代表是永恒主义课程、要素主义课程和学科结构课程。

永恒主义课程流派的代表人物有美国教育家赫钦斯和法国教育家马力丹。该学派认为,中小学课程不管过去、现在、未来都应是"不变的学问",教育的内容是"包含有人类思想的永恒价值的理念和原理”。他们主张教育要用永恒的科学(永恒科学首先是那些经历了许多世纪而达到古典著作水平的书籍)进行理性训练。理性是一切人类具有的共同特质,它离开环境和世俗文化而独立。教育的主要功能就是发展这种理性。职业教育和实践教育往往时过境迁,将会不起作用,缺乏价值,因此不是真正的教育。

要素主义课程流派的代表人物是赫尔巴特、巴格莱等,该流派主张,课程是有助于将来应用的“体系化了的人类经验的宝库”,学生学习的任务就是接受知识,教育就是帮助学生掌握这些知识。学术和名著被视为“永恒的智力教养的财富”,教育的中心应置于文化遗产上。拥有系统知识的学术性学科应当是代代相传的人类经验,教育要授受具有严谨学术体系的各门学科知识,传授人类文化的宝贵财富,否则丧失人类文化就会导致人类文明的崩塌。要素主义主张以实验为依据的自然科学是基本的学术之一。

学科结构课程理论流派认为,知识是课程中不可缺少的要素,强调把人类文化遗产中最具有学术性的知识作为学科,并且特别重视知识体系本身的逻辑程序和结构。该流派的代表人物是美国教育家布鲁纳。他认为学生的发展是动作表象、图像表象、符号表象的发展过程,重在培养分析性思维与直觉性思维,并唤起学生的创造性发现的智力兴奋。他认为“无论我们选教什么学科,务必使学生理解该学科的基本结构”。他认为学科结构包括两个基本涵义:一是由一门学科特定的一般概念、一般原理构成的体系,即“学科的实质结构”;二是一门学科特定的探究方法与探究态度,即“学科的句法结构”。学科结构是“实质结构”与“句法机构”的统一。他认为,学科结构课程具有学术性、专门性与结构性等特点。掌握学科结构具有诸多优点:第一,掌握学科结构可以使学科更容易被理解;第二,掌握学科结构有助于记忆;第三,掌握学科结构是通向适当的“训练迁移”的大道;第四,掌握学科结构能够缩小“高级”知识和“初级”知识之间的差距。学科结构课程理论提出应以学科结构为核心构筑现代课程体系,使纷繁复杂的知识信息得以简化、统整和完善。

2. 学生中心(本位)课程理论

学生中心(本位)课程理论强调学生的需要、兴趣、能力倾向,强调“课程适应学生”,而非“学生适应课程”。学习是学生在与环境的交互作用中创造意义、产生知识的过程,学习成果有赖于学生的主动介入以及丰富的教育环境的提供。学生中心的课程设计旨在提供学习环境,教师协助学生从事各种学习活动,从而促进其潜能获得生长和发展。以杜威为代表的经验主义课程理论流派认为课程应该以儿童的活动为中心,传统的以学科为中心的课程是不可取的。

学生中心课程理论流派认为,课程必须与儿童的生活相沟通,课程论建立的基础和发展的主线是以儿童为中心。杜威充分强调儿童在课程中的主动性,主张课程必须围绕儿童的需要和经验,并通过课程使儿童能够自我发展,更大程度地发挥儿童主动性、创造性的精神。这在一定意义上是衡量课程价值的标准。课程内容不能超出儿童经验和生活的范围,而且课程要考虑到儿童的需要和兴趣,否则不能引起儿童学习的动机,也就不能有自发的活动。

学生中心课程理论强调,学生中心课程的最大特色是采取作业单元的组织形态,而不是知识的分科。所谓“作业”,指的是儿童的种种活动方式,包括幼儿的游戏,儿童的木工、编织、烹饪、园艺等生产性活动,乃至唱歌、戏剧等艺术活动在内的范围广泛的活动。但是,引进的作业必须是结构化的典型活动。

学生中心课程理论认为课程的组织应心理学化。杜威认为,传统学科课程的逻辑组织对于成人可能是适用的,而对于儿童来说,情况就不一样了。因为儿童是初学者,还没有能力接受成人完整的经验,所以,课程的组织应该考虑到儿童心理发展的次序以便利用儿童现有的经验和能力,即课程组织的心理学化。他认为,"儿童和课程仅仅是构成一个单一过程的两极。正如两点构成一条直线一样,儿童现在的观点以及构成各种科目的事实和真理,构成了教学"①。

3. 社会中心(本位)课程理论

社会中心课程理论强调课程以适应或改进社会生活为根据、围绕主要的社会问题来组织。该理论认为,课程是为学生适应或改进社会情境做准备,课程内容应源于社会或整个世界的状况和情境。学生通过课程研究社会的特征,特别是他们自己所生存的社会的特征,如社会机构的功能,社会生活中的主要活动,人们面临的难以解决的问题,等等。典型代表包括:以博比特和查特斯为代表的社会行为主义课程理论;以拉格、康茨、布拉梅尔德等为代表的社会改造主义课程理论;以麦克唐纳、吉鲁、阿普尔等为代表的批判课程理论。

博比特和查特斯的社会行为主义课程理论认为,课程是儿童及青年为准备完美的成人生活而从事的一系列活动及由此取得的相应的经验,课程设计的目的是帮助学生掌握完美成人生活所需要的基本素养。博比特认为课程开发的方法是"活动分析"。就是把人的活动分为具体的、特定的行为单元的过程与方法。通过对人类经验的分析、具体活动或工作的分析、课程目标的获得、课程目标的选择、教育计划的制定几个步骤来开发课程。查特斯则认为要用"工作分析"的方法开发课程,认为应根据职业领域的分析给学生提供教育,使学生具备参与社会活动和从事职业工作的本领。

社会改造主义课程理论把重点放在当代社会问题、社会的主要功能上。主张课程编制以学生关心的社会现象、社会改造和社会活动计划为主线,围绕当代社会的重大问题来组织课程,帮助学生在社会方面得到发展。核心观点是:课程不应该帮助学生去适应社会,而是要协助建立一种新的社会秩序和社会文化。课程编制要兼顾儿童的年龄特征,但不主张以儿童的兴趣和动机作为编制课程的基本出发点,主张打破学科界限,以社会生活需要决定教育课程。编制课程不能没有全面的课程纲要,应按照学生学习的程度规定大的学习单元,以保证学生有效地积累教育经验。

批判课程理论把课程的本质概括为一种社会的"反思性实践"。"反思性实践"的基本构成因素是行动和反思,课程就是行动和反思的统一。也就是说,课程并不只是一套要实施的计划,它还是一个蕴含着反思精神的行动过程。"反思性实践"不是把人的世界视为一种自然世界,而视之为一种建构的世界,根本目的是通过对社会现实的不断反思、批判而创造、建构意义。课程开发过程不是简单地选择并组织课程内容的过程,而是不断反

①赵祥麟,王承绪.杜威教育论著选[M].上海:华东师范大学出版社,1981:81.

思、批判文化知识并由此创造、建构意义的过程，因为文化知识本来就是一种社会性建构。批判课程理论呼唤“批判理性”，它通过对课程知识及其隐含的社会意识形态的反思、批判，最终指向社会公正与人的解放。

4. 实践性与过程性课程开发理论

从1969年至1983年，美国教育家施瓦布写下了多篇论文，由此建立了一个根植于实践的课程开发理论与模式——实践性课程开发理论和模式。这一理论与模式的基本思想表现在以下几方面。第一，课程是由教师、学生、教材、环境四个要素构成的，四个要素的相互作用构成实践性课程的基本内容，也构成了一个需要动态平衡的有机“生态系统”；教师与学生是课程开发的主体和创造者；实践性课程是班级或学校的完整文化。第二，课程开发的基本方法是“审议”，即课程开发的主体对具体教育实践情境中的问题反复讨论权衡，以获得一致性的理解与解释，最终作出恰当的、一致性的课程变革的决定及相应的策略。要进行“课程审议”，就需要建立由校长、社区代表、教师、学生、教材专家、课程专家、心理学家和社会学家等组成的课程集体。这一组织应是一个民主的组织，并用折中的方法进行课程审议。第三，理想中的课程开发基地自然是每一所特殊的学校，因而这种开发可以称为“学校本位的课程开发”。

20世纪60年代初，英国课程理论家斯腾豪斯提出了课程开发的过程模式与理论，他认为，改进教育实践不能靠远离实践的心理学家通过“精确化”的研究成果设计方案，让教师执行而实现，相反，要靠真正进行教育活动的教师发现自己实践中的问题，思考解决办法来实现。因此，改革的关键在于使教师得到发展，扩大他们的专业自主性，并致力于“消除研究的神秘化，使研究民主化”，以便有效地促进对教师专业的理解，改善教师的教学实践。教师的培训应以学校为基础，在实践中促进教师对教学的理解和研究能力的提高，在反思过程中不断改进教学。教师培训“不是把教师培养成政策和方案的被动执行者，而是主动的反思者和实践者”①。他们关注的不是中央集权的课程开发，而是研究本位的“校本课程开发”。

要开发校本课程就需要对学校面临的问题进行研究，即进行校本教研；而校本教研的任务则主要由教师承担，教师最易于进行的教研就是研究自己的教学，即进行行动研究；行动研究的重要方法是对自己的教学进行反思，即进行反思性教学。同时，要进行校本课程的开发就需要建立一个课程开发集体，而教师则是校本课程开发集体的主要力量，课程开发集体的工作是研究、制定学校课程改革的方案，并对方案进行“审议”，即讨论权衡，获得一致的认识，并采取行动。实践性课程开发理论和课程开发的过程模式对我国课程改革的影响是很明显的。

5. 建构主义课程理论

建构主义也译作结构主义，其最早提出者可追溯至瑞士的皮亚杰。他认为世界是客观存在的，但是对于世界的理解和赋予意义却是由每个人自己决定的。我们是以自己的经验为基础来建构现实、解释现实，我们个人的世界是用我们自己的头脑创建的，由于我

---

①施良方. 课程理论——课程的基础、原理与问题[M]. 北京：教育科学出版社，1996：189.

们的经验以及对经验的信念不同，于是我们对外部世界的理解也不同。他们更关注如何以原有的经验、心理结构和信念为基础来建构知识，强调学习的主动性、社会性和情境性。

建构主义的课程理论以皮亚杰的发生认知论为理论基础，坚持从内因和外因相互作用的观点来研究儿童的认知发展。他认为，儿童是在与周围环境相互作用的过程中，逐步建构起关于外部世界的知识，从而使自身认知结构得到发展。儿童与环境的相互作用涉及“同化”与“顺应”两个基本过程。同化是指把外部环境中的有关信息吸收进来并结合到儿童已有的认知结构（也称“图式”）中，即个体把外界刺激所提供的信息整合到自己原有认知结构内的过程；顺应是指外部环境发生变化，而原有认知结构无法同化新环境提供的信息时所引起的儿童认知结构发生重组与改造的过程，即个体的认知结构因外部刺激的影响而发生改变的过程。可见，同化是认知结构数量的扩充（图式扩充），而顺应则是认知结构性质的改变（图式改变）。认知个体（儿童）就是通过同化与顺应这两种形式来达到与周围环境的平衡：当儿童能用现有图式去同化新信息时，他是处于一种平衡的认知状态；而当现有图式不能同化新信息时，平衡即被破坏，而修改或创造新图式（即顺应）的过程就是寻找新的平衡的过程。儿童的认知结构就是通过同化与顺应过程逐步建构起来，并在“平衡—不平衡—新的平衡”的循环中得到不断地丰富、提高和发展。

维果茨基的“文化历史发展理论”成为建构主义课程理论的又一重要思想基础。维果茨基高度重视文化对心理发展的作用。他提出了极为重要的理解心理过程的历史原则，认为一切都应当是从历史的、社会环境及相互联系中加以理解。第一次明确了文化历史因素在心理发展中的作用，第一个提出关于历史观点应成为建立人类心理学的主要原则。他指出，“文化创造着行为的特殊方式”，“改变着心理机能的活动”，“在历史的发展过程中，社会的人改变着自己行为的方式和方法，并使其天生的素质和机能发生变化，形成和创造出新的行为方式——特殊的文化方式”。在维果茨基心理学思想中，最近发展区、活动、心理工具、内化是四个非常重要的概念。而这四个概念之间的内在联系就构成了一个完整的关于教育教学的思想体系，这就是被西方人称之为“社会性建构”的思想。他更强调文化和历史的社会因素和个人特点的关系。维果茨基关于社会文化对儿童心理的影响的观点，打破了在人们心目中长期占统治地位的个人主义的思想。

建构主义对课程和知识有独特的观点。他们认为：第一，知识不是对现实的纯粹客观的反映，任何一种传载知识的符号系统也不是绝对真实的表征，它只不过是人们对客观世界的一种解释、假设或假说，它不是问题的最终答案，它必将随着人们认识程度的深入而不断地变革、升华和改写，出现新的解释和假设；第二，在具体的问题解决中，知识是不可能一用就准，一用就灵的，而是需要针对具体问题的情景对原有知识进行再加工和再创造；第三，知识不可能以实体的形式存在于个体之外，尽管通过语言赋予了知识一定的外在形式，并且获得了较为普遍的认同，但这并不意味着学习者对这种知识有同样的理解。真正的理解只能是由学习者自身基于自己的经验背景而建构起来的，取决于特定情况下的学习活动过程。否则，就不叫理解，而是叫死记硬背或生吞活剥，是被动的复制式的学习。

建构主义认为，学习者的知识是在一定情境下，借助于他人的帮助，如人与人之间的协作、交流、利用必要的信息等等，通过意义的建构而获得的。理想的学习环境应当包括情境、协作、交流和意义建构四个部分。①情境，学习环境中的情境必须有利于学习者对所学内容的意义建构。在教学设计中，创设有利于学习者建构意义的情境是最重要的环节或方面。②协作，应该贯穿于整个学习活动过程中。教师与学生之间，学生与学生之间的协作，对学习资料的收集与分析、假设的提出与验证、学习进程的自我反馈和学习结果的评价以及意义的最终建构都有十分重要的作用。③交流，是协作过程中最基本的方式或环节。比如学习小组成员之间必须通过交流来商讨如何完成规定的学习任务达到意义建构的目标，怎样更多地获得教师或他人的指导和帮助，等等。其实，协作学习的过程就是交流的过程，在这个过程中，每个学习者的想法都为整个学习群体所共享。交流对于推进每个学习者的学习进程，是至关重要的手段。④意义建构，是教学过程的最终目标。其建构的意义是指事物的性质、规律以及事物之间的内在联系。在学习过程中帮助学生建构意义就是要帮助学生对当前学习的内容所反映事物的性质、规律以及该事物与其他事物之间的内在联系达到较深刻的理解。

6. 后现代主义课程理论

后现代主义是一个从理论上难以精准下定论的一种概念，因为后现代主义的主要理论家，均反对以各种约定俗成的形式，来界定或者规范其主义。后现代主义是20世纪70年代后被神学家和社会学家开始经常使用的一个词。起初出现于20世纪二三十年代，用于表达要有必要意识到思想和行动需超越启蒙时代范畴。一些人认为后现代主义是基督教世界的终结。

从形式上讲，后现代主义是一股源自现代主义但又反叛现代主义的思潮，它与现代主义之间是一种既继承又反叛的关系；从内容上看，后现代主义是一种源于工业文明、对工业文明的负面效应的思考与回答，是对现代化过程中出现的剥夺人的主体性、感觉丰富性的死板僵化、机械划一的整体性、中心、同一性等的批判与解构，也是对西方传统哲学的本质主义、基础主义、形而上学的立场、逻各斯中心主义等的批判与解构；从实质上说，后现代主义是对西方传统哲学和西方现代社会的纠正与反叛，是一种在批判与反叛中又未免会走向另一极端——怀疑主义和虚无主义——的"过正"的"矫枉"。

著名后现代主义教育理论家多尔认为，后现代主义课程有四个基本标准：丰富性、循环性、关联性和严密性。

课程是经验的创生。后现代主义把课程看作师生个体经验创生的过程，儿童的现实经验和可能生活是课程的依据，课程不是由教育行政部门或学校对儿童发展的"规定"，课程是儿童依据自己的经验对课程的再创造。课程是动态的、发展性的。课程并不是预先设计的文本，课程的展开过程就是课程的生成过程，也是教师和学生发展的过程。反对教师权威与控制，强调师生平等互动。提倡对话教学法、阐释教学法、主体与课程取向教学评价。教学评价不仅要注重结果，更要注重过程和发展。此外，活动是教学发生的基础。教学评价的目的在于改善教学，而不在于选择和判断。后现代主义还强调评价标准的模糊性、动态性和复杂性，认为这是由教学评价对象的性质决定的。所以，后现代主义主张采用自传式评价法和档案袋评价法。

三、课程改革

课程是集中体现和反映教育思想和教育观念的载体，是组织教育、教学活动的最主要依据，是实现教育目的的重要途径，在教育中居于核心地位。课程不是纯粹主观意志的产物，而是特定社会政治、经济发展的产物。课程不是万古不变的，它总是要随着时代、社会的发展而不断得到变易和改造。

（一）课程改革概述

1. 课程改革的概念

课程改革，即对课程的主动改造，就是对已有课程中不符合价值理想的方面予以建构，根据新的价值需求进行调整、修订，或提出新的建构。课程改革是一项复杂艰巨的系统工程，往往涉及学校体制的变化和课程的全面修正等，它的基础是价值观念的重大变化或方向调整，因而在教育改革和教育发展中具有重要作用，甚至可以说，课程改革是教育改革和教育发展的基础和抓手。

2. 课程改革的动因

为什么要进行课程改革？哪些因素会影响课程改革？教育并非一个与社会隔绝的独立系统，而是社会大系统中的一个子系统。社会的政治、经济、文化等各方面的重大变化，都会引发教育的变革。20 世纪在政治、经济、文化、科技等各个方面的发展，是人类历史上最为迅猛的一个世纪。在社会发生如此急剧变革的时期，各国的教育也随之发生相应的改革。因此，20 世纪也被人们称为教育改革的世纪。教育改革又通常是通过课程改革来实现的，社会各领域及其发展变化，构成了课程改革的动因。

（1）政治动因

政治决定教育的性质和领导权。作为学校教育核心的课程，自然要受制于特定社会的政治状况。任何一个社会也都非常重视利用课程传递政治思想、政治态度，维护政治安定。任何一个政府推行课程改革，都是为了有益于维持和改善本阶级、本政权的根本利益。

19 世纪末 20 世纪初，美国和欧洲的“进步主义教育”运动和“新教育”运动都是当时政治运动的产物。杜威一直强调，进步主义教育运动并非独立的教育革命，而是和当时美国的“黑人、民权和妇女解放”运动紧密联系在一起的，是整个社会变革的一部分。1957 年，苏联的第一颗人造卫星率先上天，引起美国朝野震动，人们把美国科技落后于苏联的原因归结为教育，这催生了 20 世纪 60 年代布鲁纳所领导的基础教育课程改革。就我国而言，新中国成立以后的历次课程改革无不受到政治因素的深刻影响，甚至有的时期，课程改革本身就是政治改革的一部分。例如，新中国成立后，1949 年 10 月 1 日，毛泽东在宣告作为中华人民共和国施政方针的《中国人民政治协商会议共同纲领》时明确提出：“中华人民共和国的教育方法为理论与实际一致，人民政府应有计划、有步骤地改革旧的教育制度、教育内容和教育方法”。1950 年 8 月,中央人民政府教育部颁发了《中学暂行教学计划(草案)》,这是新中国的第一份教学计划,其中明确规定正式取消国民党反动的党义、公民和军事训练课,取而代之以专门设立的政治课,加强学生的思想品德和革命人生观教育;并设置了门类更为齐全的学科课程,共设置政治、语文、数学、自然、生物、化学、物理、历史、地理、外语、体育、音乐、美术等课程,重视这些学科课程在德育方面的问题。

从历史上看,政治对课程改革的影响作用既直接又深刻。领导了 20 世纪 60 年代美国基础教育课程改革的教育家布鲁纳也把政治因素放在重要的位置,他说:“不顾教育过程中的政治、经济和社会环境来论述教与学理论的心理学家和教育家,是自甘浅薄,势必在社会上和教室里受到蔑视”①。

(2)经济动因

经济因素对课程改革也具有直接的推动作用。教育被看成促进经济发展的最富有潜力的因素,经济发展的要求,强烈地刺激了教育的扩张以及课程类型和范围的变化。

十一届三中全会以后,邓小平同志指出:我们要实现现代化,关键是科学技术要能上去。发展科学技术,不抓教育不行,靠空讲不能实现现代化,必须有知识,有人才。随后,很快确立了一批重点大、中、小学,在课程内容上重视数学、外语、自然科学的分量。1985 年《中共中央关于教育体制改革的决定》指出:“面对着我国对外开放、对内搞活,经济体制改革全面展开的形势,面对着世界范围的新技术革命正在兴起的形势,我国教育事业的落后和教育体制的弊端就更加突出了。”针对教育管理统得过死、教育结构单一、教育内容陈旧等弊端,国家教育管理部门从课程管理、课程结构、课程内容等方面进行了改革,包括:在课程行政管理体制上开始打破“集权制”的绝对支配地位,确立“三级课程管理”“一纲多本”的课程改革方略;在课程目标、内容、组织、结构等方面大胆借鉴国际上的先进经验,突破以往课程改革中的诸多禁区,如“个性发展”“选修课程”“活动课程”等内容在各地的课程计划、课程标准中都有重要地位。

经济因素对课程改革的促动作用主要表现在以下三个方面:一是经济领域劳动力素质提高的要求催生课程目标的变化;二是经济发展的规模和结构方面的变化催生课程结构的调整;三是经济发展带来的教育投入的增加催生课程实施和课程管理的变革。

(3)文化动因

文化是课程内容的来源,课程则是传承、传播和创新文化的重要载体。可以说,课程是社会文化的缩影,当文化发生变迁或更新,课程往往也紧跟着发生转向和变革。例如,19 世纪末,当理性和科学日益显示出其巨大的改造自然的力量,日益被人们所认可和接受,成为一种新的重要的社会文化形式的时候,在英国等欧洲国家长期实行的古典主义教育日益衰微,科学课程走进了学校和课堂。在美国,当结构主义、永恒主义、要素主义等强调知识、认知、理性的课程主张广泛被人们接受的时候,与存在主义哲学有着思想渊源的人本主义心理学和教育学也在悄然兴起。20 世纪 80 年代“美国处于危机之中,教育改革势在必行”“回到基础去”的呼声甚嚣尘上,人本主义的势力也越来越大。人本主义批判以

①布鲁纳. 布鲁纳教育论著选[M]. 北京:人民教育出版社,1989:7.

知识为中心、以教师为中心等教育行为，提出了“以人为中心”的教育和课程主张。在我国，改革开放打开国门以后，国外的先进文化进入人们的视野，外国一些作家的知名作品也被收入基础教育教材当中，成为课程内容的一部分。

社会文化的状况和变化都会对学校教育和课程改革产生重要的影响，但学校课程并不是社会文化的简单复制，社会文化需要通过教育机制的筛选才能进入学校课程。文化对课程变革的影响包括：①文化模式要求课程变革，依据文化特质设置与其相适应的课程，使课程体现出文化特色；②文化变迁要求学校课程在课程目标、课程编制、课程设置、课程实施方面进行相应调整，以适应旧文化向新文化的转变；③文化多元要求学校课程体现文化间的差异，尊重各民族、各阶层的文化，把主流文化和非主流文化整合起来。

(4)科技动因

课程作为信息的载体，无论是形式还是内容都承载着科技发展的水平和痕迹。早期的文字是记在龟甲(甲骨文)、铜鼎(钟鼎文)、竹片(竹简)、丝绢(帛书)上的，这些文字载体不但昂贵，而且不易记载，极大地影响了信息承载的数量和交流的范围。当人类发明了造纸术和活字印刷术以后，便产生了划时代的课程载体——书籍。随着光、电、磁、电子技术的出现，课程的载体也发生了巨大的变化。

科学技术的进步，对课程的影响绝不仅仅是形式上的，更重要的是会导致课程结构、课程内容、课程实施以及课程制度等方面的变革。在鸦片战争以前，中国闭关自守，夜郎自大，蔑视列强，传统的课程类型和内容长期不变。鸦片战争以后，人们被迫打开了国门，也开始认识到现代科学技术的力量。为了“师以之长技以制夷”，清政府实行洋务运动，开办学校，增设与新技术有关的课程。20世纪中叶以来，以电子科学、生物科学、海洋科学、新材料和新能源科学为主要内容的新技术革命，也使得课程的方方面面都发生了深刻的变化，课程类型多样化、课程内容现代化、课程实施技术化等成为现代课程改革的普遍特点。

科技的发展对课程改革的影响和促动主要体现在四个方面：①科技发展制约课程改革的目标；②科技发展推动课程结构的改革；③科技发展推动课程内容的改革；④科技发展制约课程变革的速度。

3. 课程改革的内容

课程改革是一项系统工程，涉及课程各个方面的改变。一般而言，包含以下六个方面：

(1)制定课程标准

课程标准一般由国家制定，是教材编写、教学、评估和考试命题的依据，是国家管理和评价课程的基础。课程标准体现国家对不同阶段的学生在知识与技能、过程与方法、情感态度与价值观等方面的基本要求，规定各门课程的性质、目标、内容框架，提出教学建议和评价建议。课程标准包括以下内涵：①它是按门类制定的；②它规定本门课程的性质、目标、内容框架；③它提出指导性的教学原则和评价建议；④它不包括教学重点、难点、时间分配等具体内容；⑤它规定不同阶段学生在知识与技能、过程与方法、情感态度与价值观等方面所应达到的基本要求。

课程标准中规定的基本素质要求是教材、教学和评价的依据,也是整个基础教育课程的灵魂。因而,课程标准的制定是课程改革的重要内容,甚至是首要内容。当前,世界各国都非常重视课程标准的研制,纷纷投入了大量人力、财力、物力来研制各科课程标准。

(2)调整课程结构

课程结构是各种课程类型以及具体科目的比例及其结合方式、相互关系。调整课程结构,实质上就是重新认识和确立各种课程类型以及具体科目在学校课程体系中的价值、地位、作用和相互关系。

课程类型包括:学科课程与经验课程;分科课程与综合课程;必修课程与选修课程;国家课程、地方课程与校本课程。各类课程所具有的特定价值以及每组课程类型所具有的价值互补性,意味着它们在学校课程结构中都拥有着不可或缺的地位,学校的课程结构应当是由各种课程类型共同构成的一个有机的统一体。长期以来,我国中小学普遍存在课程结构单一的问题,即学科课程占据绝对主导地位,而经验课程微乎其微;分科课程占据绝对主导地位,而综合课程微乎其微;必修课程占据绝对主导地位,而选修课程微乎其微;国家课程备受关注,地方课程和校本课程得不到实质性开发。随着第八次基础教育课程改革的实施和推进,这些问题得到了关注和纠正,课程结构不断优化。

(3)改革课程内容

课程内容的改革历来是课程改革的核心,因为课程标准素质结构的达成、课程结构的优化,最终都要落实到课程内容上。教育要面向现代化,必须以革新课程内容为突破口。一般说来,课程总是落后于科学技术的发展的,尤其是在新技术革命突飞猛进、知识发展更新速度加快的今天,课程的“滞后性”显得尤为突出。因此,课程内容的现代化成为课程改革的一个迫切问题。课程内容的现代化是指课程内容要适应现代社会政治、经济、科技和文化的发展,要适合培养现代社会所需要的人的素质,包括现代人应具备的价值、态度、能力、知识、技能等。

(4)变革课程实施

课程实施是将某项课程计划付诸实践的具体过程。课程实施主要是通过教学活动将编制好的课程付诸实践。因而课程实施的核心是教学,改革课程实施的核心是改革教学。课程改革能否取得成功,在于课堂教学是否发生如期望所要求的变化。

教学改革涉及教学方法、学习方式、学生的地位等问题。长期以来,我国教育中存在教学方式单一、学生被动学习、个性受到压抑等顽疾,过于强调接受学习、死记硬背、机械训练等状况,成为课程改革中要着力解决的一个重要问题。教学改革的主要任务包括:①改革旧的教育观念,确立新的教育观念;②推进教学方式和学习方式的改变;③重建教学管理制度。

(5)改革课程评价

课程评价对课程的实施起着重要的导向和质量监控的作用。评价的目的功能、评价的目标体系和评价的方式方法等都直接影响着课程培养目标的实现,影响着课程功能的转向和落实。20 世纪 80 年代以来,世界各国对课程的结构、功能、资源、权利等各个方面重新进行思考和定位,展开了一系列轰轰烈烈的课程改革,越来越多的国家开始意识到实现课程改革的必要条件之一就是要建立与之相适应的课程评价体系和评价工作模式。因此,课程评价改革成为世界各国课程改革的重要组成部分。总的来说,体现出以下特点:①重视发展,淡化甄别与选拔,实现评价功能的转化;②重综合评价,关注个体差异,实现评价指标的多元化;③强调质性评价,定性与定量相结合,实现评价方法的多样化;④强调参与与互动、自评与他评相结合,实现评价主体的多元化;⑤注重过程,终结性评价与形成性评价相结合,实现评价重心的转移。

(6)变革课程管理

改革从实质上来说就是权力的调整,课程改革当然也涉及课程管理权力的调整。从世界范围内来看,当前世界各国的课程管理制度主要包括中央集权型、地方分权型和混合型三种。各国之所以实行不同的课程管理制度,源于各国自身的政治、历史与文化因素。譬如,英国和美国之所以实行地方分权型课程管理模式,主要是受其地方分权的政治体制和教育管理体制的影响,而中国的中央集权型课程管理模式则受前苏联的课程管理模式的影响大一些。

自20世纪80年代以来,世界各国课程管理制度都在不断改革。英国和美国等原先实行地方分权制的课程管理模式的国家,为了克服自身的缺点,借鉴了中央集权型和混合型课程管理的优点,确立比较统一的课程标准。法国、日本、韩国等一些实行中央集权型的课程管理的国家,也都借鉴地方分权型和混合型课程管理方面的做法,期望建立比较自由的教科书编写、审定、出版、选用等制度,呈现权力下放的趋势。长期以来,我国基础教育课程管理的权力高度集中和统一,随着时代发展和变化已经越来越难以调动地方和学校的积极性,越来越难以适应我国基础教育迅速发展的实际情况。2001年开始启动的新课程改革,把改革课程管理体制作为一个重要的目标,提出实行国家、地方、学校三级课程管理,增强课程对地方、学校及学生的适应性。

4. 课程改革的过程

课程改革的类型较多,范围也有大小之别,但其基本过程是相似的。一般来说,课程改革的过程分为开始、实施和评估三个阶段。

(1)开始

课程改革的开始阶段主要包括研制、传播、宣传、规划和采纳。研制是指编制新的课程政策、课程标准等,一般由教育管理部门召集相关领域和学科的专家共同完成。传播和宣传是在研制课程政策和标准以后对课程改革的相关信息进行广泛宣传,以引起人们对课程改革的关注、理解、赞同乃至支持,从而为下一步课程改革的实施奠定一定的舆论和民意基础。规划是指对课程改革的阶段、实施步骤以及根据需要建立新的体制等的规划。采纳则是指课程计划被接受和决定使用新课程的过程。

(2)实施

课程实施是把课程计划付诸实践的过程。根据对课程计划与课程实施过程之关系的不同认识,美国课程学者辛德尔、波林和扎姆沃特归纳出课程实施的三种基本取向:忠实取向、相互适应取向与课程创生取向。课程实施的忠实取向即忠实地执行课程计划的过程,衡量课程实施成功与否的基本标准是课程实施过程实现预定的课程计划的程度。课程实施的相互适应取向认为,课程实施过程是课程计划与班级或学校实践情境在课程目标、内容、方法、组织模式诸方面相互调整、改变与适应的过程。课程创生取向认为,真正的课程是教师与学生联合创造的教育经验,课程实施本质上是在具体教育情境中创生新的教育经验的过程,既有的课程计划只是供这个经验创生过程选择的工具而已。三种取向各有其存在的价值,从忠实取向到相互适应取向再到课程创生取向,意味着课程变革从追求"技术理性"到追求"实践理性"再到追求"解放理性",体现了课程变革的发展方向。

(3)评估

评估的核心问题是课程改革在多大程度上被纳入了教育制度以及产生了什么后果。评估的目的包括三个方面:坚定课程改革的成果,对其理论价值和应用价值做出正确判断;引导课程改革的方向,诊断课程改革和实践的问题,促进改革的自我完善和提高;为课程决策提供依据和参考。为了实现这些目的,评价工作必须遵循坚持科学态度、实事求是的基本原则,以事实为依据、科学为准绳,排除个人好恶、学术观点分歧以及长官意志等人为干扰因素。

5. 课程改革成败的指标体系

改革意在改变甚至颠覆旧的思想和做法,确立新的思想和做法,这个过程并不总是一帆风顺的。教育和课程改革应该更加谨慎,因为教育的对象是人,人的成长具有不可逆性,对于每一个学生来说,倘若改革失败产生的后果是很难补偿的。英国哲学家洛克说过:"教育上的错误比别的错误更不可轻视。教育上的错误正和错配了药一样,第一次弄错了,决不能借第二次第三次去补救,它们的影响是终身洗刷不掉的。"①然而,我们也无需因此陷入保守主义,倘若我们在理论和实践两个层面准备充分,且在改革的过程中审时度势,就很有可能取得改革的成功。根据国内外课程改革的经验、教训和理论认识,衡量课程改革是否成功,需要把握以下指标体系。

(1)改革目标是否明确

改革即破旧立新,到底在哪些方面"新",如何"新",这是必须首先明确的问题。有了明确的目标,才能统一思想、凝聚力量,充分协调每个与改革有关人员的行动,使他们的行动纳入课程改革的轨道上来;才能确定具体的步骤和手段,估计可能的具体困难,找出解决困难的方法;才能确立课程评价的标准,做好课程评价。如果改革的目标不明确,课程改革就是盲目的,就很容易在改革的过程中迷失方向,其结果也不可能取得成功。改革的成功与否是以是否符合目标为判断根据的,如果目标不明确,甚至无法对改革的结果做出恰当判断。因此,课程改革的目标必须清晰、明了,既要指出总体目标,也要明确具体目标,既要指出终期目标,也要明确阶段性目标;既要指出整体目标,也要明确不同层次和方面的局部目标。

(2)与社会改革是否协调

任何课程改革都不能在孤立的情况下进行,倘若课程改革与社会改革不协调,就不能获得来自社会的支持和配合,就不可能取得最终的成果。对此,美国教育家布鲁纳深有感

①洛克.教育漫话[M].北京:人民教育出版社,1957:148.

触。他所领导的结构主义课程改革没有取得预期的理想效果后，他进行了深刻反思，认识到课程改革应该寻求同社会改革的“适切性”。这点已经得到人们的普遍认可。课程作为教育的核心部分与社会是一个密切联系的系统，课程每一方面的改革都可能会牵一发而动全身。比如进行课程管理体制、课程实施和课程评价的改革，就会涉及组织、管理、教材、师资、设备、经费、招生等因素。这涉及国家的财务、管理、招生、人事等方面的政策和制度。所以，课程改革不仅是一个教育的问题，从根本上来说，它是一个社会的问题，需要全社会的共同努力。

(3)改革准备是否充分

古人云：“凡事预则立，不预则废。”改革尤其如此。是否具备充分的思想和物质准备，对课程改革的成败与否至关重要。历史经验表明，匆匆忙忙推行的改革，往往也匆匆忙忙收场。以苏联的教育改革为例。为促进教育与生产劳动相结合，加强学校与社会之间的联系，1958 年赫鲁晓夫推行开始推行教育改革。虽然改革的出发点是好的，但是因为在改革前对问题缺乏仔细的调查和分析，对改革中可能出现的困难缺乏必要的估计，所以高中直接升入大学途径几乎被全部取消以后，很快出现了人才断档的情况。加上教育改革政策朝令夕改，最终导致了教育改革的失败。1984 年的苏联教育改革接受了 1958 年的教训。1984 年 1 月 24 日，《真理报》刊登了新教育改革方案的草案，发动全民进行讨论。据有关方面统计，从草案公布到 3 月 12 日通过，这期间组织各种讨论合计 130 万次，参加讨论的人数达 1 亿 2 000 万。各种报纸都辟有专栏，其中《教师报》最为热烈。苏联教育部成立了专门小组，负责审议讨论中提出的问题和建议。这样既广泛宣传和解释了改革的指导思想、目的、内容和过程，又集思广益，吸取了合理意见，有利于保证课程改革的顺利进行。

(4)借鉴是否合理

他山之石，可以攻玉，其他国家课程改革的经验可以借鉴过来，为本国的课程改革服务。特别是随着全球化时代的到来，世界各国在教育方面所面临的问题有越来越多的共性，而现代交通和通讯科学技术的发展又为彼此的交流提供了便利的条件，因此各国之间互相取长补短不仅必要，而且很容易实现。然而，借鉴不是机械照搬，不是原样复制，必须考虑他国经验与自身政治、经济、文化以及传统的适切性，不顾现实情况的盲目借鉴，往往会导致改革走偏、走样。对此，我国有着深刻的经验教训。1949 年 12 月，第一次全国教育工作会议确定，借助苏联的经验来建设中国的教育。此后，各地先后开展了学习苏联教育经验的活动，普通中小学教师普遍学习凯洛夫的《教育学》。1951 年 1 月，教育部组织力量编写中小学教科书，参考苏联的教科书，改编了数学、物理、化学等教材。1954—1956 年，学习苏联达到了高潮。“一边倒”的改革政策，以及认为苏联经验绝对正确的观点，导致了人们思想的绝对化和教条主义，以及在教育实践中照搬苏联、不顾我国实际情况的问题。很多弊端很快显现出来，其中最大的弊端在于形成了一套不适合中国国情的教育管理体制和教育结构，如高、中、初等教育比例严重失调，高等教育内部专业比例失调等，对我国的教育产生了长期的负面影响。

(5)是否调动了直接参与者的积极性

衡量课程改革成败的另一指标还要看在整个课程改革过程中，是否调动了直接参与者的积极性。通观世界各国的课程改革,时常有两头(改革的组织者、社会舆论)热、中间(教育界自身)冷的现象。问题在于:课程改革未能充分调动与改革直接有关的——教师、学生及家长的积极性。

著名比较教育家埃德蒙·金认为,改革的组织者、计划者的认识和兴趣是更多强调可行性、维持和管理的问题。教师关心的主要是下列三个方面:关于"学生的需要、自己的需要、制度的需要";保证"学生的机会、自己的机会、制度的机会";对以"学生、自己、组织计划者来说合适的方式加以发展"①。对于学生来说,他们关心的是,课程和职业是否有更多的选择机会,创造性发挥的可能性,"自我实现"的程度,积极做出贡献的可能性,流动性和沿着选择的路线"有效的可能性"等。换句话说,就是对他们有什么"实惠"。一场教育方面的改革如果与教师、学生都无利益上的联系,而又要靠他们的支持和合作,要把改革推行下去,是难以想象的。即使出于一种责任感和使命感,积极参与和推动改革,若要持久也是很困难的。

(二)世界基础教育课程改革的新理念与趋势

在现代社会,课程改革既是教育改革的核心,又是课程发展变化的动力机制。随着知识经济时代的到来和科学技术的迅猛发展,世界教育的基本理念正在发生深刻的变化,现代课程发展的基本理念也呈现出许多新的特点和趋势。尽管各国基础教育课程改革的基本理念并不完全相同,但却有很多相似之处。

1. 全人发展的课程价值取向

进入20世纪90年代以后,全球经济、科技、社会和文化的根本性变化对教育产生了前所未有的冲击,世界各国掀起了新一轮的课程改革热潮。这次课程改革的一个显著特征就是以学生为本,着眼于学生的全人发展,反对权威主义和精英主义,要求所有学生都能获得全面的发展。这种着眼于全人发展的课程价值取向,使学校的课程目标发生了深刻的变革,表现出以下一些新的特点:第一,注重课程目标的完整性,强调学生的全面发展;第二,重视基础知识的学习,提高学生的基本素质;第三,注重发展学生的个性;第四,着眼于未来,注重能力培养;第五,强调培养学生良好的道德品质;第六,强调国际意识的培训。

2. 科学与人文整合的课程文化观

进入20世纪中期以后,随着科学技术的发展及其带来的人类生活方式的变化,科学理性与人文精神之间的对立状况日趋严峻。有学者甚至把这种状况看成现代文明所受到的最严重的威胁。于是,寻求科学文化与人文文化的沟通与融合,成为不同研究领域的学者共同关心的问题。特别是自20世纪80年代末期以来,在教育领域里寻求科学主义与人本主义这两极之间的平衡,已经变成了一种集体行动。联合国教科文组织于1989年在我国召开以"学会关心:21世纪的教育"为主题的教育国际研讨会,提出"学会关心"的教育

---

①埃德蒙·金.别国的学校和我们的学校——今日比较教育[M].王承绪,邵珊,李克兴,等译.北京:人民教育出版社,1989:3.

思想,成为科学主义教育与人本主义教育走向融合的一个重要标志,使教育发展的方向出现了一次重大变革和更新。1996 年国际 21 世纪教育质量委员会向联合国教科文组织提交了《教育——财富蕴藏其中》的重要报告,其中指出:教育应围绕四种基本学习加以安排,可以说,这四种学习将是每个人一生中的知识支柱:学会认知,即获取理解的手段;学会做事,以便能够对自己所处的环境产生影响;学会共同生活,以便与他人一道参加人的所有活动并在这些活动中进行合作;最后是学会生存,这是前三种学习成果的主要表现形式。报告强调要建立一种新的教育体系,在这种教育体系中,既要注重科学文化又要强调人文文化,既要强调学生的学术性和职业性技能,又应特别突出学生的事业心和开拓技能的培养。显然,在这种教育体系中,课程文化的一个重要特征就是科学与人文的融合。

伴随着科学主义教育与人本主义教育逐步走向融合之势,课程文化也开始摆脱原有视野的局限,确立起科学人文性课程文化观。科学人文性,就是以建立在科学理性之上的人文精神来规范、统领科学,从而实现科学与人文彼此关照、相互包容,最终达到二者协调统一,形成你中有我、我中有你的关系。科学人文性课程是科学主义课程与人本主义课程整合建构的课程,它以科学为基础,以人自身的完善和解放为最高目的,强调人的科学素质与人文修养的辩证统一,致力于科学知识、科学精神和人文精神的沟通与融合,倡导“科学的人道主义”,力求把“学会生存”“学会关心”“学会尊重、理解与宽容”“学会共同生活”“学会创造”等当代教育理念贯穿到基础教育课程发展的各个方面。

3. 回归生活的课程生态观

回归生活世界的课程生态观,从本质意义上说,就是强调自然、社会和人在课程体系中的有机统一,使自然、社会和人成为课程的基本来源。因此,自然即课程、生活即课程、自我即课程,便成为现代课程生态观的基本命题。

自然即课程,意味着课程应向自然界开放,与自然界融为一体,使学生有机会走向自然,并在感受、认识和探索自然的过程中,谋求人对自然的伦理精神、审美体验和求真意志的统一,进而成为自然的关爱者、有创造力的生产者和有责任的环境保护者。

生活即课程,意味着课程直接面向社会,与生活融为一体,既使课程与学生生活和现实社会实际之间保持密切的联系,又使实践和生活成为学生个人发展的活的源头。

自我即课程,意味着课程应向自我开放,尊重个人的感受、体验和价值观念,关注人的个人知识或自我知识,把学生看成知识与文化的创造者,而不是知识与文化的被动接受者。因此,课程应成为学生真实而生动的生活世界。在这里,学生可以自由地展示他的智慧和情感,学会自主、学会选择、学会创造。向自我开放的课程,还意味着人性的回归,人的情感、品质、人格、技术、知识等不再成为待价而沽的商品,人的尊严、价值、自我意义、个性得到了张扬,科技理性的控制本性和功利取向得到了修正,科学与理性开始闪烁出人性的光辉。在向自我开放的课程世界里,教师不再是真理的“占用者和宣示者”,学生也不再是真理的被动接受者,他们都是真理的追求者和探索者,师生之间不再是单向的授与受关系,而是你与我的关系、对话关系。

总之,回归生活的课程生态观,意味着学校课程突破学科疆域的束缚,向自然回归、向生活回归、向社会回归、向人自身回归,意味着理性与人性的完美结合,意味着科学、道德和艺术现实地、具体地统一。

4. 创生取向的课程实施观

设计出来的课程如何付诸实践,是课程改革必须关注的一个重要问题。如前所述,课程实施有忠实,相互适应和创生三种取向。

创生取向认为,课程知识不是一件产品或一个事件,而是一个不断前进的过程。外部设计的课程知识只是教师与学生创生课程的一个资源,具体情境的课程知识是经由教师和学生深思熟虑的审议活动而获得的。教师的角色是主动的课程开发者,而不是被动的课程实施者。教师与学生成为建构积极的教育经验的主体,课程创生的过程即教师和学生持续成长的过程。它特别注重课程实施过程中的意义诠释、文化背景、价值认同等。这种取向是建立在课程实施者个人的教育观念之上的,强调批判性对话和主体意识的觉醒,因而,其成败的关键与课程实施者的课程开发能力关系很大。

创生取向的课程实施是最具有创新性的,也是目前课程实施的主要发展方向。它非常强调在课程实施的过程中要充分发挥师生的自主性、能动性和创造性,特别是要求教师具备较强的课程开发能力,因为教师不仅是课程的实施者,而且还是课程的开发者。因此,把教师看作教育研究者和课程开发者,是创生取向课程实施的一个非常重要的理念。这也正是当代课程改革所特别强调的。

5. 民主化的课程政策观

课程政策关注的核心问题是课程权力的分配和再分配,不管是在地区间、民族间或阶层间,课程政策实施的结果总是反映了不同人、不同集团、不同社会力量对课程的要求。从国内外课程政策发展的趋势来看,最大限度地反映各种利益集团的意志,保证课程政策制定的民主化与科学化,是各国的一个共同追求。所谓课程政策的民主化,意味着课程权力的分享,意味着课程由统一性走向多样化。

在课程政策的改革实践中,各国一般都致力于在国家课程、地方课程和学校课程之间寻找适合本国情况的立足点。一方面,过去强调地方和学校分权的国家,现在开始注重确立国家课程标准。例如,美国是典型的地方分权制的国家,全国没有统一的课程标准和要求,各个州都有自己独立的课程体系,但到了 1989 年,这种局面开始被打破。1989 年 9 月布什总统与各州州长在弗吉尼亚大学召开美国首次“教育首脑会议”,讨论并制定了美国 2000 年教育目标,1991 年布什签发了《美国 2000 年教育战略》,提出了雄心勃勃的课程改革目标。克林顿就任总统以后,将这一目标进一步具体化,1993 年宣布了《2000 年目标:美国教育法》,确定了 7 门核心课程;1997 年又提出“国家将制定教育标准,这不是联邦政府标准,而是全国标准……在阅读和数学两门课程中实施全国统考。”[①]另一方面,过去强调中央集权的国家,现在开始注重地方和学校的课程决策权力。我国自 2001 年开始的新一轮基础教育课程改革的一个重要目标就是:“为保障和促进课程对不同地区、学校、学生的要求,实行国家、地方和学校课程三级管理。”

①陈玉琨,钟海青,江文彬. 90 年代美国的基础教育[M]. 桂林:广西师范大学出版社,1998:13.

(三)我国的基础教育课程改革

1. 新中国成立后的前七次基础教育课程改革

自1949年新中国成立,到2001年颁发《国务院关于基础教育改革与发展的决定》和《基础教育课程改革纲要(试行)》,开始推行新一轮基础教育课程改革之前,我国基础教育课程改革大致经历了七个阶段:①1949年至1952年;②1953年至1957年;③1958年至1965年;④1966年至1976年;⑤1977年至1985年;⑥1986年至1991年;⑦1992年至2000年。在不同的历史时期,我国制定实施了不同的课程政策,对课程的理论建设与实践产生了不同影响,其基本情况如下表所示。

表4-5 建国后前七次基础教育课程改革的基本状况

次序 内容	第一次	第二次	第三次	第四次	第五次	第六次	第七次
时间	1949—1952	1953—1957	1958—1965	1966—1976	1977—1985	1986—1991	1992—2000
改革目标	改造旧课程,发展新课程	以"俄"为师,发展教育	全面探索中国社会主义教育	教育为无产阶级斗争服务	恢复正常教育秩序,初步探索有中国特色的社会主义教育	实施义务教育	全面建设有中国特色社会主义教育体系
课程管理	中央集权	中央集权	部分权力下放	无政府状态	集中管理	国务院领导地方负责分级管理	三级管理,扩大地方和学校管理权限
课程内容	注重政治性	以苏联教材为基础	注重"双基"	毛泽东著作和报刊"社论"	精选基础知识,加强"双基"	加强"双基",适应青少年身心发展	德、智、体、美、劳五育并举,精选内容
课程结构	学科课程 必修课程	学科课程 必修课程	学科课程 选修课程 (高中)	取消分科教学	学科课程 选修课程 (高中)	学科课程 选修课程 (初、高中)	学科课程 活动课程 地方课程 校本课程
教材编用	全国统编统一供应	全国统编统一供应	从国家完全统一到局部多样化的第一次尝试	取消统编教材,只学习毛泽东著作和报刊"社论"	从"统编统供"向"课程多样化"审定制过渡	教材多样化,增加乡土教材和选修教材	教材审定制,编审分开;教材多样化,一纲多本

经过50多年共7次课程改革,经历了很多挫折,我国基本建成了有中国特色的社会主义教育体系,有力地促进了学生发展和社会进步。与此同时,我国教育上的很多深层次问

题也不断凸显出来，如应试教育愈演愈烈，以单纯的升学率来评价学校，以单纯的分数来评价学生，教师僵硬地教，大搞题海战术，学生被动地学，等等。这显然极不适应科学技术突飞猛进、以知识经济为主导的当代世界和我国社会发展的要求。基础教育已到了非改不可的地步。在这样的情况下，第八次基础教育课程改革应运而生了。在此之前，针对应试教育的弊端，很多教育工作者和学校进行了素质教育方面的有益的理论和实践探索，积累了大量的理论和实践经验，也为第八次课程改革的顺利进行和不断深入奠定了良好的基础。

2. 第八次基础教育课程改革

(1)第八次基础教育课程改革的基本情况

我国世纪之交的第八次基础教育课程改革大不同于以往自上而下的做法，而是有了一个充分酝酿的过程。1996 年 7 月，教育部基础教育司组织 6 所大学和中央教科所的课程专家，对 1993 年开始实施的九年义务教育课程的实施现状进行调研。1998 年以来，教育部组织教育理论工作者进行广泛的国际比较研究，了解英、美、加、德、日、韩、印度、埃及等国家课程改革的经验和策略，努力把握世界基础教育课程教学发展的趋势。在现状调研和国际比较的基础上，1998 年开始起草基础教育课程改革工作的指导性文件——《国家基础教育课程改革指导纲要》。通过广泛的讨论和反复修改，经教育部党组审定，《基础教育课程改革纲要(试行)》于 2001 年 6 月正式颁布。国家课程标准的研制和课程标准实验教材的开发也在此基础上积极有序地展开。同年 9 月，全国 38 个实验区进入新课程，到 2005 年，全国义务教育起始年级学生全部进入新课程。2011 年，结合课程改革实践，教育部又组织专家对义务教育阶段 18 科课程标准进行了修订。从 2004 年 9 月开始，山东、广东、海南与宁夏 4 省、区的高一新生率先进行普通高中新课程实验，拉开了我国普通高中新课程改革的帷幕。此后每年都有不同数量的省份加入。到 2012 年，随着广西壮族自治区的加入，全国所有省份都进入普通高中新课程。

(2)第八次基础教育课程改革的目标

①课程改革的总体目标。新课程的培养目标应体现时代要求。要使学生具有爱国主义、集体主义精神，热爱社会主义，继承和发扬中华民族的优秀传统和革命传统；具有社会主义民主法制意识，遵守国家法律和社会公德；逐步形成正确的世界观、人生观、价值观；具有社会责任感，努力为人民服务；具有初步的创新精神、实践能力、科学和人文素养以及环境意识；具有适应终身学习的基础知识、基本技能和方法；具有健壮的体魄和良好的心理素质，养成健康的审美情趣和生活方式，成为有理想、有道德、有文化、有纪律的一代新人。

②课程改革的具体目标。新课程改革的具体目标包括以下六个方面：

改变课程过于注重知识传授的倾向，强调形成积极主动的学习态度，使获得基础知识与基本技能的过程同时成为学会学习和形成正确价值观的过程。

改变课程结构过于强调学科本位、科目过多和缺乏整合的现状，整体设置九年一贯的课程门类和课时比例，并设置综合课程，以适应不同地区和学生发展的需求，体现课程结构的均衡性、综合性和选择性。

改变课程内容“难、繁、偏、旧”和过于注重书本知识的现状，加强课程内容与学生生活以及现代社会和科技发展的联系，关注学生的学习兴趣和经验，精选终身学习必备的基础知识和技能。

改变课程实施过于强调接受学习、死记硬背、机械训练的现状，倡导学生主动参与、乐于探究、勤于动手，培养学生搜集和处理信息的能力、获取新知识的能力、分析和解决问题的能力以及交流与合作的能力。

改变课程评价过分强调甄别与选拔的功能，发挥评价促进学生发展、教师提高和改进教学实践的功能。

改变课程管理过于集中的状况，实行国家、地方、学校三级课程管理，增强课程对地方、学校及学生的适应性。

(3)第八次基础教育课程改革的主要内容和任务

本次课程改革涉及学校课程的方方面面，对课程的功能、结构、内容、实施、评价和管理进行了全面的调整。其观念之新，范围之广，力度之大，是新中国成立以来少见的，也是我国近代教育史上少有的。

①转变课程功能，关注学生“全人”的发展。在对我国基础教育现状进行深刻反思、对国际课程改革趋势进行深入比较、对未来人才需求进行认真分析后，新课程改革首先确立了课程改革的核心目标即实现课程功能的转变。改变课程过于注重知识的传授的倾向，强调形成积极主动的学习态度，使获得基础知识与基本技能的过程同时成为学会学习和形成正确价值观的过程。即从单纯注重传授知识转变为引导学生学会学习、学会合作、学会生存、学会做人，打破传统的基于精英主义思想和升学取向的过于狭窄的课程定位，而关注学生“全人”的发展。在原来双基的基础上，增加了过程与方法、情感态度与价值观两个维度，形成了“三维一体”的课程目标。三维目标在各科的课程标准中，努力做到清晰化、具体化和操作化。例如，在义务教育初中数学课程标准中，就具体化为知识技能、数学思考、问题解决、情感态度四个方面。

②调整课程结构，体现课程结构的均衡性、综合性和选择性。在课程结构上，新课程力求改变以往课程结构过于强调学科本位、科目过多和缺乏整合的现状，整体设置九年一贯的课程门类和课时比例，并设置综合课程，以适应不同地区和学生发展的需求，体现课程结构的均衡性、综合性和选择性。

课程结构的均衡性是指学校课程体系中的各种课程类型、具体科目和课程内容能够保持一种恰当、合理的比重。以九年义务教育为例。针对原来课程结构中科目比例失衡的状况，新的课程计划分别将语文所占的比重由原来的24%(1992年)降至20%—22%，将数学由原来的16%(1992年)降至13%—15%，并对其他传统优势科目所占的比重进行了适当的下调。同时，将下调后积累下来的课时量分配给综合实践活动和地方与校本课程。其中，综合实践活动拥有了6%—8%的课时，地方与校本课程拥有了10%—12%的课时。总的来说，课程结构的均衡性体现在以下四个方面：在工具性学科上，保持基础学科的合理课时，适当地削弱语文、数学的课时量，增加外语学科的课时量；在知识性学科上，保持文理均衡性；体健、艺术、综合实践，保持合理的课时比例；强化地方和学校开设的选修课程,为更多地开设职业技术性课程、学科延伸和学生兴趣课程,提供了空间。

课程结构的综合性是针对过分强调学科本位、科目过多和缺乏整合的现状而提出的。它体现在三个方面:一是加强学科的综合性;二是设置综合课程;三是增设综合实践活动。整个基础教育阶段体现课程综合性的具体安排是:小学阶段以综合课程为主。小学低年级开设品德与生活(含品德、社会、科学等)、艺术(含音乐、美术)等综合课程,小学中高年级开设品德与社会、科学、综合实践活动、艺术等综合课程;初中阶段设置分科与综合相结合的课程。综合课程可以有科学、历史与社会、艺术以及综合实践活动;高中阶段以分科为主。显然,在新的基础教育课程结构中,综合课程已成为学校课程体系的重要组成部分。综合实践活动包括信息技术教育、研究性学习、社区服务与社会实践以及劳动与技术教育四个部分。作为一门高度综合的课程,综合实践活动是基于生活实践领域的课程,它基于学习者的直接经验,密切联系学生自身生活和社会生活,体现对知识的综合运用。

课程结构的选择性是针对地方、学校与学生的差异而提出的,它要求学校课程要以充分的灵活性适应于地方社会发展的现实需要,以显著的特色性适应于学校的办学宗旨和方向,以选择性适应于学生的个性发展。在九年义务教育阶段,课程的选择性主要表现在减少了国家课程在学校课程体系中所占的比重,地方和学校课程的比例增加了一倍。地方、学校自主设置的课程和活动,各年级平均每周4课时,共1 216课时,占13.6%。而在1992年的原课程结构中,九年内地方、学校课程最高课时量为704,只占总课时比例的7%左右。在高中阶段,课程的选择性表现为必修课程中的选修,专业方向性选修,以及地方、学校开设的选修课程三个方面。其中,最突出的是专业方向性选修,它是此次新课程中变化幅度最大、最具有革命性的举措之一,对学校、教师、学生的挑战性也最大。专业方向性选修,也称限制性选修。过去学生只有文科或理科的选择权,没有文科内或理科内学习何种科目的选择权。由于学生的兴趣不一,专业方向也不尽相同,所选择的内容范围和深度就应该有所不同,新课程为学生提供了多样化、个性化的选择空间。必修课程中的选修,是指对修读的课程门类和课时数做出指令性的规定,但具体的模块由学生自己选择。此次新课程中,作为必修的艺术领域、体育与健康领域,都采用了这种修读的方式。

③改革课程内容,密切课程内容与生活和时代的联系。在课程内容上,改变了以往课程内容"难、繁、偏、旧"和过于注重书本知识的现状,加强课程内容与学生生活以及现代社会和科技发展的联系,关注学生的学习兴趣和经验,精选终身学习必备的基础知识和技能。新课程内容体现了时代性和基础性的特点。

时代性是指课程内容的选择体现当代社会进步和科技发展,反映各学科的发展趋势,关注学生的经验,增强课程内容与社会生活的联系。同时,根据时代发展需要及时调整、更新。

基础性是指掌握必需的经典知识及灵活运用的能力。注重培养学生浓厚的学习兴趣、旺盛的求知欲、积极的探索精神、坚持真理的态度;注重培养搜集和处理信息的能力、获取新知识的能力、分析和解决问题的能力、交流与合作的能力。

总之,新课程不再单纯以学科为中心组织教学内容,不再刻意追求学科体系的严密性、完整性、逻辑性,注重与学生的经验结合在一起,在学科、社会、学生三者的关系上,主张三者兼顾,反对过分强调学科本位的倾向;在基础性与时代性的关系上,主张两者兼顾,反对因为过于强调基础而忽视内容的更新,课程内容努力体现时代特点,改变学生学习生活与现实世界相脱节的状况,极大地调动了学生学习的主动性和积极性。

④改革课程实施,改善学生的学习方式。课程改革的关键是改变学生的学习方式,而学习方式的改变是以教师教学行为的改变为前提的。本次课程改革非常重视课程实施,指出:改变课程实施过于强调接受学习、死记硬背、机械训练的现状,倡导学生主动参与、乐于探究、勤于动手,培养学生搜集和处理信息的能力、获取新知识的能力、分析和解决问题的能力以及交流与合作的能力。

为改变学生的学习方式,保证学生自主性、探索性的学习落到实处,本次课程改革首先通过课程结构的调整,使儿童的活动空间和时间在课程中获得有效的保障;并在新课程标准中倡导通过改变学习内容的呈现方式,确立学生的主体地位,促进学生积极主动地学习;还专门设置了研究型课程,并倡导在各个学科中实行研究性学习;要求教师在教学过程中应与学生积极互动、共同发展,要处理好传授知识与培养能力的关系,注重培养学生的独立性和自主性,引导学生质疑、调查、探究,在实践中学习,促进学生在教师指导下主动的、富有个性的学习;教师应尊重学生的人格,关注个体差异,满足不同学生的学习需要,创设能引导学生主动参与的教育环境,激发学生的学习积极性,培养学生掌握和运用知识的态度和能力,使每个学生都能得到充分的发展。

⑤改革课程评价,建立与素质教育理念相一致的评价与考试制度。课程评价对课程的实施起着重要的导向和质量监控的作用。本次课程改革提出要“改变课程评价过分强调甄别与选拔的功能,发挥评价促进学生发展、教师提高和改进教学实践的功能”。

为了实现课程评价的改革目标,新课程重点从三个方面进行评价改革。一是建立促进学生全面发展的评价体系。评价不仅要关注学生的学业成绩,而且要发现和发展学生多方面的潜能,了解学生发展中的需求,帮助学生认识自我,建立自信。重视采用灵活多样、具有开放性的质性评价方法,充分发挥评价的教育功能,促进学生在原有水平上的发展。二是建立促进教师不断提高的评价体系。一方面,以学生全面发展的状况来评价教师工作业绩,另一方面,关注教师的专业成长与需要。强调教师对自己教学行为的分析与反思,建立以教师自评为主,校长、教师、学生、家长共同参与的、体现多渠道信息反馈的教师评价制度,和“以学论教”的发展性课堂教学评价模式,不断提高教师教育、教学水平,使教师的教真正服务于学生的学。三是建立促进课程不断发展的评价体系。周期性地对学校课程制定的情况、课程实施中的问题进行分析评估,调整课程内容、改进教学管理,形成课程不断革新的机制。

同时,新课程评价要求继续改革和完善考试制度:在考试内容方面,加强与社会实际和学生生活经验的联系,重视考查学生分析问题、解决问题的能力;在考试方式方面,倡导给予多次机会,综合应用多种方法,打破惟纸笔测验的传统做法,引入辩论、课题研究、情境测验等考试方式;在考试结果处理方面,要求应对每位学生的考试情况做出具体的分析指导,不得公布学生考试成绩和按考试成绩排列名次;关于升学考试和招生制度,倡导改变将分数简单相加作为唯一录取标准的做法,考虑学生综合素质的发展,参考其他评价结果（评语、成长记录袋、特长等）。将毕业考试与升学考试分开，逐步扩大高一级学校的招生自主权等。具体来说，在已经普及九年义务教育的地区，实行小学毕业生免试就近升学的办法；鼓励各地中小学自行组织毕业考试；完善初中升高中的考试管理制度，重视考查学生分析问题、解决问题的能力，部分学科可实行开卷考试；高中毕业会考改革方案由省级教育行政部门制定，继续实行会考的地方应突出水平考试的性质，减轻学生考试的负担；高等学校招生考试制度改革，应与基础教育课程改革相衔接。要按照有助于高等学校选拔人才、有助于中学实施素质教育、有助于扩大高等学校办学自主权的原则，加强对学生能力和素质的考查，改革高等学校招生考试内容，探索提供多次机会、双向选择、综合评价的考试、选拔方式。考试命题要依据课程标准，杜绝设置偏题、怪题的现象。

⑥改革课程管理，实行三级课程管理制度。在课程管理上，改变课程管理过于集中的状况，实行国家、地方、学校三级课程管理，增强课程对地方、学校及学生的适应性。这是从我国的国情出发，妥善处理课程的统一性与多样性关系，实现了集权与放权的结合。

三级课程管理制度的确立，有助于教材的多样化、有利于满足地方经济、文化发展的需要和学生发展的需要。为了实现上述目标，本次课程改革重新划分了国家、地方、学校在基础教育课程管理中的职责分工。教育部总体规划基础教育课程，制定基础教育课程管理政策，确定国家课程门类和课时，制定国家课程标准，积极试行新课程评价制度。省级教育行政部门依据国家课程管理政策和本地实际情况，制定本省（自治区、直辖市）实施国家课程的计划，规划地方课程，报教育部备案并组织实施。经教育部批准，省级教育行政部门可单独制定本省范围内使用的课程计划和课程标准；学校在执行国家课程和地方课程的同时，应视当地社会、经济发展的具体情况，开发本校的课程。各级教育行政部门要对课程的实施和开发进行指导和监督，学校有权利和责任反映在实施国家课程和地方课程中所遇到的问题。

问题思考与讨论

1. 如何准确理解课程的涵义？
2. 根据课程目标的特点、取向与类别，如何设计课程目标？
3. 课程标准具有什么意义？
4. 课程改革中提出的中学课程结构有什么特点？
5. 如果你是一位中学教师，你认为应该如何开发校本课程？
6. 如何理解国家课程、地方课程和校本课程的关系？
7. 不同的课程理论流派对理解和开发课程具有哪些启示？
8. 如何科学评价课程改革的前因后果？
9. 我国中学课程改革的主要目标是什么？
10. 课程改革有哪些主要趋势？我国课程改革的基本过程和主要内容有哪些？
11. 案例题。基础教育课程改革以来，越来越多的教师转变了教学观念，改进了教学方法，提升了教学效益，但在实际教学中还存在“四个一”现象：

"一讲到底"——满堂灌,讲得过多、过细,面面俱到;

"一练到底"——满堂练,备课找习题,上课做习题,课后对答案;

"一看到底"——满堂看(课本),几乎没有指导、提示和具体要求;

"一 P(PowerPoint)到底"——满堂放(课件、录像),用播放代替讲授、提问和交流。

结合材料,回答问题:

(1)"四个一"现象各自存在哪些弊端?

(2)纠正"四个一"弊端的主要措施有哪些?

12. 案例题。在一次毕业 20 周年的师生聚会上,田老师和学生杨明有一段对话:

……

田老师:"当年你的一句话启发了我。"

杨　明:"哦?"

田老师:"有次,我要你们考前一周内完成物理作业,但你只做了几页就交了。我问你为什么,你说,'题目都是一样的,还做什么呀?'"

杨　明:"非常对不起,老师!"

田老师:"不不,是你那句话点醒了我。我查看了你的作业,发现全做对了,又翻看了布置的作业,的确大同小异!我恍然大悟,你已能看出题目的精髓,彻底懂了!"

杨　明:"当时年幼,承蒙老师包容、厚爱!"

田老师:"后来,我布置作业时,自己先试做、筛选,尽可能重复的题目少布置一点,变换多一点,这样可以让学生睡眠多一点,运动多一点!"

…………

根据上述对话,回答下列问题:

(1)教师布置作业有哪些基本要求?

(2)教师专业发展有哪些基本途径?

阅读指南

1. 廖哲勋,田慧生. 课程新论[M]. 北京:教育科学出版社,2003.

2. 刘家访,余文森,洪明. 现代课程论基础教程[M]. 长春:东北师范大学出版社,2007.

3. 张华. 课程与教学论[M]. 上海:上海教育出版社,2001.

网络导航

1. 教育部基础教育课程教材发展中心:http://www.ncct.moe.edu.cn/

2. 课程教材研究所:http://www.pep.com.cn/kcs/

3. 新思考:http://www.cersp.com/

4. 中国教育和科研计算机网:http://www.edu.cn/

第五章　中学教学

学习目标

理解教学的意义，了解有关教学过程的各种本质观。熟悉和运用教学过程的基本规律，包括教学过程中学生认识的特殊性规律（直接经验与间接经验相统一的规律）、教学过程中掌握知识与发展能力相统一的规律、教学过程中教师的主导作用与学生的主体作用相统一的规律、教学过程中传授知识与思想教育相统一的规律（教学的教育性规律），分析和解决中学教学实际中的问题。掌握教学工作的基本环节及要求；掌握和运用中学常用的教学原则、教学方法；了解教学组织形式的内容及要求。了解我国当前教学改革的主要观点与趋势。

一、教学与教学理论

（一）教学概述

1. 教学的涵义

在中国古代，“教”有教授、教诲、教化、教训、告诫、令使等含义。教学一词英文为Teaching，与学习一词Learning是同源派生出来的两个词；“教学”一词的俄语，也有传授和学习之意。但由于中外学者探讨教学概念的角度和出发点不同，因此理解也就不一致。

苏联教育家斯卡特金认为，“教学是一种传授社会经验的手段，通过教学传授的是社会活动中各种关系的模式、图式、总的原则和标准。”美国教育学家布鲁纳认为：“教学是通过引导学习者对问题或知识体系循序渐进的学习来提高学习者正在学习中的理解、转换和迁移能力。”王策三认为：“所谓教学，乃是教师教、学生学的统一活动；在这个统一活动中，学生掌握一定的知识和技能，同时身心获得一定的发展，形成一定的思想品德。”①

在认识存在差异的同时，也有不少共同之处。第一，都强调教师教与学生学的结合或统一，即教师教与学生学是同一活动的两个方面，是辩证统一的。首先，教不同于学，在课堂教学情境中，教主要是教师的行为，学主要是学生的行为。教师与学生之间存在着差

---

①王策三. 教学论稿[M]. 北京：人民教育出版社，1985：88-89.

异。教主要是一种外化过程,学主要是一种内化过程。其次,教与学相互依存,相辅相成。教离不开学,学也离不开教。第二,都明确了教师的主导地位与学生的主体地位。在教学过程中,教师主导着教学活动的方向和性质,学生永远是学习活动的主人,教师只能指导学生学习,而不能代替学生学习。既不能以任何形式削弱教师的主导作用,也不能以任何借口剥夺学生的主体地位。第三,都强调了教学对学生全面发展的作用。学生的身心健康发展离不开教学的深刻影响。教学不仅使学生掌握一定的知识和技能,而且在学生身心发展、形成思想品德等方面也起着积极的促进作用。

对教学本质的探讨,应从两个层面来进行:第一是目的论层面,它凭借哲学资源,对教学的目的进行价值论探讨。因为教学活动是人类有意识、有目的的活动,对此,应从应然的规范属性或价值法则予以说明。第二是工具论或方法论层面,它凭借心理学、社会学等,对教学的手段、方式、方法进行科学的探讨。因为教学活动是以教师与学生之间的社会化交往为前提和形式的心理和行为变化过程,人的心理和行为变化是有规律的,适应这种规律性的变化是教学有效性的客观要求。因此,教学是一种尊重学生的理性思维能力,尊重学生的自由意志,把学生看作独立思考和行动的主体,在与教师的交往和对话中,发展个体的智慧潜能、陶冶个体的道德性格,使每个学生都能达到自己最佳发展水平的活动。

教学与教育是两个既相互联系,又相互区别的概念,两者是部分与整体的关系。教育包括教学,教学是学校进行全面教育的一个主要途径。除教学外,学校还通过课外活动、生产劳动、社会实践等途径向学生进行教育。教学是学校的中心工作。

2. 教学的意义

教学是学校教育中最基本的活动,不仅是智育的主要途径,也是德育、体育、美育的基本途径,在学校整个教育系统中居于中心地位,发挥着核心作用。

(1)教学是社会经验得以再生产的一种主要手段

教育是解决个体经验和人类社会历史经验之间矛盾的强有力的工具之一,教学作为一种专门组织起来的传递人类知识经验的活动,能简捷地将人类积累的科学文化知识转化为学生个体的精神财富,使他们在短时间内达到人类发展的一般水平。教育不仅能促进个体实现社会化,而且能使人类文化一代代地继承发展。

(2)教学为个人的全面发展提供科学的基础和实践教学的作用

教学为个人的全面发展提供科学的基础和实践教学的作用直接地、具体地表现在对个体发展的影响上:其一,它使个体的认识突破时空局限及个体直接经验的局限,扩大了他们的认识范围,加快了认识的速度;其二,教学作为教育中组织性、系统性最强的活动,能使个体的身心发展建立在科学的基础上,结合科学知识的传授和学习,在一个统一的过程中实现德、智、体、美诸方面的和谐发展。学生是通过自身的实践活动来实现自身发展的目的的,而在教学中,学生的学习活动是最主要的实践活动,学生正是主要通过这种实践活动迅速掌握人类的知识经验,促进自身的全面发展的。

(3)教学是教育工作构成的主体部分,又是教育的基本途径

学校工作应该坚持以教学为主,才能确保教育质量的提高:时间上,应将大部分用于

教学;内容上,要以传授间接知识为主;组织形式上,要以课堂教学为主。同时,教学又必须与其他教育方式相结合,实现全面发展的培养目标。

3. 教学的任务

(1)传授和学习科学文化基本知识和基本技能

基础教育阶段教学的首要任务就是传授和学习科学文化基础知识和基本技能。基础知识是指教学大纲规定的学生必须掌握的关于自然、社会和人类思维的基本知识。基本技能是指学生运用所掌握的知识去完成某种实际任务的能力。基本技能即是各门学科中最主要、最常用的技能,如读、写、算的技能和基本的实验操作技能等。

(2)发展学生智力,培养学生能力

智力是保证人们有效地认识客观事物的稳定的心理特征的综合,它属于认识活动的范畴。智力包括观察力、注意力、记忆力、想象力和思维力,其中思维力是智力的核心。能力是保证人们成功地进行实际活动的稳固的心理特征的综合,它属于实际活动的范畴。教学应该促进学生智力,培养学生自学能力、操作能力、发现问题等各方面能力。

(3)发展学生体力,提高学生的身心健康水平

体力主要是指身体的正常发育成长与身体各个器官的活动能力(如视力、听力、运动器官的活动力)。发展体力是体育课的主要任务,同时,各科教学中都应考虑这一任务的实施。如坐、立、行、阅读、书写的姿势,课业、作业负担量等,都与发展学生的体力有关。

(4)培养学生的审美情趣和能力

教学不仅是知识的授受过程,同时要对学生进行审美教育。要运用艺术美、自然美和社会生活美来培养学生正确的审美观和感受美、鉴赏美、创造美的能力。

(5)发展学生积极的情感、态度和价值观,形成良好的品德和个性心理品质

教学本身具有教育性,应该发展学生积极的情感、态度和价值观,形成良好的品德和个性心理品质。教学教育性体现在:教学内容具有丰富的德育素材。首先,如语文、政治、历史以及一些自然科学范畴的课程,本身就具有一定的思想品德教育内容。其次,教学组织形式和教学基本环节中有丰富的德育因素。最后,教师在教学中能起到榜样示范的作用。

(二)当代主要教学理论流派

教学理论是教育学的一个重要分支。它既是一门理论科学,又是一门应用科学;它既要研究教学的现象、问题,揭示教学的一般规律,也要研究利用和遵循规律解决教学实际问题的方法策略和技术。

1. 哲学取向的教学理论

哲学取向的教学理论源于苏格拉底和柏拉图的"知识即道德"的传统。这种理论认为教学的目的是形成人的道德,而道德又是通过知识的积累自然形成的。为了实现道德目的,知识就成为教学的一切,依次便演绎出一种偏于知识授受为逻辑起点、从目的手段进行展开的教学理论体系。

其一,知识——道德本位的目的观。如凯洛夫主编的《教育学》中所说,教学是指旨在

依照共产主义教育的一般目的与具体任务，在学校中有计划地实现下列工作：以知识、技能和熟练技巧来武装学生，建立他们的共产主义世界观和有计划地发展他们的智力和道德；在教师领导之下，组织学生积极活动，以实现这种工作。其二，知识授受的教育过程。关于教育的本质，苏联教育家把赫尔巴特的教学五阶段改造成六阶段。如凯洛夫主编的《教育学》中这样表述：授予学生知识并使他们领会具体的东西，使他们形成观念；理解所学习客体中的相同点与相异点，本质的、主要的和次要的地方，认清原因与结果、相互作用关系及其各种关系；形成学生的概念，使他们认识定律、定理、规则、主导思想、规范及其他概括；使学生牢固地领会事实与概括的工作；技能和熟练技巧的养成和加强；用实践来测量知识，把知识应用于包括创造性作业在内的各种课业中。其三，科目本位的教学内容。这种教学理论在教学内容方面的主要特征是：过分强调以书本知识为主，以讲授间接经验为主，沿袭了"百科全书式"的课程传统；学科或分科课程占主导地位，以学科逻辑来组织教材，强调教材的系统性；课程的规范程度高，习惯以教科书为课程范本。其四，语言呈示为主的教学方法。这种理论在教学方法上的主张一直是以讲授法占主导地位。教授法是教师通过口头语言向学生传授知识的教学方法，包括讲述、讲解、讲演三种方法。

2. 行为主义教学理论

20世纪初，以美国心理学家华生为首发起的行为革命对心理学的发展进程影响很大。他在《行为主义者心目中的心理学》中指出，心理学是自然科学的一个纯客观的实验分支，它的理论目标在于预见和控制行为。因此，把"刺激—反应"作为行为的基本单位，学习即"刺激—反应"之间联结的加强，教学的艺术在于如何安排强化。由此派生出程序教学、计算机辅助教学、自我教学单元、个别教学法和视听教学等多种教学模式和方式。其中以斯金纳的程序教学理论与布卢姆的掌握学习理论影响最大。

(1) 斯金纳的程序教学理论

其一，预期行为结果的教学目标。斯金纳认为，学习即反应概率的变化；理论是对所观察到的事实的解释；学习理论所要做的，是指出引起概率变化的条件。他还认为人类与动物的行为可能取决于前提性事件，也可能取决于结果性事件，所以我们可以安排各种各样的反应结果，以决定和预见有机体的行为。根据行为主义原理，教学的目的就是提供特定的刺激，以便引起学生的特定反应，所以教学目标越具体、越精确越好。其二，相倚组织的教学过程。所谓相倚组织，就是对强化刺激的系统控制。斯金纳认为，学生的行为是受行为结果影响的，若要学生做出合乎需要的行为反应，必须形成某种相倚关系，即在行为后有一种强化性的后果；倘若一种行为得不到强化，它就会消失。根据这一原理，形成了一种相倚组织的教学过程，这种教学过程对学习环境的设置、课程材料的设计和学生行为的管理做出了系统的安排。其三，程序教学的方法。程序教学法是根据强化作用理论而来的。斯金纳认为，对有机体与其环境相互作用的一种适当的陈述，必须始终说明三件事：反映发生的场合、反应本身、强化结果。这三者之间的关系便是强化相倚关系。

(2) 布卢姆的掌握学习理论

掌握学习的核心是：有效教学应保证大多数学生都掌握主要的学习内容。只要给予足够的时间和进行适当的教学，大多数学生都能达到主要的学习目标。许多学生之所以未能取得合格的成绩，不在于智力问题，而在于未能得到合适的指导和必需的学习时间。掌握学习的一般程序是：展开具体的教学目标，为学生定向。教学目标应包括知识点及要达到的目标（记忆、理解、应用、分析、综合、评价）；逐单元学习，逐单元掌握；进行形成性测验。每单元结束后进行形成性测验，反馈目标达成度，对为达成目标学生进行帮助，并纠正错误；实施终结性测验，评定学生学习成就等级。实验表明，掌握学习能使全班大多数学生的成绩达到 A 等水平。

3. 认知教学理论

认知心理学家批判行为主义是在研究“空洞的有机体”，在个体与环境的相互作用上，认为个体作用于环境，而不是环境引起人的行为，环境只是提供潜在刺激，至于刺激是否引起注意或被加工，这取决于学习者的心理结构。学习的基础是学习者内部心理结构的形成或改组，而不是刺激—反应连接的形成或行为习惯的加强或改变，教学就是促进学习者内部心理结构的形成或改组。提出认知教学理论的是美国教育心理学家布鲁纳和奥苏伯尔等，其中影响较大的有布鲁纳的认知结构教学理论和奥苏伯尔的有意义接受学习理论。

（1）布鲁纳的认知结构教学理论

其一，理智发展的教学目标。布鲁纳认为，发展学生的智力应是教学的主要目的。他在《教育过程》中指出，必须强调教育的质量和理智的目标，也就是说教育不仅要培养成绩优异的学生，而且还要帮助每个学生获得理智的发展。

其二，动机—结构—序列—强化原则。布鲁纳提出了四条相应的教学原则。①动机原则。学习取决于学生对学习的准备状态和心理倾向。儿童对学习都具有天然的好奇心和学习的愿望，问题在于教师如何利用儿童的这种自然倾向，激发学生参与探究活动，从而促进儿童智慧的发展。②结构原则。既要选择适当的知识结构，并选择适合学生认知结构的方式，才能促进学习。这意味着教师必须认识到教学内容与学生已有知识之间的关系，知识结构应与学生的认知结构相匹配。③程序原则。即要按最佳顺序呈现教学内容。由于学生的发展水平、动机状态、知识背景都可能会影响教学序列的作用，因此，如果发现教学效果不理想，教师要随时准备修正或改变教学序列。④强化原则。即要让学生适时地知道自己学习的结果。但要注意的是，教师不应提供太多的强化，以免学生过于依赖教师的指点。另外，要逐步从外部奖励转向内部奖励。

其三，学科知识结构。布鲁纳认为，任何学科知识都是一种结构性存在，知识结构本身具有理智发展的效力。他认为学习基本结构有四个好处：①如果学生了解一门学科的基本结构或它的逻辑组织，就能理解这门学科；②学生了解基本概念和基本原理，有助于学生把学习内容迁移到其他情景中去；③如果把教材组织成结构的形式，有助于学生记住具体细节的知识；④如果给予学生适当的知识经验和对结构的合理陈述，即便是年幼儿童也能学习高级的知识，从而缩小高级知识与初级知识之间的差距。

其四，发现学习法。布鲁纳认为，学生的认知发展主要是遵循特定的认识程序。学生不是被动的知识接受者，而是积极的信息加工者。教师的角色在于创设可让学生自己学习的环境，而不是预先准备齐全的知识。因此，他极力倡导使用发现法，强调学习过程，强调直觉思维，强调内在动机，强调信息提取。

(2)奥苏伯尔的有意义接受学习理论

奥苏伯尔认为发现学习难以成为一种有效的首要的教学手段,绝大多数知识仍然需要通过接受式的学习来掌握。接受式学习并不都是机械式学习,它完全可以成为有意义的。有意义的接受学习是一个主动的过程,一个新知识和旧知识相互作用的过程,即新知识被认知结构中原有观念同化,被学习者理解,是使原有认知结构得以全新组织或改造的过程。这一过程的一般程序是:在决定新知识"登记"到已有的那些知识中去时,对新旧知识的联系性进行切实的判断;当新旧知识进行联系时发生矛盾,就需要进行调节,重新理解或表达新知识;使新知识与个人经验、背景、词汇、概念等相一致,使旧知识成为接受新知识的基础;如果找不到作为调整新旧知识矛盾的基础,则对更有概括性、容纳性的概念进行再组织,从更高层次上进行新旧联系。

4. 情感教学理论

20 世纪 60 年代,人本主义作为心理学的第三势力崛起,认为认知心理学的不足之处在于把人当作"冷血动物",即没有感情的人,主张心理学要真正成为关于人的科学,应该讨论完整的人,而不是把人分割成行为、认知等从属方面。人本主义心理学家认为,真正的学习涉及整个人,而不仅仅是为学习者提供事实。真正的学习经验能够使学习者发现他自己独特的品质,发现作为一个人的特征。教学的本质即促进,促进学生成为一个完善的人。美国人本主义心理学家罗杰斯的非指导性学习就是这一流派的代表,其基本主张是:

(1)教学目标

罗杰斯认为,最好的教育,目标应该是"充分发挥作用的人、自我发展的人和形成自我实现的人"。在他看来,只有这样的人,才能建设性地处理某个领域复杂的问题。他指出:学校要培养的人就是能从事自发的活动,并对这种活动负责的人;能理智地选择和自定方向的人;是批判性的学习者,能评价他人贡献的人;获得有关解决问题知识的人;更重要的,能灵活地处理问题的人;能在各种活动中有效与他人合作的人;不是为了他人的赞许,而是按照他们自己的社会化目标而工作的人。

(2)非指导性教学过程

罗杰斯把心理咨询的方法移植到教学中来,为形成促进学生学习的环境而构建了一种非指导性的教学模式,这种教学过程以解决学生的情感问题为目标。

(3)意义学习与非指导性学习

罗杰斯按照某种意义的连续,把学习分成无意义学习和意义学习。无意义学习(如记忆无意义音节)只与心有关,没有情感或个人意义的参与,它与全人无关。意义学习不是那种仅仅依靠事实累积的学习,而是一种使个体的行为、态度、个性以及未来选择行为方式发生重大变化的学习。这不仅仅是一种增长知识的学习,而且是一种与每个人各部分经验都融合在一起的学习。

(4)师生关系的品质

罗杰斯认为,教师作为"促进者"在教学过程中的作用表现为四个方面:①帮助学生澄清自己想要学什么;②帮助学生安排适宜的学习活动和材料;③帮助学生发现他们所学东西的个人意义;④维持某种滋育学习过程的心理气氛。罗杰斯认为,发挥促进者的作用,关键不在于课程设置、教师知识水平及视听教具,而在于“促进者与学习者之间的人际关系的某种品质”。这种品质包括三个方面:真诚、接受、理解。

5. 建构主义教学理论

建构主义教学理论强调以学生为中心,不仅要求学生由外部刺激的被动接受者和知识的灌输对象转变为信息加工的主体、知识意义的主动建构者,而且要求教师要由知识的传授者、灌输者转变为学生主动建构意义的帮助者、促进者。可见,在建构主义学习环境下,教师和学生的地位、作用和传统教学相比已发生了很大变化。建构主义理论所蕴含的教学思想可以概括为知识观、学习观、教学观等方面。

(1)建构主义的知识观

知识不是对现实的纯粹客观的反映,任何一种传载知识的符号系统也不是绝对真实的表征。它只不过是人们对客观世界的一种解释、假设或假说,它不是问题的最终答案,它必将随着人们认识程度的深入而不断地变革、升华和改写,出现新的解释和假设。知识并不能绝对准确无误地概括世界的法则,提供对任何活动或问题解决都适用的方法。在具体的问题解决中,知识是不可能一用就准,一用就灵的,而是需要针对具体问题的情境对原有知识进行再加工和再创造。知识不可能以实体的形式存在于个体之外,尽管通过语言赋予了知识一定的外在形式,并且获得了较为普遍的认同,但这并不意味着学习者对这种知识有同样的理解。真正的理解只能由学习者自身基于自己的经验背景而建构起来,取决于特定情境下的学习活动过程。否则,就不叫理解,而是叫死记硬背或生吞活剥,是被动的复制式的学习。

显然,这种知识观是对传统课程和教学理论的巨大挑战。照建构主义看来,课本知识,只是一种关于某种现象的较为可靠的解释或假设,并不是解释现实世界的“绝对参照”。某一社会发展阶段的科学知识固然包含真理,但是并不意味着终极答案,随着社会的发展,肯定还会有更真实的解释。更为重要的是,任何知识在为个体接收之前,对个体来说是没有什么意义的,也无权威性可言。所以,教学不能把知识作为预先决定了的东西教给学生,不要以我们对知识的理解方式来作为让学生接收的理由,用社会性的权威去压制学生。学生对知识的接收,只能由他自己来建构完成,以他们自己的经验为背景,来分析知识的合理性。在学习过程中,学生不仅理解新知识,而且对新知识进行分析、检验和批判。

(2)建构主义的学习观

当代建构主义者主张,世界是客观存在的,但是对于世界的理解和赋予意义却是由每个人自己决定的。我们是以自己的经验为基础来建构现实,或者至少说是在解释现实,每个人的经验世界是用我们自己的头脑创建的,由于我们的经验以及对经验的信念不同,于是我们对外部世界的理解便也迥异。所以,学习不是由教师把知识简单地传递给学生,而是由学生自己建构知识的过程。学生不是简单被动地接收信息,而是主动地建构知识的意义,这种建构是无法由他人来代替的。

学习过程同时包含两方面的建构:一方面是对新信息的意义的建构,同时又包含对原有经验的改造和重组。这与皮亚杰关于通过同化与顺应而实现的双向建构的过程是一致的。只是建构主义者更重视后一种建构,强调学习者在学习过程中并不是发展起供日后提取出来以指导活动的图式或命题网络,相反,他们形成的对概念的理解是丰富的、有着经验背景的,从而在面临新的情境时,能够灵活地建构起用于指导活动的图式。

任何学科的学习和理解都不像在白纸上画画,学习总要涉及学习者原有的认知结构,学习者总是以其自身的经验,包括正规学习前的非正规学习和科学概念学习前的日常概念,来理解和建构新的知识和信息。即学习不是被动接收信息刺激,而是主动地建构意义,是根据自己的经验背景,对外部信息进行主动的选择、加工和处理,从而获得自己的意义。外部信息本身没有什么意义,意义是学习者通过新旧知识经验间的反复的、双向的相互作用过程而建构成的。因此,学习不是像行为主义所描述的"刺激—反应"那样。学习意义的获得,是每个学习者以自己原有的知识经验为基础,对新信息重新认识和编码,建构自己的理解。在这一过程中,学习者原有的知识经验因为新知识经验的进入而发生调整和改变。所以,建构主义者关注如何以原有的经验、心理结构和信念为基础来建构知识。

(3)建构主义的教学观

建构主义者强调学习的主动性、社会性和情境性,对学习和教学提出了许多新见解。

事物的意义并非完全独立于我们而存在,而是源于我们的建构,每个人都以自己的方式理解事物的某些方面,教学要增进学生之间的合作,使学生看到那些与他不同的观点。因此,合作学习受到建构主义者的广泛重视。这些思想是与维果斯基对于社会交往在儿童心理发展中的作用的重视的思想相一致的。学习者以自己的方式建构对于事物的理解,从而不同的人看到的是事物的不同的方面,不存在唯一的标准的理解,通过学习者的合作使理解更加丰富和全面。教学不能无视学习者的已有知识经验,简单强硬地从外部对学习者实施知识的"填灌",而是应当把学习者原有的知识经验作为新知识的生长点,引导学习者从原有的知识经验中,生长新的知识经验。这一思想与维果斯基的"最近发展区"的思想相一致。教学不是知识的传递,而是知识的处理和转换。

教师不单是知识的呈现者,不是知识权威的象征,而应该重视学生自己对各种现象的理解,倾听他们时下的看法,思考他们这些想法的由来,并以此为据,引导学生丰富或调整自己的解释。教学应在教师指导下以学习者为中心,当然强调学习者的主体作用,也不能忽视教师的主导作用。教师的作用从传统的传递知识的权威转变为学生学习的辅导者,成为学生学习的高级伙伴或合作者。教师是意义建构的帮助者、促进者,而不是知识的提供者和灌输者。学生是学习信息加工的主体,是意义建构的主动者,而不是知识的被动接收者和被灌输的对象。简言之,教师是教学的引导者,并将监控学习和探索的责任由以教师为主转向以学生为主,最终使学生达到独立学习的程度。

二、教学过程

教学过程是依据学科的课程计划和教学大纲,在教师指导下,为实现既定的教学目标,通过师生教与学的共同活动,使学生掌握系统的文化科学基础知识、基本技能,提高身体素质、心理素质、社会文化素质的复杂的、多方面统一的教育过程。

(一)教学过程的本质及其特征

1. 关于教学过程的几种代表性观点

我国关于教学过程本质的讨论历史悠久,建国后有以下几种代表性的观点。

其一,认识与发展说。“认识说”认为:教学过程是学生在教师引导下的一种特殊的认识过程,是人类认识世界的一种社会实践。“发展说”认为:教学过程是教师通过传授知识、技能进而形成和发展学生各种能力和个性品质的过程。

其二,活动与途径说。“活动说”认为:教学过程是教师的教和学生的学相结合的双边活动过程。“途径说”认为:教学是实现教育目的的基本途径,教学过程是以智育为核心的德、智、体、美、劳的综合教育过程。

其三,多质说。教学过程具有多层次、类型的本质,是社会、认识、心理、生理等因素相互作用的过程。对教学过程这一客观因素研究的多样性观点说明教学现象的复杂性:有教师教的过程,有学生学的过程,还可能有教学系统结构中各种要素分别演变或发挥其功能的过程。如何认识教学过程,不仅是一个理论问题,而且也是一个实践问题,直接关系到教学过程中教的行为和学的行为,直接影响到现代教学理念的实施和教学效果。例如,把教学过程理解为“教”的过程,就会偏重于教师教的行为;把教学过程理解为“学”的过程,就会偏重于学生学的行为;如果把教学过程理解为“教与学”的过程,就会关注教学过程中的两种生命活动及其相互关系。

2. 关于教学过程本质的一般表述

关于教学过程本质的一般表述是:教学过程是一个特殊的认识过程,也是有意识地促进学生发展的过程。前者是从教师教和学生学的角度,从认识论的角度来分析教学过程。首先,教学过程是一个认识过程,因为它遵循着人类认识的一般规律:从生动直观到抽象思维,从抽象思维到实践的认识真理的辩证途径。其次,教学过程是一个特殊的认识过程,其特殊性是以“人类的个体”与科学家探究人类未知领域或者说人类总体的“类认识”为参照,表现为“间接性”的。和“人类的总体认识”,和科学家探究人类未知领域不同,教学中学生的认识是继承人类历史上已经发现、证实了的知识,教学的任务之一就在于使学生在尽可能短的时间内,排除历史发展过程中的偶然性,掌握人类的经验。

教学过程主要有以下几方面特征:间接性,以及伴随间接性而来的指导性、巩固性、发展性。

(1)间接性

教学过程中的“间接性”是指以较短的时间,最高效地获得人类的间接经验。当然,有时候,教学过程也要借助直接经验的获得。虽然学生认识的是人类早已知晓的领域,但是对于学生个体来说却是一个崭新的领域,教学就是要借助直接经验的获得过程培养学生科学家般的精神。所以,有经验的教师把教学过程设计成发现问题、思考问题、解决问题的过程,让学生“亲历”发现、发明、创造的过程,以培养学生的独立性、创新意识和多方面的学习能力。“探究—发现”式的教学在我国中、小学课堂教学中应予以充分重视。

(2)指导性

教学过程中的"指导性"是指教师在教学活动过程中的地位、作用。诚然,我们现在比较多地关注学生,强调学生的主体地位,反对过分强调教师的作用。但是,我们并不否定,反而更加重视教师在教学活动过程中的指导性,重视教师对教学活动的设计、组织、引导,重视教师指导下有效的课堂教学。没有指导性就没有教学认识活动的简约性,更谈不上交往的互动性。

(3)巩固性

教学过程中的"巩固性"是指通过教学,帮助学生在理解的基础上,牢固地掌握知识,使其长久保持,并能熟练地用于解决实际问题。教学的任务之一就在于使学生在较短的时间内,掌握大量的信息、知识,形成技能、技巧。教学是一种有组织、连续不断的认识活动,时间长、信息量大、任务重、环节多、节奏快、难度大。这就决定了教学过程"巩固性"的特征。及时的、理解性的巩固知识,不仅有助于学生对知识的牢固保持,以及通过对知识的运用形成熟练的技能、技巧;而且有助于学生加深对所学知识的理解,为继续学习奠定良好基础,还有助于促进学生思维能力的发展。

(4)发展性

教学过程中的"发展性"是从心理学角度提出来的,指教学认识活动具有多方面的发展功能。赞科夫指出:现代教学"应以最好的教学效果来达到学生最理想的发展水平"。他所说的发展是学生的一般发展,一般发展是指儿童智力、情感、意志、性格等心理特征的全面、和谐发展,即儿童个性与整个身心的全面发展。

(二)教学过程的基本规律

教学规律是教学过程中各因素之间本质的必然的联系。一般认为教学过程有以下几个基本规律。

1. 间接经验与直接经验相结合的规律

这是指教学过程是学生特殊的认识过程,要处理好直接经验与间接经验的关系。基本含义是:其一,在教学过程中,学生是以认识间接的书本知识为主的;其二,学习间接经验必须以学生个人的直接经验为基础。其三,防止出现忽视系统传授基础知识的倾向。

2. 教师主导与学生主体相结合的规律

这是指教学过程是教师和学生共同活动的过程,是教师引导下学生的学习过程,既要有教师的主导作用又要有学生的主体作用。基本含义是:教师是教学活动的组织者、引导者、管理者,起主导作用;学生是认识的主体,是教学任务的承担者、教学质量的体现者,必须配合教师积极主动的学习。二者有效结合,充分调动学生学习的积极性,教学才能取得成功。

3. 教学与发展相互促进的规律

这是指在教师传授知识和学生学习知识的教学过程中,学生的发展(智力、非智力因素)会受一定影响,同时学生的发展又影响他们对知识的进一步掌握。基本含义是:学习和掌握知识是学生发展的基础,掌握知识又必须依靠学生的发展。传授知识和发展学生是两个不同的范畴,应克服“自然发展论”的思想。传授和发展应做到有机结合,传授知识是手段、途径、过程,发展才是最终目的,而发展不是简单地依附于教学过程的。

4. 教学的教育性规律

教学的教育性规律是指在教学过程中,不管教育者主观意愿如何,是否自觉,学生都在客观接受着一定的思想政治教育,受到一定政治立场、世界观、方法论的影响和社会意识形态的熏陶、感染。

(三)教学过程的基本阶段

教学过程的基本阶段是根据在教学过程中的学生认识规律而形成的。学生认识规律一般表现为感知教材、理解教材、巩固知识和运用知识这样一个序列。

1. 组织学生感知知识(教材)

组织学生感知知识(教材),是指引导学生通过自己的各种感觉器官接触教材,在大脑中形成对教材的表象,获得对教材的感性认识。如教师通过讲述、演讲、泛读、直观教具、演示、学生的实验、表演等刺激学生的感官,使学生形成对于这一课程具体、形象化的感受、直接动机。组织学生感知知识(教材)是教学过程的重要阶段。第一个阶段的教学任务在于形成对教材内容的表象和观念,发展学生的观察力、想象力、表达力、阅读能力,激起学生对学习内容的兴趣。这一阶段的教学任务能否完成需注意以下几点:充分利用教材中的感性材料;通过多种渠道组织学生感知教材;选择、展示典型材料;注意语言配合,展示时间、速度、程序;给学生展现个性的空间。

2. 引导学生理解知识(教材)

引导学生理解知识(教材),是指在感知知识(教材)的基础上,通过对事物表面现象的认识,进而引导学生认识事物的本质与规律。理解知识(教材)阶段的任务:教师在组织学生感知知识(教材)的基础上进行抽象的思维活动,对感知的教材进行分析、综合、抽象、概括,从而形成概念、判断和推理,达到领会教学内容的本质、认识规律、掌握原理的目的;培养和发展学生比较、分析、综合、概括、推理、判断的抽象思维能力。理解知识(教材)形成概念,是课堂教学的核心阶段。对于抽象思维能力尚不完善、尚处于发展中的中学生来说,要完成这个阶段的任务需注意以下几点:根据教材的重点、难点、关键点设计问题“链”;注意互动,及时提出、生成问题,激发学生思考,让学生成为学习的主人;把握好教学内容的“序”、学生认知发展序列;表达概念时语言要正确、准确、周严,不得产生歧义;推导原理、定律、法则时,句句相连、环环相扣、层层推进,具有逻辑性;注意在这一教学阶段有意识地培养学生比较、分析、综合、概括、推理、判断的抽象思维能力;将新概念纳入已有的知识系统,逐步加深理解。事实证明,任何知识如果不经过学习者的理解,不经过比较、分析、综合、概括、推理、判断,就很难实现掌握知识的第一次转化,达到长期保持;也很难实现对知识的巩固与运用,更谈不上完成高一阶段的学习任务,实现可持续发展。

3. 组织学生巩固知识

从感知教材到理解教材、形成概念,从直观到抽象、从感性认识上升到理性认识,教学过程经历两个阶段,学生已经实现了掌握知识的第一次转化。但是这个转化仅仅是初步的，并不意味着学生已经掌握了新知识，要把知识真正转化为学生自己的东西，保存在自己的知识体系中，成为思维的因子与工具，发展学生的记忆力，就必须及时、自觉地保持、巩固这些知识，使知识在头脑中保存起来，成为易于精确地再现的东西，为学生运用知识、形成多方面能力奠定基础。巩固知识不等于题海战术、死记硬背，不能违反现代教学思想。因为学生主要是通过语言文字来获取知识的，语言文字没有生动直观的实物留下的印象深，如果不能及时巩固，就会遗忘。从心理学的角度看，就是及时重现所形成的新的暂时性神经联系，使新形成的暂时性神经联系予以强化，达到长期保持。

在组织学生巩固知识阶段，教学应注意以下几点：要突出重点、抓住知识的本质进行复习巩固；要突破难点，由浅入深各个击破；重视逻辑记忆，在理解的基础上记忆，特别是随着学生年龄的增长，要引导学生对学过的知识进行整理归纳，形成合乎逻辑的知识体系；注意精选巩固知识阶段的习题，这些习题既能突出重点、加深理解，又能举一反三；注意巩固知识的多种形式与方法，从教师教的角度看，教师可采用讲授、问答、讨论、读书指导、参观、实验、练习、操作等方式帮助学生巩固知识，从学生学的角度看，教师要指导学生采用多种有效的记忆方法，例如：分类、对立、比较对照、相互联系、机械记忆与意义记忆相结合；在获取新知识的过程中，从新的角度，通过新的联系去巩固旧的、已有的知识技能。在获取新知识的过程中，通过对新知识的改组、充分的变式达到对新知识的巩固。

4. 指导学生运用知识

理解知识的目的在于运用，运用知识标志着教学更高一级任务的完成，学生对知识达到掌握的水平。因此，指导学生运用知识是学生学习活动特别重要的阶段。依据人类认识活动的规律：从生动的直观到抽象思维再到实践，运用知识于实践也是学生认识活动不可缺少的环节。没有运用知识的实践环节，学生对新知识的理解就得不到检验，学生也不能在这个环节中实现对新知识的进一步理解与巩固，更不能完成理论与实际的联系，培养学生解决问题的能力。在教学过程中，学生的实践包括练习（书面练习、口头练习、实际操作）和实习、见习、社会调查、生产实践、课外科技活动、文艺体育活动等。这两大类实践活动都是十分重要的，但是在实践中人们更关心的是练习，而一讲到练习，人们大多认为就是大量的书面练习，这样既造成学生学业负担过重，也根本不符合学生认识的基本规律。这也是造成学生动手、实践能力弱和创新意识差的主要原因之一。

指导学生运用知识阶段的任务是：通过练习、实习等形成技能技巧，培养学生的综合思维能力、实际操作能力，使学生实现认识的第二次转化。学生的学习是单科进行、齐头并进的。这样的课程设计既容易造成学科之间彼此割裂，缺乏综合，运用知识阶段给学生提供了学科、知识综合的条件。新课程要求下的综合课和综合实践活动既对学生技能、技巧和综合思维能力、实际操作能力的形成有要求又为之提供了保障。指导学生运用知识阶段要注意的问题是：调动学生学习的积极性；重视学、思、行的学习过程，特别是第二类的实践活动，因为实习、见习、社会调查、生产实践、课外科技活动、文艺体育活动等更加有利于综合思维能力、实际动手能力、创造力的培养，更有利于学生对知识的综合理解与运用，更有利于学生情感体验的形成；运用知识要采用多样化手段，根据不同的知识技能要求，采用不同的运用形式；在指导学生运用知识的过程中培养学生正确、有效地解决问题的思路。实践证明,无论是解题还是学生动手解决实际问题,都是有一定思路的,而思路是可以教和学的。正确、简洁、明快的思路有利于知识的复习巩固,减少解题或解决实际问题的时间,事半功倍,有效地促进学生的发展,思路狭窄、思维混乱只能是盲目尝试、不得要领、低质量的学习。

以上教学的四个阶段是建立在学生认识规律基础上的,能抽象出各科教学的一般特征,具有普遍指导性。但是教学过程,特别是课堂教学过程是变化的,学生已有的经验、预习、水平层次、兴奋点的不同,教师知识、能力、方法、价值观、态度、对课堂教学情境体悟的不同,满足教学的各类教学条件的不同,教学内容、教学目标的不同,都可能改变教学各阶段的核心任务,也可能因为核心任务的不同而改变教学基本阶段的程序。这就是教学:规律(有序性、确定性)与艺术性(无序性、非确定性)并存。

三、教学活动

(一)教学工作的基本环节

搞好教学工作,主要是做好备课、上课、布置和批改作业、课外辅导、学生学业成绩的检查和评定、指导课外活动六个基本环节的工作。

1. 备课

备课是教师上课前的教学准备。它包括钻研本学科的教学大纲、教科书和有关参考资料,了解学生的实际,研究教学方法,编制学期(或学年)教学进度计划、课题(或单元)教学计划,写出课时教学计划(教案),等等。

(1)钻研教材

包括钻研教学大纲、教科书和有关参考资料。通过钻研教学大纲,了解本学科的教学目标、教学任务,掌握教材的体系、重点、难点和关键点,明确教学中应注意的问题。教师钻研教材,首先,要通读教科书,了解教科书体系、基本思想、基本概念;其次,要根据教科书各部分的不同属性和特点,确定重点、难点和关键点;最后,还要使自己的思想感情和教材内容融为一体,达到对教材内容的运用自如。在通读教科书的基础上,进行单元和课时备课。教师还要广泛阅读有关参考资料,以便把科学研究、工农业生产中的新发展与新成果反映到教学中,与学生的生活融合。

(2)了解学生

包括了解学生的有关本学科原有知识技能的基础、学习兴趣和学习态度、思维特点、自学能力、学习习惯以及思维状态等。既要了解学生的一般情况,又要了解学生的个体差异。在此基础上,预测学生在学习新知识时会出现的问题,拟订应对措施。

(3)研究教学方法

根据教学内容及学生实际,对教材进行加工,包括组织教材、确定课的类型、安排一节课的活动、选择教学方法及布置课外作业。

备课一般分为学期备课、单元备课、课时备课三种。教师要在钻研教材、了解学生和研究教学方法的基础上,制定出以下三种计划。①学期教学进度计划。这是以各门学科每个课题的教学日程安排为主要内容的计划。一般在学期开始前制定。内容包括:学生情况的简要分析;学期的教学总要求;教科书各章节或各课题的教学时数及起讫日期;各课题运用的教学手段;等等。②单元教学计划。这是对一单元教学作出全面安排的计划。其内容包括单元名称、教学目标、课时安排、课的类型、教学方法、电化教学手段以及教具的运用等。③课时教学计划(教案)。这是教师备课中以课时为单位设计的教学方案。其内容一般包括:班级、学科名称、课题、教学目标、上课时间、课的类型、教学方法、课程进程和时间安排、教具运用、板书设计、教师课后自我分析等。

2. 上课

上课是教学工作的中心环节。一节好课取决于许多条件,主要有以下几方面。①目的明确。即在知识技能、能力、思想品德等方面的具体要求。②内容正确。既要保证科学性、思想性,又要理论联系实际,注意教材的重难点,明确教材各部分内容之间的联系。③方法恰当。教师要善于调动学生学习的主动性和积极性,选择恰当的方法,使学生生动活泼地学习。④结构紧凑。教学要有严密的计划性,教与学的活动要安排得非常妥当。上课开始时要立刻安定学生情绪,引导学生积极投入学习活动。然后按预定的教学进程进行教学,恰当安排讲、演示、练、板书,一环套一环,要严密有序。对偶发事件要机智、妥善地处理。⑤学生积极主动参与。学生是否积极主动参与是衡量一节课好坏最根本的标准。

3. 布置和批改作业

布置和批改作业,是课堂教学的延伸。布置作业的目的是帮助学生消化、巩固课堂教学内容,并应用知识于实际,形成技能技巧,也有益于开启学生的智力,培养创造才能和锻炼克服困难的毅力。课外作业的基本要求:①作业要符合教科书、教学大纲的要求,富有启发性、典型性,有助于巩固学生所学的知识;②分量要适当,难易要适度;③作业要有明确的要求,质量和完成的时间都要求明确;④要对作业进行适当指导,应及时批改。

4. 课外辅导

课外辅导要使教学适应个体差异,可采用集体辅导、小组辅导、个别辅导等形式,适时补缺补差。实行课外辅导的必要性在于弥补课堂教学难以照顾个别差异的不足,实行因材施教。课外辅导的对象,一般是学习困难较多或有特殊才能的学生。对一般水平的学生也应适当进行辅导,以便更好地了解他们的发展变化情况。课外辅导,一般采取个别辅导或小组辅导形式。其内容有知识性的,也有思想性的,以及方法指导等多方面。

5. 学生学业成绩的检查和评定

学业成绩的检查有两种方式:考试与考查。学业成绩的评定是指考试或考查后,要对学生的学业成绩作出评定,说明其知识技能的掌握程度,判定其达到的等级。学业成绩的评定是作出教育处置、实施教育措施的依据,具有诊断、调节和强化的作用。有评语和评分两种形式。评定学生学业成绩应注意:严格遵照评分标准,客观、公正、真实地反映学生的学业成绩;全面衡量学生知识、技能的广度、深度与熟练程度,以及运用知识的能力;判断学生回答问题的完整性与创造性;评定学生口头语言、书面语言的组织表达能力,以及思维过程是否科学。

6. 指导课外活动

课外活动是指在课堂教学之外,由学校组织指导或由校外教育机关组织指导的,用以补充课堂教学,实现教育方针要求的一种教育活动,是根据受教育者的需要和自己的努力以及教育教学的需要,在教育者的直接或间接指导下,来实现教育目的的一种活动。课外活动又可以分为校内活动和校外活动,二者的区别在于组织指导的不同。校内活动是由学校领导,教师组织指导的活动;校外活动是由校外教育机关组织指导的活动。这里应注意的是,校内活动并不仅仅限于学校范围之内,也可以是在校外组织活动,它与校外活动的区别只是在组织和领导方面的不同。在我国古代,已经出现了课外活动这一教育形式。《学记》中记载:"大学之教也,时教必有正业,退息必有居学。"所谓"正业"就是指的课堂教学,"居学"就是指课堂教学以外的活动,即受教育者在课堂学习之外,还要进行与课堂学习有关的课外活动。这样,才能使受教育者"安礼""乐学",从而实现"安其学而亲其师""乐其友而信其道""虽离师辅而不反"的目的。

随着社会发展的需要,个别教学被以班级授课制为基础的课堂教学代替。课堂教学能够大规模地培养人才,适应社会和生产发展的要求。但是,它又具有一定的局限性,不利于从实际出发,因材施教,不利于受教育者个人天性的充分发展。因此,作为课堂教学这一组织形式的必要补充形式,课外活动便应运而生,并在长期的发展和实践中,不断地完善和积累经验,日趋成熟。

课外活动与课堂教学是一个完整的教育系统,课外活动是课堂教育的必要补充,二者相互作用,相辅相成,对完成教育任务、实现教育目的具有同样重要的作用。它对解决受教育者的全面发展与因材施教,一般发展与特殊发展,间接经验与直接经验等矛盾具有重要的意义。

课外活动具有以下特点:①课外活动具有很高的自主性;②课外活动的形式具有很大的灵活性;③课外活动的内容具有很强的伸缩性。

课外活动具有以下意义:①课外活动不仅能加深、巩固和扩大课堂上所学到的间接知识,而且能不断地获得新的知识;②课外活动可以培养教育者良好的思想品德,丰富和活跃受教育者的精神生活;③课外活动可以发展受教育者的体力、审美能力、劳动能力;④课外活动还可以使教育者能从中及早地发现人才,促进人才的早期培养;⑤课外活动有利于受教育者个性的形成和培养,并防止受教育者走上歧途;⑥课外活动可以训练被教育者的社会交往能力;⑦课外活动是训练受教育者善于利用闲暇时间的一种有效方式;⑧课外活动是培养良好公民的一种手段。

(二)教研活动

1. 无生上课

无生上课就是通常说的模拟上课,是近年来在教师教学研讨、教学评比以及招聘教师等活动中出现的一种教学形式。

(1)无生上课的概念

无生上课是指教师在备课的基础上,对领导、同行或评委,由教师模拟在无学生的状态下的具体师生双边的教学过程,主要是用来评比、研究与提高教师教学能力与水平,是教师教学研究和教学研讨及评比等活动的一种形式。通俗地说,就是说在没有学生的情况下,老师设计好语言教案(包括口头语言与体态语),然后模仿实际的课堂教学进行上课,老师就像在表演独角戏。

(2)无生上课的基本特点

其一,与常规教学相比,教学的场所、对象不同。真实课堂的上课,教师面对的是学生。“无生上课”可以在办公室或其他场所,面对的是同行或专家。其二,观察、研究的对象不同。真实的课堂上,我们观察、研究的对象是教与学的双边活动,且以学为主。“无生上课”的观察、研究对象主要是教师的教,对学的状态只能猜测。其三,目标不同。常态教研活动的目标主要在于了解教师的教学能力和学生的学习情况,为教师和学生提供改进的建议和意见,也为管理者评价教师、制定校本教研计划等提供依据等。“无生上课”活动的目标则主要在于帮助提高教师改进教学方案,培训教学技能,等等。前者侧重学校的发展,后者侧重教师个体的发展。其四,规模小、时间短、参与性强。教师在学科组内参加活动。一般学校学科组(大型学校的年级学科组)一般不超过10人,每人上“课”、被评的时间控制在15分钟左右,听“课”者由其他参加者(同组教师和专业人员)组成。由于没有学生的真实参与,上课时间相对缩短,常规一节40—45分钟的课一般在无生上课中只需20—25分钟。其五,反馈及时、客观、针对性强。由于在较短的时间内集中开展“无生上课”活动,参加者能及时听到他人对自己教学行为的评价,获得反馈信息。较之常态的听课、评课活动,“现炒现卖”,具有即时性。由于是课前的组内“预演”,人人参与,互相学习,互相帮助,共同提高,在一定程度上减轻了教师的心理压力,不会担心教学的“失败”,不会顾虑评价的“得罪人”,较之常态的评课就会更加客观。参评人员不仅仅包括上“课”者自己和其他同组教师,有时专业人员加入,进行指导、引领,信息反馈多元化、教学评议民主化,使针对性更强。

(3)无生上课的教学设计

无生上课是在备课基础上,对于教学过程的一种模拟。因此应像正常上课一样精心备课,精心设计教学的各个环节,不要把课准备成讲授课、灌输式的课,要真正把自主、探究、合作落实到试课稿。教学设计既包括对主要教学环节的设计,也包括对各个环节的过渡与衔接的设计,以及教师具体导语的设计,操练教学的基本技能,如教师的板书、口语、表情以及教态等,关注每一细节的设计与教师行为。在无生上课中,无需制作教具,教者可以根据设想充分地使用教具。经常使用的有电脑课件、图片、投影仪、录音、VCD等等,还可以创设具体的场景等。

(4)无生上课的教学过程

无生上课是教师面对专家或评委,独立模拟表演师生双边活动,具有虚拟性与表演性。教师应根据教育教学经验对学生的行为进行预测,并以适当的方式呈现、表演、虚拟学生的行为,如采用自问自答等方式,模拟、营造出一种教学氛围。教师的这一行为在教学设计(即备课中)就应充分考虑,关注对学生情况的分析,即关注备课中的“备学生”,应预设学生活动、师生共同活动时的班级气氛,并设计以适当的方式呈现与表演这一状态。

(5)无生上课的注意事项

其一,把握好时间:一般准备1小时,无生上课时间在15—25分钟。其二,按照一堂好课的基本标准进行试课,重在展示基本功。设计好开头,讲清教学结构,分析思路,方法渗透。没有反馈,要事先假设反馈。在讲到重点与难点时要突出,假设学生反馈了什么样的问题与错误然后讲解并纠正。不要在过程中卡壳,注意一切细节。其三,上课者要充满自信,语言亲切、自然,紧凑、连贯、精炼、准确。注意发挥特长,体现特色。其四,切忌重复过程;面面俱到,重点不突出;思路不清晰。

2. 说课

(1)说课的基本概念

说课是指教师在备课基础上,在授课前对领导、同行或评委主要用口头语言讲解具体课堂教学设想及其依据的一种教研活动,它是教师将教材理解、教法及学法设计转化为“教学活动”的一种课前预演,也是督促教师业务文化学习和进行课堂教学研究、提高业务水平的重要途径,也是评估教学水平的有效手段。

说课源于备课,又高于备课,是备课的深化和提高,教师的备课是个体隐性的、无声的半封闭式劳动,说课与备课不同,它所呈现的不只是教学设计本身,而且更重要的是要说出备课中的思考,即不仅要说“教什么”和“怎么教”,更要说“为什么这样教”。说课有着很强的理论性和实践性,需要将教育科学理论与课堂教学实际有机结合,从中可以综合地反映出教师的教学思想、理论修养、知识水平、教学能力、应变能力和基本功等各个方面的素质。

“说课”和“上课”也不尽相同。“上课”主要通过现场课堂教学实践,以体现教学设计思想与教学技艺。而“说课”的重点在于说明对一定的课题“怎么教”和“为什么这样教”的设计思想的分析、概括方面。其一,对象不同,前者面向同行,后者面向学生;其二,前者不仅要说出准备上课的教学方案怎样教,运用了哪些教学理论,还要说出备课中所思考的问题,后者只是将教学方案付诸实施;其三,因“说课”是在同行中进行的,知识层面高,所以要求在20分钟内,用凝练、浓缩的语言,说完厚实的内容,而非一节课的40分钟。

(2)说课的内容

其一,说教材分析。说明课程标准(大纲)对指定的本课内容所应完成的教学任务:说明该内容在相应单元、章或者整个教材中的地位和作用,该内容在教材乃至学科的逻辑结构中的位置:编者的意图,教材的特点,以及教材的重、难点;并从课程论的角度,依据学生的认知结构、人格因素等层面来审视该内容;阐述该内容与相关学科的关系。即应准确地阐明:①教学内容是什么,包括哪些知识点;②本课内容在教材中的地位、作用和前后联系;③课程标准(大纲)对这部分内容的要求是什么;④本课的教学过程目标及确定的依据;⑤教学的重点、难点和关键。

其二,说教学对象。分析学生的认知基础,即学生学习该内容时所具备的与该内容相关的知识、技能和能力;分析学生的心理、生理特征对学习该内容的可接受性;分析学生的思维方式与学习习惯对学习该内容的适应性；分析学生群体中因学习基础不同而对接受该内容可能产生的差异性；等等。

其三，说教学过程目标。分析该内容（概念和基本原理）中的认知目标、能力目标和情感（素养）目标，包括显性或隐性的思想方法和学科意识，以及具有人格构建作用的各种学科品质。

其四，说教学方法。说明在该课时的教学过程中，将采用何种教学方法，以及选用这些教法的理由。教学方法得当，利于教学内容的传授，利于学生对知识的理解和记忆。教学方法贴近学生，可调动学生积极思考，从而提高分析问题和解决问题的能力。即应简要地说明：①教法的总体构想及依据；②具体采用了哪些教学方法，教学手段及理由；③所用的教具、学具。

其五，说学法指导。说明在教学过程中，针对所授内容的难易程度，结合学生的实际情况，向学生交代掌握知识发展规律的方法，即学法指导。恰当的学法指导有助于学生对知识的理解和掌握，给学习带来事半功倍的效果。即应突出说明：①学法指导的重点及依据；②学法指导的具体安排及实施途径；③教给学生哪些学习方法，或培养哪些学习能力。

其六，说教学手段。教学手段多种多样，传统的教学手段在我们过去的教学中，得到了很好的运用，在现代教学中，电影、录像、录音、投影以及逼真的拟音、拟状、可视可触摸的实物缩影等多媒体教学手段不断走进课堂。多样化的教学手段的运用，直观形象地再现知识间的内存联系。给学生留下了深刻的印象，教学效果好。因此，教师说课应说明在教学过程中，根据课堂教学内容的具体需要，将采用哪些切实可行的教学手段。说明选用的教具或教学媒体的必要性、优越性，指出所采用的教学手段为什么能产生其他手段难以达到的效果；说明它在突破难点，或在学生对概念的形成过程中、或在学科的基本原理的归纳过程中、或在解题思路的发现过程中的作用；说明选择某种CAI“制作平台”的优势。

其七，说教学过程。说教学过程是说课的重要一环。说课教师要在有限的时间内，说明应如何导入新课，传授新的知识，如何进行能力的培养和进行德育的渗透，等等。说教学过程，最能体现教师的教学基本功，说课教师要紧紧把握住教材的重点、难点，围绕教学过程目标及教学各环节的关系，进行简明地概述。首先要说明构思整个教学过程的总体指导思想，应泛溢出教师的教育教学的理论素养；说明教与学两种活动的有机结合的设计及其理论依据；说明情境创设的方式及优越性；说明教学方法的选择和组合，为什么能最大限度地调动学生的参与意识和学习的积极性。即培养学生自主学习的精神；说明典型的教学环节，如观察、实验、猜想、讨论、探究活动等环节的价值取向及其理论依据。即应科学地阐述：①课前预习准备情况；②完整的课堂教学程序（怎样铺垫，创设情境，如何导入，新课、练习如何安排，如何小结）；③扼要说明作业布置（思考、探究性课题、书面作业）和板书设计；④教学过程中双边（师生共同讨论，共同探究）活动的组织及调控反馈措施；⑤教学方法、教学技术手段的应用及学法指导的落实；⑥如何突出重点、突破难点以及各项教学目标的实现。

说教学过程是“说课”的重点内容，要说清每个教学环节的安排及理论依据，还要做到前后呼应，使前六个方面的内容落到实处。但是，要防止把“说”变成“念”，更不要把“说”

教学过程变为课堂教学过程的浓缩。当然,在撰写说课课案时,不可能也不必面面俱到地包容以上内容,而应该有所侧重,择善而从,写或说出自己最有特色之处。

(3)说课应注意的问题

其一,说课教学应做必要的准备。首先要学习课程标准(大纲),把它作为确定教学目标、教学重点难点、教学结构以及教法、学法的依据。其次要钻研教材,对说课的内容烂熟于心,对各种资料、数据、图片等可制成卡片,以便随时取用。

其二,说课教师不能只按照自己备好的教案,把上课的内容从头至尾讲一遍,显得洋洋洒洒,滔滔不绝;也不能只把上课的几个环节做简单的概述,显得毫无生气。这样,都有悖于说课目的。

其三,说课教师对所说课的内容应做"轻""重"取舍,切不可平均使用力量、面面俱到、拖泥带水。若不分"轻""重",不分主次,会使听课者听不出所以然。

其四,在说课过程中,说课者应不断设问"为什么",而且自己应该做出令人满意的解说。倘若对某些问题还未吃透,应在说课前认真钻研教材,切不可在说课时设置"有待请教""有待探讨"之类的疑问。

总之,说课的质量和水平取决于教师的教学理论水平和实践经验以及对教材的把握程度。说课虽然有一般的环节要求,但无固定的模式,教师可根据自己的需要,对说课的环节做必要的调整。

3. 听课与评课

(1)听课与评课的概念

听课是一种对课堂进行仔细观察的活动,它对于了解和认识课堂有着极其重要的作用。课堂上许许多多司空见惯的问题经由听课者自觉的观察,就可洞见到很多值得探索、深思的地方。听课是提高教师素质,提升教学质量的重要方式。评课,顾名思义,即评价课堂教学。这是在听课活动结束之后的教学延伸,是对其执教教师的课堂教学的得失、成败进行评议的一种活动,是加强教学常规管理,开展教育科研活动,深化课堂教学改革,促进学生发展,推进教师专业水平提高的重要手段之一。评课是教学、教研工作过程中一项经常开展的活动。评课的类型很多,有同事之间互相学习、共同研讨评课;有学校领导诊断、检查的评课;有上级专家鉴定或评判的评课;等等。

(2)评课的意义

在当前新课程改革的背景下,客观、公正、科学地评价课堂教学,对探讨课堂教学规律、提高课堂教学效率、促进学生全面发展、促进教师专业成长、深化课程改革有着十分重要的意义。主要表现在以下几个方面:

其一,有利于促进教师转变教育思想,更新教育观念,确立课改新理念。评课者要评好课,首先必须研究教育思想。在评课中,评课者只有用先进的教育思想、用超前的课改意识去分析、透视每一节课,才能对课的优劣做出客观、正确、科学的判断,才能给授课者以正确的指导,从而促进授课者转变教育思想,更新教育观念,揭示教育规律,促进学生发展。若用陈旧的、僵化的教育思想去评课,不仅不能给授课者以帮助,反而可能会产生误导。

其二，有利于帮助和指导教师不断总结教学经验，形成教学风格，提高教育教学水平。我们经常可以看到，同样的一个学科，同样的一节课或同样的教学内容，不同的教师表现出的教学风格则不同。评课者必须十分注意去发现和总结授课者的教学经验和教学个性，要对教者所表现出来的教学特点给予鼓励，帮助总结。让教者的教学个性由弱到强，由不成熟到成熟，使其逐步形成自己的教学风格。

其三，有利于信息的及时反馈、评价与调控，调动教师教育、教学的积极性和主动性。通过评课，可以把教学活动的有关信息及时提供给师生，以便调节教学活动，使之始终目的明确、方向正确、方法得当、行之有效。

(3)评课的基本内容

其一，从教学目标上分析。教学目标是教学的出发点和归宿，它的正确制订和达成，是衡量一堂课好坏的主要尺度之一。所以分析课首先要分析教学目标。现在的教学目标体系是由“知识与技能、过程与方法、情感、态度与价值观”这三个维度组成的，体现了新课程“以学生发展为本”的价值追求。

其二，从处理教材上做出分析。评析老师一节课上的好与坏不仅要看教学目标的制定和落实，还要看教者对教材的组织和处理。我们在评析教师的一节课时，既要看教师教授知识的准确、科学，更要注意分析教师在处理教材和选择教法上是否突出了重点，突破了难点，抓住了关键。

其三，从教学程序上分析。教学目标要在教学程序中完成，教学目标能不能实现要看教师教学程序的设计和运作。因此，评课就必须对教学程序做出评析。教学程序评析看教学思路设计和课堂结构安排等。

其四，从教学方法和手段上分析。评析教师教学方法、教学手段的选择和运用是评课的又一重要内容。教学方法是指教师在教学过程中为完成教学目的、任务而采取的活动方式的总称。但它不是教师孤立的单一的活动方式，它包括教师“教学活动方式，还包括学生在教师指导下”“学”的方式，是“教”的方法与“学”的方法的统一。

其五，从教师教学基本功上分析。教学基本功是教师上好课的一个重要方面，所以评析课还要看教师的教学基本功。通常，教师的教学基本功主要包括教师的板书、教态、语言等。

其六，从教学效果上分析。课堂教学效果是评价课堂教学的重要依据之一。课堂评价直接影响新课程改革的进程，只有全面、客观、公正的评价，才能保护教师的课改积极性，正确引导课改走向深入。

四、教学原则

教学原则是根据一定的教学目的和任务，遵循对教学本质的认识而制定的教学基本要求，是指导教学活动的一般原理。规律是客观的、第一性的，是不以人们的意志为转移的，人们只能发现它，遵循它，不能改变它，规律具有反复有效性。教学原则是主观的、第二性的，是依据教学规律制定的。教学原则不是一成不变的，由于各个历史时期教育目的要求、性质的不同，以及随着教育科学的发展，人们对教学规律认识的不断深化，教学实践的不断发展，教学原则也是变化发展的。关于教学原则，有许多不同的概括，如李秉德主编的《教学论》提出教学整体性原则、启发性原则、理论联系实际原则、有序性原则、师生协同原则、因材施教原则、积累与熟练原则、反馈调节原则、最优化原则；赞科夫提出高难度进行教学原则、快速度原则、理论知识起指导作用原则、学生理解学习过程原则、使全体学生得到发展的原则；布鲁纳提出动机、结构、序列和反馈原则。

（一）科学性与思想性相结合的原则

科学性与思想性相结合的原则是指教师在教学中既要传授文化科学基础知识，又要发展智力，培养能力、情感态度与价值观等，因此教学要保证具有高度的科学性与思想性。在教学活动中贯彻这一原则，对教师有以下要求：其一，保证教学的科学性。其二，教师应发掘教材的思想性。其三，教师要不断提高自己的专业水平和理论修养。

（二）理论联系实际的原则

理论联系实际的原则是指在教学中，做到书本知识与实际知识相结合，学习理论与参加实践相结合，使学生在掌握比较全面的知识的同时，培养其运用知识于实际的能力。联系实际包括：联系学生生活实际；科学知识在生产中的运用实际。学生主要学习理论知识，而且是在相对封闭的学校和课堂通过教师的讲授和书本学习的。这种状况很容易导致学生所获得的理论知识与其来源和去向脱节。因此，在教学中教师必须提供和创造机会，通过多种多样的途径和形式使学生从事实践活动，引导他们体会思想观点、态度信念等的形成对于解决实际问题的价值意义。这一原则是为了解决和防止理论脱离实际、书本脱离现实问题而提出的。

在教学活动中贯彻这一原则，对教师有以下要求。其一，加强基本理论和基础知识的教学。正确处理好书本知识和现实生活实际的关系，关键在于保证理论知识的主导作用；同时在理论知识指导下，使学生从事各种实际活动。教学的主要任务是传授和学习理论知识。基础理论知识反映了自然界、社会和人类思维发展的最普遍的规律，对实践具有广泛的适应性和指导作用。实际是相对理论而言的，没有理论，联系实际就降低到了儿童自然生活的水平，失去了学校教育的优势和意义。要在理论的指导下把教学和生活、间接经验和直接经验、观点和材料结合起来。其二，根据学科内容、教学目标及学生特点，采取有效方式恰当地联系实际。结合教材的系统学习，恰当地联系社会主义具体实际，使学生了解所学理论知识的实际意义，帮助他们获得必要的直接经验和事实材料，以便他们更好地掌握书本知识和间接经验。其三，重视对学生基本技能、技巧的培养。创造多种多样的活动形式，使学生把知识运用于实践，如练习、实验、实习、参加一定的生产劳动和社会活动，学会读、写、算及其他一些学习的和劳动的基本技能，学会独立地创造性地运用知识。

（三）直观性原则

直观性原则是指在教学过程中，教师应尽量调动学生的多种感官，利用学生已有的经验,通过各种形式的感知,丰富学生的直接经验,增强他们的感性认识,让学生获得生动的表象,从而比较全面、深刻地掌握知识。

一般地说,直观的具体手段有以下三种。其一,实物直观。实物直观是通过实物进行的,直接将对象呈现在学生面前。其二,模像直观。模像直观是运用各种手段对实物的模拟,包括图片、图表、模型、幻灯、录音、录像、电影、电视等。实物直观虽然具有真实、有效的特点,但往往由于受到实际条件的限制而无法使用;模像直观则能够有效地弥补实物直观的缺憾,特别是现代技术在教育领域的应用,使得模像直观的范围更加广阔,大到宇宙天体,小到分子结构,都能够借助某种技术手段达到直观的效果。其三,语言直观。语言直观是教师运用自己的语言、借助学生已有的知识经验进行比喻描述,引起学生的感性认识,达到直观的效果。与前两种直观相比,语言直观可以最大限度地摆脱时间、空间、物质条件的限制,是最为便利和最为经济的。

在教学中贯彻直观性教学原则,对于教师有以下基本要求。其一,恰当地选择直观手段。学科不同,教学任务不同,学生年龄特征不同,所需要的直观手段也不同。其二,直观是手段而不是目的。一般地说,在教学内容对于学生比较生疏,学生在理解和掌握上遇到困难或障碍时,才需要教师运用直观。不能为直观而直观。其三,在直观的基础上提高学生的认识。直观给予学生的是感性经验,而教学的根本任务在于让学生掌握理论知识,因此教师应当在运用直观时注意指导,比如通过提问和解释鼓励学生细致深入地观察,启发学生区分主、次、轻、重,引导学生思考现象和本质及原因和结果等。

(四)循序渐进原则

基本含义:按照学科的课程体系和学生的认知发展顺序进行教学,使学生系统地掌握基础知识和基本技能,养成系统、周密的思维能力。"序"包括学科的课程体系、学生的认知顺序及学生的发展顺序。一般来说,学科课程体系和学生认知发展规律是最主要的,教学活动的顺序必须以这两方面为依据,按照这两方面的要求持续、连贯地进行。同时,教师也要了解作为课程基础的科学理论本身的发展变化,从而能够更自觉地安排、处理教学,使教学活动的顺序更加科学、合理。

在教学中贯彻这一原则,对教师有以下要求。其一,按照教学大纲(课程标准)的顺序教学。教学大纲(课程标准)是各门课程的内在逻辑系统的反映,并且建立在小学生发展一般规律之上,各种教材是以此为依据编写的,教学活动从根本上是按照教学大纲(课程标准)的顺序展开的。教师要认真学习和研究教学大纲(课程标准),充分了解和掌握课程的逻辑以及对学生的要求,这是教学系统性的根本保证。其二,教学必须由近及远、由浅入深、由简到繁。教学大纲(课程标准)虽然考虑了学生的认识发展,但主要是按照内容编排、制定的,因此教师要针对学生在学习过程中的认识需要和特点处理好近与远、浅与深、简与繁等问题。其三,根据具体情况进行调整。系统性原则并非要求教师刻板、僵化地执行大纲。教学大纲(课程标准)是按照一般和普遍规律制定的,在实际教学中,不同地区、学校、学生的情况有很大差异。在基本服从大纲顺序的前提下,教师要善于从自己面对的实际出发,适当地调整速度,增删内容。

(五)启发性原则

孔子提倡启发性原则。《论语》中写道:"不愤不启,不悱不发。"(愤:心求通而未得之意。悱:口欲言而未其貌。启:开意。发:达辞。)启发性原则要求教师在教学中充分调动学生学习的主动性,引导他们生动活泼地学习,并经过他们独立思考,融会贯通地掌握知识,培养分析问题、解决问题的能力。

贯彻这一原则要求教师做到以下几点。其一,教师要充分发挥主导作用,积极组织好启发性的教学过程。如:备课时要深入钻研教材,抓住重点、难点、关键点;教学中要突出重点,突破难点,进行启发诱导。其二,充分调动学生学习的自觉性、思维的积极性。教师的启发应当能够激起学生紧张、活泼的智力活动,从而使学生深刻地理解掌握知识,获得多方面的体验和锻炼发展。因此,启发应当选择那些具有一定难度、需要学生进行比较的复杂的思维活动,但又是他们通过自觉、积极的思考能够得到基本正确结果的问题来进行。简单的事实和记忆性的知识,即使顺利地"启发"出结果,价值也是有限的。其三,发扬教学民主,建立民主、和谐的师生关系,形成团结、融洽的课堂教学氛围。在权威式的师生关系中,教师是凌驾于学生之上的真理代言人和学术权威,学生很难真正做到自由地、充分地提问和思考。只有当学生真正感受到教师将自己当作人格上与之完全平等的人,他们的学习自觉性才可能真正地调动起来。

案例 5－1

经纬线的教学

地理课上,为了使学生理解有关经纬线的概念和意义,某老师说:"在浩瀚的太平洋上,一艘远洋轮船出现了故障,在自救无果的情况下,船长拿起电话,向总部求救。假如你是船长,你怎么说呢?"

一学生做打电话状:"喂,总部,我们出事了,快来救我们。"

"我是总部,请报告你们的位置。"教师追问。

该生迟疑了一下,小声回答了一句:"我们在太平洋上。"

他的回答引起哄堂大笑。老师问:"同学们为什么笑呢?"

"太平洋那么大,到哪里去找呢?"学生回答说,"应该报告船的准确位置。"

于是老师把"如何在地球上确定某一位置"的问题抛给学生来探讨。在讨论中,学生们从探讨如何描述自己的座位,到街道门牌号;从电影院上的座位号,到平面直角坐标系……

就这样,关于经纬线、经纬网的概念和意义被学生们理解了。

(六)因材施教原则

因材施教原则是指教师要从学生的实际情况、个体差异出发,有的放矢地进行有差别的教学,使每个学生都能扬长避短,获得最佳发展。这一原则是为了处理好集体教学与个别教学、统一要求与尊重学生个别差异问题而提出的。由于遗传素质、家庭环境和个人成长经历的不同,在同一班级中的小学生,虽然有着共同的年龄特征,但是在学习的成绩、学习态度和方法、兴趣和爱好、气质和性格、禀赋和潜能方面都会存在很大的差异。教师是对由个性完全不同的学生组成的集体教学,因此因材施教要适应每个学生的不同需要及可能进行有针对性的教育。孔子的教学实践就为后人提供了这方面的典范,朱熹总结孔子的教学经验说:“夫子教人,各因其材。”

案例5-2

闻斯行诸

子路问:“闻斯行诸?”子曰:“有父兄在,如之何其闻斯行之?”

冉有问:“闻斯行诸?”子曰:“闻斯行之。”

公西华曰:“由也问:‘闻斯行诸?’子曰:‘有父兄在。’求也问:‘闻斯行诸?’子曰:‘闻斯行之。’赤也惑,敢问。”子曰:“求也退,故进之;由也兼人,故退之。”(《论语·先进第十一》)

“闻斯行诸”记载了孔子因材施教的一个例子。子路和冉有同样问“闻斯行诸”,孔子却作了不同的回答。由于子路性勇敢前,做事有时不免轻率,所以孔子要他在听到一件该做的事时最好向父兄请教后才去做。而冉有则由于个性谦退,遇事往往畏缩,因此孔子要他在听到一件该做的事后立刻去做。孔子这样以一进一退来适性教育弟子,使能使他们避免过与不及的毛病。

贯彻这一原则要求教师做到以下几点。其一,端正教育思想,树立正确的人才观、质量观。其二,针对学生的特点进行有差别的教学。在共同的年龄特征基础上,儿童存在差异。要做到因材施教,必须充分地了解每个学生的个性特征、家庭背景、生活经历等,不仅包括承认差异,而且包括尊重差异。良好教育的结果是培养出大批个性充分发展的人,而不是千人一面的“标准件”。其三,采取有效措施使拥有不同才能的学生都得到充分发展。

(七)巩固性原则

巩固性原则是指教学要引导学生在理解的基础上牢固地掌握知识和技能,使这些知识和技能长久地保持在记忆中,并能根据需要迅速再现出来,有利于知识、技能的运用。在教学中需要进行不断的巩固工作,通过练习、复习帮助学生牢固地掌握所学知识。孔子说“学而时习之”“温故而知新”,强调了巩固对于学习的重要价值。

贯彻这一原则要求教师做到以下几点。其一,在理解的基础上巩固。对于所学知识的理解是巩固的前提,没有学会的东西,是不可能真正巩固的。教师首先应当保证学生学会,才有可能获得巩固的良好效果。其二,保证巩固的科学性。心理学研究揭示了关于记忆和遗忘的一些规律,按照这些规律组织安排巩固,可以提高巩固的效率。其三,巩固的具体方式要多样化。除了常见的各种书面作业外,教师应当善于利用各种不同的方式帮助学生巩固所学知识,比如调查、制作、实践等,都能够使学生通过将知识运用于实际有效地达到巩固的目的,并且能够促进学生多方面的发展。

五、教学方法

(一)教学方法的含义与类型

1. 教学方法的含义

教学方法是为实现既定的教学任务,师生共同活动所采用方式、手段、办法的总称,是教学策略的具体化。教学策略是为了达成教学目的,完成教学任务,而在对教学活动清晰认识的基础上,有针对性地选择与组合相关的教学内容、教学组织形式、教学方法和技术,对教学活动进行调节和控制的一系列执行过程。人们常说"教学有法,但无定法",重要的是要依据多方面条件,使各种方法合理地组合,因此,选择、运用教学方法是一种创造性活动,是一种教学艺术。而教学模式是在一定的教学理论或教学思想指导下建立起来的关于各类教学活动的基本结构或框架,它是对各种教学策略与方法的组合应用。

2. 教学方法的类型

教学方法一般分为四大类型九种方法:①以语言传递为主的方法,包括讲授法、谈话法、讨论法、学习指导法等;②以直接知觉为主的方法,包括演示法、参观法等;③以实际训练为主的方法,包括练习法、实验法等;④以陶冶为主的方法,包括情境教学法等。

(二)中学常用的教学方法

下面我们按类别介绍一些主要的教学方法以供教师在教学中选用。

1. 讲授法

这是以传授系统知识为主要目的,以语言(口头语言和黑板语汇)为主要媒介,以"传递—接受"为主要模式的教学方法。讲授法主要包括讲述、讲解、讲演、讲读四种方式。对于每一个概念,教师都须逐字逐句地给学生分析、讲解,不要求学生死记硬背,但要学生牢固掌握"要点",从本质上理解概念的含义。讲授法是一种历史较悠久、使用范围较广、效果较好的教学方法。这种教学方法的优点是学生接受到的教学内容科学性、系统性、思想性较强,且学生能在较短的时间内获得大量的系统知识。其缺点是单向的"传递—接受"模式,不利于学生的积极参与,学生主观能动性的发挥受到限制。比如"垂直平分线"的概念,教材上是这样定义的"垂直于一条线段并且平分这条线段的直线,叫这条线段的垂直平分线,或叫中垂线"。这个定义有四个要点"垂直""平分""线段""直线",缺一不可,叫学生用黑点标出,并提问:这个概念若删去平分可以吗?删去垂直呢?将线段改成直线可以吗?为什么?

教师运用讲授法,应当注意以下几点。①保证讲授内容的科学性和思想性。教师讲授的概念、原理、事实、观点必须是正确的,这就要求教师认真备课和教学。②讲授要做到条理清楚、重点分明。讲授逻辑清楚,学生才能够理解清楚。③讲究语言艺术。教师的语言水平直接决定着讲授法的效果,因此必须不断注重和提高自己的语言修养。首先要做到语言清晰、准确、精练,既逻辑严密又清楚明白;其次,要努力做到生动形象、富于感染力,这对于小学生尤其重要;再次,还应当注意语音的高低、语速的快慢,讲究抑扬顿挫。④注意与其他教学方法配合使用。学生的注意时间有限,在整节课中完全采用讲授法很难取得良好效果,教师应当善于将讲授法与其他教学方法和手段交叉替换使用,避免学生因长时间听讲出现疲劳和注意涣散现象。

2. 谈话法

这是以学习新知识、巩固旧知识或检验已有知识为主要目的,以问答、对话的双向交流为主要模式的教学方法。谈话法包括以下具体教学方式:教师在学生已有知识的基础上,激发学生探索新知欲望的启发式谈话;教师提出问题,要求学生通过积极思考,用已有知识去解决未知的导引式谈话;教师以问题来检验学生是否掌握已有知识,并以此来复习、巩固旧知的测试——巩固性谈话;教师引导学生积极思考,让学生用自己能理解的话对所学过的内容进行归纳、概括的总结式谈话。谈话法能使师生双方的主动性、积极性得到较充分发挥,学生注意力集中,兴趣较高,思维能力、表达能力和运用知识能力都能得到培养。

教师运用谈话法,应当注意以下几点。

其一,做好充分的准备。围绕什么内容进行谈话?提出哪些问题?提问哪些学生?以及学生可能做出什么样的回答?怎样通过进一步的提问引导学生?等等,教师都应当在事前周密考虑和安排。

其二,谈话要面向全体学生。尽管谈话只能在教师与个别学生之间进行,教师还是可以通过努力吸引所有的学生。谈话的内容应当是能够引起全体学生注意的、在教学中具有普遍性和重要性的问题。教师应当尽可能使得谈话对象有代表性,比如选择不同层次的学生。在谈话时适时加以适当的解释、说明作为补充。

其三,在谈话结束时进行总结。在谈话中学生的理解和掌握往往表达得不够准确、精练,因此在谈话的最后阶段,教师应当用规范和科学的表述对学生通过谈话所获得的知识加以概括、总结,从而强化他们的收获。

3. 讨论法

小组讨论法和班集体讨论法是指学生在教师指导下,围绕教师提出的问题,以小组或班级为单位,互相启发、积极思维、热烈讨论、各抒己见,以求弄懂问题、解决问题的教学方法。这种方法有助于调动学生学习兴趣,活跃教学气氛;有助于培养学生的积极思维能力和口头表达能力。

教师运用讨论法,应当注意以下几点。

其一,选好讨论内容。首先,要选择那些有讨论价值的内容,一般来说,讨论内容应当是教学内容中比较重要的事实、概念、原理等。其次,要选择难度恰当的内容,一般来说,过于简单或过于复杂的内容都不适当,前者难以激起学生的学习热情,后者则容易挫伤学生的积极性。

其二,肯定学生各种意见的价值。对于未知的东西,任何意见都是有价值的。学生总是从自己的逻辑出发去理解和思考,因此各种不同意见尽管可能离正确答案相去甚远,但却最真实地反映了学生的想法。教师不应当"裁判",急于指出各种意见正确或错误,而要让学生畅所欲言,通过充分的讨论,理解什么是对、什么是错,以及为什么对、为什么错。

其三,善于引导。教师应当在学生讨论时全面巡视、注意倾听,善于捕捉讨论中反映出来的问题。在讨论遇到障碍、深入不下去时教师要适当点拨,在讨论脱离主题时加以提醒,在讨论结束时帮助学生整理结论和答案,等等。这些对于讨论法的运用都是必不可少的。

4. 读书指导法

这是教师指导学生通过自学教材和参考资料获得知识的教学方法。它对培养学生的自学能力等有重要作用。指导学生阅读教材的方法有:预习;根据教科书问答;比较教材和教师讲授的内容;编制阅读提纲。指导学生阅读参考书籍的要求有:帮助学生选择阅读参考书籍;对学生进行学习方法的指导;帮助学生制定课外阅读计划。

5. 演示法

这是以学生获得感性知识,印证、说明科学原理、科学知识为目的,以实物、教具为主要媒介,以"展现(实物、现象)—感知对象"为主要模式的教学方式的总称。演示的方式很多:实物演示,如实物、标本演示;模像演示,如图表、模型、教学电影、幻灯、录像等;操作性演示,如计算机、实验演示等。演示法通过直观性教学进行,它对调动学生学习兴趣,发展学生感知、观察、理解、操作、联想能力,降低教材难度有较重要作用。如:有位老师演示导管功能,他事先把带叶的枝条插入红色的溶液中,放在温暖而有阳光的地方晒几小时。上课时,将枝条一段一段剪下来,分到学生手中。他一边讲,一边提问;学生一边剥,一边观察、思考、回答。他们观察到枝条的皮没有红,中间的髓也没有红,而是木质部变红了。学生看了书很快就明白了其中的原因:木质部有导管,能输送红色溶液。有的同学还看到了叶子也变红了。这样,学生就搞清了导管输导水和无机盐的功能。

6. 参观法

参观法是指学生在教师的组织、指导下,根据教学目的,以获得感性知识、发展学生能力为目的,以现场(实地、实境、实例)观察、访问为主要途径的教学方法。参观法一般分为三类:学生学习新知识前的预备性参观、学习新知识过程中的并行性参观,以及学习新知识后的总结性参观。

7. 练习法

练习法是指学生在教师指导下,以巩固知识、掌握技能为目的,以效率、速度、正确率为指标,以反复操作、训练为手段的教学方法。练习法可分为两类:动作技能练习,如体操技能、打字技能、上机(电子计算机)技能等;心智技能练习,如阅读、写作、速算、作图、解题等技能练习。

教师运用练习法,应当注意以下几点。①明确练习的目的和要求。要让学生知道为什么进行练习,怎样才是达到了练习的要求,使学生的练习具有目的性和自觉性,避免练习的盲目性和机械性。②指导正确的练习方法。教师要在练习之前讲解和示范正确的练习方法，并且保证学生基本掌握，以便提高练习的效果。③合理安排练习步骤。教师应当使练习有计划地进行，循序渐进。④科学掌握练习量。技能技巧的练习需要一定的练习量，但并不是越多越好，超过学生承受能力的练习会导致适得其反的结果。教师要根据中、小学生的身心发展特点来确定练习量。此外，一般来说，分散练习比过于集中的练习效果更好，将某种练习分成时间较短的几次完成要比一次性安排更为科学。⑤及时给予学生反馈。要使学生及时知道练习的结果，以便纠正错误和巩固成绩。⑥练习方式要多样化。要防止单一、重复的练习方式，根据教学任务和学生实际，将口头的与书面的、记忆的与操作的、课内的与课外的等不同方式结合使用。采取多样化的练习方式，可以保持学生的兴趣和注意力，提高练习的效果。

8. 实验法

实验法是指学生在教师指导下，以验证所学知识或获得直接知识为主要目的，以运用一定的仪器设备进行独立操作为主要途径的教学方法。实验法一般分为学习新知识之前的准备性实验，学习新知识过程中的验证性实验，学习新知识之后的巩固性实验，探索未知的创造性实验四类。

9. 实习作业法

实习作业法是根据课程标准的要求，在校内、外组织学生进行实际操作，把书本知识运用于实践的教学方法。旨在培养学生运用书本知识进行实际工作的能力。

（三）教学方法的选择与应用

在实际工作中至关重要的是如何依据不同情况，从众多的教学方法之中进行较合理、较优化的选择。

1. 教学方法选择的标准

教育学、教学论的教科书一般都提到的教学方法的选择标准主要有教学目标、教材特点、学生的年龄特征。巴班斯基在此基础上，提出了更为具体的标准：①方法必须符合教学原则；②符合教学目的和任务；③符合该专题的内容；④符合学生的学习可能性——年龄的（生理的、心理的）可能性，知识水平（教养、教育和发展水平），班集体的特点；⑤符合现有的条件和所规定的教学时间；⑥符合教师本身的可能性，这种可能性取决于他们以前的经验、理论修养和实际修养的水平、教师个人的品质等。

上述的标准无疑是正确的。下面，我们从系统论的角度将选择教学方法的标准归纳为以下两个方面。

其一，有利于形成最佳教学方法的系统结构。教学方法的系统结构是指系统内部各要素统一组合的秩序和方式。因此，它不是单一的某种教学方法，而是各种教学方法的综合运用，应该注意到被选方法的层次搭配、主次顺序，以及相互补充、互相配合等方面的内容。以上是就各要素的联系而言，在单独考察各个要素时，我们应该看到，教学方法系统的主体是教师和学生，教学方法系统只有在师生共同操作、调控下才能发挥功能。因此，教师、学生与系统内各要素间要相互适应，即每一方法要素都要符合教师、学生的实际情况,教师、学生在选择时,要选择适合自己实际状况的各种教学方法。这样,才有利于发挥教师主导作用和调动学生的主观能动作用。

其二,有利于发挥教学方法系统的最佳功能。教学方法系统功能的发挥效果,首先,取决于系统的结构,最佳教学方法系统结构形成后,有利于发挥教学方法系统的最佳功能。其次,取决于系统的环境条件,应该有效地使用教学方法系统的环境条件。需要考虑:①某一教学方法对解决何种教学任务最为有效?②某一教学方法对哪种教材内容最合适?③某一教学方法最适合于哪一类教师、学生?最后,教学方法系统的最佳功能的发挥,还取决于自身的控制、调节能力。

2. 教学方法的选择程序

巴班斯基在提出教学方法选择标准的同时,又提出了选择程序的问题。为此,他专门设计了"选择教学方法的最优结合方案的练习"。巴班斯基的研究给我们提供了有益的启示。按照本书的分类,我们认为教学方法的选择程序可以考虑以下六步。

第一步,决定是选择由学生独立地学习该课题的方法,还是选择在教师指导下学习材料的方法;第二步,决定是选择再现法,还是选择探索法;第三步,决定是选择归纳法,还是演绎法;第四步,决定关于选择口述法、直观法和实操法的如何结合问题;第五步,决定关于选择激发学生学习活动的方法问题;第六步,决定关于选择检查与自我检查的方法问题;第七步,认真考虑各种方法相结合的方案,以防止由于完成作业和复习已学过的材料的结果而发现学生学业程度上可能有的偏差。

教师如能充分考虑选择教学方法的依据和选择的程序,可使教学方法与教学内容、教学方法与教学对象的特点、教学方法与教学条件,以各种不同的方式较好地结合起来,或称最优结合。教学方法的最优化,主要指上述几方面的最优结合。

六、教学组织形式

(一)教学组织形式的含义

教学组织形式是指为完成特定的教学任务,教师和学生按一定要求组合起来进行活动的结构。教学组织形式的特点有:第一,从表现于外部的特点来看,教师和学生都参与或形成了特定的组合形式;第二,师生的活动必须适应一定的时空条件,并形成一定的"搭配""组合"关系;第三,教师和学生以这种程序和"搭配"关系共同活动,直接或间接地相互作用;第四,在这种相互作用中,包括了教学内容、教学方法、教学手段和教学程序、步骤在时间和空间上的集结或综合。

教学组织形式不是固定不变的。随着社会政治、经济、科学、文化的发展及培养人才要求的不断提高,教学组织形式也将不断发展和改进。我们应全面掌握各种教学组织形式的性质和功能,综合加以应用,使之有主有辅地结合起来,更好地发挥作用,改进教学。

(二)教学组织形式变革与发展历程

从产生时间上来看,教学组织形式经历了以个别化教学为主的阶段、以班级授课制为主的阶段、以改造和完善班级授课制为主的阶段。

1. 以个别化教学为主的阶段

在古代农业社会,教育教学的主要形式是个别教学。教师向学生传授知识,布置、检查、批改作业都是个别进行,即教师一个一个轮流教学生,教师在教某个学生时,其余学生均按教师要求复习或写作业。这是出现最早的教学组织模式。如在汉代就采用过大班上课和高徒相传的形式,但是这时的教学与班级授课有本质的区别,它没有严格的组织,同时学习的学生年龄相差悬殊。这种教学组织形式只能适合当时学生不多且教学内容比较简单的教学要求,教学效率不高。这种教学组织形式是当时低下的生产力水平和科学技术水平的一种反映。

2. 以班级授课制为主的阶段

早在16世纪,西欧就出现了班级授课制的萌芽。17世纪夸美纽斯总结了捷克兄弟会学校的教育经验和自己的教学实践,提出了班级授课制,并最早在理论上进行了阐述,为班级教学奠定了理论和实践基础。由于这种教学组织理论适应了资本主义经济发展的客观要求,提高了教学效率,因而逐渐为各国采用。

个别教学制与班级授课制是最常用的学校组织形式,试对两者做一比较,请参见表5-1。

表5-1　比较个别教学制和班级授课制

比较项目	个别教学制	班级授课制
师生关系	教师只同个别学生发生联系,难以形成学生集体	教师以班级为单位进行教学,班级成员的人数相对固定,学生在集体中学习
学生来源	学生年龄和文化程度参差不齐,学习内容和进度缺乏计划性与系统性	学生年龄和文化程度相近,学生的学习以“课”为教学单元,循序渐进、系统完整
教学管理	教学活动和学习时间没有明确规定	教学内容按学校和年级分成既有系统又相互独立的部分,有计划有步骤地展开教学活动

3. 以改造和完善班级授课制为主的阶段

虽然班级授课制提高了教学效率,但班级授课制的缺点也是十分明显的,特别是赫尔巴特的传统教育理论和由其指导的实践教学,更将班级授课制推至极端。从19世纪初直至今日,对班级授课制的改造和完善仍在不断研究中。下面是几种有代表性的教学组织形式。

贝尔-兰卡斯特制。19世纪初级手工业向大工业过渡的时期贝尔和兰卡斯特创立导生制,又名“导生制贝尔-兰卡斯特制”,其具体做法是:教师不教全体学生,只传授给其中一部分年龄较大的学生——导生,再由他们向其他学生传授。

道尔顿制。1920年,美国的H. H.柏克赫斯特在马萨诸塞州道尔顿中学创建了一种新的教学组织形式,人们称之为“道尔顿制”。按照道尔顿制,教师不在上课时向学生系统讲授教材知识，而只为学生分别指定自学参考书、布置作业，由学生自学或独立作业，有疑难时才请教师辅导，学生完成一定阶段的学习任务后向教师汇报学习情况和接受考查。由于每个学生能力和志趣不同，他们的学习任务各不相同，甚至彼此不相干；教师按月布置学习任务，学生完成后再布置新的学习任务。

文纳卡特制。这是美国人华虚朋1919年在芝加哥市郊文纳卡特镇公立学校实行的教学组织形式。这种教学组织形式将课程分两部分，一部分按学科进行，由学生自学读、写、算和历史、地理方面的知识和技能，另一部分是通过音乐、艺术、运动、集会以及开办商店、组织自治会来培养学生的"社会意识"。该形式的特点是：第一，按单元进行学习，各单元都有明确的学习目标和具体的学习内容，并配以小步子的自学教材；第二，每个单元结束后，经测验诊断，接着学习新的单元；第三，教师随时对学生进行个别指导。

分组教学制。为解决班级授课制不易照顾学生个别差异的弊端，19世纪末20世纪初在西方出现了分组教学制。有能力分组、作业分组、外部分组、内部分组等形式。能力分组是根据学生的能力发展水平进行分组教学，学习的课程相同，但不同组学习年限各不相同。作业分组是根据学生的特点和意愿分组，学习年限相同，但不同组学习的课程不同。内部分组是在按年龄编班的基础上，根据学习能力或学习成绩的差异分组教学，外部分组突破了传统的按年龄分班的做法，按学生能力或成绩的差异，在同一个年级中编成不同的班级，如快班、慢班、重点班、普通班。

特朗普制。20世纪50年代出现于美国，由教育学教授劳伊德·特朗普创立。其做法是把大班上课、小班讨论、个人自学结合在一起，以灵活的时间单位代替固定统一的上课时间。大班集体教学由优秀教师采用现代化教学手段给几个平行班统一上课。随后的小班课研究讨论大班课上的教材，由15—20人组成一个小班。然后由学生个人独立自学、研习、作业。教学时间分配为：大班上课占40%，小班研究占20%，个人自学占40%。

（三）教学的基本组织形式

班级授课制是把年龄与知识程度相近的学生编成有固定人数的教学班，教师根据教学计划中统一规定的课程内容和教学时数，按照学校的课程表进行分科教学的一种教学组织形式，它是现代教学的基本组织形式。这是因为它具有其他教学形式无法替代的优点，在提高教学质量和效率方面能发挥重要作用。它的主要优点如下：

1. 有严格的制度保证教学的正常开展和达到一定水平

它在发展过程中形成了一整套严格的制度，如按年级、知识编班分级制度，学年、学期、学周制度；招生、考试、升留级和毕业制度、作息制度等，使教学制度化、规范化和科学化，保证教学活动周而复始地正常运转并达到一定水平。

2. 以课为单位进行教学比较科学

每节课45分钟，完成一定量的知识技能教学；上完一节课后，略作休息，再进行下一节课，劳逸结合。这样教学工作便能连续、有节奏地进行下去，符合学生身心发展规律和认识规律，保证学生能精力旺盛地开展学习。特别是课的类型日益多样化及其功能的不断完善，只要善于选择与运用多种课的类型就能有效地进行教学。

3. 便于系统地传授各科知识

班级授课制能以周课表方式科学地安排各科教学,使各科教学有条不紊地交错进行,确保学生循序渐进地学习各科系统的科学知识,完成预定的教学计划。

4. 能够充分发挥教师的主导作用

各国的教学实践反复证明,迄今为止最能充分发挥教师主导作用的仍是班级授课制。实际上,它就是为充分发挥教师的主导作用、最大限度地提高工作效率和使各科教师协调一致对学生进行教学而组织起来,并不断得到改进和完善的。班级授课制通过发挥教师的主导作用,不仅能够使学生有效地掌握系统的科学知识与技能,而且能通过因材施教、个别指导和学生的独立作业以弥补其难以照顾学生个体差异的不足。

班级授课制的缺点主要有两方面:其一,不能很好地满足学生个性化的学习需要。班级授课制为学生准备了统一的教学进度表、统一的评价标准,统一的课程内容,这种集中化、同步化和标准化很难顾及学生个性化的需要,学生个体的独立性与自主性受到限制,不利于满足学生的个性化的学习需要。其二,不利于学生创新精神和实践能力的培养。班级授课制使课堂教学形成了比较固定的教学模式和课堂惯例,多实行分科教学,偏重于书本的学习,容易肢解知识的整体性,忽视学生的实践活动,学生的探索机会和实践机会较少,不利于学生创新精神和实践能力的培养。

(四)教学的辅助形式——个别辅导与现场教学

1. 个别辅导

个别辅导,又称个别教学,是在课堂教学的基础上教师针对不同学生的情况进行个别辅导的教学组织形式。个别辅导一般是在学生已有学习的基础上,通过学生的复习、预习和对自己感兴趣的问题的深入学习,发现自己还不明白的问题,然后向老师请教,教师针对学生的具体情况进行个别辅导。

2. 现场教学

学校除了课堂教学之外,还要让学生通过自然或社会实践获得必要的直接经验,验证或运用理论知识,借以开阔眼界,扩大知识,激发学习热情,培养独立工作能力,陶冶品德。这种在自然和社会现实活动中进行教学的组织形式,便是现场教学。

信息窗 5-1

当前教学组织形式的改革

当前教学组织形式的改革重点体现在以下几个方面。

其一,缩小班级规模。心理学研究证明,过大的班级规模,限制了师生交往和学生参与课堂活动的机会,阻碍了课堂教学的个别化,有可能导致较多的纪律问题,从而间接地影响学习成绩。小班可以为提高教学质量创造良好的教学环境和学习气氛。针对班级规模过大的问题,世界各国都在适当缩小班级规模。

其二，综合运用多种教学组织形式。班级授课与个别教学、分组教学相结合，课堂教学与课外教学相结合，传统的传习形式与现代教育技术相结合，已经成为目前发达国家教学组织形式的新特点。例如，特朗普制就是大班、小组、个别教学三种教学组织形式相结合的产物。

其三，座位排列多样化，加强课堂教学的交往互动。座位编排方式和学生座位位置的不同，制约着课堂教学中教师与学生、学生与学生的交往范围和人际互动，直接影响着教学信息交流的方式和交流的范围。除秧田形外，可根据需要采用多样化的座位排列。如，不超过20—25个学生，可采用马蹄形、圆形；25名以上学生可采取双矩形、同心圆形和双马蹄形；小组活动或个别学习的座位安排，可采取模块型等。

七、教学评价

（一）教学评价的作用

教学评价的概念是由泰勒在其主持的“八年研究”中首次正式提出的。“八年研究”是美国进步教育协会1933—1940年进行的旨在革新课程的改革试验。教学评价是根据一定的教育价值观或教育目标，运用可行的科学手段，通过系统收集信息资料和分析整理，对教学活动、教学过程和教学结果进行价值判断，为提高教学质量提供依据的过程。教学评价具有以下作用：

其一，诊断作用。对教学效果进行评价，可以了解教学各方面的情况，从而判断它的质量和水平、成效和缺陷。全面客观的评价工作不仅能估计学生的成绩在多大程度上实现了教学目标，而且能解释成绩不良的原因，并找出主要原因。可见教学评价如同身体检查，是对教学进行一次严谨的科学的诊断。

其二，激励作用。评价对教师和学生具有监督和强化作用。通过评价反映出教师的教学效果和学生的学习成绩。经验和研究都表明，在一定的限度内，经常进行记录成绩的测验对学生的学习动机具有很大的激发作用，可以有效地推动课堂学习。

其三，调节作用。评价发出的信息可以使师生知道自己的教和学的情况，教师和学生可以根据反馈信息修订计划，调整教学的行为，从而有效的工作以达到所规定的目标，这就是评价所发挥的调节作用。

（二）教学评价的类型

教学评价可以分成不同类型，下面介绍几种常见的分类方法。

1. 诊断性评价、形成性评价和终结性评价

按照评价功能不同，可以分为诊断性评价、形成性评价和终结性评价，这是由美国教育心理学家布卢姆提出的影响较大并被广泛使用的分类法。①诊断性评价是在课程实施

之前,为预测学习者已有的认知、情感、技能方面的准备程度而做的评价。目的是掌握学习者的学习基础和学习情况,进一步采取措施以改进方案或为因材施教提供依据。②形成性评价,又称过程性评价,是在计划还在发展或完善过程中实施的评价。在课程实施过程中,利用形成性评价可以了解课程本身的缺陷、学生的学习困难以及教学中出现的各种问题,并以此作为完善课程和提高教学质量的依据。由于它是在课程实施结束之前而不是之后实施的评价,因此,它对课程开发、教与学的作用更加显著。形成性评价关注过程,是面向未来、重在发展的评价。③终结性评价是在计划或产品完成以后实施的评价。它比较注重总体评价,力图表明课程目标和教学目标的实现程度,并对课程的有效性和实施效果进行评价。终结性评价关系到学生名次、班级名次和教师的声誉,所以学生和教师对此比较关注。终结性评价关注结果,是面向过去的评价。

2. 相对评价、绝对评价和个体内差异评价

按照评价参照标准不同,可将教育评价分为相对评价、绝对评价和个体内差异评价。相对评价是指在某一团体中确定一个基准,将团体中的个体与基准进行比较,从而评出其在团体中的相对位置的评价。绝对评价是在评价对象的群体之外,以预先制定的目标为评价基准,将评价对象与之比较,确定评价对象达到目标基准绝对位置的评价。个体内差异评价是以评价对象自身某一时期的发展水平为标准,判断其发展状况的评价方法。

3. 定量评价与定性评价

按照评价范式,可以分为定量评价(量化评价)与定性评价(质性评价)。档案袋评价(成长记录袋)是质性评价的典范之一。档案袋评价又称为"学习档案评价"或"学生成长记录袋评价",是以档案袋为依据对评价对象进行客观、综合的评价,它是20世纪90年代伴随西方"教育评价改革运动"而出现的一种新型质性教育教学评价工具。档案袋评价是指学生在教师的指导下,搜集可以反映学生的努力情况、进步情况、学习成就等一系列学习作品的汇集。其基本成分是学生作品,同时也包括学生对完成作品过程的描述或记录,还包括学生本人、教师、同伴和家长对作品的评价。它展示了学生某一时间段、某一领域技能的发展。它与传统评价最大的不同在于学生是评价的直接参与者,是选择档案袋内容的决策者,档案袋评价给学生提供了一个学习机会,并使他们学会自己判断自己的进步,拥有判断自己学习质量和进步的机会。特别是在使用某些档案袋类型,如精选型档案袋或过程型档案袋时,学生成了所提交作品质量和价值的最终仲裁者。而考虑档案袋体系开发时,要特别重视学生的自我反思和自我评定。

(三)教学评价的原则

1. 客观性原则

客观性原则是指在进行教学评价时,从测量的标准和方法到评价者所持有的态度,特别是最终的评价结果,都应该符合客观实际,不能主观臆断或参入个人情感。因为教学评价的目的在于给学生的学和教师的教以客观的价值判断,如果缺乏客观性就失去了意义,因此而导致教学决策的错误。

2. 整体性原则

整体性原则是指在进行教学评价时,要对组成教学活动的各方面做多角度,全方位的评价,而不能以点代面,一概而论。由于教学系统的复杂性和教学任务的多样化,使得教学质量往往从不同的侧面反映出来,表现为一个由多因素组成的综合体。因此,为了反映真实的教学效果,必须把定性评价和定量评价综合起来,使其相互参照,以求全面、准确地判断评价客体的实际效果,但同时要把握主次,区分轻重,抓住主要的矛盾。

3. 指导性原则

指导性原则是指在进行教学评价时,不能就事论事,而是要把评价和指导结合起来,要对评价的结果进行认真分析,从不同的角度找出因果关系,确认产生的原因,并通过及时的、具体的启发性的信息反馈,使被评价者明确今后的努力方向。

4. 科学性原则

这条原则是指在进行教学评价时,要从教与学相统一的角度出发,以教学目标体系为依据,确定合理的统一的评价标准,认真编制、预试、修订评价工具;在此基础上,使用先进的测量手段和统计方法,依据科学的评价程序和方法,对获得的各种数据进行严格的处理,而不是依靠经验和直觉进行主观判断。

5. 发展性原则

教学评价是鼓励师生、促进教学的手段,因此教学评价应着眼于学生的学习进步和动态发展,着眼于教师的教学改进和能力提高,以调动师生的积极性,提高教学质量。

(四)教学评价的内容与方法

1. 学生学业评价

根据布卢姆等人的目标分类方法,学习活动可分为认知、情感、技能活动三类。当代心理学家将知识分为陈述性、程序性和策略性三类。学生的认知学习主要指对知识的理解、掌握和应用。对认知学习的评价一般可以采用测验、实验、行为观察、评定等方法,其中测验是使用最多、最经常和最便利的,与其他评价方式相比,其结果较为客观。要确保测验达到应有效果,就必须做好测验的编制工作。有效测验编制的基本标准(要素)如下。①信度,是指在使用同一试卷对考生重复测验,或使用两种平行试卷对考生测验时,所得测验分数的一致性和稳定性程度。②效度,是指考试有效性或正确性的质量指标,考试效度反映的是考试是否达到它的预定目的,是否考了要考的内容。③难度,指试卷(题)的难易程度。一般用试卷(题)的得分率或答对率表示,所以难度事实上是容易度或通过率。其值在0~1之间,数值越大,说明试卷(题)越容易。④区分度,是指试题对不同考生知识、能力水平的鉴别程度。如果一个题目的测试结果使水平高的考生答对(得高分),而水平较低的考生答错(得低分),它的区分度就高。题目的区分度反映了试题这种区分能力的高低。一般认为,区分度的数值达到0.3,便可以接受;低于0.3的,区分度低。

测验编制的过程。首先,要确立测验目标,搞清楚是用于诊断教学还是选择人才等。其次,要明确具体的测验目标,测量试题的取样应能准确反映教学内容和教学目标,既能覆盖教材的全部内容,又能反映各部分内容在教材中的相对比重。再次,精心编制双向细目表。布卢姆的《教育目标分类学》认知部分是分析、确定各科教育测量目标的基础。布卢姆将认知领域的教学目标分为知识、理解、应用、分析、综合、评价六个层次,在我国很多人对此做了改造,将之分为识记、理解、应用、分析、综合五个层次。双向细目表就是一种考查目标(能力)和考查内容之间的关联表。最后,根据双向细目表拟定测验题目,编制试卷,实施测验。

有关学生情感学习和技能学习的评价因素还不成熟,在当前我国教育、教学评价中实施,还存在一定难度,并受一定条件限制,在此不再陈述。

2. 学生品德评价

操行评定法是中、小学使用最广泛的一种品德评价法。操行评定法是根据一定的标准,通过平时对被评价者的观察和了解,用书面语言的形式对学生的品德发展状况所做的比较全面的评价方法。现行对操行评定法的改革主要集中于评语的内容与表述方面。在我国,对学生的操行评定曾有过千篇一律与过于赏识的偏向,针对目前评语中存在的问题,如评语缺乏个性、语言贫乏流于俗套且不亲切、重视结果不注重教育性等,许多学校已进行了改革,如山东烟台和青岛等地实施鼓励性评价,华东师范大学教育系和无锡小学提出并实施的教育性评语,等等。总体而言,评价者在书写评语时应注意:要全面了解学生,既要了解学生的行为状况,又要了解学生的品德发展需要和发展规律;要增强评语的规范性,即应适当界定评语的基本项目和指标,给学生提供一定的信息量,区分不同阶段的评语功能,如学年、学期评语主要强调针对性、激励性、发展性;增强评语的情感色彩,尽可能多使用鼓励性语言,但也要实事求是。

案例 5-3

评语情感的差异

评语 1:该生按时到校上课,作业基本能按时交,上课认真听讲,但举手发言次数不多。接受知识能力较强,但容易骄傲自满。对自己没有严格要求,故成绩一直停滞不前。

*这是某重点中学初一某班的班主任对某学生的评语。班主任对该学生是比较了解的,对该学生也很负责,但看完评语后给人一种压抑的感觉。主要原因是每写一个优点,马上就跟着写一个缺点,讲优点没讲足,讲缺点没抓住主要的,因此没能表达出班主任的热情。

评语 2:该生最大的特点是认真,能认真参加班组活动,尊师守纪,友爱同学,认真劳动,成绩良好,且稳步上升,但学习不够灵活,全面素质有待提高,特别要注意身体素质的增强,争取全面发展。

*这一评语抓住了该生的基本特点——认真,指出了该生的两个弱点,使人感受到班主任对学生的期望。

评语 3:该生热心参加集体活动,能配合体育委员开展工作,对班长的工作也能大力协助与支持。尚能认真完成班级交给的工作,建校劳动表现好,受到好评。在学习方面,主观上想努力,但力度不够,成绩尚不够理想。希望进一步学习中学生行为规范,加强政治理论学习,力争在各项实践活动中得到更好的锻炼,在素质教育方面取得更大的进步。

*这是一位各方面都欠佳的学生,但老师还是竭力挖掘其向上的闪光点,对其缺点不姑息,但批评很委婉,使人感到老师的理解和期望。

3. 学生综合素质评价

《国家中长期教育改革和发展规划纲要 2010—2020 年》指出："全面提高普通高中学生综合素质。深入推进课程改革，全面落实课程方案，保证学生全面完成国家规定的文理等各门课程的学习。创造条件开设丰富多彩的选修课，提高课程的选择性，促进学生全面而有个性的发展。积极开展研究性学习、社区服务和社会实践。建立科学的教育质量评价体系，全面实施高中学业水平考试和综合素质评价。建立学生发展指导制度，加强对学生的理想、心理、学业等多方面的指导。"2004 年教育部印发的《国家基础教育课程改革实验区初中毕业考试与普通高中招生制度改革的指导意见》，首次明确使用了"综合素质评价"这一提法，主要包括道德品质、公民素养、学习能力、交流与合作、运动与健康、审美与表现六个维度的内容。学生综合素质评价主要着眼于学生的成长过程和整体表现，既要反映德、智、体、美等方面的综合素质，又要彰显学生的个性、特长和发展潜能。因此，学生综合素质评价主要采用学生自评和他评相结合的方式，重视形成性评价和终结性评价相结合，评价结果由等级和写实性文字描述予以表达，辅以实证材料。其目的是要改变以往学生评价过于强调甄别和选拔功能，评价方法单一，只重视结果、学业成绩，忽视评价过程、学生个体差异和全面发展等问题。坚持以发展的眼光看待学生，将评价过程变为教育与指导的过程，有效实现学生评价的导向、激励和发展功能。

八、教学改革

（一）教学改革的基本趋势

教学改革与课程改革相互促进，没有教学观念的转变、教师教学行为的转变，就不可能有学生学习方式的转变，学生综合素质的提高，就不可能实现基础教育课程改革的目标。改革开放三十年来，我国教学改革呈现以下发展趋势。

1. 追求基础与质量、大众与卓越

从当代教学改革的角度看，我国近年来的教学改革大体分为两个阶段。第一阶段的改革一方面以"修复式变革"为主，另一方面试图重建符合我国社会发展需要的基础教育、教学体系。这一阶段改革的核心追求是基础与质量，在教学目标上强调掌握基础知识和基本技能，增加了培养能力、发展智力的要求。随着 1986 年《中华人民共和国义务教育法》的颁布，教学改革进入下一阶段。在这一阶段，义务教育的施行成为教学改革新的推动力，再加上 20 世纪 90 年代以来实施素质教育的要求，教学的大众化、民主化，成为时代发展赋予教学改革的新使命。"追求卓越、面向大众"成为这一阶段教学改革的核心追求。这个阶段的改革在目标上延续了以往对"双基"能力培养的要求，纳入个性发展、科学态度与方法等内容，逐步形成三维结构的教学目标；逐步建立和完善了学科与活动、分科与综合、必修与选修并重的课程结构；以及分权型的课程管理体制和更具地方适应性的教材管理制度；等等。

2. **立足本土，放眼全球，面向社会**

首先，几十年教学改革之路是"放眼全球，立足本土，合理继承基础上的不断超越"。仔细审视历次教学改革的主要内容便可发现，我们的探索是逐步拓展，一点点深化的。譬如选修课的设立，早在1981年的《全日制六年制重点中学教学计划（试行草案）》就开始在重点中学的高二、高三尝试开设单课性和分科性的选修课；1992年的《九年义务教育全日制小学、初级中学课程计划》，以及1996年的《全日制普通高中课程计划（试验稿）》中，进一步把选修课的设置推广至初中，高中阶段则细化为限定选修课和任意选修课。其次，几十年课程与教学改革之路为我们搭建起了面向21世纪的我国社会发展和教育发展需要的教学的方向性架构。近年来，在工业社会向知识社会、计划经济向市场经济的转型中，迫切要求建立人才培养的"新基础观"。我们基础教育的"基础"将不再仅仅由基础知识、基本技能构成，而是由基础知识与基本技能、过程与方法以及情感、态度、价值观共同构成。如果说上述转变带来的是课程与教学培养目标的质的变化，那么，精英教育向大众教育的转变为课程与教学培养目标带来的则是量的变化——指向"培养数以亿计的高素质劳动者、数以千万计的专门人才和一大批拔尖创新人才"，要求"面向全体学生"，"为了每一个学生的发展"。而每一个学生的发展都是在"新基础"上的发展，从而达到质与量的统一。回顾几十年来的教学改革，从强调双基到发展能力，再到个性健康发展和三维目标的建立，我们前进的脚步是踏实的，迄今可以说基本确立起了面向21世纪社会发展和教育发展需要的教学的方向性架构。

3. **由"以教为主""先教后学"向"以学定教""先学后教"转变**

"先学后教"教学的核心概念"先学后教"，是在现代教学"知识建构型"视野下针对传统教学"知识传授型"视野中的"先教后学"提出来的新概念。

传统教育赫尔巴特学派的"知识传授型"教学，过分强调教师课堂讲授行为和传授知识的艺术性研究，轻视了学生主体的学习责任、学习方法和学习质量的有效性。久而久之，容易导致教师在课堂教学中变得相对积极主动，而学生则变得被动消极，养成了"教师推着学生走"的被动学习习惯，逐步使教师和学生形成了一个"教学是教师讲、学生听或先听教师讲解、学生后做练习"的习惯思维。从行为特征上，可以概括为"先教后学"。这种教学经过代代相传，成为了一种相对稳定的"先教后学"型教学范式。这种教学范式的优点很多，如大规模授课，如果学习者有浓厚的学习兴趣和迫切需要，那么，单位时间内的学习效率是很高的。但是，忽视了学生发现问题、分析问题、解决问题的兴趣、过程和方法，以及学生自主学习的能力。

杜威的五步教学法，使人们认识到学生应当是学习的主体，由此开始了以"学"为主的"知识建构型"教学。"知识建构型"教学是基于建构主义知识观、教学观和学习观的教学类型，建构主义理论认为，"学习是一种能动的活动，决不是教师片面灌输的被动的活动"，"知识"并不是靠教师传递的，而是由学习者主动建构的。要求学生自主学习、主动学习、合作学习和探究性学习。强调学习过程是自主建构的过程，教师在适当情境下给予指导和帮助。在课堂教学中，形成学生自主合作探究，使学生学会发现问题、分析问题和解决问题，学会自主学习，养成自主学习习惯，最终培养学生终身学习的能力。

"先学后教"教学的提出是基于建构主义理论，依据新课程理念，结合目前我国课堂教学实际进行总结性研究而提炼出来的，是一种适合我国中小学课堂教学的、具有可操作性的新课程有效教学。“先学后教”是符合建构主义教学思想的行动话语，对教师教学行为的转变提出了新的行动要求，期望教师和学生逐步建立这种教学思维。在行动上要求教师要充分相信学生潜能，在教师的引导下让学生进行自主合作探究学习，始终鼓励学生要自主发现问题、分析问题和解决问题，对那些合作解决不了的问题，教师或学生要给予规范而科学的指导。这里的“学”，有两层涵义：一是要求教师事先对文本知识进行结构化学习，对课程和学生做出科学分析和问题预设，深度开发相应的学习工具，选择适当时机支持学生进行有效学习；二是要求学生课前对文本知识进行结构化预习，对课程内容尽可能做出结构化分析和问题预设，围绕“概念性问题”“原理性问题”“习题性问题”“拓展性问题”进行自主合作探究学习。这里的“教”，是指对学生自主合作解决而尚未解决的问题进行教导，具体有三层涵义：“师生互教”“生生相教”和“生本联教”。

案例 5 - 4

杜郎口自主学习的高效课堂模式

杜郎口自主学习模式以学生在课堂上的自主参与为特色，课堂上的绝大部分时间留给学生，老师仅用极少的时间进行“点拨”。他们把这种特色叫做“10 + 35”（教师讲解少于 10 分钟，学生活动大于 35 分钟），或者“0 + 45”（教师基本不讲），充分引导学生，营造以学生自学为主，以学生为主体的课堂。将自主学习分为三个模块：预习、展示、反馈。

其一，预习课是杜郎口教学模式的预习模块，是教育教学的重要起点。在预习课中，教师首先分发预习学案，学案的内容包括：预习重难点、预习方法、预习提纲、预习反馈、预习小节等。

其二，展示课就是展示预习模块的学习成果，进行知识的迁移、运用和对规律进行提炼。一般是遵循展示课上的六环节来完成的。先说一下展示内容的选取，简单的问题不展示，无疑问的问题不展示，展示的是重点问题，难点问题，有争议的问题，一题多解的问题，能拓展延伸，提高学生能力，开发学生潜能的问题，体现在预习提纲上的多数是能力升级中的问题，也就是说，展示的问题不是预习提纲中的所有问题，而是选取有价值，有代表性的问题。

其三，新授课的反馈，一般当作下一节预习前的一个环节，教师抽取上一节课展示不理想或重、难点题目，反馈偏科生及待转化生的掌握情况，也可选取与其相类似的题目，考查学生的迁移运用能力，目的是查缺补漏，促进提高，是促优补差的一种好方法，注意：相邻学生之间不完成相同的题目。各小组长到讲台上对自己组的板演同学分板块进行指导，随时发现问题，解决问题，并在学生反馈完后，点评自己组员的板演情况，教师对于出错多的共性问题进行点评、强调，并根据学生的实际情况或进一步训练、强化一节课，或进入下一节课的预习。

以杜郎口中学著名的“预习—展示—反馈”教学模式为例，这一教学模式的全部过程都渗透着激发学生主动学习的理念与精神：“预习”环节以学生自学为基础，让学生自主进行与文本的对话，间或进行围绕教学内容和学习目标的、与教师或同学的对话，所有这些对话都是建立在学生的自我需求和主动参与基础之上;在“展示”环节,学生不仅可以对展示者的成果作出评价,而且能以此对照和检测自己的成果,进而在教师的追问和点拨中反思自己的思维和言行;“反馈”环节中,学生可根据自己的反思和教师的总结,对自己的学习情况查“缺”补“漏”,让自己的学习不断走向扎实和深入。总之,这一教学模式尊重学生的自主学习,把学生的自主学习作为教学改革的出发点和落脚点,使学生的学习成为教学组织工作的主线,学生也因而成为了真正的学习主体。在教学过程中,不仅学生之间彼此相互启发和教育,而且教师在引导、点拨学生学习的同时也受到教育,得到提高,对克服传统课堂中难以解决的“教”与“学”两张皮现象意义重大,为教学过程真正成为“教”和“学”的双向互动过程提供了教学制度方面的保障。在注重双基教学方面,没有让课堂变成各种肤浅和不着边际的活动场所,而是紧扣教学大纲和教材,让学生在教学大纲和教材的框架下主动发展自己的综合素质和各种能力,使素质教育和双基教育在教学中统一起来。

(二)教学改革的主要内容

1. 确立新的教学观念

观念是人脑对客观事物的认识,或者说是客观事物在人脑中留下的印象。教学观念就是人们对教学活动(或行为)的认识。观念直接影响着人们的行动,具有“超前”和“滞后”的作用。正确的教学观将产生积极有效的,符合现代教育对现代人需要的教学行为,教学、课程、教育改革就能够成功;错误、落后的教育观念所产生的教学行为会阻碍教学、课程、教育改革,影响一代,甚至是几代人的培养。因此,教学改革的首要任务是建立新的教学观念,教学观念实现了以“人的发展”为主题,以现代教育观、人才观和质量观的确定为主要内容的变革。

2. 建立新的课程目标观

课程目标是指特定阶段的学校课程所要达到的预期效果,它对学生身心的全面、主动发展起着导向、调控的作用。同时也对课堂教学中教师的行为和学生的行为起着导向、调控的作用。

《基础教育课程改革纲要》在课程目标的具体表述里提出的六个“改变”中,第一个“改变”就是:“改变课程过于注重知识传授的倾向,强调形成积极主动的学习态度,使获得基础知识与基本技能的过程同时成为学会学习和形成正确价值观的过程。”这里从“知识与技能”“过程与方法”“情感态度与价值观”三方面提出了目标要求,构成新课程的“三维目标”。新课程的“三维目标”指向学生全面发展,注重学生在品德、才智、审美等方面的成长。各学科的“课程标准”(简称“课标”)中,还比较详细地对“三维目标”作了具体阐述,并提供了基本的操作方法。尽管各学科对“三维目标”的分解和细化各有自己的特点,但始终围绕“三维目标”这个总的目标来展开。因为“三维目标”是“课程标准”为描述学生学习行为变化及其结果所提出的功能性基本要求,也是建立“课时目标”(教案中的教学目标)的主要依据。学科目标(课程标准)、单元目标、课时目标是课程目标的逐步学科化、具体化,是国家新课程基本理念的重要体现之一。建立新的课程目标观的意义在于培养主动健康发展的人,关注"完整的人"的成长需求,引导、调控、评价教师的教学行为。

3.推进学习方式的转变

本次教学改革不仅要我们教师改革教育观念,还要改革我们的教学方式、教学行为,教师们将凭着自己高度的责任心和悟性,精心备课、设计教学活动,把先进的教育观念、正确的目标观渗透在教学的设计和行为中并以此来影响和改变学生的学习行为和习惯。当我们教师的观念、行为方式引发学生学习方式转变时,一种我们期待已久的教学效果就会出现:学生学习的积极性、主动性,学习方式、思维方式、动手能力、创造性得到张扬和提升;他们是生活的主人,具有独立人格,积极参与社会事务,是有责任感的人。学习方式的转变,学生健康主动的发展将是课程教学改革的显著特征和核心任务。

学生学习方式的变化意味着改变学生接受学习的状态,不仅在理论上认识到学生的主体地位,而且在课堂教学实践中把学生放在主体地位。在教学中,学生在教师的引导下体会到自己的价值和尊严、体会到学习的快乐。学生学习方式的改变主要是增加自主学习、合作学习、探究学习。

其一,自主学习是关注学习者的主体性和能动性,是由学生自主而不是受他人支配的学习方式。和传统教学意义下的学生学习方式相比,自主学习是从"要我学",转变成"我要学",即学习成了学习者的内在需求。其二,合作学习是指学生在小组或团队中为了完成共同的任务,有明确的责任分工的互助性学习。它有以下特征:共同的目标与共识;资源共享;责任明确,积极承担共同的目标中的个人任务;积极相互支持、配合;面对面的促进性的互动;分工合作,期望所有学生能进行有效的沟通;等等。其三,探究学习。探究学习即从学科领域或现实社会生活中选择和确定研究主题,在教学中创设一种类似于学术(或科学)研究的情境,学生在教师的引导下,通过自主、独立地发现问题、实验、操作、调查、信息搜集与处理、表达与交流等探索活动,获得知识、技能、发展情感与态度,逐步形成探索精神和创新能力的学习过程。

信息窗 5-2

营造合作的氛围

教室的气氛是合作学习成功的关键之一。例如,学生需要与同学合作时感到舒心并乐于分享想法、提出问题、共同冒险。

欲营造一个合作的氛围,并使合作准则真正地实现,可以进行班级共建活动。共建旨在通过努力在全班范围内去营造信任和团结的感觉。创造合适的环境是至关重要的。每个人都知道自身所处的环境能在多大程度上影响我们的行为和感觉。

和学生一起,以推动合作准则为目标设定行为、策略和规则。以下是一些教室里布置的标语,注意他们说话的方式,例如"聆听别人的发言",而不是"别人发言时禁止说话"。将这些标语贴在墙上是很有用的:

· 聆听别人的发言。

· 人人参与。

·帮助别人并不意味着代替别人去做。

·不懂就问。

·批评时对事而不对人。

·我们都是一家人。

·每个人都是一个个体,是我不分种族、无论信仰、不分国籍或是学习成绩的合作伙伴。

·准时上课。

我们把这些称为规则而不是规定,因为规则正如合作准则一样是基于集体价值的。

[资料来源]雅各布.合作学习的教师指南[M].杨宁,卢杨,译.北京:中国轻工业出版社,2005:10-11.

4. 关注现代信息技术向教学的渗透

随着现代信息技术的飞速发展及其向社会生活各个领域的渗透,传统的学校教学愈来愈感受到它所带来的强大冲击。为此,我国新一轮的教学改革在充分认识到信息技术对教学产生的影响的同时,也在积极寻求信息技术向教学渗透的策略和途径。信息技术对学校课程与教学产生的影响,信息技术与学校教育结合的立足点将从传统的技术本位转向课程本位。

5. 关注教师专业发展

基础教育新教学体系在课程功能、结构、内容、实施、评价和管理等方面较原来的课程有了重大创新和突破。这场变革给教师带来了严峻的挑战和不可多得的机遇,将使我国的中小学教师队伍发生一次历史性的变化。教师的专业发展成为新一轮教学改革的又一关键所在,因而备受关注。首先,关注教师角色转变,教师由传授者转化为促进者、由管理者转化为引导者、由居高临下转向"平等中的首席"。其次,关注教师教学行为转变,强调教师之间的合作交流、不断改善知识结构;最后,关注专业发展,提高开发课程的能力、提高对教学的整合能力。

案例 5-5

澳大利亚中学的教学

澳大利亚的教育关注学生的个体差异,教授的知识以实际需要为第一原则,为不同的学生设计不同的学习目标。以数学为例,因为大学各学科及社会各行业需要的数学知识极为不同,所以就某一门学科来说,学生没有必要也不应当都学同样多和同样深的知识。也就是我国新课程提倡的人人学习有用的知识,人人学习必需的知识。

澳大利亚在这方面采取了较大的灵活性:澳洲中学采用了近似大学的授课方式。学生没有固定的班级和教室,每个学生根据自己选的课到不同的教室去上课。

七至十年级的学生必修八门课：数学、英文、科学、技术、社会科学、艺术、外语、体育。从八年级开始，英文、数学、科学（包括物理、化学、生物），根据学生水平分高低班。数学课九年级扩展到高中低班。个别特优生还可以到高年级去听高年级的数学，甚至有专门老师辅导学更高程度的数学。

社会科学完全由选课组成，包括历史、地理、管理、商业知识、人际关系、法律与犯罪、社会道德、驾车常识等等，每个学生从中选择一至两门。技术课也基本由选课组成，包括计算机、绘画、雕塑、戏剧、摄影、工艺美术。体育课从九年级开始有选课，或偏重体能和技巧训练，或偏重体育项目规则和理论。

在教学中，课堂灌输极少，提倡学生自主学习、自我表现、主动探索、合作学习。比如，像历史和地理这类以"记述事实"为核心的课程，学习过程几乎完全是在教师指导下的自学。老师会发一些阅读材料、组织外出参观、看录像，让学生总结要点、回答问题；更加系统的学习则由作业为引导，给出题目让学生到图书馆查找资料完成作业；较大的作业就像写一篇小论文，如美国的黑奴历史。老师把几十个历史人物分配给学生，每个学生为其中的一位写一篇简要传记，在写好论文之后，每个学生做五分钟的课堂演讲。这样，每个学生虽然只研究一个历史人物，但从同学那又学到了更多的知识。

在澳大利亚中学里，对学生的素质和能力训练贯穿始终。如当众表达和演讲被当作学生应具备的基本能力。在英文和社会课中学生需要做多次演讲，从选择演讲题目到收集资料、准备讲稿、预演、正式演讲，学生都非常重视，因为在总成绩中常常占10%—20%。集体协同工作是素质训练的一项重要内容，有的大作业需三至五人通力合作、集体完成。同时，也很重视学生的管理能力与社会实践能力。

总之，澳大利亚中学教育充分考虑学生未来发展的多样性，在课程设置上以尽量大的灵活性满足各种需求。

点评：学生的发展是多种多样的，具体表现在发展方向、发展速度、发展类型上的不同，应尊重学生的个体差异，灵活的、有弹性的、有选择的设置课程，为学生提供自主学习、自我表现、主动探究、合作学习的机会与条件。

问题思考与讨论

1. 简述教学的基本任务。
2. 简述教学过程的基本阶段。
3. 简述教学过程的基本规律。
4. 试评述我国中小学最常用的教学方法——讲授法。
5. 谈谈你对"教学有法，但无定法"这句话的理解。
6. 对班级授课制如何评价？
7. 教学活动的本质是什么？为什么说教学认识过程是一个特殊的认识过程？
8. 因材施教原则的基本内涵是什么？结合教学实际阐述如何贯彻这一原则？

9. 结合自己的教学实际，谈谈如何上好一堂课。

10. 新编《自然》教材第一册《植物的果实》一课，正好安排在秋季果实成熟的时候，这为我们的教学提供了方便。课前，我（指天津市特级教师路培琦）给学生布置了作业，让他们搜集各种果实，并提醒他们注意："你认为是果实的，上课时你把它带来。"课一开始，我让学生把带来的果实放在桌上，并重复我的要求："我说过，你认为是果实的，你把它带来。""现在你们可以互相看一看，你们带来的是不是都是果实？"这时我进行巡视，发现学生带来的大多是水果类，如：梨、苹果、橘子、柿子、香蕉等。少数同学带来花生、栗子、枣、核桃、葵花子等。这时，有个同学举手发言，说："有的同学把胡萝卜也带来了，胡萝卜不是果实。""胡萝卜是果实。"带胡萝卜的同学不举手就急着争辩。"胡萝卜到底是不是果实？"我问大家。"是果实！""不是果实！"全班同学几乎同时发言，立时形成了"两派"。"认为胡萝卜是果实的和认为胡萝卜不是果实的，能不能谈谈你们的理由？"我说。"胡萝卜能吃，所以是果实。"主张胡萝卜是果实的同学说。"能吃的不见得都是果实，鸡蛋糕也能吃。"另一同学反驳。"鸡蛋糕不是植物长出来的，胡萝卜是植物长出来的。"又一同学申辩。"植物长出来的不一定都是果实，芹菜、大白菜就不是果实。"又一同学提出相反的意见。"胡萝卜有营养，所以是果实。"一同学又提出一条理由。"有营养的一定是果实吗？大白菜也有营养。"又一同学反驳。"胡萝卜是长在土里的，所以不是果实。"最先提出胡萝卜不是果实的那位同学说。"花生也是长在土里的，花生，该是果实吧。"又是一次反驳。……课堂气氛异常活跃，大家都忘了"举手发言"的常规，一来一往争辩着。"好。争论得很好。"我终于发言了，"说胡萝卜是果实或不是果实的理由，看来都说服不了对方。怎么办呢？现在，我教给大家一个研究的方法。"此时，同学们精神非常集中，都想知道这个方法是什么。我说："当你对一个事物、一件东西认不清、拿不准的时候，你就拿一个和它相类似的、拿得准的东西来跟它比较，看它们有哪些是相同的、哪些是不同的，就容易找出答案来了。""比如，"这时我拿起一只苹果和一只梨。"这个苹果和梨是不是果实呀？""是。"同学们齐声答。"有说不是的吗？"没有人回答。"看来都认为它们是果实，没有不同的意见了，那么我们就来研究研究苹果和梨吧。"……

路老师运用了什么方法进行教学？结合路老师教学的案例谈谈运用此法的基本要求有哪些？

11. 有三位教生物的老师分别给三个班的学生讲《鲫鱼的形态》，教师甲用挂图分别讲述了鲫鱼的形态、各部位的作用，并写在黑板上，学生做了笔记。教师乙拿来一盆鲫鱼，让学生轮流观察，并将观察结果对照课文记下来。教师丙先让学生阅读一遍课文，然后取一条活鲫鱼随堂做解剖实验，让学生观察，并实验一项讲解一项，最后做出小结。三位老师在教学过程中分别运用了什么教学原则和教学方法？你认为哪位老师在贯彻教学原则和运用教学方法方面做得最好？

阅读指南

1. 施良方，崔允漷. 教学理论——课堂教学的原理、策略与研究[M]. 上海：华东师范大学出版社，1999.

2. 王本陆. 课程与教学论[M]. 2 版. 北京:高等教育出版社,2009.
3. 王策三. 教学论稿[M]. 2 版. 北京:人民教育出版社,2005.
4.《课程·教材·教法》(期刊)

网络导航

1. 全国中小学创新(互动)课堂教学实践观摩活动:http://iwb.webcet.cn/
2. 教视网:http://www.sp910.com/
3. 99 教师网:http://www.99at.com/
4. 中小学教学网:http://www.zx123.net/

第六章　德　育

学习目标

掌握有关德育方面的一些基本概念。了解品德结构特征和影响品德生成的因素，当代品德发展的基本理论。理解德育过程的基本规律及应用。熟悉中学德育目标、内容、方法和基本途径。

一、德育概述

（一）德育与品德

1. 德育的概念

德育，作为一种特殊的人类社会实践活动，随人类的出现而出现，随人类的发展而发展。但是在不同的历史时期，人们用以反映这一事实的名词术语，其义则有差异。

中国古代所谓的“教”“育”“教学”“德教”，相当于今之德育。《孟子·尽心上》：“善政不如善教之得民也，善政民畏之，善教民爱之。善政得民财，善教得民心。”此“教”有德育之义，指的是社会教化。《荀子·修身》：“以善先人之谓教。”引人向善，即是教，此“教”即德育。许慎《说文解字》：“教，上所施，下所效也；育，养子使作善也。”此“教”有德育之义，此“育”即德育。《周易·蒙》：“山下出泉，蒙。君子以果行育德。”君子用果敢的行动来培育人的德行，此“育”即德育。《周易·蛊》：“山下有风，蛊。君子以振民育德。”君子教化人民，培育其品德，此“育”即德育。《礼记·学记》：“建国君民，教学为先。”此“教学”相当于社会教化、社会德育。董仲舒《春秋繁露》：“万民之从利，如水之就下，不以教化提防之，不能止；古之王者，莫不以教化为大务；王者承天意以从事，故任德教而不任刑罚。”董仲舒所谓的“教化”“德教”，即今之社会德育。可见，年轻一代品德的培养与塑造，是每一社会的责任与使命。

19世纪初，德国教育家赫尔巴特把德育与教育完全等同起来：“教育的唯一工作与全部工作可以总结在这一概念之中——道德。”显然，赫尔巴特是把德育与教育等同起来。当他谈到教学与教育（即德育）的关系时，又说：“教学的最高的、最后的目的包含在这一概念之中——德行。”他还提出“教学永远具有教育性”，否认“无教育的教学”。这里的“教育”就是德育。苏联教育学中也沿用这一观念。凯洛夫的《教育学》即如是。凯洛夫说：“教育这个词，从它的狭义说来跟教学不同，它的实质是形成儿童和青年的一定人格特点（道德品质、性格特点、行为习惯和情感等）。”“教学和教育是互相渗透的：教学具有教育的意义，而教育的许多任务主要是通过教学过程来完成的。”凯洛夫也是把教育当德育来使用的。

新中国成立后，德育一词有多种名号：①教育。20世纪50年代新中国全面苏化，教育学也是照抄苏联教育学，用教育一词表示德育。②思想政治教育或政治思想教育。沿用老解放区思想政治工作的习惯用法，称德育为思想政治教育或政治思想教育。③道德教育。释“德”为道德，德育即道德教育。④政治立场教育、世界观教育、道德教育。视德育为一“箩筐”，将德育内容包括在德育名下。⑤思想品德教育或品德教育。1982年新中国第一个小学思想品德课教学大纲中，第一次提出思想品德教育，并用之代替德育之名。

德育，虽有多名，但其育德之义是统一的。我们可以通过德育概念，看到其内含的育德之义。

西方最早提出道德教育这一概念的是古罗马教育家昆体良，他在其《雄辩术原理》一书中说：“我希望拿给孩子们摹写的句子不是毫无意义的，而应该包含良好的道德教育。”夸美纽斯以为道德教育是“灌输真正德行与虔信的艺术”。[①] 瑞士教育家裴斯泰洛齐也曾提出道德教育一词：“初步的道德教育，作为一个整体来说，包括着三个显著的部分”，即儿童的道德感、自我控制和道德权利与义务的正确观念。他还将德育与智育并提：“生活具有教育的作用。这是指导我在初等教育方面的一切实验的原则，我们现在要从德育、智育和实际技能的培养方面来考虑这个原则所产生的结果。”[②]德育是有意义的，其目的在于形成儿童的道德感、自我控制能力和道德权利与义务的正确观念。

明确提出德育这一概念并将之与智育体育相提并论的是英国19世纪思想家、教育家斯宾塞，他在《教育论》一书中提出智育、德育、体育。故一般人认为是斯宾塞最早提出德育这一概念。在斯宾塞那里，德育的目的是“养成一个能够自治的人，而不是一个要让别人来管理的人”[③]。

中国最早使用德育一词的，是1897年上海南洋公学，其师范院的外院，即附属小学堂，在其教材《蒙学读本》中有这样一段话：“泰西教育之学，其旨万端，而以德育、智育、体育为三大纲。德育者，修身之事也；智育者，致知格物之事也；体育者，卫生之事也；蒙养之道，于斯为备。”[④]德育就是修身之事。

我国近代学者王国维在《论教育的宗旨》一文中提出“精神之中分为三部：智力、感情及意志是也。对此三者而有真美善之理想：‘真’者智力之理想，‘美’者感情之理想，‘善’者意志之理想也。完全之人物不可不备真、美、善之三德，欲达此理想，于是教育之事起。教育之事亦分为三部：智育、德育（即意育）、美育（即情育）是也。德育即‘意育’，亦即意志的教育，善的教育。

当代学者根据德育的内涵或外延，通过给德育下定义的方法来认识德育的本质。

①夸美纽斯．大教学论[M]．傅任敢，译．北京：人民教育出版社，1984：179.
②张焕庭．西方资产阶级教育论著选[M]．北京：人民教育出版社，1979：208.
③斯宾塞．斯宾塞教育论著选[M]．胡毅，王承绪，译．北京：人民教育出版社，2005：111.
④陈学恂．中国近代教育史教学参考资料：上册[M]．北京：人民教育出版社，1986：661.

(1)德育内涵

①德育是向学生进行政治思想、道德品质的教育。

②德育是教育者按一定的社会要求,有目的、有计划地对受教育者心理上施加影响,以培养起教育者所期望的思想品德。

③德育是教育者按照一定社会或阶级的要求,有目的、有计划、有组织地对受教育者施加系统的影响,把一定的社会思想和道德转化为个体思想意识和道德品质的教育。

④德育是教育者按照一定社会或阶级的要求,有目的、有计划、系统地对受教育者施加思想、政治、道德影响,通过受教育者积极的认识、体验、身体力行,以形成他们的品德和自我修养能力的教育活动。

⑤德育是教育者根据一定社会和受教育者的需要,遵循品德形成的规律,采用言教、身教等有效手段,通过内化和外化,发展受教育者的思想、政治、法制和道德几方面素质的系统活动过程。

(2)德育外延

德育的外延大有泛滥之势,从德育即道德教育之说到德育即思想政治教育或政治思想教育之说,等等,不一而足。主要的外延说有:

①德育即道德教育。

②德育即思想品德教育或品德教育。

③德育即政治思想教育或思想政治教育。

④德育即理想教育、道德教育、纪律教育。

德育即做人的教育或非智力因素的教育。

还有人将德育内容补充进去,如四项基本原则教育、社会主义方向教育、爱国主义教育、集体主义教育、劳动教育,再加上民主与法制教育、无神论教育、青春期教育、心理健康教育、经济教育等,还要加进价值教育、性教育、宗教教育、生活与职业指导教育、生命生态教育,等等。

我们认为,德育是培养人的品德的一种教育。毛泽东在《矛盾论》中说:“成为我们认识事物的基础的东西,则是必须注意它的特殊点,就是说,注意它和其他运动形式的质的区别。只有注意了这一点,才有可能区别事物。任何运动形式,其内部都包含着本身特殊的矛盾。这种特殊的矛盾,就构成一事物区别于他事物的特殊的本质。……每一物质的运动形式所具有的特殊的本质,为它自己的特殊的矛盾所规定。这种情形,不但在自然界中存在着,在社会现象和思想现象中也是同样地存在着。每一种社会形式和思想形式,都有它的特殊的矛盾和特殊的本质。”德育是一种“社会现象”,一种“社会形式”,它有它自身“特殊的矛盾和特殊的本质”。我们要认识德育,就必须研究德育的特殊的矛盾运动形式,必须区分出德育区别于其他事物的质的规定性。与教育以及其他教育形式相比,德育有其特殊性,这种性质构成了德育之为德育的“特殊点”,即育德、成德,人的品德及其形成与培育,成为德育的根本性质。

2.品德的概念

品德一词,由“品”和“德”二字构成。《说文》曰:品,众庶也,从三口。人群之中,“口”(人的嘴巴)的功能是食(吃饭)和言,言即说话。三口,有人多嘴杂、人多言杂之意。“品”字表示人的行为举止会受到人言、舆论的褒贬和评价。

“德”的篆文为。“德”字早在商朝的甲骨文中就已经出现。《说文》曰：“德，升也，从彳悳声。”《说文》注曰：“升当作登。迁，登也，此当同之。德训登者。”《说文》又曰：“悳，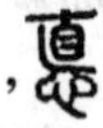，外得于人，内得于己也，从直从心。”清代段玉裁《说文解字注》认为当为“内得于己，外得于人”，并解释为“内得于己，谓身心所自得也；外得于人，谓惠泽使人得之也。俗字叚德为之。德者升也，古字或叚得为之。”“德”与人心、行为、人际关系有关。

最早的“德”字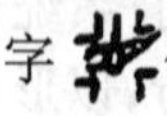似乎是一个人站在十字路口，心向北方，中间的圆圈似乎表示一个人的“心脏”，古人认为心脏能思想，因为只有心脏在跳动，是活动的；其中符号又好像人的眼睛（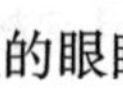—甲骨文“目”字）翘望北方，表示夜行之人，以北斗星作为其向导，所以人们翘首北向，有所希冀。孔子有言：“为政以德，譬如北辰居其所而众星拱之。”看来这个“德”似乎与北斗星有关，也似乎与高高在上的统治者有关。这反映着人们希望通过修德、敬德从而达到与天相合的观念。西周时周公旦教育周成王（周武王之子，周公旦之侄）修德、敬德、明德，“以德配天”“敬德保民”，因为“民之所欲，天必从之”，人识得“天命”，“天命”便下凡于人，人承接之并修得“天德”。这样，顺应了天命，就实现了天人合一，达到天象与人事的融合和统一。

德的本字包含着身与心、人与己、内与外等方面的关系。在中国伦理思想史上，道德规范简称为“道”，它是与“德”既有联系又有不同的两个概念。一般认为，“道”是行为应当遵循的准则。人们身处复杂的道德关系之中，人的日常生活（待人接物、为人处世、衣食住行、婚丧嫁娶等）、经济生活、政治生活、文化生活，有一系列的道德规范。这些行为准则即“道”。德是践行准则、实践规范而有所得，即“道”在行为中的实际体现。

道与德分开使用时，界限分明，“道”指的是行为规范及相应的意识，相当于人们今天所说的道德要求，是社会现象；德指个体德行，即社会道德要求在个体身上的体现。儒家经典著作《论语》中，“道”和“德”是分开使用的，不见“道德”一词。战国时期，“道”与“德”联结为一词，出现“道德”概念，如《荀子·劝学》说：“学至乎《礼》而止矣，夫是之谓道德之极。”意思是说，一个人学透了《礼》，学习就到了尽头，这样就达到道德的顶点，当然这是一个人终身的过程。荀子所谓的“道德”有似于今人所言的“思想品德”，即外在的道德规范、道德要求内化为一个人的品德。

黑格尔在解释“作为个人造诣的德”时说：“一个人做了这样或那样一件合乎伦理的事，还不能说他是有德的，只有这种行为方式为他性格中的固定要素时，他才可以说是有德的。德毋宁应该说是一种伦理上的造诣。”①

《礼记·乐记》释“德”为“得”：“乐者，通伦理者也。……知乐则几于礼矣。礼乐皆得，谓之有德。德者得也。”“德”乃个人的礼乐修养。“礼乐教化，心之发也”（《书经集传序》）。“心之发”的结果便是“德”。在古人看来，礼和乐皆为圣人所作，相对于个人而言，是外在的东西，须通过教化，才能为个人所得。所以，“德”就是得之于外的个人修养，是心之功。

我们认为品德即道德品质，是个人根据道德要求在言行中表现出来的稳定的特征和

①黑格尔. 法哲学原理[M]. 范扬，张企泰，译. 北京：商务印书馆，1961：170.

倾向。它与道德关系密切。道德是一种社会现象,是社会意识形态之一,是一定社会调整人们之间以及个人与社会之间关系的行为规范的总和,具有舆论性、良心制约性、行动性等特征。品德是一种心理现象,它弥散于心理过程(心理活动)、个性心理之中,但又区别于一般的心理过程和个性心理,它具有道德性、内隐性、行为性和稳定性等特征。

(二)品德结构

品德结构由道德认识、道德情感、道德意志、道德行为四个要素构成。知、情、意、行诸要素的相互影响、相互促进是品德形成的规律。一般说来,知是情、意、行的基础,情、意影响知的提高,是知转化为行的中介和催化剂,行是知、情、意的外部表现。所谓新品德的形成,从结构方面说,或者是增加了新成分,或者是原各要素的组合方式发生了变化,因而产生了质变,道德教育就是要形成新的完善的思想品德。

1. 道德认识

道德认识(道德认知),是人们对真、善、美,假、丑、恶等道德现象的评价,是对有关道德理论、原则、规范的理解和掌握。道德认识,在品德形成和发展中起重要作用。道德认识是道德情感、道德意志、道德行为的基础,只有有了正确的认识,才能有正确的情感、坚强的意志和正确的行为,只有对真、善、美,假、丑、恶,正义、非正义有了明确的认识,才会产生相应的道德评价能力,人们的任何行动都是由他们的认识支配的。

中外古今的德育实践皆十分重视对道德规范、规则的理解和掌握,十分重视道德知识的学习。礼、乐、射、御、书、数"六艺"中"礼"放在第一位,《诗》《书》《礼》《易》《春秋》"五经"中的《礼》意义重大。孔子十分强调"礼",他说"不学礼,无以立""克己复礼""非礼勿视,非礼勿听,非礼勿言,非礼勿动"。古希腊苏格拉底强调"知识即美德"。西方认知学派代表人物皮亚杰和柯尔伯格十分重视儿童道德认知和道德判断水平,并以此划分人的道德发展阶段。

2. 道德情感

道德情感是指人们对某种道德行为所做的善、恶判断而引起的内心体验,它是伴随着道德认识而产生和发展的,是人类高尚的情感之一。道德情感,对道德行为起着中介、调节、催化作用,当学生对某种行为产生一定的情感,具有积极的体验和强烈的爱憎时,就会相应地产生某种价值取向,从而促使他们对之赞成和追求,并付诸行动,反之,如果学生对之抱冷淡态度,缺乏内心经验,其行为就不会表现出强烈的鲜明的反应。

道德情感的进一步催化、强化、升华,加之实际行为的锻炼,便逐步产生道德信念。道德信念是人们发自内心地对某种道德义务的强烈的责任感,是人们对于某种道德规范和道德理想坚信不疑的精神状态,表现在执行道德规范和实现道德理想中有高度的自觉性,有强烈的责任感。德育要提高道德认识,陶冶道德情操,进一步升华道德信念。

3. 道德意志

道德意志指人们在履行道德义务和责任中克服外部困难和内心障碍的能力和毅力。道德认识对道德情感、道德行为的控制、调节作用,都是通过道德意志来完成的。道德认识本身并不具有直接控制情感和行动的功能。道德意志是道德认识转化为道德行为的内部控制因素,道德意志的培养与锻炼,对学生良好品德的形成与发展有极其重要的意义。

道德意志对道德认识产生极大影响,道德意志使人的情感服从于人的道德理智,道德意志是道德行为的直接动力,与道德行为密不可分。马卡连柯说:“意志、勇敢和目的性的培养问题,是具有头等意义的问题之一。”①道德意志的培养就是一般道德品质的培养,意志力的锻炼是道德修养的一个重要方面。

4. 道德行为

道德行为是人们在一定的道德认识、情感和意志的支配与调节下所表现的行动,是一个人道德品质的外在表现。道德行为有两个特点:①意识性与自主性,行为是由一定的道德意识所支配的;②涉他性或涉群性,行为总要涉及社会道德的是非标准,涉及他人和社会的利害或道德关系。同时要区别“道德行为”与“道德的行为”两个概念,道德行为中包括道德的行为(或称有道德的行为)与不道德的行为(或称违反道德的行为)。

道德行为是衡量一个人品德水平高低的主要标志。一个人的品德如何,不是停留在口头上,主要看他的实际行动,中国古代强调“行”,如孔子主张“听其言,观其行”,朱熹强调“践履躬行”,王阳明主张“知行合一”和“躬行”等。道德行为的反复实践形成道德行为习惯或曰道德习惯,它是行为经过反复实践而形成的一种动力定型,是人逐渐形成的不需要任何意志努力和监督的自动化的行动方式。

习惯的形成具有十分重要的意义,形成了习惯能使行为由偶然性变成必然性,由一时兴起的行为变为自动化的行为,由不经常的行为成为经常的一贯的行为,而且,形成了习惯能使行为巩固而发生迁移作用。叶圣陶说:“什么是教育?简单一句话,就是要养成良好习惯。”列宁说:“只有那些已经深入文化、深入日常生活习惯的东西,才能算作已经达到的成就。”

从道德认识到行为,最后形成习惯,学生品德的形成就达到了较为完善的程度。习惯化、经常性是品德形成的标志。因此德育要通过实践活动,使学生自然养成习惯,利用学习、生活等其他活动反复锻炼。同时行为习惯训练,要与道德认识教育相结合,在提高认识的基础上,进行行为训练,增强其自觉性,克服盲目性和被动性。

知、情、意、行四要素既相区别,又相联系,它们互相促进,互相影响,是矛盾统一的过程。因此,在培养品德的过程中,要从联系的、统一的整体角度进行,不能孤立、单一,品德形成的基本过程是从知到行,抓好知、行统一的培养是关键,但也要重视情、意的培养,概括为“晓之以理、动之以情、导之以行、持之以恒”。

(三)中学生品德发展的影响因素

中学生品德发展的特点。中学生处于青春发育期,包括初中和高中两个阶段。初中阶段即少年期,高中阶段即青年初期。中学生品德发展的特点表现为从他律性转向自律性。与小学生以他律性为主的品德发展特点相比,中学生转向以自律性为主,逐渐形成道德信念与道德理想,自我意识增强,道德行为习惯逐步巩固,品德结构趋于完善。一般说来,处于少年期的初中生品德发展具有动荡性特点,高中生品德发展趋于成熟。在整个中学阶段,青少年的品德迅速地得到发展,他们正处于形成伦理的时期。但少年期(主要是

①马卡连柯. 论共产主义教育[M]. 刘长松,杨慕之,译. 北京:人民教育出版社,1981:47.

初中生)和青年初期(主要是高中生)的品德是不同的,尽管这里没有一条明确的分界线。在少年期的品德中,伦理道德虽然开始占优势,可是在很大程度上,表现出动荡性,即两极分化的特点。而青年初期的伦理道德则带有很大程度的成熟性,他们较自觉地运用一定的道德观点、原则、信念来调节行为。同时,从少年期开始,世界观开始萌芽,到青年初期则已初步形成。①

中学生品德发展的影响因素是多方面的,概括起来不外乎以下几方面因素。

1. 社会

对于中学生品德形成与发展起重要作用的是社会环境因素,包括人际与社会关系(友伴关系、同学关系、街坊、亲戚邻里、社会组织关系等)以及社会意识形态(如哲学、道德、科学、文艺、宗教、风俗习惯等社会文化)。

社会环境决定个人品德的内容,规定个人品德发展的方向和性质。墨子说:"染于苍则苍,染于黄则黄",环境如染缸,染品放在苍白色的染缸中就变成苍色,放在黄色的染缸中就变成黄色。荀子曰:"蓬生麻中,不扶而直;白沙在涅,与之俱黑",孟母三迁故事中所体现的"近朱者赤,近墨者黑"道理,皆说明社会环境对人品德的影响。

信息窗 6-1

信仰和命题等等材料并非我们自身的创造,而是他者所赋予我们的,如教育、传统以及环境的提示。就材料而言,我们的理智受到我们置身于其中的共同体生活的制约。我们认识到共同体生活给我们灌输了什么,并能依据其为我们所塑造的习惯来进行认识活动。……外在的共同体成为内在的论坛和法庭,以便评判控告、裁决和申辩。我们对自身行为的看法渗透着他人的想法,这些想法不仅表现在外在的传授中,而且更有效地表现在他人对我们行为的反应中。

[资料来源] 杜威. 新旧个人主义——杜威文选[M]. 孙有中,蓝克林,裴雯,译. 上海:上海社会科学院出版社,1997:99-100.

社会文化环境之于中学生品德形成与发展具有重要的影响作用。文化,尤其是本土文化,本身即体现一个共同体的价值观和情操。

信息窗 6-2

文化是什么?它是随便一个人迎面走来,他的举手投足,他的一颦一笑,他的整体气质。他走过一棵树,树枝低垂,他是随手把枝折断丢弃,还是弯身而过?一只满身是癣的流浪狗走近他,他是怜悯地避开,还是一脚踢过去?电梯门打开,他是谦抑地让人,还是霸道地把别人挤开?一个盲人和他并肩路口,绿灯亮了,他会搀那盲者一把吗?他与别人如何擦身而过?他如何低头系上自己松了的鞋带?他怎么从卖菜的小贩手里接过找来的零钱?

---

①林崇德. 品德发展心理学[M]. 上海:上海教育出版社,1989:360.

如果他在会议、教室、电视屏幕的公领域里大谈民主人权和劳工权益，在自己家的私领域里，他尊重自己的妻子和孩子吗？他对家里的保姆和工人以礼相待吗？

独处时，他，如何与自己相处？所有的教养、原则、规范，在没人看见的地方，他怎么样？

文化其实体现在一个人如何对待他人、对待自己、如何对待自己所处的自然环境。在一个文化厚实深沉的社会里，人懂得尊重自己——他不苟且，因为不苟且所以有品位；人懂得尊重别人——他不霸道，因为不霸道所以有道德；人懂得尊重自然——他不掠夺，因为不掠夺所以有永续的智能。

品位、道德、智能，是文化积累的总和。

文化不过是代代累积沉淀的习惯和信念，渗透在生活的实践中。

互联网，作为一种特殊的社会影响因素，其本身是社会生活的一种新技术和平台，基于此的网络交往对于中学生品德形成与发展的作用，不容小觑。网络交往的开放性、虚拟性、隐匿性、不可监控性对于中学生的价值观和人生理想，具有重要的影响。

2. 家庭

家庭是具有血缘关系或姻亲关系、养育关系的人所组成的社会基本组织。家庭亲子关系是人的道德关系中的基本关系。家长是孩子的第一任老师，父母是孩子最亲近最直接的榜样，孩子是父母的一面镜子，甚至有人说，一个父亲胜过一百个校长。中学生品德发展所受家庭因素的影响，可能主要表现在家庭生活条件、家庭人际关系、家庭文化水平和文化氛围以及家长的教育教养方式等等。苏霍姆林斯基的一则教育案例正说明家庭之于学生品德的影响作用。

信息窗6－3

巴甫雷什中学有一个学生特别自私

一天，全班出去远足。同学们都把带来的食品拿出来，让大家一起品尝。唯独这个学生把最好吃的牛油悄悄藏了起来。

过后，苏霍姆林斯基询问这个学生。这个学生很激动地说："我永远忘不了小时候发生的一件事：一次，邻居上我们家来借一点葱。我家本来有很多，可是母亲却对邻居说，家里的葱正好吃完了。当我问母亲为什么不借给人家时，母亲'认真'地教训我说：'你怎么这么傻？他借了是不会还的，咱家的葱为什么要给别人吃呢？'从此，我有什么好东西，总是舍不得给别人。有时思想斗争很厉害，远足那一天，我看到同学们都拿出自己带的好东西来让大家一起吃，也曾想把那块牛油拿出来，但思想斗争的结果，还是舍不得……"

[**资料来源**]刘守旗，丁勇，俞润生，等. 教育的艺术——苏霍姆林斯基100教育案例评析[M]. 广州：中山大学出版社，2003:254-255.

3. 学校

学校是一种特殊的社会环境,它是根据社会需要和人的发展的客观规律系统组织起来的特殊社会环境。学校在社会环境对于个人品德形成的决定作用中起着主导作用。

学者古德莱德认为:“学校在培养有教养的人时是主要的运作者。有教养的人获取对真、善、美的认识,并以此来判断他们自己和社会的美德和缺陷……这是一种道德的责任。”①这是由学校的特点所决定的。①学校的道德目的性。学校是一个道德场,教学是一种道德事业,其功在“止于至善”。②学校的教师引导性。教师是社会的代言人,是道德的化身。杜威认为:“教师的职务是依据较多的经验和较成熟的学识来决定怎样使儿童得到生活的训练。”教师之职在教人做人,教人“明人伦”。③学校的社会建制性。学校是一种社会组织,它是制度化的产物,它本身也是一种制度,是现代人必经之境。

4. 人的主观能动性与主体作用

根据马克思主义原理,外因是事物变化的条件,内因是事物变化的根据,外因必须通过内因起作用。社会、家庭和学校对于中学生品德的影响,最终要通过学生的主体作用这个内在因素才能起作用,同样生活在一个家庭里的兄弟二人,他们的道德人格迥异,关键因素在于个人的主观能动作用。

信息窗 6-4

自己选择使用“遗产”的方式

从前,有兄弟两个,他们在同样的家庭环境中长大,朝夕相处,但性格却迥然不同。

他们拥有同样痛苦的成长经历:父亲酗酒、专横、不负责任,并因此多次被捕入狱。

哥哥变成酒鬼,辍学后结了婚。他常常对家人拳脚相加,懒于工作并经常惹是生非,是警察局的常客。

一次,有人问他为什么这样为人处世,他回答说:“有这样一个爸爸和这样一段童年,我怎么可能有另一种生活?”

弟弟却克服各种问题和困难,坚持完成了学业。他也结了婚,却变成了一个细心的丈夫与和善的父亲。他还是一个对社会颇有贡献的成功的企业家。

一天,在被问及是什么促成了他的成功时,他回答:“有这样一个爸爸和这样一段童年,我怎么可能有另一种生活?”

你从生活中得到的“遗产”是什么,你决定如何来使用它?没有公式,更没有法则。你自己决定自己的生活方式。

①富兰. 变革的力量——透视教育改革[M]. 北京:教育科学出版社,2000:14.

二、品德发展的基本理论

品德发展是指品德产生、发展、变化的过程。狭义的品德发展指在学校期间所受的影响而产生的品德变化;广义的品德发展指人的一生品德发展变化的过程。品德发展的基本特点包括建构性、顺序性、系统性、不平衡性。关于品德发展理论,国外研究主要有道德发展理论、社会学习理论、关怀理论、价值澄清理论等。

(一)道德发展理论

瑞士心理学家和哲学家皮亚杰创立了发生认识论。他认为发展的实质是个体与周围环境不断相互作用的过程。采用对偶故事对儿童的道德发展进行了系统的研究,并用认知发展的观点解释道德发展,为儿童道德发展研究领域提供了一个理论框架和一套研究方法。皮亚杰认为,儿童的道德发展是一个由他律逐步向自律、由客观责任感逐步向主观责任感的转化过程。根据公正观念的发展水平,分为四个阶段:

第一阶段:前道德阶段(0—2 岁)。儿童处于感觉运动阶段,行为多与生理本能的满足有关,无任何规则意识,因而谈不上任何道德观念发展。

第二阶段:他律道德阶段(2—8 岁)。儿童主要表现为以服从成人为主要特征的他律道德,故又称为服从的阶段。又可分两个阶段。①自我中心阶段(2—5 岁):这一阶段儿童处于前运算思维阶段。其特点是单向、不可逆的自我中心主义,片面强调个人存在及个人的意见和要求。②权威阶段(5—8 岁)思维正由前运算思维向具体运算思维过渡,以表象思维为主,但仍不具备可逆性和守恒性。因此,这一时期儿童的道德判断是以他律的、绝对的规则及对权威的绝对服从和崇拜为特征。

第三阶段:自律或合作道德阶段(8—11、12 岁)。儿童思维已达到具有可逆性的具体运算,有了自律的萌芽,公正感不再是以“服从”为特征,而是以“平等”的观念为主要特征,逐渐代替了前一阶段服从成人权威的支配地位。

第四阶段:公正道德阶段(11、12 岁以后)。这时儿童的思维广度、深度及灵活性都有了质的飞跃,此时才真正到了自律阶段。这一阶段的儿童开始出现了利他主义。他们基于公正感做出的判断已经不再是平等基础上的法定关系,而是人与人之间的道德关系。将规则同整个社会和人类利益联系起来,形成具有人类关心和同情心的深层品质。

美国心理学家科尔伯格继承并发展了皮亚杰的道德认知发展理论,在 20 世纪 60 年代提出了道德发展阶段论。他开创了道德两难故事法研究道德发展问题。他采用这种方法测试了十多个不同国家的 6、7 岁至 21 岁的被试者,发现尽管种族、文化和社会规范等各方面都不相同,但道德判断能力随年龄发展而发展的趋势却是一致的。

所谓道德认知发展模式(the cognitive morol development model)是基于思考做出道德判断问题,目的在于帮助学生以一种越来越清晰和全面的方式思考道德论争并寻找解决的方法,促使个人认真参与道德讨论,在讨论中使道德判断向更高阶段发展。该模式的核心是让学生学会思考和独立判断。科尔伯格依据人们理解和解决道德冲突所进行的逻辑推理来说明道德发展的水平。例如,一个学生可能肯定诚实和忠诚的价值,但只有当疑难的情况迫使他把这些价值相互比较并确定哪一个更重要时,他才运用了道德判断能力。如果这个学生发现他的朋友考试作弊,诚实和忠诚的观念发出了相互矛盾的信息,他应当把这种不正当的行为告诉老师呢?还是想办法保持对他朋友的信任呢?表现一个道德判断力品质的不是选择本身,而是证明其选择合理所使用的推理的模式。

信息窗 6-5

经典故事:海因茨偷药

欧洲有一个妇女患有一种特殊的癌症,生命垂危。医生诊断后认为,只有一种药物能救她的命,这就是本城药剂师最近发明的一种新药——镭。该药成本较高(400 美元),而药剂师的索价是成本的 10 倍(4 000 美元)。病妇的丈夫海因茨多方求援,只凑到药费的一半(2 000 美元)。海因茨把实情告诉药剂师,他的妻子快要死了,请求把药便宜一点卖给他,或者允许赊账,但药剂师说:"不行,我发明此药就是为了赚钱。"海因茨走投无路,竟铤而走险,于晚上夜深人静时撬开了药剂师经营的药店的店门,为妻子偷走了药物。向儿童提出的问题有:①海因茨该不该偷药?为什么?②海因茨是对的还是错的?为什么?③海因茨有责任和义务去偷药吗?④人们竭尽所能去挽救另一个人的生命是否很重要?为什么?⑤海因茨偷药是违法的。他偷药在道义上是否错误?为什么?⑥仔细回想故事中的情境,你认为海因茨最负责任的行为应该是什么?为什么?

科尔伯格按照个体道德判断结果的性质,将个体的道德发展划分为三级水平共六个阶段,提出了全面的阶段模型。

①水平一:前习俗道德水平。儿童还不能够区分文化中的规则和善、恶、是、非,只是根据行为对身体上的或快感上的后果来解释的,如受罚、得奖和交换喜爱的东西等。例如,教师向学生解释为什么要遵守班级制度时,可以向他们解释不遵守班级制度时,他们应获得的惩罚或者遵守班级制度给他们带来的好处。

阶段 1:惩罚和服从的定向阶段。缺乏是、非、善、恶观念,认为免受处罚的行为都是好的,遭到批评指责的行为都是坏的。他们因为恐惧惩罚而遵守规则。处在这个阶段的儿童会认为:海因茨不能去偷药,因为如果被人抓住的话会坐牢的。再如,弟弟看见哥哥偷商店里的东西,他该不该把哥哥行为不端的秘密告诉父亲?这个阶段的儿童典型的推理是:如果不告诉父亲,父亲一旦发现,会生气,打他的屁股;如果告诉父亲,哥哥知道之后,也会揍他。如果父亲比哥哥打得厉害,就该把事情告诉父亲;如果哥哥比父亲打得厉害,就不该向父亲告发。弟弟是否告发哥哥,完全取决于能否避免惩罚,或者能否避免严厉的惩罚。

阶段 2:相对功利主义的定向阶段。采取个人主义和交换的取向,以个人的最大利益为出发点来考虑是否遵守规则。行为的好坏按行为的后果带来的奖罚而定,得赏者为是,受罚者为非,对自己有利的就好,对自己不利的就是不好。处在这个阶段的儿童会认为:海因茨应该去偷药,谁让那个药剂师那么坏,便宜一点就不行吗。同样,海因茨该不该偷药,取决于海因茨妻子对他好不好。要是海因茨妻子一直对他不好的话,就没有必要自寻烦恼,冒险去偷药;要是妻子一向对他好的话,治好妻子的病去偷药,是非常自然的事情。

②水平二:习俗道德水平。按照个人的家庭、集团或国家所期望人们做的去行事就被认为它本身就是有价值的,不管它所产生的直接的和明显的后果如何。这种态度不仅服从个人的期望和社会的秩序,而且忠心耿耿,主动去维护、支持这种秩序,并以与这种秩序有关的个人或团体自居。处于习俗水平的人,会站在一个社会成员的角度思考和处理道德问题。个体对家庭、群体、社会寄予他的期望表示认可,并且努力使自己的行为符合社会的要求。例如,教师可以借助班级榜样以及其他典范人物对学生进行班级制度的认识,使学生认识到制度的重要性。

阶段3:寻求认可阶段。个体的推理是受众人共同的期望和一致意见决定的。个体愿意按照大家对自己的期望作为的准则,通过“做好人”而寻求认可。处在这个阶段的儿童会认为:海因茨应该去偷药,因为做一个好丈夫就应该照顾好自己的妻子。如果他不这样做,结果妻子死了,别人都会骂他见死不救,没有良心。再如:“对朋友考试作弊”的态度,一种意见是不该揭发,好朋友应当相互信任、相互忠诚,要为朋友保守秘密;另一种意见是真正的朋友,不会任由对方犯错误,为了帮助朋友改正错误,把作弊的事告诉教师,是正当的行为。

阶段4:遵守法规阶段。履行个人责任,尊重权威,不仅遵守现有社会秩序,而且对此进行维护、支持和论证。正确的行为就是尽到个人责任,尊重权威,维护社会秩序,否则就是错误的。处在这个阶段的儿童会认为:海因茨不应该去偷药,因为如果人人都违法去偷东西的话,社会就会变得很混乱。

③水平三:后习俗道德水平。个体不仅自觉地遵守某些行为规则,还认识到法律的人为性,并在考虑全人类的正义和个人的尊严的基础上形成某些超越法律的普遍原则。面临道德情境时,可本着自己的良心以及个人的价值观从事道德判断,而未必受传统习俗或社会规范所制约。

阶段5:社会契约定向阶段。认识到社会契约和个人权利的重要性,认为社会法制取向的价值观,应合于社会大众权益,当社会习俗或制定的法律不合社会大众权益时,应该进行修改,修改后的法规,个体就必须遵守,否则就是不道德行为。处在这个阶段的儿童会认为:海因茨应该去偷药,因为一个人生命的价值远远大于药剂师对个人财产的所有权。

阶段6:普遍道德原则的定向阶段。普遍的伦理原则,即公正、人权互惠、平等、尊重人的生命和尊严。处在这个阶段的儿童会认为:海因茨应该去偷药,因为和种种可考虑的事情相比,没有什么比人类的生命更有价值。对于处于后习俗水平的学生,应以无条件的道德义务为依据,让学生自己按照社会普遍存在的原则来制定班级制度。

评价:科尔伯格提出的道德认知发展阶段论有其合理性,为学校确定德育目标和内容顺序性提供了一些理论依据;根据儿童已有的发展水平循序渐进地进行德育,具有针对性;运用道德两难问答讨论法解决道德冲突,对发展儿童的道德思维判断能力有积极意义;重视创造良好的学校、社会环境对学生进行道德教育的观点也是可取的。科尔伯格的道德认知发展理论,把儿童看作道德哲学家,是自己道德的建构者,儿童的道德既非固有的善良本性的展开,也非单纯环境化的产物,而是主体与环境互相作用的结果。儿童的道德发展水平与其思维水平直接相联系,由于儿童认知发展存在着阶段性,因而其道德发展也具有阶段性,并且这种阶段性不是来自文化教育,而是来自儿童的自发活动。具体表现在以下几方面。第一,道德发展是学习的结果,这种学习不同于知识和技能的学习。人可以通过几个小时或几天的努力,习得某种知识,也可以通过几天或几个星期的练习,形成某种技能;而道德学习却需要长期的甚至一生的努力。第二,道德的发展有赖于个体的道德自主性。道德不可能从外部强加于人,而是个体内部状态与外界环境交互作用的产物。教师在围绕道德两难问题,组织学生进行小组讨论时,首先要涉及适当的两难情境,为讨论提供背景;其次要设计恰当的问题,引导学生展开讨论;最后要讲究提问的技巧和策略,激发学生的认知冲突和社会角色认可。第三,冲突的交往和生活情境最适于促进个体道德判断力的发展。但是,离开一定的社会制度、文化背景,单纯强调儿童思维发展水平的作用,这是不妥的;在儿童发展几个阶段的划分上,他偏重于认知,对道德情感没有论及,认为道德思维(判断)与道德行为之间有某些相关,实质上忽视两者的区别;认为儿童发展阶段的顺序是固定不变的,具有不可逆性和跳跃性,这也与实际不符;片面强调道德思维能力的训练和培养,忽视道德情感的陶冶和行为习惯的培养,这是不全面的,因为儿童道德品质的形成、发展是在知、情、意、行共同作用下完成的。需要指出的是,德育目标需要与社会发展阶段和个体身心发展相适应。如果德育目标过度拔高,超越了社会发展阶段和青少年的身心发展水平,或随着政治风云的变化而发生变化,那么德育目标就失去了感召力;另外,将德育理论通过逻辑分析、语言讲授这些过于简单、陈旧的方式由教育者灌输给学生,再由考试来评价学生是否掌握,但忽视主体的需要和体验,外在要求也难以内化为学生的品德素养。

(二)社会学习理论

班杜拉,美国心理学家,现代社会学习理论和社会认知理论的代表。他认为个体的行为是在观察他人的行为及其后果的基础上获得的。班杜拉的观点在行为主义和认知理论之间架起了一座桥梁,为当前的学习理论做出了巨大贡献。

在社会认知理论中,影响学习有三类要素:环境因素、个体因素与行为因素,这三个因素之间彼此交互影响,他把这一理论称为三元交互作用论。也就是说,行为并不是扮演一个被决定的角色,而是会反过来影响个人因素和环境因素。比如和人竞争的行为本身就能够刺激更高的竞争欲望,同时也会促使个体选择更具竞争性的环境。

班杜拉非常强调观察学习在学习中的作用,并创立了观察学习理论。所谓观察学习是指人们通过观察榜样的行为,获得示范行为的象征性表象,并引导学习者做出与之相应的行为的过程。个体通过观察,不仅学会了某一行为,而且知道这一行为在特定情境下带来的后果。例如,幼儿见到别的孩子因要打针感到恐惧而啼哭,于是他靠观察学到对打针表现出恐惧和啼哭。而学习者经由观察学习对榜样人物的行为进行模仿时,叫作模仿学习。模仿有四种方式:①直接模仿;②综合模仿;③象征模仿;④抽象模仿。

从过程来看,观察学习可以分为四个过程:①注意过程;②保持过程;③动作再现过程;④强化和动机过程。首先,观察者集中注意力对父母、老师和权威人物的行为或活动进行观察;其次,把这些榜样人物的行为或活动以表象或言语等符号表征形式保存在自己的记忆中;然后在需要表现出模仿学习的行为时,能将脑海中的表象或言语符号再现到实际的生活情境中来;最后,观察者因模仿而受到强化,从而影响后继行为产生的动机。动机过程是通过外部强化、替代强化和自我强化而实现的。只要观察者看到榜样的行为受到了强化,则等于观察者受到了间接强化,因而也能对观察者的模仿起到动机激励作用,此为替代强化。

在班杜拉看来,人的行为是受两个因素影响或决定的:一个是行为的结果因素即强化,一个是行为的先行因素即期待。班杜拉把强化分为三种:一是直接强化,即通过外部因素对学习行为予以强化;二是替代性强化,即通过一定的榜样来强化相应的学习行为或学习行为倾向;三是自我强化,即学习者根据一定的评价标准进行自我评价和自我监督,来强化相应的学习行为。与传统行为主义不同的是,班杜拉没有将强化看成决定行为的唯一因素。他承认强化能够激发和维持行为动机以控制和调节人的行为,但他同时认为,没有强化也能够获取有关信息,形成新的行为模式。行为出现的原因不是随后出现的强化,而是由于人认识了行为与强化之间的依赖关系后,形成了对下一强化的期待。所谓"期待",包括结果期待和效能期待。结果期待是指人对自己的某一行为会导致某一结果的推测。如果个体预测到某一特定行为会导致某一特定的结果,那么这一行为就可能被激活和被选择。例如,学生认识到只要上课认真听讲,就会获得他所希望的好成绩,那他就很可能认真听课。另一种是效能期待,指个体对自己能否实施某种成就行为的能力判断,即人对自己行为能力的推测。当确信自己有能力进行某一活动,他就会产生高度的"自我效能感",并会去进行那一活动。例如,学生不仅知道注意听讲可以带来理想的成绩,而且还感到自己有能力听懂教师所讲的内容时,才会认真听课。显然,自我效能感产生于某一活动之前,是对自己能否有效地做出某一行为进行的主观推测。以往的动机理论研究停留在强化的提供方面。在班杜拉看来,人们知道行为可能带来良好的结果后,也并不一定去从事某种活动或做出某种行为。比如每个学生都知道好的成绩会获得好的结果,但当学生感到无能为力时,他就不会做出某种努力学习的行为。所以,当有了相应的知识、技能和目标时,自我效能感就成了行为的决定因素。

(三)关怀理论

美国教育家尼尔·诺丁斯提出具有时代特征的"关怀道德教育理论",强调对学生生命的尊重,对学生体验和感受的重视,认为不能想象他人的内心世界,就无法拥有真正的道德。诺丁斯认为,每个人在人生的各个时期都需要得到人们的理解、接纳、尊重和认同,因此关怀他人和被他人关怀都是人的基本需要。关怀不仅是一种美德,更是一种关系,它的维持和巩固既需要关怀方对关怀对象的需要作出反应,也需要关怀对象认可和接受对方的关怀行为。这样关怀双方在关怀关系中就是平等互惠的。关怀理论是当代德育理论中的重要流派之一,强调四种教育要素:榜样、对话、实践和认可。例如,教师对学生的关怀有助于学生积累被人关怀的经验,这些经验正是发展关怀能力所必需的。教师作为关怀者的角色要比作为榜样的角色更加重要。但是,"教师关怀"并不是一味地要求教师去关怀学生,而是必须通过教师与学生之间的关系来"阐明"关怀,即以自身的行为让学生感受到"关怀"的内涵。所以,这种"关怀"不是权威式、教训式、控制式的,也不是恩惠式的,而是以建立和维持彼此充满关怀的关系为宗旨的。教师要对学生有亲近感,能走进学生心灵世界,能洞察学生细微的变化,与学生坦诚相待。教师要用不同的"尺子"来衡量学生,用宽容的心去接纳学生,用公正的胸怀去关心学生,通过建立尊师爱生、民主平等、心理相融的关系,增强学生的自尊心和自信心,使他们能主动适应各种变化、挑战、竞争、挫折和失败,以乐观向上的态度对待学习、面对人生,从而形成健康的人格。一个有人格魅力的教师,一定是关爱学生、尊重学生的。当然,适度的惩戒也是必要的。此外,应增强交往的互动性和吸引性。

(四)价值澄清理论

价值澄清是美国20世纪六七十年代流行的一种德育理论,代表人物是拉思斯。其特点是强调个人价值选择的自由。因此,教师的任务就是帮助学生澄清他们的价值观而非将教师认可的价值观强制灌输给学生。

除拉思斯外,还有凯尔曼也强调个人价值选择的自由。他认为,个体态度改变和品德形成有三个阶段:顺从阶段,个人为了获得奖励或者避免惩罚,按照社会的要求群体的规范或别人的意志而采取的表面服从的行为;同化阶段,自觉地接受他人的观点、信念、态度与行为影响,使自己的态度和行为与他人或某个团体的态度与行为相接近的过程;内化阶段,真正从内心深处相信并接受他人的观点,彻底转变自己的态度。

我国研究人员通过研究认为,品德形成过程是个体内外因素共同作用的结果。品德是在遗传的基础上,通过环境、学校教育和个体主观能动性的共同作用形成的。品德教育需要在教学中进行,把教学过程视为学生品德发展的过程。营造良好的集体道德氛围,特别是学生集体和良好的榜样对学生的品德发展起着积极的促进作用。同时,注意发挥学生自我教育的主动性和能动性,争取家庭和社会教育的支持和配合。

三、德育目标和内容

德育目标和内容具有社会制约性,体现教育的目的和要求。一定社会的教育目的是由一定社会的政治、经济条件决定的,也受一定社会生产力和科学文化发展水平的制约,同时,确定德育目标和内容还要考虑到受教育者身心发展的特点和教育内容等内部因素的制约。因此,现阶段我国在德育目标的确定上,不仅要考虑社会的要求,尤其是基于中华民族传统文化中的社会主义核心价值观教育要求,更要重视学生自身成长的需要;在德育内容的安排上,不仅要依据社会规范,更要遵循学生的年龄特征和品德发展规律。

(一)德育目标

德育目标是通过德育活动在受教育者品德形成发展上所要达到的规格要求,即德育活动所要达到的预期目的或结果的质量标准。德育目标是教育目的在道德教育方面的具体要求。教育目的和德育目标是一般要求和具体要求的关系。我国古代提出“内圣外王”教育目的,如《大学》中所说的“格物”“致知”“诚意”“正心”“修身”“齐家”“治国”“平天下”德育八条目。“格物”“致知”,在于探索、认识事物;而“诚意”“正心”“修身”则是指通过内省,即在道德认识的基础上,产生道德观,从而对自己严格要求,通过自我教育,形成优良品德,即“内圣”。然后通过“齐家”“治国”,达到“平天下”,即“外王”。

我国初中阶段德育目标包括热爱祖国,具有民族自尊心、自豪感;初步树立公民的国家观念、道德观念、法制观念;具有良好的道德品质、劳动习惯和文明行为习惯;等等。教育部颁布的《基础教育课程改革纲要》中强调:要使学生具有爱国主义、集体主义精神,热爱社会主义,继承和发扬中华民族的传统美德和社会主义民主法制意识,遵守国家法律和社会公德;逐步形成正确的世界观、人生观和价值观;具有社会责任感,努力为人民服务;具有初步的创新精神、实践能力、科学和人文素养以及环境意识;具有适应终身学习的基础知识、技能的方法;具有健壮的体魄和良好的心理素质,养成较高审美情趣和良好生活方式。自2001年我国实行新一轮基础教育课程改革以来,初中德育目标可以将三年共六个学期分成不同阶段,每一个阶段设计一个德育主题活动。第一学年主要有“迈好中学第一步、法律保护我成长、学会交往,创造和谐的成长环境、登上知识之船,扬起理想的风帆”等内容;第二学年主要有“花季困惑指南、塑造健全人格、不断完善自我、讴歌民族精神”等内容;第三学年主要有“鼓起勇气,迎接挑战;调整自我,增强自信;脚踏实地,自强不息;找准定位,确定理想坐标”。

(二)德育内容

德育内容是用以形成人们品德的社会思想政治准则和法纪道德规范的总和。德育过程中向学生传授的道德价值内容对学生来说是有用的、与他们的生活相关并能指导他们生活的,有助于学生处理所面临的道德问题。

从中国近现代历史上看,1902年,清政府颁布的《钦定学堂章程》,规定蒙学堂和小学堂均开设“修身”课,分别教以“孝悌忠信、礼义廉耻、敬长尊师、忠君爱国”以及“《曲礼》、朱子《小学》”和“性理通论、伦常大义”等。1904年,清政府颁布并实施《奏定学堂章程》,把“修身”课列于小学课程之首,规定“其要义在随时约束客观存在和平之规矩,不令过若,并指示古人之嘉言懿行,动其欣慕效法之念,养成儿童德性,使之不流于匪僻,不习于放纵,尤须趁幼年时教以平情公道,不可但存私吝,以求合于爱众亲仁、恕以及物之旨。此时具有爱同类之知识,将来成人后即为爱国之根基”。1923年改“修身”课为“公民”课,后来又改为“三民主义”和“党义”等,1932年改为“公民训练”,1942年改为“团体训练”,1948

年恢复“公民训练”课程名称。解放区的中小学则开设“政治”或“政治常识”“公民”“民主政治”“民主建设”“青年问题”“时事研究”“政治经济学”“新民主主义论”“政策”“中国革命运动史”“哲学”“社会发展史”“时政讲话”“社会科学”等课。中华人民共和国成立后，按照老解放区的经验，在中学开设政治课。1950 年，教育部颁发《中学暂行教学计划（草案）》，规定中学 6 个年级均开设“政治”课。1951 年 6 月，教育部下达通知，调整中学教学计划，取消“政治”课，初三开设“中国革命常识”课，高二及高三上学期开设“社会科学基本知识”课，高三下学期开设“共同纲领”课。1955 年，中学各年级的“时事政策”课被取消，决定在初二增设“中国革命常识”课，但因无适当教材暂未开设，初三继续上“中国革命常识”课，高一、高二继续上“社会科学基本知识”课，高三继续上“政治常识”课。1957 年，初三的“中国革命常识”课改为“政治常识”课，高三的“政治常识”课改为“中华人民共和国宪法”课，高一不设“社会科学基本知识”，高二的“社会科学基本知识”改为“社会科学常识”，教材内容为社会科学常识和辩证唯物主义与历史唯物主义基本知识。1963 年全日制中小学教学计划规定，中学必须开设“政治”课，初一设“道德品质教育”，初二设“社会发展史”，初三设“中国革命和建设”，高一设“政治常识”，高二设“经济常识”，高三设“辩证唯物主义常识”。1986 年颁布的《义务教育全日制小学初级中学教学计划》规定，初中统一开设“思想政治”课，“进行道德、民主和法制、纪律教育，进行社会生活和社会发展规律以及社会主义建设常识的教育，培养爱国主义思想和社会主义人道主义的道德品质以及高尚的审美情趣。初步树立社会主义民主、社会主义法制和纪律的观念，对我国社会主义社会的实际情况和发展方向有初步认识，培养学生对社会的责任感”。与之相应，高中的“政治”课也改为“思想政治课”，包括高一的“经济常识”、高二的“哲学常识”和高三的“政治常识”。1996 年《中共中央关于加强社会主义精神文明若干重要问题的决议》中，明确提出“全面加强社会主义道德建设”的伟大战略任务，要求全体公民坚持“以为人民服务为核心，以集体主义为原则，以爱祖国、爱人民、爱劳动、爱科学、爱社会主义为基本要求”，通过社会公德、职业道德、家庭美德教育，全面提高公民的思想道德素质。2002 年，党中央颁布了《公民道德建设实施纲要》，重申了上述思想，并进一步强调“通过公民道德建设的不断深化和拓展，逐步形成与发展社会主义市场经济相适应的社会主义道德体系”，把公民道德建设作为“提高全民素质的一项基础性工程”来抓。党的“十六大”强调：“要建立与社会主义市场经济相适应、与社会主义法律法规相协调、与中华民族传统美德相承接的社会主义思想道德体系。”从人类文明发展进程的角度看，任何一种社会文明形态的发展，都内在地要求社会成员具有与其经济基础相适应的价值观念、道德品质、社会心理和思维方式。如果一个社会缺乏广泛认同的共同价值标准，社会发展就会失去根基。当前，社会主义核心价值体系是社会主义社会的主导价值观，是推动经济和社会发展的精神动力，代表着社会的发展方向，反映着时代的基本特征，引导着整个社会的价值取向。我国正处于改革发展的关键时期，各种思想文化相互激荡，人们思想活动的独立性、选择性、多变性、差异性增强，人们的价值取向呈现出多样化的趋势。面对新形势、新任务，只有立足国内现实、把握时代潮流，坚持用社会主义核心价值体系引领青少年学生多样化的思想观念和社会思潮，才能为构建社会主义和谐社会提供有力的思想保证。社会主义核心价值体系是当代中国全体人民奋发向上的精神动力和团结和睦的精神纽带。社会主义核心价值体系内容体现了先进性、理想性、时代性和现实性的特征。

此外,在很多国家道德教育是融入宗教教育之中的,如西班牙、比利时、瑞士等国开设的“宗教”课程。一些国家将宗教作为德育内容,如古希腊的柏拉图认为,道德是神把“善的理念”放到了人的灵魂中。中世纪的基督教把道德规范说成是神——耶和华对摩西的启示,然后由摩西向教民们宣讲的教规和道德禁律。

现阶段我国德育内容主要有政治教育、思想教育、道德教育、法律与法制教育以及心理健康教育。从2015年起,国家要求在中小学开设法制教育课程,使法制教育进教材、进课堂、进头脑。中学德育的主要内容有以下几个方面。

1. 爱国主义教育

爱国主义教育是指树立热爱祖国并为之献身的思想教育。爱国主义教育是学校德育的重要内容和永恒主题。爱国主义是一面具有巨大号召力的旗帜,是中华民族的优良传统。爱国主义教育的特点是:艰苦奋斗、辛勤劳动,不断丰富和发展中华民族的物质文化财富;反对民族分裂和国家分裂,维护各民族的联合、团结和国家的统一;在外敌入侵面前,团结对外,英勇抵抗,维护祖国的主权和独立;同一切阻碍历史发展和社会进步的势力和制度进行斗争,推动祖国的繁荣和进步。内容广泛:中华民族悠久历史的教育,中华民族优秀传统文化教育,党的基本路线和社会主义现代化建设成就的教育,社会主义民主和法制教育,国情教育,民族团结教育,国防教育和国家安全教育,等等。其中,国情教育就是要帮助学生系统地了解中国的经济、政治、军事、外交以及社会、文化、人口、资源等方面的历史与现状,了解中国现代化建设的目标、步骤和宏伟前景,并从中国和世界其他不同类型国家的对比中,看到我国的优势和差距、有利条件和不利因素,增强使命感和社会责任感,更好地发扬艰苦奋斗、勤俭节约的创业精神。国情教育还要同省情、市情、县情的教育结合进行。1995年3月,民政部确定了第一批爱国主义教育基地(100处),截至2009年5月,全国共确定了第四批453个爱国主义教育基地。如北京市有天安门广场、中国历史博物馆、中国革命博物馆、中国人民革命军事博物馆、中国人民抗日战争纪念馆、故宫博物院、圆明园遗址公园、八达岭长城、周口店遗址博物馆、李大钊烈士陵园、焦庄户地道战遗址纪念馆、北京自然博物馆、中国航空博物馆、中国科学技术馆等。1995年5月,中宣部、国家教委、文化部、新闻出版署和共青团中央发出《关于向全国中小学推荐百种爱国主义教育图书的通知》,把阅读百种爱国主义教育图书、观看百部爱国主义影片和学唱百首爱国主义歌曲,作为对中小学生进行爱国主义教育的重要途径。教育部在《中共中央国务院关于进一步加强和改进未成年人思想道德建设的若干意见》的实施意见中规定:“中小学校要把升旗仪式作为开展经常性爱国主义教育的重要形式,要组织好瞻仰革命圣地、参观爱国主义教育基地的活动,让青少年学生在各种实践活动中,陶冶情操、锻炼意志,培育民族自尊心、自信心和自豪感。”可以说,一次庄严的升旗仪式,会激发学生的爱国热情,使学生心灵上受到强烈震撼,思想上受到深刻教育。

2. 理想教育

理想是在现实基础上形成的对未来奋斗目标的向往和追求,以及经过追求而实现的超越既定现实的更为美好的状态或境界。从内容上,人生理想可以分为生活理想、职业理想、道德理想、社会理想。每个人所处的时代背景、社会环境和家庭条件不同,所受的教育程度有高有低,所追求的理想当然也就不一样。理想的重要性在于它是人生活动的方向和希望,也是生活的一个重要动力来源,在许多情况下,它还是整个生命的精神支柱。

3. 传统美德教育

中国传统文化源远流长,博大精深。在《中国传统美德》一书中,提炼出21个基本道德规范:公正、正义、仁爱、中和、孝慈、诚信、宽容、谦敬、礼让、自强、持节、知耻、明智、勇敢、节制、廉洁、勤俭、爱物、敬业、友谊、礼仪。这些都是学校德育的重要内容和青少年学生应具有的品德素质。例如,中国自古重"孝治"、兴"孝道"。"明孝德",则"民亲爱""天下礼敬""移风易俗";"行孝治",则"天下和平""灾害不生""祸乱不作""人之欢心""以顺天下"。《书经》最早记载虞舜"孝感动天"的事迹,孔子、曾子等诸子作《论语》《孝经》倡孝道,汉代"以孝治天下",上至天子下至百官都要行"孝",并积极向民众推行孝道教化,"朝廷敬老,则民作孝"。唐宣宗亲自注释、作序、抄写《孝经》,刻成"石台孝经",至今仍立于西安碑林"孝经亭",宋代提出"孝、悌、忠、信、礼、义、廉、耻"八个核心道德,体现了"百善孝为先"的理念,到民国之初,孙中山的"忠、孝、仁、爱",表明孝乃"天之经""地之义""民之行"。再如,孔子在《论语·子路》中提出,做人要"行已有耻",即做人要对自己的行为保有羞耻之心。孔子论述了多种可耻的品行,主要包括:一是言行不一为耻,如"君子耻其言而过其行",即君子以说得多、做得少为耻。二是表里不一为耻,如"巧言、令色、足恭,左丘明耻之,丘亦耻之。匿怨而友其人,左丘明耻之,丘亦耻之",即花言巧语、容貌伪善、十足的恭顺,是可耻的;内心藏着怨恨,表面却表示友善,是可耻的。三是无理想、无追求是可耻的,如"士志于道,而耻于恶衣恶食者,未足与议也",即读书人有志于追求真理,但又以自己吃粗粮、穿破衣而羞耻,这种人是不值得同他讨论理想与追求的。四是"邦有道,贫且贱焉,耻也;邦无道,富且贵焉,耻也",即国家政治清明,自己贫贱,是耻辱;国家政治黑暗,自己却富贵,也是耻辱。五是诚信恭敬为荣,反之为耻。另外,通过文化教育使学生可以了解我国传统历史文化、民族文化的内涵,不同国家文化之间的差异和特点,促进文化传承、交流与发展。

4. 集体主义教育

集体主义教育是指引导学生热爱、关心集体,以集体利益为重的教育,是共产主义思想体系教育的一项重要内容。在社会主义国家,它是衡量人们道德行为的基本标准,是调节人与人、个人与集体、个人与国家关系的根本指导原则。进行集体主义教育,在不同历史时期,内容有所不同。现阶段,就是教育学生正确认识和处理国家、集体、个人三者之间的利益关系,懂得在社会主义制度下,国家、集体、个人三者利益发生矛盾时,要以国家和集体利益为重,个人利益要服从集体利益;正确处理三者利益关系,不是不要个人利益,而是把三者兼顾起来。还要教育学生增强集体观念,热爱集体、关心集体,搞好集体的团结,积极为集体争创荣誉,珍惜和维护集体荣誉。在改革开放的新的历史条件下,加强集体主义教育,用集体主义思想约束和规范人们的言行,对于反对和抵制个人自由化、促进社会主义物质文明和精神文明建设具有重要意义。如团结、友爱、互相关心、互相照顾、遵守纪律、热爱集体、合作学习、助人为乐等,都是集体主义精神的具体体现。

5. 劳动教育

劳动教育是指向学生传授基本的生产技术知识和生产技能,培养劳动观点和劳动习惯的教育。其任务是培养学生正确劳动观念、形成劳动习惯、劳动能力和劳动品质。劳动教育的主要内容有以下几方面。①树立学生正确的劳动观点,使他们懂得劳动的伟大意义。了解人类的历史首先是生产发展的历史,是劳动人民创造的历史;懂得辛勤的劳动是建设社会主义和共产主义的根本保证;劳动是公民的神圣义务和权利;懂得轻视体力劳动和体力劳动者,是数千年来剥削阶级思想残余;懂得把脑力劳动同体力劳动相结合的重要意义。②培养学生热爱劳动和劳动人民的情感。养成劳动的习惯,形成以劳动为荣,以懒惰为耻的品质。抵制好逸恶劳、贪图享受、不劳而获、奢侈浪费等恶习的影响。③学习是学生的主要劳动,教育学生从小勤奋学习,将来担负起艰巨的建设任务。并教育学生正确对待升学、就业和分配。劳动教育要通过生产劳动和公益劳动等来实施。学生在校期间,要按照教学计划的规定,适当参加劳动,既可以锻炼身体,又能体会劳动的乐趣。需要指出的是,由于我国独生子女的增多,独生子女过多受到家长或监护人的关爱,出现劳动观念淡薄,因而,特别需要加强独生子女的自我劳动和创造劳动教育,这样才有利于素质教育的全面实施。当前,为培养学生的社会责任感,学校开展形式多样的社区服务活动,规定学生在校学习期间都必须深入各个基地,如参观学习、调查研究、野营联欢、共同生活、现场报告、慰问弱势人群、捐助活动等,让学生从中了解传统,了解国情、军情、民情,从而使“努力学习,服务社会”的信念扎根于学生心中。这种形式主要通过学生在社区以集体或个人形式参加各种公益活动,进行社会责任意识、助人为乐精神的培养,为社区建设和发展服务。通过社会亲历实践活动,可以培养学生主动参与社会、服务社会的意识和能力,从而形成正确的劳动观、职业观和道德观。

6. 民主和法制教育

随着法治社会的不断完善,民主与法制教育是德育的一个重要内容,主要内容有以下几方面。①教育学生懂得什么是社会主义民主,怎样发展社会主义民主;懂得在行使自己的民主权利的时候,不得损害国家、社会和集体的利益以及人民的民主权利。②教育学生懂得宪法是国家的根本大法,是制定一切法律的依据,是保证建设现代化社会主义强国的强大武器,每个中华人民共和国的公民都享有宪法和法律规定的权利,同时又必须履行宪法和法律规定的义务。人人都要养成遵守宪法,维护宪法的观念和习惯,同违反和破坏宪法的行为进行斗争。③要让学生了解社会主义民主与社会主义法制的辩证统一关系。懂得民主是法制的前提和基础,而法制是民主的体现和保障,目的在于保护人民群众的根本利益,调动全体人民的积极性、主动性和创造性,加快社会主义现代化的建设。要教育学生正确使用民主权利,运用社会主义法制这一武器,保护人民的民主权利,打击反革命分子和各种刑事犯罪分子的破坏活动,维护社会秩序。④对学生进行法律常识的教育,使学生懂得什么是法,法的阶级本质和作用,以及有关的政策法令。引导学生自觉遵守法律,并勇于同一切违法现象作斗争。根据《中华人民共和国预防未成年人犯罪法》规定,未成年人的不良行为主要有:①旷课、夜不归宿;②携带管制刀具;③打架斗殴、辱骂他人;④强行向他人索要财物；⑤偷窃、故意毁坏财物；⑥参与赌博或者变相赌博；⑦观看、收听色情、淫秽的音像制品、读物等；⑧进入法律、法规规定未成年人不适宜进入的营业性歌舞厅等场所；⑨其他严重违背社会公德的不良行为。未成年人的严重不良行为有：①纠集他人结伙滋事，扰乱治安；②携带管制刀具，屡教不改；③多次拦截殴打他人或者强行索要他人财物；④传播淫秽的读物或者音像制品等；⑤进行淫乱或者色情、卖淫活动；⑥多次偷窃；⑦参与赌博，屡教不改；⑧吸食、注射毒品；⑨其他严重危害社会的行为。

7. 辩证唯物主义世界观和人生观教育

世界观是人们对整个世界的总的看法和根本观点。由于人们的社会地位不同，观察问题的角度不同，形成不同的世界观。人生观是对人生的目的、意义和道路的根本看法和态度。内容包括幸福观、苦乐观、生死观、荣辱观、恋爱观等。它是世界观的一个重要组成部分，受到世界观的制约。人生观的核心问题是如何认识和处理个人发展同社会进步的关系，即私与公的关系问题。人生观是一定社会或阶级的意识形态，是一定社会历史条件和社会关系的产物。人生观的形成是在人们实际生活过程中逐步产生和发展起来的，受人们世界观的制约。不同社会或阶级的人们有着不同的人生观。世界观和人生观是紧密联系在一起的。一方面，世界观决定人生观，有什么样的世界观，就有什么样的人生观。正确的世界观，是正确的人生观的基础，人们对人生意义的正确理解，需要建立在对世界发展客观规律正确认识的基础之上。在人类历史上曾出现过几种有代表性的人生观：①享乐主义人生观，它从人的生物本能出发，将人的生活归结为满足人的生理需要的过程，提出追求感官快乐，最大限度地满足物质生活享受是人生的唯一目的；②厌世主义人生观；宗教的厌世主义认为，人生是苦难的深渊，充满各种烦恼与痛苦，唯有脱俗灭欲，才能真正解脱；③禁欲主义人生观；它将人的欲望特别是肉体的欲望看作一切罪恶的根源，主张灭绝人欲，实行苦行主义；④幸福主义人生观，一种观点是强调个人幸福是人生的最高目的和价值，另一种观点是在强调个人幸福的同时，也强调他人幸福和社会公共幸福，认为追求公共幸福是人生的最高目的和价值所在；⑤乐观主义人生观，它认为社会发展的前途是光明的，人生的目的在于追求社会的文明和进步，在于追求真理，对人生抱着积极乐观的态度；⑥共产主义人生观，它是无产阶级的科学的人生观，它把人的生命活动历程看作认识和改造客观世界的过程，把消灭资本主义，实现共产主义，为绝大多数人谋利益，看作人生的崇高目的和最大幸福。人生的价值和意义在于对社会所尽的责任和所做的贡献，人生的最大价值和意义，在于努力为人民服务，无私地把自己的一切精力贡献给共产主义事业。

8. 学校德育的其他内容

“三生教育”，即生存教育、生活教育、生命教育。《国家中长期教育改革和发展规划纲要(2010—2020 年)》中明确提出“学会生存生活”“重视生命教育”的概念。从个人生活、学校生活、社会生活等各个方面，对生命问题进行较全面的分析，更好地理解生命问题产生的根源，掌握可以采取的对策。生命教育课程要体现认知、体验与实践相结合原则，学校、家庭与社会相结合原则，发展、预防与干预相结合原则，与青少年身心发展一致的原则。中学开展生命教育的知识普及工作，除了应该配备专职教师专人负责生命教育之外，语文、音乐、美术、体育与健康、生物、思想政治(思想品德)、历史等学科,都蕴涵着丰富的生命教育的内容。科任教师要结合教学内容,正面引导学生认识生命、尊重生命、珍惜生命、热爱生命,提高他们的生存技能和生命质量。开展多样化的生命教育专题活动。中学可结合世界艾滋病日、国际禁毒日、世界环境日、国际志愿者日、世界精神卫生日和全国中小学生安全教育日等纪念日宣传倡导主题,从学生的兴趣、经验、社会热点问题或历史问题出发,结合区域、学校和学生特点,开展灵活、多样、有效的生命教育活动,力求将相关内容有机整合,形成校本课程。同时,携手家庭、社区等,充分利用学生社团活动、社会实践活动、重大节日和纪念日活动等多种载体,开展生命教育活动。加强全社会的生命教育知识普及,引导社会力量在学校、校外教育场所(少年宫、活动中心、实践学校等)建立公益性生命教育专题活动馆(室),指导学校充分利用各类场馆资源开展生命教育。办好各级各类父母学校,加强家庭教育指导,引导家长掌握科学的生命教育理论与方法,提高家庭教育质量,促进学生和谐发展。

安全教育。自我保护能力是儿童快乐健康成长的必备能力。只有学会自我保护,远离危险,儿童才能拥有幸福,享受美好的生活。为了儿童的健康和安全,家长和老师应该及早教给他们一些必要的安全常识以及处理突发事件的方法,注意培养儿童的自我保护能力及良好的应急心态。中学生安全教育有:交通安全、校内外活动安全、消防安全、卫生防病和饮食家居安全。

环保教育。"环境教育"一词最早见于1970年美国环境教育法案,它着重于环境及其保护。国际自然保护同盟将环境教育定义为:环境教育是人们为了解和认识人类、文化与环境的相互关系而必须接受的技能和认识方面的教育。环境教育是一个认识环境价值和澄清人类与环境关系概念的过程,它必须贯穿于人们制定环境政策和形成环境行为准则的过程之中。环境教育就是使学习者认识和理解人同自然环境之间的关系,防止环境污染,将系统的环境科学知识大众化,提高全社会的环境意识。环境教育内容涉及自然、社会、技术、管理、政法等多种学科的知识,各学科领域都与环境科学兼跨、包容,具有较强的综合性。因此,我国环境教育内容是渗透在各学科之中,由各学科的教学实现环境教育目标,使学生在走出校门之前,就具备有关环境的科技知识和环境道德观念,形成保护环境,美化环境的潜在意识,成为21世纪合格的公民。环保教育活动是指作用于自然环境的实践活动,可加深学生对人与自然环境之间关系的认识与理解,培养学生爱护自然、亲近自然的情感和态度。学校要结合实际,开展志愿者行动、环境小卫士、栽培饲养、保护生活环境等活动。

四、德育过程

(一)德育过程概述

德育过程指教育者根据德育目的和规律,采用一定的方法,有组织、有目的、有计划地启发和引导受教育者能动地理解、接受和践行一定社会思想准则、行为规范，并使其形成相应的思想品德的过程。

具体地说，德育过程是培养学生知、情、意、行的过程，德育过程是促进学生品德发展矛盾的积极转化过程，德育过程是提高学生自我教育能力的过程，德育过程是综合性的过程而不是单一的过程。德育过程还包括几个亚过程：①社会环境和各种实践活动对人成长影响的过程（全开放）；②学校为实现德育目标对学生教育影响的过程（半开放）；③受教育者个体内部实现某种德育要求的内化过程（封闭）。德育过程的结构是德育过程各个要素或各个部分组成相互联系、相互作用的方式。构成德育过程结构的基本要素有以下几个方面。①教育者及其活动。凡是有目的地对受教育者施加影响的个人和团体都是教育者。教育者的主要活动是组织、控制德育过程，启发、引导、促进受教育者思想品德的形成，引导其向德育目标方向发展。②受教育者及其活动。凡是接受有目的的德育影响的个人和团体都是受教育者。受教育者是德育的对象和客体，但他们作为道德行为的主体参与教育过程，又具有积极的能动作用，是在与教育者互动中接受影响的，是在教育者指导下进行自我教育的。③德育内容与方法。德育内容与方法是教育者用以影响、作用于受教育者的中介或手段。从完成特定的德育任务看，德育内容、方法乃至教育者自身因素都是实施教育影响必不可少的手段。例如，在德育过程中教育者的人格、情感、意志、举止都是影响受教育者的因素。以上三个基本要素在德育活动中形成相互联系、相互制约的关系，从而形成德育的内部矛盾运动。德育过程中的基本矛盾即是教育者的要求与受教育者品德基础之间的矛盾。

德育过程的实质是将外在的社会要求内化为个体思想品德的过程，即教育者有目的地传授社会的政治、思想、道德，使其转化为受教育者个体的思想品德的社会化过程。德育过程中受教育者个体主要是学习、选择、接受既有的社会思想、道德规范，当然在这个过程中也不排除创立新的思想、道德范畴和道德规范的可能。因此，德育过程的本质就是造就道德主体。造就道德主体包括个体品德社会化和社会道德个体化两个方面。个体品德社会化即有意识地促使教育者个体接受一定的社会政治观点、思想道德准则、道德规范的影响，使其逐渐内化为个体思想道德观点、信念，并再外化为品德行为，成为能适应和参与一定社会角色行为的人。社会道德个体化是社会政治思想、道德规范向个体形式转化，即一方面是社会思想、准则、道德规范转化为个体思想品德；另一方面每个个体形成的思想品德又因其性别、年龄、智力、性格等方面的差异而具有个体特性。德育过程是个体品德社会化和社会道德个体化的统一过程，也就是说，德育过程是一种有目的或有选择的社会思想道德传递与个体思想品德体验相统一的过程。个体品德社会化和社会道德个体化是同一德育过程的两个方面。

德育过程与品德形成过程的区别和联系。德育过程的目的在于促进受教育者思想品德形成，但德育过程与受教育者品德形成过程是不完全等同或同步的。德育过程是一种从外部对受教育者施加影响的教育活动过程，是教育者和受教育者双方统一活动的过程，是培养和发展受教育者品德内容及其相应形式和能力的过程；而品德形成过程属于个体人的发展过程，是指个体人的品德从简单到复杂、从低级到高级、从量变到质变的矛盾运动过程,是在外部影响下,道德主体内部自己运动的过程。两者的区别具体表现在:德育过程是有计划、有目的进行的活动,而品德形成过程则是自发的、无明确目的的活动;德育过程是师生双边活动,而品德形成过程则是受教育者个体的独立活动;德育过程是品德形成过程的主渠道,而品德形成过程受多渠道影响,是立体辐射;德育过程与社会要求相一致,而品德形成过程可能与社会要求不相一致;德育过程是可控制的、正式的活动,而品德形成过程则是不可控制的、非正式的活动。品德形成的基本过程是主体的认识系统、情意系统和行为系统相互作用,和谐发展,达到知行稳定的统一过程。学生获得知识,即使是极富教育性的知识,也不等于学生的思想,只有当学生用自己的知识表明自己的态度、观点、主张时,知识才能融入学生的思想,或者说转变为学生的思想。思想是在人们思考问题时产生的,问题本身和主体的价值关系不是纯粹单一的,正价关系和负价关系同时并存,使主体产生肯定性、否定性的双重思想,因而思想具有分散性和不稳定性。和思想相联系的情感、意志和行为也同样具有分散性和不稳定性。然而,正是这种分散性和不稳定性的思想、情感和行为相互联系、相互作用,使主体获得不同体验,通过自我评价和外部评价的比较和对认知和行为的调节,逐渐走向集中和稳定并形成信念。信念具有集中性和稳定性,与信念相联系的情意和行为同样具有集中性和稳定性。这样,主体的主观特征和自身的行为系统稳定统一起来,主体便形成了特定的品德。德育过程与品德形成过程两者的联系。德育只有遵循品德形成和发展的规律,才能有效地把思想道德转化为受教育者个人的品德,促进其发展;而品德的形成发展也离不开德育这一外在因素的影响,影响品德形成过程的实现包括生理、社会、实践等多种因素,德育仅是社会因素中的一种。同时,从受教育者角度看,德育过程也是受教育者个人品德形成的过程,只不过是在教育者有目的、有计划、系统的影响下,受教育者按照社会思想道德要求形成个体品德的过程。

德育过程与品德形成过程的关系。德育只有遵循品德形成和发展的规律,才能有效地把思想道德转化为受教育者个人的品德,促进其发展;而品德的形成发展也离不开德育这一外在因素的影响,影响品德形成过程的实现包括生理、社会、实践等多种因素,德育仅是社会因素中的一种。同时,从受教育者角度看,德育过程也是受教育者个人品德形成的过程,只不过是在教育者有目的、有计划、系统的影响下,受教育者按照社会思想道德要求形成个体品德的过程。

德育过程与智育过程的区别与联系。首先,两者表现为互相联系、互相制约,不能截然分开,"德中有智,智中有德",智德不分离,如我国古代社会教育中提倡的文以载道;同时,道德学习也需要智慧、能力、认知等因素,只有这样,才能提高道德智慧。其次,两者不同的是,智育是帮助人们解决认识世界、改造世界的问题;德育是要求学生掌握社会思想道德规范,解决个人与自然、个人与他人、个人与社会关系的问题。一般地说,智育要解决的矛盾是知与不知、懂与不懂的矛盾,一般可利用各种教具、物资设备辅助手段;德育除要解决知与不知、懂与不懂的矛盾之外,还要解决信与不信、行与不行的矛盾,德育除了要使用各种物质手段以外,更重要的是使用教育者的人格、知识、才能、情感、意志等手段。具体区别表现在以下几方面。①目的和任务不同。智育过程是传授知识,发展智力,培养能力,解决知不知、懂不懂、会不会的问题;德育过程是培养品德,解决对待客观世界的态度问题,不仅解决知不知、懂不懂、会不会的问题,而且要解决善与恶、利与害、信与不信、愿与不愿的问题。它不仅要求学生积极理智地参与,而且更强调通过学生自己的活动来获得和实现道德价值。②途径不同。智育主要通过课堂教学进行,德育则需要家庭、学校、社区共同参与来完成。③方法不同。智育以知识的传授为主,直接的讲授甚至灌输的方法有着不可替代的作用;而德育靠灌输难以奏效。杜威曾说:"你可把一匹马引到河边,但你却不能按着马头让它引水。"同样,你可以把犯人关进监狱,但不能迫使他改过。所以,德育要靠晓之以理、动之以情、导之以行、持之以恒、绳之以纪等多种方法。④效果不同。智育见效快、时间短、稳定性强;而德育则易反复、不稳定、见效慢、时间长。⑤心理基础不同。智育遵循的是从感性认识到理性认识的规律;德育依据品德发展的规律,需要智力因素与非智力因素共同参与。⑥开端不同。知、情、意、行均可作为德育的开端;而智育一般遵循由感性认识到理性认识、由形象思维到抽象思维的过程。⑦环境影响不同。德育与社会环境关系密切,德育是个体人在社会性活动和交往过程中逐步形成符合社会行为规范的思想体系的过程。智育几乎不受环境制约,例如,"科学无国界"便是这一道理。⑧教育者角色不同。教师主要承担智育任务,而德育任务是由教师、家长、同伴、社会各界人士等共同承担的。

(二)德育过程的基本规律

何为规律?列宁在《哲学笔记》中说:"规律是关系……本质的关系或本质之间的关系。"《中国大百科全书·哲学卷》注释为:"规律也即法则,是客观事物发展过程中的本质联系,具有普遍性的形式。规律和本质是同等程度的概念,都是指事物本身所固有的,深藏现象背后,并决定或支配现象的方面。然而本质是指事物的内部联系,由事物内部矛盾所构成,而规律是就事物发展过程而言,指同一类现象的本质关系或本质之间稳定的联系,它是千变万化的现象世界的相对静止的内容。规律起反复作用的,只要条件具备,合乎规律现象就必然重复出现。"规律具有客观性、必然性、普遍性和可重复性等特点。我们在谈个体思想品德形成规律时,指的是一种个体德性发展过程中的规律;我们讲德育规律时,是指我们自觉地控制事物间因果关系或变量间的关系,使教育活动按预期目标,形成良好思想品德的规律。本章讨论德育过程规律,是施教与受教之间的变化规律,而不是受教育者单方面的思想品德形成规律。对德育规律与品德形成规律的正确区分是认识德育过程规律的前提。

1. 德育过程是具有多种开端的对学生知、情、意、行的培养提高过程

知、情、意、行各要素发展是同时性与多端性的辩证统一。同时性是指各要素同时培养,互相联系、互相促进、整体发展;多端性则指知、情、意、行中根据实际情况选择任何一要素作为教育的开始。德育既是对学生道德认知、道德情感的培养,也是对道德意志、道德行为的锻炼。道德认知影响人们的道德行为,道德行为又会巩固和加深对道德认知的理解。缺乏正确的道德认识,行为就会产生盲目性;没有道德情感,就不会产生积极的道德态度;失去坚定的意志,就无法调节道德情感和行为,知与行难以一致;无恰当的行为,道德认识、情感、意志就无法表现。我们不仅应当使学生形成和发展应有的道德认识、道

德情感和道德价值取向，还应要求学生把习得的道德认识、道德情感和道德价值取向见之于行动。

2. 德育过程是组织学生的活动和交往，对学生多方面教育影响的过程

实践活动既是内化德性、外化德行的必要介质，更是德育目标和道德的真正意义所在。一般认为，人的德性的生成、发展、成熟，不是靠灌输，它们不是外界授予的，而是通过主体的践履、体悟来建构的。实践的观点是德育首要的、基本的观点。德育不同于智育，智育的任务是传授知识，培养能力，它主要解决知与不知、会与不会的问题；而德育不仅要解决知与不知、会与不会的问题，而且要解决信与不信、行与不行的问题，即不但要授之以知、晓之以理，而且更要动之以情、导之以行、持之以恒。只有知识传授，而无情感陶冶、意志磨炼和行为引导不是完整的德育。建构"以学生为中心、以活动为中心、以体验为中心"的"新三中心论"，使学生在自主参与的德育活动中体验生活，感悟道德，养成良好的行为习惯。

3. 德育过程是促使学生思想内部矛盾运动的过程

人的道德发展并不是一种单纯的对社会道德规范的直接接受过程，而是一种对道德认知结构中的矛盾冲突不断加以同化吸收和调节平衡的过程。每完成这一过程，品德的发展就会实现一次飞跃。人的品德就是在一次又一次的从不平衡到平衡过程中得到发展的。在德育过程中，遵循内部矛盾运动的规律就必须发挥主体性，从本体论意义上说，学生表现出积极性、自觉性、主动性、创造性，这是学生作为道德主体所具有的内因与动力。从认识论上说，皮亚杰与科尔伯格的认知发展规律理论揭示了学生的道德判断是其道德经验不断建构的过程，表明学生道德发展有其内在的规律，不是任人书写的"白纸"。学生对教师传授的道德观念、知识、信息等有一个过滤、选择、整理、吸收的过程，只有自愿将其纳入其道德认知结构中才算"接受"，而某些表面接受、服从往往是暗含欺骗和危险的。从学生的道德情意上说，他们都有自己的喜好，若教师提供的信息符合其需要，他们便满心欢喜地接受；若不符合其"口味"，或他执拗反对的事，教师再强调也是无用的。如果再加以强制，那么，学生会装作服从躲避惩罚。从实践意义上说，学生有自主的愿望，从儿童挣扎着蹒跚学步到青年自我设计，都说明学生有作为主体的愿望，他们都有一个从不知到知，从盲动到理性，从被动到自觉，从失败到成功的过程，是一个不断完善的行为主体。因此，教师不应将一些意愿强加于学生，而要积极引导他们的思想内部矛盾斗争，促使其向好的方面转化。道德认识的发展、道德情意的提升、道德习惯的养成，都是由学生自主完成的。只有学生自觉地进行品德修养才能逐步走向道德成熟。我们要设计各种道德教育情境，引发学生对冲突性情境作出合理判断。孔子在《论语》中曾提到"为仁由己"，就是强调通过自我去实现道德理想，从礼乐中达到和谐、畅达的理想世界。苏霍姆林斯基也说："唤起人实现自我教育的教育，乃是一种真正的教育。"外在影响必须符合主体需要，否则就无法深入人的内心世界。

4. 德育过程是一个长期的、反复的、不断前进的过程

德育过程需要反复抓，抓反复，不能一蹴而就，它是一个周期长的过程。人们往往用重复性、渐进性、螺旋式发展来描述德育过程。从德育任务的提出到完成，是一个具体德育过程的结束，但从个体品德发展来看，过程并没有结束，它总是通过教育性活动产生个体内部的矛盾运动，形成新的品质。这是一种螺旋式上升过程，是教育不断实现思想品德由量变到质变的过程。例如，一个新的品质的培养，不能认为受教育者按照教育者要求，完成了某一道德行为，就断定他已经形成了新的品质。只有当反复地完成一种行为，并根据经验和实践，他深信自己所依据的道德规范是正确的，以至成为他的信念，成为支配他行动的经常性、稳定性特征时，我们才能说他已经形成了这种品质。至于要改变受教育者已形成的一些不正确的道德观点、道德判断，或者改变某种不良行为则更是一个艰巨的、长期的过程。根据教育的要求，受教育者某种不良行为的中止，也不能断定他的不良品质已经得到克服或矫正，在日后的生活中，他的不良行为可能又重新表现出来，已经犯过的错误又重犯，当然这种反复不一定是简单的重复。从历史上看，人类在原始的社会性情感基础上发展心理支撑性情感，并进一步发展为道德情感，这是一个不断递升的过程，其中最重要的是形成一种人道主义关系，它包括爱、互相信任、尊严。没有这些，道德是很难生长的。由此可知，道德的成长、精神的成长是一个长期、渐进、不断积累的过程。

五、德育方法和途径

（一）德育方法

学校德育能否成功往往取决于德育方法。方法意为“遵循某一道路”，指为了实现一定的目标，必须按一定顺序所采取的步骤。方法对头，事半功倍；方法不对，事倍功半。德育方法是以德育过程的规律为理论依据，为完成德育目的、任务和实施德育内容所采用的具体手段。或者说，德育方法是为了进行思想品德教育，教育者和受教育者参与德育活动所采取的各种方式的总称。德育方法是促进教育对象思想品德转化的中介要素，与德育活动相伴而生，直接决定着德育活动的方式和存在状态。我国古代有“内求说”和“外烁说”。孔子等提出“因材施教”“慎独”“自律”“知行统一”“长善救失”“启发式教育”“吾日三省吾身”“听其言，观其行”等教育方法。毛泽东同志在长期的革命实践和战争中，总结出许多德育方法，诸如批评与自我批评、榜样示范、自我教育、以理服人等。由于德育过程是一个受多种因素互相影响的过程和受教育者品德是一个多层次发展的过程，这就决定了德育方法具有多样性和多变性的特点。正如不存在包治百病的灵丹妙药一样，德育也不存在万无一失的方法。

德育方法与德育手段的关系。德育手段主要是指道德教育活动的工具、载体及其应用，如直观教具、阅读材料、辅助读物、艺术作品、电子网络及应用等。教师如何用语言、榜样、情境、环境、体验等手段对学生进行道德教育呢？这是方法问题。一种手段往往有多种用法，一种方法也可用多种手段。

德育方法与德育方式的关系。德育方法在生动和具体的道德教育过程中可以分解为一系列具体的活动细节或组成部分，这些活动细节或组成部分叫德育方式。德育方式既有外显的动作方式或操作方式,也有内在的思想活动方式或道德思维方式。新时期,针对德育内容要求的变化和青少年身心变化的特点,有必要进行德育方法的改革和创新。对于学生来说,德育方法应从“知识”转向“故事”,从“灌输”转向“对话”,从“大道理”转向“小细节”,从“感悟”转向“践行”。

影响德育方法选择的因素有两个。第一,教师和学生因素。教师方面应考虑年龄性别差异、专业水平、人格特征、师生关系等,尽力避免选择那些自身条件不足因而可能为某种方法所累的德育方法;学生方面应考虑道德发展水平、道德经验、身心发展状况、文化背景、兴趣、个性和特长等。德育效果与受教育者的接受程度成正相关,与教育者的重视程度不相关,充分调动受教育者参与育德的主动性,增强德育的吸引力。在德育途径和方法的运用上,不仅要发挥教师的主导作用,更要强调学生的主体参与。传统德育方法讲究“清一色”灌输说教,采取管压堵、一刀切的方式,忽视学生的道德需求和主体地位,以单一的政治观点讲授代替品德心理自主建构。师生简单的问答是一个封闭的单向过程。学生是以未知者而不是真正的参与者的身份出现,是知识被动的接受者而不是积极的探索者和思考者。可见,传统德育方法是以肯定“天道”对人的绝对优势和权威为前提的。现代德育方法讲究以人为本、主体参与、主动习德、自我完善,与培养现代人的独立人格、积极思考、批判意识联系在一起,以促进道德自律,对人的能动性、自由、创造性、自觉特征给予重视,显示对道德主体的高度关注。第二,德育观念的因素。赫尔巴特的德育过程观念是灌输,把学生比作“美德袋”,将道德知识任意增加到头脑里;杜威的德育过程观念是道德生活体验,价值澄清,引导学生理解、选择和自主行动。教师对德育过程观的理解不同,选择的方法可能就不同,这是传统德育与现代德育的区别所在。在多元化社会里培养判断能力、道德敏感性、自我教育能力,走出放纵、溺爱、虐待(肉体、精神)的误区。此外,德育内容不同,选择的方法也不同。

中学德育的基本方法有以下6种。

1. 说理疏导法

说理疏导法是借助语言或事实,通过摆事实、讲道理来影响受教育者的思想意识的方法,包括讲解、谈话、报告、讨论、参观等。如学生的过错行为,并非是由不良品行引起的,而是他们通常“不知错”。教师在运用该方法时,要结合以往的教学和说服经验,针对学生的个性特点,讲道理,举事例,让学生能深刻体会这种真实的情景,对以往认识形成冲击,在矛盾之处颠覆此前的观念与意识,提高道德认知能力。在此基础上,逐步形成新的认识,构成新的正确的观点。教师在运用说服法时,可以根据不同的情景,运用不同的方式,可以是讲解、可以是谈话,也可以让学生亲自参加讨论,对一些观点进行反驳,提出自己的看法。运用此方法的要求:明确的目的性,富有知识性、趣味性,注重时机,以诚待人。例如:冯老师为了培养良好的学习行为习惯,组织一次无人监督的英语测验。测验结束后班长向他汇报,说测验情况一切正常。但是,冯老师感到这个班的舆论和学生行为规范的水平还不能达到在无人监考下一切正常的程度。后来经了解,这次测验看书的人不少,连班干部也看书了。为了纠正学生的错误行为,冯老师确定了启发学生自发学习、自觉改正错误行为的教育方案。第二天,他在黑板上写了一句名言:“在真相肯定是永远无人知道的情况下,一个人的所作所为,能显示出他的品格。"并要求学生把这句名言背下来。同时,讲了一个在学生时代作过弊的人30年后悔恨心情的故事,要求每个学生写一篇体会,题目是"心灵答卷"。在答卷中,有的学生写道:"作弊发生后,老师没有批评我们,但在背名言时,我的心比挨了打还难受。我将永远记住这次错误,永远记住这句名言的教导。"有的还写道:"老师在与不在一个样,说说容易,做到却不简单。测验时我有一道10分的题目做不出,分数的诱惑使我偷看了书本。我的英语考卷虽然得了好分数,但在道德答卷中却得了零分。"……全班共有22个同学在答卷中承认了测验时翻书的错误。接着,冯老师把这些答卷上的语言制成了录音带,取名《心声》,让同学们在听录音带时再次接受教育。

2. 榜样示范法

榜样示范法是以他人的高尚思想、模范行动、优秀业绩来影响受教育者的方法。运用榜样法激起学生对榜样人物的敬慕之情,使学生从内心产生对榜样的爱慕、敬佩,增强学习的自觉性。榜样既可用著名人物的形象,也可用身边的事例,教育者要善于发现周围的好人好事,借此发扬光大。如果一个人每天学习别人的一个优点,那么,这个人就会逐渐成为完善的人了。可以用历史人物、现实中的模范人物、家长、教师、好同伴等为榜样示范。我国历来重视身教,孔子说,"三人行,必有我师焉。择其善者而从之,其不善者而改之","见贤思齐,见不贤而内自省也"。我国历史上出现的"北海牧羊"的苏武、"精忠报国"的岳飞、"虎门销烟"的林则徐等具有立志、立节、立身高尚风格的人物,是青少年学习的榜样。毛泽东曾说,"榜样的力量是无穷的",并树立了雷锋、刘胡兰、张思德、白求恩等典型形象,这些典型形象教育了广大人民。青少年善于模仿、崇拜英雄,典型人物或好的榜样对其一生一世都有潜在的影响,学生心里容易接受。中央电视台的"感动中国"活动已开展数年了,由公众评选出他们心目中的"平民英雄",让人看到了许多感人的事迹,可以作为一种榜样教育。其特点是来自于平凡生活之中,最为受教育者亲近、熟悉,最切近受教育者的思想实际,易于为受教育者所关心和学习。让平凡的生活有精彩的故事。

3. 情感陶冶法

情感陶冶法是利用师爱和各种情境中的教育因素,使受教育者在道德和思想情操方面耳濡目染,受到感化熏陶的一种方法。它是非强制性、愉悦性、隐蔽性和无意识性的,是一种暗示的德育方法。它有"陶情"和"冶性"两方面作用。陶情是一种与认知活动相互联系的情感和情趣的化育过程;冶性则指与情感联系的认知上的进步乃至人格上的提升。陶冶法是由师爱、环境的陶冶、艺术的陶冶等方式组成的。

师爱。教育者以自己的品德、情操和对受教育者深切期望的态度来感染对象。德育是一种渗透着爱的教育,是用爱进行的教育,因此,教育者要加强自我表现修养。教师的爱体现三方面的内容,即关心、尊重和要求。只有严格要求而没有关心、尊重的爱,并不是爱。只有关心、尊重,而没有要求的爱是溺爱。只有关心和要求,而缺乏对儿童尊重的爱,也是有缺陷的爱。关心就是细微的体贴之心,就是主动觉察学生表现出来的或尚未表现出来的各种需要,并给予及时、适时的应答,为之操劳,使之发展成长。尊重就是要认识每个学生不同的个性,去发现、了解他们,发掘他们身上的闪光点。教师的尊重会消除一些孩子对自己不适当的低评价,对学习重新燃起兴趣和希望之火。许多行之有效的经验都证明,只有在关心和尊重的基础上,教师对学生严格的要求才可能被学生接受。

环境陶冶。环境陶冶是指通过学校物质和精神文化环境使学生受到熏陶、感染。和谐校园建设,要创设优美、舒适、整洁、安静的学习和生活环境,包括团结友爱的人际环境、课堂中的教学环境(如箴言名句、托物言志等)。例如,某校墙壁上张贴着"一粥一饭当思来之不易,半丝半缕恒念物力维艰"。还有,徐特立在第一女子师范当校长时,在教室、饭厅走廊上,专设一块黑板,发现学生的优点,长处就写诗赞扬;发现缺点、错误就写诗批评。"让学校的每一个墙壁都开口说话""让校园一草一木都发挥教育作用",这些就体现陶冶教育法。

艺术熏陶。艺术熏陶是指借助音乐、美术、舞蹈、雕塑、诗歌、影视、文学作品等艺术形式,使学生潜移默化地接受影响。可以组织学生阅读文学作品、朗读诗歌、聆听音乐、欣赏画展、观看影视等,进而组织学生自己去创造、表现、演出,从中受到感染。情感陶冶法能丰富学生的情感,对行为起到导向、制约作用。运用情感陶冶法,开展丰富多彩的校园文化艺术活动。

4. 品德评价法

品德评价法是根据一定的要求和标准,对学生的思想行为作出价值判断,是品德发展的一种强化手段,包括表扬与奖励、批评与惩罚、操作评定三种方式。

表扬与奖励。是对学生优良品行的肯定评价。可依据不同情况采取赞许、表扬、奖赏等方式。赞许是对良好品行的好评,表示赞同或肯定,可以口头说"对""好"来表示,也可用目光、点头、微笑、手势等来表示;表扬是对学生优良的品行进行较为正式的评价,有口头和书面两种形式;奖赏是对学生较为突出的优良品行,以颁发奖状或授予奖品的方式进行奖励。正强化会产生"由小致多效应"。美国心理学家罗森塔尔等人用实验证明教师态度对于学生成绩以及师生关系产生直接影响。

批评与惩罚。是对学生不良或错误行为的否定评价。是一种负强化,依据不同情况采取批评、谴责和处分等方式。惩罚以学生的主动接受为前提,在被惩罚者头脑中留下的是愉快、高兴和激动,而不是痛苦、愤怒和抵触,它追求的是被惩罚者心智的开启、心理的疏通、思维的激活,而不是造成他们身心的伤害、心理的阻滞、思维的阻塞。童年或少年时代经常受到体罚,就会在这些人的心灵深处留下不良的阴影,并影响下去。不当的体罚不仅伤害学生的人格尊严,同时也降低了教师在学生心目中的地位和完美形象。惩罚是否能成为一种德育方法呢?有不少的争论。有人认为,没有惩罚,教育就是不完整的教育。这是由教育对象的个性心理特征决定的,如学生在个性、情趣、意志、品质、人生观、价值观等方面都存在差异,在接受教育时也存在较大差别:甲生对老师的表扬和奖励非常在意,并会以此自省、自励、自警和自策;而乙生可能对老师的表扬和奖励反应冷漠。对有些学生来说,适度惩罚能起到良好效果。需说明的是,有些老师对犯错误的学生罚以劳动,致使他们没法走出劳动罪责感的阴影。把劳动作为惩罚学生或抵消错误的一种方式,其理论前提是劳动是不光荣的,这应与我们提倡劳动,对劳动重要性的理解区别开来,避免手段与意义的混淆。惩罚手段要注意以下几点:①要避免当众惩罚,以免伤害孩子的自尊;②惩罚要有针对性,纠正孩子的行为或表现;③惩罚的强度,要根据孩子的个性特点,以及与施罚者的关系而定，尽量给出一个适宜性刺激；④合理选用方式，如当孩子犯了错误以后，取消一个他盼望已久的奖励，必定会使他刻骨铭心；⑤用行为补偿行为。用正确的行为来补救由于过错所造成的损失。

操作评定。评定（评语）就是系统地、有步骤地从数量上测量或从质量上描述学习的过程和结果，据此判定是否达到教育目标的一种手段。一定时期内对学生思想品德所做出的比较全面的评价，既要看到已取得的成绩，又要发现存在的不足，还要结合实际提出一些需要改进的地方和今后努力的方向。要避免写“最好”“最坏”等词语，避免走极端的道路。对学生评价要全面、实事求是，要善于发现学生身上的优点，多鼓励，相信“好学生是夸奖出来的”；要把握分寸，因人施评，产生“共鸣”，建立评价者与被评价者双方合作的关系。操行评定可以采用自评、互评、师评等几种方式进行。对中小学生来说，操行评语中避免用“道德败坏”“品质恶劣”等词语。

5. 实际锻炼法（行为训练法）

实际锻炼法是通过各种实际活动，在行为实践中锻炼思想，培养良好品德和行为习惯的方法。特点是实践、体验、实行、行动、做。它侧重于意志锻炼和习惯养成。品德从认知开始，以行动结束，最终落实在行动上，实践可加深人的认识，培养情感，从而达到知行结合、言行一致的效果。针对“社会实践活动”来说，有的人把它作为德育方法理解，有的人把它作为德育途径理解。组织学生参加各种道德实践活动，在完成具体任务中，培养学生的优良品德和行为习惯。古语道：“操千曲而后知声，观千剑而后知器。”“少年若成性，习惯成自然”。我国古代家庭教育重视礼仪常规的训练和卫生习惯的养成，如“冠必正，纽必结，袜与履，俱紧切”。清代朱柏庐要求子弟：“黎明即起，洒扫庭除要内外整洁”，“孝、友、勤、俭，最为立身第一义，必真知力行，奉此心为严师。”（《庞氏家训·务本》）《礼记·学记》曰：“玉不琢，不成器；人不学，不知道。”还有“囊萤夜读”“铁杵成针”“羲之墨池”等故事，表现古人受家训的熏陶而产生的为理想甘愿吃苦的决心和恒心，也是挫折教育的历练。培根也说：“习惯是人生的主宰，人们应当努力求得好习惯。”人们常说，播种行为收获习惯，播种习惯收获性格，播种性格收获命运。即所谓行为决定习惯，习惯决定性格，性格决定命运。人生的好习惯表现在：①合理安排时间；②善于思考，学思行，多问为什么；③行动至上，勇敢尝试，千里之行，始于足下；④勤奋节俭，克服懒惰，反对浪费；⑤大量阅读，与书本交朋友，一本好书就是一位好老师；⑥适量运动，保持快乐心情，学会控制情绪；⑦诚实守信，讲求信誉，以诚待人；⑧宽容忍让，学会分享，学会赞美；⑨乐观自信，相信“我能行”，好学生不是不犯错误，而是善于改正错误，不犯重复的错误；⑩持之以恒。要有坚强的意志力，永不放弃。

实际锻炼法的方式很多，如生活指导，内容从一般生存生活指导到精神心理指导和道德问题指导。生活指导是通过每个人为争取个人的幸福和社会有用性，去努力发现和发展各自的可能性的过程，给予各种援助的活动。生活指导的目的在于个人在自我指导中成长。还有学业指导、健康指导、闲暇指导、职业指导等。在学校的道德教育中，我们始终面临着如何将道德推理的教学与道德行为习惯的培养有机地结合起来的问题。从德育的最终目标是使受教育者具有符合一定道德要求和行为习惯的角度看，道德教育的重心是在道德认识的同时从事道德活动或道德实践。这正如学游泳,必要的理论知识是前提条件,但是,学游泳的目的是学会游泳、能游泳并且游得又快又好,而这主要且最终要通过亲身学习游泳的实践活动才能实现。由于我们实行公正的行为我们才变得公正,由于我们实行节制和勇敢的行为我们才变得节制和勇敢。充分发挥学生的积极主动性和主体作用是学校开展课外活动的关键。

6. 自我教育法(自我修养法)

自我教育法(自我修养法)指在教育者指导下,受教育者在自我意识的基础上产生积极进取心(主体我),为形成良好的思想品德而向自己(客体我)提出任务,进行自觉的思想转化和行为控制以形成社会所要求的思想品德的方法,即自己教育自己的一种方法。它包括以下几个方面。

自我认识。指受教育者对自己的思想、言行的对与错、优点与缺点的判断,是自我教育的前提。教师要帮助学生通过认识别人来认识自己,通过认识自己的活动和行为来认识自己,通过道德评价活动学会自我评价。只有当一个人了解自己时,他才能够进行自我教育。此时的自我教育,是一种更为深刻、更为根本的教育。学生能否进行自我教育以及在何种水平进行自我教育乃是衡量德育是否成功的一个重要标准。学生的道德发展无疑取决于他在道德生活领域自我认识、自我评价的准确性和深刻性。

自我体验。指伴随自我道德认知和评价时所产生的情感体验,是对自己的思想、行为进行价值判断时产生的道德情感。要引导学生在品德践行中检验自己的道德情感;要通过提高道德认识来升华道德情感;更要通过创设情境使学生获得直接的情感体验。

自我控制。指在道德意志行为中自觉地掌握和支配自己的情感和行为。教师要创设困难情境,磨炼学生的意志,指导学生自我激励、自我誓约、自我监督、自我检查等。自我修养贯穿于人的一生,它是一个"自求自得"的过程。孔子说:"十而有五志于学,三十而立,四十不惑,五十知天命,六十而耳顺,七十从心所欲不逾距。"孟子说:"行有不得者,皆反求诸己。"这是古代思想家提出的从个人自我道德修养入手塑造人格的途径,认为"过则勿惮改"。古希腊毕达哥拉斯认为,每个人每天都要反省自己的所想所为,去恶从善。

此外,学校开展心理咨询活动是德育的一种手段,而非德育的一种方法。

(二)德育途径

德育途径是指组织德育活动的形式。既有直接的德育途径,如思想品德课,也有间接的德育途径,如隐性德育资源和校内外活动。例如,社会主义核心教育既可以通过课堂教学进行,也可以通过校园文化活动进行,等等。

直接的德育途径是指通过专门的认知性德育课程进行直接的道德教学。主要通过把有关政治思想和道德知识观念传授给学生,促进学生道德认识、情感、意志与行为习惯的形成与发展。具体地说,认知性德育课程在课堂中借助于教材,在教师的启发、引导下,通过说理、讲授、讨论与阅读等方式,让学生理解和掌握系统的正确的政治理论、思想观念、道德认识乃至道德信念,是专门培育德性的课程。它是相对于智育课程、体育课程、美育课程等而言的。直接地进行道德教学是我国学校德育最常见的一种形式,它存在于学校正式的课程之中,有课程标准和计划。1986 年,中华人民共和国颁布推行九年制义务教育,在课程设置上就有思想品德课,或思想政治课。认知性德育课程是集中反映统治阶级意识形态和思想观念的课程,在学校课程建设中居于主导地位,起着支配作用。杜威把这种德育途径称作“直接道德教学”(direct moral instruction)或称“关于道德的教学”(instruction about morals)。直接道德教学,使教学与德育的关系密切起来。间接的道德教育是指课堂教学中的学科德育、师生关系、校园文化建设、社团活动、社会实践等。

具体来说,学校德育途径有以下几方面。

1. 学科德育

课堂教学是学校德育的基本途径,包括思想品德课和其他学科教学。所谓学科德育是指中小学各学科根据教育方针和课程标准要求,在教学过程中加强对学生的思想道德教育。①语文教育,通过精美华章和经典著作的阅读,让学生不仅感受到语言的优美,而且形成人文素养和文化底蕴。②音乐教育,在合唱教学中渗透德育,在欣赏中渗透德育,在乐器教学中渗透德育,做到以乐辅德。它充分利用鲜明的节奏、优美的旋律、丰富的和声、美妙的音色来表情达意,因而能直接触动学生的情感中枢,震撼学生的心灵,对学生的情感世界、思想情操、道德观念的渗透极具影响。从音乐审美体验中获得真善美,能培养学生的爱国主义情感,能培养学生高尚的道德品质。③历史教育,通过我国上下五千年的辉煌成就,可增强学生的民族自豪感和自信心,其中的优秀人物给学生树立榜样。④理科类课程,对学生进行辩证唯物主义世界观、方法论的教育,培养学生求真务实的科学精神、尊重知识的态度和不断探索的勇气。通过科学家成长成才的故事来激发学生的学习兴趣。⑤体育教育,培养学生团队合作、规则意识和集体荣誉感。⑥地理教育,通过祖国大好河山和风土人情,培养学生的爱国主义思想,通过人与自然的关系,培养学生热爱生态、保护环境、珍惜能源的思想等等。

2. 校园文化建设

校园文化建设包括物质文化、精神文化和制度文化;从狭义上理解,校园文化主要指精神文化,是指除了教育、教学、管理以外的一种文化,其主要内容是教育方针、培养目标、校风学风建设、历史传统、文化艺术活动、心理氛围等。

学校的精神文化环境。指通过成员共同的实践活动并经历史积淀而成的,附着在校园的各种环境因素及学校成员身上,赋予学校以特有的个性魅力,从而使生活于其中的每一个学生都受到影响。例如,教风是教师在长期的教学实践中形成的教学特点和作风,是教师道德品质、文化知识、教育理论、教学技能等素质的综合表现。学风是指学生在学习过程中形成的一种集体行为风尚,它反映学生的学习态度、学习动机、学习精神和学习方法等,影响着学生的认知过程、认知结构,制约着学生学习、创造的全过程。学校的历史传统与办学目标。每所学校都有其特有的历史传统与特定的办学目标,它们从学生入学的第一天起到他们毕业之后一直对学生起着巨大的影响作用。校训和校风是学校精神文化的集中体现。学校精神是经过师生长期努力积淀而成的稳定的、共同的追求、理想和信念,是校园文化的精髓与灵魂。所谓校训是一个学校对其文化传统、文化精神的理性抽象和认同;所谓校风是一个学校对其传统、精神、校训的文化自觉和习惯。

物质文化。主要指学校建筑物、自然景观、地理位置、生态环境、教室设置等。苏霍姆林斯基曾指出:“孩子在他周围——在学校走廊的墙壁上、在教室里、在活动室里——经常看到的一切,对于精神面貌的形成具有重大的意义。”①

制度文化。它是指班级和学校教育中领导体制、规章制度、领导风格、管理模式、教学组织形式等存在的非预期性的德育影响。各种规章制度、守则、规范集中体现了学校领导的思想观点、价值观念、管理体制是否民主、集体生活制度是否健全、各项规章制度是否合理,都会对学生产生潜移默化的影响。例如,在专制的领导方式中,儿童表现出被动性,同时又富有攻击性;而在民主的领导方式中,他们就显得主动、友好与合作。美德的形成需要良好的环境。

3. 实践活动

实践活动分为专门和非专门的德育活动,专门的德育活动,如团队会、班组活动及旨在进行德育的社会实践活动等;各种非专门的德育活动,如学习活动、劳动活动、娱乐活动、科技活动、休闲活动、竞赛活动等,只要具有育德性的,都具有德育价值。在活动中通过活动而且为了活动的道德教育,既是道德教育的目的,也是道德教育的手段。作为目的,指活动、实践道德生活或使学生形成某一种道德的生活方式应当成为学校德育追求的最高境界;作为手段,指教育者应当把活动作为个体道德发生、发展以及道德个体意义实现的源泉来理解并作为促进道德发展的手段加以运用。学生参与各种校内外活动,在这些活动中,学生从中受到了教育,学会了社会生活,增长了经验,获得了道德成长,培养了实践精神并锻炼了实践能力。例如,通过交往活动,可以培养学生的人际交往能力,树立共同生活、共同发展的意识和态度,懂得尊重他人、尊重自己,形成移情同感倾向,产生道德认同。基于互利互惠基础上的协作和交往是互相尊重、互相协调以及推己及人、由人及我的“移情”式理解能力发展的真正前提。在协作和交往活动中,每个活动的参与者不仅对活动中个人利益和团体利益有较深的理解,而且对自己在团体中的地位、作用、权利和义务有较充分的认识。既能懂得规则和纪律对个人、团体的约束规范的作用,也能体会到其对个人发展、个人利益的保证和促进作用。

4. 班主任工作

班主任是班级的组织者、教育者和引导者,不是决策者、控制着、领导者。在班级建设中行使着多种职能,扮演多种角色。班主任又是学校对学生教育管理的具体执行者,是班集体内教育教学活动的核心,是联系学校、家庭、社会的纽带。促进全体成员的全面发展是班主任工作的中心任务。班主任工作原则:学生主体原则,因材施教原则,集体教育原则,民主公正原则,严慈相济原则,以身作则原则。中学班主任工作艺术:引导的艺术——因人而异,评价的艺术——多元肯定,交往的艺术——冷静恰当,转化的艺术——递进梯度,惩罚适度有情。

班主任工作内容:①了解和研究学生;②组织和培养班集体;③做好个别教育工作;④营造和谐的班级环境;⑤协调各方面的教育力量;⑥合理安排各项活动。特别是班主任,

①B. A. 苏霍姆林斯基. 帕夫雷什中学[M]. 赵玮,王义高,蔡兴文,等译. 北京:教育科学出版社,2005:135.

要做好个别教育工作,包括各种类型学生的思想品德教育,对优等生主要提高学生自我意识和自我教育能力,处理各方面发展的关系;转化后进生包括分析落后方面的原因,根据其特点进行耐心引导,多方配合因势利导,发扬积极因素,消除不良因素,促进其全面发展,在个别教育工作中要贯彻德育原则。

班主任开展班会活动有主题班会和常规班会,组织开展主题班会的基本要求:精心设计主题;要有针对性,能解决问题;善于开拓创新,具有鲜明的时代气息;要生动活泼,具有趣味性;面向全体,调动每个学生的积极性。

此外,德育新途径包括心理咨询活动、社区服务、校外教育基地建设等。

问题思考与讨论

1. 试析德育与教育的关系。
2. 试比较品德与道德的关系。
3. 中学生品德发展的影响因素在品德内化中各有何种作用?
4. 德育过程即是品德形成过程吗?
5. 品德发展理论之于德育有何重要意义?
6. 如何理解德育过程的基本规律?
7. 我国学校德育内容与西方学校德育内容有何异同?
8. 试分析直接道德教育与间接道德教育。
9. 联系实际谈谈更好地改进中学德育的一些举措。

阅读指南

1. 鲁洁,王逢贤. 德育新论[M]. 南京:江苏教育出版社,2000.
2. 檀传宝. 德育原理[M]. 北京:北京师范大学出版社,2006.
3. 林崇德. 品德发展心理学[M]. 上海:上海教育出版社,1989.
4. 柯尔伯格. 道德教育的哲学[M]. 魏贤超,译. 杭州:浙江教育出版社,2003.
5. 杜威. 道德教育原理[M]. 王承绪,等译. 杭州:浙江教育出版社,2003.
6. 诺丁斯. 学会关心——教育的另一种模式[M]. 于天龙,译. 北京:教育科学出版社,2003.

网络导航

1. 中国思想政治工作网:http://www.cnzgw.org/
2. 中国文明网:http://www.wenming.cn/
3. 中国教育新闻网:http://www.jyb.cn/

第七章 中学教育活动与管理

学习目标

熟悉班集体的发展阶段。了解课堂管理的原则，理解影响课堂管理的因素；了解课堂气氛的类型，理解影响课堂气氛的因素，掌握创设良好课堂气氛的条件。了解课堂纪律的类型，理解课堂结构，能有效管理课堂；了解课堂问题行为的性质、类型，分析课堂问题行为产生的主要原因，掌握处置与矫正课堂问题行为的方法。了解班主任工作的内容和方法，掌握培养班集体的方法。了解课外活动组织和管理的有关知识，包括课外活动的意义、主要内容、特点、组织形式以及课外活动组织管理的要求。理解协调学校与家庭联系的基本内容和方式，了解协调学校与社会教育机构联系的方式等。

一、班集体的建设与管理

（一）班集体及其发展

1. 班级组织与班集体

（1）班级组织

班级组织是随着班级教学的产生而形成的。中世纪末期，社会生产的发展与社会生活的进步要求更多的人接受教育，客观上要求扩大教育规模。在这种情况下，原来的与小农经济和小生产方式相适应的个别教学显然不能满足社会发展对教育的新需求，再加上科学技术的发展也需要教学有比较固定的结构与模式，班级授课制便应运而生，并逐渐成为学校教学的主要形式和师生从事教育活动、学校管理活动的基本单位。据有关资料记载，班级授课制最早产生于15、16世纪的西欧。当时的一些教会学校、古典中学首先采用了班级教学的形式，即教育者把年龄相仿、知识经验相近的学生组织起来进行施教。这种学生群体就是最早的班级组织。

17世纪的捷克教育家夸美纽斯在其著作《大教学论》中对班级授课制这一教学形式的特点和应用进行了总结和论证。他提出“一个教师同时教很多学生是可能的”的假设，为班级组织的建立奠定了理论基础。从世界范围看，对班级组织的确立与推广产生重要推动作用的当数19世纪初在英国出现的导生制。德国教育家赫尔巴特提出的形式日益规范,前苏联教育家凯洛夫又进一步提出了分科课程论、教师主导论和课堂教学的原则、环节等,构筑了班级组织的教学论模式。

任何组织的组成都有某种规定,对于其成员也有某种要求。这种规定和要求主要表现在成员特质、规模、规范和时限等若干方面。就班级组织而言,其目标是促进学生的全面发展。学校班级管理不同于工厂、企业管理之处在于,其管理是"人—人"的关系,管理的成效体现在学生身心发展的状况上。由此决定了班级组织管理过程必须服从培养人这一目标,与教育过程有机配合,致力于创设一个优化的微观社会环境,进而使班级成员的潜能得到充分发展;在人员特质上,构成某一特定班级的成员在年龄和文化程度上是具有限定性的,即生理、心理发展水平大致相近,知识起点水平大致相同;在规模和人数上,每一班级学生人数大体上是固定的——在接受某一类型教育的过程中(除特殊原因外)一个班的学生人数是相对稳定的;在规范和秩序上,班级有严格的规章制度,并且各种规范和秩序是基本稳定的;在时限上,班级组成时间多规定有年限,通常是某一阶段教育任务的开始到完成。目前,在我国普通中小学,班级的组成年限一般为:小学 6 年,初中 3 年,高中 3 年。应该说,当代各国班级组织及其管理体现的是静态和动态的统一。

(2)班集体

班集体不是一群学生的偶然汇合,也不是形成班级就必然成为班集体,而是由目的一致、行动一致而结合起来的,有一定的组织机构和一定的组织纪律,有坚强核心和健康舆论,全面完成教育、教学任务的群体。可以说,班集体是班级群体发展的最高、最完善阶段,相对班级组织概念而言,班集体更具有群体性特征。

集体是为实现共同奋斗目标而组织在一起的,具有严明的组织纪律、规章制度和共同心理倾向的群体。班集体是由整个班级组成,以完成学校教育任务为共同目标,有一定组织机构、规章制度的学生共同体。有作为集体有机整体的行为与特征,不是班级个别学生的总和,是班级群体发展的高级形式。

"班集体"这个概念最初是由前苏联教育家马卡连柯、苏霍姆林斯基等在对班集体教育进行的研究和实践基础上而形成的集体教育理论而提出的,认为班集体是一个儿童处于经常的、紧密的联系之中的基层集体,它是学生的最为稳固持久的统一体。马卡连柯认为:集体是具有一定目的的个体集合体,参加这一集体的每个人都是被组织起来的,同时也拥有集体的机构。凡是有集体组织的地方,那里就有集体的机构,那里就有受集体委托的那些全权代表人的组织存在。

2. 班集体的发展阶段

班集体不是自发形成的,也不是从班级组建起就一下子形成的,它的形成和发展要经历几个既相联系又相区别的阶段。在班集体形成发展的不同阶段,由于特点的不同,采取的教育和培养的手段和方式也有所不同。一般将班集体的形成分为四个阶段。

(1)松散期

这时,班级从组织上建立起来了,但学生之间互不了解,交流少;班级规范不健全,偏离规范的行为较突出,这时集体对班主任有较大的依赖性,不能离开他的监督独立地执行他的要求,班级的核心和动力是班级的组织者——班主任,学生以服从教师为主,班级缺乏吸引力。在此阶段班主任的主要任务是建立班级规范，开展活动促进学生之间交流，培养初步的集体意识。一般要求班主任必须对学生提出明确的集体目的和应当遵守的制度与要求，并引导学生积极开展活动，促进集体的发展。如果班主任不注意严格要求，班级就可能走向涣散。

(2)凝聚期

随着班级工作的深入开展，学生之间交往增多，师生之间、同学之间有了一定的了解，产生了一定的友谊与信赖，学生积极分子不断涌现，班级骨干分子产生；班级的组织与功能比较健全，集体意识开始形成，班级吸引力增强；班级规章制度发挥作用，多数学生行动趋于一致。这时，班集体能够在班主任指导下积极组织和开展班级的工作与活动，班主任的重要工作在于加强班级工作的计划性和组织性，将班级规章制度落实到活动；调整学生人际关系，正确引导小团体；培养集体精神。

(3)形成期

班集体形成的初期。班级凝聚力增强，人际关系不断改善；班级目标日趋完善，个人目标与班级目标逐渐整合；班级规范为学生内化，自律行为较突出；集体归属感、荣誉感较强烈；学生两极分化比较明显。班主任开始从直接领导，指挥班级的活动，逐步过渡到向他们提出建议，由班干部来组织开展集体的工作与活动。班主任的任务在于结合实际制定可行的班级目标；进一步改善师生关系，促进良好班风、学风形成；鼓励学生互助合作，抓好两头带动中间。

(4)优化期

良好班集体形成时期。它的特点是，积极分子队伍壮大，学生普遍关心、热爱班集体，能积极承担集体的工作，参加集体的活动，维护集体的荣誉，形成正确的舆论。这时，班集体已形成，班级组织机构、目标、规章制度已经完善；学生人际关系和谐，良好的班风、学风已经形成；学生主体意识明显，自我教育能力增强。班集体已成为教育的主体，能主动地根据学校和班主任的要求以及班上的情况，自觉地向集体成员提出任务与要求、自主地开展集体活动。班主任的任务在于进一步促进优良班风和传统的形成，培养学生各种独立活动能力，鼓励学生为创建优秀班集体而不断努力。

(二)班主任与班集体建设

班主任不仅是班级的组织者、教育者，也是发展中的青少年儿童的精神关怀者，在班集体建设、学生发展和学校各项工作的开展和加强校内外联系等方面扮演着多种角色，行使着多种职能。班主任在具备一名合格教师具有的各种素质前提下，还应具备当代管理者的素质。

1. 班主任的角色

班主任在学校中担当着一种教育管理角色，不仅是班级的组织者、教育者，也是发展中的青少年儿童的精神关怀者。

2009 年 8 月，我国教育部印发的《中小学班主任工作规定》中对班主任的角色给予明确定位，具体有三个方面。

(1)班主任是中小学日常思想道德教育和学生管理工作的主要实施者

思想道德教育是中小学教育的组成部分，它要通过学校教育的多种途径来进行，包括品德与生活(社会)课、各科教学和班主任工作。由此可见，班主任本身就负有对学生进行思想道德教育的任务，并与专门的品德课和各科教学所进行的思想道德教育不同，是思想品德教育的主要实施者。在品德与生活、品德与社会课程中，学生接受系统的思想道德教育，提高道德认识、培养道德情感、训练道德行为；在语文、数学等各科教学中，学生通过相关学科知识的学习，接受科学态度和价值观的教育；而班主任则是在品德课和各科教学之外的大量时间里，巩固和加强学生在品德课上获得的认识，丰富学生的道德情感体验，引导学生的道德行为，使之养成道德习惯。对中小学生的日常管理除了思想道德指导外，还包括环境管理、学习指导、安全与法规指导和卫生与健康指导、学生评价等。这些工作主要是由班主任负责实施，确保教学工作的顺利进行和学生的全面发展。

(2)班主任是中小学生健康成长的引导者

班主任在引领中小学生健康成长的过程中负有以下责任：教育的责任，即教育学生学会做人和做事；培养的责任，即创造和利用条件，使学生整体素质得到提高；发现的责任，即挖掘学生发展的潜力，发现学生的兴趣爱好、特殊才能等，使他们能够得到充分的发展；激活的责任，即启动学生的积极意识和进取心，给予学生成功的体验，引发学生产生健康的积极的欲望和需要，最终使他们形成自我教育的要求和能力；夯实的责任，即为学生打下牢固的多方面的基础。

(3)班主任是中小学生的人生导师

班主任作为学生的人生导师，要在心目中规划每个学生成长的蓝图。中小学生自身的知识经验有限，也尚未形成正确的人生观、世界观和价值观，需要班主任对其人生的发展给予有力的指导。班主任在工作中，凭借自身的知识经验和在学生心目中的威信，帮助学生确定人生目标，规划人生蓝图，帮助学生提高认识水平、分析判断的水平、掌握知识的方法和解答学生所遇到的各种疑惑。

2. 班主任的作用

(1)教育作用

中小学生处于长身体、长知识和形成良好品德的初期，其健康成长离不开教师精心指导，尤其在学生全面发展、能力培养、身心健康方面，班主任发挥着一般学科教师无法取代的作用。这是因为：与学科教师相比，班主任与学生接触的时间相对较长、机会较多，比较了解其特点、成长状况，能针对学生具体情况为其指明努力方向，及时进行各方面的教育，引导学生全面发展。班主任工作时刻关系着、联系着学生，对学生成长负有全面的责任，这就使得班主任的影响具有全面性、深刻性、持久性特点。班主任工作既要对学生进行全方位的品德教育，又要指导学生进行有效的学习；既要关心学生的身心健康，又要对学生进行审美教育；既要在各种有益活动中培养学生能力，还要发展学生的个性；等等。班主任是班级的直接管理者，对每一个学生负有教育的责任，对每一个学生的素质起着重要的作用。在工作中，班主任按照班级工作计划，有目的、有组织地开展多项活动，并借助自己的知识、行为和威信，对学生产生有形的、无形的、多方面的、不同形式的教育影响，激发学生接受教育的追求,使学生学会做人,学会做事,促进学生健康和谐发展。

(2)组织与指导作用

一个班几十名学生虽有共同发展特征,但又各具特点,而且他们对教育、教学和自身发展有不同的要求和发展的可能性。班主任将学生组织成有效的班集体,既能保证学校各项工作的顺利开展,使每个学生获得教育教学计划所要求的一般发展,又能通过丰富多彩的班级活动,促进不同学生的个性发展。良好的班集体对每个学生的健康发展有巨大的教育作用,良好的班集体建设需要班级全体学生的参与,但是班集体建设工作是以班主任为核心的一个指挥、执行和监督的系统工程。在这个系统过程中,有直接参与者,是以班主任为首的班级全体成员,包括班级任课教师和班级学生。班集体建设间接参与者,是学校有关领导、共青团、少先队、家长委员会等。由于他们对班集体建设的认识、教育方法不同,为了使他们保持工作目标的一致性,教育要求的统一性,教育活动的协调性,共同搞好班集体建设,就需要班主任积极协调,疏通各种有利于班集体建设的渠道,形成合力,努力实现良好班集体的形成。在培养和建设班集体的过程中,班主任既是领导者、教育者,又是组织者、指挥者,在整个班集体建设中,处于核心地位。培养班集体是班主任工作的重要内容,需要班主任做大量深入细致的工作:组织和指导学生确立班集体的奋斗目标,选拔培养班委会干部,培养正确的舆论和良好的班风、学风,指导学生开展多种有意义的教育活动,逐渐确证和巩固学生的主体地位对班集体进行自主管理。

(3)沟通与桥梁作用

中小学生的成长受到多方面因素的影响,班主任的特殊地位决定其是校内外多种教育力量的协调者,是沟通学校、家庭和社会三方面教育的桥梁。第一,学校虽是学生发展的主导力量,但可能存在教师与学校之间、教师之间、教师与班主任之间、学校各部门之间要求不一致的现象,如何将其统一在学校教育目标之下,需要班主任沟通协调;第二,不同学生受到的家庭影响不同,这些影响不可能完全与学校要求一致,也需要班主任沟通协调;第三,现实生活中的学生受各种社会现象影响,如何沟通学校、家庭、社区,使三者形成教育合力,采取一致措施影响学生,还需要班主任沟通协调。所以,班主任是沟通学校、家庭、社区教育影响的协调者。班主任要明确自己的角色和责任,以自己为纽带构建学校、家庭和社会三方面力量配合的网络。班主任通过多种方式与家长联系,对家长进行家庭教育的指导,让家长成为班级管理的助手。同时,班主任应积极参与社区工作并给予有力指导。

3. 班主任的职责与内容

根据我国《中小学班主任工作规定》,班主任的职责与任务主要有以下五个方面。

要教育学生,就要了解学生。只有深入细致地了解和研究学生,才能把住学生的思想脉搏、行为倾向、身心发展水平和趋势,才能从学生实际出发,有的放矢地开展工作,从而收到良好的效果。因此,全面了解和研究学生是有效地进行班主任工作的前提和基础,也是班主任的基本功。所以班主任要全面了解班级内每一个学生,深入分析学生思想、心理、学习、生活状况。关心爱护全体学生,平等对待每一个学生,尊重学生人格。采取多种方式与学生沟通,有针对性地进行思想道德教育,促进学生德、智、体、美全面发展。

认真做好班级的日常管理工作，维护班级良好秩序，培养学生的规则意识、责任意识和集体荣誉感，营造民主和谐、团结互助、健康向上的集体氛围。指导班委会和团队工作。

组织、指导开展班会、团队会（日）、文体娱乐、社会实践、春（秋）游等形式多样的班级活动，注重调动学生的积极性和互动性，并做好安全防护工作。

组织做好学生的综合素质评价工作，指导学生认真记载成长记录，实事求是地评定学生操行，向学校提出奖惩建议。

经常与任课教师和其他教职员工沟通，主动与学生家长、学生所在社区联系，努力形成教育合力。

4. 班主任的素质要求

（1）思想政治素质

思想素质是班主任素质结构的重要组成部分。班主任的一言一行、一举一动中流露出来的思想境界和精神风貌对学生起着潜移默化的作用。思想素质主要包括思想意识、思想品格和工作作风。其中，思想意识表现在具有强烈的事业心和责任感，坚持辩证唯物主义观点和全心全意为人民服务的宗旨，做到一切为了学生，根据学生和学校的客观实际情况，充分发扬民主，进行班级管理。思想品格表现在以正确的世界观、人生观和价值观为指导，积极工作，热爱学生，具有良好的职业道德，遵守社会公德。工作作风表现在实事求是、民主平等、严于律己、艰苦奋斗等方面。

政治素质是班主任应该具备的最基本的素质，要求班主任具有坚定的政治立场，坚持四项基本原则，忠诚党的教育事业；全面贯彻党的教育方针和政策；同时，班主任要有较高的政治觉悟和高度的政治警惕性。

（2）业务素质

班主任作为一名专业化的教师和管理者，其业务素质主要包括教学科研业务素质和管理业务素质。具体包括：合理的知识结构、多方面的能力结构、良好的个性素养和开拓创新的教育管理观念。只有具备了这些方面的业务素质，班主任才能有效进行创造性的班级管理。

班主任的知识结构。叶澜教授认为教师的专业知识包含三个方面，具有复合型的特征。因此，班主任首先作为一名专业化教师，应具备比较广博而扎实的基础文化知识，精通自己的专业知识，掌握有关教育对象，开展教育活动、进行教育研究等教育学、心理学知识。同时，班主任作为一名专业管理者，应掌握管理理论的系统知识，具体包括三个层面，即关于管理一般性质与规律的管理学知识、班级管理所在的教育管理领域的教育管理学知识和班级管理理论知识。

班主任的能力结构。能力是直接影响活动效率，使人顺利完成某种活动所必须具备的个性特征。班主任进行的班级管理是一项复杂的社会实践活动，需要班主任具备多种能力，其中主要包括以下几方面。

领导能力。如果说管理就是“领导”，班主任就是一名领导者，班主任的领导表现在对班级成员的行为和相应的各种资源进行运筹，为学生营造出最适宜于学生身心健康发展的教育环境。因此，班主任必须具有设计班级目标的能力、选择实现班级目标的途径及方法的能力、组织和引导学生并调度相应资源实现预定计划的能力以及根据班级管理过程中的反馈信息调整计划的能力等。

社交能力。班主任在工作中,需要与学生、任课教师、学校领导以及学生家长等进行交流和协调。因此,班主任必须具备较强的社会交际能力。首先,班主任要具有敏锐的观察能力,以便了解和掌握学生、家长以及有关教师的情况,为进一步的沟通、交流提供依据。其次,要求班主任具备较强的语言表达能力,以便与学生、家长、同事等进行沟通。特别是要了解学生真实的思想状况,并对其进行引导教育,要求班主任能与学生进行谈心交流。班主任的语言表达能力体现在口头语言表达方面做到准确、简洁、生动、流畅;文字表达方面做到概括、严谨、清晰、简明;体态语言方面做到恰当运用眼神、表情、手势等准确表达自己的意思。最后,还要求班主任具有较强的交往能力,与学生、家长、任课教师和学校领导等建立良好的人际关系,并引导班级学生之间和睦相处,团结互助。

研究能力。班主任作为一名专业教师,要对本学科知识及其教学进行研究,成长为研究型教师。同时,班主任作为班级管理者,要不断认识管理对象,因为中小学生是一个个鲜活的个体,正处于人生发展的关键期,在认知、情感、意志等方面都具有较强的可塑性,这就决定了班主任在班级管理工作中必须着眼于具体的特殊的情境,按照学生的个性特点,遵循教育规律进行管理。同时,班级管理问题错综复杂,新问题层出不穷,已有的管理策略不能有效解决问题,也需要班主任加强研究。因此,班主任必须将管理和研究结合起来,在管理中研究,在研究中管理,充分体现班级管理工作的科学化和创造性。

(3)班主任的身心素质结构

心理素质是社会对当代社会成员提出的要求,但是班级管理工作中对班主任心理素质有特别的要求。这一特别的要求可以概括为:爱好广泛、情感丰富和良好的个性品质。

首先,班主任的兴趣爱好应该多种多样,既要有广泛的兴趣也要有中心兴趣,比如琴棋书画、吹拉弹唱、体育运动和科技发展等。由于中小学生身心发展迅速,精力充沛,活泼好动,有旺盛的求知欲和广泛的兴趣爱好,所以他们希望班主任同自己一样爱好活动,有一定的特长。这样,当班主任以浓厚的兴趣组织学生开展活动时,就缩短了师生之间的距离,容易与学生打成一片。如果班主任在活动中还能一展自己的特长,就更容易受到学生的欢迎,在学生的心目中树立起自己的威信,从而增强对学生的影响力。

其次,班主任还应该有丰富的情感和稳定而适度的情绪。丰富的情感推动班主任以全部的精力投入工作,创造良好的教学氛围,热爱学生,关心学生,满足中小学生的情感需要。而稳定的情绪则会使班主任保持良好的心态,沉着应对,理性分析和处理遇到的各种问题。

最后,班主任还应有良好的个性品质。主要表现在具有积极向上的态度,坚强的意志品质和良好的性格修养。由于班主任要引导学生树立理想,奋发向上。因此,班主任自身必须坚毅、乐观,而不能悲观消沉;由于班主任常常成为学生的模仿对象,因而教师就必须慎言慎行,严于律己,而不能不拘小节;由于班主任必须经常主动与学生交往,因而就必须善于言谈,而不能沉默寡言。可见,班主任具有良好的个性品质,不但对搞好班级工作大有益处,而且会对学生产生积极而深远的影响。

(三)班集体建设与培养

良好的班集体既能产生强大的凝聚力,培养学生的自我教育能力,还能协调各方面的影响,使班级管理效果事半功倍。所以,班主任一定要重视加强班集体建设。

1. 影响班集体建设的因素

班集体建设既取决于外部环境,又取决于内部环境,更取决于班主任主导作用的发挥。

(1)外部环境对班集体建设的影响

班级外部环境包括学校、家庭、社会环境三方面。学校环境由物质环境和精神环境组成。良好的学校环境能产生巨大的积极陶冶作用,能调动学生言行,有助于班级建设;相反,不良的学校环境则会使学生失落、自卑,甚至放纵行为,影响班集体建设。家庭环境对学生影响广泛而深远。家长的思想意识、文化修养、处世态度、行为作风、兴趣爱好、教养方式等会影响子女的思想、行为,进而影响其对班级管理的态度。社区环境对学生的影响随社会的迅速发展而加剧,因此,学校所处社区的环境状况也影响班集体建设。

(2)内部环境对班集体建设的影响

学生的认识水平、心理倾向、群体结构影响班集体建设。首先,如果学生认识水平高,就容易统一目标、认识,还意味着学生分析、判断能力较强,能够正确理解班集体建设意义,从而自觉行动。其次,如果班集体形成了共同的心理倾向,则学生容易沟通、交往与合作。最后,班集体群体结构中小团体的多少、势力的大小会左右班集体发展方向,加强对小团体的控制、引导,能推动班集体建设。

(3)班主任主导作用对班集体建设的影响

班主任是班集体建设的核心,其威信、管理意识和风格影响班集体的形成与发展。首先,班主任的威信对学生具有影响力和感召力,既影响学生对班集体的认识,又影响学生对班集体的情感,还影响学生的行为。其次,班主任的管理意识支配其管理行为,正确的管理意识是班主任进行班集体管理并获得良好效果的保证。所以,班主任必须具有正确的班级管理观。最后,班主任的管理风格直接影响班风与管理效率。专制型、放任型的管理风格只能导致人际关系紧张、学生性格沉闷或组织涣散、人心混乱,降低管理效率。而民主型管理风格则能尊重、信任学生,营造和谐班风,增强凝聚力,提高班级管理效率。

2. 良好班集体的基本特征

(1)有共同的奋斗目标

明确的奋斗目标能将人的需要转变为强烈的动机,从而推动人们按目标的要求去克服困难、排除障碍,控制和修正自己的行为,一步步达到目标。共同的奋斗目标,能增强集体成员的凝聚力和向心力,使大家共同搞好班级工作。可见,共同的奋斗目标是班集体形成的基本条件。有了共同的奋斗目标,集体就有了前进的方向和动力。

(2)有一个坚强的领导核心

任何集体都必须有一个领导核心。一个班集体必须有一批能将全体成员的思想和行动统一起来,组织和带领大家努力学习、积极参加各项活动的骨干分子。在班主任的组织协调下，这些骨干分子可以形成健全的组织结构，保证职责、分工明确，能对班集体的各项工作和活动实施有效的领导。

(3)有为实现共同奋斗目标而开展的富有教育意义的集体活动

针对青少年学生的年龄特征和心理特点，围绕班级共同的奋斗目标，开展丰富多彩的活动，寓教于乐，可以满足学生多种兴趣的需要，使集体充满生机与活力，对集体成员增长知识、开阔视野，培养集体成员团结友爱、热爱生活、关心集体的风气都有极大的促进作用。

(4)有健全的规章制度

在一个班集体内，必须从实际出发，结合校规、校纪等，制定切实可行的规章制度，或者将校规、校纪直接转化成班集体对成员的具体行为规范，要求学生自觉地严格遵守、执行。规章制度健全了，集体成员才会有章可循，而班集体也才会秩序井然。

(5)有正确的集体舆论和良好的班风

集体舆论是在班集体中占优势的、为大多数人所赞同的观点和态度，是集体成员间通过沟通所形成的一种共鸣。健康的集体舆论是个人和集体发展的巨大教育力量，是班主任通过班集体对学生个人进行教育引导的重要手段。班风即整个班集体或绝大多数集体成员在思想、行为和态度方面的倾向性。良好的班风一经形成，便会对学生个人的思想、行为和态度产生同化作用，引导集体成员在不知不觉中与大家保持一致。

3. 班集体建设的内容

(1)确定班集体的奋斗目标

班主任要善于从本班实际出发，不断提出振奋学生精神、鼓舞学生前进的奋斗目标。以便统一全班学生的意志和行动，推动集体的形成、巩固和发展。奋斗目标一般包括：近期的目标，如搞好课堂纪律；中期的目标，如成为优秀班级；远期的目标，如每个学生都成为全面发展的好学生。这三种目标要互相衔接，组成一个符合教育要求的体系。实现目标要先易后难，先近后远，循序渐进，逐步提高，特别是实现近期目标的时间不宜过长，要尽快让学生获得“成功”，尽早得到“快乐”的体验。目标的提出要适合学生的接受水平，要鲜明、具体、生动，富有吸引力、号召力，便于学生理解和记忆。集体的目标应当由班主任同班干部或全班同学一道讨论确定。而且目标一经提出，班级的一切工作都要围绕这个目标来进行。目标实现后，要及时总结、评比，接着提出新的奋斗目标，组织新的活动，使班集体处于不断进步之中。

(2)选择和培养班干部

班集体是有组织、有领导的。只有把全班学生组织起来，才能有效地形成集体。而要把全班学生组织起来，就要发现、培养积极分子，挑选和培养班干部，建立起班集体的领导核心。班干部是在同学中比较有影响力的人物，一定要选出关心集体、办事认真、作风正派、能团结同学、愿意为同学服务、学习成绩较好、能起模范带头作用，并在同学中有一定威信和有一定组织能力的同学来担任。班干部选定以后，要根据每个人的能力、爱好和特长，分配给他们适宜的工作，放手让他们自己去做，使他们逐步学会自己管理自己，与此同时，班主任可从旁加以指引。为了减轻学生干部的负担，应避免兼职；为了让更多的学生有机会承担社会工作,从中得到锻炼,班主任要努力创造条件,定期轮换班干部。班主任要加强对班干部的培养和教育,对他们既要交任务,又要教方法;既要鼓励他们积极、主动、大胆地工作,又要帮助他们好好学习,提高思想觉悟和工作能力;既要发挥班干部的骨干作用,又要团结同学,平等待人。班主任要随时注意发现、培养新的积极分子,不断扩大积极分子的队伍。

(3)培养正确的集体舆论和良好的班风

舆论是在集体内占优势的、为大多数人所赞同的言论和意见。集体中正确的舆论是维护班级道德面貌、协调人际关系的有力手段。一旦舆论形成了,它就成为对不良行为起限制作用、对良好行为起鼓励作用的无形力量。形成正确舆论是形成良好班风的重要条件。首先,班主任要教育学生关心集体、关心同学,在是非问题上,态度要鲜明,对班级中的好人好事,要大力宣传。对学生的错误、缺点,要及时批评、指正,防止蔓延。要充分利用各种舆论媒介,如墙报、黑板报、专栏等,来造成强大的、健康的集体舆论。

班风是一个班级的风气,它是班集体大多数成员的思想观念、意志情感、言论行动和精神状态的一种倾向或共同表现。一个班的集体舆论持久地发生作用就形成一种风气,这种风气被巩固和保持下来就是传统,即成为同学们自觉遵守的行为规范或习惯。优良的班风是一种巨大的教育力量,它无形地支配着集体成员的行为和集体生活,培养集体成员的荣誉感、自豪感和对集体的尊重,因而对形成和发展班集体起着巨大的作用。班主任要有意识地培养优良的班风。班主任要善于将学生优良的品质和作风在同学中宣传、扩大、巩固,反复实践,使之得到班集体的支持和认同。优良班风形成以后,要教育全班学生珍惜它,使之不断完善。

(4)有计划地开展集体活动

经常性的班集体活动有班会、读书活动、智力竞赛、参观访问、文体活动、科技活动、公益活动、节日活动等。以上活动要有计划地开展,为了达到活动的效果,必须注意以下几点。第一,活动要有明确的目的。这个目的是符合学校工作要求的,也是班级的需要,重在教育学生,开阔视野,增长知识见闻,总之使学生有所得。第二,集体活动的内容要有针对性,在充分了解学生和集体的基础上进行,活动内容是正确、科学、深刻的,要符合班集体建设和学生个体发展的需要,要符合学生的年龄特点。第三,活动的过程要精心安排,做好充分的准备。活动的准备过程和活动的过程要使学生得到锻炼,在这两个过程中,班主任要调动每一位学生的积极性,如让学生提供活动计划,订活动方案,组织、主持活动。整个过程是学生在集体中教育与自我教育的过程。第四,要做好活动的小结工作。每一次组织成功的集体活动都会给学生留下深刻的印象。为了巩固活动的效果,班主任要及时做好集体活动的总结工作。在总结的基础上,可以进一步提要求,进而使下次的集体活动提高一个层次。

班会活动是班级集体活动中最经常开展的,且收效好。班会活动分为一般性的班会活动和主题班会两种。一般性的班会活动内容有讨论班务工作计划,这一般在学期初进行;阶段总结会,在每月中进行;讨论班级中复杂的、大家关心的问题,如纪律问题、团结问题、国内外重要问题等等,可随时进行。班会的另一种形式是召开主题班会。这种班会一般是结合国内外形势、学生思想特点和实际状况,选择一个主题,有目的、有计划地进行。主题班会针对性强,花时间多,组织得好,会给学生留下深刻印象,甚至令学生终身难忘。

4. 班集体建设的途径

班集体建设不是在静止的状态中进行和完成的,而是在运动中形成和发展的,这个运动,既包括教学活动,也包括教育活动(主要是以思想教育和品德教育为主导内容的德育活动),还包括与班集体直接相关的各种人际交往活动。其中,教育活动是班集体形成、发展的重要的因素,是班集体建设的最重要的途径。

班级教育活动的主要形式是班会和课外活动。

班会是班主任和班级学生活动的主要舞台,是班主任围绕着特定的主题对学生进行思想品德教育的一种主要形式,是形成良好班集体的途径,也是学生进行自我教育的有效方法。班会活动能促进学生形成健全的班集体,正确的集体舆论和优良班风;能培养学生的集体荣誉感和责任感;能进一步满足学生在德、智、体、美各方面的需求;能培养学生的创造精神和工作能力。

课外活动是指学校课堂教育、教学活动以外的各种活动。课外活动是班集体的构建要素,有目的、有组织的课外活动是班集体建设的主要途径和方法,而课外活动达到的水平和取得的成效也是班集体形成的主要标志。

课外活动可分两类:一类是教学实践活动,目的是为配合有些学科知识的实验与考察;另一类是德育实践活动,如军训、生产劳动、公益劳动、为民服务、社会考察等。这两类活动,都是在教师组织、指导下,让学生走向社会,了解社会,并通过实践达到一定的教育、教学目的。

二、课堂教学的组织与管理

美国学者多伊尔在其所编著的《教学研究手册》中指出,教师在课堂中主要履行两大职责:建立秩序和促进学习。建立良好的课堂秩序,需要教师进行有效的课堂管理。课堂管理行为是教师课堂教学行为的一个重要组成部分。

(一)课堂管理及其原则

1. 课堂管理的涵义

从教师对课堂控制的角度看,课堂管理就是教师为保持教学活动顺利进行而采取的措施,以及教师在课堂内的整个行为和相关的课堂活动,包括课堂环境的安排,课堂秩序的建立和维持,对学生行为的监督,对违反课堂纪律行为的处理以及指导学生的学习,等等。

2. 课堂管理的意义

课堂管理的意义在于,为学生提供一种明确的组织与结构,维持课堂秩序,激发学生的学习动机,降低学生的焦虑水平,提高教学工作的成效。具体表现为以下三个方面。

其一,维持良好的课堂教学秩序。课堂教学秩序指学生在教师的引导下有序学习的氛围。它是课堂教学得以展开的前提和条件。课堂秩序的建立和维持既需要学生内在的自觉守纪意识与努力,也需要教师外在的管理与约束,是学生自律和教师他律合成的结果。离开一定的课堂管理,就难以保持良好的课堂秩序,就难以实现预定的教育、教学目标。

其二,约束和控制有碍学习的违纪行为。课堂违纪行为是指学生在课堂内发生的干扰教师的教和其他学生(也包括学生本人)学的行为,是教师和一切与教育工作有关的人员所关心的重要问题。由于各种因素的影响,学生进入学校后,总会发生各种各样的违纪行为。这些违纪行为的出现破坏了教师的课堂教学组织以及井然有序的教学进程,也妨碍了学生个体的学习与发展。当学生出现有碍学习的违纪行为时,有效的课堂管理将有助于抑制和控制学生的违纪行为。

其三,激励学生的潜能、提高学习效率。出色的课堂管理不仅意味着教师已经使学生的不良行为降到最低程度,从而促进学生之间的合作,并能在不良行为发生时采取有效的干预措施;而且意味着,课堂总是持续着有意义的学习活动,整个课堂管理制度,都是为了使学生参加有意义的学习活动达到最高程度。

尽管课堂管理涉及对课堂教学过程中各种有限资源的配置,涉及对课堂教学中各种关系的调控,但立足于良好课堂秩序的建立以及有效地促进学生的发展,课堂管理的任务主要有两个方面,即建立课堂纪律和干预违纪行为。前者主要是用来预防、抑制学生课堂违纪行为的发生,后者则是对于已经出现的各种课堂违纪行为的干预与处理。

3. 课堂管理的原则

(1)系统性原则

课堂系统是由有内在联系的特定要素构成的有机统一的整体。课堂系统的构成因素颇为复杂,既有物质的,又有社会心理的;既有有形的,又有无形的。只有这些因素协调一致时,课堂的整体作用才能得到有效发挥。因此,在课堂管理过程中,必须立足于课堂的整体,着眼于课堂整体的持久发展。这就要求教师要树立全局观念,要对课堂系统的各个方面进行规划调整,以便把各种因素有机地协调为一个整体,发挥更有效的功能。出现课堂问题时,要从课堂的整体来分析与把握,从问题与环境,时间、空间与场合,得与失,利与害,个人与集体,社会、历史、现实与未来,自我与非我等多方面的关系中形成一个全面而正确的认识。

(2)自组织性原则

只要能保持一种良好的课堂环境,保持课堂系统中沟通的顺畅,课堂通常就能完善地组织自己。课堂总是在寻求新的信息,不断从事与创造有意义的对话,不断实践新的连接。这种过程常常是很自然的。但个别教师常常根据自己的猜想试图给课堂加上一些人为的框架。因为这些人为的框架,课堂不能很好地与之对应,必须经常加以限制直至它能符合这些框架,因而容易产生单向的专断性控制。在这种情况下,教师实际上很难对课堂本身进行管理。因为课堂是一个组织系统的外在现象,它并不能被“管理”,只是在积极的建构下得到发展。教师通过发展和完善课堂内部结构及其积极的引导作用,能极大地帮助学生对课堂发生的事件和行为以及其本身的行为予以恰当的解释,并给予更深刻的自我反省,形成其责任与自律,实现课堂的自组织。

(3)内在性原则

课堂管理过程常常比较重视教师外在管理的作用,而却容易忽略对学生的内在管理。实际上,真正有效的管理是学生自我的内在管理。课堂既然是教师与学生共创的,那么,学生同教师一样,也是课堂中具有独立精神意志的主人。而且,课堂活动的最终目的是促进学生的健康发展,离开了学生的参与、支持与合作,课堂管理便失去了意义。内在管理强调学生积极主动地参与,在参与过程中形成自主意识和责任感,从而激发其主动和创造精神。内在管理不仅能提高课堂管理的效益,而且能发挥学生的聪明才智,有利于他们的成长。课堂管理要为学生的主动性和积极性的发挥规定目标,提供条件,激发和引导其内在动机,实现内在控制,这是现代条件下课堂管理的一个革命性变革。

(4)动态性原则

课堂主要是一种动态系统,课堂管理必须坚持动态性原则,以变化的眼光看待课堂问题,以发展的视角进行课堂管理。对于课堂中的问题,要进行动态的考察。所有的存在都有其变动的流程。现行的状况虽然与过去有着逻辑关联,并对未来产生一定程度的影响,但它主要是对现在的反映,不能说明未来的必然状态。课堂环境时时都在变迁,课堂成员时时都在发展,影响课堂的因素总处于变化之中。因而,要从发展的角度看待课堂中的问题、冲突与矛盾,要从变化的视角认识课堂的进展、停滞与挫折。坚信学生具有潜在发展的可能,是可以获得完整发展的。有了目标的指引,一切问题皆处于动态的审视之中,有效课堂管理是必然可以实现的。

(二)课堂管理影响因素

1. 影响课堂管理的客观因素

首先是班级的规模。课堂中学生数量的多少决定了教师采取不同的管理方式与手段。我们国家对班级学生人数有规定,一般为五十人左右。适当的班级学生数额有利于教师进行课堂管理,督促每个学生圆满完成学习任务。

其次是课堂的环境。包括课堂的物质设施与所处的空间位置。安静优雅的教室环境有利于学生学习,有利于教师进行课堂管理。现在,人们已利用科学研究成果,对教室的色彩、学生的座位等提出了更好的建议,这对教师搞好课堂管理显然是有益的。

最后是已经形成的课堂风气。对于学生来说,容易受到定势的影响,因而长期形成的上课风气可以使学生习惯并成为一种定势。而这一风气的积极与否直接影响课堂管理的效果。班级学生的良好课堂学习态度和遵守课堂纪律的自觉性不是一朝一夕养成的,也不是少数学生能左右的,它是班集体长期努力奋斗的结果。我们应当充分发挥良好的班集体的作用。发动学生自己参与课堂管理,从而形成良好的课堂群体规范和风气,制约全班的课堂活动。

2. 影响课堂管理的主观因素

首先是教师与学生的情感关系。良好的师生关系,有助于课堂管理的顺利进行,与此相反,隔膜乃至对立的师生关系,必然会成为课堂管理的严重障碍。课堂中偶尔出现的一些"突发事件",其背后原因是因为学生带着与教师对立的前期心理状态而在特定时间爆发。如果在学生的心灵深处建立起师生关系的肯定情感,他就会把自觉遵守课堂管理的各种规范,同时看成维护师生间友好情感的需要。美国著名教育心理学家皮尔逊说过:"为了得到教师的爱,学生可以去做各种教师所喜爱的事,甚至去学习他最不感兴趣的科目。"

其次是教师的个人素养。教师的人格修养与知识魅力是形成教师权威的基础,而基于这种基础的教师权威有利于课堂管理。一位在学生心目中有威信的教师,有时可以用一句话或一个眼神使乱哄哄的课堂刹那间安静下来,反之在学生心目中威信不高甚至全无威信的教师,即使大声训斥也不能使学生信服和听从。赫尔巴特认为:"除了这种威信外,学生不会再重视任何其他的意见。"加强修养、为人师表、言传身教等,都是一个教师树立威信所必须的,这里要特别指出的是第一印象。教师在学生面前的第一堂课,一定要精心设计、精心管理,然后让这良好的第一印象持续下去。如果第一印象欠佳,会给以后的课堂管理带来较大困难,有了威信,我们的课堂管理才会事半功倍。

最后是教师的课堂管理方法与智慧。方法是一切有效行为的重要保障条件,在课堂管理中合理的方法是有效管理行为的保障。课堂管理的方法并无统一不变的要求,教师要根据学生的特点、课堂的现状及自身的状况选择合理的管理方法。同时,面对可能发生的状况教师还要具有教育机智。这是教师根据课堂管理原则,运用自己的智慧,敏捷而恰当地处理课堂上偶发事件的方法和能力。

(三)课堂气氛

1. 课堂气氛及其意义

课堂气氛,是班集体在课堂上表现出来的某些占优势的态度与情感的总合状态,是一种师生共同营造的主观心态的外在表现形式,有时也称之为教学环境。教师通过授课技巧和一定的表现手法引领学生,使双方在同一平台上形成良好的互动,这就会不断拓展学生的视野,激发学生的创造性和想象能力。

首先,良好的课堂氛围可以在主观上提升学生的学习主动性。和谐活跃的课堂气氛能够充分激发学生的兴趣,而兴趣无疑是学习的第一动力,可以有效地转变学生作为被动吸收者的角色,使得学生积极地参与,踊跃地回答问题。

其次,良好、和谐的课堂气氛会进一步发掘学生的潜在能力。学生的成绩仅仅是一种暂时的能力表现,教师不能凭成绩的好坏而有区别地来对待学生,要在平等互动的教学方式中使学生逐步发现自己的长处,并不断地来充实自己,此刻学生的潜力就会不断爆发出来。学生这种内在能力的爆发会使得学生追求更高的目标。学生的主动性、发散思维能力也可以及时得到锻炼。

最后,活跃课堂气氛有助于培养学生良好的人生观和价值观。在对学生进行传道授业解惑的同时,我们不能忽略的一个重要问题就是要塑造学生良好的人生观和价值观。良好的、活跃的课堂氛围能够拉进学生与教师之间的距离。通过双方的交流和探讨能够潜移默化地培养学生正确的人生观和价值观,为塑造和谐的社会打下坚实的基础。

综上可见,良好的、活跃的课堂氛围有助于素质教育的实施,教师要注重培养学生良好的学习习惯,塑造学生活泼开朗的性格,树立学生正确的人生观和价值观。

2. 课堂气氛的分类

一般来说,可以将课堂气氛分为积极的、消极的和对抗的三种类型,其具体表现如下表。

表7-1 课堂气氛的分类

课堂气氛的类型	注意状态	情感状态	意志状态	思维状态	定势状态
积极的	师生对教学过程表现出注意的稳定和集中,全神贯注甚至入迷	积极愉快,情绪饱满,师生感情融洽	坚持,努力克服困难	智力活跃,开动脑筋,从而迸发出创造性,教师语言生动、有趣、富有逻辑性,学生理解和解答问题迅速、准确	对教师讲授的内容确信无疑
消极的	呆滞,打瞌睡(在教师严厉的情况下),分心,做小动作(在教师管理课堂能力差的情况下)	压抑的、不愉快的(在教师较严厉的情况下),无精打采,无动于衷(在教师管理能力较差的情况下)	害怕困难,逃避	思维迟钝,反映不积极	对教师讲授的内容怀疑
对抗的	学生注意指向与课程内容无关的对象,而且常常是故意的;教师为了维持课堂纪律而被迫中断教学过程	学生有意捣乱,敌视教师,讨厌上课;教师不耐烦,甚至发脾气	冲动	不愿意配合思考	不信任

3. 影响课堂气氛的因素

第一,教师自身的外在因素,包括教师的形象及语言表达。在现实的教学环境下教师的个人形象直接制约着课堂氛围的创设,教师良好的个人形象会在学生之中形成良好的威信力。教师良好的个人形象和威信力会引领学生的思维方式和教学活动,这也是创制、活跃和谐课堂氛围的首要条件。同时,甜蜜的微笑,亲切的话语,真挚的关爱都会使课堂气氛变得融洽、和谐。

第二,教师的教育观念。现代师生地位与关系发生了微妙变化,当前的文化观念与教育理念所倡导的教师地位、师生关系必然要求重新建构新型的课堂观、管理观、学生观。某种意义上,当代教育所提倡的课堂已超出仅是知识传授场所的理解和规定,着眼于学生自主创新意识、能力的培养,这种教学目标使教师从对学生行为的严格控制扩展到注重课堂健康向上氛围的营造。教师不仅要关注学生外显的扰乱行为,更要关注学生隐蔽性问题和心理问题,例如开小差、紧张、焦虑等;不仅要采取及时合理的矫正、干预措施,更要实施积极的鼓励、预防措施。实施鼓励时,教师要带着真诚的态度,由衷地赞赏学生的进步和闪光点。有的教师为了防止一些学生滋事,采用一些虚假表扬的话语,也许暂时可以取得些许效果,但时间一长不免被学生发现,有损自己的人格,使以后的管理更加困难,因此教师一定要有健康的管理观和学生观。这就要求教师担当心理咨询师、朋友角色,带着爱心对待每一位学生。

第三,师生交往的方式。教师需要创设良好的活跃的课堂氛围,使学生从被动转化成为主动,发挥教师的引领作用,激发学生的学习兴趣,培养学生能动力和观察力、发散思维。这其中首先是课堂交往的公正性,公正性的缺失使得那些在班级中学习成绩差和家长的社会地位较低的学生往往产生严重的自卑心理。由于担心失败、挫折而不敢提出和回答问题,缺乏主动参与课堂教学的勇气和自信,致使他们一直处于教室里的“边缘”,处在课堂中“被遗忘的角落”,自然难以形成良好的气氛。教师要创造教学环境中的民主参与。这种民主的参与,不仅是指教师与学生之间,也指学生与学生之间的民主交流和参与。教师不能剥夺学生的参与权,在日常教学中,有些教师对学习成绩较好的学生比较亲近,往往忽略了成绩薄弱的学生,这样的情形发展下去就会逐步使得课堂脱离学生,更无从谈课堂氛围的创设了。教师对于学生回答的答案,如果错误,不要立即否定,这样会使学生的自尊心遭受极大的创伤,要循序渐进地引导学生找出其错误之处。在多种措施相互配合的情况下,相信活跃、和谐的课堂氛围定能够满足学生对知识的渴望和追求。

(四)课堂纪律

1.课堂纪律及其意义

纪律是与行为联系在一起的,特别是与违纪行为联系在一起的。没有违纪行为,纪律就没有存在的必要。从静态的组织结构看,纪律是社会组织为维护组织集体利益并保证工作的正常进行而制定的要求每个成员遵守的规章条文;从动态的组织过程看,纪律则是实现特定的组织目标过程中的约束和监督。课堂纪律是教师为维持课堂秩序而确立的课堂规范总和,是用来预防、抑制及纠正学生课堂违纪行为的。一般来说,建立课堂纪律的目的主要在于以下几方面。

(1)帮助建立课堂秩序

课堂纪律的目的是,通过外在的约束,建立正常的课堂秩序。课堂秩序是师生在课堂教学情境下的一种既有利于教也有利于学的有条不紊的状态,其目的是提高教学效率。纪律作为一种行为规范,是对参与群体活动的每一个个体的行为约束与要求。它指明,在这样的群体性活动中,学生可以做什么,不被允许做什么,必须做什么。纪律相当于确立一个标准的行为模式,每一个学生的行为方式都须以所确立的行为模式为准则。而这个标准的行为模式,则是教育史上无数教育者对日常课堂生活的抽象与归纳,是经验的总结与概括。

(2)帮助学生自律

课堂纪律是一种外在的约束,借以帮助学生自律。对作为正处于成长与发展阶段的未成年学生来说,自律的形成有赖于纪律(他律)。所谓自律,就是学生能够恰当地控制自己的行为，自觉地使自己的行为符合课堂及社会提出的规范要求。如果说纪律是对学生在课堂里的行为提出的外在要求，是外部力量对行为主体的监督与约束；那么自律则是学生从内心深处自觉地调控自己的课堂行为，是行为主体的自我约束。自律有三个层次。最低层次的自律是法律或制度层次的自律，因慑于惩罚而为之或不为之；第二个层次的自律是道德层次的自律，因舆论的压力或良心而为之或不为之；第三个层次的自律是人格层次的自律，这一层次的自律已经超越了一切外在的监督而达到自为的境界。三个层次都是纪律的目的。但是纪律的重点是第一个层次，后两个层次的自律则是教育的追求。

(3)帮助学生学会选择

教师在进行课堂管理时应该看到，所有学生的行为，包括违纪行为，是学生理性的选择。换言之，学生总是根据自己的意愿选择自己的行为方式。从这个意义上讲，违纪行为是学生选择的结果，而且是学生的一种不好的选择。虽然学生的行为选择有自己的理由，但当教师指出某种行为违法乱纪时，学生也总会寻找各种理由和借口，但教师需要注意的是，在这些理由中，并非所有的理由或借口都是合理的。教师需要对这些理由或借口进行批判性反思。在早期的课堂纪律的研究中，一种观点认为，真正关心学生的教师绝对不能接受这样的借口，绝对不能暗示学生做了错误的选择也没什么大不了的。然而，最新的课堂研究表明：学生的这些借口值得教师深入思考。因为也许造成学生违纪行为的原因，恰恰是学生在其借口中所折射出来的源自教师方面的因素，例如课堂教学的不良情境。也正是在这里能够显示出教育能够发挥其应有作用的力量：在一个群体的生活环境中，如何选择既适合于个人又适合于群体的行为方式。教师可以指出，违纪行为无论其理由多么充分，都是一种不恰当的选择：它适合于个体却影响了群体，干扰了他人。

信息窗 7－1

“课堂纪律”真的那么重要吗

某市年轻的语文教研员许老师到一所小学去上作文指导课。他走进教室时，还没有到上课时间，但学生们见他进了教室，就纷纷坐到了自己的位置上。他见还有好几分钟时间，就提醒大家到外面去玩玩吧，可只有二三个学生站了起来。许老师再次提醒，又站起了几个学生，而且还只是在走道上走了几步。上课铃响后，所有的人都坐得极其端正两手在胸前交叉，双肘稳稳地撑着桌面，挺着腰杆，目光一律正视。许老师说：“随便点，不要这么端正。”他们没动。许老师又说：“来，放松点。”他们依旧没动。许老师再说：“我上课是从来不需要坐好的，不要这样坐，把手放下去。”许老师走到前面几个学生中间，拆散了他们交叉着的手。终于，后面的学生也放松了手。于是，开始上课。课上得很拘谨，举手发言的同学很少，大多是老师问一个问题，他们简单地答一句，不肯多说一个字。奇怪的是，上着上着，他们原先拆散的手，又渐渐地交叉着撑到了桌面上。“怎么大家连不坐好都做不到？我现在不是要你们坐端正，而是请你们随便坐。”许老师说。有几个学生用一种疑惑的眼光朝他瞅瞅，也许他们觉得奇怪：

上课怎么可以随便坐呢？课后，许老师问这个班的语文老师兼班主任。她说："我们这个班一直是学校里最好的班级，学生特别遵守纪律。"许老师又问："他们平时上课也这样坐吗？""平时要随便一些，但纪律也是很好的。说实话，我是不允许有一个没坐端正的，也不允许有一个思想开小差。如果有一个在小声说话，我就要停下来。"

在课堂管理者眼里，学生正襟危坐，双脚并拢，目视前方，专心听讲，认真记笔记或者老师提问题，学生要先举手，老师"恩准"后，一个一个站起来回答问题。这是"好学生"外在的行为表现，这种如军队的立正、稍息一样的"井然有序"的课堂纪律，常常被教师用"课堂常规"的方式固定下来。学生如越"雷池"半步，就会受到各种惩罚。久之，课堂纪律表面上看来有章有序，但课堂却没有了灵性，没有了学生的声音。一个个生龙活虎、精神饱满的学生，却被训练成了胆小怯懦、精神抑郁、情感淡漠、顺从乖巧的"好学生"。在这种缺乏人文关怀的纪律中，学生达到了整齐划一的要求，但学生的自由和个性被压抑，人格遭到扭曲。

[资料来源]朱华贤."课堂纪律"真的那么重要吗？[EB/OL].(2003-04-05).http://www.jyb.cn/gb/2003/04/05/zy/4-jykx/2.htm.

2.课堂纪律的类型

(1)课堂规则

课堂规则是最为具体的课堂纪律。它通常是教师个人在自己的教育教学或课堂管理活动中制定或采用的各种带有强烈个性特色的课堂"规矩"。这些"规矩"也叫"课堂常规"。这些"规矩"可能是教师强加于学生的，也可能是教师与学生共同协商而制定的。例如，回答问题的规矩、作业的规矩、听课的规矩等等。有时候课堂仪式也成为课堂规矩的一部分。"有教师在课堂上采用一种特殊的仪式——当学生回答正确时，由全体同学用拇指和食指做出一个'√'形以示肯定；而当学生回答错误时，由全体同学用两个手臂交叉做出一个'×'以示否定。他这就是在采用一项个体性制度，这种个体性制度的延续与否一般由教师自行决定。"[①]不管这种规矩是否合理，它属于课堂规则的一部分。

(2)《中学生日常行为规范(修订)》和《中小学生守则(2015年修订)》

《中学生日常行为规范(修订)》和《中小学生守则(2015年修订)》是国家明文规定的对中学生的日常行为要求。学生按其要求去做，有着重要的意义，因为其体现了国家和社会对学生道德修养和文明行为的基本要求。在我国，学生的日常行为规范与行为守则，所涉及的内容主要与学生的日常生活有关，多侧重于日常道德生活方面的要求，但其中也有与课堂生活有关的内容。

(3)学生的法律义务

义务是法律要求公民或社会组织在各项社会活动中应当履行或承担的职责。作为一个特定的受教育者，对学生在课堂生活中的行为，教育法律也提出了明确的要求。这些教

①康永久.教育制度的生成与变革——新制度教育学论纲[M].北京：教育科学出版社，2003：109.

育法律上的义务要求,也是课堂纪律的一个重要内容。而且也正是这些教育法律上的义务要求,使得教师在课堂教学中提出既适合于特定学科又适合于稳定教师的课堂规矩成为可能。

3. 课堂问题行为

问题行为又称偏离行为,是学生在成长过程中出现的有碍学习、品德和性格健康发展的不正常行为。而课堂问题行为是指课堂中发生的、违反课堂规则、妨碍及干扰课堂活动的正常进行或影响教学效率的行为。

课堂问题行为是消极、负面的,而且具有普遍性。不仅差生、后进生有问题行为,优秀生也会有问题行为。只是他们在数量多少、发生频率和程度轻重方面不同而已。

根据学生课堂中行为表现的主要倾向,课堂问题行为可以分为两类:一类是显性问题行为,一类是隐性问题行为。

显性问题行为是直接干扰课堂正常教学活动的攻击型行为,这些行为是容易被觉察的,主要包括迟到、早退、随意离开课堂等抗拒行为,打架、推撞、追逐等侵犯他人的行为,交头接耳、窃窃私语、换座位、传递纸条等行为,高声谈笑、发出怪音、敲打作响、做滑稽表情、做怪异动作等故意惹人注意的行为,故意不遵守规则、不服从指挥、反对班干部和老师等盲目反抗权威的行为,恶意指责、互相攻击、彼此争吵、打架斗殴等冲突纷争行为,等等。显性问题行为会直接干扰课堂纪律,影响教学活动的正常进行。

隐性问题行为是不容易被觉察,对课堂教学活动的正常进行不构成直接威胁的退缩行为,主要包括上课时凝神发呆、胡思乱想、心不在焉、做白日梦等注意力涣散行为,乱涂乱写、抄袭作业等草率行为,胆小害羞、不与同学交往的退缩行为,寻求赞许、期待、帮助的依赖行为,等。隐性问题行为会影响教学效果,也会危害学生的身心健康。

如果教师不能有效地实施课堂管理,及时处理课堂中发生的问题行为,就会降低学生的学习兴趣,甚至会导致师生情感的对立,直接影响教师教学任务的完成。学生在课堂上的行为问题潜伏在整个教学过程之中,是教师应引起关注的问题。因此,教师必须掌握课堂问题行为发生的原因,为有效地干预课堂问题行为提供基础。

4. 课堂纪律的应用模式

(1)合作型课堂纪律

合作型课堂纪律的倡导者为美国的琳达·艾伯特。艾伯特著有《合作型课堂纪律管理者指南》《应付孩子》《合作型纪律教师指南》《合作型纪律实施指南》等。艾伯特认为,学生在课堂里的所有行为甚至是违纪行为,都是学生尝试满足某种需要的结果。通过关注这些需要以及给予更多的鼓励,教师能够大大地减少违纪行为,建立起教师与学生合作型课堂。

其一,学生课堂违纪行为发生的原因。为什么会发生课堂违纪行为?艾伯特认为,大多数情况下,是因为学生的普遍的心理需要——归属感没有得到满足。学生实施违纪行为只是为了获得某种心理需要的满足。在艾伯特看来,当学生的正当行为没有给他们带来心理需要的满足时,他们就会通过实施违纪行为来达到这一目标。通常学生的违纪行为主要有:引起关注行为、寻求权力行为、寻求报复行为以及规避失败行为等。

引起关注行为。学生在课堂里实施违纪行为主要是为了引起教师关注或者引起同学关注。每一个人都需要他人的关注。他人的关注赋予我们友情和赞美。在童年时代,最伤人的事莫过于周围的人始终无视自己的存在。而如果这个人的角色极其重要,那么这种伤害就会更加严重。那么如何吸引他人的关注呢?主要有两种策略。一种策略是遵守社会规范,尽可能地使自己的行为符合成人的标准和要求,满足成人的社会期望;另一种策略是违反社会规范,使自己的行为与成人的标准和要求不相符合。一些学生通常在很小的时候就学会了第二种策略来引得他人的关注。他们发现,与其守规矩遭到忽视,还不如通过违规激怒他人而引起他人的关注。例如,当小孩子无声无息地游戏时,家长可能会忽视他(她)的存在,而当他(她)感到厌倦、沮丧或与其他小孩子闹矛盾时,家长一定会来照料他(她),或是和他(她)一起游戏。家长的无心之举(孩子安静时不予理睬)并没有奖励孩子的"良好"表现,反而奖励了他的"不良"表现。孩子在此明白了:惹怒别人总比无人关注好。在课堂里,那些没有被教师关注的学生,通常会通过主动或者被动的方式来引起教师的关注。一般来说,在课堂里捣乱的学生渴望与教师建立良好的关系,但不知道应该如何与教师进行交流。预防引起关注行为的策略是:在学生的行为合乎课堂规范时给予表扬,对于一般的违纪行为置之不理,对于过分违纪行为则进行干预。

寻求权力行为。寻求权力是学生在课堂中以语言和行为来表明自己不想被教师控制,表明他们只做自己喜欢做的事情。寻求权力行为是学生欲摆脱教师控制的行为。当学生在课堂中没有得到教师足够的关注,或者在班集体中没有归属感时,通常会发生违反课堂纪律的寻求权力行为。寻求权力行为既表现出主动的性质,也表现出被动的性质。主动寻求权力如发脾气、顶嘴、不尊重教师、挑衅等;被动寻求权力如无动于衷、冷漠、对教师的要求置之不理等。艾伯特将此种现象称之为师生之间的"权力斗争"。对于寻求权力行为的预防策略,就是教师赋予学生适当的权力与责任,并给学生一定的选择权。

寻求报复行为。报复是学生以个人的方式对批评自己或者伤害自己利益的人进行反击。当学生受到伤害或者感觉到受到伤害时,学生就可能会产生激烈程度有差异的报复性行为。学生受到或感觉受到的伤害不一定发生在课堂中,它也可能发生在课堂之外甚至家庭中。教师的强制性的管理方式、同学之间的以强凌弱、家长对孩子的某种暴力,他们对此不敢反抗时,都会使学生产生受伤害的感觉,从而导致报复行为。课堂里的报复行为可能指向物,如损坏教室物品;也可能指向人,如攻击教师或者其他同学;既可能以语言的方式来实施,如谩骂、人格侮辱等;也可能是以行为的方式,如对教师或同学进行身体攻击。报复行为产生的根源之一,是学生不知道应该以何种正确、适当的方式来宣泄或表达自己的不满。因此预防寻求报复行为的策略之一是教会学生以适当的方式表达不满。此外与学生建立良好的个人关系也是非常有效的预防策略。

规避失败行为。规避失败行为实际上是一种逃避行为。当面对难以完成的作业或任务时,个体通常就会采取某种策略来回避这类作业,以免因完不成任务而带来的自尊的丧失。例如一些学生面对难度大的作业时,他们宁愿表现出懒惰而不愿因自己完不成作业而被人视为愚蠢。一些学生寻找各种借口不参加考试,也是他们规避失败的一种策略选择。

其二，预防课堂违纪行为的基本原则。合作型课堂纪律的基本思想体现在艾伯特的三个原则上——帮助学生认识自己的能力，与他人交流以及对班集体做出贡献。

能力原则。在学校获得成功的重要因素之一就是学生的“我能”的水平(I-can level)。“我能”的水平是指学生认为自己能够完成学校所给的任务的程度。为了避免学生在课堂里发生违纪行为，教师应当做的是让学生增强对自己能力的自信。艾伯特的建议是：允许学生犯错误，而不应该使学生害怕犯错误；通过把学习看作一个不断改进的过程来帮助学生建立自信；突出学生以往已经取得的成功经验，并让学生明白这样一个道理，成功是相信自己的能力并为之付出努力；使学习切实可行，并表扬学生的成绩。只有当学习可行时，学生才会取得成绩；也只有当学生取得成绩时，教师的表扬才能增强学生的能力。

交流原则。在预防课堂违纪行为时，学生之间的交流是非常重要的。交流意味着师生之间以及同学之间建立并保持着积极的关系。有效的交流需要做到：接受、关注、欣赏、肯定和喜爱。接受是指通过相互交流展现学生个性化的内容，关注是指对学生给予足够的有意识的注意，欣赏是指教师对学生的成就感到骄傲并对他们的行为感到欣慰，肯定是教师对学生的优秀品质做出积极的评论，喜爱是指对学生表现出善意和关心。

贡献原则。被人需要是一种快乐，也是一种幸福。而使学生感到被人需要的最佳途径之一就是他们能够做出的贡献，即鼓励学生为班级做出贡献、鼓励学生为学校做出贡献、鼓励学生为他人做出贡献、鼓励学生为社会做出贡献。学生所做的贡献使得其他学生感觉到他的重要性，从而激发学生以合乎规范的行为出现在课堂教学的集体情境中。

(2)非强迫型课堂纪律

非强迫型课堂纪律的倡导者是美国的精神病学家兼教育顾问威廉·格拉瑟。格拉瑟著有《学校没有失败》《课堂中的控制理论》等。格拉瑟认为，非强迫型课堂纪律可以从两方面进行分析。

其一，对学生违纪行为的解释。学生是理性的，他们可以控制自己的行为，学生按照自己的行为方式做出选择。违纪行为仅仅是学生错误的行为选择，而正确的行为就是正确的行为选择。课堂管理的重点不是如何纠正违纪行为，而是如何通过优质教育，使学生自愿专心于课堂教学而不会发生违纪行为。在格拉瑟看来，所有的行为都是为了满足五种需要的最佳尝试：生存、归属感、权力、乐趣和自由。除了生存之外，学校经验与所有事情都密切相关。当学生对学校期望感到厌烦或沮丧时，学生就会产生大量违纪行为，至少有一半的学生不会努力学习；当基本需要得到满足而且也不感到沮丧时，学生就会觉得快乐，相对而言违纪行为较少。教师在课堂上所要做的一切就是提供教学、支持和其他条件来满足学生的基本需要。强迫只能迫使学生暂时服从，却不能使学生养成良好的行为。教师有能力、有义务帮助学生做出正确的行为选择，那就是学校及教师必须创造优良的条件，使学生在学习过程中不感到沮丧，并从中产生归属感，体会到某种权力，感受学习的乐趣。强迫学生选择违反自己意愿的行为是徒劳无益的。例如，当某位学生因为课堂很沉闷而注意力不集中时，强迫学生集中注意力必将是一场以失败而告终的战斗；另一方面，当课堂很有趣时，学生就会自然集中注意力，而无须教师用甜言蜜语来劝诱学生。因此，课堂管理不是如何纠正违纪行为的策略问题，而是如何使学生专注于课堂教学而不发生违纪行为的策略问题。

其二,非强迫型纪律的基本原则。需要满足原则。提升学生对学校的满意度,能够促进学生的学习动力和效果。学生对学校的满意度取决于学校对学生需要的满足。学生的需要有:生存(衣、食、免于伤害等),这种需要的满足与学校经验相关度较低;归属感(安全、舒适、地位、他人的体谅),当学生参与班级事务、得到教师和其他人的关注、参加涉及课堂问题的讨论时,学生就会产生归属感;权力感(对事物或事情进程的控制力),它可以从学生担任某种班级职务的责任中得到,也可以从参与班级的某种决策中获得;乐趣(情感和精神上的愉悦),当学生能与他人一起学习和交谈,能参加有趣的活动,或者互相分享成就时,就会感到乐趣;自由(选择、自我指导、责任),当教师允许学生就要学习的内容、如何学习以及如何展示自己的成就做出决定时,学生就会感到自由。不考虑这些需要的教育一定会失败。班集体中的合作学习和小组学习,有助于满足学生的这些基本需要。

教学引导原则。满足学生的基本需要,需要改变教师的课堂教学风格。非强迫型课堂纪律要求教师从指挥型教师转变为引导型教师。指挥型教师的特点是:支配课堂教学的所有程序、命令或强迫学生努力学习,当学生的学习不能令人满意时,教师通常采取某种手段惩罚学生。指挥型教师通常是这样展开课堂教学:制定学生学习的任务和标准;谈论而不是证明,很少征求学生的意见;给作业评分,而不让学生参与评价;当学生出现违纪行为时,便使用强迫手段。引导型教师的特点是:提供激励性的学习环境,鼓励学生,尽量帮助学生,并对学生表示友好,不采取责骂、强迫和惩罚等管理手段。引导型教师的课堂行为表现是:和全班同学讨论课程,明确一些有趣的专题;鼓励学生确定自己想深入探究的专题;和学生一起讨论作业问题,并征求学生对作业评价的意见;使学生明白,只要给他们提供良好的工具和良好的工作环境,任何事情都能够做到;强调学生应不断地仔细检查和根据一定要求来评价自己作业的重要性。在倡导成为一名引导型教师时,格拉瑟提醒教师要和学生一道共同建立课堂的行为标准;然而这并不意味着当学生违反课堂规则时,教师的干预是惩罚性的;相反他强调教师干预的非惩罚性,目的是制止违纪行为,并使学生的注意力重新回到课堂中来。为此,教师要定期召开班会,讨论课程、程序、行为和其他教育专题。班会概念及实践应当是课程的常规部分。

优质教学原则。通过优质教学预防课堂违纪行为是格拉瑟非强迫型课堂纪律的最核心的要求。优质教学意味着优质学习,意味着教师独特的教学风格。为此教师需要做到:营造温暖和充满关怀的课堂氛围,要求学生进行有效的学习,不断要求学生尽最大努力,要求学生评估业已完成的作业并做出改进,帮助学生明白优质学习将会使他们产生满意感而同时不会对他人造成伤害。如果每所学校和每个班级都坚持优质的概念,那么学生的纪律问题就不会太多而且解决起来也比较容易。

(3)保持尊严型课堂纪律

保持尊严型课堂纪律的倡导者是美国的理查德·柯温和艾伦·门德勒。他们合作著有《课堂管理》《必须坚定:反击学校中的暴力、侵害和敌视》等。其基本观点认为,当学生在课堂以及学校中个人的尊严受到威胁并感到无望时,他们就会违纪;因此建立课堂纪律的最有效方法就是保持学生的尊严和希望,学生的尊严是课堂纪律的基石。

其一,对学生违纪行为的解释。柯温和门德勒把学生的违纪行为分为恶性的违纪行为(处于失败的危险之中)和良性的违纪行为(不会使学生处于失败的危险之中)。前者主要是学生为了表现出自己对教师的某种控制力,如违背教师的正当学业要求、和教师顶撞、不带书本到校上学、不参加班级活动、不断表现出敌视和侵害行为、不努力学习、总在课堂上找麻烦等。课堂纪律主要是针对这类行为而确立的。

发生这类行为的学生具有下列典型特征:失败、接受过学校的惩罚、与学校相关的自我概念水平低、没有在学业上取得成功的希望、与类似的学生交往密切并使这些行为得到强化。这类学生虽然不多,但在各类学校中都不是个别现象。当这些学生聚在一起时,他们就会引发学校和课堂的更大混乱。柯温和门德勒主要是研究这类违纪行为中的课堂纪律问题。他们认为,行为处于危险境地的学生很难控制,原因在于经常性的学业失败导致其尊严的丧失,于是学生便通过退却或者通过对学校课堂纪律的蔑视来保护自己。当学业失败使学生的尊严反复受到伤害时,讽刺别人或者惹怒教师会使他们有一种快感。

其二,保持尊严型纪律的基本原则。传统的纪律方法对于处于危险境地的学生是没有用的。简单地责备、挖苦、留校、罚抄课文、打电话叫家长、写保证书、隔离、通报批评、纪律处分等做法,对这些学生来说是没有长期的成效的。例如追问学生为什么没有做作业毫无意义,因为学生不做作业本身已经表明学生对自己能力的怀疑。对学生公开的批评只能加剧学生尊严的挫伤,而惩罚只会破坏学生与教师合作的动机。然而这并不意味着学生的违纪行为是不可逆转的。尽管处理恶性的违纪问题非常困难,但只要改变传统的纪律方法的思路,遵循不同于传统的纪律方法的原则,学生的违纪行为问题是可以解决的。

保持尊严型纪律的基本原则的指导思想有两个,即保证学生的尊严和唤起学生的希望。尊严是指对生活的尊重以及对个人的尊重。那些长期违纪的学生总是将自己看作失败者(这种自我概念的形成与教师的课堂教学及评价密切相关),于是他们就不再以通常学校和教师所认可的方式与途径来获得他人的认同。因此违纪行为可解释为学生为了自己的尊严而实施的防御行为。学生的尊严是课堂纪律的基石。希望是一种信念,即相信未来的事情对我们而言更加美好。它激励我们并帮助我们过一种有意义的生活,它给予我们鼓励和克服困难的动机。人失去了希望也就失去了努力的动力。在学校及课堂中教师有能力帮助学生重获希望。当学生有了希望,其行为就会改进。基于此,保持尊严型纪律应当遵循下列原则。

处理原则。处理原则是指教师面对学生的违纪行为时必须以一种积极因素的方式来帮助学生,使那些与课堂纪律要求不相符合的行为尽可能地减少。处理学生的违纪行为是教学的重要组成部分。教师应当意识到,处理违纪行为是培养学生责任感的最好机会,也是教师职业的职责之一。放弃对学生违纪行为的处理或者只是将违纪行为的学生交给班主任去处理是不负责任的表现。处理违纪行为不只是对一个违纪事件的处理,而更是对学生的帮助。每一个学生都需要教师的帮助。

尊严原则。尊严原则是指教师在处理学生的违纪行为时要保持学生的尊严。尊严是健康生活的基本需要。保持学生的尊严就是把学生作为个体来尊重,关注学生的需求并理解学生的观点。任何某种程度的违纪行为都会导致教师的某种反应。当教师对学生的违纪行为作出反应时,尊重学生是前提。

动机原则。动机原则是指教师在实施课堂纪律时不应该降低学生的学习动机。任何纪律,只要它降低了学生的学习动机,都将是失败的纪律。不能因为一部分学生的有效学习而降低另一部分学生的学习动机。专心上课的学生通常较少有纪律问题。学生行为表现不好常常是因为失去了学习的动力。不管如何处理何种违纪行为,教师都要考虑这样做是否会对学生的学习动机产生何种影响作用。

责任原则。责任原则是指教师在处理学生的违纪行为时,应当着眼于培养学生的责任感而不是着眼于学生的顺从。顺从是要求学生按照教师的要求去做,而责任感则是在可能的范围内自己的某种选择和决定。对大多数的违纪行为的处理,顺从则仅仅是一种短期的解决方案。长期的解决方案则是通过让学生做出选择,来培养他们的责任感。重要的是要为学生提供选择的机会。

5. 课堂违纪行为的管理策略

(1)行为策略概述

学生在课堂里出现的某种行为,可以看作学生在发展过程中存在的状态。导致这种状态出现的影响因素可能很多。如前所述,课堂里发生的一些违纪行为多是学生用以吸引教师及其他学生的注意力的策略。当学生认识到,似乎某些行为方式可以获得他人的注意时,这些行为方式就成为他的有效策略而被反复运用。而在心理学中,这些行为方式的习得体现出操作性条件反射原理——当学生表现出守纪行为时,教师并不去关注他,反而忽略了学生的存在;而当他出现违纪行为时,教师则一定会去"关注"他。那么教师的举动实际上强化了学生的不良行为。教师在无意之中为学生的违纪行为提供了有效激励。凯恩斯指出,与教师的要求和训斥有关的一个方面是,有些学生为引起教师对他们的注意而产生违纪行为。此外,这样的违纪行为也会引起许多同学的重视和赞赏。这种迹象表明,教师必须认识到,他们对学生违纪行为的训斥和反应,也许只是增多而不是减少违纪行为的产生。由此来看,可能恰恰是教师自己在某种程度上造成了学生的违纪行为。

然而在传统的课堂管理观念中,教师却多从学生的主观和其他客观方面寻找原因,很少有从教师自身的行为反应中确定学生违纪行为的缘由。因此课堂管理的行为策略认为,在面对学生的违纪行为时,教师必须认识到以下两点。第一,曾经受到关注的行为会一再出现,而没有获得反应的行为通常会从此销声匿迹。因此,教师需要仔细研究自己的行为与学生违纪行为之间的关系。第二,如果我们希望改变学生的行为方式,就必须改变自己对学生的行为所做出的反应。

当违纪行为出现时,教师就要从多方面去考虑,特别是要考虑教师的行为反应。要考虑:①当学生出现违纪行为时,他期待教师和其他同学作出何种反应;②教师对待学生的违纪行为的反应可归纳为:忽视违纪行为的存在、斥责或制止学生的违纪行为以及采取其他补救措施;③课堂上其他学生对违法乱纪行为的反应。这其中教师对学生违纪行为的反应特别需要予以确定。其策略是,尝试记录所观察到的现象——学生的缺点、优点及教师的反应,对所记录到的资料进行分析,确定两者之间是相关关系。请参见表7-2、表7-3。

表7-2 学生的违纪行为与教师的反应

学生的行为	教师的反应
在课堂上交头接耳	不许讲话,坐好!
在楼道上跑步冲进教室	告诉你多少次了,在楼道上要步行
上课铃响后学生没有拿出课本	我估计要让你对上课感兴趣真是太难了
学生读课文结巴	你什么时候才能把课文读顺畅?
上课时对着其他同学做鬼脸	我对你讲过多少次了,不许挤眉弄眼

表7-3 学生的良好行为与教师的反应

学生的行为	教师的反应
在课堂上安静听课	——
偶尔步行走进教室	——
上课铃响前已拿出课本	——
学生读课文非常顺畅	——
上课时认真听讲	——

分析你所做的记录。通过对这种记录的分析可以发现,当学生按照教师的吩咐去做的时候,教师对此没有任何反应。学生的本意是想吸引教师的注意力,但学生的努力遭到失败。将两张表合在一起,教师就会认识到:自己无意识中鼓励了不合规范的行为,打击了学生那些合乎规范的行为。

教师正确的反应应该是,在惩罚不良行为的同时鼓励良好的行为。问题和核心是教师必须抓住学生的良好表现。实际上,一些学生其行为尽管不符合学校或老师的规范要求,但是教师要认识到,学生不时会努力接近学校或老师的要求。这种努力通常是以偶然的情况发生。然而这种贴近要求的偶然行为并没有引起教师的关注。如果学生偶然贴近教师要求的行为能够被教师关注并给予积极强化,那么其不良行为的发生就会减少。

因此行为策略强调教师必须密切观察学生的各种行为表现,而不是仅仅关注学生的不良行为表现。一旦学生出现良好的行为表现时,教师就要予以积极强化,而不是在学生出现违纪行为时消极的评价。所谓积极强化,就是给予奖励。这里有一个奖励什么的问题。一般来说教师的关注是最好的奖励。人生中许多重要的奖励其实都是一些相当平凡的事物——人与人之间的融洽关系、友爱的动作、社会的承认、权威人物的关注、他人的尊重等等。而惩罚也不过是没有获得这些事物或者遭到拒绝而已。

(2)违纪行为矫正的行动研究

案例7-1

一名高一学生在上课时讲话,被科任教师告到班主任处。放学后班主任找学生谈话。谈话结束时,学生写保证书,保证今后上课不再讲话。第二天,又有教师到班主任处告状,称该学生上课讲话致使课堂教学无法进行。班主任再一次找该生谈话,并出示该生所写的保证书。学生回答说,之所以写保证书,是上了老师的当。班主任没有办法,第二天打电话将家长叫到学校。在班主任与家长谈话的一个多小时中,家长一言未发,始终坐在那儿抽烟。

其一,确定要解决的课堂问题。以行动研究来解决教师所面临的问题,有两点特别要引起注意。第一,任何解决问题的策略都带具有试误的或尝试的特征。只有通过多次试误或尝试,我们才能找到一个比较有效的策略。第二,不管采用何种策略来解决问题,都必须考虑所采用策略的效果问题。为此就要搜集相关信息,以验明采用某种策略前后学生行为变化的情况。前者是一个涉及教师的教育信念的问题,后者则是一个相关资料的搜集问题。

其二,描述学生违纪行为的基本情况。在采取行动之前,教师需要描述该学生课堂讲话行为的基本特征。美国教育学者利奇等人指出,关于学生违纪行为的特征,要考虑以下八个方面的要点:

影响程度——这种行为对其他学生活动的干扰达到何种程度?

持续时间——这种行为持续多久?

发生频率——这种行为多长时间发生一次?

背景情况——行为发生的原因是什么?在当时情况下这种行为是否合理?

基本联系——违纪行为的发生是否与其他行为有关联?

普遍性——违纪行为是否在很多种情况下出现?

正常性——违纪行为是否偏离了同龄人的标准?

影响方式——违纪行为是如何干扰其他学生的?

在该案例中,教师可以考虑三个方面的因素。①讲话的内容,学生在课堂上所讲的话与教学内容有无关系。学生课堂讲话内容与教学内容无关则属于违纪行为,如有关则应被视为正常行为。②讲话的情境,即学生通常在什么情况下讲话,这里涉及时间因素,如周一还是周五,是上午还是下午;课程因素,哪些教师上课学生讲话,什么类型的课学生讲话较多,等等;学生因素,学生在课堂上讲话时的情绪与态度,即学生个人主观上的感受。讲话的频率,学生每节课讲话的次数,每天讲话的次数。具体做法是:在不被其他学生知情的情况下,请一名学生做一个课堂观察记录,记下学生一天讲话的次数(频率)、讲话的内容以及在哪些老师的课上学生讲话比较多(讲话的条件)。连续记录三天,把握该生上课讲话的基本特征,用来验明采用某种策略的效果。这一环节的目的是为实际行动搜集资料与信息。相关资料还包括学生的作业情况、同学的评语、个人的主观感受。

假使记录的结果如下。讲话频率:第一天讲话 10 次,第二天讲话 8 次,第三天讲话 12 次,则平均讲话频率为 10 次/天;讲话内容:与教学内容无关的,属干扰性的;讲话的条件:在每节课上都有讲话的现象。请参见图 7-1。

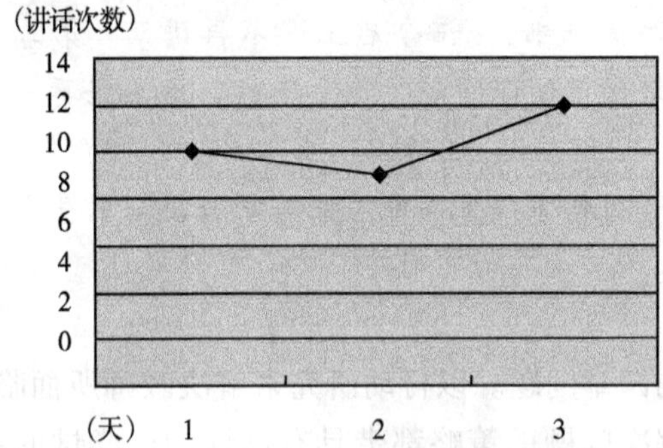

图 7-1 某学生上课讲话行为规律图

其三,提出解决违纪行为问题的干预策略并付诸行动。对学生违纪行为的管理策略可以是比较传统的策略,也可以是教师基于教育理论的新成果而提出的新策略。在案例中,假设教师运用传统的管理策略,即找该生谈话,并让其写保证书。在施加干预策略后继续对该生进行观察记录。可能的结果有两种情况。第一种情况,第四天、第五天、第六天该生讲话次数为 5、4、6,则可以描述其行为变化如下图:

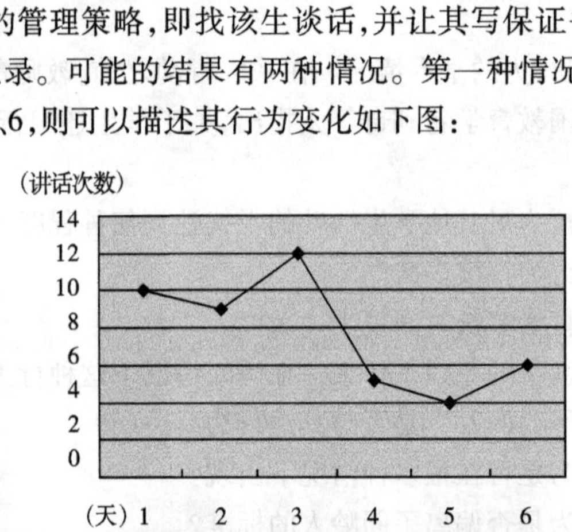

图7-2 某学生的错误行为在被干预前后的变化图

其四,反馈和评价行动结果。通过对上述学生行为变化规律的分析,可以发现:通过谈话和写保证书,学生上课讲话的行为频率呈明显下降趋势。为此教师需要即时将此信息反馈给学生。同时对行动结果做出评价,情境得到改善,两种干预策略取得明显效果。

第二种情况是,学生讲话的频率维持原水平,即干预策略并未带来预期的结果,其行为变化请参见图 7-3。在这种情况下教师就需要分析,是什么原因导致对学生不良行为干预策略的无效呢?大体上可从三个方面进行分析,即行动策略分析、教学情境分析以及问题界定分析。行动策略的构想出了问题,则需要采取新的行动策略;教学情境分析出了问题,例如班主任片面地相信科任教师的指责;问题界定出了问题,即问题的根本原因不在学生,而在教师教学缺乏吸引力。在对上述分析的基础上,提出新的管理策略,直到找到一个比较有效的管理策略为止。

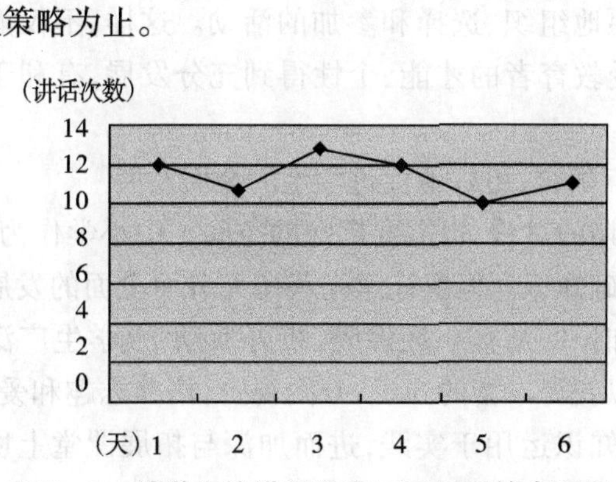

图7－3　某学生的错误行为不受干预的表现图

三、课外活动的组织与管理

课堂教学有利于学生掌握扎实系统的基础知识和基本技能,有利于发挥教师的主导作用,但是却很难照顾到学生的能力差异以及不同的个人兴趣、爱好和需要,也不利于学生独立实践活动的展开。因而,不利于充分发挥学生作为学习主体的能动作用,不利于因材施教,也不利于培养学生独立探索、独立工作的能力。而课外活动内容丰富、形式灵活多样、综合性与实践性更强。因此,有利于调动学生主体的积极性,满足学生生动活泼发展的内在需要,使学生在课堂中学到的知识得以与社会生活产生广泛的联系。由于课外教育活动在内容、形式、时空、目的等方面与课堂教学相比具有明显的差异,因而相对而言课外活动在学生的发展中具有不可替代的意义。

(一)课外活动及其特征

1. 课外活动的意义

随着社会发展的需要,个别教学被以班级授课制为基础的课堂教学代替。课堂教学能够大规模地培养人才,适应社会和生产发展的要求。但是,它具有一定的局限性,不利于从实际出发,因材施教,不利于受教育者个人天性的充分发展。因此,作为课堂教学这一组织形式的必要补充形式,课外活动便应运而生,并在长期的发展和实践中,不断地完善和积累经验,日趋成熟。

课外活动与课堂教学是一个完整的教育系统,课外活动是课堂教育的必要补充,二者相互作用,相辅相成,对完成教育任务、实现教育目的具有同样重要的作用。它对解决受教育者的全面发展与因材施教,一般发展与特殊发展,间接经验与直接经验等矛盾具有重要的意义。

课外活动是在课堂教学以外进行的活动,组织者根据教育、教学的实际需要,可随时随地组织形式多种多样、内容丰富多彩的活动,课外活动有时是学校或校外教育机关统一组织的活动,有时是在学校或校外教育机关的指导下,受教育者根据自己的兴趣、爱好、特长以及实际的需要,自愿地组织、选择和参加的活动。这样,不仅能发挥受教育者的积极性和主动性,而且能使受教育者的才能、个性得到充分发展,有利于受教育者的优良个性品质的培养。

(1)与课堂教学相互配合,更好地促进学生的全面发展

人的发展是一个长期的过程,也需要广阔的空间。中小学作为基础教育,主要任务是让学生掌握科学文化基础知识。但要让学生获得充分而全面的发展还必须把学生引入课外广阔的、无边无际的知识的海洋。在课外、校外活动中,学生广泛接触现实社会和自然界的各种事物,从中可以获得丰富的知识,开阔视野,培养志趣和爱好。同时,也可以使学生有机会把自己学到的知识运用于实践,进而加深与拓展课堂上所学得的知识。而且在各种活动的实际锻炼中,提高实践能力,掌握更多的技能、技巧,发展各方面的实际能力,特别是自学能力、操作能力、思维能力以及创造力和想象力。学生思想品德的发展更不能局限于课堂,它是学生在教学及校内外生活中长期耳濡目染,接受合理要求,在反复实践的条件下逐步形成的。中小学生精力充沛,喜爱从事多方面的活动,容易接受外界教育的影响。文娱活动在陶冶学生的情操,提高学生感受美、鉴赏美与创造美的能力方面起着非常重要的作用。

(2)满足学生多方面发展的需要,丰富学生的精神文化生活

中小学生正处在快速成长的时期,随着年龄的增加,学生精神生活的需要逐步趋向多样化。特别是正处于生长发育高峰期的中学生,他们渴望友谊,希望参加更多的社会交往;他们迫切要求拓展自己的视野,希望了解更多的事物;他们对美的享受和娱乐的需要同样强烈,希望学校能组织更多的文娱、体育活动,这些需要是课堂教学无法全部满足的。而且,学生在一天的学习生活中,总有一些课余时间,这些时间也需要安排学生从事正当有益的活动。青少年精力充沛,好奇心强,但分辨能力和自控能力较低。如果旺盛的精力使用不当,他们就会从事有害的活动,影响身心的健康发展。因此,学校要开展各种健康有益的课外活动,丰富学生的精神文化生活,满足学生多方面的需要。

(3)培养和发展学生的兴趣、爱好、特长,为学生个性的发展创造条件

课堂教学有统一的教学计划、统一的大纲、统一的教材、统一的教学方法,从而使学生受到系统而严格的训练,却难照顾到学生的个别差异、个性特长,对学生个性的尊重,对学生自主、自立精神的培养,对学生创造力的开发不够重视。

课外活动的特点和优势恰恰弥补了课堂教学的不足。课外活动为学生提供了多种展示自我与发展自我的机会。学生在自己感兴趣的活动中发展着爱好与特长,在自己擅长的活动中展示着个性与才华。个性、特长在自主选择的活动中受到尊重。总之,课外教育活动能丰富学生的情绪体验,满足学生发展自我的要求,使学生身心愉悦、精神焕发、充满自信。因此,重视与加强课外活动与校外活动,是促进学生个性充分发展的重要手段。

2. 课外活动的特征

(1)活动组织的自愿性和相对独立性

课外活动是本着学生自觉自愿参加的原则来组织的,学生根据各自的兴趣、条件和需要进行选择。因此,它能比较充分地照顾到学生的情趣、爱好、能力差异,有益于发展学生

的特长和才能。这就弥补了课堂教学难以照顾到学生个别差异的不足,学生能自由自主地学习与活动。所以,课外活动容易引起学生的兴趣,学生愿意积极主动地参与活动。在活动中自觉接受教育,发展知识、能力,养成良好的品德。

(2)活动内容的广泛性和多样性

课外活动的内容不受教育大纲、教科书与课程设置的限制,内容所涉及的范围甚广,主题极为多样,只要是符合教育要求,能够促成教育目标的实现,又有条件开展的教育活动,都可以纳入活动计划中。课外教育活动的内容具有多面性,既可以是综合性的活动,也可以是单项活动,活动内容可宽可窄、可多可少,内容的程度可深可浅,富有一定的伸缩性。活动的组织者可根据参加者的愿望和要求确定内容,制订计划,开展活动。

(3)活动形式的灵活性和活泼性

由于课外活动内容上的广泛性,性质也较课堂教学复杂,因此难以采用固定的方法,要视活动内容、学校环境及师生条件灵活决定活动方式。课外活动的形式多种多样,既可以是个别活动,也可以是小组或集体活动,参加人数可多可少,时间可长可短,规模可大可小。活动形式可因校制宜,因时制宜,因地制宜,满足学生不同的兴趣需要,吸引他们积极投身课外教育活动中。

(4)活动过程中的自主性

在课外活动中要以学生为主体,教师、辅导员或家长处于辅导的地位。也就是说,教师、辅导员或家长要指导学生独立自主地开展活动,让他们自己领导、自己设计、自己动手操作。这样有利于调动学生参加活动的主动性和积极性,培养学生的自学能力和独立活动能力。课堂教学采用考试考查的方法来检验效果,课外教育活动成果的汇报方式具有多样性,如成果展览会、汇报会、文艺演出、运动会、读书报告会、经验交流会,编刊物、墙报。这些积极主动的汇报方式,改变了学生被动受考核的局面,体现了学生在活动过程中的自主性。

(5)活动本身的实践性

课外活动本身侧重于使学生获得实践经验,培养学生分析问题、解决问题的能力。学生在活动中要靠自己创造条件、自己设计、自己检验和获得课堂中无法得到的实际知识。变被动灌输式的学习为主动探索式的学习,因而实践性是很强的。与课堂教学主要通过传授书本知识去认识世界不同,在课外活动中,学生主要是通过自己的实践去认识世界,在实践中获得知识、锻炼能力。

3. 课外活动的内容

(1)群众性活动

这是一种普遍的活动形式。这种形式可以同时吸收大批学生参加。小型的可按班、团、队的小组或小队组织,当然,它也可以按组际、班际、校际的形式来组织开展。参加活动的具体人数则根据活动的目的、内容而定。具体的活动形式有以下几种。

其一,讲座和报告。这是结合时事政治教育和科学普及教育常用的方式。如时事政治报告、文化科学讲座等。主讲人可由教师、辅导员担任,也可请校外专家、学者、科技人员、英雄模范人物、革命前辈乃至同年级学生担任。报告和讲座的目的要明确,内容要正确、生动、具有针对性,时间不宜过长,事先的准备工作不要影响学生的正课学习,不给学生增加过重的负担。

其二,节日和革命纪念日活动。在重要的节日和革命纪念日,如新年、清明节、劳动节、青年节、儿童节、建军节、国庆节等,可采用庆祝会、纪念会、联欢会、晚会、游园会、展览会等方式方法开展活动。这项活动既要注意思想性,又要力求丰富多彩,生动活泼。要把活动的准备过程当作教育过程来组织,并把这种节日、纪念日活动保持下来。

其三,主题班会。这种主题班会的内容是多种多样的,如组织各种文艺活动,包括影视评论会、诗歌朗诵会、音乐欣赏会、音乐舞蹈晚会;各种类型的学科活动,包括某门学科的报告会,专题讨论会,历史事件、历史人物的纪念会,历史故事会以及各种学科竞赛、智力竞赛、科技表演,等。这种主题班会可请相关教师、辅导员或校外有关的专门研究人士及有专长的家长参加、指导。准备期间可开展"宣传周""活动周"活动。

其四,参观、访问和游览。这既是使学生获得直接经验的教学方法,也是组织课外和校外活动的一种形式和方法。如参观革命圣地、工厂、农村、博物馆、纪念馆,访问革命前辈、英雄模范人物、科学家、艺术家以及游览名胜古迹,等。通过参观、访问和游览,可使学生接触社会和自然,开阔眼界,愉悦身心,培养热爱祖国的美好感情,激发建设祖国、振兴中华的雄心壮志。同时可以采集植物、动物、矿物标本,进行野外写生、写游记,创作诗歌,收集乡土资料,考察山川地形,等。这些都有利于学生德、智、体、美、劳的发展。开展这些活动要有明确的目的、严密的组织、周详的准备,事后要有总结,一切资料要及时加以整理,并可通过举办展览会等方式,反映和巩固活动的收获。

其五,体育活动。这项活动应普及到每一个学生。学校教师、学生家长和社会教育机关等都应重视、支持和帮助学生开展体育活动,并保证每个学生每天至少有一小时的体育活动时间。要组织学生开展各种球赛、长跑等群众性体育活动。要把普及和提高结合起来,在普及的基础上,对成绩优秀者组成专项运动小组。进一步进行专门训练和培养,以便把具有培养前途的青少年学生培养成运动员。在群众性体育活动中,要注意根据学生的体质、性别、年龄等情况,提出不同的要求,循序渐进、持之以恒地进行全面的适宜运动量的锻炼,并要广泛宣传各种体育活动中的卫生知识和安全保护知识,这样才能真正达到锻炼身体、增强体质的目的。

其六,社会公益劳动。让学生适当参加社会公益劳动,是实施教育与生产劳动相结合的一种形式,也是一种重要的课外教育活动。这种劳动有校内的,也有校外的,有服务性劳动,也有农业生产劳动。组织学生参加社会公益劳动必须服从教育目的,坚持以教学为主的原则。要重视劳动中的思想教育和劳动知识技能的教育。选择的劳动项目要因地、因时制宜,适合学生的年龄特点和个性特点。学校对学生的劳动成绩应有正确的评定记载,并及时表扬劳动中的好人好事。

其七,墙报和黑板报。它是学校的一个重要宣传工具,也是学生练习写作,汇报课内、课外活动的园地。教师和辅导员要组织学生对它加以运用,鼓励他们自办、自写、自编。墙报和黑板报有班级性的,也有全校性的。内容要短小精悍,符合当前教育和教学的要求。形式要多样化,富于知识性和趣味性,能吸引读者,文字和图画要适合学生的理解力。

(2)课外小组

它是课外和校外活动的基本的组织形式。这种形式是建立在学生对活动的兴趣、爱好和要求的基础上的。小组的建立,应事先做好准备工作。要在学校和校外教育机关的领导下,由教师或辅导员具体负责,按学生不同的兴趣爱好,组织各种小组。小组人数根据参加者的年龄、活动的性质和内容而定,少则四五人,多则一二十人。小组人数一般不宜过多,人数过多,不便活动,也不便指导。小组可以跨班、跨年级,人数多的可以按班组织。小组辅导员可由教师或聘请科学家、技术人员以及有这方面专长的家长担任。小组活动次数不宜过多,每次活动时间也不宜过长,以免使学生负担过重。各小组活动都必须制订出明确的目的任务、工作方向和具体的活动日期、地点和内容,并要有一定的组织制度和组织纪律,这些都要事先安排好以使活动的进行井然有序。小组活动要定期进行总结和考核。考核的方式有:日志,把小组活动的各项作业和措施记录下来;收集保存组员工作成绩,如组员写的报告、制作的图样、模型、图画等,工作总结;小组成绩展览、表演;等等。各小组每次活动之后应适当小结。全学期要有总结,以便肯定成绩,找出问题,吸取经验教训,不断改进。课外和校外活动小组主要有以下几种。

其一,学科小组。这是按学科组成小组,开展活动。小组活动内容是与课堂教学紧密联系的,是以课堂上讲授、学习的各门功课的知识为基础的。但不限于教学大纲和教科书的范围,可以适当扩大和加深各学科的有关知识内容。有条件的可组织各门学科小组。活动的内容可以多种多样。各学科小组可请有关专家、学者、教师作报告、讲演,或收听有关的广播,阅读本学科的科学书籍,举行读书报告,进行与本学科有关的参观、访问、观察、实验、试验活动。在进行认识性作业的同时,可以搞一些实践性作业。如制作一些简单的教具、模型、标本、地图、幻灯片等。

其二,劳动和技术小组。这是利用课余时间,组织学生进行各种有关劳动和技术的实际作业。如操作、使用车床、简单的机器,拆卸和安装各种简单机械,设计、制作各种模型、简单仪器和劳动工具,进行农作物和花木的栽培技术训练,以及饲养家禽、家畜等。

其三,艺术小组。这是把在艺术上有一定兴趣爱好和能力的学生组成各种艺术小组,对他们进行艺术教育活动。全校性的艺术小组有合唱队、舞蹈小组、乐器小组、戏剧小组、美术创作小组等。艺术小组活动是对学生进行美育和德育教育的重要组成部分,对丰富学生的精神生活,活跃学校气氛具有重要作用。

其四,体育小组。这是按照各个运动项目分门别类地进行组织和活动的,以满足各个学生不同的兴趣和爱好。小组活动的内容力求新鲜合理,适合组员的程度并能促进他们进一步提高。

其五,阅读小组。这是一种在教师或辅导员的指导下,根据各个学生的兴趣和才能,组织学生个人进行个别活动的形式。个别活动的主要内容有学生独立钻研某种科学技术,独立阅读某类报刊书籍、写读书心得、写某些文艺作品,独立进行小型科学实验,调查、采集和收集各种标本,制作模型,参加跑步、游泳、滑冰等体育活动,以及唱歌、独奏、绘画和摄影等。阅读课外书籍是个别活动中的一项重要内容,它是对学生进行教育,培养学生爱科学、爱知识的思想以及自学的能力和习惯的有力手段。要特别重视青少年学生的课外阅读习惯,并给予指导。此外,如发现在某些方面有特殊才能的学生,应加以专门指导和培养。总之,通过个别活动,可以使学生的个人生活丰富多彩,充实愉快,并培养他们安排自己生活的能力,扩大知识面,学会自己教育自己,提高自学能力和独立从事艺术创作、进行体育锻炼的能力。这些独立学习、工作、研究能力和习惯的培养,对于学生日后走向社会具有十分重大的意义。

(3)个人活动

个人活动是在学校课外活动中个人独立进行的活动。课外活动中的个人活动往往与小组活动或群众性活动紧密结合,是小组活动或群众性活动的组成部分。个人活动对培养学生的自学能力、独立工作能力和独立研究能力具有十分重要的意义。个人活动主要有以下两种。

其一,课外阅读。课外阅读是学生在课余时间,根据自己的兴趣爱好或某一方面的需要所进行的一种完全自觉的读书活动。课外阅读可以扩大学生的知识视野,使学生及时接触和吸收新鲜知识;课外阅读能够培养学生的自学能力和思维能力;课外阅读还是课堂教学的营养线。因此,课外阅读是学生不可缺少的智力活动。

其二,小实验。个人活动中的小实验是学生为了验证某个科学真理、根据某种科学规律、检验自己某种假设或某种设计而独立进行的实际操作。小实验极有利于培养学生的实际操作能力、思维能力和创造能力,培养学生求实的科学态度和锲而不舍的精神,它是学生最感兴趣的课外活动之一。

除了课外阅读和小实验之外,一些小制作、独立练习、个人创作、个人调查访问等都是学校课外活动中的个人活动形式。

(二)课外活动组织管理的要求

1. 课外活动的管理

课外活动的成效取决于学校及学校领导对课外活动是否重视,取决于其对课外活动进行管理的效果。只有按照课外活动的基本要求、切实加强对课外活动的管理,才能使课外活动落到实处。

(1)把课外活动作为学校工作的重要组成部分,纳入学校工作的计划

学校要把课外活动纳入学校工作的范畴,列入学校的议事日程,有目的、有组织地开展课外活动。学校领导要有明确分工,既要抓教学,又要抓课外活动。要由学校领导亲自负责,教导处、团委、学生会及各科组密切配合,层层落实,全面规划,具体部署。把各项活动列入学校教育计划之中,编排课外活动的总课表,切实解决好课外活动的时间、场地及经费问题。

(2)建立课外活动辅导队伍,加强对课外活动的指导和管理

没有一支课外活动的教师辅导队伍,就难以开展好课外活动。课外活动师资辅导队伍的状况,对活动质量有决定性的影响,学校领导必须有意识地选择和培养一批事业心、责任心较强,有一定组织能力,并且具有开展课外活动所需专长的人员组成辅导队伍。为这些辅导人员提供接受培训的机会与条件,逐步提高他们的专业水平和辅导能力。班主

任应负责指导、组织本班的课外活动,任课教师负责组织本学科的兴趣小组,同时有重点地组织和培养有特长的学生。班主任与任课教师作为这支队伍的主力,应把开展课外活动看作自己的分内工作,积极主动地投入这项工作中。除在本校教师中选派辅导员,也可聘请社会上一些热心青少年教育工作,品德高尚,具有业务专长的人担任校外辅导员,如退休老干部、老教师、老工人、劳动模范、解放军战士等,把他们充实到这支队伍中。

(3)重视和发挥共青团、少先队组织在开展课外活动中的作用

共青团、少先队组织的课外活动具有相对独立性,被称为团队活动。它是学校课外活动的重要组成部分,学校领导应重视和加强团队活动。共青团、少先队是学校中学生的集体组织,学校通过这些学生组织开展课外活动,容易调动学生的积极性与主动性,培养他们自己教育自己、自己管理自己的能力。学校要选择一些思想好、能力强、热心学生工作的人来做团队工作,教师和班主任也要经常关心团队活动,保证团队活动的时间,尽可能提供必要的条件,支持并指导他们开展多种形式的适合青少年特点的活动。

少先队的基本任务是坚持以共产主义精神教育少年儿童,引导他们好好学习,天天向上,做共产主义事业的接班人。少先队对儿童的教育主要是通过组织活动来实现的。少先队活动的形式多种多样,主题队会是少先队活动的基本形式之一。少先队要根据少年儿童的特点开展生动活泼、充满乐趣并具有教育性的活动。

(4)利用有利条件,争取家庭和有关社会机构配合

我国幅员辽阔,各地情况千差万别。因此,学校开展课外活动要充分利用本地的资源、优势,不能盲目照搬外地的经验。比如大城市和农村条件有差别,课外活动的内容与形式也会有较大的差别。大城市有博物馆、文化馆、图书馆、动物园、植物园等,可以利用这些场所开展多种形式的课外活动。农村有自己的特点,处在自然环境中,有山有水,有农田,有牧场,有菜园,这些场所都可以作为校外大课堂,开展课外活动,对学生进行生动的直观教育。学校只有因地制宜开展课外活动,才能取得良好的教育效果。

在充分利用当地条件的基础上,还要发挥学校现有的优势开展课外活动,形成自己的特色与传统。要尽量发挥学校现有图书馆、实验室、音乐教室、美术室、电教室在课外活动中的作用。

课外活动不像课堂教学主要以教室为阵地,完全由学校和教师直接领导。从时间和空间两个方面来看,课外活动更容易受到社会与家庭因素的影响。因此,开展课外活动必须主动争取社会有关机构及学生、家长的支持与配合。如果没有社会有关机构、有关人员、学生、家长的配合,课外活动往往无法顺利进行。

2. 开展课外活动的基本要求

(1)要有目的、有计划地开展课外活动

课外活动的目的性和计划性强弱决定了其教育作用的大小。尽管课外活动的内容与形式灵活多样,不受教学大纲、教科书的限制,课外活动的组织本着学生自觉自愿的原则参加,但是它和教学活动一样都是学校教育的必要组成部分,都是实现教育目的的重要途径,必须有目的、有计划、有组织地进行,不能停留在学生自发进行活动的状态。

课外活动的实施必须有明确的目的,不能"为活动而活动"。每一具体活动都要有明

确的目标,应当服从宏观的教育目的,即要有利于学生德、智、体、美、劳全面发展教育的实施,促进学生身心全面发展。

要将课外活动纳入学校工作的整体计划,成为学校工作的一个有机组成部分。课外活动内容广泛,形式灵活多样,只有有计划、有组织地进行,才能保证与课堂教学步调一致;只有相互配合,才能保证课外活动真正、有效落实,取得良好效果。制订活动计划,从总体上看既要有连贯性,又要有阶段性。活动的具体计划,要符合儿童的兴趣、需要和年龄特征。

明确课外活动目的、制定课外活动计划的工作可以由教育者(教师或社会教育机构工作人员)完成,也可以由学生独立完成,但对中小学生来说,更多的则应由教育者指导学生共同完成。教育者制定的活动目标和计划有可能接近完美,但不易被学生理解和接受。学生独立地制定活动目标和计划可以很好地锻炼学生的能力,但他们制定的目标和计划往往不尽完善,进而导致活动出现这样或那样的问题。所以教师宜采用启发、诱导的策略,指导学生相对独立地制定出活动的目标体系和详尽的计划,在提高学生能力的同时,保证活动顺利开展,取得良好成效。

(2)课外活动要丰富多彩,富有吸引力

课外活动是本着学生自愿参加的原则组织实施的,各种新颖、有趣的活动能激发学生参加活动的愿望和要求,形成他们自觉接受教育和锻炼的最佳心理状态,从而取得良好的教育效果。因此,活动要尽可能丰富多彩,富有吸引力,使更多的学生有可能选择参加自己喜欢的活动。如果活动单调乏味,缺乏吸引力,学生不愿参加,就会失去课外活动存在的意义。

活动的知识性与趣味性相结合是增加活动吸引力的重要方面。青少年精力旺盛,兴趣广泛,求知欲极强,因此,要使活动具有吸引力就必须注重活动内容的知识性。通过课外教育活动,使学生不断接触新的知识信息,开阔他们的眼界,丰富他们的想象,最大限度地满足他们的求知欲,缺乏知识性的活动不仅教育价值极低,而且也难以受到学生的欢迎。活动的知识性还要与活动的趣味性相联系。一方面,趣味性与知识的内容有关,知识本身如果能满足学生的求知需要就会使学生感兴趣。另一方面,趣味性与活动的形式有关,知识性的内容必须与符合学生年龄特征的灵活多样性相结合,才能使活动具有趣味性。如竞赛、参观、访问、游览、组织晚会等活动形式,就非常受学生欢迎。

(3)组织课外活动要贯彻因材施教原则

因材施教是任何教育活动都必须遵守的原则,在课外教育活动中,因其灵活性大,更应突出体现这一原则。只有认真贯彻因材施教的原则,才能充分体现课外活动的特点,弥补课堂教学的不足。

在组织活动的过程中要让每个学生按照自己的兴趣、爱好与需要自愿参加一个小组的活动,经过实践锻炼发展特长。切忌用同样的要求、同样的标准去要求不同的学生。同一性质的活动在不同年级要考虑学生的年龄特征,提出不同层次的要求,不能强求一律。

(4)既坚持学生自主原则,又重视对学生的实践指导

自愿、自觉、自动是课外活动的特点,课外活动是为了培养学生独立思考、独立探索、

独立工作的能力而开展的。因此,必须让学生成为活动的主人,在活动中坚持学生自主的原则。

教师或辅导员在课外活动中起着指导作用,但在开展活动的过程中必须尊重学生的意见,注意调动学生的积极性和主动性。一般说来,课外教育活动不是学生自发组织的,它是学校或教师根据教育要求和学生的实际情况组织开展的。教师必须正确把握活动的方向,成为活动的辅导者、参与者,对学生的实践进行有效指导。活动前,要引导学生提出问题,并为达到目的积极创造条件;活动中,对出现的疑难问题要因势利导,帮助解决;活动后,要指导学生做好总结,使他们获得继续发展的动力。

四、学校与家庭教育关系协调

当前,制度化的学校教育在它所处的剧变和革命的时代,难以应付社会的需求,封闭的、模式化的体系与动态的、开放的社会不相适应。这就使得社会的变化不能及时地反映到学校教育中来。学校教育若缺乏对社会变化的敏感性,就难以发挥它应有的作用。变封闭、模式化的为开放、动态的学校教育体系是新时代的要求。面对当前社会的各种挑战,学校单方面已无力应对,必须寻求社会各方面的支持与配合。这种努力的目的不仅在于使学校能够生存、发展下去,而且更直接地关系到我们下一代的教育,关系到我们祖国的未来!因此,来自家庭与社会方面的合作是至关重要的。

(一)学校与家庭联系的基本内容和方式

1. 学校与家庭联系的必要性分析

(1)家庭教育的必要性与优势

家庭是人生教育的主要的、关键的场所。《周礼·大学篇》中"治国在齐家"的思想,便说明了家庭教育的重要性。我国从古至今一向重视子女教育。《三字经》中就有"养不教,父之过"的语句。历史上像训诫、家书、格言、治家等家庭教育小册子数不胜数。北齐颜之推在《颜氏家训》中说:"父当以教为事。""当及婴稚,识人颜色,知人喜怒,便加教诲,使为则为,使止则止,比及数岁,可省笞罚。"宋朝袁采在《袁氏世范》中说:"国家之本,子孙是也。""不知教,自弃其家也。"一些家教故事,如孟母三迁、岳母刺字等更是广为流传。

家庭教育是个体整个社会化过程中的关键时期,家庭教育的主要对象是婴、幼儿和青少年。他们正处在大脑迅速生长发育时期,也是潜意识学习的最佳时期和人格陶冶的最重要时期。把握家庭社会化方向的"舵手"自然非家长莫属。家长和儿童的特殊关系决定了家长在儿童的身心发展中起着非同一般的作用。由于父母和子女之间的血缘关系,其天然的亲子之情是无可比拟的,心理学研究表明:人与人之间的感情越亲密,相互之间情感的感染性越强,感化作用越大;反之,则感染性越弱,感化作用越小;如果人与人之间在感情上对立,那么,相互之间的感染性就发生相反的作用;人与人之间没有感情,就没有什么感化作用。颜之推在他的家庭教育专著《颜氏家训》中,开宗明义地指出:"夫同言而信,信其所亲；同命而行，行其所服。”这就是说，同样的话，人们一般都更相信关系密切、感情亲近的人所说的；同样的指令，人们一般首先听从自己心目中有威信的人所发出的。父母和子女由于特殊的血缘关系，他们之间容易产生感情上的共鸣，直接影响到子女的情绪、态度，甚至决定子女的行为。

另外，在一般情况下，父母不但和孩子接触最早，而且和孩子接触的时间最长。长期的共同生活和特殊的亲子关系，使得父母有时间能深刻而系统地了解子女的全面情况，从而做到家庭教育从孩子的实际出发，有针对性地进行教育。这种针对性也因家庭教育中受教育者（子女）少而更加鲜明。个别教育、因材施教是家庭教育的优势。

家庭教育的优势和家长的教育力量是其他教育难以具备的。一般来说，父母的要求，往往能成为孩子生活的准则和行为的规范；父母对周围人和事物的态度、评价标准，则能成为孩子评价是非善恶的依据。美国心理学家托马斯·哈里森等人根据大脑生理学和心理学研究的最新成果指出：儿童时期记录在大脑中的“父母意识”，即由父母或相当于父母的人身体力行、言传身教所提供的“外部经验”，将永久地汇合在每个人的“人格”磁带上，“它在人生的过程中将会自动播放，这种播放具有贯穿人生始末的强大影响”。

（2）家庭教育的不足与问题

大多数家长很重视家庭教育，希望子女将来成才，但是缺乏科学的教育方法，“从严要求子女”和“任其自然”几乎成为两种主要的教育方法。在现实中，“从严要求子女”导致某些家长对孩子的教育操之过急，方法简单。父母往往望子成龙心切，对孩子要求过急，期望过高：当孩子的实际表现同家长的要求相背，同家长的期望差距很大时，“恨铁不成钢”便成了家长们普遍的思想情绪。加上许多家长认为孩子是自己的，管教时用不着注意什么态度，讲究什么方法，在自己的权威之下，孩子只有服从。结果往往会造成子女和家长在感情上、行为上的严重对立，使教育难以进行下去，导致家庭教育失败。另一种偏向，是指对孩子娇惯溺爱。不少父母看到孩子的毛病，却舍不得去管。怕孩子受委屈、遭磨难，姑息迁就，放任自流，不管不教。结果使孩子是非不分，善恶不辨，渐渐养成恶习。

在教育子女上，部分家长还有一种错误的观念，即认为“病要大夫看，孩子要教师教”，把教育子女的责任完全交给了学校。他们只负责从经济上、生活上满足子女的需要。这部分家长一方面缺乏责任心，另一方面也缺乏教育的自我意识，认为教育就是有意识地去影响孩子，没有认识到无意识地潜移默化的影响也是教育行为，在不知不觉中把自己的毛病或错误的观念传给了子女，还怪学校、老师没有教好。

另外，家长缺乏教育子女的能力，父母教育子女的时间和精力有限，家庭生活氛围不好，家庭环境比较复杂，家长有对孩子影响不良的言行等，都是家庭教育局限性的体现。

（3）学校与家庭相联系容易形成合力

学校是专门从事教育工作的机构，是促使儿童青少年社会化的专门场所。它的一切活动都是从培养造就人才出发，服从于教育工作，并为培养人才服务。因而学校可以有效控制其教育环境，抵制那些影响学生成长的不利因素。

学校教育是教育者（教师）依据一定的教育方针，有目的、有计划、有组织地对受教育者（学生）进行培养教育的社会化活动。它能按一定社会需要，根据教育大纲的要求，遵循儿童身心发展的规律,选择适当的教育内容,采取有效的教育方法,利用集中的时间,对学生进行系统的教育和训练。学校教育的组织性、计划性和系统性,以及教育教学的一切物质设施等等,都是家庭教育所不能比拟的。

同家庭教育天然的连续性相比,学校教育具有阶段性。一个人从低年级到高年级,从低一级学校升入高一级学校,要有一个衔接和过渡的过程。在升学的过程中,有许多变化:学校、班级的更换,集体重新组合,对新的环境和同学要有个熟悉的过程;师生之间要有一个相互认识、了解的过程;教学内容加深了,难度加大了,课程门类增多了,学生要有一个从不适应到适应的过程。这些变化总会使学生在一段时间内产生心理和情绪上的不稳定,或多或少会影响教育教学的效果。另外,如果在这一过程中教育要求不一,前后脱节,不仅会大大延缓教育的进程,也不能使学生形成良好的习惯。要解决好这一过渡问题,缺乏家庭的帮助是很困难的。学校是专门的教育机构,可以对影响学生的校内环境进行控制,但却难以对校外环境进行控制,而中学生几乎仍有相当一部分时间是在家中度过的。这段时间若没有良好的家庭教育的弥补,这种环境若缺乏家长的控制,学校教育"孤掌难鸣",不可能达到应有的教育效果。

家庭教育和学校教育都有各自的优势和局限性。强调家庭教育的优势,并不是要家庭教育来取代学校教育,而是用家庭教育的优势来弥补学校教育之不足;强调学校教育的优势,也不是为了让学校教育代替家庭教育,而是要学校教育指导家庭教育,最终使家庭教育再来支持和强化学校教育。这种优势的相互利用和互补正是家庭与学校相互配合的目的所在。苏霍姆林斯基说过:儿童只有在这样的条件下才能实现和谐的全面的发展,就是两个"教育者"——学校和家庭,不仅要一致行动,要向儿童提出同样的要求,而又能志同道合,抱着一致的信念,始终从同样的原则出发,无论在教育的目的、过程还是手段上,都不要发生分歧。

2. 家庭与学校联系的方式

学校与家庭联系与合作的内容与形式纷繁复杂、多种多样,以至人们在对其进行分类时,因参照的角度不同而产生了不同的分类体系。

(1)按合作活动中家长担任的角色分类

其一,作为学生家长参与。这类参与的具体方式有家长会议、家长小报、家长学校、家庭教育咨询、家校书面联系、电话联系、个别家长约见等。在这些活动中,家长与教师的面谈,经常只限于讨论个别孩子的教育问题(通常是纪律问题),而与学校整体教育工作无关。家长只对自己孩子的进步感兴趣,学校则要求家长尽最大的努力来促使其孩子进步。教师与家长的关系保持着一定的距离,联络性质大多是单向的,家校双方的交流是这些活动的主要特色,参与的目的是学校得到家长对其孩子教育的支持,家长在活动中学习有关教育理论和方法。

其二,作为学校活动的自愿参与者,自愿为学校提供无偿服务。自愿参与的活动范围很广。家长可作为班主任的辅助人员帮助教育学生;可就某门学科对学生进行个别指导;可就自身经历给学生做非正式报告;可利用自己的特殊才能对学生进行课外辅导;也可帮助学校做一些不直接与学生打交道的工作,如负责图书室、家长室的工作,设计或整理课堂的资料和学习游戏,等。另外,可帮助进行残疾儿童教育、职业指导。显然,这种类型的参与已渗透到学校日常教育活动甚至课堂教学。

但是,以这种身份进行的参与活动对家庭和学校都有较高的要求。家长须有较高的文化素质和修养,甚至是某方面的专家,要有积极的参与欲望;教师或其他专职人员须有较强的组织才能和合作技能。

其三,作为学校教育决策参与者。家长应参与学校教育决策的全过程,即决策形成、决策执行和决策监督的过程。

(2)按家长参与的活动层次分类

其一,形式的参与。这是最表面化的参与层次,通常由学校主宰着这类活动。家长在得到邀请时访问学校,参加家长会议、开放日、作业展览等活动。另外,家长联系本、家长小报、家庭教育通讯等也属此类。这一层次的参与作用与"作为支持者、学习者"的家长所参与的活动作用相似。

其二,人际的参与。这是一种双向交流式参与,家长与教师在较亲切的气氛中相互交流信息、意见和建议。像经常性家访、家长参与课堂教学和课外活动、帮助制作教具、为学校募集资金等均可列入此类。这一层次的参与兼有"作为支持者、学习者"的家长和"作为学校活动自愿参与者"的家长所起的作用。

(3)按家校合作活动的目的分类

美国学者戴维斯主张,家校合作活动应该以其合作目的来划分。他坚持认为许多学校要求家长参与教育活动是为了实现下列某种目的:

解决目前教育中存在的问题(如约见家长、成为临时咨询委员会等);

促使家长参与其子女的教育(如家庭教育指导、开放日等);

利用社区教育资源来丰富学校教育(如参观博物馆、校外教育基地等);

吸收家长参与教育决策(如家长咨询委员会、家长—教师协会等)。

尽管家校合作活动分类因人而异,但有一点是共同的,即家校合作活动是由低层次的了解情况及沟通到高层次的进入校内参与管理和决策。西方国家家校合作的形式多以校内为主,即家长参与学校日常事务的运作,如到校义务工作,帮助学校开展活动,以及参与决策,等,这些都是较高层次的合作形式。

家校合作,并无固定模式可依。每所学校的特性和需要不同,校长和教职员对家长参与学校教育的认识和技术准备不同,学校管理的方式和能力不同,学校周围的环境不同,家长的文化、教育素养和对学校的态度不同,家长参与的能力和需要的层次不同……诸多因素决定了家校合作因校而异,不能采用同一模式。

(二)校外教育

1. 校外教育的内涵

青少年学生的校外教育,是指由政府或有关教育机构、企事业单位、社会团体及个人、城市社区、农村乡镇等,依据国家法律法规和教育方针,根据青少年学生(主要指未成年人)的成长规律和发展需要,在家庭和学校以外面向全体未成年人实施的有目的、有计划、有组织的教育活动。它是具有中国特色的社会主义教育事业中基础教育的重要组成部分,也是我国终身教育和社会教育体系的组成部分,是实施素质教育的重要途径。

2. 校外教育的特点

现代校外教育与学校教育的相同点是对象一样,目标一致。不同点是学校是在校内以课堂教学、集中授课为主,具有较强的统一性和规定性。校外教育是在校外场所、户外场地或是野外进行的,以实践锻炼和活动体验为主,是以学生的主体意愿和个性的发展培养为主,具有如下特征。

其一,公益性。这是由现代校外教育的性质和目的决定的。因其公益性,就应坚持教育的公平性,坚持以育人为总目标的办学方向;坚持以政府投入为主、社会多方参与;不断扩大儿童享受公共服务的公益性和受益的质量。

其二,民主性。它是教育民主性在校外教育中的具体体现,也是实施民主教育的重要途径。现代校外教育的民主性包含三个方面:一是儿童享有校外教育权利、资源、机会的公平性,而这种享有是平等的、自主的、可选择的;二是校外教育机构的民主性,包括举办主体的民主与多元,机构内部管理的民主性和教育过程的民主性及教育成果分享的民主性;三是自主性,它表现为办学主体在运作、经营、管理和发展方式上的自主性,还表现在教师在校外活动设计、选择、组织、实施和教师专业发展上的自主性,更表现在儿童选择参加校外活动以及在活动过程中进行体验、分享成果等方面的自主性。

其三,开放性。现代校外教育的开放性表现在以下三个方面。一是教育思想的开放性。现代校外教育不仅是学校教育的补充,也不仅是特专长的培训,更不是学校"应试教育"的延伸,而是极具素质教育内涵和现代生活理念的以儿童及其发展为本的一种教育文化。它虽然还没有形成一个独立的教育类别,却是开放的基础教育层次结构和素质教育结构中的重要类别,而这是具有独特功能和特殊意义的一种教育类别,它是促进人的社会化和社会文明进步的重要手段。二是教育资源整合和利用的开放性。这是组织形式的开放性,它不受学校课堂教学时间、空间的束缚,尽可能扩大儿童的视野和活动的空间,使其增加与生活、社会、自然、同伴接触、交往的机会。三是教育内容的开放性,它为儿童提供的不只是知识和技能层面的内容,还有各种有利于提高儿童综合素质、特长培养和个性发展的丰富多彩的活动内容。

其四,体验性。体验教育是以学习者为中心,具有明显主体性的习得过程和自我感受。现代校外教育是通过活动和实践,让儿童亲身体验来实施教育的,让儿童在"做中学,学中做""玩中学,学中玩",在带有游戏式的学习与实践中体验"愉快的活动,活动的愉快",在劳动与磨炼中,体验甘苦,学会感恩,担当责任和与人合作。这种体验不仅能使儿童拥有属于自己和互动同伴们的亲身经历,还拥有内心需求及所获得的各种真实感受,这种内心体验很容易转化为儿童行为的动力,也是儿童认识世界、了解社会、体味生活、养成道德的有效途径。

其五,闲暇娱乐性。闲暇娱乐是儿童的权利。现代校外教育需要自己的教育内容,应该有与学校教育相衔接的内容,还应该有儿童在闲暇时间的生活内容。对于广大儿童来讲,现代校外教育可以提供的闲暇娱乐生活和教育活动,可以丰富他们的生活内容,提高他们的成长质量。

其六，服务综合性。未成年人的校外教育，不像学校教育那么单一，它除应为未成年人提供必要的具有教育意义的服务外，还应为其提供公共性的生活服务（如闲暇娱乐式服务、亲子活动服务等）。未成年人在校外的专门活动场所，因其服务的综合性，则可以办成未成年人校外教育和生活的"超市"，其服务内容可以是未成年人自主选择的，也可以是有品牌优势的，也可以是由学校"团购"的，还可以是由政府"埋单"的。当然这些服务是不以赢利为目的的，可以是免费的或者是低收费或只收取成本费的。

3. 我国青少年学生校外教育的发展

我国从新中国建立初期出现第一个少年宫（1949 年在大连市建立的第一个少年宫，当时叫儿童文化馆）开始，党和政府就一直关心、重视儿童的校外活动场所建设和校外教育。20 世纪 60 年代中后期，以少年宫为主体的儿童校外活动场所网络已基本覆盖全国所有省、区、直辖市。1985 年 5 月，《中共中央关于教育体制改革的决定》明确提出"学校教育与学校外、学校后教育并举"，使校外教育的地位和作用更加凸显。1987 年，原国家教委和共育团中央下发的"关于加强少年宫工作的意见"指出：少年宫、少年之家（含以少年儿童为主要服务对象的青少年宫、少年科技中心、儿童活动中心）是新中国成立以后在党和国家关怀下兴建起来的少年儿童校外教育机构。在党的十一届三中全会以来，在配合学校教育，促进少年儿童德、智、体、美全面发展，丰富少年儿童课余生活和抵制资本主义、封建主义思想的影响，发展他们对科学技术、文学艺术、体育的兴趣、爱好和特长等方面做了许多切实可行的工作，取得了很大的成绩，受到广大少年儿童、教师和家长的欢迎。1991 年 8 月，原国家教委、广播电影电视部、文化部、全国总工会、共青团中央、全国妇联、中国科协联合下发了《关于改进和加强少年儿童校外教育工作的意见》，其中明确指出：少年儿童校外教育是社会主义教育事业的重要组成部分，少年儿童校外教育机构、场所是社会主义精神文明建设的重要阵地。对儿童校外活动机构、场所的性质做了明确的规定。1995 年 3 月颁发的《中华人民共和国教育法》第五十一条规定：国家、社会建立和发展对未成年人进行校外教育的设施。学校及其他教育机构应当同基层群众性自治组织、企业事业组织、社会团体相互配合，加强对未成年人的校外教育工作。在法律上明确了未成年人的校外教育工作、校外教育的概念，校外教育工作体现了国家意志，具有法律依据。《中共中央办公厅、国务院办公厅关于适应新形势进一步加强和改进中小学德育工作的意见》中明确提出：校内教育和校外教育相结合，切实加强社会实践活动。把组织学生参加社会实践与校外教育活动作为加强德育工作的重要途径。2001 年，全国基础教育新一轮课程改革开始启动。在此背景下，一大批原有的勤工俭学基地和新涌现出的素质教育实践基地（也称"青少年活动中心"）加入我国的校外教育行列中来、同青少年宫等校外教育机构一道，在加强未成年人思想道德建设，推进素质教育工作中发挥着重要作用。2000 年 6 月，《中共中央办公厅、国务院办公厅关于加强青少年学生活动场所建设和管理工作的通知》又进一步加大了校外活动场所建设的力度和步伐。2004 年 2 月，《中共中央国务院关于进一步加强和改进未成年人思想道德建设的若干意见》强调：要加强青少年宫、儿童活动中心等未成年人专门活动场所建设和管理，明确提出了未成年人专门活动场所的概念，同时也对未成年人校外活动场所的规划、建设、管理和使用提出了明确要求。到“十五”期末，据不完全统计，全国已有青少年宫、青少年活动中心、少年宫、儿童活动中心、科技馆等校外活动场所7 000多个，有各类实践基地1万多个。各类未成年人校外活动场所在加强未成年人思想道德建设，发展兴趣、特长，提高科学素质，增强体质，培养创新精神和实践能力等方面发挥了重要作用。

2006年1月，中共中央办公厅、国务院办公厅印发了《关于进一步加强和改进未成年人校外活动场所建设和管理工作的意见》，进一步明确了未成年人校外活动场所的地位和作用，性质和任务，建设和管理方法以及今后发展的方向。

问题思考与讨论

以下是某位学生的日记及班主任的评语。

学生的日记：

我的人生计划

在(再)过两年我就毕业(了)，我就可以自由，但我现在已经不想读(书)了，因为我总是很闷。如果我读到毕业，也是个“流盲(氓)才”。

在(再)过三年，我就在这大街上偷东西、打劫。我就看那(哪)个有钱，知道他住在那(哪)里，就去把他给劫了。一天劫一个，如果在这里混不下去了，就晚上出去劫银行，干他妈一票，就转去广东劫。

在(再)过三年我就二十多岁了，我就去广东，就住在一个没人住的地方，住在那里人在(都?)不知道，已把人却(?)的时候，我就把钱那(拿)回来，就藏在人找不到的地方，只有我一个人知道。在这里天天干不得，几天才能干一次，因为这地方太大了。需要计划才行，不然就会失败。去打劫大老板难的话，就把他们的儿子抓住，然后再打电话告诉他们老爸把钱送过来，不然就杀他的心肝宝贝，不要报警，不然(……)后面不说，他们就乖乖送钱上门。就让他走，然后再放人。干了很多，没被警察抓住就不干了，就神不知鬼不觉了。

在(再)过三年，我就是个坐在家里看风景美不美，比坐(做)老板还要风光多了，什么也不想，只在家睡、吃(?)，或在家里闷了，就出去玩。这才是快乐。

我心里就是这样计划，我就这样做坏人，不做好人。我的命运应该，谁也改不得。

班主任的评语：

1. 从你写的东西里，看到了你未来悲惨的命运。

2. 如果你真的做了你说的事，那么就犯了：

(1) 盗窃罪(如果数额巨大，可处死刑、无期徒刑)；

(2) 抢劫罪(如果抢劫银行，可处死刑)；

(3) 绑架罪(可处无期徒刑和死刑)。

想不劳而获是不会有好结果的!!!

还是把自己的未来寄托在努力学习、勤奋工作上面吧。在学校里5天就待不住了，一辈子在监狱里很可怕。

你是否赞同材料中班主任对这位同学的评语，为什么？你认为对于这样的同学应当怎样给予帮助与指导？

阅读指南

1. 张万祥. 给年轻班主任的建议[M]. 上海：华东师范大学出版社，2006.

2. 魏书生. 班主任工作漫谈[M]. 7版. 桂林：漓江出版社，2013.

3. 布鲁肖，威特克尔. 改善学生课堂表现的50个方法[M]. 于涵，译. 北京：中国青年出版社，2010.

网络导航

1. 安徽教育网：http://www.ahedu.gov.cn/
2. 中国基础教育网：http://www.cbe21.com/
3. 中国教育资源网：http://www.cern.net.cn/
4. 班主任工作网：http://www.banzhuren.cn/
5. 中国教师成长网：http://teacher.cersp.com/

后　记

随着教师教育改革的不断深入,随着基础教育发展对教师提出的新要求,教师教育的课程体系以及课程内容等都有了新的要求与变革。教育科学的新进展,教育实践所提出的新问题,以及在解决教育问题的过程中所总结的教育经验,都对教师教育的课程内容变革提出相应的要求。为了更好地适应教师专业发展需要,为师范生的终身发展和教育专业水平发展奠定良好的基础,同时也为了满足师范生以及非师范专业的其他学生通过教师资格考试的需要,我们联合安徽省六所主要高等师范院校,根据《教师教育课程标准(试行)》《中学教师专业标准(试行)》以及《中小学教师资格考试标准(试行)》,编写了这本书,以满足师范院校教师教育课程实施之需要。

本教材打破传统的教育学编写以教育学科知识的逻辑体系为主线的编写思路,将教育学课程内容按模块化处理。《中学教育基础》共分七个部分,每一部分独立成为一个教学单元。高师院校及授课教师可以根据师范专业教学计划,以及学生的能力和水平,酌情安排每个部分的教学时数。教材编写并没有完全考虑学生学习的可能性和能力水平,因此教材每个部分的内容,可根据教师的理解精读细讲或略讲或仅供阅读参考。

《中学教育基础》是分工合作的结果。全书的框架是在多次讨论的基础上确定的,各章编写任务由不同学校的教师承担。具体分工如下:第一章第一部分由朱家存、李宜江(安徽师范大学)执笔,第二部分由查啸虎(安徽师范大学)执笔,第三部分由李福华、李宜江(淮北师范大学、安徽师范大学)执笔,第四部分由李宜江(安徽师范大学)执笔;第二章由阮成武(安徽师范大学)执笔;第三章第一、第三部分由殷世东(合肥师范学院)执笔,第二部分由孙德玉、姚运标(安徽师范大学)执笔;第四章由段兆兵、王爱菊(安徽师范大学、安庆师范学院)执笔;第五章由汪昌华(合肥师范学院)执笔;第六章由金维才、韩传信(安徽师范大学、合肥师范学院)执笔;第七章由马家安(安徽师范大学)执笔。全书由周兴国(安徽师范大学)协助朱家存教授、李福华教授统稿。

在本教材的编写过程中,得到了安徽省高等院校教师教育合作委员会的大力支持,也得到了安徽省六所主要高等师范院校领导的支持和帮助。安徽师范大学出版社的领导们全程参与教材的策划与组稿。在教材编写中我们参考并引用了许多教育工作者的研究成果,在此一并表示感谢。由于我们自身水平的限制,教材还存在许多的不足,恳请大家批评指正。

编　者

2015 年 3 月

